Mischa Loose
Renate Loose

Thailand

REISE-HANDBUCH

Inhalt

Wissenswertes über Thailand

Wissenswertes für die Reise

Unterwegs in Thailand

Kapitel 1 – Bangkok und Umgebung

Kapitel 2 – Der Osten

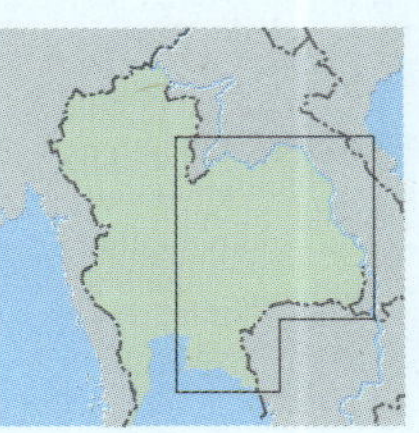

Kapitel 3 – Zentralthailand

Kapitel 4 – Der Norden

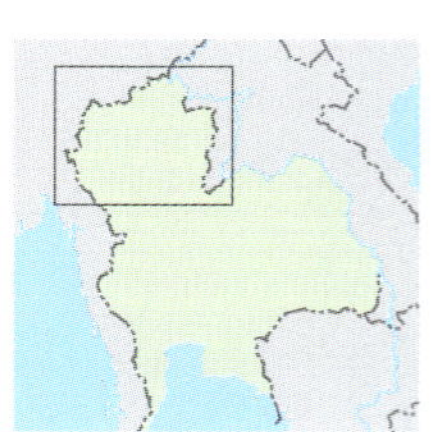

Kapitel 5 – Der Westen

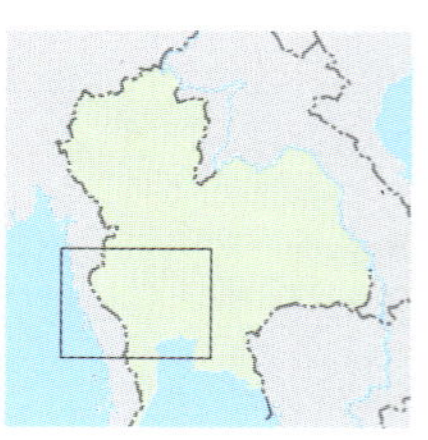

Kapitel 6 – Der Süden

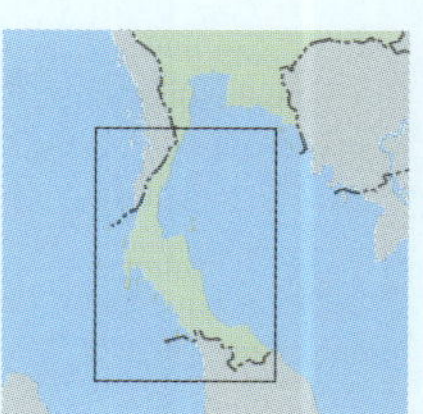

Themen

Alle Karten auf einen Blick

Von buddhistischen Tempeln zu tropischen Stränden

Thailand ist das beliebteste Reiseziel Südostasiens – und ein ideales Einsteigerziel für alle, die Asien kennen lernen möchten, um dem Zauber dieses Kontinents zu verfallen. Mit paradiesischen Stränden, vielfältigen Landschaften und großartigen Tempeln und Klöstern lockt Thailand Strandurlauber wie Kulturinteressierte gleichermaßen.

Die hervorragende Infrastruktur erleichtert das Reisen im gesamten Land. Besuchern stehen die Tore zu zahlreichen Tempelanlagen offen, ob sie nur zum Schauen kommen oder neugierig in die buddhistische Kultur eintauchen möchten. In einigen Klöstern können sogar Meditationskurse belegt werden. Liebhaber der exzellenten thailändischen Küche haben die Möglichkeit, in Kochkursen die Geheimnisse der leckeren Currys und scharfen Salate zu ergründen.

Gewöhnlich beginnen und enden alle Wege in Bangkok, der aufregenden Metropole, die kaum widersprüchlicher sein könnte: Futuristische Hochhausfassaden und Hochbahnen verweisen auf eine moderne, westlich orientierte Gesellschaft, in der Reichtum ungeniert zur Schau gestellt wird. Dahinter künden in schmalen Seitengassen einfache, einstöckige Holzhäuser und kleine Tempelanlagen von traditioneller Bescheidenheit und zeitloser Ruhe.

Erholung findet man an den Stränden und in den Nationalparks der Umgebung. Zunächst wurde 1962 die Bergwelt rings um den Khao Yai, kaum 200 km von der Metropole entfernt, unter Naturschutz gestellt. Seither sind über 130 Nationalparks hinzugekommen. Einige davon rings um Kanchanaburi warten mit fantastischen Wasserfällen und Tropfsteinhöhlen auf. In der Provinzstadt am River Kwai erinnern zudem Soldatenfriedhöfe und Museen an die Ereignisse des Zweiten Weltkriegs, die bei einer Fahrt mit der ›Todeseisenbahn‹ über die Brücke am Kwai wieder lebendig werden.

Eine Tour von Bangkok nach Norden ist wie eine Reise in die Vergangenheit. Kurz vor den Toren der Hauptstadt liegen Bang Pa In, der märchenhafte Sommerpalast der früheren Könige, und Ayutthaya, die von Burmesen vor über 200 Jahren zerstörte prachtvolle Königsstadt. Weiter im Norden gelangt man zu den restaurierten Ruinen der ersten Hauptstadt des Thai-Reiches, Sukhothai. Bereits Jahrhunderte vor der Einwanderung der Thais hatten die Mon und Khmer in diesem Gebiet Reisfelder angelegt, Städte, Paläste und Tempel errichtet.

Wichtigstes Ziel im Norden ist Chiang Mai, eine boomende Großstadt. Ihre Tempelarchitektur zeugt vom jahrhundertelangen Einfluss der burmesischen Nachbarn, die unübertroffene Auswahl an Kunstgewerbe belegt den Fleiß der Handwerksbetriebe und Manufakturen in der Umgebung. Neben Bangkok bietet sich hier die beste Möglichkeit, geschmackvolle Souvenirs zu erwerben. Eine Rundfahrt durch die Bergwelt im Westen über Mae Hong Son führt durch geruhsamere, abwechslungsreiche Landschaften rings um den höchsten Berg des Landes, den Doi Inthanon.

Der Mythos vom Goldenen Dreieck mit Schmuggelkarawanen und Opiumfeldern,

Gangstern und Rebellen wirkt wie ein Magnet auf Touristen, die in das Dreiländereck zwischen Thailand, Myanmar und Laos an die Ufer des Mekong streben. Das vielfältige Gesicht des Flusses entdeckt man aber erst bei einer längeren Flussfahrt oder einer Reise in den Nordosten, wo sich Thailand von seiner dörflichen und ganz untouristischen Seite zeigt.

Wer hätte nach einer großen Rundreise keine Erholung an einem der zahlreichen Strände im Süden verdient? Die Küste und die Inseln von der kambodschanischen bis zur malaysischen Grenze bieten vielerlei Möglichkeiten für einen Badeurlaub – schwierig, da die richtige Auswahl zu treffen. Hotels und Resorts in allen Preislagen, von der einfachen Strandhütte bis zur Villa mit Privatpool und Butlerservice locken. Auch das große Angebot an Freizeitaktivitäten lässt kaum Wünsche offen.

Urlauber, die ein breites Unterhaltungs- und Sportangebot und eine abwechslungsreiche internationale Küche genießen möchten, finden diese in Pattaya, Hua Hin, Ko Samui oder Phuket. Auch Ko Chang, Ko Lanta und selbst viele Provinzstädte verfügen über eine ausgezeichnete touristische Infrastruktur. Für körperliches Wohlbefinden sorgen fantasievoll gestaltete Wellnessoasen ebenso wie traditionelle Thai-Massagen unter Schatten spendenden Bäumen am Strand. Taucher tummeln sich in den Korallenriffen vor Ko Tao, die auch von Ko Samui und Ko Pha Ngan angefahren werden, sowie in der Andamanensee vor Ko Similan, Ko Surin, Ko Phi Phi und den südlichen Inseln. Hier kreuzen auch Segler, und Seekajakfahrer erkunden die kleinen Felseninseln in der Bucht von Phang Nga.

Wer hingegen ein ruhiges Plätzchen am Strand sucht, zieht sich auf kleine Inseln zurück und begibt sich an abgelegene Küsten. Dort sollte man allerdings keine Komforthotels mit Klimaanlage und Süßwasserpool erwarten.

Der Autor

Mischa Loose
www.stefan-loose.de

Bereits seit seiner frühesten Kindheit bereist unser Autor Mischa Loose den asiatischen Kontinent. Seit zwei Jahrzehnten recherchiert er abwechselnd in Thailand, Malaysia, Singapur und Indonesien, um seine Reiseführer im DuMont Reiseverlag auf den aktuellen Stand zu bringen. Dabei hat es ihm das ›Land des Lächelns‹ besonders angetan. Monatelang ist er in Thailand zwischen der Bergwelt und den Küsten unterwegs. Eine besondere Verbindung hat er zu Bangkok, der erstaunlich vielfältigen, allzeit dynamischen Metropole. Aber auch die beschaulichen Dörfer und ruhigen Tempelanlagen, wo man die Zeit vergisst, schätzt er sehr. Wenn er mit seiner Schreibtischarbeit in Berlin fertig ist, erkundet er zusammen mit seiner Familie neue Ziele zwischen Norwegen und Neuseeland.

Thailand als Reiseland

In den Anfangszeiten des Tourismus galt Thailand als ein klassisches Ziel für Kulturreisende, die von Bangkok aus Chiang Mai und die ehemaligen Königsstädte in der Menam-Ebene ansteuerten und bis Ende der 1970er-Jahre höchstens noch Hua Hin als königlichen Badeort auf dem Programm hatten. Dann gewann Thailand als Durchgangsstation für Globetrotter auf dem Weg von Europa nach Australien an Bedeutung. Von langen Flügen erschöpft, legten sie an den tropischen Stränden einen preiswerten Zwischenstopp ein.

Heute kehren viele Besucher immer wieder nach Thailand zurück und entdecken bei jeder Reise neue Aspekte des Landes. Wer zum ersten Mal auf eigene Faust das Land bereisen möchte, kann einen erholsamen Urlaub an einem der zahlreichen Strände mit einer Reise durch das Landesinnere verbinden.

Breit gefächert ist das Angebot – für Komfortreisende wie für Backpacker, für Aktivurlauber, die klettern, tauchen oder Kajak fahren wollen, ebenso wie für Erholungsuchende, denen nicht nur die zahlreichen Strände, sondern auch fantastische Resorts in den Bergen und sogar in Provinzstädten einen entspannten Aufenthalt ermöglichen.

Wer tiefer in die Kultur des Landes eintauchen will, kann Thailändisch kochen lernen, mit etwas mehr Zeit an Massagekursen teilnehmen oder sich in einem buddhistischen Tempel in die Vipassana-Meditation einführen lassen.

Kaum ein Besucher wird dem riesigen Angebot an Kunsthandwerk widerstehen können und er wird das eine oder andere attraktive Souvenir erwerben, sodass viele Thailand-Reisende mit einem zusätzlichen, gut gefüllten Koffer heimkehren.

Buddhas, so weit das Auge reicht – die Tempel von Ayutthaya

Städte und Tempel

Wer an Geschichte, Kultur und Architektur interessiert ist, sollte in **Bangkok** keinesfalls den Königspalast mit dem Wat Phra Keo sowie die interessanten Museen versäumen. Es lohnt, für die ehemaligen Königsstädte **Ayutthaya** und **Sukhothai** mehrere Übernachtungen einzuplanen, um sie im warmen Licht der Abend- oder Morgensonne zu erleben. Auch in **Si Satchanalai** und **Phitsanulok** locken restaurierte historische Stätten. Tempelliebhaber können tagelang durch **Chiang Mai** streifen und werden in **Mae Hong Son, Chiang Rai, Lampang, Phetchaburi** oder **Nakhon Si Thammarat** beeindruckende Zeugnisse des Buddhismus vorfinden.

Traumstrände

Die meisten Besucher kommen wegen der Strände nach Thailand. In den beliebten Badeorten **Hua Hin** und **Pattaya** lockt ein breites Angebot, ebenso auf **Ko Chang, Ko Samui** oder **Phuket,** wo sich auch Familien wohl fühlen. Wer dort kein romantisches Plätzchen findet, hat die Wahl zwischen zahlreichen weiteren Inseln und Stränden am Golf von Thailand und an der Andamanenküste, wobei der Ruf der legendären Full Moon Beach Parties vor allem junge Leute nach **Ko Pha Ngan** lockt. Auf der Nachbarinsel **Ko Tao** tummeln sich zahlreiche Tauchschüler. Auch **Phuket** lockt mit einem breiten touristischen Angebot und die Andamanensee mit Tauchrevieren.

Tauchbasen gibt es u. a. an der Westküste auf Phuket, Ko Phi Phi, Ko Lanta, Ko Lipe, in Krabi und Khao Lak, im Golf von Thailand auf Ko Samui, Ko Pha Ngan, Ko Tao, Ko Chang, Ko Mak und in Pattaya. Einige Meeresnationalparks werden in der Regenzeit geschlossen – an der Andamanenküste von Mitte Mai bis Mitte November sowie der Ang-Thong-Nationalpark am Golf von Thailand im November und Dezember.

Wo sonnenbaden?

Januar: Cha-am, Hua Hin, Inseln vor Trang, Khao Lak, Ko Chang, Ko Lanta, Ko Samet, Krabi, Pattaya, Phuket, Ko Similan, Ko Tarutao – Hochsaison während der ersten beiden Januarwochen und zur Zeit des chinesischen Neujahrsfestes (zwischen dem 21. 1. und 19. 2.).

Februar: Cha-am, Hua Hin, Inseln vor Trang, Khao Lak, Ko Chang, Ko Lanta, Ko Pha Ngan, Ko Samet, Ko Samui, Ko Tao, Krabi, Pattaya, Phuket, Ko Similan, Ko Tarutao.

März: Cha-am, Hua Hin, Inseln vor Trang, Khao Lak, Ko Chang, Ko Lanta, Ko Pha Ngan, Ko Samet, Ko Samui, Ko Tao, Krabi, Pattaya, Phuket, Ko Similan, Ko Tarutao.

April: Cha-am, Hua Hin, Inseln vor Trang, Khao Lak, Ko Chang, Ko Lanta, Ko Pha Ngan, Ko Samet, Ko Samui, Ko Tao, Krabi, Phuket, Ko Tarutao – Hochsaison Mitte April während des thailändischen Neujahrsfestes Songkran.

Mai: Ko Chang, Ko Samet.

Juni: Ko Chang, Ko Samet, Ko Pha Ngan, Ko Samui, Ko Tao.

Juli: Ko Pha Ngan, Ko Samui, Ko Tao.

August: Ko Pha Ngan, Ko Samui, Ko Tao.

September: Ko Pha Ngan, Ko Samui, Ko Tao.

Oktober: Ko Pha Ngan, Ko Samui, Ko Tao – nach dem Ende der Fastenzeit reisen viele Thais in ihre Heimatorte, sodass die Transportmittel häufig überfüllt sind.
November: Khao Lak, Ko Chang, Ko Lanta, Ko Samet, Ko Samui, Krabi, Pattaya, Phuket, Ko Similan – Hochsaison um den Feiertag Loi Krathong, der am Tag des Vollmonds im November gefeiert wird.
Dezember: Cha-am, Hua Hin, Inseln vor Trang, Khao Lak, Ko Chang, Ko Lanta, Ko Samet, Krabi, Pattaya, Phuket, Ko Similan, Ko Tarutao – die Hochsaison beginnt kurz vor Weihnachten.

Natur und Abenteuer

Nationalparks: Natur pur bieten über 130 Nationalparks, von denen der kleine **Erawan National Park** bei Kanchanaburi und der **Khao Yai National Park** mit ihren bildhübschen Wasserfällen und dichten Wäldern auf alle Fälle lohnen. Das Wappentier Thailands, der Elefant, kann im Khao Yai mit Glück noch in freier Wildbahn beobachtet werden.

In Nationalparks werden zumeist 200 Baht (in besonders attraktiven bis zu 500 Baht, in kleineren 100 Baht) Eintritt erhoben. In der Nähe des Headquarters öffnen tagsüber Essensstände oder kleine Restaurants. Vor allem Gruppen und einheimische Familien übernachten auf den Zeltplätzen und in den Bungalows innerhalb der Parks, die über http://it2.dnp.go.th/en/ (teils nur in Thai) gebucht werden können.
Aktivitäten: In der Umgebung der Touristenzentren locken die unterschiedlichsten Outdoormöglichkeiten, darunter Wasser- und Vergnügungsparks, zudem Ziplines, Bungeejumping und Quads. Auch Klettern und Höhlenerkundungen werden angeboten.
Elefantencamps: Empfehlenswert ist ein Besuch des Thai Elephant Conservation Center am Highway Nr. 11 nahe Thung Kwian im Nordwesten von Lampang oder des Elephant Nature Parks bei Chiang Mai. In zahlreichen weiteren Camps oder Touristenparks werden Möglichkeiten geboten, Elefanten zu füttern und zu waschen oder auf ihnen eine Dschungeltour zu unternehmen.

WICHTIGE FRAGEN VOR DER REISE

Brauche ich für die **Einreise** nach Thailand ein Visum, einen Reisepass oder andere Dokumente? s. S. 78

Ist es möglich mit einem **Mietwagen** das Land zu erkunden? s. S. 80

Sollten Hotels und andere **Unterkünfte** vorgebucht werden? s. S. 84

Wie steht es um die **Sicherheit** in Thailand? s. S. 111

Welches **Budget** sollte ich einplanen, und reicht die Kreditkarte aus, um unterwegs flüssig zu sein? s. S. 111

Welches ist die beste **Reisezeit**? s. S. 105

Welche **Kleidung** muss in den Koffer? s. S. 104

Gibt es in Thailand **Malaria** oder andere gefährliche **Tropenkrankheiten?** s. S. 102

Ist eine **ärztliche Versorgung** im Land gewährleistet? s. S. 103

Kann ich mein Smartphone nutzen und günstig **telefonieren**? s. S. 112

Verwitterte Karstberge und unzugängliche Mangrovensümpfe umrahmen die Sandstrände von Krabi

Wanderungen: Im Norden werden komfortable Ausflüge mit Wanderungen, Raftingtouren und anderen Aktivitäten angeboten. Die meisten starten in Chiang Mai, Chiang Rai, Pai, Mae Hong Son und anderen Orten in den Bergen.

Kein Problem – in Thailand individuell reisen

Eine gut entwickelte touristische Infrastruktur und ein dichtes Netz öffentlicher Verkehrsmittel erleichtert das Reisen im Land. Hotel- und Flugbuchungen lassen sich am einfachsten im Internet über die gängigen Portale oder direkt bei Unterkünften und Airlines vornehmen. Aktivitäten und Ausflüge, ob zum Wandern in die Berge und Nationalparks oder zum Tauchen und Segeln, bucht man am besten direkt bei lokalen Veranstaltern.

Fahrkarten für die **Eisenbahn** inklusive Platzreservierung können über www.dticket.railway.co.th gegen einen geringen Aufschlag oder an jedem Bahnschalter bis zu 60 Tage im Voraus gekauft werden. Der Fahrplan ermöglicht eine frühzeitige Orientierung. Allerdings sind Verspätungen die Regel. Für Langstrecken sind Nachtzüge mit Schlafwagen zu empfehlen.

Frühzeitige **Reservierungen** von Zimmern, Flügen und Zügen sind während der thailändischen Feiertage und in der Hochsaison im Dezember/Januar empfehlenswert. Tickets für **Überlandbusse** können kurzfristig an den Busbahnhöfen und in Reisebüros gekauft sowie über www.busonlineticket.co.th oder https://12go.asia online gebucht werden. Die Busse mit unterschiedlichem Komfort fahren von drei Busbahnhöfen in Bangkok aus alle größeren Orte des Landes an und verkehren zwischen den Städten. Im Nahverkehr, auf Nebenstrecken und in ländlichen Regionen werden sie durch ein Netz von Minibussen, Songthaew und Tuk-Tuks ergänzt, sodass mit öffentlichen Verkehrsmitteln viele Ziele preiswert zu erreichen sind.

Es macht Spaß, das Land mit dem **Mietwagen** oder **Motorrad** zu erkunden, wenn man sich erst einmal mit dem Linksverkehr und den Verkehrsverhältnissen vertraut gemacht hat. Bangkok kann man komplett auf der Ring Road umfahren. Allerdings sind teils mehrstöckige Highwaykreuze gewöhnungsbedürftig. Sehr hilfreich ist die Navigation mit dem Smartphone.

Planungshilfe für Ihre Reise

MYANMAR (BURMA)
LAOS
VIETNAM
KAMBODSCHA
VIETNAM
Andamanensee
Golf von Thailand
Chiang Rai
Chiang Mai
4.
Doi Inthanon National Park
Thai Elephant Conservation Center
Sukhothai
Phitsanulok
2.
3.
5.
Ayutthaya
Phimai
Kanchanaburi
1.
Khao Yai National Park
Bangkok
Pattaya
Ko Chang
6.
Phuket
Krabi

Kulturerlebnis

Naturerlebnis

Die Kapitel in diesem Buch

Angaben zur Zeitplanung

Bei den folgenden Zeitangaben für die Reiseplanung handelt es sich um Empfehlungswerte für Touristen, die ihr Zeitbudget eher knapp kalkulieren. Wer mehr Zeit hat, kann entsprechend großzügiger planen.

1. Bangkok und Umgebung

Leicht sind Besucher der quirligen, gewaltig großen Metropole von der Dichte und Vielfalt der Eindrücke überwältigt: den goldglänzenden buddhistischen Tempeln und futuristischen Hochhausfassaden, der unüberschaubaren Fülle an Waren in gigantischen Einkaufszentren und auf riesigen Märkte sowie dem reichhaltigen kulinarischen Angebot. Doch überall finden sich auch Oasen der Ruhe, in Parks, Gärten und Tempeln ebenso wie bei einem Ausflug in die Umgebung.

 *Bangkok, die Kulturmetropole*

Gut zu wissen: Auch wenn die meisten internationalen Flüge in Bangkok landen, kann man die Erkundung der Stadt auf die Zeit vor dem Rückflug verschieben. Dieses hat einige Vorteile: Kleinere, überschaubarere Orte eignen sich besser zur Eingewöhnung und ersten Orientierung. Außerdem lohnt es sich, einige Highlights für die letzten Tage, in denen man vieles besser aufnehmen kann, aufzusparen. Wer das prächtige Wat Phra Kaeo gesehen hat, wird eine Weile brauchen, bis er kleinere Tempel schätzen und genießen kann. Zudem umgeht man einen möglichen Kaufrausch, der schnell die Reisekasse leert und die Koffer füllt. Vom internationalen Suvarnabhumi Airport ist das östliche Stadtzentrum gut mit der Bahn zu erreichen, während der ältere, vornehmlich von Budget-Airlines angeflogene Don Mueang Airport noch nicht optimal ans Schienennetz angeschlossen ist. Generell sind der Skytrain (BTS) und die U-Bahn (MRT) deutlich schneller als Taxis, die vor allem während der Rushhour im notorischen Stau steckenbleiben. Auch die Expressfähren auf dem Fluss sind eine gute Alternative. Bei der Wahl der Unterkunft sollte deshalb die Lage berücksichtigt werden.

Zeitplanung

Ein erstes Kennenlernen:	3 Tage
Bangkok intensiv mit Ausflügen:	7–10 Tage

2. Der Osten

Es dauert eine Weile, bis man die ausufernde Metropole sowie die Industrie- und Hafenanlagen entlang der Küste hinter sich gelassen hat. Doch jenseits der Spaß- und Freizeitmetropole Pattaya geht es geruhsamer zu. Ruhe und Abgeschiedenheit bietet das weite Hochplateau des Isaan im Nordosten, in das nur wenige Touristen reisen. Großer Beliebtheit erfreut sich hingegen der Khao Yai National Park.

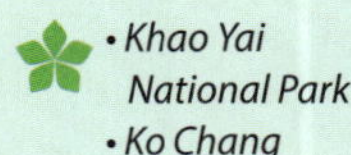

Gut zu wissen: Wegen starker Niederschläge von Mai/Juni bis September/Oktober sind die Inseln und Badeorte an der Ostküste in erster Linie Winterreiseziele. Vor allem von Mitte Dezember bis Mitte Januar, zum chinesischen und thailändischen Neujahr, sollten beliebte Unterkünfte rechtzeitig vorgebucht werden. Hingegen gilt es bei einer Reise durch den Isaan die heißen Monate von März bis Mai zu meiden. Entlang der Ostküste reist man am besten mit Bussen oder dem Auto. Richtung Nordosten kann der Zug eine Alternative sein, sofern man bereit ist, Verspätungen in Kauf zu nehmen. Wer die Reise zum Mekong mit einem Abstecher nach Laos verbindet, sollte beachten, dass mit dem Grenzübertritt das thailändische Visum seine Gültigkeit verliert.

Zeitplanung

Entlang der Ostküste bis Ko Chang:	3 Tage
Badeurlaub:	3–7 Tage
Khao Yai National Park:	2–3 Tage
Rundreise durch den Nordosten:	7–14 Tage

3. Zentralthailand

Kulturell Interessierte kommen in der weiten, fruchtbaren Tiefebene auf ihre Kosten: An den

Ufern der großen Flüsse, den einstigen Handelsrouten, liegen alte Königsstädte und Befestigungsanlagen, prächtige, wie dem Verfall preisgegebene Paläste, Klöster und Tempel mit ausdrucksvollen Buddhastatuen. Sobald sich die Straßen in die Berge hinaufwinden, ist die Region der Teakwälder erreicht, die Heimat der Elefanten.

- *Ayutthaya*
- *Phitsanulok*
- *Sukhothai*

- *Thai Elephant Conservation Center*

Gut zu wissen: Von Bangkok bis Chiang Mai sind es mit dem Zug 10 bis 14 Stunden Fahrt. Wer etwas von der Landschaft sehen will, sollte einen der wenigen Tagzüge oder den schnelleren Bus nehmen und die Fahrt in dem einen oder anderen Ort unterbrechen. Während Ayutthaya auch als Tagesausflug von Bangkok aus besucht werden kann, lohnt vor allem Sukhothai 2–3 Übernachtungen. Abseits der Touristenzentren ist Lampang eine attraktive Alternative für einen Zwischenstopp. Die ideale Reisezeit sind die Monate November bis März, die Tiefebene kann aber ganzjährig bereist werden. Vor allem die Wasserfälle entfalten in der Regenzeit ihre ganze Schönheit. Allerdings können dann Straßen unpassierbar werden, sodass es sich empfiehlt das Ende des Monsuns abzuwarten.

Zeitplanung

Klassisches Kulturprogramm:	7 Tage
Lampang:	1–2 Tage
Abstecher ins Grenzgebiet:	4 Tage

---

4. Der Norden

Noch bis ins letzte Jahrhundert hinein waren die dichten Bergwälder nur schwer zu überwinden und isolierten den Norden vom Rest des Landes. So konnte sich hier eine ganz eigene Kultur von besonderem Reiz entwickeln, die ihren Ausdruck in der Tempelarchitektur wie Esskultur und dem Kunsthandwerk findet. Alleine Chiang Mai lohnt wegen seiner Tempel und Museen, seiner Märkte und Restaurants einen mehrtägigen Aufenthalt. Der hohe Norden bis hinauf zum Goldenen Dreieck hält weitere kulturelle Highlights bereit. Viele davon liegen abseits ausgetretener Touristenpfade. Hingegen wartet der Westen rings um den höchsten Berg Doi Inthanon mit tollen Naturerlebnissen auf.

- *Chiang Mai*
- *Chiang Rai*

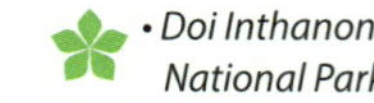

- *Doi Inthanon National Park*

Gut zu wissen: Neben Chiang Mai hat sich in Chiang Rai und Pai eine sehr gute touristische Infrastruktur entwickelt. Sie eignen sich ebenso wie Mae Hong Son und einige kleinere Orte gut als Basis zum Erkunden der abgelegenen Bergwelt mit ihren Bewohnern, den Elefantencamps, Höhlen und National Parks. Ideal ist ein Mietwagen oder (mit entsprechendem Führerschein) Motorrad, sofern man eine Gewisse Fahrkenntnis mitbringt und vor kurvenreichen, teils steilen Straßen nicht zurückscheut. Generell ist es im Norden in den Wintermonaten kühler und dann in den Bergen mit einstelligen Nachttemperaturen ohne Heizung sogar richtig kalt. Durch die weit verbreitete Brandrodung ist gegen Ende der Trockenzeit die Luft stark belastet. Dann kann es zudem unerträglich heiß werden.

Zeitplanung

Chiang Mai mit Ausflügen:	5–7 Tage
Rundreise im Goldenen Dreieck:	7–14 Tage
Rundfahrt um den Doi Inthanon:	7–14 Tage

---

5. Der Westen

Ein Tagesausflug von Bangkok nach Kanchanaburi mit der Brücke am Kwai kann dieser Region zwischen den Obstgärten vor den Toren der Hauptstadt und der unzugänglichen Bergwelt im Grenzgebiet zu Myanmar kaum gerecht werden. Nicht nur die Kämpfe im Zweiten Weltkrieg haben hier ihre Spuren hinterlassen, sondern Khmer-Könige, die ersten Buddhisten und sogar prähistorische Höhlenbewohner. Die klaren Flüsse und Wasserfälle in mehreren Nationalparks sind auch bei einheimischen Urlaubern beliebte Reiseziele.

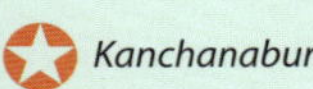

Kanchanaburi

Gut zu wissen: Entlang des Flusses hat sich in Kanchanaburi eine lebhafte Gästehaus-Szene mit preiswerten Restaurants, Tourenangeboten, Motorrad- und Fahrradvermietungen entwickelt, die nicht nur Backpacker anzieht. Familien aus Bangkok bevorzugen komfortable Resorts in der landschaftlich reizvollen Umgebung. Die meisten Besucher lassen sich die Fahrt mit der Eisenbahn über die Brücke am Kwai bis nach Nam Tok nicht entgehen. Nur wenige reisen weiter nach Sangkhlaburi und zum Three Pagoda Pass. Mit einem entsprechenden Visum steht der Grenzübergang westlich von Kanchanaburi Richtung Dawai in Myanmar auch Ausländern offen. Ab April wird es hier sehr heiß und trocken.

Zeitplanung

Kanchanaburi mit Ausflügen:	3–5 Tage
Westen komplett:	mind. 8 Tage

6. Der Süden

Unvorstellbar – eine Reise in die Tropen ohne Strandurlaub, zumal bei diesem großen Angebot. Badeorte mit Bungalowanlagen und Resorts in allen Preisklassen gibt es auf Inseln wie an Festland-Stränden zwischen der kambodschanischen und malaysischen Grenze am Golf von Thailand ebenso wie an der Andamanenküste. Mit zunehmender Entfernung von Bangkok und anderen Städten wird das Wasser klarer und mit zunehmender Dauer der Anreise die Atmosphäre entspannter.

Ob hier noch jemand reinpasst? Ein überfüllter Songthaew auf dem Weg nach Umphang

- *Phuket*
- *Krabi*

Gut zu wissen: Durch die unterschiedliche Ausrichtung der Küsten ändert sich die Regenzeit. Deshalb findet sich zu jeder Jahreszeit ein passender Strand. Bei Dauerregen und starkem Wind ist ein Bad in den Wellen nicht nur unangenehm, sondern kann wegen starker Strömungen gefährlich sein. Auch Quallen, darunter die lebensgefährlichen Portugiesischen Galeeren, und Sandfliegen können das Badevergnügen verleiden. Generell ist das Preisniveau in den Badeorten höher als im restlichen Land, vor allem auf den Inseln, in Hua Hin, Khao Lak und Krabi. Selbst für einfache Strandhütten zahlt man den Preis eines Zimmers in einem Provinzhotel, und bei der Villa mit eigenem Pool gibt es keine Begrenzung nach oben. Ein Badeurlaub lässt sich gut mit einem Besuch interessanter Städte wie Phetchaburi, Hua Hin, Phuket Town oder Nakhon Si Thammarat kombinieren.

Zeitplanung

Bangkok – Ko Samui:	3–7 Tage
Surat Thani– Phuket:	3–7 Tage
Phuket – Krabi:	2 Tage
Inseln in der Andamanensee:	mind. 5 Tage

Vorschläge für Rundreisen

Die meisten Reisenden bevorzugen es, den Erholungsurlaub an eine Rundreise anzuhängen. Selbst Kulturinteressierte werden einige erholsame Tage an einem der Strände einplanen. Es spricht aber nichts dagegen, es umgekehrt zu machen, sofern man nicht durch Sonne, Sand und Meer ganz dem Bann der Trägheit verfällt.

Klassische Tempeltour durch den Norden (14 Tage)

1. Tag: Nach der Landung in Bangkok Weiterfahrt nach Ayutthaya.
2. Tag: Besuch der historischen Stadt und Museen, eventuell auch von Bang Pa In.

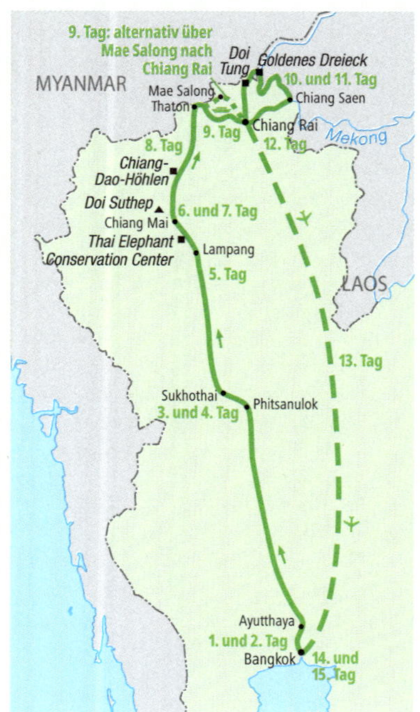

3. Tag: Nach einem Zwischenstopp in Phitsanulok Weiterfahrt nach Sukhothai.
4. Tag: Besichtigung der ehemaligen Königsstadt.
5. Tag: Weiterfahrt nach Chiang Mai mit Zwischenstopp im Wat Phra That Lampang Luang oder Thai Elephant Conservation Center nahe Lampang.
6. Tag: Erkundung der Altstadt von Chiang Mai.
7. Tag: Ein weiterer Tag in der interessanten Stadt, eventuell Ausflug zum Doi Suthep oder nach Lamphun.
8. Tag: Fahrt nach Thaton mit einem Abstecher zur einen oder anderen Attraktion im Mae Sa Valley oder den Chiang-Dao-Höhlen.
9. Tag: Bootsfahrt nach Chiang Rai. Alternativ über die Berge via Mae Salong.
10. Tag: Weiterreise nach Chiang Saen und ins Goldene Dreieck.
11. Tag: Rückkehr eventuell über den Doi Tung nach Chiang Rai.
12. Tag: Ein Tag für die Tempel und Museen in und um Chiang Rai.
13. Tag: Rückflug nach Bangkok. Besuch des Königspalastes mit dem Wat Phra Keo.
14. Tag: Zeit für Museen und weitere Tempel in der Hauptstadt sowie einer Bootsfahrt auf dem Menam Chao Phraya oder eine Shoppingtour.
15. Tag: Zurück zum Airport.

Schnuppertour (7 Tage)

In wenig Zeit viel sehen. Gut mit einem Badeurlaub zu kombinieren.

1. Tag: Vom Airport in Bangkok in den Dschungel, Ziel ist der Khao Yai National Park.
2. Tag: Wandern im Khao Yai.
3. Tag: Von Pak Chong, der nächsten Bahnstation, mit der Eisenbahn nach Ayutthaya. Fahrradtour durch die Ruinenstadt.
4. Tag: Mit dem Bus nach Kanchanaburi.

5. Tag: Morgens in den Erawan National Park, danach zu den Elefanten oder nach Nam Tok und zurück mit der ›Eisenbahn des Todes‹ über die Brücke am Kwai nach Kanchanaburi.

6. Tag: Mit dem Bus nach Bangkok. Fahrt mit dem Expressboot und Skytrain durch die Metropole, Sonnenuntergang in einer Skybar.

7. Tag: Besuch des Königspalastes mit dem Wat Phra Keo. Shoppingtour.

8. Tag: Weiterreise.

Aktivurlaub (21 Tage)

1. Tag: Flug über Bangkok nach Chiang Mai. Spaziergang durch die Altstadt.

2. Tag: Buchung von Touren aus dem reichhaltigen Angebot: Trekking, Hochseilgarten oder Fahrradtour. Nachmittags Kochkurs.

3. + 4. Tag: Tour.

5. Tag: Mit dem Minibus oder Mietfahrzeug auf der kurvenreichen Straße nach Pai.

6. Tag: In der Umgebung von Pai: Motorradtour, Wandern, Rafting oder Trekking.

7. Tag: Weiter nach Pang Mapha. Höhlentour durch die Tham Lot.

8. Tag: Weitere Kurven und Interessantes entlang der Strecke nach Mae Hong Son.

9. Tag: Ausflug in die Umgebung.

10. Tag: Noch mehr Kurven nach Mae Sariang. Zwischenstopp an der Kaeo-Komol-Höhle.

11. Tag: Über den Doi Inthanon zurück nach Chiang Mai.

12. Tag: Flug nach Phuket. Vom Airport weiter in den Khao Sok National Park.

13. Tag: Wandern im Khao Sok National Park.

14. Tag: Tagesausflug zum Stausee oder zur Rafflesia.

15. Tag: Bus nach Phuket Town.

16. Tag: Fähre über Ko Phi Phi nach Krabi.

17. Tag: Seekajak-Tour in der Phang Nga Bay ab Krabi.

18. Tag: Fähre über Ko Lanta auf eine der kleineren Inseln.

19. + 20. Tag: Strandurlaub.

21. Tag: Zurück nach Krabi. Flug nach Bangkok.

22. Tag: Anschlussprogramm in Bangkok oder Rückreise.

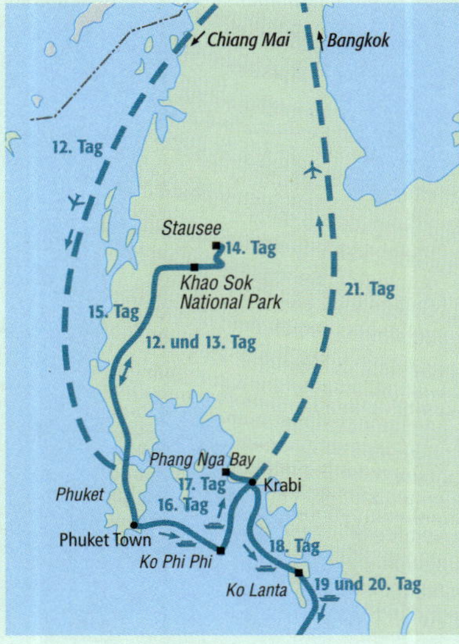

Wissenswertes über Thailand

»Im Allgemeinen sind die Siamesen sehr religiös und verehren Gott durchaus, denn sie errichten vielerlei großartige Tempel, einige aus Stein und Mörtel, andere aus Ziegeln gemauert.«
Joao de Barros

Sukhothai, eine der alten Königsstädte, ist die Wiege Thailands

Steckbrief Thailand

Daten und Fakten

Name: Thailand (in Thai: Prathet Thai = Das Land der Freien); bis 1939 hieß es Siam.

Fläche: 513 120 km², die größte Entfernung vom Goldenen Dreieck im Norden bis zur malaysischen Grenze im Süden beträgt über 1600 km, von Westen nach Osten sind es 800 km. Hingegen ist das Land an seiner schmalsten Stelle nur 15 km breit.

Einwohner: 70 Mio.
Bevölkerungswachstum: 0,17 %
Lebenserwartung: 77 Jahre
Analphabetenrate: 3 %
Hauptstadt: Bangkok
Amtssprache: Thai

Währung: Thailändischer Baht zu 100 Satang. Geldscheine zu 1000, 500, 100, 50 und 20 Baht, Münzen zu 10, 5, 2 und 1 Baht. Nur noch wenige kleine Münzen zu 50 und 25 Satang sind im Umlauf.

Zeitzone: Die Zeitverschiebung zur Mitteleuropäischen Zeit beträgt plus 6 Stunden, zur Sommerzeit plus 5 Stunden.

Landesflagge: Die dreifarbige, quer gestreifte Flagge, außen rot, dann weiß und innen blau, wird Trirong genannt und ist seit 1917 Landesflagge. Rot repräsentiert die Nation, weiß die Religion und blau das Königshaus. Vor öffentlichen Gebäuden wird um 8 Uhr landesweit beim Gesang der Nationalhymne die Flagge gehisst und um 18 Uhr eingeholt.

Geografie

Thailand gliedert sich in vier Großräume: Die Zentralregion mit Bangkok (104 000 km², 26 Mio. Einwohner) besteht aus einer weiten alluvialen Schwemmlandebene, die vom größten Fluss des Landes, dem Menam Chao Phraya, und seinen Zuflüssen durchzogen wird. Das fruchtbare Land wird überwiegend für den Reis-, Gemüse- und Obstanbau genutzt. Die Infrastruktur und die Wirtschaft in diesem stark industrialisierten Gebiet sind auf die Metropole Bangkok ausgerichtet.

In der Nordregion (170 000 km², 12 Mio. Einwohner) erstrecken sich die äußeren Ausläufer des Himalaya, die nur selten 2000 m Höhe erreichen. Sie verlaufen in Nord-Süd-Richtung entlang der Westgrenze des Landes bis zur Malaiischen Halbinsel. In den fruchtbaren Tälern, die von den Nebenflüssen des Mekong, Saluen und den Quellflüssen des Menam Chao Phraya durchzogen werden, liegen alle größeren Siedlungen.

Das von Gebirgszügen und Flüssen umgrenzte Hochplateau der Nordostregion (169 000 km², 22 Mio. Einwohner) besteht in weiten Regionen aus Sandstein und nährstoffarmen Verwitterungsböden und kann die Bevölkerung nur unzureichend ernähren. Regelmäßig kommt es durch lange Trockenzeiten zu Missernten, sodass viele Bauern saisonal oder ganz abwandern, vor allem in die Städte des Nordostens, wie Udon Thani, Khon Kaen und Korat (Nakhon Ratchasima), aber auch in die Hauptstadt Bangkok.

In der Südregion (71 000 km², 10 Mio. Einwohner) durchziehen Bergketten in Nord-Süd-Richtung die Malaiische Halbinsel. Während an der Westküste schroffe Karstfelsen steil ins Meer abfallen, läuft das Gebirge im Osten in eine weite Küstenebene aus. Die über 2600 km lange Küste am Golf von Thailand und am Indischen Ozean (Andamanensee) bestimmt das Leben der Menschen.

Der Doi Inthanon (2565 m) ist der höchste Berg. Das längste Flusssystem entsteht durch den Zusammenfluss des Ping (658 km) und Yom (700 km) zum 372 km langen Menam Chao Phraya. Es hat ein Einzugsgebiet von 178 000 km², vergleichbar mit der Oder.

Geschichte

Erste Siedlungen können bis zu 7000 Jahre zurückverfolgt werden und größere Wanderungsbewegungen bis zu 2000 Jahre. Im 1. Jt. kam es zur Gründung kleiner Thai-Fürstentümer, zudem lagen Teile des heutigen Staatsgebiets im Einflussbereich des Khmer-, Dvaravati- und Srivijaya-Reiches. Mit der Gründung von Sukhothai 1228 entsteht das erste Thai-Reich mit einer eigenen kulturellen Identität. Es folgt die Herrschaft von Ayutthaya, die mit der burmesischen Eroberung 1767 endet. Nach dem Neubeginn unter der Chakri-Dynastie in der neuen Hauptstadt Bangkok verfolgt das Land zwischen den kolonialen Einflussgebieten Englands und Frankreichs eine Balancepolitik und wird niemals kolonisiert.

Staat und Politik

Seit 1932 konstitutionelle Monarchie; derzeitiges Staatsoberhaupt ist König Vajiralongkorn (Rama X.). Die demokratische Verfassung wurde seitdem bereits 20 Mal angepasst oder durch eine neue ersetzt, in der Regel im Anschluss an einen der zahlreichen Militärputsche. Die aktuell gültige, von der Militärregierung entscheidend beeinflusste Verfassung von 2017 schränkt das Versammlungs- und Presserecht sowie die Aktivitäten der Parteien erheblich ein und gesteht dem Militär zahlreiche Sonderrechte und erweiterte politische Einflussmöglichkeiten zu.

Bei den Parlamentswahlen 2023 sprach sich eine absolute Mehrheit der Wahlberechtigten für die progressive Fortschrittspartei (Move Forward Party, MFP) und die dem ehemaligen Premierminister Thaksin und seiner Familie nahestehende Pheu-Thai-Party (PTP) aus. Die Partei des seit dem Militärputsch von 2014 regierenden Generals Prayut Chan-o-cha stürzte hingegen in der Wählergunst ab. Doch bereits in der Vergangenheit wurden zahlreiche wechselnde Koalitionen stark vom Militär bestimmt.

Wirtschaft und Tourismus

Die Landwirtschaft trägt 8,2 % zum Bruttoinlandsprodukts bei, der Dienstleistungssektor 55,6 % und eine stark exportorientierte Industrie 36,2 %. Wichtigste Ausfuhrgüter sind Autos, Textilien, Elektrogeräte, verarbeitete Lebensmittel, Latex, Zuckerrohr, Palmöl, Meeresfrüchte, Reis. Je nach Region gilt in Thailand ein Mindestlohn von 328 bis 354 Baht pro Tag. Es bestehen starke Unterschiede zwischen Stadt und Land, vor allem zwischen Bangkok und dem Nordosten (Isaan) sowie in den südlichen Provinzen zwischen den Touristenzentren und dem Hinterland. Der Tourismus ist ein wichtiger Devisenbringer. Vor der Corona-Pandemie kamen knapp 40 Mio. Touristen pro Jahr (2019).

Bevölkerung und Religion

95 % der Bevölkerung sind Thai, zudem leben aus Myanmar und dem südchinesischen Raum eingewanderte Bergvölker im Norden, muslimische Malaien im Süden sowie eine chinesische Minderheit vor allem in den Städten. Die meisten ethnischen Thais bekennen sich zum Theravada-Buddhismus. Hingegen sind Chinesen überwiegend Anhänger des Mahayana-Buddhismus und Taoismus. Doch auch der Glaube an Geister ist tief verwurzelt, wie zahllose Geisterhäuschen für die Hausgeister bestätigen.

Natur und Umwelt

Über 1600 km erstreckt sich das Land – von den lichten Teakwäldern im Norden über die von Flüssen und Kanälen durchzogene zentrale Ebene bis hin zu den immergrünen Regenwäldern der Malaiischen Halbinsel, den Mangrovenküsten und tropischen Korallenriffen. In diesem Übergangsbereich zwischen Subtropen und Tropen konnte sich eine vielfältige Fauna und Flora entwickeln.

Die Malaiische Halbinsel

Der Süden des Landes wird vom Meer geprägt, das die Malaiische Halbinsel umrahmt. Zur Andamanensee im Westen fallen teils schroffe Gebirgszüge steil ins Meer ab, während im Osten am Golf von Thailand weite, von Kokospalmen bestandene Schwemmlandebenen das Landschaftsbild prägen. Vor dem Eingriff des Menschen war das Landesinnere von **tropischen immergrünen Regenwäldern** überzogen.

Im tiefen Süden, wo vor allem in den europäischen Sommermonaten die dreifache Regenmenge im Vergleich zu Mitteleuropa fällt, konnte sich eine artenreiche Flora und Fauna entwickeln. Unter dem dichten Blätterdach der Urwaldriesen, das kaum einen Sonnenstrahl auf den Boden durch dringen lässt, finden Palmen, Rattan, Farne, Würgefeigen und Orchideen ideale Lebensräume und liefern einer Vielfalt von Tieren das ganze Jahr über Schutz und Nahrung.

Nördlich von Chumphon, wo die Trockenzeit länger dauert, finden tropische Edelhölzer keine idealen Wachstumsbedingungen mehr vor. Die Wälder bedecken mittlerweile nur noch die steilen Berghänge, während sich in der Ebene weite Palmöl- und Kautschukplantagen erstrecken. Auch Reis, Bananen, Kokospalmen, Melonen und Ananas werden hier angebaut.

Entlang der Küste erstrecken sich vor allem im Bereich der Gezeitenzone an Flussmündungen **Mangrovenwälder.** Die Pflanzen finden mit ihren bizarr anmutenden Stelz- und Atemwurzeln im Schlick der Uferregion Halt und sind resistent gegen Salzwasser. Gleiches gilt für die Nipa-Palme, die ebenso wie die niedrigen Bäume wirtschaftlich genutzt wird oder Fischteichen und Garnelenfarmen weichen muss. Sind die Mangrovenwälder abgeholzt, fehlen Fischen und Krebsen die Brutplätze und die Küste ist ungeschützt der Gewalt der Gezeiten preisgegeben, sodass das Land stetig erodiert.

An sandigen Küstenabschnitten dominieren **Strandwälder** mit Schatten spendenden Kasuarinen und Kokospalmen. Diese Palme bietet so viele Nutzungsmöglichkeiten wie das Jahr Tage hat. Sie ernährt Millionen von Menschen, liefert Heiz- und Baumaterial für Häuser, Kopra für die Speisefettproduktion, Früchte für geschmackvolle Gerichte, Palmzucker, erfrischende Kokosmilch und Blütenkolben für den berauschenden Palmwein.

Das zentrale Tiefland

Je weiter man nach Norden kommt, um so deutlicher ist die mehrmonatige Trockenperiode ausgeprägt. Die zentrale Ebene des Kernlands ist wegen des geringen Gefälles der Flüsse häufig überschwemmt. Hier hat der Nassreisanbau auf den fruchtbaren alluvialen Böden die natürliche Vegetation fast völlig verdrängt. In der Umgebung von Bangkok wird zudem Zuckerrohr, Obst und Gemüse angebaut.

Während im Tiefland jenseits der Städte und Industriegebiete Reisfelder überwiegen, bedecken **tropische immergrüne Trockenwälder** die westlichen Berge, das nördliche Hochland, die Phetchburi- und Dongrak-Gebirgskette und die Höhenzüge der Chantaburi-Region. In Gebieten, in denen die jährlichen Niederschlagsmengen 2000 mm übersteigen, herrschen immergrüne Bäume und Palmen vor.

Dort, wo die Trockenzeit ausgeprägter ist, geht die Vegetation in **gemischte laubabwerfende Wälder** über, was für 65 % der thailändischen Wälder zutrifft. Typische Vertreter dieser Flora sind der Teakbaum sowie die *Diptericarpaceen,* die größten Bäume überhaupt, zu denen auch der harzliefernde Dammarbaum gehört. Diese Wälder, wie etwa im Khao-Yai-Nationalpark, sind die Heimat von Affen, Zibetkatzen, Wildschweinen und größeren Säugetieren wie den Wildrindern, Sambar-Hirschen und Elefanten.

In feuchten Tälern erstrecken sich teils gewaltige **Bambushaine.** Zwischen Indien und China gibt es, abgesehen von der Kokospalme, wohl kaum eine universellere Pflanze. Die schnurgeraden, hohlen Stämme mit ihrer äußerst harten Oberfläche und den starken Zwischenknoten sind vielseitig verwendbar. Aus Bambus fertigt man Flöße, Wasserleitungen, Werkzeuge, Waffen, Kochgeschirr, Musikinstrumente, Matten und Möbel. Ja sogar ganze Häuser sind mit Ausnahme der Stützpfeiler aus Bambus erbaut und junge Bambusschößlinge finden als schmackhaftes Gemüse in der Küche Verwendung. Flussläufe und Feuchtgebiete im Landesinnern bieten ideale Lebensbedingungen für diese Graspflanze, die bis zu 40m hoch werden kann. Ein blühender Bambus ist selten zu sehen und wird immer das Absterben der Pflanze zur Folge haben.

Der Nordosten

Auf den sandigen Lateritböden im Nordosten, wo die Trockenperiode länger als vier Monate dauert und die jährliche Regenmenge un-

Welcher Urlauber wünscht ihn sich nicht, den menschenleeren Traumstrand

ter 1200 mm liegt, wachsen **lichte Wälder** mit niedrigen Bäumen und spärlichem Unterwuchs, die in trockeneren Gebieten von Grasflächen und Zwergbambusgewächsen abgelöst werden. Beispiele dieser Vegetation findet man außer im Nordosten auch in den Nationalparks bei Kanchanaburi und weiter im Norden. In trockeneren Lagen ist nur eine Reisernte möglich. Danach pflanzt man Mais, Tabak, Knoblauch und Zwiebeln. Zudem wachsen hier Zuckerrohr, Baumwolle und Kassawa (Maniok) für die Futtermittelindustrie, Biodünger und Bioethanol sowie Kenaf für die Juteproduktion.

Der Norden

In den Bergregionen über 1000 m Höhe rings um Chiang Mai dominieren laubabwerfende Bergwälder; in einigen Gebieten mit über 1500 mm Niederschlag pro Jahr kommt auch immergrüner Bergwald vor. Hier wachsen Baumfarne, viele Rhododendren sowie über 900 m Höhe Südeichen und Scheinkastanien. Im immergrünen Bergwald sind viele Vogelarten und Eichhörnchen beheimatet, darunter das große Flughörnchen. Dort, wo die Böden karg und die Niederschlagsmenge gering ist, herrschen niedrige laubabwerfende Wälder, Rhododendren und Koniferen vor, so auf dem Korat-Plateau und im Norden am Doi Inthanon, bei Mae Hong Son und Chiang Rai.

In den Bergen entlang der Grenze zu Myanmar werden die steilen Hänge vor allem von Angehörigen der Bergvölker bestellt. Landwirtschaftliche Projekte der Regierung haben den traditionellen Mohnanbau zur Opiumgewinnung fast vollständig unterbunden und durch Obst, Gemüse, Kaffee, Tee, Bergreis, Gewürze und Blumen ersetzt.

Umweltprobleme

In der traditionellen buddhistischen Gesellschaft bestehen enge Beziehungen zwischen Mensch und Natur, die durch Respekt gekennzeichnet sind. *menam,* Mutter des Wassers, nennen die Menschen ihre Flüsse und bezeugen ihnen alljährlich am Loi-Krathong-Fest Dank. Im Gegensatz dazu gilt es, die dunklen Wälder, die Heimat gefährlicher Tiere und böser Geister, zu zähmen und dem Menschen nutzbar zu machen.

Noch vor wenigen Generationen war weit mehr als die Hälfte von Thailand mit Wald bedeckt, eine unerschöpflich scheinende Quelle wirtschaftlichen Reichtums. Der Wald lieferte Holz zum Bauen und für die Möbelproduktion, Brennstoffe, Rattan, Bambus, Öle, Harze, Gewürze und Früchte.

Erst als in den 1950er-Jahren der größte Teil der Wälder verschwunden war, begannen vereinzelt Naturschützer ihre Stimmen zu erheben. Mittlerweile hat die Umweltschutzbewegung durch die Gründung des Wildlife Fund Thailand (WFFT, www.wfft.org) sowie durch zahlreiche Initiativen des ehemaligen Königs für den Erhalt der Umwelt eine starke Position in der Gesellschaft erlangt.

Doch die Meldungen über Umweltkatastrophen häufen sich: Überflutungen und Wirbelstürme fordern im Süden des Landes ihren Tribut. Monatelange Dürren und zunehmende Bodenversalzung bedrohen die Existenz der Landbevölkerung im Nordosten. Ausgetrocknete Stauseen können die Städte und Touristenzentren nicht mehr ausreichend mit Wasser und Elektrizität versorgen. Überdosierte Düngemittel, Pestizide und Herbizide sowie der Einsatz von Antibiotika in der Tiermast wie in Garnelenfarmen vergiften die Umwelt.

Bereits 1974 wurde ein Gesetz verabschiedet, das den Staat verpflichtet, das ökologische Gleichgewicht zu erhalten und gesundheitsbelastende Umweltverschmutzung zu verhindern. 1988, nach katastrophalen Überschwemmungen und Erdrutschen, erließ König Rama IX. ein generelles Holzeinschlagverbot – eine ökologisch sinnvolle Maßnahme, die allerdings erhebliche soziale Auswirkungen zeigte: 144 000 Menschen und etwa 3000 Arbeitselefanten, die in den Wäldern und Sägewerken beschäftigt waren, verloren ihre Arbeit. Das knappe Holz wurde teuer – ein großer Anreiz für die gewissenlose Holzmafia, die Wälder auch in den Nachbarländern zu plündern.

Reis – die Lebensbasis

Die gängige Begrüßung: »Kin khaao rü jang« – »Hast Du schon (Reis) gegessen?« belegt nicht nur, dass sich fast alles in Thailand ums Essen dreht, sondern ›essen‹ auch gleichbedeutend mit ›Reis essen‹ ist. Kaum denkbar ist eine Mahlzeit ohne Reis.

Reis gibt's in allerlei Varianten, sogar in blau

Auf den Märkten reicht das Angebot vom beliebten Duft- oder Jasminreis – einem weißen, geschliffenen Langkornreis – über roten, schwarzen und braunen Reis mit rundem wie langem Korn bis zu dem im Nordosten und Norden beliebten Klebreis. Hingegen wird der ertragsarme Bergreis hauptsächlich von Angehörigen der Bergvölker für den Eigenbedarf angebaut.

Bereits seit Jahrhunderten erstrahlen die Reisfelder in den Flussniederungen in der Regenzeit in sattem Grün. Durch den Bau von Staudämmen, Schleusen und Kanälen wurden in den letzten Jahrzehnten auch trockene Gebiete für den Nassreisanbau erschlossen. Gleichzeitig ermöglichten neue Sorten mehrere Ernten im Jahr und die Mechanisierung der Landwirtschaft führte zu erheblich höheren Hektarerträgen, sodass Thailand zu einem der wichtigsten Reisexporteure der Welt wurde.

Die Ursprünge der fast 10 000 Jahre alten Reiskultur werden im Dreieck von Südchina, dem Norden von Myanmar und Nordost-Indien vermutet. Bei prähistorischen Ausgrabungen wurden auch in Thailand Reiskörner als Grabbeigaben entdeckt. Religiöse Zeremonien wie Feste sind noch heute mit dem Hauptnahrungsmittel verbunden. In den Bergen Nordthailands wie in der weiten Menam-Ebene bestimmt auf dem Land der Wachstumszyklus vom Reis den Lebensrhythmus der Menschen, auch wenn der Wasserbüffel mittlerweile vom einachsigen Traktor, dem ›eisernern Wasserbüffel‹, abgelöst wurde.

Bauern aus allen Landesteilen strömen Mitte Mai auf den Sanam Luang vor dem Königspalast, wo unter der Leitung des Königs oder eines Vertreters in einer uralten brahmanischen Zeremonie die erste Furche gepflügt und die ersten Reiskörner gesät werden. Wer einige davon in die eigene Saat mischt, erhofft sich eine reiche Ernte. Zuerst werden die Körner in Aufzuchtbeeten vorgezogen. Nach etwa drei Wochen können die Schösslinge in das gepflügte, geeggte und geflutete Feld ausgepflanzt werden, was mittlerweile überwiegend maschinell erfolgt. Während die Saat heranreift, ist Khao Phansa, die dreimonatige Fastenzeit, in der traditionell junge Männer ins Kloster gehen. Nach etwa vier Monaten kann geerntet und anschließend ausgiebig gefeiert werden.

Zu den Erntefesten wird in den Dörfern nicht nur Reis, sondern auch die gesamte Palette exotischer Gerichte aufgetischt, darunter frittierte Heuschrecken, Maden und Wasserkäfer oder weich geklopfte Büffelhaut. An diese Delikatessen wagen sich die meisten Besucher höchstens mit der Kamera heran. Hingegen gehören *khaao phat,* gebratener Reis, und *khaao nie oh mamuang,* Klebreis mit Mango, zu den absoluten Favouriten der Gäste aus dem Ausland.

Auf Schmuggelpfaden gelangen Edelhölzer aus Laos und Myanmar über die Landesgrenze nach Thailand. Die illegalen Holzfäller sind gut organisiert und mit moderner Technik ausgestattet, sodass die Polizei wenig gegen sie ausrichten kann.

Mittlerweile sind Thailands Wälder auf weniger als ein Viertel ihrer ursprünglichen Fläche geschrumpft. Immer mehr Land wird unter den Pflug genommen, große Staudamm- und Straßenbauprojekte sowie neue Industrie- und Wohngebiete tragen zur Vernichtung der letzten zusammenhängenden Wälder bei. Unberührter Primärdschungel hat nur noch an steilen Berghängen und in unzugänglichen Gebieten überlebt, der größte Teil der Wälder ist durchforstet und besteht aus einem nachgewachsenen, artenärmeren Sekundärwald.

Bis zum Ende des 20. Jh. wurden nur kleine Waldflächen unter wirtschaftlichen Gesichtspunkten wieder aufgeforstet, zumeist mit schnell wachsenden Monokulturen wie Eukalyptusbäumen für die Papierindustrie. Diese tiefwurzelnde Pflanze eignet sich auch für trockene Regionen, denn sie kann das Wasser tiefer Erdschichten nutzen. Dadurch entzieht sie jedoch allen anderen Pflanzen das Wasser. Vor allem im trockenen Nordosten gelangen durch die Eukalyptuswurzeln wasserlösliche Salze an die Oberfläche und tragen, ebenso wie die Tiefbrunnen, zur Versalzung der Böden bei.

Nur ein Problem von vielen, denn der Reihenanbau der Monokulturen begünstigt auch Erdrutsche, die Pflanzen sind anfälliger gegen Insektenbefall und müssen daher häufiger mit Pestiziden behandelt werden. Mittlerweile versucht man, in mehreren Projekten, landestypische Wälder und einheimische Nutzhölzer unter ökologischen Gesichtspunkten wieder zu etablieren.

Wo Wälder abgeholzt wurden und der Boden keine landwirtschaftliche Nutzung zulässt, siedelt sich das hohe Silberhaargras (*Imperata cylindrica*) an. Seine filzigen Büschelwurzeln schließen den Boden dicht ab, lassen ihn trocken und hart werden. Ohne schützendes Blätterdach ist der Boden der Sonneneinstrahlung ausgesetzt. Und das Regenwasser gelangt nicht mehr in die tieferen Bodenschichten, sondern fließt schnell ab. Springfluten und Überschwemmungen sind die Folge. Mit dem Ende der Regenzeit versiegen die Quellen, sodass viele Dörfer über Monate kein Wasser haben.

Nationalparks

1962 wurde rings um den Berg Khao Yai der erste Nationalpark von Thailand etabliert, um den Wald als Wasserspeicher und Lebensraum der Tiere zu erhalten. Heutzutage existieren in Thailand über 200 Nationalparks und Tierschutzgebiete, die insgesamt knapp 31 % der Landesfläche sowie einige Küstenabschnitte umfassen. Zudem gibt es Areale, in denen bestimmte Tierarten nicht gejagt werden dürfen, und Waldparks, die als Erholungsgebiete

Sehen, Staunen, Kajakfahren: urwüchsige Landschaft rund um den Chiew-Lan-Stausee im Khao Sok National Park

der Bevölkerung erhalten bleiben sollen. In einigen Parks drängt das kommerzielle Interesse den Naturschutzgedanken in den Hintergrund. Andere sind kaum erschlossen oder nur schwer zugänglich.

Die Nationalparks reichen von den Teakwäldern in den Bergen des Nordens bis zu den Korallenriffen vor der Küste. Der Besuch lohnt besonders am Ende der Regenzeit, wenn Flüsse und Wasserfälle genügend Wasser führen und in den Wäldern die Blumen erblühen. Von Ausländern wird für den Besuch zumeist ein Eintritt von 100–500 Baht pro Tag verlangt.

Auch wenn sich die Attraktion kleinerer Parks auf einen Picknickplatz an einem gurgelnden Bach beschränkt, lohnen viele der thailändischen Nationalparks einen Besuch. Für einen mehrtägigen Aufenthalt eignet sich der Khao Yai National Park, der leicht von Bangkok aus zu erreichen ist, und der Khao Sok National Park im Süden des Landes nahe der Andamanenküste.

Weitere Nationalparks lassen sich gut in Tagesausflügen besuchen, so etwa die geschützten Zonen in der Umgebung von Kanchanaburi oder Chiang Mai, wie der Doi Inthanon National Park oder der Khao Sam Roi Yot National Park bei Hua Hin. An der Ostküste sind noch Teile des Khao Chamao und Khao Soi Dao National Park von Primärdschungel bedeckt. Inseln wie Ko Samet, Ko Phi Phi und Ko Chang gelten als Meeresnationalpark, obwohl ganz offensichtlich in erster Linie wirtschaftlichen Interessen der Vorrang gegeben wird. Weitere unter Naturschutz stehende Meeresnationalparks sind u. a. das Ang Thong Archipel im Golf von Thailand, die Similan- und Surin-Inseln sowie die Tarutao-Inselgruppe in der Andamanensee.

Der Elefant – das Wappentier von Thailand

Bereits vor Jahrhunderten wurden in der Region zwischen Indien und Thailand wilde Elefanten eingefangen und dressiert. Mit ihrer Kraft, Größe und Geschicklichkeit ließen sie sich im Krieg, in den Teakwäldern und als Transporttiere selbst im schwierigsten Gelände einsetzen. Die Verehrung, die Elefanten zuteil wurde, erhob sie in den Rang heiliger Tiere.

In zahlreichen Legenden verkörpert der dreiköpfige Elefant Erawan die Macht des Herrschers. Der Erawan-Schrein in Bangkok ist täglich Ziel Hunderter von Gläubigen. Aus dem indischen Raum stammt Phra Pikanet – auch Ganapati oder Ganesha genannt – der hinduistische Gott der Wissenschaft und Künste mit dem Elefantenkopf, der auch in Thailand verehrt wird. Der Legende zufolge wurde sogar Buddha in einer seiner früheren Inkarnationen als weißer Elefant geboren. Auch der Mutter von Prinz Siddhartha wurde durch einen Traum von einem weißen Elefanten die Geburt des zukünftigen Buddhas vorhergesagt.

Deshalb galt im Königreich von Ayutthaya die Geburt eines solchen Tieres als gutes Omen für den Herrscher und als Symbol seiner uneingeschränkten Macht. Sogar in der Landesflagge der damaligen Zeit symbolisierte der Elefant die absolute Monarchie.

Mitte des 16. Jh. führten Burma und Siam Krieg, weil die stattliche Anzahl weißer Elefanten in Ayutthaya den Neid des burmesischen Königs erregte. Seine unerfüllte Forderung nach zwei weißen Elefanten beantwortete er mit einem Feldzug, der Ayutthaya zu einem Vasallen von Burma machte. Noch heute geht ein weißer Elefant automatisch in den Besitz des Hofes über, vielen wird ein Adelstitel verliehen und ein wahrhaft fürstliches Leben ermöglicht. Der ehemalige König Bhumibol (Rama IX.) besaß mit bis zu 21 weißen Elefanten die meisten in der Geschichte des Landes. Sie sind jedoch nicht wirklich weiß, sondern Albinos, die am Kopf und an den Füßen etwas heller als die anderen Tiere aussehen.

Weniger gut geht es den wenigen noch wild lebenden Artgenossen in den verbliebenen Wäldern entlang der Grenze zu Myanmar (Burma), in den nördlichen Bergen von Phetchabun, im Khao Yai National Park sowie in 15 weiteren Nationalparks und 14 Tierschutzgebieten. Hier wird es für das Großwild immer enger. Es stößt bei seinen Wanderungen ständig an die Grenzen seines Lebensraums, die Nahrung wird knapp und die Herden werden immer kleiner. Sobald der Bestand eine gewisse Zahl unterschreitet, ist die Fortpflanzung nicht mehr gesichert, sodass die Tiere vom Aussterben bedroht sind. Nashörner, Tiger, Wildrinder und Tapire gibt es kaum noch und in wenigen Jahrzehnten wird wahrscheinlich auch der Elefant, das inoffizielle Wappentier von Thailand, ausgestorben sein.

Trotz der großen Liebe, die Elefanten bei der Bevölkerung genießen, haben Wilderer sie wegen des Elfenbeins erbarmungslos gejagt. Der Bestand an wilden Elefanten ist auf wenige Herden mit insgesamt 3000–3700 Tieren zusammengeschrumpft, von denen einige aufgrund der geringen Zahl bereits zum Aussterben verurteilt sind. Zudem gibt es noch 3500–4000 gezähmte Elefanten, die vor allem von Karen und anderen Minderheiten in den Camps entlang der Grenze zu Myanmar trainiert werden. Aber als Nutztiere sind sie seit dem Holzeinschlagverbot ›arbeitslos‹.

Begehrt und verehrt: Der Elefant fehlt bei keiner bedeutenden Zeremonie

Mehrere Tausend Elefanten werden in der Tourismusindustrie eingesetzt, von vielen kritisch beäugt, aber für das Überleben der im Unterhalt enorm teuren Tiere schlichtweg alternativlos. Sie führen in Elefantencamps ihre vielseitigen Künste vor und stehen für Ausritte, ein gemeinsames Bad und Erinnerungsfotos bereit. Allerdings reagieren viele verschreckt auf die ungewohnten Menschenmassen, lauten Geräusche und schnellen Bewegungen, gelegentlich werden sie sogar aggressiv. Zudem machen ihnen das lange Tragen schwerer Lasten und vor allem an der Küste die heißen, nicht artgerechten Temperaturen und das ungewohnte Fressen zu schaffen, sodass dort viele Tiere erkranken. Andere werden bei ihren Wanderungen entlang der stark befahrenen Straßen verletzt. Elefantenbabys werden im Alter von drei Jahren von ihren Müttern getrennt, um sie zu trainieren. Dieses hat in Thailand zur Gründung von Initiativgruppen geführt, die sich um das Wohlergehen gezähmter wie wilder Elefanten kümmern. Über ihre Arbeit informieren u. a. die Website von Friends of the Asian Elephant (www.eleaid.com). In einigen Camps bleiben die Jungtiere auch während ihres Trainings bei den Müttern, die sie begleiten. Andere Jungtiere stammen aus Myanmar, wo sie ihren Müttern weggenommen und über die Grenze nach Thailand geschmuggelt werden.

In einigen, nicht zu empfehlenden Camps tragen die Tiere viele Stunden lang bis zu drei Erwachsene auf ihrem Rücken auf immer gleicher Strecke durch den Wald. In anderen hat jeder Besucher seinen persönlichen Elefanten oder man verzichtet gänzlich aufs Reiten und erlaubt Besuchern nur, die Tiere zu baden und zu füttern. Im Thai Elephant Conservation Center, dem auch ein Hospital und Kindergarten angeschlossen sind, können sich Touristen 28 km nördlich von Lampang über die Elefanten informieren und sogar für einige Tage zusammen mit den Dickhäutern und ihren Mahouts leben und sich an der Fütterung und Pflege der Tiere beteiligen. Viele weitere Informationen unter www.thailandelephant.org/en.

Wirtschaft, Soziales, aktuelle Politik

Mit fabelhaften Wachstumsraten schien sich das Land auf einem unaufhaltsamen Erfolgsweg zu befinden. Die Auswirkungen von regionalen und globalen Wirtschaftskrisen, Naturkatastrophen, innenpolitischen Unruhen und demografischem Wandel führten jedoch wiederholt Thailands Verwundbarkeit vor Augen.

Vom Entwicklungs- zum Schwellenland

Als eine der erfolgreichsten und am schnellsten wachsenden Wirtschaftsregionen lockte Südostasien in der ersten Hälfte der 1990er-Jahre durch eine Liberalisierung der Finanzmärkte Investoren aus aller Welt an. Schon bald waren in Thailand die Auslandskredite nicht mehr durch Währungsreserven gedeckt, sodass es 1997 zu einer massiven Abwertung des Baht kam und internationale Anleger die Flucht ergriffen.

Die Kreditzinsen stiegen ebenso wie die Auslandsverschuldung, der Wert des Baht hingegen fiel ins Bodenlose, bis der IWF eingriff. Eine verknappte Geldpolitik bremste zwar den Währungsverfall und die Auslandsverschuldung, entzog jedoch der heimischen Wirtschaft Investitionskapital und führte zu zahlreichen Firmeninsolvenzen. Die Arbeitslosenquote verdoppelte sich.

1999 hatte sich, trotz eines hohen Haushaltsdefizits und zahlreicher Unternehmenspleiten, die Währung stabilisiert. Allerdings litt die weniger wohlhabende Bevölkerung sehr unter den rigiden Auflagen des IWF.

Traditionelles Kunsthandwerk wird in Thailand noch immer hoch geschätzt

Trotz gestiegener Preise, vor allem für Importe, stagnierten die Löhne auf niedrigem Niveau.

Der Multimilliardär Thaksin gewann mit seinen Versprechungen eines rigiden Wandels in der Wirtschaftspolitik 2001 die Wahlen. Seine Ausländern kritisch gegenüberstehende Wirtschaftspolitik fand weitreichende Unterstützung. Geldgeschenke der Regierung und öffentliche Investitionen kurbelten die Binnennachfrage an, und Kleinunternehmen wurden als Gegengewicht zur überwiegend exportorientierten Massenproduktion gefördert. Aber schon 2002 wurde der duale Weg proklamiert und ausländischen Investoren vor allem in technologieorientierten Sektoren der Weg geebnet, wodurch die Exporte stark anstiegen und das Land bald schuldenfrei war.

Doch bereits 2008 führten politische Unruhen zu einer erneuten Rezession. Viele Exportgüter, die immerhin zwei Drittel der thailändischen Wirtschaftsleistung ausmachten, wurden im globalen Wettbewerb immer billiger, und zahlreiche Betriebe der Textilindustrie wanderten in andere Billiglohnländer ab. Dafür siedelten sich zunehmend Produktionsstätten im boomenden Elektronikmarkt an. Betriebe, vor allem der Automobil- und Computerindustrie, rings um Bangkok standen 2011/12 wochenlang unter Wasser, sodass anschließend einige ihren Standort auf das Hochplateau im Nordosten verlagerten und die Preise für Festplatten weltweit anstiegen. Seit 2022 gilt ein Mindestlohn von 328–354 Baht pro Tag je nach Region, nicht jedoch für das große Heer der illegal beschäftigten Migranten aus Myanmar und Kambodscha.

Internationale Verflechtungen

Noch Anfang der 1980er-Jahren lag der Fokus der industriellen Produktion auf Betrieben der Lebensmittel- und Textilindustrie, wo ungelernte weibliche Arbeitskräfte und Saisonarbeiter aus dem Armenhaus im Nordosten von einer exportorientierten Industrie zu Niedriglöhnen beschäftigt wurden. Reis, bislang wichtigstes Exportprodukt, wurde von Computern und Computerteilen, Elektrogeräten, integrierten Schaltkreisen, Textilien, Edelsteinen, Garnelen und verarbeiteten Nahrungsmitteln überrundet. Recht neu sind die Zementproduktion und die Automobilindustrie.

Die Exporterlöse reichen bei weitem nicht aus, um den Import zu finanzieren, sodass Thailand Jahr für Jahr ein hohes Handelsbilanzdefizit aufweist. Neben Maschinen müssen chemische Produkte, Eisen, Stahl, Rohöl und Autos eingeführt werden. Der Wechsel von der arbeitsintensiven Massenproduktion hin zu qualitativ hochwertigen, technologieintensiven Industrien ist das mittelfristige Ziel. Dies setzt besser qualifizierte Arbeitskräfte voraus, die das Land bisher nicht in ausreichender Zahl besitzt. Zwar liegt die Analphabetenrate mit 3 % niedriger als in allen Nachbarländern, aber das Gros der Schüler geht höchstens sechs Jahre zur Schule und nur wenige sprechen ausreichend gutes Englisch.

Die meisten Waren werden aus Japan und den ASEAN-Staaten importiert. Im ASEAN-Verbund haben sich südostasiatische Staaten zur Förderung der wirtschaftlichen, gesellschaftlichen und kulturellen Zusammenarbeit zusammengeschlossen. 1967 wurde er von Indonesien, Malaysia, den Philippinen, Singapur und Thailand gegründet, 1984 trat das Ölsultanat Brunei bei, 1995 wurden Vietnam, 1997 Laos, Myanmar (Burma) und 1999 Kambodscha aufgenommen. 2015 gründeten die zehn Mitgliedsstaaten die ASEAN Economic Community (AEC), die ähnlich der EU bis 2025 einen offenen Markt für Waren, Dienstleistungen, Kapital und Arbeitskräfte anstrebt. Seit dem Inkrafttreten der RCEP (Regional Comprehensive Economic Partnership) im Jahr 2022 bilden die ASEAN-Staaten das Zentrum der größten Freihandelszone der Welt, die zudem China, Japan, Südkorea, Australien und Neuseeland umfasst.

Erdbeerfelder bei Chiang Mai in Nordthailand

Stadt-Land-Gefälle

Mit Ausnahme des Tourismus ist der Dienstleistungsbereich, der wichtigste Wirtschaftszweig, auf die großen Städte, vor allem auf die Metropolregion Bangkok, orientiert. Hier konzentrieren sich alle Bereiche der staatlichen Administration, die besten Hochschulen und qualifiziertesten Arbeitskräfte, hier enden alle Überlandstraßen und Eisenbahnlinien. Die bislang auf Bangkok fokussierte exportorientierte Konsumgüterindustrie wird durch den Ausbau der Infrastruktur jedoch zunehmend in die Provinz verlagert.

Mit Hilfe staatlicher Maßnahmen soll das Entwicklungsgefälle zwischen der Metropole und dem Land reduziert werden. Regionale Wachstumszentren entstehen durch die Förderung von Industrieparks in Städten wie Khon Kaen, Korat, Chonburi, Songkhla oder Chiang Mai. Die bedeutendsten Großprojekte jüngster Zeit sind der Bau eines landesweiten Netzwerks von Hochgeschwindigkeitszügen, der massive Ausbau des öffentlichen Transports in Bangkok und das Eastern Seaboard Project in Laem Chabang am Golf von Thailand, das Bangkoks Hafen entlastet.

Die Landwirtschaft

Trotz der zunehmenden Industrialisierung sind nur 17 % der Bevölkerung in der Industrie und noch immer 32 % in der Landwirtschaft tätig. Diese erwirtschaftet jedoch nur 8,2 % des Bruttoinlandsproduktes (Industrie 36 %). Seit Jahrhunderten bauen die Thai auf den fruchtbaren alluvialen Böden der Flussniederungen Reis an. Die arbeitsintensiven Anbaumethoden in der ›Reiskammer Südostasiens‹, die seit über 100 Jahren zu den größten Reisexporteuren der Welt zählt, haben sich durch die zunehmende Mechanisierung verändert. Durch die künstliche Bewässerung der Felder für eine zweite oder gar dritte Ernte und die erhebliche Ausweitung der landwirtschaftlichen Nutzfläche konnte die Reisproduktion in den vergangenen Jahrzehnten deutlich gesteigert werden.

Die Möglichkeiten, Wald zu roden und Feuchtgebiete trockenzulegen, sind mittlerweile ebenso erschöpft wie die Wasservorräte. Nach der Reisernte werden auf den Feldern auch Feldfrüchte wie Soja, Mais, Erdnüsse, Gemüse oder Tabak angebaut. Eine zweite Reisernte auf künstlich bewässerten Feldern ist aufgrund der Wasserknappheit nur noch in einigen Regionen möglich.

Besonders im Süden haben die Bauern Plantagenpflanzen, Kautschuk, Kaffee und Palmöl für sich entdeckt und betätigen sich erfolgreich als Kleinpflanzer. Thailand ist mit Abstand der weltgrößte Exporteur von Kautschuk. Daneben werden in großem Stil Ananas und Cassava für die exportorientierte Futtermittelindustrie sowie Baumwolle und Zuckerrohr angebaut. Bei den Bergvölkern, die traditionellen Brandrodungsfeldbau betrieben und neben Bergreis auch Opium angebaut haben, wird der Anbau sogenannter *cash crops* gefördert. Der Anbau von Obst, Gemüse, Schnittblumen sowie Kaffee und Tee erzielt zwar nicht die Profite des Opiums, bietet aber ein sicheres Einkommen.

Seit den 1960er-Jahren schrumpfte der Waldanteil von 57 % auf 17 %. Riesige Mangrovenwälder fielen der industriell betriebenen Fisch- und Garnelenzucht zum Opfer und fruchtbares Land wurde von gigantischen Stauseen überflutet – Großprojekte, die zunehmend auf den Widerstand der Bauern stoßen. Auch in Thailand scheint zwischen wirtschaftlichem Wachstum und dem Schutz der Umwelt ein unlösbarer Konflikt zu bestehen.

Der Tourismus

Mit knapp 40 Mio. Besuchern im Jahr (2019) bescherte der Tourismus dem Land bis zum Ausbruch der Corona-Pandemie die höchsten Deviseneinnahmen. An vielen Küsten und auf Inseln hat er sich zum wichtigsten, oft sogar einzigen Arbeitgeber entwickelt. Das schafft Probleme: Traditionelle Arbeitsplätze in Landwirtschaft und Fischerei gehen verloren, und überlieferte Sozialstrukturen werden zerstört.

Demografischer Wandel

Die sich wandelnde Bevölkerungszusammensetzung stellt eine der größten Herausforderungen für Thailand dar. Die seit über zwei Jahrzehnten dauerhaft sehr niedrige Geburtenrate führt zu einer rapide alternden Bevölkerung und einem Rückgang in der Zahl der Erwerbstätigen. Aktuell liegt sie mit 1,34 Geburten pro Frau deutlich niedriger als in Deutschland. Bereits heute sind viele Industriezweige, allen voran der Tourismus, auf Arbeitskräfte aus den Nachbarländern Myanmar und Kambodscha angewiesen.

NACHHALTIG REISEN

Die Umwelt schützen, die lokale Wirtschaft fördern, intensive Begegnungen ermöglichen, voneinander lernen – nachhaltiger Tourismus übernimmt Verantwortung für Umwelt und Gesellschaft. Die folgenden Websites geben Tipps, wie man seine Reise nachhaltig gestalten kann.

www.fairunterwegs.org: »Fair Reisen« anstatt nur verreisen – dafür wirbt der schweizerische Arbeitskreis für Tourismus und Entwicklung. Außerdem erhält man hier ausführliche Infos zu Reiseländern in der ganzen Welt.

www.sympathiemagazin.de: Länderhefte, auch zu Thailand, mit Infos zu Alltagsleben, Politik, Kultur und Wirtschaft; Themenhefte zu den Weltregionen, u. a. zum Buddhismus, zur Umwelt, zu Kinderrechten und zur Globalisierung.

www.tourism-watch.de: Spannende Themen für alle, die reisen – von Menschenrechten bis zu Tourismuspolitik, Links zu Publikationen und aktuellen Veranstaltungen.

www.ecpat.de: Das internationale Netzwerk setzt sich für die Beendigung der sexuellen Ausbeutung von Kindern ein.

König Bhumibol

Bhumibol Adulyadej (Rama IX.), der neunte König der Chakri-Dynastie, wurde bereits 1946 in jungen Jahren zum König gekrönt und repräsentierte siebzig Jahre lang das Land. Er galt als die Seele der Nation und war zuletzt der dienstälteste Monarch der Welt. Nach seinem Tod trauerte das ganze Land ein Jahr lang um einen großen König.

Ein Leben ohne König Bhumibol? Das konnten sich die meisten Thais nicht vorstellen, als sie am 13. Oktober 2016 von seinem Ableben erfuhren. Während der einjährigen Staatstrauer trug man Schwarz, Millionen pilgerten zum Königspalast, um Abschied zu nehmen, und monatelang war man mit den Vorbereitungen für eine der größten Verbrennungszeremonien beschäftigt, die das Land je gesehen hat.

Als übergeordnete Institution und moralische Instanz hatte der König alle politischen Turbulenzen, zwanzig Staatsstreiche und noch mehr Regierungswechsel überlebt. Obwohl er nicht in das Tagesgeschehen eingreifen durfte, wirkte Bhumibol durch seine eindeutige Haltung, mit der er in Krisensituationen Position bezog, richtungsweisend. Als Staatsoberhaupt, religiöses Oberhaupt und Oberbefehlshaber der Streitkräfte hatte er repräsentative Aufgaben zu erfüllen. Das war keinesfalls immer so.

Erst 1932 beendete ein unblutiger Staatsstreich eine 700-jährige Ära der absoluten Monarchie. Bereits zur Zeit von König Chulalongkorn (Rama V., 1868–1910) war eine bürgerliche Elite entstanden, die im Westen studiert hatte. Sie blieb von den höheren Staatsfunktionen ausgeschlossen, die noch immer fest in den Händen der Aristokratie lagen. Mit den bürgerlichen Intellektuellen verbündete sich nun das ebenfalls unzufriedene Militär. Schwer bewaffnete Soldaten stürmten am 24.6.1932 den Königspalast und setzten die anwesenden Mitglieder der königlichen Familie gefangen. Rama VII., der sich in seinem Sommerpalast in Hua Hin aufhielt, wurde ultimativ aufgefordert, der Einführung der konstitutionellen Monarchie zuzustimmen. Ein Kriegsschiff der Marine lag nahe dem Palast vor Anker und viele Prinzen befanden sich in der Hand der Aufständischen – als Geiseln, wie man dem König unverblümt mitteilte. Rama VII. musste sich fügen; die letzten drei Jahre seiner Amtszeit regierte er das Land auf der Grundlage einer parlamentarischen Verfassung.

König Bhumibol wurde 1927 in Cambridge, Massachusetts, geboren, wo sein Vater Medizin an der Harvard-Universität studierte. Dass er jemals den Thron besteigen würde, galt zunächst als unwahrscheinlich. Von 1935 bis 1946 war sein ältester Bruder Ananda Mahidol als Rama VIII. König von Thailand. Unter mysteriösen Umständen starb er 1946 im Großen Palast von Bangkok, woraufhin Bhumibol zu seinem Nachfolger erklärt wurde. Zu dieser Zeit studierte er Naturwissenschaften in Lausanne, wechselte aber nach dem Tod des Bruders in die Fachrichtungen Jura und Politikwissenschaft. Im Jahre 1950 heiratete er Sirikit, die Tochter des thailändischen Botschafters in Frankreich, und wurde sieben Tage später feierlich zum König gekrönt.

Der volksverbundene Monarch, der zudem in jungen Jahren ein guter Saxophonspieler und talentierter Fotograf war, besuchte sämtliche Provinzen des Landes. Dabei lagen ihm nicht nur die Menschen zu Füßen, sondern auch ihre Probleme am Herzen, sodass unter der Patronage der Königsfamilie weit über Tausend Dorfentwicklungsprojekte gegründet wurden. Die Bandbreite

The Greatest King Ever: Gedenkfeier für den verstorbenen König Bhumibol

reicht von der Intensivierung landwirtschaftlicher Anbaumethoden über Gesundheitsprogramme bis zur Förderung des traditionellen Kunsthandwerks.

Um die Jahrtausendwende engagierte sich der König für den Umweltschutz, sorgte sich um den Verkehrsinfarkt von Bangkok ebenso wie um die Wiederaufforstung der Wälder. Der kränkelnde König Bhumibol trat in der letzten Dekade seines Lebens kaum mehr persönlich in der Öffentlichkeit auf und war nur selten im Fernsehen zu sehen. Nach seinem Tod wurde Bhumibols einziger Sohn Vajiralongkorn als Rama X. zum König gekrönt. Prinzessin Sirindhorn, eine seiner drei Töchter, erhielt aufgrund ihres Engagements für das Land den Ehrentitel Maha Chakri.

Der dem König gegenüber von allen eingeforderte Respekt ist, für Europäer ungewohnt, sogar gesetzlich geregelt. Wer ihn oder sein Bild – selbst auf einem Geldschein – herabsetzt, wird von Gerichten zu teils hohen Gefängnisstrafen verurteilt. Auch von Ausländern wird erwartet, dass sie sich entsprechend verhalten und beispielsweise bei der Königshymne aufstehen, die zu Beginn jeder Kinovorstellung gespielt wird. Sie lautet:

»Wir, die loyalen Untertanen Ihrer Majestät,
beugen unser Herz und Haupt
und huldigen dem ersten Beschützer des
Landes aus der großen Chakri-Dynastie,
voller höchster Tugenden,
unter dessen Schirmherrschaft wir,
seine Untertanen, Schutz und Glück,
Wohlstand und Frieden genießen.
Wir beten, dass das Schicksal Ihrer Majestät jeden Wunsch erfüllen möge.«

Geschichte

Über Jahrtausende zogen aus den ringsum angrenzenden Kulturkreisen Menschen in das Gebiet des heutigen Thailands, wo sie vor allem in den Flusstälern Spuren hinterließen. Aus den kleinen Fürstentümern, die sich seit dem 6. Jh. etabliert hatten, ging im 13. Jh. das erste Thai-Reich mit einer eigenständigen Kultur hervor. Die Geburt des Nationalstaats erfolgte im Spannungsfeld großer Kulturen.

Archäologische Funde

In einem abgelegenen Landstrich, 560 km nordöstlich von Bangkok, ließen sich vor zwei Jahrhunderten laotische Flüchtlinge nieder. Als sie die Erde unter den Pflug nahmen, entdeckten sie zahlreiche Knochen von Menschen und Tonscherben, denen sie eine glückbringende Wirkung zuschrieben. Deshalb errichteten sie bevorzugt an diesen Stellen ihre Häuser.

Erst 1966 brachte ein junger Amerikaner einige Fundstücke nach Bangkok, wo sie die Aufmerksamkeit von Archäologen erregten. Seit 1972 förderten systematische Ausgrabungen Tonscherben mit geometrischem Dekor, Waffen aus Eisen und Bronze, Schmuck, Nägel und verschiedene Gerätschaften zutage. Nach Untersuchungen der Universität von Pennsylvania wurde das Alter der Funde auf bis zu 5600 Jahre datiert. Die Bevölkerung des Dorfes Ban Chiang hatte ihre Häuser auf den Resten einer der ältesten Siedlungen in Südostasien errichtet, die um 200 n. Chr. aus ungeklärten Gründen aufgegeben wurde.

Bereits während des Zweiten Weltkriegs hatte ein holländischer Archäologe, der als Kriegsgefangener der Japaner in der Provinz Kanchanaburi zum Bau der berüchtigten Brücke am Kwai herangezogen worden war, bei Ban Kao einige prähistorische Funde gemacht, die er jedoch bis zum Kriegsende versteckt hielt. Nach seiner Freilassung ließ er sie von Experten in Harvard untersuchen. Dabei stellte sich heraus, dass es in dieser Region, ebenso wie in China und auf Java, eine altsteinzeitliche Kultur gegeben haben muss.

Die Jäger und Sammler, die bereits den Gebrauch des Feuers kannten, begannen vor 10 000 Jahren damit, Boote zu bauen und zu töpfern. Ihre Toten setzen sie in Gräbern bei. Nach weiteren 3000 Jahren organisierten sich die Menschen in Dorfverbänden und betrieben Ackerbau und Viehzucht. Sie ernährten sich überwiegend von Reis und stellten feine Webarbeiten und Töpferwaren her. Die prähistorischen Funde sind im Nationalmuseum in Bangkok sowie in Museen bei den Fundstätten in Ban Kao und Ban Chiang ausgestellt.

Im Einflussbereich früher Hochkulturen

Im 1. Jt. unserer Zeitrechnung hatten sich im Einflussbereich der benachbarten Hochkulturen auf dem heutigen thailändischen Staatsgebiet mehrere eigenständige Kulturen entwickelt und einander überlagert.

Das Dvaravati-Reich, ein lockerer Zusammenschluss mehrerer Mon-Fürstentümer, erstreckte sich zwischen dem 6. und 10. Jh. von Zentralthailand über das Tenasserim-Gebirge bis in das Irrawaddy-Delta im heutigen Myanmar (Burma).

Die Mon

Die Mon wanderten als eine der ersten Bevölkerungsgruppen aus dem Südwesten von China nach Süden, wo sie in fruchtbaren Flusstälern Reis anbauten. Aus dem ostindischen Raum hatten sie die buddhistische Religion und mit ihr Pali, die Sprache des Theravada-Buddhismus, übernommen. Seit dem 11. Jh. drangen die ihnen folgenden Burmesen jedoch immer weiter in das Siedlungsgebiet der Mon vor, assimilierten diese oder verdrängten sie in abgelegene Regionen. Heute leben nur noch 400 000 Mon im westlichen Zentralthailand und im östlichen Irrawaddy-Delta.

Die kulturellen Zentren der Mon waren Nakhon Pathom, Lopburi und U Thong. Einige Bewohner von Lopburi zogen Mitte des 7. Jh. nach Norden und gründeten in dem von Lawa besiedelten Gebiet im heutigen Lamphun das Königreich Haripunchai, das erst im 13. Jh. von den Thais erobert wurde. Hier konnten die Mon in Architektur und Skulptur einen Kunststil entwickeln, der im 7. und 8. Jh. ausreifte. Schlanke, turmähnliche Stupas mit klarer Linienführung überragten ihre Tempel, deren idealtypische Ausführungen an einem glockenförmigen Baukörper aus Ziegelstein auf einem quadratischen Unterbau zu erkennen sind. Ein knospenähnlicher Aufsatz bekrönt das Heiligtum, Ornamentbänder und Figurenreliefs aus gebranntem Ton oder Stuck mit Szenen aus dem Leben Buddhas schmücken es. Schöne Basreliefs stehen im Nationalmuseum von Nakhon Pathom. Die Plastik der Mon, zumeist aus Stein gehauen, kennzeichnen klare, symmetrische Linien. Ihre Buddhafiguren haben breite Nasen, wulstige Lippen und durchgehende Augenbrauen in Form einer doppelt geschwungenen Bogenlinie. Typisch für Mon-Plastiken sind die nahezu unbearbeiteten Rückseiten.

Srivijaya

Srivijaya, eines der ersten buddhistischen Reiche, umfasste während seiner Blütezeit Ende des 8. Jh. ein großes Gebiet, das von Java über Sumatra und die Malaiische Halbinsel bis in den Süden von Thailand reichte und dessen Hauptstadt wahrscheinlich in der Nähe des heutigen Palembang auf der indonesischen Insel Sumatra lag. Seine Macht basierte auf der Kontrolle des Seehandels zwischen China, Indien und der indonesischen Inselwelt, die den Hochkulturen wertvolle Rohstoffe und Gewürze lieferte. Entsprechend begrenzte sich sein Einfluss auf vereinzelte Stadtstaaten, die entlang der Handelsrouten an der Küste entstanden waren.

Seefahrer, Kaufleute und chinesische Pilger, die auf dem Weg nach Indien die Straße von Malakka passierten, verbreiteten den Theravada-Buddhismus in der Region. Gleichzeitig gelangten aus dem Westen hinduistische Elemente nach Srivijaya. Das kleine Reich Chaiya im Süden von Thailand erblühte zu jener Zeit zu einem kulturellen Zentrum, das sowohl von hinduistischen Einflüssen als auch von den Ideen des Theravada-Buddhismus geprägt wurde. Die wenigen erhaltenen Bauwerke dieser Periode weisen südindische Einflüsse auf, während die Skulpturen, vor allem Bodhisattva-Statuen und Votivtafeln, javanische Vorbilder erkennen lassen. Das am besten erhaltene Bauwerk aus dieser Zeit ist der Anfang dieses Jahrhunderts restaurierte Tempel Phra Boromathat in Chaiya. Er lässt in seiner ursprünglichen Form deutliche Parallelen zu den Chandis in Zentraljava erkennen.

Die Khmer

Khmer-Fürsten vereinigten sich im 9. Jh. östlich des heutigen Staatsgebiets und dehnten ihren Einflussbereich von Kambodscha nach Westen aus, wo sie Ende des 10. Jh. die Mon aus der Ebene am Menam Chao Phraya vertrieben und das Lopburi-Reich gründeten. Während der folgenden 300 Jahre beherrschten die Khmer-Könige von Angkor aus ein großes Reich, das im 12. Jh., zur Zeit von Suryavaraman II., auf seinem Höhepunkt angelangt war. Damals entstanden als Zentrum des Reiches die gigantischen hinduistischen Tempelanlagen von Angkor Wat (Kambodscha), ein Meisterwerk der bäuerlichen Khmer-Gesellschaft und Zeugnis der absoluten Macht der Herrscher, die als Gottkönige verehrt wurden.

Weit entfernt vom Hof entfaltete sich im Westen ein eigener Kunststil, der sich auch nach dem Zerfall des Khmer-Reiches weiter entwickelte. Eindrucksvolle Zeugnisse aus jener Zeit sind die Tempelanlagen von Phimai, Phanom Rung und Muang Tom im Nordosten von Thailand. War die Khmer-Kunst anfangs noch durch fein gearbeitete Skulpturen gekennzeichnet, so schlug sich der Machtzuwachs bald in kolossalen Werken nieder. Typisch sind die in Bronze gegossenen Buddhastatuen, die königliche Gewänder tragen und deren Haarknoten in Form einer Lotosblüte auslaufen. Eine beeindruckende Sammlung ist im Phimai National Museum zu sehen.

Ein Thai-Reich entsteht

Die ersten Fürstentümer

Als Kublai Khan das von seinem Großvater Dschingis Khan ererbte Mongolen-Reich konsolidierte und Richtung Yünnan ausdehnte, kam 1253 auch Nan Chao, das erste nachweisbare Thai-Reich, unter seine Herrschaft. Die hier lebenden Thais übernahmen von den Chinesen die Staatsorganisation, Schrift und Religion. Dennoch war die Kultur von starken animistischen Tendenzen geprägt. Im 9. Jh. wanderten bereits einige Thais nach Süden, um 860 überschritten sie den Mekong. In den fruchtbaren Ebenen von Laos und Nordthailand gründeten sie kleine Fürstentümer, u. a. in der Gegend von Chiang Saen. Zu einer Massenflucht kam es jedoch erst, als die Truppen von Kublai Khan aus dem Norden heranrückten. Eine Gruppe, die so genannten großen Thai, die heutigen Shan, zogen über Südchina nach Westen in das heutige Myanmar und nach Assam (Indien), während die ›kleinen Thai‹ in die geschwächten Mon- und Khmer-Reiche vordrangen.

Im 13. Jh. vereinigte Mengrai, einer der lokalen Herrscher, mehrere kleine Fürstentümer, eroberte das Mon-Reich Haripunchai und verlegte seine Hauptstadt nach Chiang Mai. Dieses Lan-Na-Reich im Norden nahm unter dem Einfluss der burmesischen Nachbarn und des unterworfenen Mon-Reiches eine eigenständige, vom Süden unabhängige künstlerische Entwicklung. Der sogenannte Chiang-Saen-Stil war anfangs stark von der nordindischen Pala-Schule geprägt. Später, im 14. Jh., machten sich Einflüsse aus Sukhothai bemerkbar. Mitte des 16. Jh. wurde das Lan-Na-Reich, das sich ständig gegen das erstarkende Thai-Reich im Süden zur Wehr setzen musste, von den Burmesen unterworfen und verlor damit seine Unabhängigkeit. Obwohl die Thais 1774 die Burmesen zurückdrängten, behielt der Norden des Landes bis Ende des 19. Jh. ein gewisses Maß an Selbstständigkeit. Das wirkt sich bis heute auf Kunst und Architektur aus.

Da viele Gebäude im Norden aus Teakholz erbaut und mit Holzschnitzereien verziert wurden, sind die meisten dem Klima und In-

Geschichte in Stein: kunstvoller Khmer-Tempel in Phanom Rung (Nordostthailand)

sekten zum Opfer gefallen. Die überwiegend aus Bronze gefertigten Buddhastatuen unterscheiden sich durch ihre großen Haarlocken, breiten Gesichter und voluminösen Körper von denen des Südens. Die schönsten Figurenreliefs zieren den Wat Jet Yot in Chiang Mai, einen Tempel, der 1455 nach dem Vorbild des Mahabodhi-Tempels in Bodh Gaya (Indien) errichtet wurde.

Das Reich von Sukhothai

Zu Beginn des 13. Jh. verbündeten sich einige Thai-Fürsten gegen das im Verfall begriffene Khmer-Reich und lösten Sukhothai aus dem Staatenbund heraus. Bereits 50 Jahre später beherrschte Rama Khamhaeng, der König von Sukhothai, das erste Thai-Reich. Er erhob den Theravada-Buddhismus zur Staatsreligion und entwickelte aus der Kursive der Khmer die erste Thai-Schrift. Nach dem Tode von Rama Khamhaeng um 1317 begann die Macht von Sukhothai zu schwinden.

Weiter im Süden hatte der Prinz von U-Thong durch Erbschaft und Heirat die Herrschaft über große Teile von Zentralthailand und die Malaiische Halbinsel angetreten. Als Rama Thibodi I. gründete er während seiner Regentschaft von 1350 bis 1369 ein vereinigtes Thai-Reich und baute Ayutthaya am Unterlauf des Menam Chao Phraya zur Hauptstadt aus. Sein Hauptziel, wie das seiner Nachfolger, war die Eroberung von Kambodscha. Im Jahre 1351 errang er den ersten Sieg über Angkor und innerhalb weniger Jahre stieg Ayutthaya zu einem der mächtigsten Reiche in Südostasien auf. König Rama Thibodi I. sicherte 1376 zudem seinen Einfluss über das geschwächte Sukhothai, das noch weitere 60 Jahre als Vasallenstaat existierte, bis es im Reich von Ayutthaya aufging.

König Rama Khamhaeng – der Vater Thailands

Der dritte Thai-König und jüngste Sohn des Staatsgründers stabilisierte durch eine geschickte Außenpolitik das neu gegründete Reich und gab ihm eine eigenständige kulturelle Identität, sodass man ihn am Ende seiner 40-jährigen Regentschaft (1277–1317) liebevoll den Vater Thailands nannte.

Glänzte durch Diplomatie und Güte: Rama Khamhaeng

»Diese Stadt Sukhothai ist gut. Ihre Gewässer sind voller Fische und auf den Feldern gedeiht der Reis. Der Herrscher erhebt keine Steuern von seinen Untertanen, die ihrer Wege ziehen und ihre Büffel zum Handelsplatz leiten und mit ihren Pferden zum Markt reiten. Wer immer mit Elefanten handeln will, soll es tun. Wer immer mit Pferden handeln will, soll es tun. Wer immer mit Gold und Silber handeln will, soll es tun. Die Gesichter der Menschen leuchten hell …«. Bereits vor über 700 Jahren wurde dieser Text über einen jungen König in eine Steinstele gemeißelt, die im 19. Jh. auf dem Gelände des Königspalastes von Sukhothai gefunden wurde.

Der populäre Rama Khamhaeng hatte sich an der Seite seines Vaters bereits früh einen Namen als mutiger Krieger im Kampf gegen die Khmer gemacht. Mit väterlicher Güte verwaltete er sein blühendes Reich. So berichtet die Inschrift, dass er an einem Stadttor eine Glocke anbringen ließ, die jedermann läuten durfte, um den König herbeizurufen, auf dass dieser Recht spreche und Streitigkeiten seiner Untertanen schlichte. Rama Khamhaeng versah sein Amt von einem steinernen Thron aus, den er in einem Palmenhain hatte aufstellen lassen.

Die Grundlagen für die Stabilität seines jungen Reiches schuf er durch freien Handel, den Ausbau der Infrastruktur und eine geschickte Außenpolitik. Verträge sicherten die Grenzen zu seinen machtvollen Nachbarn, wirtschaftliche Beziehungen festigten die Kontakte mit Burma und Indien. Er knüpfte enge Verbindungen zu Ceylon, dem Mutterland des Theravada-Buddhismus, um die von den Khmer geprägte Religion seines Volkes auf ihre Ursprünge zurückzuführen. Zudem stärkte er die nationale Identität durch eine eigene Thai-Schrift, die auf den bereits existierenden Schriften der Mon, Birmanen und Khmer basierte und mit geringfügigen Änderungen noch heute verwendet wird.

Besonderes diplomatisches Geschick bewies er im Umgang mit dem stärksten, dem nördlichen Nachbarn, China. Rama Khamhaeng schickte nicht nur Gesandte zum Kaiserhof nach Peking, sondern unternahm selbst zwei beschwerliche Reisen zu Kublai Khan (1282) und dessen Nachfolger (1300). Von seiner zweiten Expedition brachte er auch chinesische Kunsthandwerker mit, die in Sukhothai die feine, jadegrüne Sawankhalok-Keramik produzierten. Sie war nicht nur wegen ihrer Schönheit gefragt. Angeblich sollte sie sich verfärben, wenn sie mit vergifteten Speisen gefüllt wurde. So wurden die Keramiken zu einem echten Exportschlager, der noch heute in steinernen Schachtöfen gebrannt wird.

In bewusstem Kontrast zur Khmer-Kunst hatte sich bereits in Sukhothai innerhalb kurzer Zeit unter indischen, chinesischen und ceylonesischen Einflüssen ein reichhaltiges Geistesleben entwickelt, das die Grundlage einer eigenständigen Thai-Kultur werden sollte. Vor allem Buddhadarstellungen erreichten einen künstlerischen Höhepunkt. Die Statuen des Erleuchteten wirken sehr harmonisch: Der Kopf ist oval, die geschwungenen Augenbrauen vereinigen sich über einer langen, spitzen Nase, während das Haar nach oben in einer stupa-ähnlichen Form ausläuft. Typische Merkmale für die Sakralarchitektur von Sukhothai sind Prangs mit Lotosknospentürmen sowie Chedis, die eine Weiterentwicklung des ceylonesischen Stupa-Typs darstellen.

Das mächtige Königreich Ayutthaya

Fast 400 Jahre lang bildete Ayutthaya das Machtzentrum des Landes. Die um 1350 von Rama Thibodi I. gegründete Stadt war Residenz von 33 Thai-Herrschern, die seit der Eroberung des Khmer-Reiches zunehmend eine gottähnliche Stellung für sich beanspruchten und in diesem Bewusstsein die Geschicke des Landes bestimmten. Unnahbar für das einfache Volk entschieden die Könige allein über Krieg und Frieden. Eine schlagkräftige Armee und ein umfassender Verwaltungsapparat halfen, ihre Macht und gleichzeitig den Wohlstand des Reiches zu sichern. Wer sein Leben erfolgreich im Kampf einsetzte, erhielt Ländereien als Lohn.

Auf Einkünfte, etwa aus Landbesitz und Handel, wurden Steuern erhoben, denn nur ein umfassendes Besteuerungssystem ermöglichte die prunkvolle Entfaltung der höfischen Kultur jener Zeit und den Bau der vielen Paläste, Befestigungsanlagen und Kanäle. Diese hätten allerdings nicht ohne die Hilfe zahlreicher Künstler aus angrenzenden Regionen entstehen können. Sie wurden als Kriegsgefangene nach Ayutthaya verschleppt. Ihre Techniken übernahmen die Thais. Mit den intensivierten Kontakten zu europäischen Mächten seit der Regentschaft von Rama Thibodi II. (1491–1529) kamen auch ausländische Kaufleute und bald gab es eigene Stadtviertel für Portugiesen und Engländer, Franzosen, Holländer, Spanier und Japaner.

Mitte des 16. Jh. waren die Burmesen wieder erstarkt und eroberten 1556 Chiang Mai; 1569 unterwarfen sie auch Ayutthaya. Wenige Jahre später nahm der Thai-Prinz Naresuan, der nach Burma verschleppt und dort erzogen worden war, den Befreiungskampf auf. Im Jahre 1584 erklärte er die Unabhängigkeit des Landes, doch sollte es noch weitere zehn Jahre dauern, bis er die Burmesen vertrieben hatte. Eine Zeit des Friedens begann und Ayutthaya gelangte zum Höhepunkt seiner kulturellen und wirtschaftlichen Entwicklung. Das Land öffnete sich westlichen Einflüssen, doch 1688, nach dem Tode von König Narai, fielen die Europäer wieder in Ungnade und die Grenzen des Landes blieben Ausländern für die folgenden 120 Jahre verschlossen.

Die zahlreichen Kriege gegen Eindringlinge aus Burma endeten für Ayutthaya in einer Katastrophe, 1767 wurde die Stadt zerstört. Von der glänzenden Metropole blieben nur Trümmer, zahllose Kunstwerke und ein Großteil der wissenschaftlichen Aufzeichnungen gingen in Flammen auf und waren für immer verloren. Nie wieder versuchten die Thai, die Stadt neu aufzubauen. Erst das Interesse der Touristen an dieser Stätte der Vergessenheit führte zu umfangreichen Restaurierungsarbeiten und dem Bemühen, die verbliebenen Ruinen vor dem völligen Verfall zu bewahren.

Im Unterschied zu Sukhothai war das neue Reich weiter im Süden stärker von der Khmer-Kultur geprägt. Während der U-Thong-Periode (auch frühe Ayutthaya-Periode genannt, weil sie die Aufstiegszeit von Ayutthaya umfasst) wurden Regionen erobert, in denen der Dvaravati-, Lopburi- und Sukhothai-Einfluss vorherrschte, was sich in der Kunst des wachsenden Reiches niederschlug. Die in dieser Epoche entstandenen Buddhastatuen wirken weniger stilisiert als ihre Vorgänger und menschlicher; die eckigen Gesichter vermitteln einen strengen Ausdruck. In der Blütezeit von Ayutthaya vereinigten sich diese Stilrichtungen, wobei Sukhothai-Einflüsse dominier-

In der alten Königsstadt Ayutthaya beeindrucken riesige Buddhafiguren

ten. Der Ayutthaya-Stil breitete sich über das ganze Land aus, sodass man seit jener Zeit von einem Nationalstil spricht.

Durch den Handel mit asiatischen und europäischen Ländern gelangte Ayutthaya zu Wohlstand, der in zahlreichen prächtigen Tempelbauten zum Ausdruck kam. Deutlich verweisen die Prangs mit rechteckigem Grundriss, der hohen Basis und der Cella, auf welcher der eigentliche Turm sitzt, auf kambodschanische Vorbilder. Sie sind jedoch wesentlich schlanker und wirken eleganter. Klassische Beispiele finden sich außer in Ayutthaya in Chaliang bei Si Satchanalai und Phitsanulok.

Bei den Chedis hingegen setzt sich die Tradition von Sukhothai fort. Über dem quadratischen Sockelgrundriss, der in der Spätzeit der Ayutthaya-Periode an den Ecken mehrfach gebrochen ist, erhebt sich ein schlanker, glockenförmiger Baukörper mit vielen kleinen Kapellen oder Schreinen in allen Himmelsrichtungen. Die Spitze ist im Verhältnis zu den anderen Bauteilen höher als jene der Sukhothai-Chedis. Da die Monarchen als Inkarnation des Erleuchteten angesehen wurden, erhielten die Buddhafiguren ein königliches Aussehen und wurden mit Krone und Edelsteinen geschmückt.

Unter der Herrschaft der Chakri-Könige

Von Rama I. zu Rama III.

Als König Rama I. (1782–1809) in Bangkok die neue Hauptstadt errichten ließ, sollte sie genauso prunkvoll wie das zerstörte Ayutthaya werden. Baumeister aus der alten Königsstadt schufen Tempelanlagen und den Großen Palast, eine Stadt in der Stadt. Die meisten siamesischen Künstler waren als Kriegsbeute verschleppt worden, sodass man versuchte, Buddhastatuen und andere Kunstwerke aus den Trümmern von Ayutthaya zu bergen und in die neuen Tempel zu bringen. Sogar die Ziegelsteine wurden auf dem Menam Chao Phraya herangeschafft, um starke Befestigungsmauern zu errichten. Innerhalb der Mauern entstand eine zum Wasser hin orientierte Stadt, zumeist mit Holzhäusern, die zum Schutz vor Hochwasser auf Stelzen errichtet wurden.

Nachdem Rama I. Teile von Kambodscha erobert hatte, wurde unter Rama II. (1809–24) auch das malaiische Sultanat Kedah in das siamesische Reich einverleibt. Der neue König setzte die Arbeit seines Vaters fort und belebte die kulturellen Traditionen des Landes. Er soll sich sogar selbst als Künstler betätigt und die dreidimensionalen Teakholztüren des Wat Suthat, ein Meisterwerk, geschaffen haben. In der Architektur erhielten in dieser Zeit die Tempelanlagen durch ihre höheren, spitzgiebeligen Dächer und die mit Porzellan- und Spiegelscherben verkleideten Fassaden ein weniger wuchtiges Aussehen. Kambodschanische Tempeltürme (Prangs) wurden nach dem Bau von Wat Arun nur noch selten verwandt.

Die glorreiche Vergangenheit versuchte Rama III. (1824–51) durch eine verstärkte Förderung der Kunst zu neuem Leben zu erwecken. Zahlreiche neue Tempelanlagen boten Künstlern ein reiches Betätigungsfeld. Vor allem in der Wandmalerei ergaben sich durch die Einführung der perspektivischen Darstellung neue stilistische Möglichkeiten. Als Motive für die Ausschmückung der Bot und Vihara wählten sie nicht nur Buddhas Lebenszyklen, sondern auch Szenen aus dem Ramayana-Epos, mythologische Fabelwesen, fremdartige Europäer und heroische Kriegsdarstellungen.

Chinesische Zuwanderung

Die chinesische Gemeinde, die bereits vor 1782 in Bangkok lebte, erhielt durch Einwanderer regen Zustrom. Viele betätigten sich als Händler oder Unternehmer, sodass sich die Handelsbeziehungen zu China stark ausweiteten. Auch in der Tempelarchitektur kamen Stilelemente der benachbarten Hochkultur immer mehr in Mode: Fassaden wurden mit blau-weißen Porzellanscherben dekoriert und Innenwände mit Wandbildern im chinesischen Stil bemalt. In den Höfen stellte man steinerne Statuen auf, die leeren Reisdschunken als Schiffsballast auf dem Weg von China zurück nach Siam dienten.

Westliche Einflüsse

Durch die Internationalisierung des Handels und das Erstarken der kolonialen Großmächte ergaben sich nun veränderte Bedingungen, auf die es zu reagieren galt. König Mongkut (Rama IV., 1851–68), durch seine Erziehung westlichen Einflüssen aufgeschlossen, führte den politischen Wandel herbei. Er öffnete das Land für Händler aus Europa. Die Geschäfte blühten; Edelhölzer, Reis und Gewürze wurden in den Handelskontoren an den Ufern des Chao Phraya umgeschlagen. Der umfangreiche Warentransport erforderte den Bau der ersten Straßen. Betriebe der verarbeitenden Industrie siedelten sich an und immer mehr Landarbeiter kamen aus den Dörfern in die neue wachsende Stadt, um dort ihren Lebensunterhalt zu verdienen. Die entstehende Industrie, Handel und Verwaltung, aber auch das königliche Militär boten bessere Verdienstmöglichkeiten.

König Chulalongkorn (Rama V., 1868–1910) setzte innenpolitische Veränderungen durch. Europäische Wissenschaftler und Beamte wurden ins Land geholt, um das Reich nach westlichen Ideen zu reformieren. Die Verwaltung wurde zentralisiert, Steuergesetze erlassen, ein Schulsystem nach englischem Muster eingeführt, die Sklaverei abgeschafft und die ersten Eisenbahnlinien bis nach British Malaya und Chiang Mai erbaut. Trotz aller Umwälzungen gelang es, den Buddhismus und viele alte Traditionen in das moderne, westlich strukturierte Staatskonzept zu integrieren. Durch territoriale Zugeständnisse an Frankreich und England sowie Handelsverträge mit den mächtigsten Staaten bewahrte sich zudem Siam als einziges Land in Südostasien vor den kolonialen Ansprüchen europäischer Großmächte. Diese garantierten dem Land 1896 denn auch immerwährende Neutralität.

Mit zunehmendem Wohlstand wurden in Bangkok immer mehr Holzhäuser durch feste Bauten ersetzt. Es entstanden Straßenzeilen mit zweistöckigen chinesischen Geschäftshäusern und das europäische Viertel rings um das Oriental Hotel (heute: Mandarin Oriental). Verschiedene, aus Europa übernommene Baustile brachten in Verbindung mit dem tradierten Thai-Stil eine formenreiche Architektur hervor. König Rama V. gestaltete die Neubauten seiner Residenz in dieser Mischung. Bei der Chakri Maha Prasat Hall im Großen Palast setzten seine Baumeister auf die Fassade im Stil europäischer Renaissanceschlösser sowie spitzgiebelige, rot-grüne Tempeldächer wie beim Bau des königlichen Sommerpalastes in Bang Pa In.

Nicht nur in der Architektur, auch in der Kunst richtete sich der Blick nach Westen, vor allem unter König Vajiravudh (Rama VI. , 1910–25). Viele einheimische Künstler wurden von Europäern ausgebildet, Kunstwerke in Italien in Auftrag gegeben oder Künstler von dort ins Land geholt, um heroische Bronzestatuen zu schaffen oder die Thronhalle im Stil der Renaissance auszumalen. Nach westlichem Vorbild führte man die allgemeine Schulpflicht ein, wodurch die buddhistischen Tempel ihre Bedeutung als Ausbildungszentren verloren.

Ende der absoluten Monarchie

Auch Siam litt während der Regentschaft von König Prajadhipok (Rama VII.,1925–35) unter der Weltwirtschaftskrise. Der Reispreis fiel durch die Abwertung des englischen Pfundes ins Bodenlose und vor allem die Beamten und Angestellten des Mittelstands litten unter Steuererhöhungen, Lohneinsparungen oder Entlassungen. Unzufriedene Offiziere, die sich in einer Volkspartei zusammengeschlossen hatten, stürzten am 24.6.1932 die

Die Europäer kommen: Wandgemälde im Wat Phumin, Nan

Regierung und schafften die absolute Monarchie ab – das Ende der siebenhundertjährigen absoluten Königsherrschaft.

Das moderne Thailand

Nach der Abdankung von Rama VII. wurde der erst zehnjährige Ananda Mahidol als Rama VIII. (1935–45) zu seinem Nachfolger bestimmt. Die Macht lag nun beim Regentschaftsrat, der eine nationalistische Politik vertrat und Ausländer zunehmend aus dem Land wies. Unter der Militärdiktatur von General Pibul Songkhram wurde die Pan-Thai-Doktrin entwickelt, die anstrebte, alle Thaivölker in einem großen Reich unter Führung von Bangkok zu vereinen. Dieser Idee war auch die Kunst verpflichtet, wie an dem Demokratiedenkmal (1939) und dem Victory Monument (1941) deutlich zu erkennen ist.

Zweiter Weltkrieg und Nachkriegszeit

Entsprechend stand das Land bei Ausbruch des Zweiten Weltkriegs im Pazifik auf der Seite von Japan, dessen Truppen von Thailand aus Burma und British Malaya angriffen. Beim Bau der berüchtigten ›Eisenbahn des Todes‹ kamen Tausende Kriegsgefangene und Zwangsarbeiter ums Leben. Doch erst die verlustreichen Kämpfe im Pazifik und der erzwungene Rücktritt von Pibul führte die politische Wende herbei.

Die Nachkriegszeit begann mit dem mysteriösen Tod von Rama VIII. und der Ernennung seines Bruders Bhumibol zum König, der bis 2016 als Rama IX. das Land regierte. Die folgende Zeit war gekennzeichnet durch Militärputsche, ständige Verfassungsänderungen und eine zunehmende Orientierung an den USA, die gegen umfangreiche Wirtschaftshilfe Truppen- und Luftwaffenstützpunkte auf thailändischem Boden einrichteten. Unter dem Kriegsrecht war die kulturelle und künstlerische Entwicklung des Landes durch strikte Zensurbestimmungen stark eingeschränkt. Das staatliche Diktat forderte realistische Kunstwerke mit heroischen Szenen. Einige Künstler zogen sich auf traditionelle Überlieferungen zurück, andere flüchteten in die Darstellung ländlicher Idylle, die sich schon bald auch touristisch gut vermarkten ließ.

Nach dem Wirtschaftsboom

Die kurze Demokratisierungsperiode Mitte der 1970er-Jahre im Anschluss an die blutige Niederschlagung der Studentenunruhen und dem Sturz des Militärregimes ließ auch bei Künstlern Fragen nach der Verantwortung der Kunst sowie ihrer Rolle in der Gesellschaft aufkommen und neue Ideen entstehen. Viele Künstler, die der Kunsthochschule in Bangkok entstammten, führten westliche und östliche Ideen zusammen.

Der Wirtschaftsschub der 1980er- und 1990er-Jahre bescherte der Metropole Bangkok eine wohlhabende, konsumfreudige Mittel- und Oberschicht sowie einen Bauboom, den selbst leichte Rückschläge während der Wirtschaftskrisen der vergangenen Jahrzehnte nicht bremsen konnten. Von Stararchitekten entworfene Hochhäuser, Luxushotels und gigantische Einkaufspaläste schossen wie Pilze aus dem Boden.

Noch Anfang der 1970er-Jahre war das 23-stöckige Dusit Thani Hotel das höchste Gebäude des Landes. Mittlerweile ist es von etwa 1000 bis über 300 m hohen Nachbarn aus Glas und Stahl verdrängt und schließlich als nicht mehr zeitgemäß abgerissen worden. Mehrspurige Hochstraßen und die Trassen der Hochbahn durchschneiden Bangkok, das starken westlichen Einflüssen unterliegt.

Auch in der Provinz sind Geldautomaten, Motorräder, Smartphones und Internet selbst in abgelegene Dörfer und auf kleine Inseln vorgedrungen und prägen den Lebensalltag. Man akzeptiert die rapiden gesellschaftlichen Veränderungen ebenso wie den Börsencrash oder den Tsunami: Man bittet Buddha um Beistand und macht das Beste aus seinem weiteren Leben.

Zeittafel

ab 6. Jh. v. Chr.	Sinotibetische Thais dringen in den südchinesischen Raum und von dort weiter gen Süden vor.
6.–11.Jh.	Die Mon, ein sinotibetisches Volk aus dem burmesischen Irrawaddy-Delta, gründen das Dvaravati-Reich mit der Hauptstadt Lopburi.
9.–13.Jh.	Teile von Thailand werden von den Khmer beherrscht, die von Angkor aus ein machtvolles Reich regieren. In dieser Zeit wandern Thais aus dem heutigen Südchina nach Süden und gründen verschiedene kleine Fürstentümer wie Chiang Saen.
1250–1300	Fürst Indraditya errichtet in Sukhothai das erste Thai-Königreich. Im Norden gründet Fürst Mengrai Ende des 13. Jh. das Königreich Lan Na mit der Hauptstadt Chiang Mai.
1277–1317	Unter Rama Khamhaeng erreicht Sukhothai eine kulturelle Blüte.
1350–1448	Rama Thibodi I. baut Ayutthaya zur Hauptstadt aus. 1376 wird Sukhothai und 1431 unter Boromaraja II. Angkor erobert.
1574–1593	Prinz Naresuan vertreibt die Burmesen aus Ayutthaya. Intensivere Beziehungen zu Europa führen zu Handelsniederlassungen der Spanier, Holländer, Briten und Franzosen in Siam.
1767	Die Burmesen erobern Ayutthaya und brennen die Stadt nieder.
1767–1809	General Taksin vertreibt die Burmesen und lässt sich zum König krönen. General Phraya Chakri folgt Taksin 1782 auf den Thron und begründet als Rama I. die Chakri-Dynastie.
1809–1910	Unter Rama II. und Rama III. werden Handelsbeziehungen zu Europa aufgebaut. Rama IV. reformiert Siam nach westlichen Ideen. Rama V. modernisiert das Land.
1938	General Pibul Songkhram wird Ministerpräsident und errichtet eine Militärdiktatur. Er ändert 1939 den Landesnamen Siam in Thailand.
1941–1942	Im Zweiten Weltkrieg schließt Pibul ein Bündnis mit Japan. Nach verlustreichen Kämpfen im Pazifik und Pibuls Sturz verbündet sich der neue Ministerpräsident Pridi mit den Alliierten.
1963–1973	Im Vietnamkrieg wird Thailand als militärische Operationsbasis der USA genutzt. Feldmarschall Kittikarchorn löst 1971 das Parlament auf und verhängt das Kriegsrecht.

Massenunruhen nach der blutigen Niederschlagung einer Studentenrevolte führen zum Sturz des Militärregimes. Der Rektor der Thammasat-Universität, Sanya Dharmasakti, regiert mit parlamentarischer Unterstützung bis zu einem erneuten Militärputsch 1976.	**1973–1976**
Unter der Regierung von General Prem Tinsulanonda stabilisiert sich das Land. Ab 1988, unter der Koalition von Chatichai Choonhavan, führen Korruption, Bodenspekulation und eine ungleiche Einkommensentwicklung zu Unruhen. Die Armee übernimmt die Macht.	**1980–1991**
Bei den Wahlen siegen die den Militärs nahestehenden Parteien; Massendemonstrationen werden blutig niedergeschlagen. Nach der Intervention des Königs tritt Suchinda zurück.	**1992**
Wirtschaftskrise. Chavalit Yongchaiyudh, ein ehemaliger General, tritt zugunsten von Chuan Leekpai zurück.	**1997–1999**
Mit einem Erdrutschsieg gewinnt der charismatische Multimilliardär Thaksin Shinawatra die Wahlen.	**2001**
Am 26. Dezember fordert eine der tödlichsten Flutwellen der modernen Geschichte an der Westküste nach offiziellen Angaben 5395 Tote und 2845 Vermisste und richtet enorme Zerstörungen an.	**2004**
Thaksin Shinawatra wird durch einen unblutigen Militärputsch gestürzt, seine Thai-Rak-Thai-Partei aufgelöst.	**2006**
Die Polarisierung zwischen Thaksin-Anhängern und den Königstreuen führt jahrelang zu Protesten. Die Wahlen 2011 gewinnt die Partei Puea Thai unter der Leitung der Schwester von Thaksin, Yingluck Shinawatra, mit absoluter Mehrheit.	**2008–2011**
Nach teils blutigen Demonstrationen und einem Militärputsch übernimmt General Prayut Chan-o-cha die Macht.	**2014**
König Bhumibol stirbt, sein Sohn Vajiralongkorn wird als Rama X. zum Nachfolger ernannt.	**2016**
Nach einem Trauerjahr wird König Bhumibol während der größten sechstägigen Beisetzungszeremonie des Landes am 26. Oktober auf einem 50 m hohen Scheiterhaufen eingeäschert.	**2017**
Die Opposition rund um die progressive Move-Forward-Partei und die Thaksin-Partei Puea Thai gewinnt mit großem Vorsprung die Wahlen.	**2023**

Gesellschaft und Alltagskultur

Orange gekleidete Mönche im Stadtbild zeugen von der Bedeutung des Buddhismus in der Alltagskultur. Hingegen weist die Dominanz der Frauen auf Märkten wie in Geschäften darauf hin, dass sie das finanzielle Rückgrat der Familien sind. Auch wenn in den Städten westliche Einflüsse dominieren, sind auf dem Land viele Traditionen erhalten geblieben.

Der Buddhismus in Thailand

Der Theravada-Buddhismus, die Staatsreligion, zu der sich eine große Mehrheit der thailändischen Bevölkerung bekennt, prägt das Gesicht des Landes. Er beeinflusst das alltägliche Leben im Land ebenso wie das politische Geschehen. Er fördert Toleranz und Friedfertigkeit, Bescheidenheit und Gelassenheit, aber auch Autoritätsgläubigkeit und Unterordnung und schlägt sich damit im Verhalten und Zusammenleben der Menschen nieder.

Das auf Besucher so unergründlich wirkende ständige Lächeln der Thai, der Versuch, jegliche Konfrontation wie auch Aggression zu umgehen, die endlos erscheinende Geduld – all das ist das Ergebnis jahrhundertelanger buddhistischer Traditionen.

Dabei ist die Struktur dieser Weltreligion keineswegs geeignet, ein Regelwerk für das Zusammenleben in einer Gesellschaft aufzustellen, noch bietet sie Lösungen für soziale Probleme. Die buddhistische Lehre mit ihren moralischen Grundsätzen ähnelt weit mehr einer Philosophie als einer Religion.

Buddha, der Erleuchtete, kann keinesfalls als Gott oder Erlöser bezeichnet werden. Er weist nur einen Weg zur Erlösung. Er selbst benötigte über 500 Lebenszyklen, bis er so rein und vollkommen war, dass er sein ›großes Leben‹, seine historische Existenz, beginnen konnte. Diese Zyklen überliefern die Jakata-Erzählungen.

Der historische Buddha

Es wird berichtet, dass Prinz Siddhartha Gautama um 560 v. Chr. in Nordindien (heute Nepal) am Fuße des Himalaya als Thronfolger eines wohlhabenden Königs geboren wird. In Gestalt eines weißen Elefanten tritt er in den Schoß seiner Mutter ein und verlässt ihren Körper wieder bei seiner Geburt durch ihre Seite. Seher erkennen seine zukünftige Bedeutung, doch der Vater erzieht seinen ungewöhnlich anmutigen Sohn zum Fürsten und umgibt ihn mit weltlichem Luxus. Er heiratet eine wunderschöne Frau, die einem Sohn das Leben schenkt. Alles weist darauf hin, dass der begabte junge Mann einmal in die Fußstapfen seines Vaters treten wird, bis ihn plötzlich vier Begebenheiten aufrütteln.

Eines Tages verlässt Siddhartha Gautama die Geborgenheit seines Palastes und sieht einen Greis, der ihm das Altern bewusst macht. Er wird zudem durch die Begegnung mit einem Kranken und einer Leiche mit Krankheit und Tod konfrontiert. Das ihm bisher unbekannte Leid der Welt lässt ihn verzweifeln, bis er einen Brahmanen trifft. Daraufhin beschließt der 29-jährige Prinz, seinem Reichtum, der Macht und selbst seiner Familie zu entsagen, um die wahren Ursachen des menschlichen Leidens zu ergründen. In der gelben Robe der Mönche zieht er sich sechs Jahre lang in die Abgeschiedenheit des Waldes zurück. Dort lässt er sich von zwei berühmten hinduistischen Gelehrten unterweisen. Als er alles von ihnen gelernt hat, schließt er sich einer Gruppe von Asketen an und praktiziert Enthaltsamkeit bis an die Schwelle des Todes. Doch weder das eine noch das andere beantwortet ihm seine Fragen. So beschließt er, dem so genannten ›mittleren Pfad‹ zu folgen und sich der Ausbildung des Geistes und der mystischen Konzentration zu widmen.

In Bodhgaya erlangt er nach 49-tägiger Meditation unter einem Feigenbaum eines Nachts die entscheidende Erleuchtung: Siddhartha Gautama ergründet die vier edlen Wahrheiten, wird sich seiner mehrfachen Existenz auf dieser Erde bewusst und erkennt den Kreislauf der Wiedergeburt. Auf dieser Basis entwickelt der ›Erleuchtete‹, der von nun an Buddha genannt wird, den Weg zur Überwindung des Leidens. Im Hirschpark Isipatana (heute Sarnath bei Varanasi) übermittelt er einer kleinen Gruppe Neugieriger seine Erkenntnis, womit er das Rad der Lehre in Bewegung setzt. Die Verkündigung der Lehre wird von nun an sein Lebensinhalt. Als Buddha am Ende seiner Wanderungen im Kreise seiner Jünger ins Nirvana eingeht, verweist er auf diese Lehre als seine wichtigste Hinterlassenschaft. Die Bekenntnisformel des Buddhismus – *tiratana,* das dreifache Juwel – betont denn auch die Einheit von Buddha, der Lehre *(dharma)* und der Jüngerschaft *(sangha).*

Die Verbreitung der buddhistischen Lehre

Die buddhistische Lehre spaltete sich in Indien bereits 100 Jahre nach dem Tod ihres Stifters. Von der eher konservativen Richtung des Theravada grenzt sich der Mahayana-Buddhismus (bekannt als großes Fahrzeug) ab, der auf die Erlösung aller Wesen abzielt und den historischen Buddha nur als eine unter vielen Buddhagestalten ansieht. Von größerer Bedeutung als der aus eigener Kraft erworbene Eintritt ins Nirvana ist das praktizierte Mitgefühl mit allen Lebewesen *(karuna).* Dieses religiöse Ideal wird von Bodhisattvas (Erleuchtungswesen) verkörpert.

Der Theravada-Buddhismus dagegen hält an den strengen Lehren der alten Pali-Schrif-

Im Wat Phra That Doi Suthep bei Chiang Mai entzünden Gläubige Räucherstäbchen und Kerzen

Auch die Tempelwächter gehen mit der Zeit: Wie es sich gehört, mit dem iPhone in der Hand, der Sonnenbrille im Gesicht und der schicken Uhr am Arm

ten fest, nach denen jedes Wesen auf sich allein gestellt ist und nur durch ein strikt an ethischen Normen orientiertes Handeln sein *karma* – die Bilanz seiner Lebenshandlungen – verbessern und nach Erlösung streben kann. Die Länder Thailand, Myanmar (Burma), Sri Lanka, Laos und Kambodscha sind Hauptverbreitungsgebiete des Theravada, während weiter im Norden, in China, Korea, Japan und Vietnam, die Lehre des Mahayana vorherrscht.

Bereits um 250 v. Chr. sandte der indische Herrscher Ashoka die ersten buddhistischen Mönche nach Thailand, das ›Goldland‹ im Osten, um die Lehre des Erleuchteten zu verkünden. Man nimmt an, dass sie nach Nakhon Pathom gelangten, wo zu jener Zeit ein brahmanisch beeinflusstes Mon-Reich bestand. Einige 100 Jahre später erreichte der Buddhismus über Sri Lanka auch die malaiische Halbinsel. Widerspruchslos verbanden sich brahmanisch-hinduistisch und animistische Elemente mit der toleranten neuen Religion und so entstand aus verschiedenen Wurzeln eine Mischform, die heute noch vor allem bei den weniger gebildeten Bevölkerungsschichten dominiert.

Erst die aus dem Norden einwandernden Thais gründeten im 13. Jh. das Reich, das unter Rama Khamhaeng (1277–1317) den Buddhismus als Staatsreligion annahm – Sukhothai. Seit dieser Zeit bestimmte die Lehre Buddhas die kulturelle Entwicklung. Das erste literarische Werk der Thais war eine Abhandlung über die buddhistische Kosmologie; in Malerei und Skulptur stellte man den Erleuchteten dar. Auch im alltäglichen Leben hielt die neue Religion Einzug und richtete das geistige Leben der Menschen auf den Zyklus von Geburt, Tod und Wiedergeburt aus. Unter der Obhut der Könige, die als religiöses und politisches Oberhaupt fungierten, entfaltete sich der Buddhismus in Ayutthaya und den von ihm beeinflussten Gebieten zu machtvoller Größe. Als die Hauptstadt des Reiches im 18. Jh. von Burmesen geplündert und zerstört wurde, verbrannten auch die meisten religiösen Schriften. Doch schon wenige Jahre später führte man die religiöse Tradition fort und errichtete in Bangkok neue Tempel.

Grundlagen des Buddhismus

Der Buddhismus basiert weniger auf einem dogmatischen Glauben an etwas Überirdisches als auf der Erkenntnis einer tiefen Wahrheit. Daher stellt er auch keine Verbote im Sinne von »Du sollst nicht …« auf, sondern gibt Ziele vor, die es anzustreben gilt. Die Lehren des Religionsgründers wurden erst lange nach Buddhas Eingang ins Nirvana im »Tripitaka«, dem Dreikorb, schriftlich niedergelegt, wobei der erste Korb die Ordensdisziplinen, der zweite die Lehrreden und der dritte die Dogmatik, die metaphysische Beschäftigung mit Buddhas Lehre, enthält.

Kern der buddhistischen Lehre ist die Erkenntnis der **Vier Edlen Wahrheiten,** die im Theravada stärker im Zentrum stehen als im weltzugewandteren Mahayana:

1. **Alles Dasein ist *dukkha,*** was nur unzureichend als Leiden übersetzt werden kann. *Dukkha* begleitet jedes Individuum vom Schmerz der Geburt bis zum Tod. Der Mensch und alles, was ihm auf dieser Welt begegnet, ist veränderlich und vergänglich, eine vorübergehende Existenzform im ewigen Zyklus des Universums. Die Vorstellung von etwas Beständigem, einschließlich dem eigenen Ich, kann daher nur eine trügerische Illusion sein.
2. **Der Ursprung des Leidens liegt im Durst** *(tanha),* der Begierde nach weltlichen Sinnesgenüssen, die ihrem Wesen nach jedoch allesamt vergänglich sind. Statt die Belanglosigkeit dieser Gelüste zu erkennen, jagt der Mensch ihnen nach. Er versucht, Flüchtiges zu bewahren und lebt daher in ständiger Angst, alles zu verlieren. Seine Gedanken und Taten werden von Gier, Hass und Verblendung bestimmt, sodass die Summe seines menschlichen Wirkens, das sein *karma* bestimmt, keinerlei Verbesserung erfahren kann.
3. **Die Aufhebung des Leidens** *(nirodha)* ist nur möglich, wenn man nicht mehr nach weltlichen Genüssen trachtet und sich von allen Begierden befreit.
4. **Ziel ist, das Leiden aufzuheben** und damit zur Auslöschung im Nirvana zu gelangen.

Den richtigen Weg dorthin weist der **Edle Achtfache Pfad** *(atthangika magga).* Wer ihn beschreitet, kann durch eigene Anstrengungen sein *karma* verbessern und sich dadurch dem Nirvana annähern. Letztlich löst sich der Mensch auf diese Weise aus dem immerwährenden Zyklus von Geburt und Wiedergeburt und findet im totalen Erlöschen, im Nirvana, endgültige Erlösung. Der Edle Achtfache Pfad bestimmt daher die Verhaltensweise eines jeden gläubigen Buddhisten. Er besteht aus

1. **rechter Erkenntnis** (der vier edlen Wahrheiten sowie der Vergänglichkeit und Veränderlichkeit allen Seins, also der Voraussetzung für die Akzeptanz der Lehre Buddhas);
2. **rechter Gesinnung** (zu entsagen und kein anderes Wesen zu schädigen);
3. **rechter Rede** (kein anderes Wesen zu belügen und zu schädigen);
4. **rechtem Handeln** (im Sinne einer buddhistischen Ethik zu verstehen, die vor allem das Zerstören von Leben, Stehlen, unerlaubte sexuelle Handlungen und Drogen verurteilt);
5. **rechtem Lebenserwerb** (durch eine Tätigkeit, die keinem anderen Wesen zum Nachteil gereicht);
6. **rechtem Streben** (nach dem Weg zur Erlösung);
7. **rechter Achtsamkeit** (gegenüber dem Körper, den Sinnen und dem Denken);
8. **rechter Sammlung** (um in meditativer Versenkung zur höheren Bewusstseinsebene zu gelangen; diese schwierigste Stufe setzt das richtige ethische Verhalten voraus und führt über die Meditation zur völligen Loslösung von jeder sinnlich wahrnehmbaren Realität).

In seinem sozialen Aspekt lehrt der Buddhismus den mittleren Weg zwischen Lebensgenuss in völliger Weltzugewandtheit und strengem asketischem Verzicht. Die Gläubigen sind bestrebt, *brahmavihara,* die **Vier Edlen Bewusstseinszustände**, zu erreichen:

1. ***metta*** (liebevolle Güte)
2. ***karuna*** (erbarmendes Mitgefühl)
3. ***mudita*** (mitfühlende Freude)
4. ***upekkha*** (Bedachtsamkeit)

Ein Mensch, der nach der buddhistischen Lehre lebt, ist bemüht, Mitgefühl und Güte

Meditation – zu Gast in einem Kloster

In einer Zeit, in der östliche Philosophien und Konzentrationsübungen selbst beim Managementtraining eingesetzt werden, nehmen verstärkt Thailand-Besucher das Angebot der Klöster wahr, sich in der Meditation zu üben. Selbst Angehörige anderer Religionsgemeinschaften können an Retreats teilnehmen.

Meditationsübungen sind in buddhistischen Universitäten ebenso wie in abgelegenen Waldtempeln selbstverständlich und können sich über mehrere Tage, Wochen oder gar Monate erstrecken. In einigen Klöstern leben europäische Mönche, die auf westliche Gäste abgestimmte Unterweisungen und Meditationen durchführen.

Verschiedene Religionsgemeinschaften der Welt praktizieren unterschiedliche Arten der Meditation. Alle zielen jedoch darauf ab, über geistige Ruhe zu innerer Einsicht zu gelangen. Der Weg dorthin führt im Theravada-Buddhismus zumeist über *samatha,* die gelenkte Meditation, oder *vipassana,* die ständige Achtsamkeit.

Viele Europäer meditieren regelmäßig mit der Absicht, durch Konzentration innere Ruhe zu erlangen, die Gedanken zu beruhigen und Wahrnehmungen zu schärfen. Nur über intensives Üben ist es möglich, die eigenen Gedankengänge unter Kontrolle zu bringen, die ständig herumwandern. Es gibt verschiedene Formen der Meditation, die auf Atemübungen basieren. Die Vipassana-Meditation wählt zudem den Weg über die Achtsamkeit.

Es erfordert ein hohes Maß an Aufmerksamkeit und Konzentration, sich jede Handlung, jeden Gedankengang und sogar jedes Gefühl oder gar den eigenen Willen bewusst zu machen. Alle Erfahrungen während der Meditation verdeutlichen, wie wenig wir unsere eigenen Empfindungen und Gedanken beherrschen und lenken können und dass sich alles in permanenter Veränderung befindet. Diese Einsicht befreit von Selbstüberschätzung und hilft, die wahre Natur des Daseins zu erkennen, womit für einen gläubigen Buddhisten ein weiterer Schritt auf dem Pfad der Erkenntnis getan wäre.

Die folgende Auswahl von Tempeln und anderen Einrichtungen in Thailand bietet auch westlichen Besuchern Meditationsmöglichkeiten an. Detailliert, aber nicht mehr aktuell, informiert die Website www.retreat-infos.de über Angebote, Ausstattung und Anreise. Natürliche Skepsis ist gegenüber Angeboten angebracht, die ›Instant-Freizeitmeditationskurse‹ mit Erfolgsgarantie – einschließlich dem Eingang ins Nirvana – versprechen.

In und um Bangkok: Im **World Fellowship of Buddhists** finden Vorträge zu buddhistischen Themen statt, auch in englischer Sprache (im Benjasiri Park, 616 Thanom Sukhumvit 24 , www.wfbhq.org). Im **Wat Mahathat,** der buddhistischen Hochschule am Sanam Luang, können auch Ausländer im International Buddhist Meditation Center an kostenlosen Kursen teilnehmen. Täglich um 13 und 18 Uhr beginnen Meditationsübungen, für die keine Voranmeldung erforderlich ist (Section 5, Tel. 02-623 60 11, www.watmahathat.com/vipassana-meditation, s. S. 128). Weitere Kurse bietet **The House of Dhamma** (www.houseofdhamma.com, Mi–So 10–17 Uhr). Zu *retreats* lädt die Nonne Mae Chee Brigitte aus Österreich in den Wintermonaten ins **Sorn-Thawee Meditation Centre** östlich von Bangkok ein (www.meditationthailand.com).

Der Alltag der Mönche im Kloster folgt 227 strengen Regeln. Auch während der Meditation sind Gäste in Bezug auf Kleidung und Essen den Klosterregeln unterworfen

Im Norden: Das International Buddhist Center im **Wat Phra That Doi Suthep** bei Chiang Mai bietet Frauen und Männern 4- bis 21-tägige Vipassana-Meditationskurse (Tel. 053-29 50 12, www.fivethousandyears.org, s. S. 257). Im wunderschön gelegenen Waldkloster **Wat Pa Tam Wua** im Dorf Mae Suya bei Mae Hong Son können Gäste, auch Anfänger, jederzeit an Vipassana-Meditationen teilnehmen (1 km nördlich der Hauptstraße, Tel. 081-031 33 26, www.wattamwua.com, empfehlenswert 4–10 Tage). Im **Wat Suan Dok** (s. S. 251) und anderen Tempeln in Chiang Mai gibt der *Monk Chat* Gelegeneit zu Gesprächen mit Mönchen (www.monkchat.net).

Im Nordosten: Wat Pah Nanachat, das Internationale Waldkloster zwischen Warin und Si Saket, wurde von einem amerikanischen Mönch gegründet. Es bietet nur erfahrenen Meditierenden die Möglichkeit, nach frühzeitiger Voranmeldung mindestens sieben Tage in Abgeschiedenheit unter den strikten Regeln eines Waldklosters zu leben (15 km von Ubon Ratchathani, www.watpahnanachat.org).

Im Süden: Im modernen **Wat Suan Mokkh** wird ein progressiver synkretistischer Buddhismus von Schülern des berühmten verstorbenen Lehrers Achaan Buddhadasa unterrichtet. Maximal 110 Personen, darunter viele westliche Frauen und Männer, nehmen an den zehntägigen Dhamma-Meditationskursen in englischer Sprache teil, die am Ersten eines jedes Monats beginnen (4 km südlich von Chaiya, Tel. 077-43 16 61, www.suanmokkh-idh.org, s. S. 341). Im **Wat Khao Tham** auf der Insel Ko Pha Ngan starten am Zehnten und Zwangzigsten jeden Monats zehntägige Meditationsretreats (www.kowthamcenter.org, s. S. 354). Beide Zentren sind auch für Anfänger geeignet.

gegenüber allen Menschen zu empfinden. Wahres Mitgefühl darf nicht egoistisch sein. Nur wer in der Meditation Weisheit und Verständnis erlangt, kann sich von seinen egoistischen Bedürfnissen lösen und sich wohlwollend für die Allgemeinheit einsetzen. Bedachtsamkeit bildet die Grundlage eines selbstlosen Lebens, schützt vor vorschnellem Handeln, vor Vorurteilen und hilft, die Eigenheiten der Mitmenschen zu akzeptieren und ihnen mit Geduld zu begegnen. Geduld wiederum ist die Voraussetzung, um innere Ruhe zu erlangen.

Mönche – im Einklang mit der Lehre Buddhas

Über 300 000 Mönche und Novizen tragen in Thailand die gelbe Robe, einige nur für kurze Dauer, andere ein ganzes Leben lang. Noch vor wenigen Jahrzehnten zählte ein zeitlich befristeter Klosteraufenthalt zu den unverzichtbaren Lebensabschnitten für jeden männlichen Thai; heute folgt nur noch schätzungsweise jeder fünfte junge Mann dieser Tradition.

Sobald die Morgendämmerung beginnt, machen sich in safrangelbe Roben gekleidete Mönche auf den Weg durch die Straßen der Städte und Dörfer, die allmählich zum Leben erwachen. Frauen haben bereits den ersten Reis des Tages gekocht, in kleine Portionen aufgeteilt und mit unterschiedlichen Beilagen versehen. Vor ihren Häusern warten sie auf die Mönche, die das Essen für ihr Kloster einsammeln. Wortlos legen die Gläubigen die Gaben in die Opferschalen und bezeugen ihren Dank für die Gelegenheit, durch eine Spende besondere Verdienste für ihr zukünftiges Leben zu erwerben. Die Mönche kehren in ihre Klöster zurück und verbringen den Rest des Tages mit Unterweisung und Gebet.

Traditionell bezeichnet für einen jungen Mann der Aufenthalt im Kloster den Eintritt in die Erwachsenenwelt, denn erst nach seiner Ordination gilt er als vollwertiges Mitglied der Gesellschaft. In seiner Mönchszeit hat er Gelegenheit, besondere Verdienste für sein zukünftiges Leben zu erwerben. Für junge Frauen hingegen ist ein Klosteraufenthalt die Ausnahme – es gibt nur etwa 10 000 Nonnen, die in wenigen Klöstern mit einem Frauenbezirk leben. Daher ist die Ordination des Sohnes für jede Mutter eine besondere Freude, zumal ein Teil der spirituellen Verdienste, die er erwirbt, auf die Eltern übergeht. So dankt nach alter Sitte der Sohn den Eltern für ihre Erziehung und Fürsorge.

In der Regel tritt der junge Mann nach seinem 20. Geburtstag ins Kloster ein, bevor er heiratet und seine Berufslaufbahn beginnt. Besonders vor Beginn der Regenzeit, *khao phansa,* finden im gesamten Land Ordinationsfeiern statt. Zu Beginn der Zeremonie umrunden die Gläubigen dreimal den Tempel, begleitet von monotonen Gesängen. Festlich geschmückte junge Mädchen führen den

Umzug an, ihnen folgt der zukünftige Mönch, der drei Lotosblüten, drei Räucherstäbchen und drei Kerzen in den gefalteten Händen trägt. Die magische Zahl drei symbolisiert die Grundlagen des Buddhismus: den Erleuchteten, die Lehre und die Jüngerschaft.

Dem weiß gekleideten Kandidaten folgen die Eltern mit seiner Robe, ihnen schließen sich Freunde und Verwandte an. In Pali, der heiligen Sprache des Theravada-Buddhismus, beantwortet der zukünftige Mönch im Tempel Fragen des Abtes und erhält vor der Versammlung aller Mönche eine Unterweisung in die Klosterregeln. Nachdem ihm Haare und Augenbrauen geschoren wurden, empfängt er seine wenigen Besitztümer für die kommende Zeit und legt die gelbe Robe an, woraufhin er von seinen Eltern Respektbezeugungen und Geschenke entgegennimmt.

Nun hat der Mönch alles, was ihn in seinem bisherigen Leben umgab, hinter sich gelassen. Das Weltliche ist ihm durch strenge Regeln weitgehend verschlossen, doch kann er jederzeit, wenn er es wünscht, das Kloster verlassen und in das normale Leben zurückkehren. Als Mitglied der Mönchsgemeinde steht er über den Laien und muss sich den von Buddha verkündeten Regeln für das klösterliche Zusammenleben, den *vinayapitaka,* unterwerfen.

Junge Männer unter 20 Jahren können nur als Novizen und nicht als vollwertige Mönche aufgenommen werden. Sie müssen nur zehn Novizenregeln befolgen, zu denen die fünf Grundregeln gehören, die auch für Laien gelten: kein Leben zu vernichten, nichts zu nehmen, was nicht gegeben wurde, keine unzulässigen sexuellen Handlungen zu bege-

Auch das gemeinsame Essen gehört zum Klosteralltag

hen, keine Lügen zu verbreiten und sich nicht in einen unkontrollierbaren Rauschzustand zu versetzen. Der junge Novize darf darüber hinaus kein Geld berühren, kein Parfüm benutzen, nicht singen und tanzen, nicht in einem bequemen Bett schlafen sowie zwischen 12 Uhr mittags und Sonnenaufgang keine Mahlzeit zu sich nehmen. Weitaus einschränkender ist dagegen die Liste der 227 Regeln, die vollwertige Mönche befolgen müssen und die ihnen zur Erinnerung an jedem Voll- und Neumondtag vorgelesen werden.

Aber auch an allen anderen Tagen gilt es, nach der ersten Mahlzeit die buddhistische Lehre zu studieren. Hunderte von Versen in der heiligen Pali-Sprache müssen auswendig gelernt werden. Schon bevor es staatliche Schulen gab, erhielt der männliche Teil der Bevölkerung in den Klöstern eine grundlegende Allgemeinbildung, wodurch die Analphabetenrate in Thailand stets vergleichsweise niedrig war. Nach der letzten Mahlzeit des Tages kurz vor zwölf Uhr mittags ziehen sich die Mönche zurück, um zu ruhen und zu meditieren. Gegen vier Uhr nachmittags finden sie sich zum Abendgebet zusammen.

Abgesehen von diesen klösterlichen Regelungen wird der Tagesablauf eines Mönches durch sein Wirken für das geistige Wohl der Laien bestimmt. Er gibt ihnen Ratschläge, wie sie Verdienste erwerben können und unterweist sie in den Geboten des Buddhismus. Weihen Gläubige ein neues Haus ein oder feiern sie ein bedeutendes Familienfest, so laden sie auch Mönche ein, damit jene ihren Segen erteilen. Während der großen religiösen Feiertage, insbesondere zu *visakha bucha* (Wesak, Gedenktag an Buddhas Geburt, Erleuchtung und Eingang ins Nirvana), *asanha bucha* (Feiertag zur Erinnerung an das erste öffentliche Auftreten des Erleuchteten, als er das Rad der Lehre in Bewegung setzte) und *makha bucha* (Fest zum Gedenken an Buddhas Ansprache vor 1250 Jüngern), kommen zahlreiche Gläubige in die Tempel um den Bot mit Blumen, Kerzen und Räucherstäbchen in den Händen zu umrunden.

Besondere Bedeutung für die Klostergemeinde hat *thot kathin,* Zeremonie am Ende der Regenperiode: Sie markiert den Abschluss der Zeit, in der die Mönche sich verstärkt der religiösen Ausbildung widmen. Für einige bedeutet die Feier gleichzeitig das Ende ihres Klosteraufenthalts, der normalerweise eine Regenzeit lang dauert, und sie kehren zurück zu ihrer Familie.

Frauen zwischen Tradition und Alltag

Im buddhistischen Thailand werden traditionell Frauen als Stütze der Familie angesehen und schon als Mädchen auf ihre spätere Funktion als Ehefrau und Mutter vorbereitet. Zudem sind sie die Finanzminister der Familie und gehen mehr als in jedem anderen Land der Welt einer Beschäftigung nach.

Überlieferungen und Erzählungen zeichnen das Bild der idealen Ehegattin, die sanft, hübsch und reizend ist, ihren Mann umsorgt und sich seinen Entscheidungen fügt, das Haus in Ordnung hält und sich als gute Mutter erweist. Daneben soll sie sich im Arbeits- und Berufsleben engagieren. Märkte und Geschäfte sind ihre Domäne, in Verwaltung und Industrie hingegen zeigt sich unübersehbar die Vorherrschaft des Mannes. Auch die Schaltzentralen der Macht am Königshof, im Militär und in der Mönchsgemeinde sind ausschließlich unter Kontrolle der Männer. Nur selten gelingt es Frauen, zumeist dank familiärer Beziehungen, in höhere Entscheidungsebenen vorzudringen, wie die ehemalige Premierministerin Yingluck Shinawatra, die Schwester des wegen einer Verurteilung im Ausland lebenden, einstigen Premierministers Thaksin.

Trotz ihrer immensen wirtschaftlichen Bedeutung werden Frauen im religiösen wie gesellschaftlichen Bereich nicht als gleichwertig anerkannt. Bis 1976 gab es ein Gesetz, das es verheirateten Frauen verbot, ohne Einwilligung des Mannes Geschäfte zu betreiben. Selbst zur Veräußerung ihres persönlichen Eigentums benötigten sie die Zustimmung ihrer Ehemänner. Im selben Jahr, in dem das Gesetz abgeschafft wurde, gestand man den Frauen

Prostitution

So wie es Hamburgtouristen auf die Reeperbahn zieht, wollen viele Thailand-Besucher das ›Sündenbabel‹ Patpong, den ältesten Rotlichtbezirk von Bangkok, sehen. Sie wundern sich, dass die kleine Straße mit Souvenirständen vollgestopft ist und die Go-go-Bars weitaus harmloser sind als angenommen.

Reklamewald im ›Sündenbabel‹ Patpong

Wesentlich aggressiver ist die Stimmung in Etablissements, in denen besonders hübsche, gut gewachsene ›Mädchen‹ arbeiten, die sich letztlich als Transvestiten, *krateuys,* entpuppen. Diese Meisterwerke der plastischen Chirurgie bieten auf mehreren Bühnen perfekt inszenierte Shows, die einem Vergleich mit Las Vegas durchaus standhalten.

Eher unfreiwillige Erfahrungen mit der Prostitution machen viele Touristen, die in Billighotels absteigen, deren Zimmer vor allem stundenweise vermietet werden. In teureren Hotels arbeiten Prostituierte, wenn überhaupt, sehr diskret und bei den meisten allein stehenden Damen in der Lobby wird es sich wahrscheinlich um Geschäftsfrauen handeln. Auch in den Gästehäusern sind Touristen in den allermeisten Fällen unter sich, manche Hotelmanager weisen sogar Europäer mit asiatischen Freundinnen ab.

Die ersten Ausländerbars etablierten sich in den 1960er-Jahren rings um die amerikanischen Airforce Bases. Sie boten GIs im Rahmen der *Rest-and-Recreation*-Programme Erholung vom Kriegsgeschehen in Vietnam. Nach dem Abzug der Amerikaner belebte eine zunehmende Zahl von Touristen aus aller Welt das Geschäft. Vor allem Mädchen aus dem armen Norden und Nordosten, denen das karge Land keine Erwerbsmöglichkeiten bot, zog es mehr oder weniger freiwillig in die Go-go-Bars und Massagesalons.

Allerdings hat das älteste Gewerbe der Welt wie in vielen anderen Kulturen eine lange Tradition. Während sich Adlige viele Nebenfrauen leisten konnten, blieb dem armen Mann nur der Gang ins Bordell. Hier sammelten junge Männer ihre ersten Erfahrungen, denn die zukünftigen Ehefrauen sollten schließlich unberührt in die Ehe gehen. Da die Etablissements in jeglicher Hinsicht der Entspannung dienten, war es durchaus üblich, den erfolgreichen Abschluss eines Vertrages im Bordell zu feiern.

Erst im Zeitalter von Aids beginnt sich dieses Verhalten langsam zu wandeln. Obwohl man bereits seit den 1990er-Jahren das Thema öffentlich diskutiert, die rasante Ausbreitung der Seuche beschwört und von über 1 Mio. Infizierten spricht, fällt es schwer, überlieferte Verhaltensmuster zu ändern. An vorderster Front der groß angelegten Aufklärungskampagnen kämpft die Population and Community Development Association (www.pda.or.th) des ehemaligen Gesundheitsministers Meechai, dessen erfolgreiches Programm zur Geburtenkontrolle internationale Anerkennung fand. Aber noch immer gibt es nicht nur Touristen, die in unbeschwerter (Urlaubs-)Freude verantwortungslos handeln.

erstmals gleiches Recht bei einer Scheidung zu. Vorher wurde Ehebruch bei Frauen streng bestraft, während er bei Männern ungeahndet blieb. Noch um die Wende zum 20. Jh. konnten Ehemänner ihre Frauen verstoßen, wenn die Verbindung kinderlos blieb.

Die jungen Mädchen wurden von den Eltern gegen einen Brautpreis verkauft und galten fortan als Besitz ihres Mannes. Je größer dessen Wohlstand, desto höher war die Anzahl der Frauen. Doch auch für arme Thais lohnte sich der Kauf einer Zweitfrau, da deren Arbeitskraft nicht unerheblich zum Familieneinkommen beitrug. Erst 1935 wurde auf internationalen Druck die Polygamie gesetzlich verboten. In der Praxis ist diese Tradition jedoch noch immer weit verbreitet und viele Ehemänner halten sich Mätressen oder gehen ganz selbstverständlich zu Prostituierten.

Die moderne Städterin sieht sich widersprüchlichen Anforderungen ausgesetzt. Filme und Frauenmagazine propagieren ein westliches Frauenbild – modisch, sexy, aufgeschlossen. Junge Frauen gehen gemeinsam mit ihren Freundinnen aus, vergnügen sich in Klubs und reisen durchs Land. Im Gegensatz dazu steht das traditionelle buddhistische Erziehungsideal, das nachhaltig das Wertesystem der Thailänderinnen bestimmt. In diesem bleibt es den Männern vorbehalten, als Mönche ihr Karma zu verbessern, den Frauen bleibt lediglich die Hoffnung, dass ein wenig davon auch für sie abfallen möge, wenn sie den Mönchen Opfergaben überreichen oder ihr Sohn eine Zeitlang ins Kloster geht. Selbst *mae chi,* die weißgekleideten buddhistischen Nonnen folgen weniger Regeln und können nie den Mönchsstatus erreichen. Während Mönche die heiligen Schriften studieren, leben sie in ihren abgetrennten Bereichen und müssen sich mit der Reinigung der Gebäude und der Verwaltung der Finanzen beschäftigen – Hausfrauen im Kloster.

Das Leben in einem Dorf

Knapp ein Drittel der Bevölkerung ernährt sich von der Landwirtschaft. OTOP-Projekte zur Förderung traditioneller Produkte sowie

Take-away vom Nachtmarkt, ideal für berufstätige Frauen

Industrieansiedlungen ermöglichen zusätzliche Einkommen. Auch auf dem Land sind Smartphones und Internet zum selbstverständlichen Bestandteil des Alltagslebens geworden.

Traditionelle Landsiedlungen

Mit der Modernisierung auf dem Land haben sich die Thai-Dörfer gewandelt. Ursprünglich lagen sie inmitten von Reis- und Gemüsefeldern – überschaubare Einheiten mit jeweils 100 bis 150 Familien. Unter den auf 2 bis 3 m hohen Pfählen stehenden Holzhäusern lebten auf ebener Erde die Nutztiere und lagerte das Brennholz. Dieser schattige, offene Raum unter dem Haus, der früher auch als Arbeitsplatz diente, wurde oft umgebaut, um Lagerräume, eine Garage oder neuen Wohnraum zu schaffen. Treppen führen hinauf zu einer offenen Veranda, von der die erhöht angelegten Wohnräume zu erreichen sind. Sie bieten Sicherheit – mehr vor Überschwemmungen und Ungeziefer als vor unwillkommenen Gästen, denn Besucher sind gern gesehen.

Erfrischendes Regenwasser, aufbewahrt in einem kühlenden Tontopf, offeriert man am Eingang Durchreisenden als Geste der Gastfreundschaft. Auch neben dem Haus stehen hohe Tonkrüge, in denen die Wasservorräte aufbewahrt werden, die früher bis zur nächsten Regenzeit ausreichen mussten. Die Küche befand sich einst in einem angrenzenden, separaten Bereich hinter dem Haus, denn beim Kochen mit offenem Feuer war die Brandgefahr recht hoch. Leicht abgeschrägte Dächer, zumeist aus Wellblech, ragen weit über die Hauswände hinaus und bieten so während der Regenzeit ausreichenden Schutz und Platz zum Trocknen landwirtschaftlicher Erzeugnisse.

Etwas außerhalb des Dorfes befinden sich Schule und Dorfplatz, Geisterhaus und Tempel. An der Qualität der glasierten Ziegel, der Skulpturen und Wandmalereien des Wat lässt sich der Reichtum der Gemeinde ermessen. Jedes Mitglied ist verpflichtet, sich am Ausbau des Tempels zu beteiligen, soweit es seine finanziellen Mittel zulassen. Alte Mönche und Äbte sind oft einflussreicher als die Dorfvorsteher. Sie sorgen sich nicht nur um das geistliche Wohl der Gemeinde, sondern kümmern sich auch um soziale Probleme, schlichten Streitigkeiten und erziehen die jungen Novizen.

In der traditionell strukturierten Dorfgemeinschaft hat jedes Mitglied seinen fest gefügten Platz. Zusammengehalten wird sie von den Banden der gegenseitigen Verpflichtung und der Achtung von Weisheit und Alter. An der Spitze der Verwaltung steht ein gewählter Vorsteher, häufig unterstützt vom Ältestenrat sowie den Mönchen und Lehrern. Gemeinsam regeln sie alle Probleme, die innerhalb der Ortschaft anfallen. *Tambon,* der organisierte Zusammenschluss von Dorfvorstehern mehrerer Nachbargemeinden, ist für jene Belange zuständig, die über die Ortsgrenzen hinausgehen, und fungiert gleichzeitig als Mittler zwischen Distriktverwaltung und Dorf.

Ökonomische Probleme

Den Arbeitsrhythmus der Bauern bestimmt der natürliche Zyklus von Säen, Pflanzen, Ernten und Dreschen. Ausbleibende oder zu schwache Monsunregen, Überschwemmungen oder andere klimatische Unregelmäßigkeiten können die Ernte vernichten und die Menschen für lange Zeit verschulden. Die Sorge um günstiges Wetter ist daher auch Anlass für viele ländliche Feste.

Es sind aber nicht allein die Unbilden der Natur, die viele Familien in Schulden stürzen. Im fruchtbaren Menam-Delta arbeitet über die Hälfte aller Bauern auf gepachtetem Land. Maschinen, Saatgut, Düngemittel und Treibstoff werden ständig teurer und sind kaum noch mit den Erträgen der sich durch Erbteilung stetig verkleinernden Betriebe zu finanzieren, deren Durchschnittsgröße nur 4 ha beträgt. Viele Bauern sind von Geldverleihern abhängig, die das Getreide aufkaufen und ohne großen bürokratischen Aufwand Maschinen und Düngemittel liefern. Da die Kreditgeber oft horrende Zinsen fordern, sind die Bauern häufig gezwungen, einen Großteil der Ernte bereits im Voraus zu verpfänden. Dank großzügiger Kreditvergabe konnten sich viele Familien Smartphones, Motorräder oder gar einen Pickup kaufen, sind nun aber völlig verschuldet.

Vor allem auf dem Land ist die versteckte Arbeitslosigkeit hoch. Die zunehmende Mechanisierung und Zusammenfassung kleinerer Einheiten in Export orientierte und damit profitabel operierende Großbetriebe setzt Arbeitskräfte frei. Durch den Ausbau der Infrastruktur und die Ansiedlung von Industriebetrieben in ländlichen Regionen werden für Pendler Arbeitsplätze erreichbar. Dadurch will man der Abwanderung in die Städte entgegenwirken.

In Thailand wurde in der zweiten Hälfte des 20. Jh. die landwirtschaftliche Anbaufläche von knapp 8 Mio. auf über 23 Mio. ha erweitert, sodass kaum noch freie Flächen für eine Neukultivierung zur Verfügung stehen.

Intensivere Bodennutzung und Bewässerungsprojekte konnten zwar die Hektarerträge steigern, doch sind viele der konservativen Bauern nur schwer für moderne Anbaumethoden oder Genossenschaften zu gewinnen. Die dynamische junge Dorfbevölkerung sieht ohnehin ihre Zukunft nicht auf dem Land. Viele versuchen in den Touristenregionen und großen Industriezentren eine Arbeit zu erhalten und so ohne körperliche Schwerstarbeit zu Wohlstand zu gelangen. Doch nur für wenige werden diese Träume Wirklichkeit.

Ethnische Minderheiten im Norden

Schon immer waren die Berge Zufluchtsorte ethnischer Minoritäten, die dem Druck mächtiger Völker weichen mussten. Heute leben in der Bergregion nördlich von Chiang Mai Angehörige der Hmong (Meo), Yao (Mien), Lisu, Lahu und Akha, weiter südlich Lawa und in der gebirgigen Grenzregion zu Myanmar bis hinunter nach Kanchanaburi die in Tälern siedelnden Karen.

Die einwandernden Thais verdrängten bereits im 11. und 12. Jh. die zur Mon-Khmer-Gruppe gehörenden Lawa aus den fruchtbaren Tälern in die gebirgigen Regionen. Ihnen folgten 600 Jahre später die aus dem Westen stammenden Karen, die sich an den Flüssen der Gebirgstäler niederließen. Ab Mitte des 19. Jh. führten politische und wirtschaftliche Probleme in Südchina dazu, dass Lahu, Akha und Lisu gen Süden nach Myanmar wanderten und schließlich, wie auch Yao und Hmong, die über Laos kamen, die thailändische Grenze überschritten.

Auch nach dem Ende des Zweiten Weltkriegs ebbten die Flüchtlingsströme nicht ab. Als Folge des Vietnamkriegs, der auch im benachbarten Laos tobte, und der Karen-Aufstände in Myanmar (Burma) wurden für die über die Grenze strömenden Menschen in den einstmals dünn besiedelten Wäldern immer neue Dörfer gegründet. Eine weitere Flüchtlingswelle erreichte Thailand aus dem westlichen Myanmar ab 2017. Allerdings kamen die muslimischen Rohingya zumeist übers Meer in den ebenfalls von Moslems bewohnten Süden.

Die wirtschaftliche Basis

Man nimmt an, dass derzeit rund 500 000 Angehörige der Bergvölker in etwa 3000 nordthailändischen Dörfern leben, zumeist in Höhenlagen von über 800 m. Viele bauen im Brandrodungsfeldbau den aromatischen Bergreis an, aber auch Mais, Tabak, Kaffee, Obst und Gemüse sowie Blumen und Gewürzpflanzen. Früher war der Opiumanbau für viele Dörfer eine wichtige Einkommensquelle. Seitdem die Regierung unter massivem Druck der USA den Kampf gegen das Opium aufgenommen hat und den Anbau von *cash crops* fördert, blüht der Mohn nur noch jenseits der Grenze und Designerdrogen aus den Labors in Myanmar haben den Schlafmohn verdrängt.

Beim Bergreisanbau erschöpft sich bereits nach einer Ernte die Fruchtbarkeit des Bodens, sodass anschließend das Land mehrere Jahre lang brach liegen muss. Früher zogen ganze Dörfer weiter, wenn nicht mehr genü-

Selbst bei der Feldarbeit legen Akha-Frauen ihren schweren Kopfschmuck nicht ab

gend fruchtbares Land in der näheren Umgebung zur Verfügung stand. Da bei der dichten Besiedlung selbst die letzten Wälder an steilen Berghängen durch Brandrodungsfeldbau zerstört wurden, was zu massiven Umweltschäden führte, hat man die Abholzung untersagt und Wiederaufforstungsprojekte initiiert.

Die Kontrolle des Holzeinschlagverbotes seit 1988 und die Bekämpfung des Opiumanbaus hat zu immer stärkeren Eingriffen der thailändischen Behörden in das Leben der Bergvölker geführt, die bis in die 1960er-Jahre hinein weitgehend autark waren. Feste Siedlungen mit Schulen und Krankenstationen werden gefördert und auf dem der thailändischen Krone unterstellten Land blühen Dahlien, Gladiolen und Lilien statt Mohn, was zwar keine hohen Profite abwirft, aber ein ständiges Einkommen sichert. Dank des persönlichen Einsatzes von König Rama IX. haben sich die Lebensverhältnisse der Bergbewohner in den vergangenen Jahrzehnten verbessert. Viele Dörfer wurden an das Straßennetz angeschlossen und die meisten Kinder lernen in der Schule die Thai-Sprache und -schrift. Dennoch werden sie als Staatenlose von den Thais benachteiligt.

Der Alltag

Das entbehrungsreiche Leben der Bergbewohner ist vom Roden und Bepflanzen der steilen Hänge geprägt, von den geheimnisvollen Kräften der Natur, die Segen bringen oder zerstören – und das Schicksal von Mensch und Tier bestimmen. Dem Mythos messen die noch nicht christianisierten Bergbewohner eine große Bedeutung zu. Sie sind stets bemüht, mit den unsichtbaren Geistern der Umwelt und den verstorbenen Vorfahren in Harmonie zu leben und ihnen nach altüberlieferten Riten Respekt zu erweisen.

Medizinmänner und Schamanen treten als Mittler zwischen dem Diesseits und der Schattenwelt auf. Sie beschwören die Geister, vertreiben Krankheit und bösen Zauber,

Der traditionelle Schmuck der Bergvölker ist ein beliebtes Souvenir

legen den richtigen Zeitpunkt für den Hausbau, die Ernte und die großen Familienfeiern fest und sind für den Schutz der Siedlung und ihrer Bewohner zuständig. Innerhalb des Dorfes glaubt man sich sicher vor den realen und vermeintlichen Gefahren der Bergwelt, wilden Tieren, bösen Geistern und Banditen.

An Festtagen tragen die Frauen den Wohlstand der Familie in Form von Silberschmuck sichtbar am Körper, was ihnen ein prächtiges Aussehen verleiht. Dennoch, die Bergvölker führen ein bescheidenes Leben, nur zu oft weit jenseits des Existenzminimums. In abgelegenen Gebieten errichten sie ihre Wohnhäuser aus Bambus und anderen vorhandenen Materialien. Die Mahlzeiten bestehen überwiegend aus Bergreis mit etwas Gemüse und vielen Chilis.

Schweine, Hühner und andere Haustiere – bei einigen auch Hunde – werden für Festtage gemästet oder bei rituellen Handlungen den Göttern und Ahnen geopfert. Das Neujahrsfest ist für die Bergbewohner das wichtigste soziale und religiöse Ereignis des Jahres. Spiele, Tanz und Gesang begleiten die mehrtägigen religiösen Zeremonien. Dieses feucht-fröhliche Fest zum Segen der Götter und Ahnen wird bei den verschiedenen Bergvölkern zu unterschiedlichen Zeitpunkten meist um das chinesische Neujahr herum begangen.

Traditionen

Selbst wenn die Menschen durch ihre weitgehende Isolation in der Bergwelt ähnliche Lebensweisen entwickelt haben, bleiben sie, mit Ausnahme der schon früh eingewanderten Lawa und Karen, ihrem eigenen Volk eng verbunden. Die Geschichte ihrer langen Wanderungen und die Regeln ihres Zusammenlebens werden, teilweise mangels einer Schrift, mündlich von Generation zu Generation weitergegeben.

Aus ihrem ursprünglichen Siedlungsgebiet haben vor allem die Yao, Lisu und Hmong ihre Traditionen mitgebracht; der chinesische Kalender wird von ihnen ebenso verwendet wie Essstäbchen. Bei den Yao sind sogar chinesische Schriftzeichen in Gebrauch. Eheschließungen werden bei Yao und Hmong noch weitgehend von den Familien arrangiert, während sich Akha-Frauen ihren Partner selbst auswählen. Schon vor der Heirat genießen die jungen Leute dieser drei Völker sexuelle Freizügigkeit, sofern sie nicht christianisiert sind. Bei den Lawa und Karen hingegen wird nur die eheliche Sexualität akzeptiert. Zahlreiche Tabus und Vorschriften regeln das Leben der Ehepartner und teilen Mann und Frau jeweils eigene Bereiche zu.

Männer und Frauen

Lahu-Frauen feiern ihr Neujahrsfest vor den Männern und bei den Akha trennt eine Wand die Häuser in einen Männer- und in einen Frauenbereich. Der überwiegende Teil der Arbeit im Haus und auf den Feldern wird von Frauen verrichtet, besonders bei den Hmong, Lisu, Akha und Yao. Es gilt als Zeichen des Wohlstands, wenn sich Lisu- und Hmong-Männer mehr als eine Frau leisten können. Während sich Frauen im Dorf um die Kinder kümmern, nähen, sticken und weben, genießen die Männer das Leben, treffen sich zum Essen, Trinken und Spielen. Während früher der Opiumkonsum bei den Männern einiger Bergvölker weit verbreitet war, stellen heute eher Designerdrogen ein Problem dar. Schließlich siedeln sie nahe dem Goldenen Dreieck, einer der größten Drogen-Produktionsstätten der Welt.

Kunsthandwerk

Auf Nachtmärkten und in Geschäften werden eine große Vielfalt an Textilien verkauft, die von Frauen mit kunstvollen bunten Stickereien verziert werden: Röcke, Hosen, Jacken, Taschen und Gürtel, Patchwork-Decken und Wandbehänge, zudem Silberschmuck, traditionelle Musikinstrumente und Gegenstände aus Bambus und Rattan. Selbst Textilien, die dem Geschmack der Touristen entsprechen, sind oft in großer Menge in abgelegenen Dörfern in Handarbeit hergestellt worden.

Die in ihrer Grundfarbe überwiegend indigoblauen oder schwarzen Textilien sind bei den Hmong und vor allem bei den Akha mit farbenfrohen Applikationen besetzt und zusätzlich mit Quasten, Muscheln, Samen, Federn oder Baht-Münzen dekoriert. Lahu und Karen nähen ihre Bekleidung aus buntgestreiften Stoffen, die sie selbst herstellen, während Lisu-Frauen ihre Kleider mit Patchwork-Arbeiten schmücken. Mit Ausnahme der Schulkinder, die freitags in ihrer Tracht zur Schule gehen, und einiger Akha und Lisu, tragen die meisten Bergbewohner ihre traditionelle Kleidung nur noch an Festtagen.

Tourismus

Der Tourismus hat einigen Bergdörfern neue Einkommensquellen erschlossen und bietet jungen Menschen die Möglichkeit, in ihrer Heimat zu bleiben. Es gibt aber auch Tourismusprojekte, die auf kurzfristigen Profit ausgelegt sind und keine Rücksicht auf die Traditionen der Menschen nehmen. Vor allem die Zurschaustellung der exotischen Langhals-Frauen zählt dazu. Sie gehören zum Volk der Padaung, einem Unterstamm der Karen. Anfangs kamen sie als Flüchtlinge aus Myanmar und sie werden mittlerweile absolut unmenschlich als Touristenattraktion importiert.

Die Thai-Sprache

Fremdartige Töne

Für Europäer ist die Landessprache ein Buch mit sieben Siegeln. Zu fremd erscheinen die Strukturen, zu unbekannt Grammatik und Schrift. Auch mit der Aussprache verschiedener Tonhöhen haben die *farang,* die Ausländer, ihre Probleme und erzielen wahre Heiterkeitserfolge, wenn sie einen Begriff in der falschen Tonhöhe aussprechen.

Für die meisten Urlauber besteht kaum die Notwendigkeit, sich mit dieser Sprache auseinanderzusetzen, zumindest solange sie nur in den Touristenzentren weilen. Außerhalb jedoch fällt es merklich schwerer, sich zu verständigen; die meisten Thais sprechen kein Englisch. Es lohnt deshalb, sich bei Reisen in abgelegene Gegenden einen Thai-Grundwortschatz anzueignen, um nach einem Hotel oder Restaurant, dem Busbahnhof oder anderen wichtigen Dingen fragen zu können.

Thai ist eine Tonsprache aus der sinotibetischen Sprachfamilie, für jedes Wort gibt es fünf verschiedene Tonhöhen mit jeweils einer anderen Wortbedeutung. So heißt *maa* im normalen Mittelton ausgesprochen ›kommen‹, in steigendem Ton ›Hund‹ und in hohem Ton ›Pferd‹. Auf die korrekte Tonhöhe kommt es also an!

Das Thai hat verschiedene Einflüsse aus anderen Sprachen aufgenommen. Es ist verwandt mit dem klassischen Chinesisch, das wie das Thai eine Einsilblertonsprache ist. Im Laufe der Zeit wurden viele Khmer- und Mon-Begriffe ins Thai übernommen. Mehrsilbige Wörter stammen hauptsächlich aus dem Sanskrit und Pali, beides Sprachen, die mit dem Brahmanismus und später dem Buddhismus nach Thailand kamen. Standard-Thai, die Hochsprache, wird aufgrund des gut ausgebauten Schulsystems fast überall in Thailand gesprochen und verstanden. Daneben gibt es zahlreiche regionale Dialekte, wobei der Isaan-Dialekt am weitesten von der Hochsprache abweicht und weit mehr dem Laotischen ähnelt.

Alphabet und Schrift

König Rama Khamhaeng schuf 1283 das erste Thai-Alphabet. Es beruht auf Mon- und Khmer-Schriftzeichen, die ihrerseits auf indische Vorbilder zurückgehen. Bis heute nahm man an der damals entwickelten Schrift nur geringfügige Veränderungen vor. Thai wird horizontal von links nach rechts geschrieben und gelesen. Anders als europäische Schriften kennt es weder Satzzeichen noch Abstände zwischen den Wörtern, sondern nur Zwischenräume, welche die Satzenden markieren. Damit wird für Europäer das Schreiben und Lesen der Sprache noch schwieriger als die mündliche Verständigung.

Das Alphabet besteht aus 44 Konsonanten und 36 Vokalen. Einfache Selbstlaute gibt es allerdings nur 14, bei den restlichen handelt es sich um Doppel- oder Mehrfachlaute. Neben den Diphthongen wie ei, eu oder au findet man im Thai noch Laute wie iau, üay, ia oder uai. Jede dieser Kombinationen ist zu einem neuen Laut verschmolzen. Schwierig wird es mit den unterschiedlichen Tonhöhen, die jede Lautfolge annehmen kann. Die Tonhöhen können durch Symbole ausgedrückt werden. Wörterbücher mit Englisch als Ausgangssprache benutzen die Abkürzungen l *(low)*, h *(high)*, r *(rising)* und f *(falling)*, während der Normalton nicht gekennzeichnet ist.

Satzgefüge und Sprachebenen

Die Grundstruktur der Sätze Subjekt/Prädikat/Objekt ist dafür einfach. Adjektive werden dem Substantiv nachgestellt. Verben und Substantive können ihre Funktion oder die Stellung im Satzgefüge ändern, ohne dass eine Vor- oder Nachsilbe dies anzeigt. Viele Verben lassen sich durch ein vorangestelltes Wort in ein Substantiv umwandeln: Aus *khit* (denken) bildet man *kwam khit* (Gedanke).

Jedes Thai-Wort ist insofern vollständig, als es keine Endungen, kein Geschlecht, keinen Artikel und keine Pluralform gibt. Um Zeiten grammatikalisch auszudrücken, benutzt man bestimmte Hilfswörter. *Pai* (gehen) verändert sich so zu *dscha pai* (gehen werden), *kamlang pai* (im Begriff sein zu gehen) oder *pai laeo* (gegangen sein).

Zudem kennt das Thai vier Sprachebenen. Ihr Gebrauch richtet sich nach der sozialen Schicht des Angesprochenen. Da gibt es eine königliche, eine religiöse, eine höfliche (Mittelschicht-)Sprache und eine Unterschichtsprache, die auch intime Freunde verwenden, anmaßend dagegen wäre sie gegenüber neuen Bekannten. Daneben existieren noch weitere umgangssprachliche Formen, deren Gebrauch als recht vulgär angesehen wird.

So viele leckere Gerichte, doch sie verbergen sich hinter der thailändische Schrift

Architektur und Kunst

Jenseits der futuristischen Hochhäuser und Konsumtempel in den Großstädten wirken thailändische Wohn- und Geschäftshäuser eher schlicht und planlos erbaut – ganz im Gegensatz zu den mannigfachen buddhistischen Tempelanlagen. In ihnen offenbart sich die ganze Fülle traditioneller Kunst und Architektur.

Klöster und Tempel

Prächtig ausgeschmückte Tempelanlagen, in Thai **Wat** genannt, künden im Zentrum eines jeden Ortes vom Wohlstand der Gemeinde. Wie christliche Klöster im Mittelalter erfüllt ein Wat neben religiösen auch soziale Funktionen, etwa als Waisenhaus, Altersheim und Schule. Es ist aber auch das geistige Zentrum der Laiengemeinde, die hier ihre Feste feiert.

Eine Mauer schirmt den sakralen Tempelbezirk und den separaten Klosterbereich, in dem die Mönche *(bhikkhu)* leben, nach außen hin ab. In vielen Tempeln gibt es keine Klöster, wie beispielsweise in den repräsentativen Anlagen der Königsstädte, dem Wat Mahathat.

Bot und Viharn

Der **Bot,** das zentrale Heiligtum, in dem die Ordinationsfeierlichkeiten und andere religiöse Zeremonien stattfinden, ist meist besonders prächtig ausgeschmückt. Acht Grenzsteine, deren Form oft dem Blatt des Bodhi-Baums ähnelt, umgeben den Bot, ein neunter ist häufig unter dem Gebäude verborgen. Diese so genannten *bai sema* trennen den heiligen Bereich vom restlichen Tempelareal. Bestimmte Rituale können von der Mönchsgemeinde nur dann durchgeführt werden, wenn sich innerhalb des heiligen Bereichs kein Fremder befindet.

Außerhalb des heiligen Bezirks stehen eine oder mehrere **Viharn.** Diese öffentlichen Gebetshallen sind in der Regel größer als das Wat. Hier versammeln sich die Mönche zur täglichen religiösen Unterweisung und zum Gebet.

Bunt glasierte Ziegel bedecken die mehrfach gestaffelten Dächer der Hallen, wobei Rot- und Grüntöne vorherrschen. Giebel und Fassaden zieren **mythologische Wesen:** Garuda-Vögel, Reittier des Gottes Indra, dreiköpfige Elefanten *(erawan)* und graziöse Vogelmenschen (*kinnara* und *kinnari*). Als Giebelabschluss fungieren goldene Naga-Schlangen. Diese mythologischen Wesen, die Buddha vor Regenfluten schützen sollen, winden sich auch die Treppenaufgänge hinauf. Grimmig dreinblickende Riesen *(yaksha)* und selbst Ramas Gegenspieler aus dem Ramayana-Epos *(tosakan)* bewachen die Eingangstore. Feine Holzschnitzereien oder Perlmutteinlegearbeiten zieren Türen und Fenster. Stein- oder Zementsäulen fungieren in den jüngeren Anlagen als Stützen. In den älteren Tempelbauten im Norden findet man dagegen Säulen aus Teakholz, die den Räumen einen speziellen, erhabenen Charakter verleihen. Die Innenwände sind mit detailreichen Wandmalereien geschmückt, die mythologische Wesen, Szenen aus dem Leben Buddhas und vorangegangenen Inkarnationen oder dem Alltag der Menschen darstellen.

Buddhabildnisse

In jedem Bot und Viharn, aber auch an vielen anderen Plätzen im Tempel, begegnet man Buddhabildnissen. Sie sind in meterlangen Zyklen an die Wände gemalt, in Fresken oder Skulpturen plastisch ausgeführt, in Bronze oder Gold gegossen. Oft gibt es Hunderte solcher Darstellungen allein in einem Wat. Gläubige erweisen dem Erleuchteten Ehre, indem sie vor den Bildnissen niederknien, sie mit Blumen und feinen Goldplättchen schmücken und Räucherstäbchen vor ihnen abbrennen. Wer bei einem Künstler eine Buddhadarstellung in Auftrag gibt, erwirbt dadurch besondere Verdienste und kann sich vor hereinbrechendem Unglück schützen.

Chedi und Prang

Stupa ist der allgemeine Begriff für einen sich nach oben verjüngenden Sakralturm. Die Legende berichtet, dass der sterbende Buddha seine engsten Anhänger darum bat, seinen Körper nach dem Tod zu verbrennen und die Überreste unter einem Hügel von der Form eines Reisbergs zu vergraben. Darauf soll die Gestalt des Stupa zurückgehen. Die thailändischen Varianten heißen Chedi und Prang.

Die Form eines **Chedi** kann am besten mit einer Glocke verglichen werden. Basierend auf einer runden Grundfläche, läuft der Bau nach oben spitz aus. Ursprünglich findet sich diese Form bei den ceylonesischen Stupas (oder *pagodas* von ceyl. *dagoba*). Chedis bergen die Asche einer verehrten Persönlichkeit, sodass sie sich immer in der Nähe einer heiligen Stätte befinden. Anfänglich wurden nur Reliquien von Buddha unter einem Chedi begraben, um an seine Lehre zu erinnern. Später errichtete man auch für die Asche von Prinzen oder besonders verdienstvollen Mönchen Stupas und heute finden die kleinen Türme sogar als Grabstein für einfache Gläubige Verwendung – entsprechend groß ist die Anzahl der Stupas in einer Tempelanlage.

Ein **Prang** verjüngt sich ebenfalls nach oben, hat aber im Gegensatz zum Chedi keine runde, sondern eine quadratische oder vieleckige Grundfläche und seine Spitze ist meist phallusähnlich ausgebildet. Diese Form, bis heute charakteristisch für hinduistische Tempeltürme, kam mit der Khmer-Kultur nach Thailand. Ein typisches Beispiel ist der Prang des Wat Arun in Bangkok.

Die höchste und dickste Stupa der Welt: der Phra Pathom Chedi in Nakhon Pathom

Geisterhäuschen

Fast wie ein Zuhause für Puppen wirken die kleinen Häuschen, die auf jedem Privatgrundstück an einem exponierten Platz auf einem Pfahl in Augenhöhe stehen. Die *san phra phum* oder *san chao thi,* wie die Thais sie nennen, beherbergen den Hausgeist, der bereits vor einem Hausbau um Rat gefragt wird.

Brahma bewahrt im Geisterhäuschen den Überblick über die Opfergaben

Vor dem ersten Spatenstich sucht ein Spezialist, der sich in den Überlieferungen bestens auskennt, einen passenden Platz für das *san phra phum.* Das Geisterhäuschen muss an einem astrologisch zu bestimmenden Tag aufgestellt werden, nach Norden oder Süden blicken und darf niemals im Schatten des Hauses stehen, anderenfalls wird der Geist nicht einziehen. Selbst bei den dichtgedrängt aneinanderstehenden, modernen Hochhäusern darf es nicht fehlen. Mangelt es an Grund und Boden, findet das *san phra phum* seinen Platz auf dem Dach des Hauses – selbst auf den modernen Wolkenkratzern.

Zur Einweihung stellt man einen Tisch mit Essen, Früchten, Getränken, Kerzen, Räucherstäbchen und Blumen vor das *san phra phum.* Auch später legt man abends Blumen, manchmal auch Räucherstäbchen und Kerzen auf die kleine Terrasse. Essen gibt es nur zu besonderen Anlässen, wie Neujahr oder am Jahrestag des Geisterhäuschens. Wenn Hausbesitzer einen Anbau vornehmen, sich ein Auto oder eine andere größere Anschaffung leisten, muss auch der Hausgeist davon profitieren. Dann wird ein größeres *san phra phum* gebaut oder das alte aufgestockt – eine thailändische Variante der Hausratversicherung. Mittlerweile lebt ein ganzer Industriezweig von der Massenproduktion von Geisterhäuschen im Einheitsstil.

Wohl das berühmteste *san phra phum* des Landes ist der Erawan-Schrein in Bangkok. Beim Bau des gleichnamigen Hotels Mitte der 1950er-Jahre stießen den Bauarbeitern rätselhafte Unfälle zu. Um Schlimmeres abzuwenden und die Götter zu versöhnen, wurde nach dem Rat eines erfahrenen Astrologen ein besonders prachtvolles Geisterhäuschen zu Ehren des hinduistischen Gottes Brahma errichtet. Der vierköpfige Brahma, der Schöpfer und einer der drei obersten Hindu-Götter, genießt in Thailand noch größere Verehrung als in anderen Ländern. Ihm werden enge Beziehungen zu Buddha zugeschrieben – u. a. gilt er als Vater von Siddhartha Gautama. Dieser Schrein an einer verkehrsreichen Kreuzung entwickelte sich zu einem regelrechten Wallfahrtsort. Das Hotel jedoch, das er schützen sollte, stand weiterhin unter einem unglücklichen Stern und wurde 1988 durch einen Neubau ersetzt.

Auch später riss die Unglücksserie nicht ab: Am Abend des 17. August 2015 verloren 20 Besucher des Erawan-Schreins bei einem verheerenden Bombenanschlag ihr Leben. Dabei wollten einige nur vor der viergesichtigen Brahma-Statue um die Geburt eines Sohnes oder einen Lotteriegewinn bitten. Andere kamen, um als Dank für einen in Erfüllung gegangenen Wunsch Räucherstäbchen zu entzünden oder Blumengirlanden zu spenden und wieder andere um das Ganze zu fotografieren. Der Anschlag erschütterte das ganze Land, aber nicht den Glauben an die übernatürlichen Mächte, denen überall an teils prachtvollen Schreinen weiterhin geopfert wird.

Andere Tempelbauten

Im **Mondhop** (Bibliothek), einem meist quadratischen Bau mit pyramidenförmig gestuftem Dach, werden heilige Schriften aufbewahrt. Manchmal schützt eine hohe gemauerte Basis die Schriften vor den allgegenwärtigen Kleintieren. Einige Mondhop wurden über heiligen Fußabdrücken Buddhas errichtet.

An mehreren Stellen im Wat gibt es Ruhepavillons, kleine, nach den Seiten offene **Sala.** Ein Dach über der erhöhten Plattform bietet Schutz vor Sonne und Regen. Gläubige legen hier Opfergaben für die Mönche nieder. Jeder kann sich für eine Ruhepause oder zum Gebet in die Sala begeben. Pilgern dient sie als Unterkunft und auch männliche Reisende können hier übernachten, wobei ihre (unheiligen!) Füße allerdings nie in die Richtung des großen Buddha weisen dürfen.

In einem separaten Tempelbereich befindet sich das **Kuti,** das Kloster mit den einfachen Wohnräumen der Mönche. In diesem Bezirk pflanzen die Mönche heilige Bodhi -Bäume*(Ficus religiosa),* da Buddha unter einem solchen Baum die Erleuchtung zuteil wurde.

Sawankhalok-Keramik

Bereits vor über 700 Jahren exportierte das Sukhothai-Reich Keramiken aus seinen Brennöfen nach ganz Südostasien. In jedem Museum des Landes stehen einige Exemplare der unverkennbaren, milchig-grünen Sawankhalok-Keramik, nach dem Sanskrit-Wort für grünen Stein *celadon cela* genannt.

Schon die ersten Kulturen auf dem Gebiet des heutigen Thailands verwendeten Tonkrüge sowohl im Haushalt als auch bei der Bestattung ihrer Vorfahren. Unter den Khmer entwickelte sich das Töpferhandwerk mit der Verbreitung des härteren Steinguts und der Einführung von Glasuren weiter. Im Jahr 1300 brachte König Rama Kamhaeng von seinem zweiten Besuch am Hof von Kublai Khan südchinesische Töpfer mit, die er nahe seiner Hauptstadt in den traditionellen Töpfergebieten von Si Satchanalai ansiedelte. Dort bot er ihnen die Möglichkeit, mit neueren Brennöfen, die für heißere Temperaturen ausgelegt waren, ihre Kunst zu verbessern. Die doppelt gebackenen, fein gearbeiteten Figuren und Keramiken erhielten durch Blumen- und Fischedesigns oder die grüne Glasur ihre besondere Note. Schon bald hatten sie den hohen Standard der zu jener Zeit vorherrschenden chinesischen Produkte erreicht und wurden in größeren Mengen in andere südostasiatische Länder exportiert, nach Indien und sogar nach China und Japan. Vor allem die Haushaltsgegenstände waren nicht nur wegen ihres an Jade erinnernden, schönen Aussehens beliebt, sondern auch wegen des Aberglaubens, dass Celadon brechen oder sich verfärben würde, sobald es giftige Speisen enthielte. Selbst heute noch werden die ausschließlich aus Naturmaterialien hergestellten Skulpturen, Krüge, Vasen und Teller, denen die gesprungene Form der Glasur ein antikes Aussehen verleiht, geschätzt.

Töpferhandwerk heute

In den *kilns* (Brennöfen) nahe Sukhothai und Chiang Mai kann man zusehen, wie der schwarze Ton mit einer speziellen Asche vermischt, geformt und getrocknet wird. Anschließend stempeln oder gravieren die Handwerker dekorative Muster in den Ton, glasieren ihn mit Feldspat und brennen ihn bei 1250 °C im Ofen. Die meisten *kilns* produzieren zudem Porzellan, das vor dem Glasieren mit rotem Eisenoxyd, blauem Kobalt und anderen Farben bemalt wird. Die traditionellen und modernen Muster, die durch die farblose Glasur hindurchscheinen, weisen lokale und chinesische Einflüsse auf.

Eine Besonderheit der thailändischen Keramikindustrie ist die farbenprächtige Benjarong- und Lainamjong-Keramik, die in früheren Jahren ausschließlich dem königlichen Haushalt vorbehalten war. Entsprechend sind die Motive auf den Essensbehältern oder Teetassen häufig der Mythologie oder der buddhistischen Religion entlehnt. Die Produktion ist langwierig. Vier- bis achtmal werden die

Jugend trifft auf Tradition: Ein Pi-phat-Ensemble auf dem Nachtmarkt

Gegenstände mit verschiedenfarbigen natürlichen Glasuren bemalt, die anschließend unter jeweils ansteigenden Temperaturen gebrannt und intensiviert werden. Manchmal werden am Ende die Muster noch durch das Auftragen von Goldfarbe hervorgehoben.

Musik

Musik spielt in der thailändischen Kultur eine wichtige Rolle, bei buddhistischen Zeremonien in Tempeln, bei volkstümlichen Ritualen, brahmanischen Zeremonien, als Begleitung von klassischen Tänzen und Tanztheater wie auch im großen Spektrum der Popmusik.

Klassische thailändische Musik

Der klassische thailändische Tanz und die Musik lassen sich bis zu Steinreliefs der Sukhothai-Periode (13.–15. Jh.) zurückverfolgen, auf denen Musikgruppen mit traditionellen Instrumenten, pi-phat genannt, zu sehen sind. Pi-phat-Ensembles mit einem größeren und kleineren Rundgong (*khong wong yai* und *khong wong lek*), zwei Xylophonen *(renat ek und renat thum)*, verschiedenen Arten von Trommeln *(klong)* sowie Blasinstrumenten begleiten klassische Tanzdramen *(khon* oder *lakhon)* und Schattenspielaufführungen. Für westliche Ohren klingt diese Musik zunächst äußerst fremd, da die sieben gleich hohen Tonstufen des thailändischen Systems genau zwischen den für europäische Ohren vertrauten Tönen liegen.

Da es kein Notationssystem gibt, wird aus dem Gedächtnis gespielt. Wie in der gesamten thailändischen Kultur flossen auch hier im Laufe der Zeit Elemente aus verschiedenen Quellen ein und es entstand ein neuer Stil. Seit den 1930er-Jahren wurden klassische Melodien der Thai-Musik mit westlichen Stilen – meist Jazz oder Tango sowie westlicher Klassik – vermischt. Daraus entstand die urbane, romantische Stilrichtung *luk krung,* (wörtl. Kind der Stadt). Trotz der Verwestlichung kam es in den letzten Jahren zu einem Wiederaufleben der klassischen thailändischen Folklore, auch durch die Förderung von seiten des Königshofs.

Volksmusik

Thailands Volksmusik *pleng phua bahn* umfasst Stilrichtungen aus unterschiedlichen Regionen, von den Neujahrstänzen der Bergvölker über die nächtelangen Gesangsturniere des nordöstlichen *molam,* bis zu den unvergesslichen muslimischen Gesängen der *likay* im tiefen Süden. Die erfolgreichste Folkrichtung der letzten Jahrzehnte ist ein schneller, tanzbarer Instrumentalstil aus dem Nordosten des Landes, der *bong lang.*

Popmusik und neue Tendenzen

Die thailändische Popmusik ist über alle Bevölkerungsschichten hinweg beliebt und erfolgreich. Die sogenannten ›Lieder für's Leben‹, *pleng phuea chiwit,* entstanden während der Demokratisierungsphase Anfang der 1970er-Jahre als Protest gegen die Militärdiktatur. Gruppen wie Caravan befanden sich an vorderster Front der linken Bewegung für Demokratie. Eines ihrer Lieder heißt »Khon Gap Kwai« (wörtl. Mensch mit Büffeln):

»Gier verschlingt unsere Arbeit
und teilt die Menschen in Klassen ein.
Die Reisbauern werden
auf die unterste Stufe gestellt,
als rückständiges und
ungebildetes Pack beschimpft
und nur eines ist ihnen sicher: der Tod.«

In den 1980er-Jahren wurden sozial engagierte Themen durch solche abgelöst, die sich verstärkt auf das Individuum bezogen. Ein Trend, der sich in der erfolgreichsten Rockgruppe von Thailand, Carabou, widerspiegelt. Nach deren Zersplitterung traten neue Bands aus der urbanen, westlich orientierten Jugend ihre Nachfolge an und stellten die tradierten Werte in Frage.

In diesem Jahrtausend konzentriert sich die kommerzielle Szene auf die Klubs im Großraum Bangkok. Gute Livemusik ist zudem in Chiang Mai, Pai und Pattaya zu hören. Die bekanntesten Thai-Pop-Rock-Bands sind Big Ass, Clash, Bodyslam, Silly Fools und Slot Machine.

Thai-Hip-Hop hat im vergangenen Jahrzehnt einen rasanten Aufstieg erlebt. Von den Anfängen von Joey Boy über Thaitanium bis hin zu den kommerziellen Erfolgen von F.HERO, Milli und Youngohm – die ehemals von vielen belächelte Musikrichtung ist auch in Thailand gänzlich im Mainstream angekommen.

In der modernen Volksmusik ist der *luk thung* (wörtl. Kind des Feldes) die mit Abstand erfolgreichste Stilrichtung. Dutzende Tänzer führen meist stundenlange Shows unter ständigen Kostümwechseln zwischen grellen Scheinwerfern, Essensständen und Volksbelustigungen etwa in Tempeln oder Stadien auf. Die Musik verbindet Folklieder vor allem mit klassischer Thai-Musik, traditionellen Unterhaltungsformen wie *likay* und auch westlichen Musikstilen wie der US-Countrymusik. Die erfolgreichsten Sänger und Sängerinnen, wie etwa Tai Oratai, Earnkwan Waranya oder Phai Phongsathon, beweisen bei ihren Auftritten einen gewaltigen Stimmumfang. Die Lieder erzählen Geschichten von typischen Charakteren wie dem Lastwagenfahrer, dem Bauernjungen oder -mädchen, dem armen Pächter, der Prostituierten oder dem Dienstmädchen. Sie handeln vom Aufbruch in die Großstadt oder von Untreue, Schmerz und von sexuellen Genüssen. Sie gehen auf alte Markt- und Liebeslieder zurück und sprechen das Leben der Unterprivilegierten an. Im Gegensatz dazu wird der *luk krung* mit seinem hervorgehobenen Gesangsstil und romantischen Phantasien mit der reichen Oberschicht identifiziert.

Landesweite Beliebtheit genießt zudem nach wie vor der *molam,* ein Folkstil aus dem Nordosten, der im Isaan-Dialekt gesungen wird, begleitet von einer *khaen* (Mundorgel aus Bambus), *phin* (zwei- bis vierseitigen Gitarre) und *ching* (kleinen Tempelglocken), aber auch von Gitarren und Synthesizer. Die Lieder sind am klagenden Stöhnen »Oh la naw« zu Beginn zu erkennen. Bei einer beschleunigten, modernen Version des *molam,* die dem Zeitgeist stärker entspricht, tragen Sänger und Sängerinnen humorvolle Lieder vor, die auch Neuigkeiten, unanständige Witze und anzügliche Bemerkungen zum Inhalt haben, etwa die Paradise Bangkok Morlam International Band.

Die Musik der Bergvölker

Die Musik der Bergvölker ist im Grunde so alt wie die Berge, in denen sich die Lahu, Lisu, Meo und andere Völker niedergelassen haben. Man hört sie während der Neujahrsfeiern im Dezember/Januar in den Bergdörfern oder bei Aufführungen in Chiang Mai. In den Lahu-Siedlungen beginnen die Festtage, wenn die jungen Männer ihre Bambusflöten *(talula)*, die sie auf ihrem Weg zu den Feldern spielen, beiseite legen und die Maultrommel *(at-ta)* hervorholen. Sie präsentieren vor dem Haus ihrer zukünftigen Partnerin so lange traditionelle Lieder, bis das Mädchen herauskommt und ihren Freund begrüßt. Am Neujahrstag tanzt man zur Musik um einen hohen Mast und in der letzten Nacht wird unter Begleitung von Maultrommeln, Gongs und *naw* Theater aufgeführt.

Maskentanz und klassisches Tanztheater

Der Maskentanz in farbenprächtig glitzernden Kostümen, mit dämonischen Masken und graziösen Bewegungen zu fremdartigen Orchesterklängen ließ einst Sagen von heldenhaften Kämpfen zwischen heimtückischen Dämonen und mutigen Kriegern, Märchen von anmutigen Prinzessinnen und prunkvollen Festen am Königshof lebendig werden.

Das klassische Theater fand in den vergangenen Jahrhunderten in der höfischen Kultur seine Formvollendung. Es war das Privileg der Adligen, sich der Dichtkunst zu widmen. Sie verfügten über die entsprechende Bildung und konnten Schauspieler, Tänzer und Musiker finanzieren. Allein der König genoss das Vorrecht, Frauen seines großen Harems auf der Bühne auftreten zu lassen. Ansonsten durften nur männliche Schauspieler beschäftigt werden. Von der Gunst des Königs hing Jahrhunderte lang das Wohl oder Wehe des Theaters ab.

Einen Höhepunkt erreichte die Bühnenkunst während der Regentschaften von Rama II. (1809–24), der das Ramayana-Epos zum Theaterstück umarbeiten ließ, und von Rama VI. (1910–25), unter dessen Einfluss sich das Tanztheater zur Perfektion entwickelte. Die Weltwirtschaftskrise in den 1920er-Jahren und das Ende der absoluten Monarchie führte zum Niedergang der Künste. Erst nach dem Zweiten Weltkrieg, als kaum mehr als eine Handvoll Schauspieler und Tänzer übrig geblieben waren, begann man unter völlig veränderten Bedingungen mit der Ausbildung junger Künstler.

Heute ist dem Department of Fine Arts die Ausbildung der Schüler im Alter von elf bis 23 Jahren übertragen. In der Schule lernen sie Tanz und Gesang oder üben sich auf den Instrumenten des traditionellen Orchesters. Schon als Kinder beginnen die Tänzer mit einem harten Körpertraining, damit Muskulatur und Sehnen elastisch genug für die extremen Bewegungen bleiben.

Khon – der klassische Maskentanz

Tanz und Schauspiel gehen beim klassischen Maskentanz, dem *khon,* ineinander über, jeder Schritt hat seine Bedeutung, jede Handbewegung symbolisiert ein Gefühl oder erklärt die dargestellte Situation. Fließende Gebärden sind Menschen und Göttern eigen; die stark nach hinten durchgebogenen Hände der Frauen drücken besondere Eleganz aus. Bei Dämonen und Affen wirken die Bewegungen der unteren Körperhälfte mit angewinkelten Beinen besonders eckig.

Der marionettenhafte Bewegungsablauf lässt Einflüsse des Schattenspiels erkennen. Neben der Körpersprache ist auch das äußere Erscheinungsbild auf den einzelnen Charakter zugeschnitten. Die fein gearbeiteten Masken aus Pappmaché und Lack sind individuell bemalt und mit Einlegearbeiten geschmückt. Sie genießen bei den Künstlern besondere Achtung, gelten sie doch als Herberge für den Geist des jeweiligen Charakters.

Im Gegensatz zu den Masken sind die prunkvoll bestickten Kostüme aus Seide und Brokat genau auf die Bühnenfigur zugeschnitten. Sie sind der traditionellen Fest-

Mit traditionellen Lakhon-Chatri-Tänzen werden die Götter milde gestimmt

kleidung des Königshofs nachempfunden. Da die Masken das Sprechen erschweren, trägt ein Chor vom Bühnenrand die Texte vor: Dialoge in rhythmischer Prosa, eingebettet in poetische Erzählungen und Lieder, die von einem Orchester begleitet werden. So verschmelzen Bewegung, Musik und Sprache zu einem künstlerischen Gesamterlebnis.

Lakhon – das thailändische Tanztheater

Im Tanztheater, dem *lakhon,* treten die Darsteller mit stark geschminkten Gesichtern auf. Ihre Bewegungen wirken weniger stilisiert und gehen fließend ineinander über, wobei die Betonung auf dem Oberkörper, vor allem auf den Händen liegt. Außer Szenen des allseits beliebten Ramayana-Epos werden auch buddhistische Erzählungen, Märchen und Sagen, ja sogar umgedichtete westliche Operetten aus jüngerer Vergangenheit aufgegriffen.

Die älteste Form des Tanztheaters, *lakhon chatri,* wurde ursprünglich nur von Männern im Süden des Landes aufgeführt. Kurze Lakhon-Chatri-Aufführungen kann man heute in Bangkok am Lak-Muang-Schrein gegenüber vom Wat Phra Keo vor allem an Wochenenden beobachten. Die Tänzer unterstützen durch ihre Vorstellung die Wünsche von Bittstellern an die Götter und erhalten dafür eine Bezahlung. Im Gegensatz zu dem erst später entstandenen Innentheater bezeichnet man diese Aufführungen als Außentheater, *lakh on nok.* Es zeichnet sich durch rasche Handlungsabläufe und eine knappe, allgemeinverständliche Sprache aus. Teilweise improvisieren die Sprecher und ihre humorvollen Bemerkungen enthalten vielfach einen Hauch von Obszönität.

In der höfischen Tradition dagegen entstand das Innentheater, *lakh on nai* (im königlichen Hof), das nur von Frauen des Königs aufgeführt wurde. Größten Wert legte man auf die Einbindung der tänzerischen Bewegungen in einen graziösen, harmonischen Gesamteindruck. Die Inhalte wurden in sorgsam ausgefeilter poetischer Form vorgetragen und durch langsame, sanfte Musik untermalt.

Wissenswertes für die Reise

Anreise und Verkehr
Übernachten
Essen und Trinken
Outdoor
Feste und Veranstaltungen
Reiseinfos von A bis Z

Radtouren durch das ländliche Thailand erfreuen sich zunehmender Beliebtheit

Thailands lange Küsten erkundet man bequem per Ausflugsboot

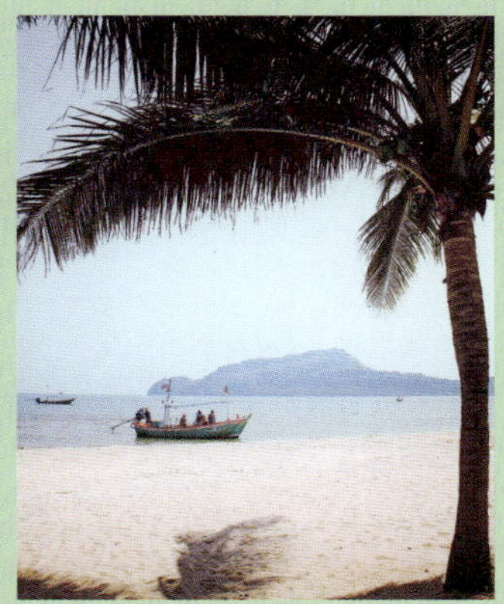

Leckeres Essen für wenig Geld gibt's überall im Land in Garküchen am Straßenrand

Anreise und Verkehr

Einreisedokumente und Einreisebestimmungen

Reisende aus der EU und der Schweiz können mit einem mindestens noch sechs Monate gültigen **Reisepass** über einen der internationalen Flughäfen für maximal 30 Tage visafrei einreisen. Die Einreise auf dem Land- oder Seeweg ist zwei Mal pro Jahr möglich, dabei wird Österreichern und Schweizern nur eine 15-tägige Aufenthaltserlaubnis erteilt. Diese kann einmalig um 30 Tage für 1900 Baht in einem Immigration Office verlängert werden. Bei der Überziehung um wenige Tage ist bei der Ausreise eine Geldstrafe zu zahlen, bei längeren Überziehungen drohen Gerichtsverhandlung und Gefängnisstrafe. Kinder benötigen unabhängig vom Alter eigene Reisedokumente.

Wer länger in Thailand bleiben will, beantragt vor der Reise ein **Visum** bei einer thailändischen Vertretung im Ausland. Zuständig ist das dem Wohnsitz am nächsten gelegene Konsulat bzw. die Botschaft (s. S. 96); Formulare unter www.thaiembassy.de. Ein **Touristenvisum** (60 Tage) kann bei einem Immigration Department in Thailand einmal um 30 Tage verlängert werden. Achtung, bei der Ausreise, also z. B. einem Besuch in Myanmar oder Laos, verliert das Visum seine Gültigkeit. Mit einem um ein Vielfaches teureren **Multiple-Entry-Visum** kann man bis zu dreimal einreisen. Unter bestimmten Bedingungen erhalten Personen, die mindestens 55 Jahre alt sind, ein **Jahresvisum.** Die Einreise muss innerhalb von 90 Tagen erfolgen. Sie kann verweigert werden, wenn man kein gültiges Ausreiseticket oder weniger als 500 € besitzt.

Die Bearbeitungsgebühr für ein Touristenvisum beträgt 35 €, das Multiple-Entry-Visum kostet 175 €. Man benötigt neben dem Reisepass die vollständig ausgefüllten Antragsformulare, aktuelle Passfotos, eine Kopie der ersten Seite des Reisepasses sowie der Flugbestätigung und einen Nachweis von einem Kontostand über mind. 500 €. Bei Beantragung per Post benötigt man zusätzlich die Bestätigung der Überweisung und einen als Einschreiben frankierten Rückumschlag. Informationen über Visaverlängerung im Land erteilt das Immigration Department, Government Complex, Bldg. B, Chaeng Watthana Soi 7, im Norden der Stadt, Tel. 02-141 98 89, http://immigration.go.th.

Ein- und Ausfuhr von Waren

Ankommende Passagiere müssen vor der Grenzabfertigung eine **Zollerklärung** (Passenger Declaration Form) ausfüllen, die beim Zoll abgegeben wird.

Zollfrei sind außer persönlichen Gebrauchsgegenständen 200 Zigaretten bzw. 250 g Tabak und 1 l alkoholische Getränke. Verboten ist die Einfuhr von Drogen, pornografischer Literatur, geschützten Tieren und Tierprodukten sowie Waffen.

Bei der Ein- und Ausreise sind ausländische Währungen ab US$ 20 000 und Thai-Baht ab 500 000 Baht deklarationspflichtig. Die Ausfuhr thailändischer Währung ist auf 50 000 Baht (1300 €) pro Person begrenzt. Antiquitäten und Buddhafiguren jeder Art und Darstellung dürfen nicht ohne Exportgenehmigung ausgeführt werden. Bei der Ausreise können jedoch auch Imitationen von Antiquitäten, wie sie vor allem um Chiang Mai hergestellt werden, Schwierigkeiten bereiten. Das Washingtoner Artenschutzabkommen stellt den Export von geschützten Tieren und Produkten aus diesen Tieren unter Strafe.

Die Mehrwertsteuer wird bei Einkäufen ab 5000 Baht und mindestens 2000 Baht pro Quittung bei der Ausreise über einen internationalen Flughafen vor dem Einchecken beim Zoll am Airport erstattet. Allerdings muss der Einkauf in einem Geschäft mit der Aufschrift »VAT refund for tourists« erfolgt sein und darf max. 60 Tage zurückliegen. Außer der

Vorlage der Quittung und der Waren verlangt der Zoll einen Antrag auf Erstattung und 100 Baht Gebühr. Bei der Einfuhr im Heimatland bleiben Waren bis zu einem Wert von 430 € zollfrei.

Anreise

Mit dem Flugzeug

Der internationale **Suvarnabhumi Airport** (https://suvarnabhumi.airportthai.co.th) liegt 30 km östlich der Stadt und ist verkehrstechnisch gut erschlossen. Die Pass- und Zollkontrolle geht meist reibungslos vonstatten. Bei der Buchung von Anschlussflügen, die am **Don Mueang Airport** (http://donmueangairportthai.com) starten, ist ausreichend Zeit zum Umsteigen einzuplanen. Einige Charterflüge aus Europa landen in der Hochsaison auch am internationalen Airport von **Phuket.**

Transport ins Zentrum von Bangkok

Schnell und preiswert ist der über 28 km lange **Airport Rail Link**, SA City Line (Tel. 16 90, www.srtet.co.th). Von 6–24 Uhr verkehren alle 10–15 Min. Züge vom Untergeschoss des Flughafenterminals in die Stadt. Von der Station Makkasan (22 Min., 35 Baht) besteht Anschluss an die Hochbahn BTS und U-Bahn MRT, von Phaya Thai (28 Min., 45 Baht) an die BTS.

Die **privaten Limousinen,** die hinter dem Sicherheitsbereich angeboten werden, sind am teuersten und zu ignorieren.

Vor der Ebene 1 halten städtische **Taxis.** Sie fahren mit Taxameter und verlangen 50 Baht Airportzuschlag. Nahe Ebene 2, Eingang 3, fährt von 5–24 Uhr alle 12–30 Min. ein kostenloser Shuttlebus zum Flughafen Don Mueang. Mit einer Stunde Fahrtzeit ist zu rechnen. Nahe Ebene 1, Ausgang 3 und 8, halten Minibusse in die Umgebung (Tel. 02-134 01 71).

Ein kostenloser **Shuttlebus,** der auf Ebene 2 und 4 hält, verbindet den Airport in 15 Min. mit dem **Public Transport Centre** (Tel. 02-13 44 097-9). Von dort fahren **Überlandbusse** mehrmals täglich nach Pattaya, zu anderen Orten an der Ostküste bis Trat sowie nach Nong Khai.

Über Malaysia/Singapur

Eine **Eisenbahnlinie** führt von Singapur über Malaysia und den Grenzübergang Padang Besar nach Thailand. Täglich verkehrt ein Expresszug zwischen Padang Besar und Bangkok. Mit dem **Bus** gelangt man über mehrere Grenzübergänge nach Südthailand, von Penang (Westküste) über Sadao und von Kota Bharu (Ostküste) über Sungai Golok. In der Saison fahren **Boote** von Langkawi nach Ko Lipe im Tarutao Marine National Park und weiter nach Norden. Aufgrund der politischen Unruhen in den Südprovinzen Pattani, Yala und Narathiwat sollte man von einem Besuch dieser Region Abstand nehmen.

Verkehrsmittel im Land

Von Bangkok aus fahren Busse und Züge in alle Himmelsrichtungen. Die klimatisierten Überlandbusse sind schneller als die Eisenbahn. Flüge können bei größeren Entfernungen lohnen. Viele Verkehrsmittel können über https://12go.asia/de gebucht und per PayPal, Kreditkarte oder in einem 7-Eleven bezahlt werden.

Inlandsflüge

Neben den internationalen Flughäfen von Bangkok und Phuket ist Chiang Mai ein weiteres wichtiges Drehkreuz für den Luftverkehr. Außer der staatlichen Thai Airways (www.thaiairways.com) und ihrer Billig-Tochtergesellschaft, Thai Smile (www.thaismileair.com) verkehren im Land private Fluggesellschaften wie Bangkok Airways (www.bangkokair.com), Air Asia (www.airasia.com), Nok Air (www.nokair.com), Thai Lion Air (www.lionairthai.com/en) und Thai VietJet Air (www.vietjetair.com). Diese Gesellschaften fliegen Ziele im ganzen Land an. Die bei Abflug fällige **Airport Tax** ist bereits im Flugpreis enthalten.

Busse

Sie sind das wichtigste und das preiswerteste Transportmittel. Lokale Busse ohne Klimaanlage kosten im Nahverkehr ca. 0,50 Baht/km.

Auf längeren Strecken verkehren klimatisierte Busse, teils Doppeldecker, mit reservierten Sitzplätzen; die Ticketpreise liegen bei 0,80 Baht/km. Die meisten Busse haben Toiletten und schließen Essen und Getränke im Preis ein. Die teuersten VIP-24-Busse für ca. 1,20 Baht/km haben den größten Sitzabstand und Liegesitze. Da die Klimaanlage oft auf Hochtouren läuft, sollte man warme Kleidung dabei haben. Einige der klimatisierten Busse und VIP-Busse holen ihre Fahrgäste am Hotel ab; die meisten starten vom Busbahnhof.

Bahn

Fünf Eisenbahnlinien führen vom Verkehrsknotenpunkt Bangkok sternförmig Richtung Norden, Nordosten, Osten sowie nach Nordwesten und Süden.

Bangkoks moderner **Hauptbahnhof,** der Krung Thep Aphiwat Central Terminal, von dem die meisten Züge abfahren, befindet sich in der nördlichen Innenstadt und ist mit der U-Bahn (MRT-Station Bang Sue) erreichbar. Züge nach Nordwesten fahren vom kleinen Bahnhof in Thonburi ab.

Fahrkarten können im Vorverkauf online über www.dticket.railway.co.th oder https://12go.asia/de gegen einen geringen Aufschlag oder beim **Advance Booking Office** im Hauptbahnhof und an allen Bahnhöfen, die computerisiert sind, erworben werden. Für längere Nachtfahrten empfiehlt es sich, bequeme Plätze im Liegewagen zu buchen.

VORSICHT IM STRASSENVERKEHR!

Täglich kommen ungeübte Motorradfahrer bei **Unfällen** zu Schaden, z. B. da sie unangemessen gekleidet oder alkoholisiert sind. Viele unterschätzen die ungewohnten Verkehrsregeln und die Straßenverhältnisse. Motorräder sind oft nicht versichert, sodass der Fahrer auch noch für den Sachschaden aufkommen muss.

Die Fahrpreise unterscheiden sich je nach Zugtyp und Klasse. Sie entsprechen in der zweiten Klasse etwa dem eines komfortablen Busses. Die dritte Klasse ist billig, aber nur für kürzere Entfernungen zu empfehlen, da dann Expresszüge wegen der hohen Aufschläge nicht lohnen.

Der luxuriöse **Eastern and Oriental Express** wurde bis auf Weiteres eingestellt, weitere Informationen unter www.belmond.com/de/trains/asia/eastern-and-oriental-express.

Boote

Longtailboote und **Flussfähren** transportieren zahlreiche Passagiere auf dem Menam Chao Phraya und einigen Klongs von Bangkok und Thonburi. Die lauten, schnellen Longtailboote mit der weit nach hinten herausragenden Antriebsschraube fahren auch auf anderen Flüssen (etwa auf dem River Kwai und dem Kok River) und zwischen den Inseln sowie auf dem Chiew-Lan-Stausee im Khao Sok National Park. Zudem sind die wichtigsten Inseln, Ko Samet, Ko Chang, Ko Phi Phi, Ko Lanta, Ko Samui, Ko Tao und Ko Pha Ngan, mit großen, überdachten **Personenfähren** erreichbar, Ko Chang, Ko Pha Ngan, Ko Samui und Ko Lanta auch mit **Autofähren.**

Pkw/Mietwagen

Nur wenige Europäer wagen sich in Bangkok hinter das Steuer, selbst erfahrene Autofahrer ziehen das Taxi einem Mietwagen vor. Hingegen ist das Autofahren außerhalb der Großstädte ziemlich unproblematisch, sofern man sich den allgemeinen Fahrgewohnheiten anpasst. Jeder ausländische Autofahrer benötigt in Thailand den **internationalen Führerschein.**

Für Unerfahrene wird neben dem **Linksverkehr** vor allem das regellose Verkehrschaos in Bangkok zur schier unüberwindlichen Hürde. Außerhalb Bangkoks genießen die mit Höchstgeschwindigkeit über die Highways brausenden Lastwagen und Busse absolute Vorfahrt.

Vier- bis sechsspurig ausgebaut sind alle **Highways** mit einstelligen und die meisten mit zweistelligen Nummern. Selbst auf diesen autobahnähnlichen Schnellstraßen gilt wie auf Landstraßen die vielfach übertretene Höchstgeschwindigkeit von 90 km/h und innerhalb Ortschaften von 60 km/h. Nur auf den gebührenpflichtigen Motorways dürfen maximal 120 km/h gefahren werden. Dank des ausgezeichneten Straßennetzes und der weitverbreiteten Ausschilderung in lateinischer Schrift lässt sich Thailand gut mit dem Auto erkunden. Hilfreich ist ein Smartphone mit Navigation.

Große **Autovermietungen** gibt's u. a. in Bangkok, Cha-Am, Chiang Mai, Chiang Rai, Hat Yai, Hua Hin, Korat, Khon Kaen, Khao Lak, Krabi, Pattaya, Phitsanulok, Ubon Ratchathani und Udon Thani sowie auf Phuket und Ko Samui. Viele Firmen bieten zwischen diesen Orten einen ›One Way Rental Service‹ an, wobei man gegen einen Aufpreis das Auto an einem Ort mieten und an einem anderen Ort abgeben kann.

Taxi

Taxis sind nur in den Großstädten verbreitet und recht preiswert. In den Straßen von Bangkok herrscht kein Mangel an Taxis verschiedenster Bauart, Farbe und jeglichen Alters. Alle Fahrzeuge sind mit Taxametern ausgestattet. In allen anderen Orten muss der Preis vorher ausgehandelt werden – durchaus ein Problem, da nur wenige Fahrer Englisch sprechen und Touristen von vornherein einen höheren Fahrpreis abverlangen. Um Missverständnissen vorzubeugen, sollte man sich das Fahrziel für den Fahrer in Thai aufschreiben lassen.

Eine praktische Alternative sind über die App **Grab** vermittelte Fahrten in Privatwagen. Beim Buchungsprozess wird der Fahrpreis ganz transparent ausgewiesen und man kann die Position des Fahrers jederzeit nachverfolgen.

In ländlichen Regionen wie auch in den Großstädten warten häufig mit nummerierten Westen bekleidete **Motorradtaxifahrer** an Bushaltestellen oder Bahnhöfen und transportieren bis zu zwei Passagiere in waghalsiger Fahrt an ihr Ziel. In Städten stehen sie oft an Abzweigungen von Nebenstraßen. Der Fahrpreis muss vorher abgesprochen werden.

Stadtbusse

In den großen Städten fahren sie auf festgelegten Routen für etwa 5–25 Baht. Das Fahrgeld ist am besten abgezählt bereitzuhalten. Da nicht alle Stadtbusse klimatisiert sind, kann es vor allem in der Rushhour im dichten Gedränge unangenehm heiß werden. Da das Fahrziel auf dem Bus vielerorts nur in Thai angegeben ist, muss man

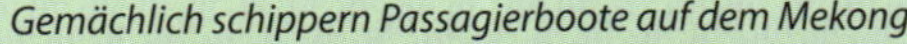
Gemächlich schippern Passagierboote auf dem Mekong

sich an den Nummern orientieren. In Bangkok erleichtert die Website www.transitbangkok.com das Auffinden des richtigen Busses.

Tuk-Tuks

Die kleinen, dreirädrigen Allroundfahrzeuge knattern lautstark und stinkend durch die Straßen. Zwei ausgewachsene europäische Touristen haben allerdings meist Probleme, auf der schmalen Bank hinter dem Fahrer mit ihrem Gepäck Platz zu finden. Tuk-Tuk-Fahrer bieten in Touristenzentren günstige Stadtrundfahrten an, wobei vor allem Geschäfte angefahren werden, wo sie Provision kassieren.

Songthaew und Minibusse

In den offenen, kleinen LKW sitzen sich die Fahrgäste auf niedrigen Bänken gegenüber. Vor allem in ländlichen Regionen bewältigen noch einige dieser Fahrzeuge den Transport in die Dörfer zu festen Preisen. Bequemere Minibusse übernehmen zunehmend ihre Funktion. In den Touristenzentren sprechen einige Fahrer Englisch. Vor allem auf Phuket verlangen sie von Ausländern häufig überhöhte Preise.

Fahrrad-Rikschas

Dieses traditionelle dreirädrige Nahverkehrsmittel gehört nur noch in Nordostthailand und in manch ländlichen Regionen zum Straßenbild. Der Preis wird vor Fahrtantritt ausgehandelt und variiert je nach Entfernung und Gegend. Kurze Strecken kosten um 50 Baht, in Touristenzentren wird für Rundfahrten wesentlich mehr verlangt.

Nahverkehrsmittel in Bangkok

In Bangkok sind die im Ausbau befindende Hochbahn BTS (www.bts.co.th/eng) und die U-Bahn MRT die schnellsten Verkehrsmittel. Im Zentrum bieten die Expressboote auf dem Menam Chao Phraya eine gute Alternative zum Straßenverkehr. Die Fahrpreise betragen je nach Entfernung für die Expressboote 16–33 Baht, ein Tagesticket des überteuerten Chao Phraya Tourist Boat 150 Baht, für die BTS und MRT 17–47 Baht, Tagesticket 150 Baht.

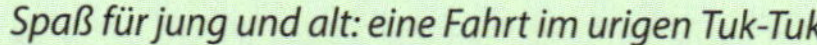

Spaß für jung und alt: eine Fahrt im urigen Tuk-Tuk

Übernachten

Von den Bergen Nordthailands bis zu den Stränden im tiefen Süden findet sich in allen größeren Städten und touristisch erschlossenen Regionen ein breites Angebot an Unterkünften: Von der Luxussuite, die auch schon einmal über 1000 € pro Nacht kostet, bis zu preisgünstigen Gästehäusern, die ein Bett ab 4 € pro Nacht anbieten. Der Preis für dasselbe Zimmer kann enorm variieren je nach Wochentag, Saison, Destination und Aufenthaltsdauer. In der Hochsaison (Dez./Jan.) kann es Engpässe geben, sodass man für diese Zeit rechtzeitig reservieren sollte.

Hotels

In den internationalem Standard entsprechenden Luxushotels mit Restaurants, Cafés, Spas und Swimmingpool erhält man ab 70 € ein klimatisiertes Doppelzimmer mit Bad/WC, Flachbildschirm und Kühlschrank, wobei die Preise an beliebten Stränden und in der Hochsaison wesentlich höher sind. Günstige Preise lassen sich auf den großen Buchungsportalen oder den Websites der Hotels finden (s. auch S. 54). Preiswertere Businesshotels sind oft etwas zweckmäßiger ausgestattet, die Zimmer haben jedoch immer Dusche/WC, Kühlschrank und Klimaanlage und sind zumeist sehr sauber. Selbst Zimmer in Provinzhotels, die es ab 20 € gibt, verfügen über Dusche und Klimaanlage. Idealerweise sollte man sich vor dem Einchecken die Räumlichkeiten ansehen.

Bungalows und Resorts

Einige Resorts an den Stränden sind wahrhaft luxuriös ausgestattet und warten mit traumhaften Außenanlagen, Pools und romantischen Spas sowie hohen Preisen auf. In der preiswertesten Kategorie bestehen die Anlagen aus einfachen Bambushütten, die auf Stelzen unter Kokospalmen stehen. Eingerichtet sind sie meist nur mit einer Matratze und einer Glühbirne. Mittlerweile überwiegen aber solider gebaute, möblierte Bungalows mit Klimaanlage und deutlich mehr Komfort. Wer naturnah wohnt, wird Insekten im Zimmer nicht vermeiden können. Ein Moskitonetz bietet effektiven Schutz. Den meisten Bungalowanlagen ist ein Restaurant angegliedert, das sich auf die Bedürfnisse der Touristen eingestellt hat. Auch in den Nationalparks werden solide Bungalows oder Zelte nahe dem Headquarter vermietet, die über it2.dnp.go.th/en/ (teils nur in Thai) vorgebucht werden können.

Gästehäuser

Für billig reisende Traveller entstanden Ende der 1970er-Jahre die ersten preiswerten Gästehäuser. Die meist kleinen, teilweise winzigen Zimmer verfügen manchmal nur über Gemeinschaftsduschen und -toiletten. Die Häuser der jüngeren Generation sind komfortabler und erreichen zum Teil sogar Hotelstandard. Allerdings geht es hier nicht so anonym zu, denn die meisten verfügen über Gemeinschaftsräume oder ein kleines Restaurant, das sich auf den Geschmack der Gäste eingestellt hat.

SPARTIPPS

Hotels, besonders solche mittleren und gehobenen Standards, lassen sich günstiger über das Internet buchen. Die günstigsten Preise erhält man oft direkt auf der Website des jeweiligen Hotels. Die Preise variieren erheblich und sind häufig an der Rezeption am höchsten, wenn man spontan vor Ort einchecken möchte.

Sonstige Unterkünfte

Privatunterkünfte jeglicher Art werden über Airbnb (www.airbnb.de) angeboten. In Thailand finden auch Couchsurfer (www.couchsurfing.com) und Wwoofer (https://wwoofthailand.com) den passenden Platz. Bei mehrtägigen Touren durch die Berge von Nordthailand übernachtet man in den Dörfern der Bergvölker. Die sanitären Einrichtungen sind dort sehr einfach. Auch bei einem Klosteraufenthalt sollte man sich auf einfache Bedingungen einstellen. Da es im Winter in den Bergen kühl werden kann, empfiehlt es sich, einen Schlafsack dabeizuhaben, der meist vom Veranstalter gestellt wird. Mit Ausnahme einiger Zelte, die in den Nationalparks und an den Stränden angeboten werden, gibt es in Thailand keine Campingplätze.

Reservierung

Normalerweise ist immer ein freies Zimmer zu bekommen, wenn auch nicht immer im gewünschten Hotel. Schwierig wird es in Urlaubsorten an Feiertagen, etwa zum westlichen, chinesischen und thailändischen Neujahr. Auch während der europäischen Sommer- und Weihnachtsferien sind viele Zimmer ausgebucht, sodass man in der gewünschten Unterkunft eventuell spontan keinen Platz mehr bekommt. In der Hauptreisezeit sind besonders in Bangkok und an beliebten Stränden gute Unterkünfte bereits frühzeitig ausgebucht.

In diesem Reiseführer ist bei allen Unterkünften – sofern vorhanden – die jeweilige Internetadresse angegeben.

Buchung per Internet

Hotels günstig vorab buchen:
www.booking.com (auch App)
www.expedia.de (auch App)
www.hotels.com (auch App)
www.agoda.de (auch App)
Gästehäuser vermitteln:
www.hostelworld.com (auch App)

Preise

In diesem Buch sind die Preise für ein DZ wie folgt klassifiziert:

€	bis 30 Euro (bis 1200 Baht)
€€	30–60 Euro (1200–2400 Baht)
€€€	über 60 Euro (über 2400 Baht)

Der Traum erholungssuchender Touristen: Pool mit Blick auf den Strand und das azurblaue Meer

Essen und Trinken

Essgewohnheiten

Hauptmahlzeit

Eine Hauptmahlzeit zur Mittagszeit oder am frühen Abend besteht aus mehreren milden und scharfen Gerichten, die in beliebiger Reihenfolge oder auch gleichzeitig serviert werden. Im Unterschied zu Mitteleuropa isst man am liebsten gemeinsam und die Suppen gleichzeitig mit den Hauptgerichten. Beliebt sind sauer-scharfe Suppen, die klare *tom yam,* meist mit Fisch- oder Garneleneinlage, oder die cremige *tom kha,* meist mit Geflügel, der die Kokosmilch einen milden Geschmack verleiht. Unentbehrliche Bestandteile eines Menüs sind zudem ein Curry, Reis und eine Schale der intensiven, salzig-scharfen Sauce *nam prik.*

Reis ist, wie Kartoffeln und Brot für Mitteleuropäer, für Thais das wichtigste Nahrungsmittel. *Khao* gibt es als Beilage oder als eigenständiges Gericht, wie den preiswerten *khao phat* – gebratenen Reis, das Standardgericht der Backpacker-Restaurants. Im Norden und Nordosten wird manchmal *khao niao,* Klebreis, gegessen, wobei sich Klebreis mit Mango und Kokoscreme als Nachspeise bei Touristen besonderer Beliebtheit erfreut. Bereits zum Frühstück gibt es eine Reissuppe oder gebratene Nudeln. Viele Nudelgerichte sind chinesischer Herkunft. Es werden zwei Nudelsorten für Suppen, zum Braten oder als Beilage verwendet: *kuai tiao* – weiße Reisbandnudeln und *ba mie* – gelbliche Weizenmehlnudeln.

Snacks

Da viele Frauen erwerbstätig sind, isst man häufig außer Haus. An vielen Straßenecken wird gekocht und gebraten, fliegende Händler versorgen die Daheimgebliebenen und auf den Märkten lockt ein vielseitiges Angebot kleiner Snacks: *khao lam* – Klebreis in Bambus gedünstet, getrocknete Tintenfische, hauchdünne, süß oder salzig gefüllte Teigtaschen, *kluai khaek oder kluai thot* – gegrillte kleine Duftbananen, süße Kokoskuchen in grellen Farben und nicht zu vergessen die zahlreichen tropischen Früchte, die häufig auch als Dessert gegessen werden.

Etikette

Gegessen wird in Thailand mit Löffel und Gabel, wobei man mit der Gabel in der linken Hand die Speisen auf den Löffel in der rechten Hand schiebt. Der Löffel übernimmt dabei die Funktion eines Messers. Nur zu Nudelgerichten erhält man Essstäbchen und zu Suppen zudem einen chinesischen Löffel. Auf dem Land sitzt man zum Essen auf dem Boden und benutzt die Finger. Gelegentlich stehen Rollen mit Toilettenpapier oder auch Papiertaschentücher, die als Servietten benutzt werden, auf dem Tisch.

Speisen und Zutaten

Gewürze

In Thailand scheinen sich die Currys aus Indien, die cremigen Kokossaucen der tropisch-malaiischen Welt und die feine chinesische Kochkunst mit den frischen Kräutern, Wurzeln und Früchten des Landes zu vereinen. Ohne Frage zählt die thailändische Küche zu den besten der Welt. Den ersten bleibenden Eindruck eines typisch thailändischen Essens hinterlassen die kleinen grünen und roten Chilischoten *(prik ki nu),* deren im wahrsten Sinne atemberaubende Schärfe sich erbarmungslos vom Gaumen bis in die Magengegend hinein ausbreitet. Hinter der Schärfe aber entwickelt sich eine geschmacklich kaum zu überbietende Vielfalt exotischer Gewürze, Kräuter und anderer Zutaten.

Dabei werden die chili-scharfen Gerichte oft mit Kokosmilch gemildert, mit Palmzucker gesüßt, mit Fischsauce gesalzen, mit Shrimppaste aromatisiert, mit Tamarinde, Limetten und anderen Zitrusfrüchten gesäuert und mit frischem Knoblauch, Ingwer, Koriander, Zitronengras, Horapa, Minze und weiteren Kräutern abgeschmeckt. In einigen Currys kommen zudem die aromatischen indischen Gewürze Kardamom, Gelbwurz, Safran, Nelken, Muskatnuss oder Muskatblüte zur Geltung.

Currys

In zahlreichen Variationen präsentieren sich die Thai-Currys – mal mit, mal ohne Kokosmilch und in verschiedenen Schärfegraden. Wer es gern scharf mag, bestellt das grüne Curry *gaeng khiao wan* oder das rote *gaeng phet.* Ansonsten greift man lieber auf die etwas milderen Varianten zurück: das cremige *panaeng* oder das gelbe gaeng *massaman,* das mit Fleisch und Kartoffeln zubereitet wird. Der indischen Vorlage am ähnlichsten ist das weniger scharfe *gaeng garih.*

Gemüse, Fleisch und Fisch

Vielfältig wie die Gewürze sind auch die Gemüsesorten und andere Zutaten. Aus den Gärten des Landes stammen Wasserkastanien und -kresse, Mungo- und Schlangenbohnen sowie eine weite Palette tropischer Früchte, von denen Bananen, Papaya, Wassermelonen und Ananas das ganze Jahr über zu bekommen sind. Kaum ein Tier scheint auf thailändischen Speisekarten zu fehlen. Neben hervorragenden Geflügel-, Fleisch- und Fischgerichten entdeckt man an den Straßenständen ab und zu auch absonderliche Snacks wie fritierte Heuschrecken oder Seidenraupen, Hühnerfußsalat oder Käfer am Spieß. Wer lieber Altbekanntes mag, bestellt *moo* – Schweinefleisch, *nua* – Rindfleisch, *gai* – Hühnerfleisch oder *ped* – Entenfleisch. Fischliebhaber haben die Auswahl zwischen *pla* – Fisch, *gung* – Garnelen und *phu* – Krebsen. Auch wenn Fisch und Fleisch nicht auf jedem Familientisch zu finden sind, gehören sie doch zu einem Essen außer Haus dazu.

Früchte

Ananas *(sapparod):* Sie sollen nahe Hua Hin besonders süß und saftig sein. An vielen Plätzen kann man auf der Straße frische Stücke kaufen. Saison: April bis Juli.

Bananen *(kluai):* Es gibt sie in verschiedenen Varianten – große und kleine, mehlige und süße. Die kleinen Früchte werden als gebackene Bananen *(kluai khaek)* über offenem Feuer gegrillt.

Durian *(turian):* Der Name Stinkfrucht charakterisiert den Geruch der stachligen Frucht recht zutreffend, von Asiaten wird sie als Königin der Früchte teuer gehandelt. Das helle, cremige Fruchtfleisch unter der grünlich-braunen, harten Schale isst man während der Saison (April bis August) zu Klebreis.

Guave *(farang):* Wie die Touristen (die im Thais ebenfalls *farang,* Fremde, heißen) stammt auch die Guave aus dem Ausland. Sie wird mit Zucker und Salz gegessen (ausgenommen die Kerne). Saison: September bis Januar.

Holzapfel *(puht sa):* Die gelblich-grüne Frucht ähnelt in Größe und Geschmack Pflaumen. Saison: Oktober bis Februar.

Jackbaumfrucht *(khanun):* Die riesige, grünliche Frucht wird bis zu 20 kg schwer. Ihr Fruchtfleisch ist gelb und fest, aber trotzdem saftig. Die Frucht kann in einzelne Segmente zerteilt werden und eignet sich auch als Fleischersatz in Currys. Saison: Januar bis Mai.

Langsard *(long-gong):* Die dünne, hellbraune Schale mit bräunlichen Sprenkeln kann man leicht abschälen. Die großen Kerne sind nicht essbar, das Fruchtfleisch ist süß-sauer. Saison: Juni bis September.

Longan *(lamyai):* Die kleinen, sehr süßen Früchte mit fester, brauner Schale werden in Nordthailand angebaut und in Büscheln verkauft. Zur Ernte findet in der Nähe von Chiang Mai ein großes Longan-Fest statt. Saison: Juli bis September.

Mandarinen *(som):* Erhält man zu allen Jahreszeiten auf Märkten. Orangen werden lokal nicht angebaut; ›frischer Orangensaft‹ wird daher nicht selten aus Mandarinen gepresst.

Mango *(mamuang):* Die Farbe (grün bis rötlich) und der Geschmack (nußartig, sauer bis süß) wechseln je nach Reifegrad. Die Mango wird mit Klebreis in Kokosnussmilch gekocht oder grün in Scheiben geschnitten mit Salz gegessen. Saison: März bis Juni.

Mangostanenfrucht *(mangkut):* Apfelgroß mit dunkelrot-violett-schwarzer Schale, deren Saft stark färbt. Das weiße Fleisch schmeckt sehr süß. Saison: Mai bis Oktober.

Papaya *(malakor):* Grüne bis gelb-bräunliche, dünne Schale, darunter orange-rötliches, saftiges Fruchtfleisch. Wird häufig als Frühstücksobst oder Nachspeise in Hotels serviert, besonders lecker mit ein paar Tropfen Limettensaft.
Pomelo *(som-o):* Die ›Riesenorangen‹ ähneln in Aussehen und Geschmack der Grapefruit. Das Fruchtfleisch ist rosa oder weiß und leicht trocken.
Rambutan *(ngoh):* ›Die Haarige‹ macht ihrem Namen alle Ehre. Die rötlichen haarigen Früchte, die unter ihrer weichen Schale ein helles, süßes Fruchtfleisch verbergen, werden büschelweise zum Kauf angeboten. Der Kern ist nicht essbar. Saison: April bis September.
Rosenapfel *(chom-phu):* Von den kleinen, birnenförmigen Früchten sind Schale und Fruchtfleisch essbar. Je nach Farbe der wächsern glänzenden Schale schmecken sie sauer (rötlich) oder süß (grün und weiß).
Sapodilla *(lamut):* Unter der braunen Schale verbirgt sich rings um einen großen, schwarzen Kern sehr süßes Fruchtfleisch. Saison: März bis August.
Zuckerapfel *(noi-na):* Leicht in zwei Hälften zu brechen, allerdings lässt sich das Fruchtfleisch nur schwer vom ungenießbaren Kern lösen. Farbe: blassgrün mit braunen Sprenkeln.

Regionale Besonderheiten

Wo in Thailand findet man die typische Landesküche: im weitgehend von ausländischen Einflüssen unberührten Norden und Nordosten des Landes, im tropischen Süden, auf den Straßen der Metropole Bangkok oder in deren königlich-luxuriösen Restaurants? Gelegenheiten sie zu kosten gibt es reichlich und vor allem auch überall, denn in Thailand scheint man immer und bei jeder Gelegenheit zu essen.

Da im **Süden** des Landes das Meer nicht fern ist, gehören Fisch und andere Meerestiere zu jedem Menü. Die tropische Vegetation und der malaiische Einfluss machen sich auch in der Zubereitung bemerkbar. Insgesamt wird im Süden mehr Kokosmilch verwendet und schärfer gewürzt.

Im **Norden** hingegen findet man eher Enten- und Schweinefleischgerichte, etwa *sai ua,* würzige Würste mit Kräutern. Auch das traditionelle Khantoke-Dinner offerieren einige Restaurants in Chiang Mai. Man sitzt recht unbequem um einen kleinen, runden Tisch, auf dem vier bis fünf kleine Schälchen mit lauwarmen Gerichten stehen: gegrillte Schweineschwarten, burmesisch beeinflusste

The more, the merrier: In Thailand speist man gern in geselliger Runde

Limetten, Zitronengras und Kaffirblätter tragen zur säuerlichen Note bei

Das gesamte Geschmacksspektrum ist da: von süß über sauer und salzig bis scharf

In zahllosen Straßenrestaurants werden kulinarische Köstlichkeiten zubereitet

Currys, ein scharfer laotischer Salat, scharfe Pasten als Dips und Klebreis.

Im **Nordosten** wird der laotische Einfluss noch deutlicher, dort spielt Klebreis eine zentrale Rolle. Typisch sind die scharfen Salate *laab* mit gehacktem Fleisch und Innereien sowie *som tam* aus geraspelten, unreifen Papayas, vielen Chilis und getrockneten Flusskrebsen.

Getränke

Wasser, *nam,* sollte aus gesundheitlichen Erwägungen immer aus versiegelten Flaschen und niemals aus der Leitung getrunken werden. Schmackhafte, erfrischende Alternativen sind *nam maphraw* – die Milch der jungen Kokosnuss, *nam manaw* – frischer Limonensaft oder *nam som* – Orangen- bzw. Mandarinensaft. Neben den international bekannten Softdrinks stehen in Kühlregalen auch Säfte und Tees verschiedenster Geschmacksrichtungen. Nicht jeder Eisblock zum Kühlen, der die Fabriken verlässt, weist einwandfreie Qualität auf. Vorsichtige sollten deshalb auf zerschlagene Eisblöcke als kühlenden Zusatz verzichten.

Bier ist außerhalb von muslimischen Restaurants auf nahezu jeder Speisekarte zu finden. Beliebt sind während der Trockenzeit die Open-Air-Biergärten. Die Preise der importierten Weine liegen über dem westlichem Niveau. In Geschäften darf Alkohol jeglicher Art nur von 11 bis 14 und 17 bis 24 Uhr verkauft werden. Zudem darf im Umkreis von Schulen und Unis sowie an buddhistischen Feiertagen kein Alkohol verkauft werden.

Tee *(tschah)* wird häufig mit süßer Dosenmilch serviert, ebenso Thai-Kaffee *gafä*. An die Namen dieser Getränke wird entweder *yen* (kalt) oder *rorn* (heiß) angehängt. Hervorragender Arabica aus den Bergen und italienische Kaffeemaschinen haben einen Boom ausgelöst.

Restaurants/Garküchen

Die thailändische Küche ist vielfältig. In den exklusiven Restaurants harmonieren die kunstvoll angerichteten Speisen mit den Farben tropischer Blüten. Fische, Krebse und andere frische Meerestiere, die zwischen knackigem Gemüse und Früchten präsentiert werden, lassen das Wasser im Mund zusammenlaufen. Zudem kann man selbst in preiswerten Restaurants fast immer hervorragend speisen und wird fast immer aufmerksam bedient.

Eine kulinarische Reise durch Thailand wäre unvollständig, würde man sich ausschließlich auf die Restaurants beschränken. Während dort ein Abendessen zwischen 150 und 500 Baht kostet und in den Luxushotels zum Teil noch mehr verlangt wird, zahlt man für eine sättigende Mahlzeit in einer Garküche und auf den Märkten 30 bis100 Baht.

In den Provinzstädten ist der Besuch eines Nachtmarktes ein Erlebnis. Auf den fahrbaren Marktständen stapeln sich appetitliche Früchte, da wird gebraten, gekocht, gegrillt und nebenher noch diese und jene Kleinigkeit verkauft. Hungrige Passanten holen sich hier eine Suppe, dort etwas Seafood oder einen eisgekühlten Drink. Man sitzt unter freiem Himmel und genießt die abendliche Kühle in angenehmer Gesellschaft.

Selbst auf dem Lande findet man immer eine Garküche, die eine kräftigende Nudelsuppe anbietet. Dazu wird eine große Schale mit Bandnudeln oder Vermicelli, Sojakeimen und Gemüse sowie mit Fischbällchen oder dünnen Scheiben von rot mariniertem Schweinefleisch, manchmal auch mit Innereien, gefüllt, mit heißer Fleischbrühe übergossen und mit Frühlingszwiebeln garniert. Zum Nachwürzen erhält man sauer eingelegte, milde Chilis,

PREISE

Die Preise in diesem Buch sind nach den Kosten für ein Hauptgericht eingeteilt.

€	bis 6 Euro (bis 200 Baht)
€€	6–12 Euro (200–400 Baht)
€€€	über 12 Euro (über 400 Baht)

Zucker, scharfe Chilipaste und Fischsaucen mit verschiedenen Zutaten. Kaum zu glauben, welche geschmacklichen Abwandlungen diese Suppen zwischen Mae Sai im Norden und Hat Yai im Süden erfahren.

In einfachen Restaurants wird kein Trinkgeld erwartet, aber man kann gern etwas Wechselgeld liegen lassen. Sofern man die Rechnung verdeckt in einer Mappe oder einem Kästchen präsentiert bekommt, sollten einige Scheine zusätzlich für den Service hineingelegt werden, selbst wenn das Trinkgeld auf der Abrechnung extra ausgewiesen ist.

Thai-Küche für Jedermann

Die Märkte in Thailand erfreuen das Herz von Genießern. Was man aus Bergen von Knoblauch und Chilis machen kann, wofür die kräftig riechenden Pasten, die Kräuter und Wurzeln eigentlich verwendet werden und wie die langen, grünen Bohnen oder winzigen, kugelrunden Auberginen schmecken – das verrät beispielsweise Pang und ihre Mutter Pip in ein- und mehrtägigen Kochkursen im Thai House (Adresse s. u.).

Bereits beim Anblick der verschiedenen Küchenmesser in der Haushaltswarenabteilung eines Supermarkts kommt der Gedanke auf, dass die korrekte Zubereitung der Gerichte nicht ganz so einfach ist, wie es das Kochbuch verspricht. Doch Pang weist die Kursteilnehmer in einem kleinen überdachten Pavillon an einem Klong geduldig in die Feinheiten des Knoblauchschälens ein.

Selbst erfahrene Köche fühlen sich sogleich als Anfänger, wenn sie zum ersten Mal das große Messer mit der breiten Klinge in der Hand halten und nicht, wie gewohnt, mit der Messerspitze, sondern mit dem unteren Teil der Klinge arbeiten sollen. Der Vorteil des großen Messers zeigt sich, wenn man mit einem kräftigen Schlag (dabei die Klinge flach auf den geschälten Knoblauch legen) mehrere Zehen auf einmal zerkleinert, sie nach kurzem Hacken gleich mit dem Messer aufnimmt und in das siedendheiße Öl befördert.

Auch das Schneiden von frischem Ingwer will gelernt sein, damit er sein volles Aroma entfaltet. Mit jedem Schritt schätzen die Kochschüler das anschließende gemeinsame Mahl ein wenig mehr und freuen sich bereits auf den Bummel über den großen Obst- und Gemüsemarkt am Morgen. Nach einigen Tagen können sie Ingwer- und Limonenarten unterscheiden, kennen die Schärfe der Chilipasten, den Geschmack von Zitronengras und Tamarinde.

Kochschulen

Wer zu Hause nicht auf die leckeren Suppen und Currys verzichten möchte, der kann sich in ein- bis viertägigen Kochkursen in authentischer Umgebung in die Grundlagen der Thai-Küche einweisen lassen.

Blue Elephant Phuket: 96 Thanon Krabi, Phuket Town, Tel. 076-35 43 55, www.blueelephant.com. Wechselnde Gerichte an jedem Wochentag. Vormittags vier Gerichte und Marktbesuch, nachmittags ohne Marktbesuch, aber mit Dessert.

Chef LeeZ Thai Cooking School: 4/488 Thanon Seri Thai, Soi 57, Bangkok, Tel. 086-568 13 11, https://chefleez.com. In der populären Kochschule leitet Köchin Lee unterhaltsame vierstündige Einführungskurse.

Mallika City: 168 Moo 5, Singh subdistrict, Sai Yok, Kanchanaburi, Tel. 034-54 08 84, www.mallika124.com. Auf dem Gelände der Retro-Stadt gibt Noi nach Voranmeldung unterhaltsame Kochkurse.

Phuket Thai Cookery School: 39/4 Thanon Thepatan, Ko Siray, östlich von Phuket Town, Tel. 099-298 56 36, auf Facebook. In entspannter ländlicher Umgebung werden in sechsstündigen Kursen je nach Wochentag unterschiedliche Gerichte gemeinsam gekocht.

Thai Farm Cooking School: www.thaifarmcooking.net (s. S. 256)

The Thai House: An einem Klong 45 Minuten westlich des Stadtzentrums von Bangkok, Tel. 02-997 51 61, www.thaihouse.co.th. Hier lernt man nicht nur exzellente Hausmannsküche kennen, sondern kann auch in einem Teakhaus bei Pip und ihrer Familie wohnen.

Outdoor

Bungeejumping und Zipline

Wer sich wagemutig von einer hohen Plattform in die Tiefe stürzen möchte, kann sich diesen Adrenalinschub beim Bungeejumping in Pattaya oder im Mae Sa Valley nahe Chiang Mai holen.

In den Bergwäldern bei Chiang Mai, in Hua Hin, Kanchanaburi, Pattaya und auf Phuket sind zudem Waldseil- bzw. Hochseilgärten angelegt worden, wo man sich angeseilt an Stahlseilen von einer Station zur nächsten hangelt, an der Zipline über tiefe Täler gleitet und durch die Wipfel der Bäume klettert. Dabei zeigt sich der Wald aus einer ganz neuen Perspektive.

Golf

Thailand ist ein Golfparadies. Bereits zu Beginn des 20. Jh. wurde in Bangkok Golf gespielt. Heute besitzt das Land über 200 öffentliche Golfplätze, vom einfachen naturnahen 9-Loch-Platz bis zu Luxusanlagen, die von weltbekannten Designern gestaltet wurden. Es ist kein Problem, als Gastspieler ohne Klubmitgliedschaft zugelassen zu werden, sofern man sich vorher anmeldet. Die gut ausgestatteten und gepflegten Plätze sind fast alle ganztags geöffnet und verlangen einen Bruchteil der in Europa üblichen Gebühren.
Infos: Adressen von Golfplätzen und Driving Ranges unter https://thailandgolf.com.

Motorsport

Quads, die in Thailand ATV genannt werden, können in der Umgebung einiger Urlaubszentren für Touren auf unbefestigten Straßen und im Gelände gemietet werden. Auch Gokart-Bahnen bieten Abwechslung vom Strandleben.

Radfahren

Das Fahrrad erlebt eine Renaissance, die wohlwollend von der Regierung unterstützt wird. Auch wenn die Fahrradwege in Bangkok zumeist zugeparkt werden, schlängeln sich immer mehr junge Fahrer mit teuren Rädern durch das Verkehrschaos. Das einstige Arme-Leute-Transportmittel ist wieder salonfähig geworden. So brausen am Wochenende Gruppen einheimischer Radfahrer in sportlichem Outfit über die Landstraßen.

In Chiang Mai können hochwertige Mountainbikes fürs Downhill Cycling und andere Touren ausgeliehen werden. Geführte kürzere Touren werden zudem in und um Bangkok, in Sukhothai, Pattaya und anderen Touristenorten angeboten. Selbst längere mehrtägige Rundfahrten werden von Veranstaltern mit Begleitfahrzeugen organisiert oder sind auf eigene Faust möglich.

Trekking, Rafting und Elefanten

Mit dieser Kombination werben viele Anbieter für Ausflüge ins Landesinnere, vor allem in die Umgebung von Chiang Mai, Pai, Chiang Rai und Kanchanaburi. Die Dauer der Aktivitäten und die Preise variieren erheblich.

Trekkingtouren sollten ausschließlich mit lizenzierten Guides unternommen werden, die ein verständliches Englisch (oder gar Deutsch) sprechen und die Kultur der Dorfbewohner kennen, die während der Tour besucht werden.

Wenn in der Trockenzeit die Flüsse kaum noch Wasser führen, sind nur wenige befahrbar

WASSERSPORTANGEBOTE IN DEN TOURISTENZENTREN

Das Angebot in Pattaya, Ko Samui oder Phuket reicht von Wasserski, Fallschirmsegeln und Windsurfen bis zu Tiefseefischen. Surfer tummeln sich vor allem an der Andamanenküste während des Monsuns. Kiteboarder zieht es vor allem nach Hua Hin. Von Phuket und Krabi aus lassen sich Seekajaktouren in der Bucht von Phang Nga unternehmen. Während des Monsuns kann es lebensgefährlich sein, Wassersport zu betreiben. Haie sind eine weitaus geringere Gefahr als die herumrasenden Motorboote. Von giftigen Quallen, vor allem den gefährlichen Portugiesischen Galeeren, Muränen, Rochen, Steinfischen und Seeschlangen sollte man sich fernhalten.

und das **Rafting** wird zu einer gemütlichen Kahnfahrt. In der Regenzeit können Fahrten mit dem Schlauchboot oder Kanu auf dem Pai River oder ab Umphang auf dem Mae Klong recht abenteuerlich sein.

In vielen **Elefantencamps** müssen die Tiere wahre Schwerstarbeit leisten und mit Touristen im großen Sitzkorb sowie dem Mahout auf dem Nacken stundenlang ihre Runden drehen. In empfehlenswerteren Camps wird hingegen darauf geachtet, dass die Elefanten keine schweren Lasten tragen, man verzichtet vielerorts ganz auf lange Ausritte und bietet als Alternative Baden mit Elefanten an.

Schnorcheln

Anfänger finden vor fast allen Inseln interessante Felsformationen oder gar Korallenriffe. In einigen Badeorten werden auch Schnorchelausflüge mit dem Boot inklusive Ausrüstung angeboten. Auch Tauchveranstalter nehmen Schnorchler mit auf ihre Touren.

Segeln

Ein beliebtes Segelgebiet ist die Inselwelt von Phuket bis zur malaysischen Grenze. Mehrmals jährlich werden hier Regatten veranstaltet, so der Phuket King's Cup im Dezember für Laser und Katamarane (www.kingscup.com) sowie für Segelboote die Samui Regatta (http://samuiregatta.com). Unabhängig von den Wettkampfterminen liegen zahlreiche Segelboote in Phuket vor Anker. Weitere Möglichkeiten zum Segeln bieten Pattaya und Hua Hin.

Ein Anbieter von Segeltouren unter deutscher Leitung ist Sweet Dreamers, Chalong, Phuket, Tel. 087-277 73 95, www.sailingtourphuket.com.

Tauchen

Zum Tauchen eignen sich die artenreicheren Korallenriffe der **Andamanensee** an der Westküste von Südthailand besser als der Golf von Thailand. Allerdings liegt dieses Gebiet im Einflussbereich des Monsuns, der von Ende Mai bis Oktober das Meer aufwühlt und starke Regenfälle mit sich bringt. Zu dieser Zeit sind hingegen die Wetterbedingungen an der **Ostküste von Südthailand** ideal.

Vor allem auf Phuket, Krabi, Ko Lanta, Ko Phi Phi, Ko Samui, Ko Tao und Ko Pha Ngan gibt es **Tauchbasen,** die Kurse mit internationalen Zertifikaten und Tauchausflüge anbieten.

Zudem werben Veranstalter mit **Live-Aboard-Tauchtouren** zu weiter abseits gelegenen Inseln inklusive Übernachtung auf dem Boot. Beliebt sind Touren von **Phuket** nach Ko Surin, Ko Similan und zu den Burma Banks. Von **Ko Samui** und **Ko Pha Ngan** werden Touren zur **Ko Tao** und zum **Ang Thong Marine National Park** durchgeführt. Weitere schöne Tauchgebiete gibt es rings um die Inseln des **Ko Surin** und **Tarutao Marine National Park.**

Was gibt's Schöneres, als sich mitten durch die Natur schippern zu lassen?

Feste und Veranstaltungen

In Thailand mangelt es nicht an Feierlichkeiten, bei denen Touristen in der Regel gern gesehene Gäste sind. In jedem Tempel findet einmal jährlich ein großes Fest statt. Neben regionalen Veranstaltungen begeht man im ganzen Land die großen staatlichen und religiösen Feiertage (s. S. 100). Die aktuellen Termine findet man im Internet z. B. unter www.tourismthailand.org (Experiences-Event & Festival).

Tempelfeste

Zu den größten und berühmtesten Tempelfesten kommen Gläubige aus allen Landesteilen zusammen, um an religiösen Zeremonien und feierlichen Prozessionen teilzunehmen. Die spirituellen Komponenten sind oft in einen spaßigen, weltlichen Rahmen eingebettet. Essensstände und Verkaufsbuden sorgen für das leibliche Wohl der eintreffenden Gäste und ein Jahrmarkt, Bootsrennen oder andere vergnügliche Veranstaltungen bieten Unterhaltung für die ganze Familie.

Volksfeste

In vielen Provinzstädten werden Volksfeste und Festivals mit eher regionalem Charakter begangen, die auf besondere historische Ereignisse (Brücke am Kwai in Kanchanaburi oder König Narai in Lopburi), handwerkliche Produkte (Art and Craft Fairs wie in Bang Sai) oder landwirtschaftliche Erzeugnisse (Blumenfest in Chiang Mai oder Longan-Fest in Lamphun) verweisen und deren Termine von staatlichen Stellen festgelegt werden. Die Höhepunkte derartiger Veranstaltungen sind zumeist die Wahl der Schönheitskönigin mit anschließendem Umzug, Nachstellungen der historischen Ereignisse mit vielen Laiendarstellern oder eine abendliche Light & Sound Show mit Lasereffekten und abschließendem Feuerwerk.

Chinesisches Neujahr

Wie überall auf der Welt feiern in Thailand Millionen von chinesischstämmigen Thais auf traditionelle Art und Weise das chinesische Neujahrsfest, das mit dem ersten Zeichen des neuen Mondes beginnt. Mit bunten Umzügen, Löwentänzen und Essensständen wird in Bangkoks Chinatown rund um die Thanon Yaowarat sowie in anderen Städten mit einem großen Bevölkerungsanteil an chinesischen Minoritäten gefeiert. Größere Feierlichkeiten finden etwa in Chiang Mai, Phuket Town oder Ratchaburi statt.

Am Neujahrsabend reisen die Mitglieder der Großfamilie aus allen Landesteilen zu einem gemeinsamen Festessen an, um die Familienbande zu stärken und das neue Jahr zu begrüßen. Nach alter Sitte glauben die Chinesen, dass das Glück des kommenden Jahres vom Verlauf des ersten Tages abhängt. So versucht jeder, diesen Tag so zu verbringen, wie er die restliche Zeit des Jahres leben möchte. Morgens werden Freunden und Verwandten schmackhafte Geschenke überreicht, Kinder erhalten Glücksgeld in roten Umschlägen und Angestellte einen Jahresbonus. Für das kommende Jahr wünscht man sich Freude und Wohlstand, Glück und Gesundheit. Die sonst immer geöffneten chinesischen Geschäfte bleiben für die nächsten Tage geschlossen.

Obwohl in China seit 1912 offiziell der Gregorianische Kalender gilt, spielt bis heute die traditionelle Jahreseinteilung eine wichtige Rolle. Zwölf Jahre, jeweils nach einem bestimmten Tier benannt, bilden einen Zyklus. Der Zyklus beginnt mit dem Jahr der Ratte, gefolgt vom Jahr des Ochsen, des Tigers, des Hasen, des Drachens, der Schlange, des Pferdes, der Ziege, des Affens, des Hahnes, des Hundes und des Schweines. Nach dem zwölften Jahr geht es wieder von vorne los. Daher werden chinesische Horoskope nicht nach

Tierkreiszeichen aufgestellt, sondern nach dem jeweiligen Geburtsjahr.

Lohnend ist in dieser Zeit ein Besuch bei den Bergvölkern im Norden, die etwa zur gleichen Zeit ihre Neujahrsfeierlichkeiten mit traditionellen Tänzen, Musik und anderen Veranstaltungen begehen.

Songkran-Fest

Erst Mitte April feiern die Thais ihr Neujahr, das Songkran-Fest. Das dem Sanskrit entstammende Wort *songkran* bedeutet Beginn eines neuen Sonnenjahres. Man feiert ihn am ersten Tag des zunehmenden Mondes im fünften Monat eines Jahres, das nach Thai-Zeitrechnung bereits im Dezember beginnt. Nach brahmanischen Berechnungen wandert die Sonne zu diesem Zeitpunkt vom Sternbild der Fische in das der Jungfrau. Die Bauern in den Dörfern treffen während dieser heißesten Periode des Jahres die ersten Vorbereitungen für ein neues Erntejahr. Auf dem Lande, vor allem im Norden, wird das Fest noch in ursprünglicher Form gefeiert. Schon lange vor dem Neujahrstag übergießen Kinder und Jugendliche Passanten mit Wasser – zu dieser Jahreszeit durchaus eine angenehme Erfrischung. Zentrum der Songkran-Feierlichkeiten ist Chiang Mai. In den Wohnungen hält man an diesem Tag Frühjahrsputz. Aller Unrat wird verbrannt, damit sich mit ihm kein Unglück ins neue Jahr hinüberretten kann. Zu Hause badet man die Buddhastatuen in parfümiertem Wasser. In Bangkok und anderen Touristenzentren wird an diesem Tag keinem Besucher der unausweichliche Kübel Wasser erspart bleiben.

Zeremonie des Pflügens

Ebenfalls brahmanischen Ursprungs ist die königliche Zeremonie des Pflügens Mitte Mai. Im sechsten Sonnenmonat gibt der König mit diesem Ritual Millionen von Bauern im Land das Startzeichen für die neue Aussaat. Der König selbst oder ein von ihm ernannter Vertreter leitet den heiligen Ochsenpflug über die Felder. Zu dem Ereignis, dessen Riten den Erfolg der kommenden Ernte voraussagen sollen, strömen Tausende von Bauern zum zentralen Festplatz, dem Sanam Luang, in Bangkok. Erscheint der ›Herr des Festes‹, so wählt er aus drei Schärpen eine aus, deren Länge Aufschluss über die Regenmenge im zukünftigen Jahr zulässt. Anschließend umrunden geschmückte Ochsen mit bunten Pflügen das Feld, gefolgt von Priestern, Musikern und Frauen, die den zur Aussaat bestimmten Reis tragen. Den Ochsen werden Speisen und Getränke angeboten. Und was die Tiere davon auswählen, soll das kommende Jahr im Überfluss bringen. Nach dem symbolischen Aussäen der Reiskörner versuchen Bauern, einige der glücksbringenden Samen aufzulesen, um sie zu Hause der eigenen Saat unterzumischen.

Loi Krathong

Wenn die Regenzeit ihrem Ende entgegen geht, wird im zwölften Monat des Thai-Kalenders (November) das schönste Fest des Jahres, Loi Krathong, begangen. Während der Vollmondnacht lassen die Menschen auf Flüssen und Seen kleine Boote schwimmen, in denen brennende Kerzen, Räucherstäbchen und Blumen stecken. Manchmal werden kleine Münzen oder Betelnüsse hinzugelegt. Die ursprünglich in Lotosform dekorierten Boote aus Bananenstrünken zeigen heute unterschiedliche Formen und Farben. Das jahrelang beliebte, nicht abbaubare Schaumpolystyrol ist in vielen Regionen mittlerweile verboten. Bei Dunkelheit finden sich an den Ufern der Gewässer viele Menschen mit solchen *krathong* ein. Nachdem die Kerzen und Räucherstäbchen entzündet worden sind, treiben die erleuchteten, bunten Bötchen langsam mit der Strömung davon, als Opfergaben an die göttliche Mutter des Wassers – *mae khongkha*. In Sukhothai, wo das Fest seinen Ursprung haben soll, wird es besonders prunkvoll gefeiert.

Reiseinfos von A bis Z

Auskunft

Thailändisches Fremdenverkehrsamt
Kirchnerstr. 6–8
60311 Frankfurt/Main
Tel. 069-138 13 90
info@thailandtourismus.de
www.thailandtourismus.de

Barrierefrei reisen

Immer wieder trifft man in Thailand auch Touristen im Rollstuhl. Obwohl das Land in keiner Weise über eine behindertengerechte Infrastruktur verfügt, wagen sich einige Mutige sogar in die Nationalparks vor, übernachten in kleinen Gästehäusern und sind mit öffentlichen Verkehrsmitteln unterwegs. Die Freundlichkeit und Hilfsbereitschaft der Thais hilft dabei, so manches Hindernis zu überbrücken. Erfahrungsberichte und entsprechende Reiseanbieter finden sich im Internet, beispielsweise unter www.enableme.de.

Bettler

Vor allem in den Touristenvierteln begegnet man ab und an Bettlern. Vor den Tempeln erbitten verkrüppelte, alte Menschen mit untertänigem Gruß eine Spende von den Gläubigen und in den Geschäftsstraßen sitzen verhärmte Mütter mit kleinen Kindern, um Mitleid zu erregen. Wohltätigkeit gilt als buddhistische Tugend und in einem Land ohne Sozialhilfe und Rentenversicherung erscheint Betteln als letzte Chance.

Man sollte allerdings bedenken, dass Kleinkinder für einige Baht von Slumbewohnern ausgeliehen und Kriegsverletzte aus Kambodscha geholt wurden. Einige professionelle Bettler verdienen auf den Straßen mehr Geld als auf den Reisfeldern. Kleine Kinder werden häufig zum Betteln angehalten und können deshalb nicht zur Schule gehen. Einige Baht für die Kinder ändern nichts an ihrer Situation – ganz im Gegenteil. Sinnvoller wäre es vielmehr, eine humanitäre Organisation zu unterstützen, die in Thailand tätig ist, wie Terre des Hommes oder SOS-Kinderdörfer.

Wenn am frühen Morgen die Mönche durch die Straßen ziehen, um die Opfergaben der Gläubigen einzusammeln, hat das mit Betteln nichts zu tun. Der morgendliche Almosengang ist tief in der Tradition des Theravada-Buddhismus verwurzelt und Gaben an die Mönche gelten als Möglichkeit, Verdienste für ein späteres Leben zu erwerben und die Dankbarkeit ist auf Seiten des Spenders.

Botschaften und Konsulate

... in Deutschland

Botschaft des Königreichs Thailand
Lepsiusstr. 64/66
12163 **Berlin**
Tel. 030-79 48 10
https://berlin.thaiembassy.org

Thailändische Generalkonsulate
Kennedyallee 109
60596 **Frankfurt**
Tel. 069-69 86 80,
Visa Tel. 069-69 86 82 08,
https://frankfurt.thaiembassy.org

Törringstr. 20
81675 **München**
Tel. 089-944 67 71 12
https://munich.thaiembassy.org

Thailändisches Honorarkonsulat
An der Alster 85, 20099 **Hamburg,**
Tel. 040-24 83 91 18,
www.thaikonsulathamburg.de.

... in Österreich

Botschaft des Königreichs Thailand
Cottagegasse 48
1180 **Wien**
Tel. 01-478 33 35, www.thaiembassy.at

Thailändische Konsulate
Kaiser-Jäger-Str. 30, 6020 **Innsbruck,**
Tel. 0512-58 01 58 60,
www.thaiconsulate-innsbruck.at

Koch-Sternfeld-Gasse 7, 5020 **Salzburg,**
Tel. 06 62-840 02 00,
www.thaiconsulate-salzburg.at.

... in der Schweiz

Botschaft des Königreichs Thailand
Kirchstr. 56, 3097 **Bern-Liebefeld**
Tel. 031-970 30 30,
www.thaiembassy.ch

Thailändische Konsulate
Website der Konsulate: https://thaikonsulat.ch
Aeschenvorstadt 71, 4051 **Basel,**
Tel. 061-206 45 65

Rue Liotard 4, 1202 **Genève,**
Tel. 022-311 07 23,

Löwenstr. 42, 8001 **Zürich,**
Tel. 043-344 70 00

... in Thailand

Deutsche Botschaft
9 Thanon Sathorn Tai
Bangkok 10120
Tel. 02-287 90 00
https://bangkok.diplo.de

Österreichische Botschaft
Soi Nantha-Mozart 14, Sathorn Soi 1, Thanon Sathorn Tai
Bangkok 10120
Tel. 02-105 67 10
www.bmeia.gv.at/oeb-bangkok

Botschaft der Schweiz
35 Thanon Witthayu
Bangkok 10330
Tel. 02-674 69 00
www.eda.admin.ch/bangkok

Dos and Don'ts

Buddhismus

Gleichmut und Geduld, die man bei vielen Thais feststellen kann, entspringen der buddhistischen Lehre. Keinesfalls sollte ein Besucher die religiösen Gefühle der Menschen missachten. Entsprechend ist Mönchen, Buddhafiguren und Tempeln besondere Achtung entgegenzubringen. Beim Besuch eines buddhistischen Tempels sollte man auf die ›richtige‹ Kleidung achten. Beim Betreten eines Tempelgebäudes lässt man die Schuhe vor dem Eingang stehen. Frauen dürfen nie neben Mönchen sitzen, geschweige denn sie berühren.

Kopf und Füße

Sie sind der höchste (heilige) und niedrigste (unheilige) Teil des Körpers. Beleidigend wäre es, einem Thai die Füße entgegenzustrecken, ihn am Kopf zu berühren oder sich über den Kopf eines Höhergestellten oder Älteren zu erheben. Wer gezwungen ist, an einem älteren, sitzenden Thai oder gar an einem Mönch vorbeizugehen, sollte höflich den Kopf senken.

Monarchie

Auch wenn der König seine Macht als absoluter Herrscher 1932 verlor, ist das Königshaus über jede Kritik erhaben. Selbst politische Umstürze stellten die Macht des Königs nie in Frage. Bilder des derzeitigen Königs und seines verstorbenen Vaters sind überall zu finden. Als Besucher des Landes sollte man dies respektieren, im Kino bei der Königshymne aufstehen und selbst mit Geldscheinen, die das Porträt des (ehemaligen) Königs zieren, sorgsam umgehen. Majestätsbeleidigung wird hart bestraft, selbst bei Ausländern.

Wai

Beim thailändischen Gruß faltet man die Hände wie zum andächtigen Gebet vor dem Gesicht oder der Brust. Doch in welcher Höhe genau man die Hände faltet, hängt von der Höhe der sozialen Stellung und dem Alter des Begrüßten ab. Ein Thai wird nicht erwarten, dass ein Tourist den traditionellen Gruß in all seinen Variationen beherrscht. Dennoch sollte man sich dessen bewusst sein und es, wenn angebracht, beim höflichen Kopfnicken bewenden lassen.

Drogen

Thailand ist ein bedeutender Drogenumschlagplatz. Nach dem Thai Narcotics Act werden der Besitz, die Produktion, der Export und Import von Drogen wie Heroin, Opium, Ecstasy, LSD, Kokain und Jaba mit bis zu lebenslänglichem Gefängnis bestraft. Händler erwartet die Todesstrafe. Dennoch floriert der lukrative Drogenhandel.

Der Rohstoff für einige Drogen ist Opium, das die Bergvölker im Goldenen Dreieck, vor allem jenseits der thailändischen Grenze in Myanmar (Burma) und in Laos, anbauen. Das lukrative Drogengeschäft steuern international tätige Drogenbarone. Seit den 1990er-Jahren wurden Opium und Heroin von günstiger zu produzierenden synthetischen Pillen (vor allem das Methamphetamin Yaba, auch Crystal Speed genannt) aus Myanmar verdrängt.

Gänzlich anders sieht es seit der Dekriminalisierung seit Sommer 2022 bei Cannabis aus. Im ganzen Land entstanden legal operierende Verkaufsstellen *(dispensaries)*, die Marihuanablüten und -produkte an alle Über-20-Jährigen verkaufen dürfen. Der Konsum in der Öffentlichkeit kann allerdings als ›Erregung öffentlichen Ärgernisses‹ geahndet werden. Die aus den Wahlen 2023 hervorgegangene Regierungskoalition steht der weitreichenden Legalisierung

Trotz harter Arbeit gut gelaunt: Hutverkäuferin auf ihrem ›schwimmenden Laden‹

allerdings kritisch gegenüber, sodass die zukünftige Handhabung von Cannabis aktuell unklar ist. Viele Touristen, bei denen Drogen gefunden wurden, verbüßen langjährige Haftstrafen in den unmenschlichen Gefängnissen des Landes. In Bangkok, auf Ko Pha Ngan und vor allem in Nordthailand sind Drogen relativ leicht zu beschaffen. Doch wer weiß schon, ob der Dealer nicht als Polizeispitzel sein Geld verdient? Besondere Vorsicht ist bei der Einreise nach Malaysia geboten, wo die Drogengesetze noch strenger gehandhabt werden und bereits ausländische Reisende hingerichtet wurden.

Einkaufen

Als wahre Einkaufsparadiese erweisen sich der Chatuchak Wochenendmarkt und andere Märkte sowie die gigantischen Einkaufszentren in Bangkok, zudem die Walking Street von Chiang Mai und Nachtmärkte in vielen weiteren Städten. Das Warenangebot umfasst vor allem in Chiang Mai und Bangkok feine Silberarbeiten, traditionelle und moderne Keramiken, handgeschöpfte Papiere, mit Stickereien und Applikationen verzierte Textilien, Webarbeiten, Seide, gut gemachte Reproduktionen von Antiquitäten, Statuen aus Messing, Bronze und Stein, Holzschnitzereien, Einlegearbeiten aus Perlmutt sowie Schmuck.

Das Angebot in den meisten Geschäftsstraßen, modernen Einkaufspalästen und gigantischen Supermärkten ist eher auf die zahlungskräftige einheimische Klientel ausgerichtet. Doch auch Touristen können hier englischsprachige Bücher, Elektronik, Textilien, Markenwaren und hochwertige Artikel überwiegend zu relativ günstigen Festpreisen erwerben.

Handeln

Beim Einkaufen an Souvenirständen ohne ausgewiesene Festpreise ist Handeln üblich. Vor allem Verkäufer auf touristischen Nachtmärkten stellen überhöhte Preisforderungen. Das sollte man ihnen nicht verübeln, sondern als Aufforderung zum Handeln verstehen. Am Ende werden der Händler mit seinem Gewinn und der Käufer mit dem günstigen Erwerb zufrieden sein.

Man sollte also abschätzen, wie viel man bezahlen will, lässt sich den ersten ›realistischen‹ Preis nennen und fragt nach einem Rabatt. Man nennt dann einen Preis, der etwa die Hälfte unter dem des Händlers liegt, jedoch immer noch genügend Spielraum enthalten sollte. Sobald einer der Beteiligten den Preis akzeptiert, ist der Handel perfekt und ein Rücktritt vom Kauf nur unter Gesichtsverlust und großem Ärger möglich.

Schneider

Man kann sich in Thailand gut Kleidung maßschneidern lassen. Verarbeitung und Material, vom Stoff bis zu den Knöpfen, sollten genau abgesprochen werden. Planen Sie ausreichend Zeit für mehrere Anproben ein.

Schlepper

Sie brauchen zum Einkaufen keine ortskundigen Helfer. Trotz aller Versprechen, Ihnen zu einem günstigen Einkauf zu verhelfen, übervorteilen Sie diese. Der Preis für die ›kostenlose Stadtrundfahrt‹ sowie die Provision des Führers werden am Ende auf Ihrer Rechnung erscheinen. **Vorsicht:** Beim Kauf von Edelsteinen kommt es immer wieder zu Betrügereien.

Teure Souvenirs

Andenken können teuer werden, wenn man erst an der Grenze aufgeklärt wird, dass Antiquitäten und Buddhastatuen nicht ausgeführt werden dürfen. Der Export kann nur mit schriftlicher Genehmigung des Fine Art Departments (Tel. 02-22 25 26 52) erfolgen. Ebenso unterliegen seltene Tierarten und entsprechende Produkte dem Artenschutzabkommen, etwa Schildpatt, Krokodilleder und Elfenbein.

Versand

Wenn Sie Einkäufe direkt nach Europa senden lassen, achten Sie auf einen exakten Beleg, auf dem die gekauften Gegenstände detailliert aus-

Hier brüllt der Löwe: Tänze zum chinesischen Neujahr

gewiesen sind und der die genaue Adresse des Verkäufers enthält. Ebenso dürfen die Adresse des Empfängers sowie die Kosten für Fracht, Verpackung und Versicherung nicht fehlen.

Elektrizität

Schuko-Stecker passen in die thailändischen Steckdosen, sodass kein Reiseadapter benötigt wird. Die Netzspannung beträgt 220 Volt.

Feiertage und Feste

Während sich die Termine der staatlichen Feste nach dem westlichen Kalender richten, werden die buddhistischen Feiertage dem religiösen Mondkalender entsprechend veranstaltet, sodass der exakte Termin von Jahr zu Jahr innerhalb von 29 Tagen schwankt. Mit dem Neumond vor der Wintersonnenwende (zwischen dem 23.11. und 22.12.) beginnt ein neuer Jahreszyklus, wobei sich die Zeitrechnung an Buddha orientiert, also 543 Jahre unserer Zeitrechnung voraus ist.

Staatliche Feiertage

1. Jan. – Neujahr
6. April – Chakri-Tag
13.–15. April – thailändisches Neujahrsfest Songkran
1. Mai – Tag der Arbeit
4. Mai – Krönungstag von König Maha Vajiralongkorn (Rama X.)
3. Juni – Geburtstag von Königin Suthida Vajiralongkorn
28. Juli - Geburtstag von König Maha Vajiralongkorn (Rama X.)
12. Aug. – Geburtstag der Königin, Muttertag
13. Okt. – Todestag von König Bhumibol
23. Okt. – Chulalongkorn-Tag
5. Dez. – Geburtstag von König Bhumibol, Vatertag
10. Dez. – Verfassungstag

An diesen Tagen bleiben Ämter, Banken und Behörden geschlossen, viele Geschäfte aber sind geöffnet. Fällt der Feiertag auf ein Wochenende, ist der folgende Montag frei.

Die wichtigsten religiösen und regionalen Feste

Neumondtag zwischen dem 21. Jan. und 19. Feb. – Chinesisches Neujahr

Vollmondtag im Feb./März – Makha Bucha (Magha Puja) zur Erinnerung an Buddhas Predigt vor 1250 Zuhörern

Vollmondtag im Mai/Juni – Visakha Bucha (Wesak) zum Gedenken an Buddhas Geburt, an seine Erleuchtung und an sein endgültiges Erlöschen im Nirvana

Vollmondtag im Juni/Juli – Asanha Bucha (Asalha Puja) zur Erinnerung an Buddhas erste Predigt in der Öffentlichkeit, Beginn der dreimonatigen Fastenzeit (Khao Phansa)

Okt. – Thot Kathin (Ok Phansa), das Ende der Fastenzeit

Vollmondtag im Nov. – Loi Krathong, das große Lichterfest

Fotografieren

Viele Menschen in Thailand fotografieren und filmen sich und ihre Lieben bei jeder Gelegenheit. Normalerweise lassen sich die Menschen gern fotografieren. Trotzdem sollte man es nie ohne ihr Einverständnis tun. Es ist allerdings fraglich, ob man die Fotoerlaubnis in einigen touristischen Dörfern der Bergvölker durch einige Baht erkaufen sollte. Zurückhaltung ist beim Fotografieren in Tempeln und bei religiösen Zeremonien angebracht. Verboten ist es, im Bot des Bangkoker Wat Phra Keo und im Königspalast sowie Mitglieder der Königsfamilie zu fotografieren.

Geld

Landeswährung

Landeswährung ist der Baht (1 Baht = 100 Satang). Banknoten im Wert von 20 Baht (grün), 50 Baht (blau), 100 Baht (rot), 500 Baht (violett) und 1000 Baht (braun) sind 2018 mit dem Porträt von König Maha Vajiralongkorn neu gestaltet worden. Kaum noch im Umlauf sind die Münzen zu 25 und 50 Satang (sprich: stang) sowie 2 Baht. Häufig sind hingegen Münzen zu 10 Baht, außen silbrig, innen goldfarben sowie 1- und 5-Baht-Münzen.

Wechselkurs: Der Wechselkurs schwankt zwischen 30 und 35 Baht je US-$ bzw. zwischen 35 und 39 Baht je Euro.

Lohnniveau: Es gilt ein je nach Region abgestufter Mindestlohn von 328–354 Baht pro Tag. In der Landwirtschaft verdienen die meisten Menschen wesentlich weniger.

Geldbeschaffung

Mit **Kreditkarten** kann man an fast allen Geldautomaten Bargeld bis zu 20 000 Baht abheben. Girokarten funktionieren hingegen nicht. Es wird zum aktuellen Briefkurs umgerechnet. Die Transaktionsgebühr hängt von der eigenen Bank ab. Jede Thai-Bank zieht zusätzlich bei einer Abhebung mit einer ausländischen Karte 220 Baht ab. Wer Automaten vor einer geöffneten Bank nutzt, kann bei Problemen sofort reklamieren.

SPERRUNG VON BANK- UND KREDITKARTEN

Bei Verlust oder Diebstahl*:
+49-116 116 oder
+49-30 40 50 40 50
(* Gilt nur, wenn das ausstellende Geldinstitut angeschlossen ist, Übersicht: www.sperr-notruf.de)

Weitere Sperrnummern:
MasterCard: +1-63 67 22 71 11
Visa: 001-803 19 33 62 94
American Express: +49 69 97 97 20 00

Bitte halten Sie Ihre Kreditkartennummer, Kontonummer und Bankleitzahl bereit!

Banken: Öffnungszeiten sind Mo–Fr 8.30–15.30 Uhr. Darüber hinaus tauschen einige Wechselschalter in Touristenzentren Bargeld, täglich 7–21 Uhr. Die Wechselkurse in thailändischen Banken sind günstiger als in Hotels und Wechselstuben.

Kreditkarten

Kreditkarten werden in den meisten Hotels, großen Restaurants und Geschäften akzeptiert. Vor Missbrauch muss gewarnt werden. Man sollte die Karte beim Bezahlen niemals aus dem Auge lassen.

Einige Geschäfte schlagen die von ihnen zu tragende Abwicklungsgebühr von zumeist 4 % auf den Rechnungsbetrag auf, was man nicht akzeptieren sollte.

American Express: www.americanexpress.com/de-de
Visa Card: www.visa.de
Master/Euro Card: www.mastercard.de
Diners Club: www.dinersclub.com

Gesundheit

Impfungen

Für die Einreise nach Thailand sind keine Impfungen notwendig, es sei denn, man hat innerhalb der letzten sechs Tage ein Gelbfieberinfektionsgebiet bereist. Eine Tetanus-, Diphtherie- und Polio-Schluckimpfung ist anzuraten, wenn der Schutz abgelaufen ist. Eine Impfung gegen Hepatitis A wird vom Robert-Koch-Institut empfohlen.

ÄRZTLICHE NACHSORGE

Nach der Heimkehr sollte man bei gesundheitlichen Beschwerden seinen Hausarzt über alle während der Reise aufgetretenen Krankheiten informieren und gegebenenfalls in einem Tropeninstitut eine Nachuntersuchung vornehmen lassen.

Reiseapotheke

In thailändischen Apotheken, Drogerien und Krankenhäusern sind Medikamente recht preisgünstig. Dennoch empfiehlt sich eine Reiseapotheke, in der folgende Dinge nicht fehlen sollten: Desinfektionsmittel und antibiotische Wundsalbe, Verbandsmaterial, Schmerz- und Grippemittel, Antibiotika, loperamidhaltige Tabletten und Elektrolytlösung gegen Durchfall, Mittel gegen Reisekrankheiten, mückenabweisende Mittel, Sonnenschutz, Antiallergikum gegen Sonnenbrand und Insektenstiche.

Verhalten im Land

Viele Erkrankungen kann man durch Vorsicht vermeiden: Im Anschluss an lange Flüge aus Europa ist neben dem Zeitunterschied auch der **Klimawechsel** zu verkraften, sodass dem Körper ein Tag Ruhe gegönnt werden sollte. Auch ausgiebige Sonnenbäder tun in den ersten Tagen nicht gut, denn selbst bei bedecktem Himmel brennt die Sonne sehr intensiv.

Um den Wasserverlust durch Schwitzen auszugleichen, sollte man ausreichend Mineralien und viel **Flüssigkeit** zu sich nehmen, allerdings nicht in Form von Alkohol und Kaffee. **Schutz vor der Sonne** bieten Sonnenbrille, Sonnencreme und Kopfbedeckung.

Einen ›wandernden Magen‹, wie **Durchfall,** die typische Reisekrankheit, von den Thais genannt wird, kann man vermeiden. Selbst durch Essen und Trinken auf Märkten und Straßen drohen keine Gefahren, wenn man darauf achtet, dass die Speisen gut gekocht oder gebraten und die Zutaten frisch sind, Früchte geschält werden und Wasser abgekocht ist. Meiden sollte man Fisch, wenn Unsicherheit darüber besteht, ob er frisch ist, sowie Eiscreme, sofern sie nicht aus der Fabrik stammt. Die großen Restaurants und die Küchen in internationalen Hotels entsprechen westlichem Standard; dort kann man normalerweise alles ohne Bedenken zu sich nehmen.

Streunende Hunde und Affen sind häufig Überträger von **Tollwut,** die in Thailand immer wieder Todesopfer fordert. Man sollte sie meiden und nach einer Verletzung durch ein Tier sofort ein Krankenhaus aufsuchen.

Obwohl **Aids** in Thailand ein großes Problem ist, scheinen das viele Touristen zu ignorieren. Schätzungen gehen davon aus, dass in Thailand über 1 Mio. Menschen mit dem HIV-Virus infiziert sind, darunter ein großer Teil Prostituierter und Drogenabhängiger. Man kann sich zudem mit **Hepatitis B** infizieren, auch beim Tätowieren oder über nicht ausreichend sterilisierte Injektionsnadeln. Vor der weniger gefährlichen Hepatitis A, die durch verunreinigte Lebensmittel übertragen wird, schützt kurzfristig eine Immunglobolin-Impfung oder der Impfstoff Havrix.

Nur in einigen Grenzregionen zu Kambodscha und Myanmar ist vereinzelt die **Malaria** übertragende Anopheles-Mücke verbreitet. Hingegen stellt das ebenfalls über Mücken übertragene Dengue-Fieber ein zunehmendes Problem dar. Am besten schützt man sich durch mückenabweisende Mittel (Lotionen, Räucherspiralen), den Körper bedeckende Kleidung und ein Moskitonetz, sofern das Zimmer nicht durch eine Klimaanlage oder durch Mückengitter an Fenstern und Türen geschützt ist. Weitere Auskunft erteilen die Tropenmedizinischen Institute telefonisch sowie die Website www.fit-for-travel.de.

Wasser

Zum Trinken sollte nur Wasser in Flaschen verwendet werden. Hingegen ist Leitungswasser zum Zähne putzen geeignet, auch wenn in Hotels dafür Flaschen bereitgestellt werden.

Ärztliche Versorgung

Selbst auf dem Land gibt es **Erste-Hilfe-Stationen** oder **Kliniken,** die unseren Privatpraxen gleichen. Alle Provinzstädte besitzen **staatliche Krankenhäuser,** in denen die Behandlung preiswert ist. Empfehlenswerter sind die **privaten Krankenhäuser,** die mit modernerer Ausstattung auf die Behandlung von Ausländern ausgerichtet sind. Ihr breites Angebot, das sie selbstbewusst im Internet präsentieren, wird nicht nur von Patienten aus Thailand und den Nachbarländern, sondern auch von Medizintouristen aus aller Welt wahrgenommen. Für teure Behandlungen nehmen sie gern eine Reise nach Thailand in Kauf, denn die Gebühren sind günstiger als in der Heimat. Vor allem bei Zahnproblemen, im Bereich der plastischen Chirurgie und beim Augenlasern genießen einige Institutionen Weltruf. Die Krankenzimmer weisen oft Hotelstandard auf und Ärzte wie Krankenschwestern sprechen Englisch, teilweise sogar Deutsch. Auf den Websites der Krankenhäuser finden sich weitere aktuelle Gesundheitstipps auf Englisch.

KRANKENVERSICHERUNG

Wichtig ist der Abschluss einer zusätzlichen Reisekrankenversicherung, die man bereits für unter 20 € pro Jahr erhält. Mit dem Auslandsversicherungschutz kann man alle Kosten zu Hause gegen Vorlage entsprechender Belege geltend machen. Bei vielen ist im Extremfall der Rücktransport in die Heimat versichert.

Krankenhäuser

Empfehlenswerte Krankenhäuser sind:

Bangkok Bumrungrad Hospital: 33 Soi 3, Thanon Sukhumvit, Tel. 02-066 88 88 www.bumrungrad.com

Bangkok BNH Hospital: 9/1 Thanon Convent, Tel. 02-022 07 00, www.bnhhospital.com

Samitivej Sukhumvit Hospital: 133 Soi 49, Thanon Sukhumvit, Tel. 02-022 22 22, www. samitivejhospitals.com

Chiang Mai Lanna Hospital: 1 Thanon Sukkasem, Tel. 053-99 97 77, www.lanna-hospital.com/lannahospital/htmleng/home%20eng.html

Chiang Mai McCormick Hospital: 133 Thanon Kaew Nawarat, Tel. 053-92 17 77.

Bangkok Hospital Phuket: 2/1 Thanon Hongyok Utis, Tel. 076-25 44 25, www.phukethospital.com

Bangkok Hospital Siriroj: 44 Thanon Chalermprakiat Ror 9, Tel. 076-36 18 88, www.phuketinternationalhospital.com/en

Apotheken und Drogerien

Apotheken und Drogerien verkaufen Medikamente überwiegend rezeptfrei und günstiger als in Europa. Chinesische Apotheken offerieren exotische Heilmittel. Wer sich in ärztlicher Behandlung befindet, erhält auf Rezept Medikamente in abgezählter Menge direkt im Krankenhaus oder der privaten Klinik.

Internetzugang

Kostenlose WLAN-Hotspots (in Thailand: WIFI) ermöglichen in vielen Cafés und den meisten Hotels, einigen Restaurants und öffentlichen Gebäuden den Internetzugang, sofern man ein Smartphone, internetfähiges Tablet oder einen Laptop dabei hat. Internetcafés gibt es kaum noch. Dank guter Netzabdeckung ermöglichen Smartphones mit einheimischer SIM-Card (s. S. 112) nahezu überall im Land den Internetzugang. Empfehlenswert ist es, ein günstiges Datenpaket zu buchen, das nach Volumen oder als Flatrate angeboten wird.

Karten

Dieses Buch enthält eine Reisekarte, die im Normalfall eine ausreichende Grundlage für Reisen in Thailand bietet. In gut sortierten Buchhandlungen und Tankstellen im Land findet man Kartenwerke von PN Map.

Exakt und aktueller sind Karten auf Smartphones. Vor allem Google Maps mit aktuellen Verkehrsinfos eignet sich gut für Autofahrer und zum Auffinden von Hotels sowie anderen Reisezielen. Manche sind allerdings falsch verortet oder nicht auffindbar. Da hilft ein zusätzlicher Blick auf die Karten der kostenlosen Open-Source-App MAPS.ME. Vor allem bei Wanderungen und Radtouren erweisen sie sich oft als sehr nützlich und genau.

Mit Kindern unterwegs

Thailand hat sich als beliebtes Reiseziel während der Elternzeit etabliert. Sogar Rundreisen durch das Landesinnere lassen sich mit dem Nachwuchs problemlos unternehmen, sofern man die übliche Gesundheitsvorsorge betreibt und bei der Reisegeschwindigkeit wie bei der Auswahl der Transportmittel etwas Rücksicht nimmt. Gerade für Kinder bietet Thailand traumhafte Reiseziele, von den Elefantencamps im Norden bis zu den Sandstränden an der Küste.

Trotz der Verständigungsprobleme finden die Kleinen in dieser kinderfreundlichen Gesellschaft immer schnell Kontakt zu Einheimischen, die vor allem blonde Kinder mit Zuneigung geradezu überschütten. Um gesundheitlichen Schwierigkeiten vorzubeugen, ist es wichtig, viel zu trinken, Sonnencreme und Kopfbedeckung im Freien und abends einen wirksamen Mückenschutz zu verwenden. Viele Kinder brauchen einige Tage, bis sie den Jetlag überwunden und zu den üblichen Zeiten schlafen oder Hunger haben.

Windeln gibt es in den überall vorhandenen, 24 Std. geöffneten 7-Eleven-Läden. Babynahrung wird in Supermärkten und Touristenzentren angeboten. Auch viele Hotels und Restaurants haben sich auf kleine Gäste mit Extrabetten und Kindergerichten eingestellt.

Wer keinen eigenen Sitzplatz benötigt, kleiner als 1 m und jünger als vier Jahre ist, reist in Bussen, Booten und bei der Eisenbahn umsonst, bis Zwölfjährige bei einer maximalen Größe von 1,50 m zahlen 50 %.

Kinder benötigen bei der Einreise einen eigenen Reisepass. Der Eintrag im Pass der Eltern oder ein Kinderausweis reichen nicht aus!

Kleidung und Ausrüstung

In erster Linie benötigt man in Thailand leichte Sommergarderobe aus atmungsaktiven Stoffen, lange Hosen als Mückenschutz am Abend, Badekleidung und eine Jacke für kühle Nächte in den Bergen, stark klimatisierte Busse und Hotels. Wer wandern möchte, sollte feste Schuhe dabei haben.

Bei der Auswahl der Kleidung ist darauf zu achten, dass die Thais großen Wert auf ordentliches Aussehen legen und einen Fremden in erster Linie nach seinem Äußeren beurteilen. Die Wachen des Königspalastes lassen Touristen mit Shorts, Sandalen oder unbedeckten Oberarmen nicht ein. Allzu freizügig geschnittene Garderobe oder gar Badekleidung sollte niemals abseits der Strände und Swimmingpools getragen werden. Auch FKK oder Baden oben ohne gilt in Thailand als unmoralisch und ist verpönt.

Da in Hotels oder Wäschereien Kleidung innerhalb eines Tages gewaschen wird, kann im Koffer freier Platz für Mitbringsel reserviert werden. Kaum jemand wird den Angeboten widerstehen können, die von preiswerten T-Shirts am Straßenstand bis zu Maßanzügen der Schneider reichen. Medikamente sollte man, falls erforderlich, in ausreichenden Mengen mitnehmen.

Sicherheitshalber sollten Reisedokumente (inkl. Einreisestempel und Visum) abfotografiert oder kopiert und die Kopien getrennt aufbewahrt werden. Am sichersten ist eine digitale Kopie in der Cloud (z. B. bei Dropbox oder OneDrive) oder dem eigenen E-mail-Postfach aufgehoben.

Klima und Reisezeit

Regionale Unterschiede

Im Süden Thailands dominiert ein tropisches Klima mit hohen Niederschlägen und einer kurzen Trockenzeit; im Nordosten, im Norden und in der Zentralregion herrscht ein Monsunklima mit einer ausgeprägten Trockenzeit vor. Die Tageshöchsttemperaturen schwanken zwischen 26 °C und 40 °C, wobei sie kurz nach der Regenzeit in den Bergen am niedrigsten und kurz vor der Regenzeit im Nordosten am höchsten sind. Das Wetter war in den vergangenen Jahren allerdings von deutlichen Anomalien geprägt und ist daher nicht zuverlässig vorhersagbar.

Regen- und Trockenzeiten

Theoretisch gibt es drei Jahreszeiten: Sobald im Mai/Juni der Südwestmonsun einsetzt, beginnt es fast überall im Land zu regnen, zumeist nur für einige Stunden, aber mit zunehmender Intensität. Das bringt die ersehnte Abkühlung mit sich und die Temperaturen, die vor allem in Zentral- und Nordostthailand am Ende der Trockenzeit die 40 °C-Marke überschreiten können, beginnen zu sinken. In der Regenzeit von Juli bis Oktober fallen stundenweise hohe Niederschläge, vor allem an der Andamanenküste (Phuket, Krabi, Khao Lak). Die stärksten Regenfälle im September führen vor allem in Bangkok regelmäßig zu Überflutungen. Mit nachlassendem Regen beginnt im November die schönste Jahreszeit; das ganze Land ist grün, die Luft klar und die Temperaturen übersteigen selbst mittags selten die 30 °C-Grenze. Allerdings kann es in den Bergen nachts unangenehm kühl werden. In Hochlagen kann das Thermometer fast bis auf den Gefrierpunkt absinken. Bereits im Februar ist ein deutliches Ansteigen der Temperaturen zu verzeichnen. Am Ende der Trockenzeit im April/Mai kann es vor allem in den Städten unerträglich heiß und das Wasser knapp

Klimadaten Bangkok

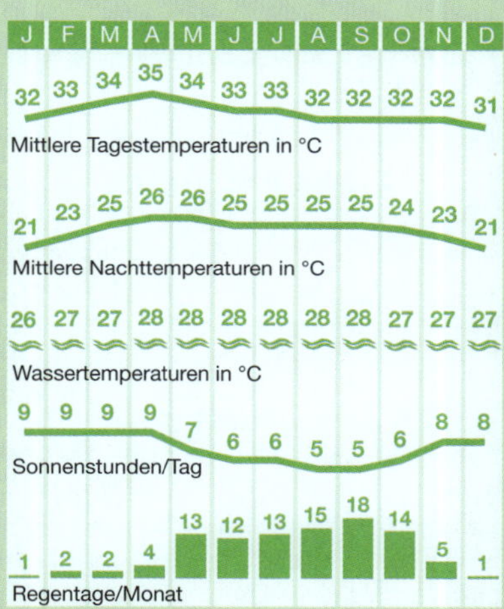

werden. Im Norden legt sich während dieser ›Brandrodungsperiode‹ ein dichter Dunstschleier über das Land.

An den Badestränden

Es gibt viele regionale Abweichungen, vor allem an der Küste. Auf Phuket und Ko Samui kommt es bereits im Mai zu heftigen Schauern. Auf Ko Samui ist diese Zwischenregenzeit nur kurz, sodass es bereits ab Juni wieder trocken ist. Von September bis Dezember regnet es jedoch kräftig und andauernd. Auf Phuket halten die Niederschläge bis November an.

Reisesaison

Während der thailändischen Universitätsferien (Mitte März–Mitte Juni und im Oktober/November) und der Schulferien (März–Mai sowie drei Wochen im Oktober) sind Nationalparks und viele Strände an der Küste gut besucht. Hochsaison ist an den Stränden von Dezember bis Februar, wenn sonnenhungrige Europäer einfliegen und viele Einheimische Urlaub machen. Das größte Verkehrschaos erlebt das Land während der Songkran-Feiertage (13.–15.4.), zum chinesischen Neujahr, das zwischen dem 21.1. und 19.2. gefeiert wird, sowie zwischen Weihnachten und Neujahr. Dann sind die Verkehrsmittel ebenso ausgebucht wie die meisten Hotels und auf den Highways um Bangkok bilden sich lange Verkehrsstaus.

Links und Apps

Zahlreich und vielfältig sind die Informationen über Thailand im Internet, allerdings ist vieles veraltet. Über das Netz lassen sich zudem viele Hotels und Touren buchen (s. S. 84).

Allgemeine Infos

https://berlin.thaiembassy.org: Die Website der thailändischen Botschaft mit aktuellen Reiseinformationen. Ein besonderer Service: Die Formulare für Visaanträge gibt es zum Herunterladen.

www.thailandtourismus.de: Hier präsentiert sich das Thailändische Fremdenverkehrsamt TAT mit Informationen auf Deutsch.

www.tourismthailand.org: Die entsprechende englische Website des TAT ist um einiges umfangreicher als die in deutscher Sprache.

www.tatnews.org: Neben aktuellen Informationen listet die Seite unter ›Events & Festivals‹ auch die Termine der touristisch interessanten Feste im Land.

www.fit-for-travel.de: Die Seite informiert ausführlich über grundlegende gesundheitliche Aspekte bei Reisen in die Tropen (auch als App).

www.thai-language.com: Die englischsprachige Website hilft beim Erlernen der Thai-Sprache.

»Einfach Thai lernen« und andere Apps laden auf Deutsch dazu ein, die fremdartige Sprache zu erlernen.

www.clickthai-online.de: Das deutsch-thailändische Online-Wörterbuch sowie die dazugehörigen Apps umfassen 88 000 Thai-Wörter.

Insidertipps

Viele Internetauftritte präsentieren ein breites und aktuelles Informationsangebot, ausgefallene Tipps, Hintergrundinfos, Erfahrungsberichte, Karten fürs Smartphone, Vogelstimmen, Foren, Sprachkurse und natürlich auch die unverzichtbaren Links zu Sponsoren, u. a.:

www.thailand-ticket.de
www.siam-info.de
www.thailand-reisetipps.de
www.thailandsun.com
www.faszination-suedostasien.de/thailand-blog

Folgende englischsprachige Websites bieten zahlreiche Insiderinformationen:

www.travelfish.org
https://wikitravel.org
https://de.wikivoyage.org

Zeitungen im Internet

Deutschsprachige Zeitungen aus Thailand mit unterschiedlicher Orientierung präsentieren sich unter:

www.der-farang.com
www.thailandtip.info

www.wochenblitz.com
www.thaizeit.de
Die Websites der beiden großen englischsprachigen Tageszeitungen in Thailand – The Nation und Bangkok Post – mit aktuellen Artikeln zum Tagesgeschehen und Links sind:
www.nationthailand.com
www.bangkokpost.com

Literatur und Filme

Erzählungen, Romane, Reiseberichte

Banana Pancake Trail. Unterwegs auf dem vollsten Trampelpfad der Welt. Philipp Mattheis, rororo Verlag, Frankfurt 2012 (auch als E-Book). Humorvolle Schilderung von Begegnungen mit Backpackern in Südostasien.

Der Jadereiter, Bangkok Tattoo und **Der Buddhistische Mönch.** John Burdett, Piper, München 2007, 2008 und 2010. In der mit viel Insiderwissen geschriebenen Krimiserie ermittelt Polizist Sonchai am Rand der Legalität im Drogen- und Rotlichtmilieu von Bangkok. Auf Englisch erschienen zudem **The Godfather of Kathmandu (2009)**, **Vulture Peak** (2012) und **The Bangkok Asset** (2016).

Der Strand (The Beach). Alex Garland, Goldmann Verlag, München 1999 (auch als E-Book). Das verfilmte Erstlingswerk des britischen Autors beschreibt das Abdriften einer Traveller-Gruppe in Thailand.

Der Tote trägt Hut, Ein Kopf macht noch keine Leiche und **Mit Axt, Charme und Melone.** Colin Cotterill, Goldmann, München 2013, 2014 und 2015 (auch als E-Book). In dieser Serie ermittelt die Kriminalreporterin Jimm Juree in der thailändischen Provinz.

Glücklich in Thailand. Ursula Spraul-Doring, Taufkirchen 2014 (auch als E-Book). Einfühlsame Porträts von sehr unterschiedlichen Menschen, die in Thailand leben. Dabei werden viele Hintergrundinformationen vermittelt. Zudem erschien von der Autorin der Titel **Altersruhesitz Thailand: Senioren erzählen ihre Geschichte** (2017).

Haus der Geister. Christopher G. Moore, Unionsverlag, Zürich 2000 (auch als Hörbuch). Spannender Thriller des in Thailand lebenden, bekannten englischsprachigen Schriftstellers. Weitere Titel des Autors sind u. a. **Nana Plaza** (2013), **Der Untreue-Index** (2013) und **Springer** (2017).

Sightseeing: Erzählungen. Rattawut Lapcharoensap, Köln 2006. Humorvolle Kurzgeschichten eines jungen thailändischen Autors ermöglichen einen Einblick in den Alltag jenseits der Touristenzentren.

Hintergrundinformationen

Gebrauchsanweisung für Thailand. Martin Schacht, Piper, München 2019 (auch als E-Book). Alltägliche Fragen, die sich aus der fremden Thai-Kultur ergeben, werden beispielhaft beleuchtet und lebendig erklärt.

Filme

Anna und der König (1999): Kostümfilm mit Jodie Foster als Gouvernante Anna Leonowens, die am siamesischen Hof von König Mongkut lebt.

Bangkok Dangerous (2009): Mafia-Film aus Hollywood mit Nicolas Cage. Als Auftragskiller soll er einen Politiker beseitigen.

Die Brücke am Kwai (1957): Mit mehreren Oscars ausgezeichneter Filmklassiker mit Alec Guiness über das Leben der alliierten Kriegsgefangenen, die als Zwangsarbeiter die ›Eisenbahn des Todes‹ am River Kwai anlegen mussten.

Dreizehn Leben (2022): Höchst spannende und einfühlsame Verfilmung der aufwendigen Rettungsaktion einer in der Tham-Luang-Höhle in Nord-Thailand gefangenen Fußballmannschaft.

Only God Forgives (2013): Thriller mit Ryan Gosling und dem bekannten thailändischen Schauspieler Vithaya Pansringarm, der im Milieu der Drogenschmuggler und Thai-Boxkämpfer spielt.

Operation Mekong (2016): Der chinesische Actionfilm über einen brutalen Mord der Besatzung eines Frachtschiffs im Goldenen Dreieck beruht auf einer wahren Begebenheit und ist in Thailand verboten.

The Beach (2001): Die Verfilmung des Aussteigerromans von Alex Garland mit Leonardo di Caprio, der Ko Phi Phi bei vielen Travellern zu einem Sehnsuchtsort hat werden lassen.

The Railway Man – Die Liebe seines Lebens (2013): Auf den Memoiren von Eric Lomax basierende Verfilmung mit Nicole Kidman und Colin Firth, der als alter britischer Offizier auf die Suche nach seinem ehemaligen japanischen Peiniger im Kriegsgefangenenlager am River Kwai geht.

Medien

Fernsehen

In vielen Hotels findet man neben einheimischen Programmen auch internationale Sender. Einige wie CNN und Al Jazeera haben sich auf Nachrichten, andere wie HBO oder Star Movies auf Filme und weitere auf Sport spezialisiert. Auch das Fernsehprogramm der Deutschen Welle (www.dw.de) in deutscher und englischer Sprache ist in vielen Hotels sowie online im Angebot.

Zeitungen

In großen Städten und Touristenzentren werden außer Thai-Zeitungen auch die englischsprachigen Tageszeitungen »Bangkok Post« und »Nation« verkauft. Hintergrundinformationen über das Zeitgeschehen liefert die asiatische Ausgabe des »TIME«-Magazins. In deutscher Sprache erscheinen diverse Touristenmagazine, auch im Internet (s. S. 106). Zudem werden in den Urlaubsgebieten auch internationale Zeitungen und Zeitschriften verkauft.

Aus dem Werbeetat finanzieren sich englisch- und deutschsprachige Touristenmagazine, die kostenlos an Hotelrezeptionen, bei Reiseveranstaltern und in den Tourist Offices erhältlich sind. Deutsche Tageszeitungen und Zeitschriften sind recht teuer. Einige liegen im Lesesaal des Goethe-Instituts in Bangkok aus:

Goethe-Institut (German Cultural Institute): 18/1 Soi Goethe, Sathorn Soi 1, Tel. 02-108 82 00, www.goethe.de/bangkok, U-Bahn Lumpini.

Nachtleben

Da Thais das gemeinsame Abendessen viel bedeutet, geht man häufig erst zu später Stunde in Bars oder Klubs. Bars und Klubs müssen in Thailand um 1 Uhr schließen. Nur mit Sondergenehmigung können sie bis 2 Uhr geöffnet bleiben. In den Unterhaltungsvierteln von Bangkok findet jeder etwas: Überdimensionale Discos, stylische Lounges und Klubs mit ausgeklügelten Musik-, Video- und Laseranlagen, schicke Skybars, lauschige Hotelbars und Karaokebars für überwiegend asiatische Besucher.

Die **Nachtklubs** der großen Hotels bieten, zumeist in gepflegter Atmosphäre, Livemusik, Jazz, modernen Pop oder romantische Evergreens. Auch in einigen **Musikkneipen** und **Discos** von Bangkok, Pattaya, Phuket und Chiang Mai treten einheimische wie internationale Musiker auf. Vor allem in Bangkok bevorzugen junge Thais modern gestaltete **Klubs** mit internationalem Flair und sogar die aufgeputzten ehemaligen Traveller-Restaurants in der Khaosan Road. In der Provinz ist die Auswahl zwar nicht so groß, doch findet sich abends in den besseren Hotels am Ort meist eine Disco oder Bar, in der zumindest am Wochenende viel los ist.

Kneipen und Pubs im englischen Stil haben sich in den großen Städten und Touristenzentren angesiedelt. Die Bandbreite reicht von irischen Pubs, die in uriger Atmosphäre Alkoholika und westliche Gerichte servieren, bis zu Expat-Treffpunkten, in denen sich die europäische Männerwelt beim Bier mit einheimischen Mädchen trifft. In der Trockenzeit sind die Nachtmärkte beliebt, wo man bei angenehmen Temperaturen unter freiem Himmel Shoppen, Essen und Trinken gut miteinander verbinden kann.

Beeindruckend sind die **bombastischen Shows** auf riesigen Bühnen mit moderner Technik vom Siam Niramit in Bangkok und Phuket oder Phuket Fantasea in Phuket. Vor allem im Alcazar und im Tiffany's in Pattaya sowie im Calypso in Bangkok und in Simon Cabaret in Phuket werden große **Traves-**

Voll auf die Zwölf – beim Thai-Boxen geht es ordentlich zur Sache

Konsum, so weit das Auge reicht – Auf Nachtmärkten trifft man sich überall in Thailand zum abendlichen Flanieren, Shoppen und Essen

tieshows geboten. Die Walking Street in Pattaya, Patpong, Nana Plaza und Soi Cowboy in Bangkok sowie die Soi Bangla am Patong Beach auf Phuket werden dem Klischee von schummrigen Nachtklubs und freizügigen Mädchen gerecht.

Tanz und Theater

Klassische Tanzvorführungen finden am Abend statt und sind meist mit einem traditionellen Thai-Essen verbunden. Klassisch geht es bei den Khon-Theateraufführungen im Sala Chalermkrung Royal Theatre in Bangkok (s. S. 145) zu.

Kino

Beim Freiluftkino unterm Sternenhimmel in den Bergen Nordthailands oder im Nordosten ist das Publikum und der zu einem Vorführraum umgebaute Lkw interessanter als der Film. Ganz anders ein Kinobesuch in Bangkok und anderen Städten. In einem Kino mit Luxussaal macht man es sich auf breiten Sesseln oder Sofas bequem und lässt sich zu neuesten Blockbustern im Original mit Thai-Untertiteln Getränke und Snacks servieren (wegen der Klimaanlage sollte man eine dünne Jacke mitnehmen).

Thai-Boxen

Ein traditionelles Sportvergnügen ist Thai-Boxen. Große Stadien befinden sich in Bangkok, wie etwa das zentral gelegene Rajadamnern-Stadion (Ratchadamnoen Nok Rd., Tel. 02-281 42 05, http://rajadamnern.com, Eintritt 1500–2500 Baht). Thai-Boxkämpfe in Bars, auf Straßen- und Volksfesten dienen mehr der Unterhaltung als dem sportlichen Wettbewerb.

Namen und Adressen

Für europäische Zungen scheinen thailändische Namen unaussprechlich. Im Alltag verwendet man allerdings nur den Vornamen oder Spitznamen. Nachnamen wurden erst zu Beginn dieses Jahrhunderts in Siam eingeführt. Bei der Anrede setzt man vor den Vornamen den Begriff *khun* (Herr/Frau).

Befindet sich eine Adresse in einer Nebenstraße oder Gasse *(soi)*, wird der Name der Hauptstraße, von der die kleinere Straße abzweigt, ebenfalls angegeben. Die *S*oi sind oftmals durchnummeriert, haben aber auch Namen. Hausnummern werden eher verwirrend gebraucht.

Notfälle

Tourist Contact Center: Tel. 16 72
Touristenpolizei: Tel. 11 55
Polizei: Tel. 191
Feuerwehr: Tel. 199
Ambulanz: Tel. 16 69

Öffnungszeiten

Banken: Mo–Fr (außer feiertags) 8.30–15.30 Uhr. In einigen Banken in den Touristenzentren wechselt ein Currency Exchange Service bis gegen 22 Uhr. Zudem stehen rund um die Uhr Geldautomaten (ATMs) zur Verfügung.
Läden: Ladenschlusszeiten gibt es in Thailand nicht, daher sind die meisten Geschäfte auch sonn- und feiertags offen. Kleinere Läden schließen manchmal erst gegen 21 Uhr.
Warenhäuser: In der Regel 10–19 Uhr.
Lebensmittelmärkte: Das Hauptgeschäft wird am frühen Morgen getätigt, bevor die Waren in der heißen Sonne verderben.
Ämter und Behörden: Mo–Fr 8.30–12, 13–16 Uhr. Büros sind zum Teil auch am Samstagvormittag geöffnet. Die Mittagspause wird flexibel gehandhabt.

Post

Öffnungszeiten: Mo–Fr 8.30–16.30 Uhr, einige öffnen auch Sa, So und feiertags 9–12 Uhr.
Tarife und Laufzeiten: Postkarten und Briefe benötigen mit Luftpost nach Europa vier bis zehn Tage und kosten 15 bzw. 24 Baht. Pakete dürfen ein Gewicht von 20 kg

nicht überschreiten. SAL ist preiswerter als Luftpost, dauert jedoch wesentlich länger. Schneller, aber teuer ist der Kurierdienst der Post EMS, der die Sendung zuverlässig nach drei bis fünf Tagen beim Empfänger abliefert. An einigen Schaltern mit ›Packservice‹ werden gegen eine geringe Gebühr Pakete fachgerecht gepackt.

Rauchen

Das Rauchverbot gilt für Restaurants, Bars und alle öffentlichen Plätze, also auch auf Märkten und in öffentlichen Einrichtungen. Zudem dürfen Zigaretten zum Verkauf nicht öffentlich präsentiert werden.

Reisekasse

Die enorme Bandbreite des touristischen Angebots macht Thailand zu einem attraktiven Reiseziel für Backpacker wie für Luxusurlauber. Traumhafte Villen an abgelegenen Stränden mit eigenem Dienstpersonal, Chauffeur und Limousine inklusive, werden mit Preisen ab 1000 € pro Nacht wahrscheinlich das Budget der meisten Urlauber sprengen. Hingegen liegen gepflegte Doppelzimmer in 5-Sterne-Hotels oder Bungalows in Luxusresorts mit Preisen ab 100 € pro Nacht durchaus im finanzierbaren Rahmen. Für einen vergleichbaren Preis können Budgettraveller allerdings ihre Unterkunft eine Woche lang finanzieren. Dazwischen wird jeder das für sich Passende finden, wobei die preiswerteste Kategorie an den beliebten Stränden kaum mehr zu finden ist. An den Stränden können sich in der Hochsaison die Preise der Nebensaison durchaus verfünffachen.

Öffentliche Verkehrsmittel können preiswert und bequem sein. Wer statt des einfachen klimatisierten Busses ein komfortableres Fahrzeug mit breiten Sitzen bevorzugt, zahlt etwa das Doppelte. Flugpreise sind extrem flexibel.

Schon für unter 1,50 € gibt es an Straßenständen eine sättigende, leckere Nudelsuppe. Selbst in Thai-Restaurants kosten die meisten Speisen weniger als 5 €. Teuer sind europäische Gerichte oder Meeresfrüchte. Vor allem Hotel- und Spitzenrestaurants können ein europäisches Preisniveau erreichen.

Für manche Attraktionen zahlen Touristen ein Vielfaches der Eintrittspreise für Einheimische, etwa in vielen Nationalparks. In den meisten Museen und historischen Parks liegt der Eintritt zwischen 2,50 und 7,50 €.

Sicherheit

Glücklicherweise kommt es selten zu ernsthaften Vorfällen. Im Drogenmilieu ist die Beschaffungskriminalität hoch. Auch Prostituierte und Transvestiten bessern manchmal bei leichtgläubigen Touristen ihr Einkommen auf. Frauen werden in Thailand weit weniger belästigt als beispielsweise in muslimischen und südasiatischen Ländern. Häufiger kommen Wertsachen im Gedränge der Märkte und in überfüllten Bussen abhanden. Deshalb sollte man sein Geld nah am Körper tragen, wertvollen Schmuck zu Hause lassen und die Augen vor allem nachts und im Gedränge offen halten.

Daneben gibt es einige Tricks, auf die Reisende immer wieder hereinfallen: Straßenbekanntschaften überreden überaus geschickt gutgläubige Touristen zu günstigen Einkäufen von Edelsteinen, die sich zu Hause vor fachkundigen Augen leider in aller Regel als minderwertig erweisen. Auch auf Time-Sharing-Angebote in Urlaubsorten sollte man nicht eingehen.

In Hotelzimmern und an der Rezeption sind Wertsachen nicht sicher aufgehoben. Mancher musste nach seinem Urlaub feststellen, dass mit der sicher verwahrten Kreditkarte hemmungslos eingekauft wurde. Auch beim Bezahlen sollte man Kreditkarten nicht aus dem Auge lassen. Vor allem in Touristenzentren kommt es zu derartigen Ärgernissen. In touristisch unerschlossenen ländlichen Regionen ist man hingegen sicher. Trunkenheit am Steuer und Fahrerflucht ist keine Seltenheit.

Bei Diebstahl sollte die Polizei verständigt und für die Reisegepäckversicherung ein Protokoll möglichst in Englisch abgefasst werden. Für Reisende ist die **Touristenpolizei,** Tel. 11 55 (24 Std.), zuständig, deren Beamte Englisch sprechen.

Soziale Bindungen

Familiäre und soziale Beziehungen sind wesentlich stärker ausgeprägt als in Mitteleuropa, wobei festgefügte Normen das Verhalten des einzelnen innerhalb seiner Gruppe bestimmen und seinen sozialen Status festlegen. Verpflichtungen gegenüber den Eltern, dem Lehrer, dem Vorgesetzten oder dem Tempel sind in Thailand von größerer Bedeutung als vergleichbare Beziehungen in Europa.

Telefonieren

In Thailand ist die Vorwahl Bestandteil der Telefonnummer, sodass sie auch bei **Ortsgesprächen** mitgewählt werden muss.

Mobiltelefone sind weit verbreitet. Die Netzabdeckung und Geschwindigkeit ist überall gut. Wer sich in einem der zahlreichen Telefonläden oder bei 7-Eleven eine günstige Prepaid Thai-SIM-Karte von dtac (www.dtac.co.th/en/prepaid), 1-2-call von AIS (www.ais.th/one-2-call/en) oder TrueMove H (http://truemoveh.truecorp.co.th) besorgt, kann nicht nur innerhalb Thailands, sondern auch ins Ausland wesentlich günstiger als beim Roaming telefonieren. Es werden zudem Datenpakete angeboten, die einen preiswerten und schnellen ortsunabhängigen Internetzugang ermöglichen.

Ländervorwahlen: Deutschland (00149), Österreich (00143), Schweiz (00141), Thailand (0066), jeweils plus Ortsvorwahl ohne 0.

Toiletten

Die einst üblichen Hocktoiletten sind weitgehend durch westliche Sitztoiletten ersetzt worden. Öffentliche Toiletten in Einkaufszentren sind kostenlos und werden regelmäßig gereinigt. Das trifft auch auf die meisten Toiletten in Bahnhöfen, Zügen und Flughäfen sowie an Tankstellen und in Restaurants zu.

Rechnen Sie jedoch nicht damit, in jedem Fall Toilettenpapier vorzufinden, denn Einheimische benutzen lieber eine Toilettendusche.

Trinkgeld

Eine kleine finanzielle Anerkennung von mindestens 10 Baht ist angebracht, wenn beim Einparken geholfen oder ein Gepäckstück getragen wird, in gehobenen Hotels 50 Baht. Hingegen erwartet man kein Trinkgeld für viele selbstverständliche Serviceleistungen, an Straßenständen und in einfachen Restaurants. Hier kann man Münzen, die als Wechselgeld gegeben werden, liegen lassen. Wird hingegen die Restaurantrechnung in einer Kladde oder einem Kästchen präsentiert, ist es üblich 5–10 % als Trinkgeld zu geben. In gehobenen Hotels und Restaurants wird der Betrag von 10 % automatisch addiert. Auch die Zimmerreinigung in Hotels freut sich über eine finanzielle Anerkennung von 20–50 Baht pro Tag, die auf dem Kopfkissen hinterlassen werden können. Zudem kann man bei Taxifahrern, die mit Taxameter fahren, den Betrag aufrunden und nach einer besonders entspannenden Massage ein paar Baht mehr hinterlassen.

Umweltbewusstes Verhalten

Fast alles wird in Plastiktüten verpackt. Aber ein Großteil des Mülls landet im Meer und bedroht unser Ökosystem. Touristen können sich vorbildlich verhalten, eine Tasche zum Einkaufen mitbringen, Trinkwasser nur in großen Flaschen kaufen oder von Behältern abfüllen.

Wer der Natur etwas Gutes tun möchte, beteiligt sich an http://trashhero.org.

Wellness

Das zunehmende Bedürfnis der Touristen, im Urlaub auch den Körper mit Massagen, Bädern und anderen Anwendungen zu verwöhnen, trifft in Thailand auf fruchtbaren Boden. Seit Jahrhunderten nutzen die Thai Massagen und Meditationen zur Entspannung, wissen um die heilende Wirkung von Kräutern, Ölen und gesunden Nahrungsmitteln. Chinesische und indische Heilmethoden sind ebenso wie westliche Techniken verbreitet.

Das große Wellness-Angebot reicht von Ölmassagen am Strand und Fußzonenreflexmassagen in der Abflughalle des Flughafens über Yogakurse bis zu Verwöhnaufenthalten in den Health Resorts der großen Hotels oder mehrtägigen Antistressprogrammen in luxuriös gestalteten Spa-Villen. Allerdings kann es Männern in gewissen Etablissements passieren, dass ihnen eine besondere Art von Body Massage angetragen wird.

Massagen

Die meisten Masseure sind gut ausgebildet und gehen mit professionellen Griffen gezielt die verspannten Körperstellen an. Schließlich werden die Techniken bereits seit Jahrtausenden von Generation zu Generation überliefert. Buddhistische Mönche, brahmanische Lehrer und Händler brachten das Wissen um die heilende Wirkung von Massagen, Ölen und Kräutern aus Indien mit. König Rama III. gründete im Wat Pho die erste medizinische Schule, in deren Tradition bis heute die überlieferten Techniken gelehrt werden.

Hotel Spas und Health Resorts

Nahezu jedes Hotel im oberen Preissegment schmückt sich mit einem eigenen Spa. Die umfangreich ausgestatteten Gesundheitstempel werden von Designern in exotische Märchenwelten oder kühle Oasen im minimalistischen Zen-Stil verwandelt. Sie duften betörend nach Sandelholz, Rosenblüten oder Ylang-Ylang, versprechen Körper und Seele zu verjüngen und vom Alltagsstress zu befreien. Licht und Wasser, tropische Gärten und traditionelle Stilelemente setzen Akzente, die das Auge zur Ruhe kommen lassen. *Salas* (Ruhepavillons) im Thai-Stil umgeben von tropischen Gärten sorgen für eine friedliche Atmosphäre.

Das breiteste Angebot hält **Bangkok** bereit. In **Chiang Mai** wird der Akzent auf das kühle Klima und die lokalen Produkte gelegt und in den Badeorten entlang der **Küste** das Wasser als Element mit einbezogen. Prominente aus aller Welt lassen sich im **Chiva-Som Resort** im königlichen Badeort Hua Hin verwöhnen. Fast alle Urlaubsorte verfügen über ein breit gefächertes Wellnessangebot.

Die Menüs der Spas listen zahllose **Behandlungsmethoden:** Thai-Massagen, Fußreflexzonen-, Sieben-Chakra- und Ölmassagen, schwedische, balinesische, indonesische oder hawaiianische Massagen, Shiatsu und Akupressur. Massagen mit heißen Basaltsteinen und Kräuterkompressen. Kuren, Dampfbäder und Packungen dienen der Verschönerung von Haut und Haar. Ätherische Öle aus Blumen, Gräsern, Wurzeln, Kräutern, Samen und Nüssen, Pasten aus frischen Kokosnüssen, Papaya, Zitrusfrüchten, Minze, Gelbwurz und Ingwer, Kaffee und Milch entfalten ihre heilende Wirkung, ob gegessen, getrunken, inhaliert oder auf die Haut aufgetragen. Wassertherapie, Akupunktur und andere Behandlungsmethoden entgiften den Körper, fördern die Gewichtsreduzierung oder die Reinigung der inneren Organe, lindern Entzündungen, lockern die Muskulatur, lösen Blockaden, um den Energiefluss anzuregen, zu entspannen und zu beleben. Zu einer ausgewogenen Ernährung, die den Heilungsprozess fördert, bietet die Thai-Küche mit ihren frischen Zutaten und vielfältigen Zubereitungsarten beste Voraussetzungen.

Zeit

Zur mitteleuropäischen Zeit (MEZ) beträgt die Zeitverschiebung in Thailand plus sechs Stunden, zur mitteleuropäischen Sommerzeit plus fünf Stunden. Da sich die Bevölkerung von Thailand nach dem buddhistischen Kalender orientiert, ist 2024 bereits das Jahr 2567.

Unterwegs in Thailand

»So etwas wie Stille oder Ruhe scheint es nicht zu geben.
Überall ist eine ständige Aufregung, die sprudelnde
Überfülle des Lebens in dieser üppigen Region.«
Henri Mouhot

Tour mit dem Longtailboot durch das Felsenmeer in der Phang Nga Bay

Bangkok
Damnoen
Saduak

Kapitel 1

Bangkok und Umgebung

Seit König Rama I. seinen Hof im Jahr 1782 dorthin verlegte, ist Bangkok die Hauptstadt Thailands und heute mit Abstand die größte Stadt des Landes. Hier konzentriert sich das politische, wirtschaftliche und kulturelle Geschehen.

Moderne Hochhäuser, ein weit verzweigtes Netz von Hoch- und U-Bahnen sowie zahllose Schnellstraßen haben in den vergangenen Jahrzehnten das Gesicht der boomenden Metropole nachhaltig verändert. Doch auch inmitten der Hochhäuser sind noch immer zahlreiche ländliche Villen und einfache Holzhäuser anzutreffen, und insbesondere in den alten Vierteln am Fluss finden sich Spuren der bewegten Geschichte.

Besucher, die zum ersten Mal nach Thailand kommen und ihre Reise in Bangkok beginnen, werden von der Vielfalt neuer Eindrücke geradezu überrollt. Für ein erstes Kennenlernen der Stadt sollte man mindestens drei Tage einplanen. Allein 400 Tempel zählt Bangkok, hinzukommen zahllose Märkte, Einkaufszentren, der großartige Königspalast und äußerst interessante Museen. Die erste Tagestour sollte auf alle Fälle den Königspalast mit dem Wat Phra Kaeo sowie das Museum Siam in der Altstadt einschließen. Bei einem längeren Aufenthalt lohnen als weitere Ziele das Wat Pho und die Dusit-Museen oder das zu jeder Tageszeit lebendige Travellerzentrum rings um die Khaosan Road. Für einen Tagesausflug geradezu Pflichtprogramm ist der berühmte schwimmende Markt Damnoen Saduak, dessen Verkaufsstände auf dem Wasser treibende Boote bilden.

Was glitzert und funkelt so prächtig?
Das Wat Arun mit seinem 67 m hohen Prang

Auf einen Blick: Bangkok und Umgebung

Sehenswert

Bangkok: Kulturmetropole, deren Hauptsehenswürdigkeit – der **Königspalast** und der glanzvolle **Königstempel Wat Phra Kaeo** – allein schon die Reise lohnen (s. S. 121). Ein weiteres Highlight ist **Wat Pho.** Der 45 m lange, vergoldete liegende Buddha ist eine der schönsten Buddha-Statuen des Landes. Zudem kann man sich in der Nähe bei einer Massage entspannen (s. S. 131). Ebenfalls lohnend sind neben dem **Museum Siam** (s. S. 132) die reiche Sammlung des **Nationalmuseums** (s. S. 128), die Buddhastatue und Wandmalereien des **Wat Suthat** (s. S. 132), der goldene Buddha im **Wat Traimit** (s. S. 147) und das **Chinatown Heritage Center** unterhalb (s. S. 148).

Amphawa: Boote mit Garküchen und Retro-Läden bestimmen das Bild auf dem beliebten schwimmenden Markt westlich von Bangkok (s. S. 167).

Schöne Route

Durch die quirlige Chinatown: Spannend ist ein Spaziergang durch die Gassen und schmalen Straßen der Chinatown zu verborgenen Tempeln und lebhaften Märkten, vorbei an von Waren überquellenden Läden, exotisch duftenden Apotheken und Restaurants (s. S. 145).

Meine Tipps

Wat Mahathat: Den Mönchen lauschen, die die Grundzüge des Buddhismus erklären, und an einer Meditation teilnehmen (s. S. 128).

Siam Paragon: Der Bummel durch die Gourmetetage des Megaeinkaufszentrums ist ein kulinarisches Highlight (s. S. 150).

Asiatique The Riverfront: Nach einer kurzen Bootsfahrt sind die Restaurants und Boutiquen, die Travestieshow in den einstigen Lagerhallen und das Riesenrad am Fluss ein attraktives Ziel (s. S. 152).

Skybars: Zum Sonnenuntergang von einer der Panoramabars bei einem Drink das Lichterspiel über der Stadt genießen (s. S. 162).

Schwimmende Märkte sind beliebte Ausflugsziele vor den Toren von Bangkok

Mit dem Expressboot zu Tempeln und Märkten:
Vom Menam Chao Phraya aus erschließt sich das historische Erbe der Stadt besonders gut. An über 30 Piers kann man die Fahrt unterbrechen (s. S. 129).

Eine Klongtour in Thonburi:
Früh morgens eine Fahrt im Langboot auf den Kanälen von Thonburi zu unternehmen, ist ein ganz besonderes Erlebnis (s. S. 142).

Ein Bummel über den Chatuchak Weekend Market:
Der riesige Wochenendmarkt überzeugt sogar Einkaufsmuffel. Das Angebot reicht von Obst und Blumen über Kleidung, Dekoartikel und Kunsthandwerk bis zu Kleintieren (s. S. 158).

Bangkok

► E 10

Das einstige ›Dorf der wilden Pflaumen‹ ist heute eine der Boom-Metropolen Asiens. Einige der Topsehenswürdigkeiten Thailands, herausragende Shoppingmöglichkeiten, stilvolle Hotels und Thai-Küche vom Feinsten lohnen den Besuch der Stadt mit Hunderten Tempeln zwischen einer modernen Hochhauskulisse.

Jahrhunderte lang bestand Bangkok aus einigen Holzhäusern, es war eines der Dörfer im Delta des Menam Chao Phraya – bis König Rama I. seinen Hof 1782 nach Bangkok verlegte. Er verpasste der Stadt den laut Guinness Buch der Rekorde absolut längsten Ortsnamen: *Krung Thep Manakhon Bovorn Ratanakosin Mahintharayutthaya Mahadilokpop Noparatratchathani Burirom Udomratchanivetmahasathan Avatartsathit Sakkathattiya Visnukarmrasit.* Das bedeutet: Stadt der Engel, größte aller Städte, Wohnsitz des Smaragdbuddha, unbezwingbare Festung, unsterbliches, wertvolles Juwel, überaus mächtig, altehrwürdig, neunfach mit Juwelen geschmückte himmlische Stadt, gestiftet von Indra und wiedererrichtet von Vishnu.

Nachdem der verschlafene Ort zur Königsstadt mit solch ehrwürdigem Namen erhoben worden war, wuchs die Bevölkerung explosionsartig an. Rings um den Palast siedelten sich Menschen aus allen Landesteilen, Händler und Soldaten an. Straßen gab es nicht, die einzigen Transportwege waren die Klongs.

Mittlerweile hat sich das Bild der Stadt gewandelt. Seit den 1980er-Jahren schossen Wolkenkratzer in die Höhe, während sich die Randbezirke entlang der Ausfallstraßen ins Umland hineinfraßen. Schon erstreckt sich der Großraum Bangkok fast bis Ayutthaya, Chachoengsao und Si Racha, drei Städte, die jeweils etwa 80 km vom Zentrum entfernt liegen. Überall entstehen Wohn- und Industrieviertel. Jeden Morgen strömen Millionen Menschen ins Zentrum, mit Bussen, Booten, dem Auto oder der modernen Hoch- und U-Bahn.

Nirgends in Thailand ist die Bandbreite menschlicher Schicksale so augenfällig wie in der Metropole. Hier wird Reichtum offen zur Schau gestellt und Macht unverbrämt ausgeübt. Aber auch Armut und Elend sind nicht zu übersehen. Das Streben nach weltlichen Genüssen und die Entsagung liegen so dicht beieinander wie beschauliche Tempelanlagen und betriebsame Konsumpaläste.

Repräsentative Verwaltungsgebäude und beeindruckende Tempel aus den zwei vergangenen Jahrhunderten dominieren die Skyline des historischen Zentrums rings um den Königspalast. Ehemalige Handelshäuser, Geschäfte und Märkte prägen das Bild der Chinatown und des indischen Viertels wie auch des alten Europäerviertels weiter südlich am Ostufer des Menam Chao Phraya.

Während sich in Thonburi am Westufer noch nicht ganz so viele Hochhäuser erheben, haben die modernen Giganten aus Glas und Stahl die Thanon Silom und Sathorn bis zum Fluss hinab ebenso wie die Thanon Sukhumvit weiter nordöstlich erobert. Das mittlerweile auf über 140 km Streckenlänge angewachsene Hoch- und U-Bahn-Netz verbindet die modernen Stadtviertel mit den Vororten ebenso wie mit der Chinatown und dem Palastbezirk. Auf dem Fluss verkehren darüber hinaus Expressboote. Ansonsten sind Taxis außerhalb der Hauptverkehrszeit eine preiswerte Alternative. Viele Viertel des historischen Zentrums und der Chinatown lassen sich allerdings – sofern es die Temperaturen ermöglichen – am besten zu Fuß erkunden.

Im historischen Zentrum

Cityplan: S. 124
In der Altstadt am Ostufer des Menam Chao Phraya liegt alles dicht beieinander. In vielen Geschäften entlang des Weges entdeckt man die eine oder andere Kuriosität. Zahlreiche Tempel, Cafés und Restaurants, vor allem im Backpackerzentrum rings um die Khaosan Road, laden zu einer Pause ein.

Selbst ein touristisches Minimalprogramm mit dem **Königspalast** und **Wat Phra Kaeo** sowie dem **Museum Siam,** die alle nahe dem weitläufigen **Sanam Luang** liegen, lässt sich kaum an weniger als einem Tag bewältigen. Es lohnt sich, häufiger vorbeizukommen, um den Platz gemächlich zu umrunden, durch die altehrwürdigen Gebäude der **Silpakorn-Universität,** einer der hier ansässigen Hochschulen, und der **Nationalbibliothek** zum **Wat Mahathat** zu bummeln und nach einer Rast in der buddhistischen Universität den Weg zur **Thammasat Universität** und dem **Nationalmuseum** fortzusetzen.

Von ihrer untouristischen Seite zeigt sich die Altstadt bei einem Bummel durch das Viertel südlich der **Thanon Ratchadamnoen Klang,** auf dem Weg zum **Wat Saket.** Er ist von zwei Brahmanen-Schreinen und mehreren kleinen Läden umgeben, in denen Buddhastatuen und anderer Tempelbedarf zum Verkauf stehen. Von hier ist es nicht mehr weit bis zum **Klong Ong Ang,** der früher die Altstadt begrenzte und der vom **Golden Mount** des Tempels **Wat Saket** überragt wird.

Hinter den Resten der ehemaligen Stadtmauer starten Boote, die auf dem **Klong Saen Saeb,** einem der wenigen nicht zugeschütteten innerstädtischen Klongs, bis in die modernen östlichen Viertel fahren. Am **Maharaj Pier** hinter der Universität stoppen Expressboote und am **Chang Pier** auch noch einige Klongboote nach Thonburi. Hier können Longtailboote für Touren gemietet werden.

WEGE IN DIE ALTSTADT

Sich auf den verstopften Straßen in die Altstadt zu bewegen, ist durchaus mühsam. Dank dem Ausbau der blauen MRT-Linie können Chinatown und Palastbezirk mittlerweile auch bequem und vor allem ohne Staus erreicht werden. Eine Alternative mit Aussicht bieten die (Express-)Boote auf dem Klong San Saeb und dem Menam Chao Phraya. Die verkehrsärmeren Sonntage eignen sich am besten für eine Erkundung des historischen Zentrums.

Königspalast und Königstempel

Haupteingang am südlichen Ende des Sanam Luang, breite unterirdische Zugänge, MRT Sanam Chai, www.royalgrandpalace.th, tgl. 8.30–15.30 Uhr; Eintritt 500 Baht, berechtigt zum Besuch der königlichen Kroninsignien, Münzsammlungen und Dekorationen, des Tempelmuseums und des Queen Sirikit Museum of Textiles (www.qsmtthailand.org) sowie einer Aufführung des Khon-Maskentanzes im Sala Chalermkrung Royal Theatre (s. S. 144), Tickets sind bis zu einer Woche gültig. Nicht korrekt gekleidete Touristen (Shorts, kurze Röcke, schulterfreie Oberteile, Sandalen oder hinten offene Schuhe) können gegenüber der Kasse günstig angemessene Kleidung kaufen. Es besteht Ausweispflicht! Wegen des großen Andrangs empfiehlt es sich früh da zu sein.
Südlich des Sanam Luang erheben sich hinter hohen, weißen Mauern die reich dekorierten Türme des Königspalastes und des Königstempels Wat Phra Kaeo. Ein mehrstündiger Rundgang durch den prachtvollen Tempel und den

angrenzenden Palast ist ein Muss für jeden Thailand-Reisenden. Kaum imposanter könnte das 20 ha große Areal im Zentrum der Stadt sein. Hier schlägt das religiöse und politische Herz des Landes. Auf diesem höchsten, vor Überschwemmungen sicheren Gelände siedelten chinesische Händler, bis sie 1782 in die heutige Chinatown ausweichen mussten, als der Königshof nach Bangkok zog und man mit der Errichtung der Anlage begann. Die Gebäude wurden dem zerstörten Palast von Ayutthaya nachempfunden und im Laufe der Zeit mehrfach erweitert. Die ersten Gebäude hinter der Kasse beherbergen die **Königlichen Kroninsignien, Münzsammlungen und Dekorationen.** Neben Münzen sind Fahnen, Orden und Wappen zu sehen – etwas für Numismatiker (Mo–Fr 8.30–16 Uhr).

Wat Phra Kaeo 1

Durch eines der insgesamt sechs hohen, von einem riesigen Yak-Dämonenpaar bewachten Eingangstore gelangt man zum Wat Phra Kaeo, den ein überdachter Wandelgang umschließt. Ein farbenprächtiger, detailgenauer **Bilderzyklus** auf den Innenwänden erzählt das thailändische Ramayana-Epos *(ramakien).* Beginnend am Besuchereingang, wird die Geschichte im Uhrzeigersinn fortgeführt.

Zentrum der Tempelanlage ist der reichgeschmückte, für den Smaragdbuddha errichtete **Bot.** Trotz ihrer unscheinbaren Größe (66 cm hoch und 48 cm breit) gilt die Figur aus milchig-grünem Jaspis, einer Jadeart, als das religiöse und dynastische Symbol von Thailand. Bereits unter König Rama I. entstand der prunkvolle Bot, dessen dreifach gestaffeltes Dach von hohen Säulen getragen wird. Erst 1832, aus Anlass des fünfzigjährigen Jubiläums, schmückte man die Außenwände mit bunten Glasmosaiken und Basreliefs aus 112 Garuda-Figuren, die ihren Feind, die Naga-Schlange, in den Händen halten. Bronzelöwen bewachen die Eingangstore, die, ebenso wie die Fenster, mit wundervollen Intarsienarbeiten verziert sind. Wandmalereien, die das Leben Buddhas darstellen, bedecken die Innenwände des Bot. Im Mittelpunkt des hohen Raums thront auf einem goldenen, mit wertvollen Votivgaben bestandenen Altar der Smaragdbuddha. Vor dem Betreten des Tempelinnern durch das östliche Tor muss man die Schuhe ausziehen. Im Innern ist Fotografieren verboten. Achten Sie darauf, der Statue niemals die Fußsohlen entgegenzustrecken; das gilt als äußerst unhöflich.

Gegenüber dem Bot steht auf einer Marmorplattform das **königliche Pantheon,** mit kreuzförmigem Grundriss, bekrönt von einem Prang. Das mit blauen und roten Fayencen

prunkvoll geschmückte Gebäude birgt die Urnen der verstorbenen Chakri-Könige. Es wird bewacht von goldenen Kinnaras, mythischen Wesen, halb Vogel, halb Mensch.

Dahinter ragt dunkel das pyramidenförmige Dach der **Bibliothek** empor, das vergoldete, mit Mosaiken geschmückte Säulen tragen. Hier werden die heiligen Schriften, die *triptaka,* aufbewahrt. Zu der Gebäudegruppe auf der Plattform gehört außerdem der große goldene **Chedi,** der eine Buddhareliquie birgt.

Nördlich der Bibliothek gelangt man zu einem kleinen steinernen **Modell der Tempelanlage von Angkor** in Kambodscha. Von hier sieht man unterhalb der Plattform die mit farbigen Keramikblumen geschmückte **Gebetshalle Vihara Yot,** die rechts von der königlichen **Bibliothek Ho Monthien Dhamma** und links vom **Mausoleum Ho Phra Nak** für verstorbene Verwandte des Königshauses flankiert wird. Wer etwas Zeit mitbringt, kann in der Tempelanlage noch viel Interessantes entdecken, etwa die Bron-

Das golden glänzende Zentrum der royalen Macht: Königspalast und Wat Phra Kaeo

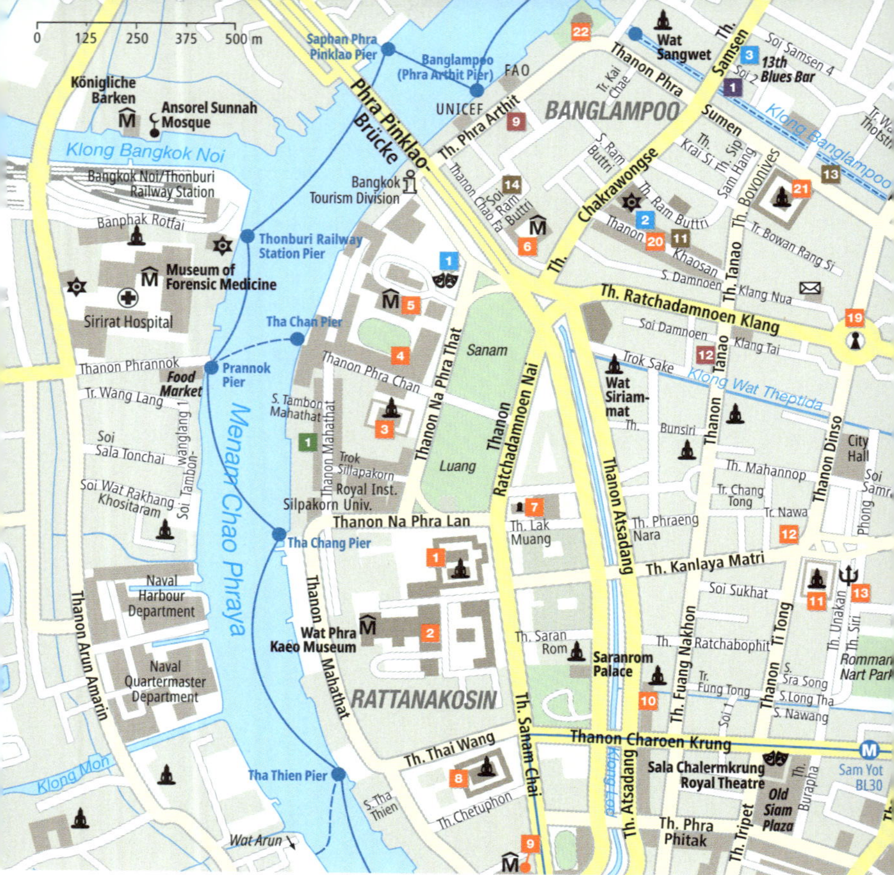

Historisches Zentrum

Sehenswert

1 Wat Phra Kaeo (Königstempel)
2 Königspalast
3 Wat Mahathat und Meditation Center
4 Thammasat-Universität
5 Nationalmuseum
6 Nationalgalerie
7 Lak-Muang-Schrein
8 Wat Pho
9 Museum Siam

zestatue des »Einsiedlers« am Tempeleingang hinter dem Bot, die einen berühmten Arzt darstellt. Zu seinen Füßen stand früher ein großer Mörser, in dem Kranke ihre Heilkräuter zerkleinern konnten.

Acht mit verschiedenfarbigen Mosaiken belegte **Prangs** begrenzen den Wat an der Ostseite. Hier, in der Thanon Sanam Chai, gegenüber dem Verteidigungsministerium, befindet sich das normalerweise geschlossene **Hauptportal,** das manchmal für einheimische Besucher geöffnet ist. Dann kommen gläubige Thais mit ihren Familien, entzünden vor dem Bot Räucherstäbchen und beten. Am Ende der Trockenzeit besuchen sie auch den kleinen **Schrein Ho Phra Khantara Rat** südlich vom Hauptportal, um Regen zu erbitten.

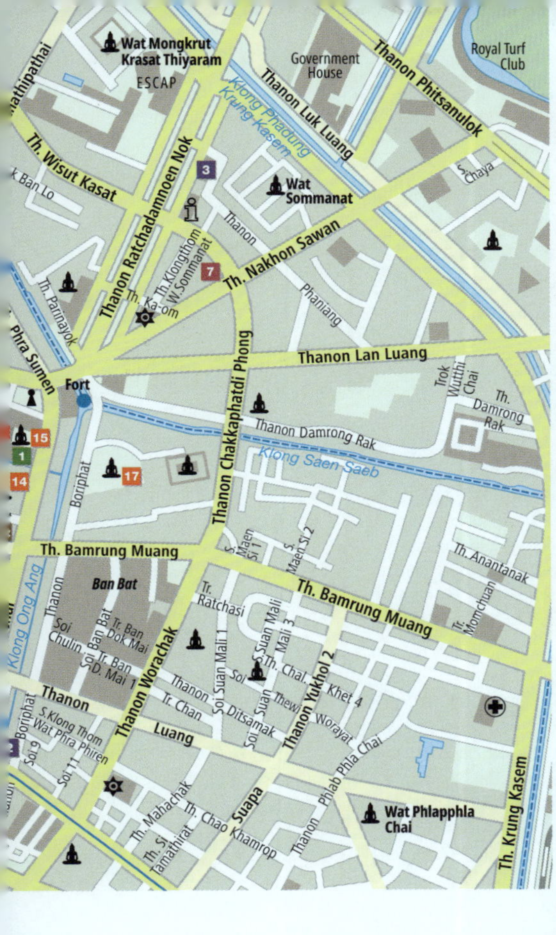

10 Wat Ratchabophit
11 Wat Suthat
12 Bot Phram
13 Vishnu-Mandir-Schrein
14 Wat Theptidaram
15 Wat Ratchanatdaram
16 Loha Prasat
17 Golden Mount – Wat Saket
18 Rattanakosin Exhibition Hall
19 Demokratie-Denkmal
20 Khaosan Road
21 Wat Bowonniwet
22 Santi Chai Prakan Park

Übernachten

11 Buddy Lodge Hotel
12 Niras Bankoc Cultural Hostel
13 Thanabhumi
14 BB House Rambuttri

Essen & Trinken

7 Seven Spoons
9 Hemlock
12 Unbranded Cafe

Einkaufen

1 Amulettmarkt

Abends & Nachts

1 Nationaltheater
2 The Club
3 Adhere the 13th Blues Bar

Aktiv

1 Velo Thailand
2 Grasshopper Adventures
3 Rajadamnern Stadium

s. auch Cityplan S. 136.

Königspalast 2

Durch das südwestliche Tor hinter dem Bot für den Smaragdbuddha gelangt man zum Königspalast. Früher war der innere Palastbereich links hinter dem kleinen Tor ausschließlich den Frauen vorbehalten. Er ist der Öffentlichkeit allerdings nicht zugänglich, da er noch heute von der Königsfamilie genutzt wird.

Im ersten großen, ganz im Thai-Stil errichteten Gebäude, der **Amarin-Winitchai-Thronhalle,** saß man zurzeit von König Rama I. zu Gericht. Später fanden dort Krönungsfeierlichkeiten und offizielle Empfänge statt. Die Halle mit ihren in grünblauen Tönen bemalten Wänden und der mit goldenen Ornamenten geschmückten roten Decke wird von Kristalllüstern dezent erleuchtet. Aus der Zeit

Der Smaragdbuddha

Mitte des 15. Jh. schlug ein Blitz in einen Chedi in Chiang Rai im Norden von Thailand ein. Dabei wurde eine kleine, mit Goldplättchen überzogene Buddhastatue aus Stuck beschädigt und unter den Bruchstellen kam ein kostbarer grüner Buddha zum Vorschein.

Nur Kopien dürfen fotografiert werden

Die Legende besagt, dass die Statue bereits vor über 2000 Jahren im heutigen Patna in Indien aus Jaspis gefertigt wurde. Jahrhunderte später wurde sie nach Sri Lanka gebracht, um den dort aufgeflammten Bürgerkrieg zu beenden. Als der König von Burma die buddhistische Lehre auch in seinem Land verbreiten wollte, sollte er zur Unterstützung die wundertätige Statue erhalten. Doch das Schiff wurde durch einen Sturm an die Küste von Kambodscha verschlagen. Über Umwege gelangte die Buddhafigur von Angkor nach Chiang Rai, wo der damalige Fürst sie unter Stuck versteckte.

Die Wiederentdeckung der kostbaren grünen Buddhastatue sprach sich schnell herum. Deshalb ordnete Sam Fang Kaen, der Fürst von Chiang Mai, die Überführung der Statue in seine Residenz an. Elefanten wurden ausgeschickt, aber an einer Weggabelung bog der Elefant, der den Smaragdbuddha trug, statt nach Chiang Mai nach Lampang ab. Dem Wink des Schicksals folgend, blieb die Figur 32 Jahre lang im Wat Phra Kaeo Don Tao von Lampang. Erst 1481 ließ König Tilokaraja sie in das Wat Chedi Luang nach Chiang Mai schaffen.

Aber die bewegte Geschichte des Smaragdbuddha geht noch weiter. Im Jahre 1552 nahm ihn ein Nachfolger von König Tilokaraja, der gleichzeitig König von Laos war, mit nach Luang Prabang. Als die laotische Hauptstadt in das heutige Vientiane verlegt wurde, erhielt der Smaragdbuddha dort einen eigenen Tempel, das Wat Phra Kaeo. Genau 226 Jahre lang blieb er in Laos, bis ihn 1778 General Chakri – später König Rama I. von Thailand – von einem Kriegszug mitbrachte. Zunächst wurde er im Wat Arun aufgestellt, neben dem sich der damalige Palast befand. König Rama I. ließ später am jenseitigen Flussufer einen neuen Palast errichten mit einem prächtigen Tempel für den Smaragdbuddha. So fand er 1785 einen würdigen Platz im Bot des Wat Phra Kaeo in der neuen Hauptstadt Bangkok. Dieser Tempel ist seither die exklusive Residenz des Smaragdbuddha und er besitzt deshalb ausnahmsweise auch keinen Klosterbezirk, in dem normalerweise die Mönche einer Tempelanlage leben.

Dreimal im Jahr wechselt der König oder sein Stellvertreter in einer feierlichen Zeremonie das Gewand des Buddhas. Zur Regenzeit legt er ihm eine goldene Mönchsrobe an, in der folgenden kühlen Jahreszeit ein goldenes Gewand, das ihn von Kopf bis Fuß bedeckt, und zur heißen Vormonsunzeit schließlich einen mit Diamanten und Edelsteinen besetzten Umhang aus purem Gold. Noch heute genießt die Statue höchste Verehrung. Tausende Besucher drängen sich Tag für Tag in den prächtig ausgeschmückten Tempel. Einheimische kommen, um zu beten, und Touristen, um zu staunen. Wächter achten streng darauf, dass sich jeder angemessen verhält und keiner die hoch oben auf dem Altar thronende, 66 cm hohe Statue fotografiert.

von König Rama I. stammen zwei reich dekorierte Herrschaftssymbole. Ein neunfach gestaffelter, weißer Schirm überspannt den mit vergoldeten Schnitzereien und Glaseinlegearbeiten verzierten Thron, den der König bei Staatszeremonien einnahm. Auf dem zweiten Thron in Form eines Bootes mit einem mehrfach gestaffelten Dach werden heute noch Buddhastatuen bei religiösen Zeremonien ausgestellt. Im dahinter liegenden Raum, den Rama I. für Privataudienzen nutzte, erhielten seine Nachfolger die Königsweihe. Die ersten beiden Könige residierten im angrenzenden dritten Bereich.

Flankiert wird dieser Komplex im Westen (rechts) von einem kleinen, offenen Aussichtspavillon, der von kräftigen Säulen getragenen Umkleidehalle und einer kleinen Kapelle, die u. a. Urnen der ersten drei Könige enthält. Zur anderen Seite grenzen an das große Gebäude zwei weitere kleine Kapellen und der Pavillon, in dem König Rama VI. zu seinem Geburtstag ein rituelles Bad nahm.

Der große **Chakri-Maha-Prasat-Palast** im europäisch-thailändischen Mischstil bildet das Zentrum der Anlage. Ein britischer Architekt hatte ihn als königliche Residenz für Rama V. im Renaissancestil entworfen. Als jedoch aus Regierungskreisen Einspruch erhoben wurde, erhielt die Anlage statt der drei geplanten Dome traditionelle Spitzdächer und Türme im siamesischen Stil.

Eine von steinernen Elefanten flankierte Treppe führt hinauf zur großen Empfangshalle im ersten Stock, in der noch heute Staatsbankette abgehalten werden. Dort öffnet sich eine hohe Tür zum östlichen Bereich mit dem Speisesaal und eine weitere zum westlichen Bereich, dem Salon. Unter dem zentralen Turm im darüber liegenden Stockwerk werden die Urnen der seit Rama IV. regierenden Könige verwahrt und in den beiden Seitenflügeln jene der Königsfamilie. Dieser Teil des Palastes ist nicht zugänglich. Nur eine Waffensammlung im Erdgeschoss kann besichtigt werden.

Auf dem Weg zum westlichen Palastbereich passiert man den kleinen, graziösen **Aphorn-Phimok-Prasat-Pavillon**, den König Mongkut um 1860 als Umkleidepavillon errichten ließ. Mit eleganten Dekorationen und harmonischen Proportionen gilt er als besonders gelungenes Beispiel siamesischer Architektur.

Im direkt angrenzenden Areal dominiert der im Thai-Stil erbaute **Dusit-Maha-Prasat-Palast,** der – als Krönungshalle erbaut –, seit dem Tod des ersten Königs als Aufbahrungshalle für Begräbniszeremonien genutzt wird. Auf einer Marmorterrasse erhebt sich der kreuzförmige Bau, der von einem fünffach gestaffelten Dach und einem hohen siamesischen Turm bekrönt wird. Ihn stützen riesige Garuda-Statuen. In der großen, fast schmucklosen Halle hinter dem Palast, die Rama III. als Schlafgemach diente, erhalten die verstorbenen Mitglieder der Königsfamilie ihre zeremoniellen Bäder.

Ein Verwaltungsgebäude im nordwestlichen Palastbereich beherbergt das **Tempelmuseum des Wat Phra Kaeo.** Hier werden die Gewänder und wertvolle Geschenke des Smaragdbuddha aufbewahrt sowie Originalfragmente des Tempels, die bei Renovierungsarbeiten ersetzt wurden. Große javanische Buddhastatuen aus dem 8. und 9. Jh. flankieren in der zentralen Halle im ersten Stock den Nachbau des Manangasila-Thrones, der ursprünglich von König Rama Kamhaeng stammen soll. In den Räumen auf der rechten Seite sind Votivgaben für den Smaragdbuddha ausgestellt und auf der linken Seite u. a. ein großer, lackierter Wandschirm aus der Zeit von König Mongkut.

Am Ende des Rundgangs wartet das ansprechend gestaltete **Queen Sirikit Museum of Textiles** mit einer beeindruckenden Sammlung an Stoffen aus dem südostasiatischen Raum sowie Kleidern der Königin. Zudem bietet das Museum viele Informationen über Textilien im traditionellen Theater, Web- und Färbetechniken.

Rund um den Sanam Luang

Der **Sanam Luang** bildet das historische und kulturelle Zentrum der Metropole. Die riesige, gepflegte Freifläche umgrenzen außer der beeindruckenden Silhouette des Königspalastes mit dem Wat Phra Kaeo auch das Nationalmuseum, mehrere Universitäten und der Schrein des Schutzgeistes der Stadt. 2017 wurde hier Bhumibol, der letzte König Rama IX., ebenso wie zuvor seine Vorfahren und Familienmitglieder, in einer pompösen Zeremonie verbrannt. Auf den mehrspurigen Straßen, die den riesigen ovalen Platz umgrenzen, herrscht zu jeder Tageszeit dichtes Gedränge. Vorsicht: Besonders am Sanam Luang trifft man auch auf geschickte Trickdiebe, die Touristen um ihre Reisekasse erleichtern möchten.

Wat Mahathat 3

Thanon Phra Chan, Tel. 02-222 60 11, tgl. 6–18 Uhr, Meditationen um 13, 18 Uhr (s. S. 54), Spende erwünscht

Das **Wat Mahathat** ist einer der größten Tempel der Stadt. Hier gründete bereits Rama I. eine buddhistische Hochschule, die noch heute eines der wichtigen Zentren für Studien der heiligen Pali-Schriften und alter religiöser Überlieferungen ist. In der buddhistischen Universität unterrichten Englisch sprechende Mönche die Grundzüge des Buddhismus. Im Meditationszentrum finden zweimal am Tag Meditationen statt, an denen alle Interessierte teilnehmen können.

Thammasat-Universität 4

Die gegenüber liegende Universität zählt zu den größten Hochschulen in Bangkok. Ihre Studierenden gelten seit dem blutig niedergeschlagenen Widerstand gegen das Militärregime 1976 als besonders kritisch. Bei einem Spaziergang über den öffentlich zugänglichen Campus kann man auch Englisch sprechenden Studierenden begegnen.

Nationalmuseum 5

4 Thanon Na Phra That, Tel. 02-224 13 33, www.museumthailand.com/en/museum/National-Museum-Bangkok-Phranakorn, Mi–So 8.30–16 Uhr, Mi und Do 9.30 Uhr lohnende zweistündige Führungen in Deutsch, Eintritt 200 Baht

Entsprechend der Tradition von Ayutthaya errichtete man beim Bau des Königspalastes von Bangkok vis à vis der königlichen Residenz einen zweiten Palast – nicht ganz so prunkvoll – für den Kronprinzen *(wang na)*. Nicht alle Palastgebäude stehen noch. Erhalten sind lediglich die Bauten im Bereich des heutigen Nationaltheaters und der Universität sowie die zum Nationalmuseum umgestalteten Gebäudeteile: die Audienzhalle, der Tempel und drei miteinander verbundene Häuser sowie der innere Palast mit dem Thronsaal.

Die ehemals altbacken präsentierte Sammlung des **Nationalmuseums** wurde in den letzten Jahren einer umfangreichen Auffrischungskur unterzogen, sodass viele Räume bereits in neuem Glanz erstrahlen. Der Rundgang beginnt mit der **Thai History Gallery** in der ansprechend erneuerten Siwamokkhaphiman-Halle. Als Attraktionen werden schöne Exemplare der thailändischen Kunst ansprechend ausgeleuchtet, darunter Buddhastatuen aus verschiedenen Epochen, Khon-Masken und Puppen. Rechts vom Eingang steht die **Buddhaisawan-Kapelle,** die ehemals für die hochverehrte Buddhastatue Phra Buddha Singh errichtet wurde. Die rekonstruierten Wandmalereien bilden 28 Szenen aus Buddhas Leben ab. Im kleinen roten Haus, **Tamnak Daeng,** lebte ursprünglich eine ältere Schwester von König Rama I. Es bietet ein typisches Beispiel siamesischer Wohnkultur des 19. Jh.

Im angrenzenden **alten Palastgebäude** werden dekoratives Kunsthandwerk und ethnologische Exponate der Bangkok-Periode präsentiert. Im ehemaligen Thronsaal des jüngeren Bruders von Rama I. sind wechselnde Ausstellungen zu sehen. Es folgen die Räume mit kleinen Buddhastatuen und thailändischen Puppenhäusern sowie Geschenken ausländischer Regenten, königliche Sänften und Elefantensattel, die Krönungsinsignien und Khon-Masken, Puppen und Spiele.

In den dahinter liegenden Räumen sind Porzellan und Keramik aus Thailand, Japan und China zu sehen. Vom Waffensaal gelangt man geradeaus in den Saal mit Holzschnitzereien und nach links in den Perlmuttraum. Ein weiterer Saal vermittelt einen Überblick über die Entwicklung der thailändischen Mode, ein Nebenraum enthält Bücherschränke mit schönen Intarsienarbeiten und im angrenzenden Saal werden Musikinstrumente gezeigt.

Im **neueren Museumskomplex,** der das alte Palastgebäude umrahmt, sind Kunstwerke aus früheren Perioden zu sehen. Der südliche Flügel links vom Eingang beherbergt Skulpturen aus der Zeit vor der Einwanderung der Thai: Präshistorische Funde, Khmer- und frühe Hindu-Skulpturen des 10.–13. Jh., Dvaravati-Kunst, javanische Skulpturen des 7.–11. Jh. sowie hinduistische und buddhistische Kunst des Srivijaya-Reiches aus Südthailand. Im Erdgeschoss des nördlichen Flügels sind Skulpturen, Textilien, Keramik und Münzen aus der Bangkok-Periode zu bewundern, während der ersten Stock Objekte der Lan-Na-Periode aus Chiang Saen und Chiang Mai, Skulpturen und Keramik aus der Sukhothai- sowie der Ayutthaya-Periode birgt.

MIT DEM EXPRESSBOOT ZU TEMPELN UND MÄRKTEN

Tour-Infos

Start: Thewet (Thewet Pier)
Ziel: Oriental Hotel (Oriental Pier)
Dauer: Fahrzeit ohne Unterbrechungen 35–40 Min.
Cityplan: S. 136
Preis: Expressboot mit orangener Flagge 16 Baht, www.chaophrayaexpressboat.com; Chao Phraya Tourist Boat Einzelticket 60 Baht, Tagesticket 200 Baht, www.chaophrayatouristboat.com

Vom **Menam Chao Phraya** aus erschließt sich das historische Erbe der Stadt besonders gut, denn zu einer Zeit, als der Transport hauptsächlich über die Wasserwege abgewickelt wurde, entstanden an seinen Ufern die ersten Handelshäuser und Lagerhallen, Märkte, repräsentative Bauten, Tempel und Kirchen. Bereits unter den ersten Königen wurde mit dem Bau großer Tempelanlagen beiderseits des Flusses begonnen. Die Stadt, die sich zwischen dem Königspalast und der Chinatown erstreckte, bestand zu jener Zeit überwiegend aus Holzhäusern. Erst Mitte des 19. Jh. ließen Kaufleute und Staatsdiener, die zu Wohlstand gelangt waren, Häuser aus Stein errichten, die heute von modernen Bauten aus Glas und Beton überragt werden.
Ein preiswertes Vergnügen ist die Fahrt auf dem Menam Chao Phraya mit einem der **Expressboote,** die bis 19 Uhr im Turnus von 10 bis 30 Minuten verkehren. Interessant ist die Strecke von **Thewet** bis zum **Mandarin Oriental Hotel.** Sie führt unter der modernen Stahlkonstruktion der Rama-VIII-Brücke und der älteren Phra-Pinklao-Brücke hindurch, vorbei an der Einmündung des Klong Bangkok Noi, dem Wat Arun, dem indischen Viertel und der Chinatown, die in das ehemalige Europäerviertel übergeht, und endet schräg gegenüber vom gigantischen ICON-Siam-Einkaufszentrum. Die Expressboote halten nicht an allen interessanten Sehenswürdigkeiten entlang der Strecke, aber die meisten können mit einer Fähre plus kürzerem Fußweg erreicht werden. Auf dem teureren **Chao Phraya Tourist Boat,** das alle 30 Minuten von 9 bis 19 Uhr zwischen Sathorn und Phra Athit pendelt, bekommt man sogar touristische Informationen auf Englisch.

Bunte Keramiken schmücken die Giebel von Wat Pho

Außerhalb dieser Gebäudekomplexe lohnen die prunkvollen Sänften und Trauerkutschen links hinter der Kapelle sowie die Königlichen Gemächer einen Besuch.

In unmittelbarer Nachbarschaft des Nationalmuseums trifft man auf das **Nationaltheater** 1. Auf dem Programm stehen neben beliebten Theaterstücken in Thai auch Aufführungen klassischen Tanztheaters (s. S. 74).

Nationalgalerie 6

Thanon Chao Fa, Tel. 02-282 26 39, www.museumthailand.com/en/museum/The-National-Gallery-Hor-Silp-Chao-Fa, Mi–So 9–16 Uhr, feiertags geschl., Eintritt 200 Baht

Die **Nationalgalerie** präsentiert zeitgenössische Kunst. Die ständige Ausstellung auf zwei Etagen widmet sich der darstellenden Kunst in Thailand während der vergangenen 100 Jahre sowie der religiösen und höfischen Malerei.

Lak-Muang-Schrein 7

Thanon Lak Muang, tgl. 6.30–18.30 Uhr

Der sehenswerte kleine **Lak-Muang-Schrein** neben dem von Kanonen gesäumten Verteidigungsministerium ist dem Schutzgeist von

Bangkok gewidmet. Der von einem Prang gekrönte Schrein birgt den phallusförmigen **Grundstein der Stadt,** dessen kleinere Kopie Besucher mit Goldblättchen bekleben und mit Blumen schmücken. Er markiert das Zentrum des Landes, von dem aus alle Entfernungen gemessen werden.

In einem weiteren Gebäude bringen Gläubige dem **Schutzgeist der Stadt** Opfergaben dar und bitten um seine Hilfe. Vor dem Bauwerk werden neben Blumen und anderen Opfergaben auch Vögel und Schildkröten zum Verkauf angeboten, mit deren Freilassung man Verdienste im zukünftigen Leben erwirbt. Gläubige können auch eine **Tanzgruppe** engagieren, um mit einer Aufführung klassischer Tänze in traditionellen Kostümen ihren Bitten Nachdruck zu verleihen.

Südlich des Königspalastes

Wat Pho 8

Haupteingang Thanon Chetuphon, MRT Sanam Chai, tgl. 8–17 Uhr, Eintritt liegender Buddha 200 Baht; Massagen und Massagekurse: Büro in 392/33-34 Thanon Maharat, Tel. 086-317 55 62, www.watpomassage.com

Vorbei an Ministerien und Verwaltungsgebäuden gegenüber dem Königspalast, die ganz und gar europäisch wirken, erreicht man südlich des Palastareals eine der ältesten und größten Tempelanlagen der Stadt. **Wat Pho,** auch Wat Phra Chetuphon genannt, wurde 1789 auf dem Gelände des Wat Potaram aus dem 16. Jh. erbaut. Im südlichen Klosterbereich, einer Oase der Ruhe inmitten der Millionenstadt, die durch die schmale Thanon Chetuphon vom Wat abgetrennt ist, leben mehr als 300 Mönche. Hauptanziehungspunkt ist der Vihara mit dem großen **liegenden Buddha.** Er befindet sich im nordwestlichen Tempelbereich hinter dem Eingangstor an der Thanon Thai Wang. Die 46 m lange und 15 m hohe, vollständig vergoldete Statue aus Ziegeln und Zement stellt Buddha beim Eingang ins Nirvana dar. Auf den Sohlen seiner überdimensionalen Füße sind 108 Perlmuttplättchen angebracht, deren Inschriften die Attribute und Qualitäten Buddhas schildern.

Südöstlich des Vihara erheben sich hinter kleinen **Pavillons** im chinesischen und europäischen Stil und der mit Porzellan dekorierten **Bibliothek** vier große, verschiedenfarbige **Chedis,** die ebenfalls mit Fayencen bedeckt sind. Durch ein Tor, das von grimmig dreinblickenden, riesigen **Tempelwächtern** flankiert wird, gelangt man in den östlichen Tempelbereich, der auch durch den Haupteingang zugänglich ist.

Alle Gebäude sind symmetrisch rings um den zentralen **Bot** angelegt, der als der eindrucksvollste von Bangkok gilt. Er ruht auf einer Marmorplattform, deren fein gearbeitete Reliefs Szenen aus dem Ramayana-Epos darstellen. In den Hallengalerien, die den Bot umgeben, stehen fast 400 Buddhafiguren aus verschiedenen Stil- und Kunstepochen. In allen vier Himmelsrichtungen werden die Galerien von Viharas unterbrochen, die bedeutende Buddhastatuen enthalten.

Rama III. gründete im 19. Jh. auf dem Gelände des Wat Pho die erste offene **Universität** des Landes, in der vor allem Medizin unterrichtet wurde. Einheimische *rischi* (Weise, Heilkundige) lehrten die indische Art der Selbstmassage, die durch zahlreiche Skulpturen im Klosterhof plastisch illustriert wird. In dem kleinen Pavillon hinter dem gelben Chedi zeigen Wandmalereien Behandlungsmethoden der östlichen Medizin. In der Umgebung des Tempels wird heute noch Traditionelle Massage ausgeübt und unterrichtet. Auch Besucher können sich hier bei einer exzellenten Massage entspannen.

Museum Siam 9

4 Thanon Sanam Chai, MRT Sanam Chai, Tel. 02-225 27 77, www.museumsiam.org, Di–So 10–18 Uhr, 100 Baht, freier Eintritt ab 16 Uhr sowie an Feiertagen und für alle unter 15 und über 50 Jahre

Südlich vom Wat Pho, im ehemaligen Handelsministerium, einem liebevoll sanierten Gebäude im italienischen Stil, wird die Geschichte und Kultur Thailands bunt und unterhaltsam mit interaktiven Installationen präsentiert. Die Themen schlagen einen Bogen von den ersten Siedlern und Königreichen auf dem heutigen Staatsgebiet über die amerikanische Kultur, die zur Zeit des Vietnamkriegs Einzug hielt, bis zur Zukunft des Landes. Hier werden keine Kunstschätze präsentiert, sondern die Besucher sollen angeregt werden, spielerisch zu erkunden, was eigentlich typisch Thai ist. Die absolut gelungene Ausstellung in Englisch und Thai will Verständnis dafür wecken, wie sich die Menschen, ihre Traditionen und Kulturen auf dem Gebiet des heutigen Thailand entwickelt haben.

Vom Klong Lod zum goldenen Berg

Wat Ratchabophit 10

Thanon Atsadang, MRT Sam Yot, tgl. 8–17 Uhr

Durch die Thanon Charoen Krung gelangt man auf der anderen Seite des Klong Lod zum **Wat Ratchabophit.** Geschnitzte, bunt bemalte Soldaten verschiedener militärischer Einheiten bewachen die Eingangstore zum königlichen Tempel. Im Innern dominiert der 43 m hohe, mit goldgelben chinesischen Keramikkacheln bedeckte Chedi. Auch der Wandelgang rings um den Chedi ist vollständig mit Kacheln geschmückt und das gleiche gilt für den Bot und die zwei Vihara, die nach Norden und Süden zeigen. Während im südöstlichen Tempelbereich die Asche der Ehefrau von König Rama V. aufbewahrt wird, befinden sich weitere Gräber von Mitgliedern der Königsfamilie an der Thanon Atsadang. Teils ähneln die Grabstätten gotischen Kapellen.

Wat Suthat 11

Thanon Bamrung Muang, MRT Sam Yot, tgl. 9–21 Uhr, Eintritt 100 Baht

Zweistöckige chinesische Geschäftshäuser säumen die schmalen Gassen, die zum Wat Suthat führen. Es wird auch **Wat der Großen Schaukel** genannt. Auf der erneuerten Riesenschaukel vor dem Tempel fanden bis 1933 anlässlich des zweitägigen Tri-Yambahva-Festes lebensgefährliche Wettkämpfe statt. Sie besteht aus zwei etwa 25 m hohen, in kräftigem rot gestrichenen Teakholzstämmen mit einem verzierten Querbalken. An ihm wurden die Seile für die Schaukeln befestigt. Schaukelnd versuchten Mannschaften von je drei Männern, mit den Händen oder dem Mund eine Geldbörse zu greifen, die an einer ähnlich hohen Bambusstange befestigt war. Sie stand 20 m von der Schaukel entfernt, sodass die Männer das begehrte Geld nur erreichen konnten, wenn die Schaukel in einem 90°-Winkel schwang. Nach zahlreichen schweren Unfällen ließ Rama VII. den Wettkampf verbieten.

Unter Rama I. wurde 1807 mit dem Bau der Tempelanlage begonnen, um der vergoldeten **Buddhastatue Sri Sakkayamuni** einen würdigen Platz zu bieten. Die 8 m hohe, im 14. Jh. gegossene Skulptur gilt als das größte Bronzebildnis ihrer Zeit. Rama I. ließ sie aus den Ruinen des Königstempels von Sukhothai bergen und nach Bangkok bringen. Als die Statue auf ihrem dreistufigen Lotospodest stand, begann man, um sie herum den Vihara zu errichten. Erst Mitte des 19. Jh., unter Rama III., wurde Wat Suthat vollendet.

Eine Grenzmauer, auf der sich in regelmäßigen Abständen chinesische Pagoden aus grünem Granit erheben, umgibt den großen **Vihara.** In allen vier Ecken stehen kleine Pavillons mit Buddhastatuen. Südlich des Vihara befindet sich auf einer zweiten dreistufigen Plattform ein ebenso großer **Bot,** von acht Grenzsteinen umrahmt. Beide Gebäude sind eindrucksvolle Beispiele der Bangkokperiode: Die kaskadenförmigen Satteldächer sind mit farbigen Ziegeln gedeckt und werden von vergoldeten Naga-Schlangen abgeschlossen. Vergoldete Holzschnitzereien und Spiegelmosaiken schmücken die Giebel. Schöne Schnitzarbeiten findet man auch an den hölzernen Türen des Vihara. Seine Innenwände bedecken außergewöhnliche Malereien, die das Leben der 24 legendären Buddhas vor Buddha Shakyamuni verdeutlichen. Die Motive auf den Säulen präsentieren Alltagsszenen aus der frühen Bangkok-Epoche.

Ein **Wandelgang** mit 156 Buddhastatuen in meditierender Haltung umgibt die Anlage von Wat Suthat. Auf dem Gelände des Wat präsentiert sich zudem eine recht amüsante Kollektion chinesischer Schiffsbalastfiguren: Darstellungen von Europäern aus chinesischer Sicht. In ihren Uniformen, mit ihren kurzen Gewehren und seltsamen Hüten wirken sie wie Karikaturen.

Bot Phram 12

268 Thanon Ban Dinso

Nur wenige Meter vom Wat Suthat entfernt wird in dem auch als Dhevasathan bekann-

Selbst in der Metropole Bangkok sind Mönche allgegenwärtig: hier im Wat Suthat

ten brahmanischen Tempel den Göttern Shiva, Vishnu und Ganesha sowie dessen Bruder Kriegsgott Skanda gehuldigt. Bereits seit Jahrhunderten sind die aus Südindien stammenden Mitglieder der obersten Kaste für die Durchführung brahmanischer Zeremonien am Königshof verantwortlich.

Opfergaben für Vishnu werden auch am kleinen **Vishnu-Mandir-Schrein** 13, östlich vom Wat Suthat, auf dem Mittelstreifen der Thanon Unakan, dargebracht.

Zum Wat Ratchanatda

Zahlreiche Geschäfte in der **Thanon Bamrung Muang** und den Seitenstraßen verkaufen Buddhastatuen aus Bronze und andere religiöse Artikel. Die stark befahrene Thanon Mahachai hinauf, gelangt man am Eingang zuerst zum einfachen Tempel **Wat Theptidaram** 14 und nördlich des kleinen Klongs zum **Wat Ratchanatdaram** 15. In der Gebetshalle, dem Vihara, steht eine Statue von König Rama III., dessen Nichte den Tempel errichten ließ.

Ein ungewöhnliches, indisch anmutendes Bauwerk erhebt sich hinter dem Bot, der **Loha Prasat** 16. 37 kleine Türmchen stehen auf drei quadratischen, pyramidenförmig angeordneten Ebenen. Schachbrettartig verlaufen schmale Gänge durch die untere Ebene, von der aus eine Wendeltreppe bis in die 36 m hohe Spitze hinaufführt, von wo sich eine gute Aussicht bietet. Versteckt in der unteren Ebene findet sich eine Ausstellung zur Rolle von König Rama III. beim Bau des Loha Prasat (Eintritt 20 Baht, tgl. 9–17 Uhr).

Golden Mount – Wat Saket 17

Thanon Chakkaphatdi Phong,
tgl. 8–19 Uhr, Eintritt 100 Baht inkl. Getränk

An der Thanon Mahachai hat man Reste der einstigen **Stadtmauer** und das Fort Mahakan restauriert. Von einem Pier nahe der Brücke legen Boote ab, die in den Osten der Stadt fahren. Dahinter ragt weithin sichtbar der Chedi von **Wat Saket** empor – auch als Golden Mount, goldener Berg, bekannt.

Bereits unter Rama I., in der Ausbauphase der neuen Hauptstadt, wurde das Kloster errichtet. Der Enkel des ersten Chakri-Königs, Rama III., begann den künstlichen Hügel anzulegen, auf dem der Chedi thront. Die Arbeiten konnten aber erst unter König Rama IV. (Mongkut) abgeschlossen werden. Als Briten und Franzosen Ende des 19. Jh. auch in Südostasien ihre Rivalitäten austrugen, vollführte das Empire eine Geste höchster diplomatischer Bedeutung: Lord Curzon, Vizekönig von Indien, übergab König Chulalongkorn eine Buddhareliquie, die man im Geburtsort des Religionsstifters, Kapilavastu, gefunden hatte. Sie wird seither im vergoldeten Chedi auf dem Berg aufbewahrt.

Heute führen lange Treppen den Hügel hinauf, von dessen luftiger Kuppe man besonders zum Sonnenuntergang eine wunderbare Aussicht auf die Altstadt bis hin zu den Wolkenkratzern hat.

Alljährlich im zwölften Monat des Mondkalenders, im November findet auf dem Gelände des Wat Saket das Golden Mount Festival statt, ein große Volksfest und Wallfahrt zugleich. Mönche pilgern hinauf zum Chedi, während sich die meisten Besucher mit anderen Dingen vergnügen, die mit Religion so gar nichts zu tun haben. Und was wäre ein Volksfest ohne die zahlreichen Garküchen und Essensstände, die für wenig Geld so ziemlich alles verkaufen, was Thailands Küche zu bieten hat.

Thanon Ratchadamnoen und Banglampoo

König Rama V. ließ die **Thanon Ratchadamnoen** als einen Prachtboulevard anlegen, der den Königspalast mit der Thronhalle verband.

Rattanakosin Exhibition Hall 18

Thanon Ratchadamnoen 100, Tel. 02-621 00 44, www.nitasrattanakosin.com, Di–So 10–17 Uhr, (bei Redaktionsschluss wegen Renovierungsarbeiten geschlossen), Eintritt 100 Baht, Kinder und Besucher ab 60 Jahre kostenlos, Audioguide gegen Pfand 1000 Baht oder Abgabe des Passes.

In der nicht ganz gelungenen Ausstellung wird die Stadtentwicklung während der Chakri-Dynastie auf einer zweistündigen Tour dar-

Bangkok

(Karte S. 136–137)

Sehenswert

1 – 22 s. Cityplan S. 124
23 Nationalmuseum der königlichen Barken
24 Wat Arun
25 Wat Kalayanamit
26 Kirche Santa Cruz
27 Wat Prayurawongsawat
28 – 33 s. Cityplan S. 144
34 Chitralada-Palast
35 Wat Benchamabophit
36 Jim Thompson House
37 Baiyoke Sky Tower/Skybar
38 Sea Life Bangkok Ocean World/Madame Tussaud's
39 Erawan-Schrein
40 Schlangenfarm
41 Lumphini Park
42 Patpong
43 King Power Mahanakhon
44 Kirche St. Xavier
45 Tempel Sri Mariamman
46 Assumption Cathedral
47 East Asiatic Company
48 Thailand Creative and Design Center
49 Portugiesische Botschaft
50 Rosenkranzkirche
51 MOCA (Museum of Contemporary Art)
52 Bangkok Art & Culture Centre (BACC)

Übernachten

1 Mandarin Oriental Bangkok
2 The Sukhothai Bangkok
3 The Peninsula Bangkok
4 The St. Regis Bangkok
5 Hansar Bangkok
6 Eastin Grand Hotel
7 LiT Bangkok
8 Aspira 12th Avenue Hotel
9 Rembrandt Hotel
10 Night Hotel Bangkok
11 Buddy Lodge Hotel
12 Niras Bankoc Cultural Hostel
13 Thanabumi
14 BB House Rambuttri

Essen & Trinken

1 Manohra
2 Eat Me
3 Ban Chiang
4 Blue Elephant
5 Rang MahalJ125
6 Isao
7 Seven Spoons
8 Khinlom Chomsaphan
9 Hemlock
10 Din Tai Fung
11 Suda
12 Unbranded Cafe
13 Essensmarkt am Wat Ta Khian

Einkaufen

1 Amulettmarkt
2 Yodpiman Flower Market
3 ICONSIAM
4 Old Siam Plaza
5 Pahurat-Markt
6 Thewet Blumenmarkt
7 MBK (Mah Boon Krong Center)
8 Siam Square
9 Siam Paragon (u. a.S Kinokuniya, Foodcenter)
10 Platinum Fashion Mall
11 Central World/Red Sky Bar
12 Central Embassy/Eathai
13 Terminal 21 (Foodcourt)
14 Emporium/Kinokuniya und EmQuartier Shopping Complex
15 Train Night Market (Talad Rod Fai)
16 Jim Thompson
17 River City
18 Asiatique The Riverfront
19 Chatuchak Weekend Market
20 Night Market Ratchada

Abends & Nachts

1 Nationaltheater
2 The Club
3 Adhere the 13th Blues Bar
4 Brown Sugar
5 Sala Chalermkrung Royal Theatre
6 Saxophone
7 Route 66
8 Hard Rock Café
9 Above Eleven
10 The Living Room
11 Goethe-Institut
12 Vertigo Grill & Moon Bar
13 Sky Bar
14 Park Society
15 Calypso Cabaret

Aktiv

1 Velo Thailand
2 Grasshopper Adventures
3 Rajadamnern Stadium
4 World Fellowship of Buddhists
5 Banyan Tree Spa
6 Oriental Spa
7 Queen Sirikit Park
8 Lumpinee Boxing Stadium Ramintra

s. auch Detailpläne S. 124, 144, 155

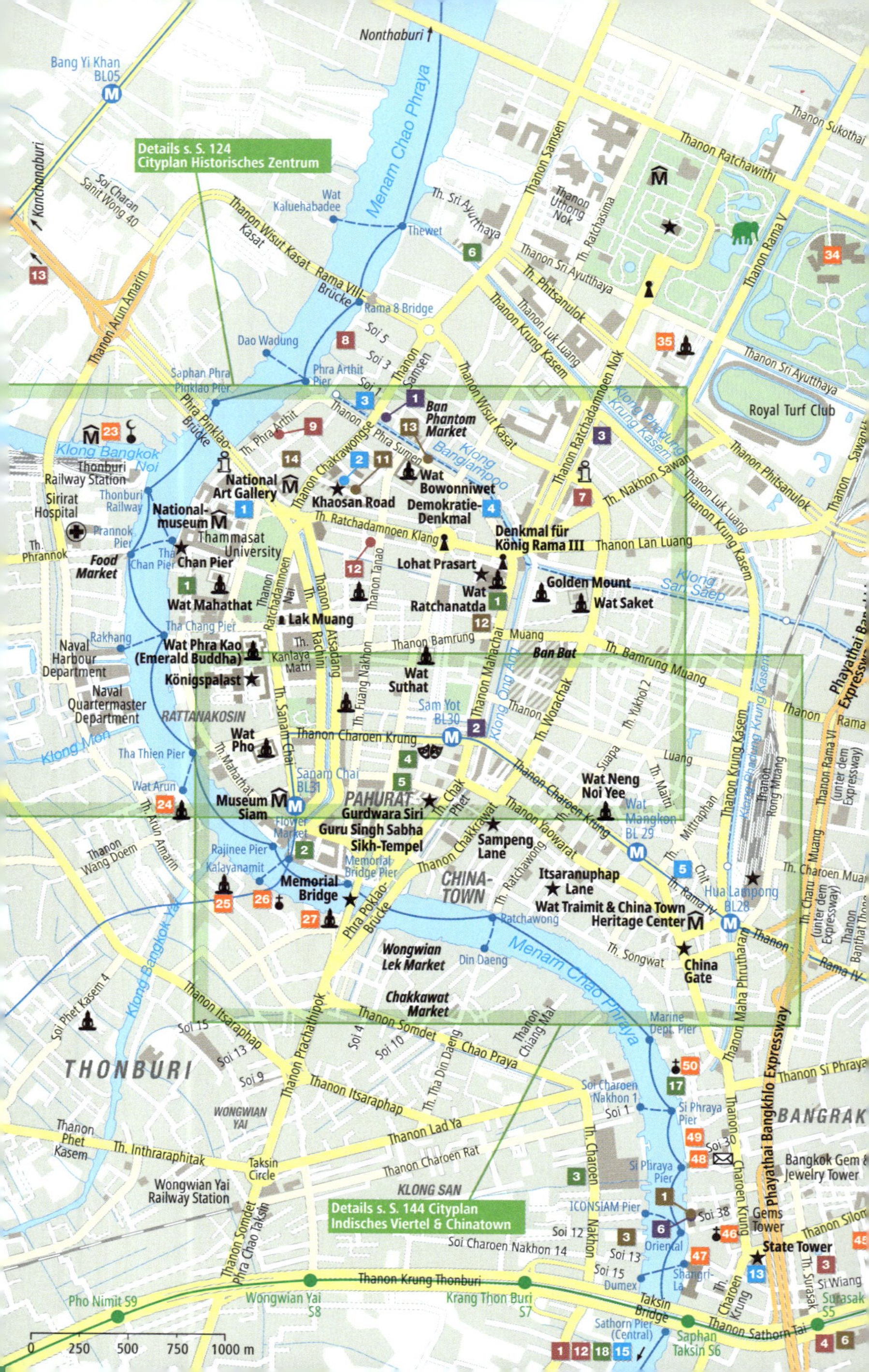

Details s. S. 124
Cityplan Historisches Zentrum
Details s. S. 144 Cityplan
Indisches Viertel & Chinatown
Menam Chao Phraya
Nonthaburi
Bang Yi Khan BL05
Kanchanaburi
Thewet
Rama 8 Bridge
Phra Arthit Pier
Ban Phantom Market
Khaosan Road
Wat Bowonniwet
Demokratie-Denkmal
Denkmal für König Rama III
National Art Gallery
National-museum
Thammasat University
Chan Pier
Wat Mahathat
Lak Muang
Lohat Prasart
Wat Ratchanatda
Golden Mount
Wat Saket
Ban Bat
Wat Phra Kao (Emerald Buddha)
Königspalast
Wat Suthat
RATTANAKOSIN
Wat Pho
Museum Siam
PAHURAT
Gurdwara Siri Guru Singh Sabha Sikh-Tempel
Sampeng Lane
Wat Neng Noi Yee
CHINA-TOWN
Itsaranuphap Lane
Wat Traimit & China Town Heritage Center
China Gate
Hua Lampong BL28
Memorial Bridge
Wongwian Lek Market
Chakkawat Market
Royal Turf Club
THONBURI
WONGWIAN YAI
Taksin Circle
Wongwian Yai Railway Station
KLONG SAN
BANGRAK
Bangkok Gem & Jewelry Tower
Gems Tower
State Tower
Taksin Bridge
Saphan Taksin S6
Sathorn Pier (Central)
Pho Nimit S9
Wongwian Yai S8
Krang Thon Buri S7
Phayathai Bangkhlo Expressway
Food Market
Sirirat Hospital
Thonburi Railway Station
Naval Harbour Department
Naval Quartermaster Department
0 250 500 750 1000 m

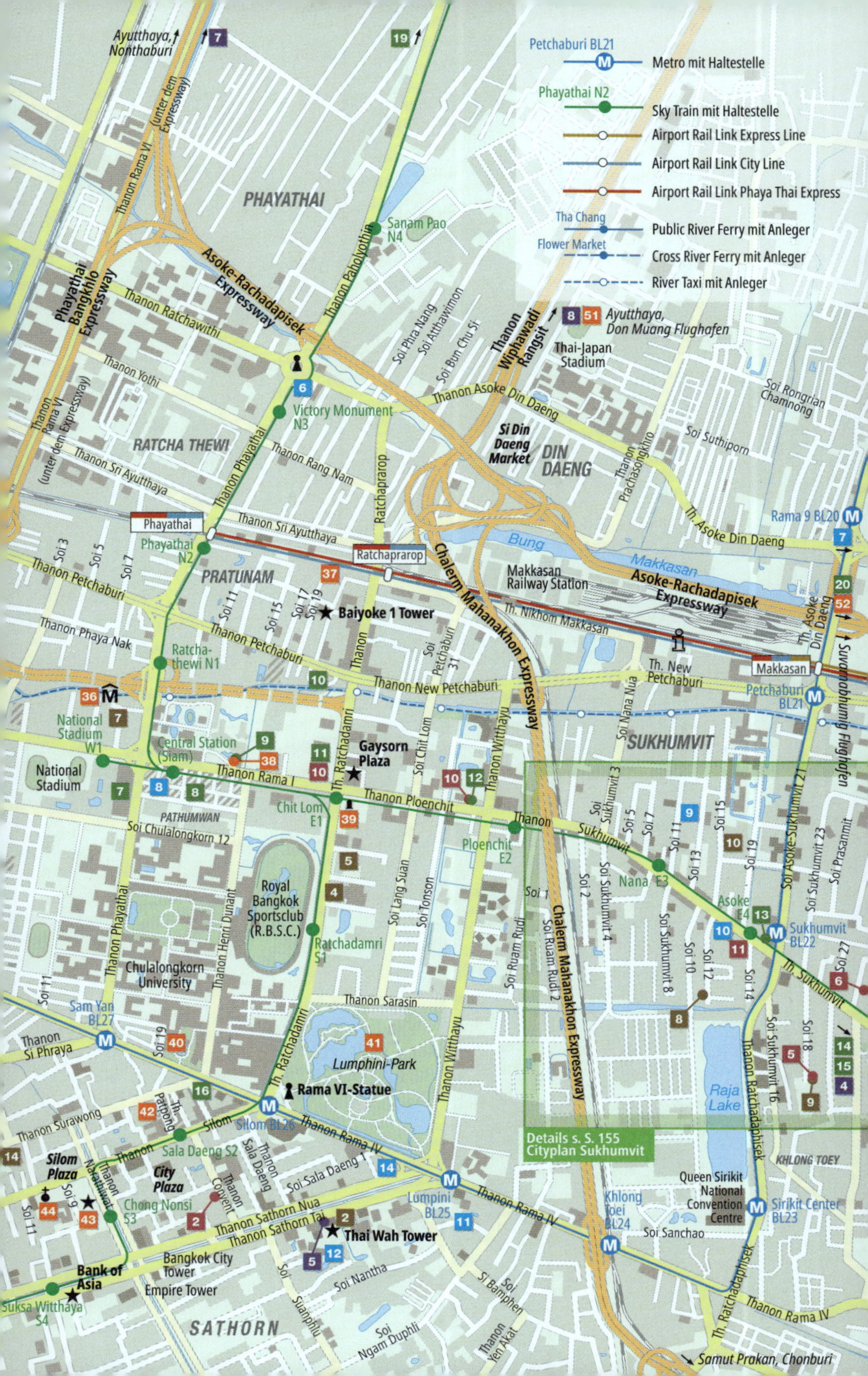

Petchaburi BL21
Metro mit Haltestelle
Phayathai N2
Sky Train mit Haltestelle
Airport Rail Link Express Line
Airport Rail Link City Line
Airport Rail Link Phaya Thai Express
Tha Chang
Public River Ferry mit Anleger
Flower Market
Cross River Ferry mit Anleger
River Taxi mit Anleger
Ayutthaya, Nonthaburi
PHAYATHAI
Sanam Pao N4
Thanon Paholyothin
Asoke-Rachadapisek Expressway
Phayathai Bangkhlo Expressway
Thanon Rama VI
Thanon Ratchawithi
Thanon Yothi
Ayutthaya, Don Muang Flughafen
Thai-Japan Stadium
Thanon Wiphawadi Rangsit
Soi Phra Nang
Soi Atthawimon
Soi Bun Chu Si
Victory Monument N3
Thanon Asoke Din Daeng
Soi Rongrian Chamnong
Soi Suthiporn
RATCHA THEWI
Thanon Phayathai
Thanon Rang Nam
Ratchaprarop
Si Din Daeng Market
DIN DAENG
Thanon Prachasongkhro
Thanon Rama VI (unter dem Expressway)
Thanon Sri Ayutthaya
Phayathai
Phayathai N2
Ratchaprarop
Rama 9 BL20
Bung Makkasan
Th. Asoke Din Daeng
Makkasan Railway Station
Th. Nikhom Makkasan
PRATUNAM
Baiyoke 1 Tower
Chalerm Mahanakhon Expressway
Thanon Petchaburi
Thanon Phaya Nak
Ratchathewi N1
Thanon New Petchaburi
Th. New Petchaburi
Makkasan
Petchaburi BL21
Suvarnabhumi Flughafen
National Stadium W1
National Stadium
Central Station (Siam)
Thanon Rama I
Gaysorn Plaza
Th. Ratchadamri
Chit Lom E1
Thanon Ploenchit
Thanon Witthayu
Soi Nana Nua
SUKHUMVIT
Thanon Sukhumvit
Ploenchit E2
Nana E3
Asoke E4
Sukhumvit BL22
PATHUMWAN
Soi Chulalongkorn 12
Royal Bangkok Sportsclub (R.B.S.C.)
Ratchadamri S1
Soi Lang Suan
Soi Tonson
Soi Chit Lom
Soi Ruam Rudi
Soi Ruam Rudi 2
Chulalongkorn University
Thanon Henri Dunant
Thanon Sarasin
Sam Yan BL27
Thanon Si Phraya
Lumphini-Park
Rama VI-Statue
Silom BL26
Thanon Rama IV
Raja Lake
Thanon Ratchadaphisek
Details s. S. 155
Cityplan Sukhumvit
KHLONG TOEY
Thanon Surawong
Th. Patpong
Silom Plaza
City Plaza
Sala Daeng S2
Thanon Sala Daeng
Soi Sala Daeng 1
Thanon Convent
Chong Nonsi S3
Lumpini BL25
Queen Sirikit National Convention Centre
Sirikit Center BL23
Khlong Toei BL24
Soi Sanchao
Thanon Sathorn Nua
Thanon Sathorn Tai
Thai Wah Tower
Bangkok City Tower
Empire Tower
Bank of Asia
Suksa Witthaya S4
Soi Nantha
Soi Suanphlu
Soi Ngam Duphli
Soi Si Bamphen
Thanon Yen Akat
SATHORN
Samut Prakan, Chonburi

Menam – die Mutter des Wassers

Alle größeren Flüsse des Landes führen in ihrem Namen den Begriff Menam – in Thai Mutter des Wassers, denn das Wasser bringt, ebenso wie die Mutter, Leben auf die Welt. Die Abhängigkeit der traditionellen Reiskultur vom Wasser drückt sich in vielen thailändischen Festen aus.

Wenn mit dem Neujahrsfest Songkran ein neuer Erntezyklus beginnt, übergießen sich die Menschen mit Wasser, um die Hoffnung auf baldigen Regen auszudrücken. Im November, zum Ende der Regenzeit, feiert man Loi Krathong und lässt als Dank an die Göttin des Wassers kleine Boote mit Blumen, Räucherstäbchen und Kerzen auf Flüssen und Seen treiben.

Die natürlichen Wasserwege wurden bereits im 16. Jh. durch zahllose Kanäle miteinander verbunden, sodass ein leistungsfähiges Verkehrsnetz entstand. Frühe europäische Besucher bezeichneten Bangkok als das Venedig des Ostens. Bis zum Ausbau der Straßenverbindungen waren Flüsse und Kanäle die einzigen Transportwege. Auf ihnen reisten die Menschen, wurden schwere Bootsladungen mit Landesprodukten transportiert und Märkte abgehalten und noch heute gibt es etwa 3 Mio. Kilometer Wasserwege im Land. Das Leben an den Flüssen und Kanälen im Delta des Menam Chao Phraya ist eine Sehenswürdigkeit besonderer Art.

In Bangkok sind heutzutage nur noch wenige dieser Klongs verblieben, viele wurden im Zuge des Straßenausbaus zugeschüttet. Einige Kanäle, etwa der Klong Ong Ang, sind in den letzten Jahren gesäubert und ansehnlich verschönert worden. Auf der anderen Seite des Menam Chao Phraya in Thonburi finden sich hingegen noch viele Kanäle, die weitaus weniger von ihrer ursprünglichen Funktionsvielfalt eingebüßt haben.

Hier zeigt sich die Weltmetropole von ihrer ländlichen Seite. An den kleinen Seitenkanälen, weitab der großen Straßen, geht das Leben noch seinen traditionellen Gang. Die Häuser am Ufer sind von kleinen Gärten umgeben und besitzen, ebenso wie die Tempelanlagen, eigene kleine überdachte Anlegestellen, genannt Sala Tha Nam. Ein schöner Ort für einen Sonntagsbrunch ist beispielsweise der schwimmende Essensmarkt am Klong Bang Khu Wiang vor dem farbenfrohen Wat Ta Khian (Wat Takhian) in Bang Kruai (s. S. 157).

Mit etwas Fantasie kann man sich an den Seitenkanälen in die Zeit vor dem Straßenausbau zurückversetzen, die gar nicht so lange her ist. Bis heute begegnen sich die unterschiedlichen Bevölkerungsgruppen Bangkoks am Wasser. Überall führen von den überdachten Bootsstegen Treppen zum Kanal hinab. Überall kann man die gleichen Szenen beobachten: Bereits in der ersten Morgendämmerung warten die Frauen auf Mönche, die mit ihren schmalen, flachen Booten fast lautlos über das Wasser gleiten, um die Almosen der Gläubigen entgegenzunehmen. Gegenüber ist ein Mann mit der Morgentoilette beschäftigt und taucht eingeseift in die trüben Fluten. Auf dem Wasser, das von Obstbäumen, Bambus, Bananenstauden und Kokospalmen überschattet wird, treiben Inseln aus Wasserhyazinthen träge vorüber. Mit Schnellbooten *(rua hang yao)* werden uniformierte Kinder zur Schule gebracht. Eine alte Frau paddelt geruhsam ihr breites, mit Bananenstauden beladenes Boot heran und hält einen Schwatz mit den Nachbarn.

Klongboote erschließen das Labyrinth der Wasserstraßen, die noch den Großraum Bangkok durchfließen

Die Hausfrauen müssen nicht lange auf den schwimmenden Supermarkt warten, der sich durch lautes Hupen ankündigt. Frisches Fleisch, Fisch und Gemüse werden von einer anderen Händlerin angeliefert. Mittags erscheint das erste Nudelboot. Unter einem Sonnenschirm hockt hinter dem dampfenden, blankgeputzten Kessel der Koch inmitten seiner winzigen Küche. Dutzende von Schälchen und Flaschen enthalten alles für ein perfektes Mittagessen. Abgewaschen wird im Klong, doch das Wasser zum Kochen kommt aus einem großen Tonkrug, der auf dem kleinen Boot auch noch Platz hat. Auf dem Rückweg vom Markt winkt die alte Frau freundlich den Fremden zu – man kennt sich schon vom Vormittag.

Eine Gruppe braungebrannter, nackter Kinder tobt im Wasser herum. Sie wachsen am Klong auf und können oft schon schwimmen, bevor sie laufen lernen. Die abendliche Stille wird durch das laute Dröhnen eines *rua kaem* gestört, ein grellbuntes, schlankes Rennboot, das wie ein Pfeil vorüberflitzt und noch lange mit seinen hohen Wellen das Wasser in Unruhe versetzt. Wenn die Nacht anbricht, wird es ruhig am Klong, nur noch das Summen zahlloser Moskitos stört den abendlichen Frieden.

Doch Schnellstraßen und Hochhäuser haben die althergebrachten Strukturen im Laufe der Jahre verändert. Sobald eine Straße die von Kanälen durchzogene Landschaft erschlossen hat, wenden sich die Menschen vom Wasser ab. Mit der Straße kommen Bodenspekulanten, Neubauten schießen wie Pilze aus dem Boden und die weniger finanzkräftigen Anwohner müssen oft ihre Häuser verlassen.

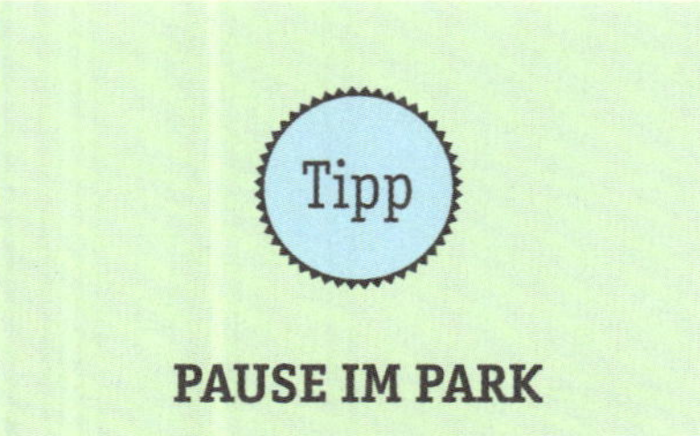

PAUSE IM PARK

Geht man von Wat Bowonniwet Richtung Fluss, so trifft man in der Thanon Phra Athit auf den kleinen **Santi Chai Prakan Park** 22, der das restaurierte Phra Sumen Fort und einen königlichen Pavillon umgibt. Er eignet sich für eine erholsame Pause. Von hier aus verläuft ein Fußweg am Fluss entlang zur Phra-Pin-klao-Brücke.

gestellt. Es gibt auch eine Aussichtsplattform mit kleinem Café.

Ein Stück weiter Richtung Fluss ist inmitten des Kreisverkehrs das **Demokratie-Denkmal** 19 zu sehen, das an den 1932 erfolgten Staatsstreich und das Ende der absoluten Monarchie erinnert. An der Thanon Ratchadamnoen, Ecke Thanon Tanao, wird am **Memorial des 14. Oktober 1973** der blutigen Niederschlagung der Studentenunruhen (s. S. 47) gedacht.

Banglampoo

Noch in den 1970er-Jahren wurden im traditionellen Einkaufsbezirk **Banglampoo** vor allem Textilien und Stoffe verkauft. Mittlerweile wirken die wenigen verbliebenen Teakhäuser in den Gassen, die kleinen Läden mit Brautmode, Silberschmuck und alteingesessenen Schneidern etwas verloren inmitten der sechsstöckigen modernen Betonbauten und klimatisierten Läden, der Cafés und Straßenrestaurants, in denen sich Südostasienneulinge, Backpacker aus aller Welt und Einheimische treffen.

Gästehäuser für Traveller, einfache Bretterverschläge mit Gemeinschaftsdusche, schossen hier in den 1980er- und 1990er-Jahren wie Pilze aus dem Boden. Ausgehend von der **Khaosan Road** 20 breiteten sie sich in den Gassen und Straßen der Umgebung und rings um das Wat Chanasongkhram bis zur Thanon Phra Athit am Menam Chao Phraya und in Richtung Norden über den Kanal hinaus bis Samsen aus. Ihnen folgten Restaurants, Reisebüros und Souvenirläden.

Mittlerweile hat sich das touristische Angebot, das ursprünglich ausschließlich auf ein junges, preisbewusstes Publikum abzielte, gewandelt. Viele Gästehäuser haben sich den gestiegenen Ansprüchen der Besucher angepasst und ihren Standard dem der Hotels angeglichen. Mittlerweile bummeln Touristen jeglichen Alters durch die ab 17 Uhr zur Fußgängerzone umgestaltete Khaosan Road. Sie lassen sich Zöpfchen flechten, ein mehr oder weniger permanentes Tattoo machen, vom Angebot der zahllosen kleinen Geschäfte und Straßenstände zum Stöbern verlocken und genießen es, bei einem Cocktail dem Treiben der internationalen Backpackerszene zuzusehen. Selbst internationale Modedesigner sollen hier bereits gesichtet worden sein, denn Anregungen gibt es genug.

Auch bei jungen Thais sind die Restaurants und Cafés von Banglampoo angesagt, wenngleich sie überwiegend in der Thanon Phra Athit essen gehen, wo sich kleine Studentenrestaurants und -bars auf den einheimischen Geschmack eingestellt haben. Mit modernen Bars und Cafés zeigt sich die Khaosan Road rings um das **Buddy Lodge Hotel** 11, in den angrenzenden Gassen und in der östlichen Soi Rambuttri, die parallel zur Khaosan Road verläuft.

Wat Bowonniwet 21

248 Phra Sumen Rd., tgl. 8–17 Uhr, Eintritt frei

An der Einmündung der Thanon Tanao in die Thanon Phra Sumen steht an einem ovalen Platz der Tempel **Wat Bowonniwet** (Wat Bowon). Bevor Rama IV. seinem Halbbruder auf den Thron folgte, lebte er dort 17 Jahre lang als Abt und gründete während dieser Zeit die Dhammayuti-Sekte, die der reinen Lehre mit ihren strengen Regeln verpflichtet war. Auch mehrere seiner Nachfolger verbrachten vor ihrer Krönung einige Zeit als Mönche in diesem berühmten Kloster. Noch heute befindet sich im Tempel die Pali-Schule der Mahamonkut- Buddhist-Universität.

An den vergoldeten **Chedi** schließen sich im Norden und Süden je eine T-förmige Gebetshalle an. Im **Bot** gegenüber dem Haupteingang steht der 4 m hohe Bronzebuddha Phra Buddha Chinasara aus der Sukhothai-Periode. Die Wandfresken aus der Zeit von König Chulalongkorn zeigen, im Gegensatz zu den meisten anderen Tempelwandmalereien, die man in Thailand sieht, einen europäischen Stil mit Perspektive und Schatten. Auch die Motive weisen auf europäische Einflüsse hin.

Thonburi

Cityplan: S. 136

Noch zum Ende des letzten Jahrhunderts lag die Schwesterstadt Bangkoks am Westufer des Menam Chao Phraya im Schatten der Metropole, sie galt als zurückgeblieben und wenig attraktiv. **Thonburi** war das Viertel auf der anderen Seite des Flusses, die andere, verschlafene Seite der dynamischen Metropole, in dem noch traditionelle Holzhäuser und ein geruhsameres Leben den Ton angaben. Zudem war Thonburi wegen der notorisch verstopften Straßen – wie seit Jahrhunderten – besser mit dem Boot als mit dem Pkw erreichbar.

Mit dem Bau neuer Brücken, mehrspuriger Schnellstraßen und dem Ausbau des öffentlichen Nahverkehrsnetzes hat Thonburi stark an Attraktivität gewonnen. Das verdeutlichen viele Neubauten und Hochhäuser am Ufer des Chao Phraya und entlang der Verkehrsachsen. Noch gibt es sie, die öffentlichen Boote, die auf den breiten Kanälen verkehren, die kleinen Taxiboote, mit denen die Holzhäuser an schmalen Klongs erreichbar sind und die schwimmenden Garküchen und Minimärkte. Doch es ist nur eine Frage der Zeit, bis sie auch aus den Außenbezirken verschwunden sind und sich Thonburi von den traditionellen Wasserwegen hin zur Straße orientiert.

Nationalmuseum der königlichen Barken 23

Klong Bangkok Noi, Phra Pinklao Pier (N12) oder per Taxi und Laufen, tgl. 9–17 Uhr, Eintritt 100 Baht, Fotoerlaubnis 100 Baht

Acht der insgesamt 52 königlichen Barken sind in einem Bootsschuppen am Klong Bangkok Noi gegenüber dem Thonburi-Bahnhof zu sehen. Eine kleine Ausstellung informiert darüber, dass ähnliche Barken bereits an prunkvollen zeremoniellen Prozessionen der Ayutthaya-Könige teilnahmen.

In der Bootshalle können vier der prunkvollsten Barken besichtigt werden: Die graziöse, 46 m lange **Sri Suphannahong** mit der mythologischen Hamsa-Gans, Reittier von Brahma, ist der längste Einbaum der Welt und dem König vorbehalten, während die **Ananta-Nagaraj-Barke** mit der siebenköpfigen Naga-Schlange eine heilige Buddhastatue trägt. Die **Anekajati Bhujonga** ist das älteste Boot und stammt aus der Zeit von König Rama V. Die jüngste Barke **Narai Song Subana** mit einer großen Garudastatue am Bug wurde 1996 zum Goldenen Thronjubiläum von König Rama IX. gebaut. Während der zu ganz besonders feierlichen Anlässen stattfindenden Prozession werden diese Barken von vielen weiteren Booten begleitet.

Wat Arun 24

Thanon Arun Amarin, Fähren vom Tha Thien Pier (N8) hinter dem Wat Pho, tgl. 8.30–18 Uhr, Eintritt 100 Baht, s. Abb S. 117

Gegenüber von Wat Pho liegt auf der anderen Seite des Flusses in Thonburi der berühmte Tempel **Wat Arun.** Besonders in der Morgenröte, wenn die bunten chinesischen Keramik- und Porzellanscherben das Licht reflektieren, bietet der 67 m hohe Prang einen geradezu majestätischen Anblick.

Vier steile Treppen führen auf einen hohen Sockel hinauf, auf dem der zentrale **Prang** emporragt, der wiederum von vier kleineren umgeben ist. Sie symbolisieren den heiligen Berg Meru, das buddhistische Universum. In den Nischen der kleinen Türme und am Ende jeder Treppe stehen mythologische Figuren: der Windgott Phra Pai auf dem wei-

EINE KLONGTOUR IN THONBURI

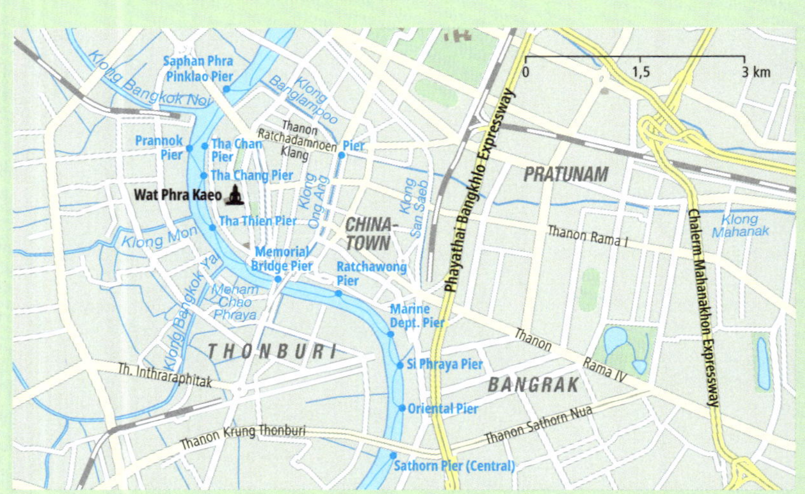

Tour-Infos

Start: Tha Chang Pier, Tha Thien Pier, River City Pier, Oriental Pier oder Sathorn Pier (Central)
Beste Zeit: frühmorgens
Dauer: 1–2 Std.
Tipp: Der Preis ist meist überhöht und Handeln erforderlich. Zudem sollte die Dauer und Route genau abgesprochen sein und Einkaufsstopps gemieden werden.

Thonburi ist von zahlreichen Kanälen durchzogen. Wer die ursprünglicheren dieser Klongs kennenlernen möchte, sollte einen der großen Kanäle etwa 30 Minuten hinauffahren und dann in einen der Seitenkanäle abzweigen. Oft sind sie so schmal, dass sie nur mit kleinen Booten befahrbar sind. Wer eine ein- bis zweistündige Tour durch das Gewirr der schmalen Seitenkanäle anstrebt, sollte sich ein Boot chartern. An vielen Anlegestellen in Bangkok, etwa am **Tha Chang Pier,** am **Tha Thien Pier** oder am **Oriental Pier** werden Langboote, *hang yao,* vermietet, die hohe Geschwindigkeiten erreichen können.
Mit großen Langbooten fahren nachmittags Pendler nach Bedarf vom Tha Chang Pier hinter dem Wat Phra Kaeo den **Klong Bangkok Noi** hinauf nach Bang Yai und in den **Klong Bangkok Yai** sowie die abzweigenden Kanäle ab. Vom Tha Thien Pier kann man außerdem auf dem **Klong Mon** fahren.

ßen Hengst reitend und Gott Indra mit seinem Reittier, dem dreiköpfigen Elefanten Erawan. Reliefs mit grimmigen Tempelwächtern *(yaksha)* und graziösen Vogelmenschen *(kinnara)* schmücken die Tempeltürme. Der zentrale Prang ist von vier **Mondhops** (Tempelbibliotheken) eingefasst, in denen wichtige Episoden aus Buddhas Leben dargestellt sind.

Nur wenige Besucher finden den Weg zu dem mit bunten Porzellanblumen dekorierten **Bot** nordwestlich des Prang. Hier stand zwei Jahre lang der Smaragdbuddha, bevor er 1782 in das Wat Phra Kaeo gebracht wurde (s. S. 126). Im Innenhof, umgeben von einem in grellen Farben bemalten Wandelgang mit Buddhastatuen und Bronzeelefanten, gibt es zahlreiche chinesische Steinstatuen zu bewundern. Am Abend bietet der angestrahlte Tempel besonders vom gegenüberliegenden Ufer einen imposanten Anblick.

Wat Kalayanamit 25

Soi Wat Kalaya, Fähre vom Rachini-Pier, tgl. 6–17 Uhr

Südlich der Einmündung des Klong Bangkok Yai erhebt sich am Ende der Soi Wat Kanlaya das hohe Dach des Vihara von **Wat Kanlayanimit**. Besonders bei Chinesen genießt der riesige sitzende Buddha, der im Innern des Vihara thront, große Verehrung. Im Vorhof hängt die größte Bronzeglocke des Landes.

Kirche Santa Cruz 26

Thanon Thetsaban Soi 1, Fähren (keine Expressboote) vom Rachini Pier, tgl. 6–20 Uhr

Die Kirche Santa Cruz, die auch **Wat Kuti Cheen** genannt wird, stammt aus dem Jahr 1916. Neben der Kirche steht in einer Grotte eine Marienfigur, die von den Christen der Stadt mit Jasminkränzen geschmückt wird – in Analogie zu den Ritualen, die es für Buddhastatuen und Hindu-Götter gibt.

Bereits in der zweiten Hälfte des 18. Jh. existierte hier, im Zentrum des ehemaligen portugiesischen Viertels, ein christliches Gotteshaus. Europäische Geschäftsleute hatten sich seit dem 16. Jh. vermehrt in dieser Gegend niedergelassen. Profane Gebäude aus dieser Zeit sind nicht erhalten.

Wat Prayurawongsawat 27

Thanon Prajadhipok, Fähren ab Memorial Bridge Pier oder man geht zu Fuß über die Brücke, tgl. 7–18 Uhr

Nahe der 1932 errichteten Memorial Bridge, der ersten Straßenverbindung zwischen Bangkok und Thonburi, die später, als sie den zunehmenden Verkehr nicht mehr bewältigen konnte, später durch die parallele Phra-Pokklao-Brücke entlastet wurde, steht **Wat Prayunwongsawat**. Der interessante Tempel wurde im 19. Jh. errichtet. Rama III. soll persönlich den Bau der künstlichen Felseninsel angeordnet haben. Sie ist von einem Teich umgeben, in dem Hunderte von Schildkröten leben. Auf der Insel stehen zahlreiche winzige Tempel, Pagoden, Kirchen und andere Häuser, welche die Asche von Verstorbenen enthalten.

ICONSIAM 3

Thanon Charoen Nakhon Soi 5, BTS Charoen Nakhon, tgl. 10–22 Uhr

Das riesige Einkaufszentrum und die gigantischen Türme der benachbarten Luxuscondominiums thronen am Flussufer als das augenfälligste Symbol des Zeitenwandels der Thonburi-Seite. Auch westlich des Chao Phraya strebt die Stadt immer mehr in die Höhe, wird es immer teurer und bunter. Der kitschige Foodcourt **Sooksiam** im Erdgeschoss ist einem schwimmenden Markt nachempfunden und beherbergt in Nachbauten klassischer Thai-Holzhäuser Restaurants mit allerlei Regionalküchen – ein guter Ort, um sich durch Thailand zu schlemmen.

Indisches Viertel und Chinatown

Cityplan: S. 144

Zu den Wohnquartieren mit langer Tradition gehören das indische und das chinesische Viertel südlich der Altstadt. Als Auftakt für Ihren Besuch bietet sich der **Yodpiman**

Indisches Viertel und Chinatown

Sehenswert

- 28 Gurdwara Siri Guru Singh Sabha
- 29 Sampeng Lane
- 30 Wat Mangkon Kamalawat
- 31 China Gate
- 32 Wat Traimit/Chinatown Heritage Center
- 33 eh. Hbf. Hua Lamphong

Einkaufen

- 2 Yodpiman Flower Market
- 4 Old Siam Plaza
- 5 Pahurat-Markt

Abends & Nachts

- 4 Brown Sugar
- 5 Sala Chalermkrung Royal Theatre

s. auch Cityplan S. 136

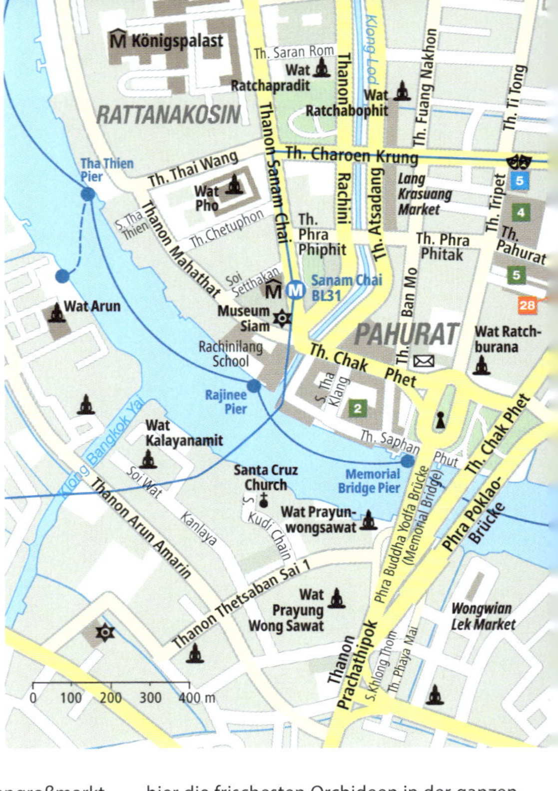

Flower Market 2, der Blumengroßmarkt, an. Danach laden die schmalen Gassen des indischen Viertels rings um den **Pahurat Markt** oder in der Chinatown rings um die **Sampeng Lane** zum Stöbern und Shoppen ein. Hier scheint die Zeit stehengeblieben zu sein.

Pahurat

Yodpiman Flower Market

Thanon Mahathat, River Walk am Fluss, rund um die Uhr

Unweit der Doppelbrücke über den Menam Chao Phraya wurden früher an dem fast 1000 m langen Landesteg des städtischen Großmarktes Pak Klong Talaat rund um die Uhr tonnenweise Lebensmittel entladen.

In mehreren hohen, alten Hallen hat heutzutage der Blumengroßmarkt überlebt, auf dem Erzeugnisse aus dem ganzen Land angeboten werden. Ab Mitternacht erhält man hier die frischesten Orchideen in der ganzen Stadt. Der Besuch des Marktes ist ein buntes Erlebnis.

Old Siam Plaza 4

66 Charoen Krung

Das **Old Siam Plaza** liegt auf dem Gelände des ehemaligen Ming-Muang-Marktes an der Thanon Tripet. Das fünfstöckige Einkaufszentrum lohnt vor allem für den Kauf von klassisch gestalteten Textilien, Seide und Porzellan und traditionellen Thai-Süßigkeiten. Es wurde in Anlehnung an den traditionellen Baustil des Marktes recht offen und unter Verwendung von vielen traditionellen Keramiken und Bleiglas rings um drei überglaste Innenhöfe angelegt.

Sala Chalermkrung Royal Theatre 5

66 Charoen Krung Road, MRT Sam Yot, www.salachalermkrung.com, Tel. 02-225 87 57-8, Ti-

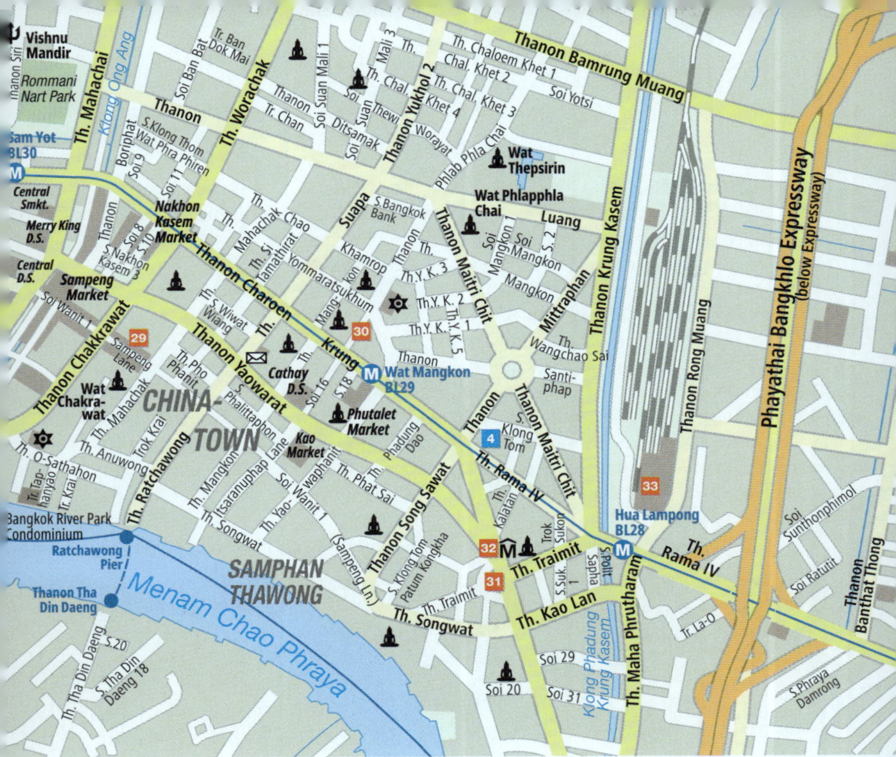

ckets tgl. 10–18 Uhr, Shows ab 400 Baht, im Eintrittsticket zum Königspalast inkl.

An das Einkaufszentrum grenzt nördlich das königliche Khon-Theater **Sala Chalermkrung Royal Theatre.** Es wurde 1932 als Geschenk von König Rama VII. an sein Volk anlässlich des 150. Jahrestags der Gründung Bangkoks eröffnet. Auf der Bühne des ganz im alten Stil restaurierten ehemaligen Kinos an der Ecke von Thanon Tripet und Thanon Chalerm Krung finden am Wochenende Khon-Theateraufführungen statt.

Pahurat-Markt 5

Thanon Pahurat

Südlich des Old Siam Plaza Einkaufszentrums lockt der indische Markt. Hier wählen die vornehmlich indischen Schneider ihre Stoffe aus. In unglaublicher Vielfalt gibt es alles, was das Herz nur begehrt, von bunten Saris und traditionellen Wickelröcken bis hin zu Perlmuttknöpfen und Pailletten. Der Duft von Currys und Räucherstäbchen liegt in der Luft. Die goldene Kuppel des Sikh-Tempels **Gurdwara Siri Guru Singh Sabha** 28 überragt die Hallen.

Chinatown

Die **Chinatown** östlich von Pahurat ist eines der am dichtesten besiedelten Viertel der Stadt. Etwa 9 Mio. Chinesen leben zum Teil schon seit Generationen in Thailand. Sie sind gesellschaftlich weitaus besser als in anderen Ländern integriert. Dennoch haben sie viele ihrer Traditionen und Überlieferungen bewahrt, sodass sich während der chinesischen Feiertage, etwa zum Fest der hungrigen Geister im siebten Monat des chinesischen Jahres, zum Mondkuchenfest Mitte des achten Monats und während der Neujahrsvorbereitungen im Januar/Februar, ein Besuch der Chinatown besonders lohnt. Während des dreitägigen Chinesischen Neujahrsfestes selbst sind alle Läden geschlossen.

Sampeng Lane und Itsaranuphap Lane

Vor allem die **Sampeng Lane** 29 bietet noch echte Basaratmosphäre. Die Häuser stehen dicht gedrängt. Aus den Läden quellen die Utensilien bis weit in die Gasse hinein, darunter viel Billigplastik aus China. Dazwischen werden an Garküchen in aller Ruhe Suppen, Hähnchenflügel und andere Snacks zubereitet. Passanten müssen sich mühsam einen Weg bahnen. Außer Handkarren und Fahrrädern, die zum Warentransport benutzt werden, sowie einigen Motorrädern verkehren hier keine Fahrzeuge. Dafür wird gehandelt, verkauft und lautstark für all die aufgetürmten Waren geworben: Stoffballen, Schuhe, Gläser, Plastikspielzeug und vieles mehr. Von den Decken hängen Obstkörbe, Taschen und Hüte, eine farbenprächtige Vielfalt, in der die Verkäufer nahezu verschwinden.

Gekreuzt wird die angeblich schmalste Gasse Bangkoks von der **Itsaranuphap Lane.** Hier, wie vielerorts in der Nähe von bedeutsamen Tempeln und Schreinen, bietet man alle für einen Tempelbesuch notwendigen Dinge feil, etwa dicke Bündel von Reispapier, die mit goldenen Schriftzeichen bedruckt sind, Räucherstäbchen und chinesische Glückwunschkarten. Für Begräbnisse

Purer Genuss: In Chinatown lassen sich Shoppen und Genießen herrlich kombinieren

gibt's aus buntem Papier und Bambus allerlei Modelle von Häusern, Flugzeugen, Autos und anderen höchst irdischen Gütern – wahre Kunstwerke, die dann im Laufe der Totenzeremonien in Flammen aufgehen. Auf dem Markt in der südlichen Itsaranuphap Lane lässt sich neben Krabbenchips, Obst und Gemüse so manche ungewöhnliche Zutat der chinesischen Küche entdecken.

Thanon Charoen Krung und Thanon Yaowarat

Die **Thanon Charoen Krung,** die so genannte New Road, war die erste Straße der Stadt, die König Mongkut 1862 auf Bitten der am Fluss ansässigen ausländischen Händler anstelle des alten Elefantenpfades ausbauen ließ. Heute bildet sie zusammen mit der Parallelstraße **Thanon Yaowarat** die Hauptschlagader der Chinatown; der dichte Verkehr ermöglicht kaum ein Durchkommen, ein Geschäft reiht sich an das andere, bunte Leuchtreklamen wetteifern um die Aufmerksamkeit der Passanten. Auf den Bürgersteigen verkaufen fliegende Händler Kleinkram und Schuster gehen ungerührt vom rings um sie herrschenden Trubel ihrem Handwerk nach.

Neben einem über 100 Jahre alten Goldladen werden chinesischer Tee und traditionelle chinesische Medizin verkauft. Die exotische Palette an gesundheitsfördernden Ingredenzien reicht von getrockneten Fröschen, Schlangen und Seepferdchen bis zu Schwalbennestern und zermahlenen Geweihen von Antilopen.

Wat Mangkon Kamalawat 30

Thanon Charoen Krung, zwischen Thanon Mangkon und Soi Issaraphap, tgl. 8–18 Uhr

Auf den bedeutendsten Mahayana-buddhistischen Tempel in Bangkok, auch **Wat Leng Noei Yi** genannt, weist inmitten der chinesischen Geschäftshäuser ein hohes, rotes Tor hin. In dem reich dekorierten Hauptgebäude herrscht vor allem an Festtagen dichtes Gedränge. Räucherstäbchen werden abgebrannt und Opfergaben dargebracht. In einem der kleineren Räume gehen Opfergaben aus Papier, wie symbolische Kreditkarten und Geldscheine mit hohen Beträgen, die man für ein paar Baht erstehen kann, in Flammen auf und finden ihren Weg zu den Ahnen im Jenseits.

Wat Traimit

661 Thanon Charoen Krung, www.facebook.com/WatTrimitrWithayaramWorawihan, Ausstellung, Di–So 8–17 Uhr, Eintritt Heritage Center 100 Baht; Wat tgl. geöffnet, 40 Baht

Zu Ehren des regierenden Königs errichtete die chinesische Gemeinde am südlichen Ende der Charoen Krung ein riesiges **China Gate** 31 als Eingangstor zur Chinatown. Nahe dem Tor befindet sich der meist besuchte Tempel von Chinatown, **Wat Traimit** 32. Dieser birgt als besondere Attraktion einen 5,5 t schweren

Buddha, der im 14. Jh. während der Sukhothai-Periode hergestellt wurde und zu mehr als 75 % aus purem Gold besteht. Eine Ausstellung im zweiten Stock des prächtigen Neubaus informiert über die verblüffende Geschichte des goldenen Buddhas. Als man im Mai 1955 zur Einweihung des neuen Tempels die Bronzestatue mit einem Kran an ihren Platz hieven wollte, riss ein Haken und krachend fiel der Buddha zu Boden. Am nächsten Morgen entdeckte man unter Bronze und Gips schimmerndes Gold und zur allgemeinen Überraschung kam ein goldener Buddha zum Vorschein. Möglicherweise sollte die Verkleidung die Figur einst vor plündernden Burmesen bewahren.

Der erste Stock mit dem interessanten **Chinatown Heritage Center** beleuchtet die Geschichte, Kultur und Lebensbedingungen der chinesischen Minderheit sowie die Beziehungen zu China.

Östlich des Klong Phadung Krung Kasem

Östlich des Tempels verläuft parallel zur Thanon Krung Kasem der Klong Phadung Krung Kasem. Bereits um die Mitte des 19. Jh. platzte die Stadt mit ihren 300 000 Einwohnern aus allen Nähten, weshalb sie mit dem Bau dieses Kanals halbkreisförmig erweitert wurde.

Jenseits des Klongs steht der ehemalige Hauptbahnhof **Hua Lamphong** 33 , ein Sackbahnhof, der 1890 nach dem Vorbild in Manchester erbaut wurde. Als in den benachbarten britischen und französischen Kolonien, die ersten Eisenbahngleise verlegt wurden, ließ König Rama V. (Chulalongkorn) Ingenieure aus Deutschland kommen, um Siam ebenfalls mit diesem modernen Verkehrsmittel auszustatten. Im Jahre 1900 fuhr der erste Zug von Bangkok über Ayutthaya nach Korat (Nakhon Ratchasima). Bereits 1918 war die Bahnlinie bis Padang Besar an der Grenze zu British Malaya, dem heutigen Malaysia, fertiggestellt und auch Chiang Mai war ein Jahr später mit dem Zug erreichbar. Mittlerweile ist der gigantische, neue Hauptbahnhof **Krung Thep Aphiwat** in der nördlichen Innenstadt in Betrieb genommen worden.

Dusit-Viertel

Die königlichen Sehenswürdigkeiten wie die Vimanmek Mansion und Anantasamakhom-Thronhalle sind seit der Thronbesteigung von Rama X. für die Öffentlichkeit leider nicht mehr zugänglich. Die **Thanon Ratchadamnoen** ließ Rama V. als Prachtboulevard nach europäischem Vorbild anlegen.

Als erster Herrscher unternahm König Chulalongkorn (Rama V.) auch ausgedehnte Auslandsreisen. Nachdem er mehreren Nachbarländern Besuche abgestattet hatte, hielt er sich 1897 acht Monate lang in Europa auf und besuchte u. a. Italien, Spanien, Russland und die Schweiz. Zehn Jahre später folgte er einer Einladung von König Edward VII. nach England. Unter den Eindrücken seiner Reisen ließ er um die Wende zum 20. Jh. das Land von europäischen Fachleuten umgestalten.

Chitralada-Palast 34

Im **Chitralada-Palast,** der aus den 1920er-Jahren stammt, residierte hinter hohen Mauern die Königsfamilie unter Rama IX. Das streng bewachte, große Areal kann nicht besichtigt werden.

Wat Benchamabophit 35

Thanon Sri Ayutthaya, Tel. 02-282 74 13, tgl. 9–18 Uhr, Eintritt 20 Baht

Der in einem Ruhe ausstrahlenden Park gelegene **Marmortempel** lohnt einen Besuch. Er wird allgemein so genannt, da für seinen Bau vor allem weißer Carrara-Marmor aus Italien verwandt wurde. Dieses edle Material und die Symmetrie der Proportionen verleihen dem Tempel einen besonderen Reiz. König Rama V. (Chulalongkorn) ließ ihn 1899 nach alten Vorbildern erbauen, um einer umfangreichen Sammlung von Buddhastatuen aller Epochen und Stilrichtungen einen würdigen Platz zu geben.

Im Wandelgang hinter dem Bot können 52 lebensgroße **Buddhastatuen** bewundert werden. Besonderes Interesse verdienen mehrere Khmer-Skulpturen, die allerdings größere Ähnlichkeit mit Vishnu als mit Buddha zeigen, und eine Statue, die Buddha nach seiner 40-tägigen Fastenzeit darstellt (Original im Museum von Lahore in Pakistan). Viele der Exponate sind Kopien, so etwa der 2,5 t schwere Phra Buddha Jinarat aus dem 13. Jh. (Sukhothai-Periode, Original im Wat Mahathat in Phitsanulok), der im Bot steht. Unter dem Buddha wird die Asche von König Rama V. (Chulalongkorn) aufbewahrt, der seine Mönchszeit im Wat Benchamabophit verbrachte.

Der Haupteingang zu dem **Bot** mit dem dreifach gestaffelten Dach wird von zwei riesigen Marmorlöwen bewacht. In dem ehemaligen königlichen **Pavillon** in einem Park, in dem König Rama V. als Mönch lebte, residiert der Patriarch von Siam, das buddhistische Oberhaupt Thailands. Zum Makha-Bucha-Fest kommen Tausende von Gläubigen in den Tempel, um mit ihm zu beten und den Bot mit Kerzen und Räucherstäbchen in den Händen zu umrunden.

Moderne Stadtviertel

Cityplan: S. 136, 155
Eine Fahrt mit der Hochbahn durch enge Häuserschluchten und breite, schnurgerade Einfallstraßen, vorbei an gläsernen Einkaufszentren und großen Hotels vermittelt einen ersten Eindruck vom modernen Bangkok. Doch den besten Überblick bieten die Skybars und Aussichtsplattformen der höchsten Wolkenkratzer.

Hochhäuser und gigantische Einkaufspaläste haben seit den 1980er-Jahren die einstigen kleinen Geschäftshäuser nahezu völlig verdrängt. Auch von den Villen inmitten weitläufiger tropischer Gärten, die vormals das Gebiet östlich und südlich der alten Stadt beherrschten, sind nur wenige erhalten geblieben. Zu wertvoll ist der Boden in den Jahren des Wirtschaftsbooms geworden und zu verlockend waren die Angebote großer Investoren, die immer neue Bürotürme und Konsumtempel aus dem Boden stampften.

In den modernen Vierteln konzentrieren sich die meisten Hotels, Restaurants, Botschaften und Geschäfte, sodass sich viele Touristen überwiegend hier aufhalten. Auch das moderne Bangkok wartet mit vielen lohnenden Attraktionen auf. Ein Einkaufsbummel hat seine Reize, vor allem auf dem Wochenendmarkt, in den Einkaufszentren Terminal 21, Siam Paragon oder Central World. Zahlreiche Restaurants, Foodcourts, Bars und Cafés bieten ausreichend Gelegenheit, das bunte Treiben während einer Verschnaufspause zu beobachten.

Mit öffentlichen Klongbooten gelangt man zudem recht originell, wenn auch etwas anstrengend, vom Golden Mount in der Altstadt über den Klong San Saeb zur Anlegestelle hinter dem Jim Thompson House (Klongboote bis 20.30 Uhr, Fahrt 10–20 Baht).

Pratunam und Siam

Jim Thompson House 36

Soi Kasemsan 2, Abzweig von der Thanon Rama I, https://jimthompsonhouse.org, BTS National Stadium, tgl. 10–17 Uhr, Führungen alle 20 Min., Eintritt 200 Baht

Das alte Teakhaus am Ende einer schmalen Gasse am Klong Saen Saeb wurde aus der Provinz nach Bangkok gebracht. Die aus sechs traditionellen Teakhäusern bestehende Anlage ließ Jim Thompson für seine großartige Sammlung südostasiatischer Kunstschätze anlegen. Als Mitarbeiter des US-Geheimdienstes war der Amerikaner während des Zweiten Weltkriegs nach Thailand gekommen, wo er später das Oriental Hotel führte und 1948 die Thai Silk Company gründete. Die Seidenindustrie, die ausschließlich für den heimischen Markt arbeitete, wurde von ihm zu neuem Leben erweckt. So legendär wie sein Leben war auch sein Tod. Am Ostersonntag 1967 kehrte Thompson von einem Spaziergang im Bergdschungel der Cameron Highlands (Malaysia) nicht mehr zurück und blieb verschwunden.

Wie eine Reise in die moderne Zeit gestaltet sich der kurze Weg vom Teakhaus zur Hauptstraße, der **Thanon Rama I.,** die weiter im Osten ihren Namen in **Thanon Ploenchit** bzw. **Thanon Sukhumvit** ändert. Es ist eine der wichtigsten Ost-West-Achsen der Stadtmit riesigen Einkaufszentren und Luxushotels.

Baiyoke Sky Tower 37

222 Thanon Ratchaprarop, Airport Rail Link Ratchaprarop; Aussichtsplattform tgl. 10–22 Uhr, 400 Baht inkl. Drink in der Rooftop-Bar

Der Baiyoke Sky Tower war mit seinen 304 m Höhe plus einer 24 m hohen Antenne lange Zeit das höchste Gebäude des Landes. Ein Lift führt in die **Sky Bar,** von wo aus die rotierende Aussichtsplattform im 84. Stock über ein paar Treppen erreicht werden kann. An smogfreien Tagen bietet sich ein grandioser Ausblick auf das endlose Häusermeer, das von Schneisen breiter Straßen durchzogen wird – im Westen die von Tempeltürmen überragte Altstadt, im Südosten die Kulisse aus Wolkenkratzern.

Südlich erhebt sich der bunte **Baiyoke 1 Tower.** Beide Hochhäuser stehen wie Fremdlinge in einem Gewirr kleiner Ladenzeilen im traditionellen Viertel der Textilhändler **Pratunam.** Die Geschäfte sind bis zum Dach mit Textilien aller Art voll gepackt, von kopierten Markenjeans über hochwertige Produkte bis hin zu Kopftüchern für Muslima oder speziell für ein afrikanisches Klientel gefertigte Hemden, Hosen und Kleider in Übergrößen. Pratunam ist der größte Umschlagsplatz für Textilien in Thailand, auf dem sich rund um die Uhr Großhändler aus Afrika, Europa, Indien und anderen asiatischen Ländern eindecken.

Siam Paragon und Central World

Thanon Rama I und Thanon Rama I, Ecke Thanon Ratchadamri, BTS Siam

Zwei Megaeinkaufszentren mit vielen Luxusboutiquen, Filialen internationaler Kaufhäuser und jeweils einem riesigen Kinokuniya-Buchladen sowie Multiplexkinos und kulinarischen Oasen. Im Untergeschoss des **Siam Paragon** 9 lohnt **Sea Life Bangkok Ocean World** 38**,** einem der größten Aquarien Südostasiens, mit unterschiedlichen imposant gestalteten Unterwasserwelten einen Besuch (www.visitsealife.com/bangkok/en, tgl. 10–20 Uhr, 1190 Baht). Auch **Madame Tussaud's Bangkok** hat hier in einem Wachsfigurenkabinett 90 Berühmtheiten aus aller Welt nachgebildet (www.madametussauds.com/bangkok/en,10–19 Uhr, 990 Baht, Kombi- und Online-Tickets günstiger). Im **Central World** 11 bietet die **Red Sky Bar** (www.bangkokredsky.com, 17–1 Uhr) einen spektakulären Blick über die Stadt.

Erawan-Schrein 39

s. auch Thema S. 70

Der kleine Erawan-Schrein schräg gegenüber vor dem Grand Hyatt Erawan Hotel ist eigentlich nur einer von vielen Haustempeln, aber dafür ein besonders beliebter.

Silom

Schlangenfarm 40

1871 Thanon Rama IV., www.saovabha.org, MRT Silom, BTS Sala Daeng, Mo–Fr 9.30–15.30, Sa, So, feiertags 9.30–13 Uhr. Vorführung der Schlangen und Giftabnahme jeweils abwechselnd um 11 und 14.30 Uhr, Eintritt 200 Baht

Im Queen Saovabha Memorial Institute wird seit 1923 Schlangen das Gift abgezapft und Säugetieren injiziert, die Antikörper aufbauen, um Serum gegen Schlangenbisse zu gewinnen. Daher hält man auf dem Gelände alle wichtigen südostasiatischen Giftschlangen. Touristen werden wohl kaum eine der seltenen giftigen Schlangen in freier Natur sehen. Dafür können sie sich hier über ihren Lebensraum informieren. Die Tiere üben eine eigenartige Anziehungskraft auf Besucher aus, denen beim ›Melken‹ der Vipern und Kobras eine Gänsehaut über den Rücken läuft.

Lumphini Park 41

MRT Lumphini, BTS Sala Daeng, tgl. 4.30–22 Uhr

Der Park, an dem ein **Denkmal von Rama VI.** steht, ist die älteste grüne Lunge der Stadt. Die weitläufigen Grünflächen mit kleinen Seen sind ein geeigneter Ort zum Durchatmen und gut für einen Spaziergang im Grünen. Hier drehen Jogger ihre Runden, während sich alte Männer im Schattenboxen üben, alte Frauen bei Aerobic mobil bleiben und Liebespärchen über den See rudern.

Patpong 42

MRT Silom, BTS Sala Daeng

Wer sich am Abend in Silom aufhält, sollte es nicht versäumen, einmal über die quirlige Straße zu bummeln, selbst wenn man nicht an den Sexshows interessiert ist, die in den oberen Etagen angeboten werden. Vor den zahlreichen Go-go-Bars werben knapp bekleidete Damen und Ladyboys sowie in der benachbarten Silom Soi 4 Herren um Kunden. Zudem ist die Straße von Pubs, Restaurants und anderen Geschäften gesäumt. Bereits am Nachmittag beginnen Händler mit dem Aufbau des **Marktes,** der sich bis in die Thanon Silom hinein ausdehnt. An den Ständen werden Souvenirs und gefälschte (Luxus-)Markenprodukte zu überhöhten Preisen angeboten, sodass sich jeder in der Kunst des Handelns üben sollte.

Thanon Silom und Thanon Sathon

Die Thanon Silom und ihre Parallelstraßen Surawong und Sathon Tai bzw. Sathon Nua säumten einst ehrwürdige Villen inmitten tropischer Gärten. Nur einige Botschaften können sich diesen verschwenderischen Luxus noch leisten. Die meisten anderen Gebäude wurden abgerissen und machten modernen Hochhäusern Platz, wie dem neuesten und höchsten Gebäude des Landes, dem 313 m hohen, 77-stöckigen **King Power Mahanakhon** 43 (114 Thanon Narathiwat, https://kingpowermahanakhon.co.th, Eintritt zur Aussichtsplattform SkyWalk ab 880 Baht), dem 247 m hohen gläsernen **State Tower** mit der **Sky Bar** 13 (s. Abb. S. 162; Thanon Silom) oder dem 64-stöckigen **Thai Wah Tower** (21 Thanon Sathorn Tai).

Wie ein Fremdkörper wirken inmitten der Hochhäuser der Thanon Silom die kleine **St.-Xavier-Kirche** 44 mit dem alten Friedhof und der hinduistische **Sri-Mariamman-Tempel** 45, um 1870 von südindischen Immigranten erbaut. Bunt bemalte Figuren schmücken den Tempel und die Eingangstore. Ende Januar/Anfang Februar wird das größte Hindu-Fest Thai-pusam vor allem rings um diesen Tempel begangen.

Das einstige Europäerviertel

Anfahrt: BTS Saphan Taksin oder Chao-Phraya-Expressboot

Am westlichen Ende der Thanon Silom ist das Zentrum des einstigen Europäerviertels erreicht, dessen Bewohner um die Jahrhundertwende zu Wohlstand gelangten. An einem kleinen Platz erhebt sich die im englischen Kolonialstil errichtete **Assumption Cathedral** 46 (Mariä-Himmelfahrts-Kathedrale). Noch immer genießt das gegenüberliegende **Katholische College** einen guten Ruf.

Wenige Meter nördlich der Kirche befindet sich das legendäre **Oriental Hotel**, eines der ersten und besten Hotels in Südostasien, das heute unter dem Namen **Mandarin Oriental Bangkok** 1 geführt wird. Vor dem modernen, 16-stöckigen Neubau des Hotels vermittelt der alte Flügel noch einen Eindruck von der Zeit, als Joseph Conrad, Somerset Maugham oder Noel Coward hier regelmäßig abzusteigen pflegten.

Aus dem 19. Jh. stammt das von einem dänischen Geschäftsmann errichtete Gebäude der **East Asiatic Company** 47, das jenseits der Oriental Lane am Fluss liegt.

Direkt an der stark befahrenen Hauptstraße, der Thanon Charoen Krung, steht das ehemalige Hauptpostamt, das nun das **Thailand Creative and Design Center (TCDC)** 48 beherbergt. Mit seinem Bau im Jahre 1883 hielt in Siam das europäisch organisierte Postwesen seinen Einzug. Nun bietet es jungen Kreativen Arbeits- und Ausstellungsplätze, zudem einen Dachgarten, ein Café und Kino.

Die mit Palmen und Bäumen bestandenen Gärten zwischen den Handelshäusern fielen erst in jüngerer Zeit der wuchernden Stadt zum Opfer. Nur einige Gärten, wie jener der **portugiesischen Botschaft** 49 südlich des riesigen Luxushotels Royal Orchid Sheraton vermitteln einen kleinen Eindruck davon. Neben dem Hotel bietet das **River City Shopphping Centre** 17 eine vielfältige Auswahl an Kunst und Kunstgewerbe. Nördlich des Einkaufszentrums erhebt sich der schlanke, weiße Kirchturm der **Rosenkranzkirche** 50, auch Wat Galawan genannt, die 1787 von Portugiesen erbaut und 1987 restauriert wurde.

Luxushotels und Wolkenkratzer säumen die Ufer des Menam Chao Phraya im Zentrum

In nördlicher Richtung schließt sich zwischen Thanon Charoen Krung und Fluss das urige, verwinkelte Stadtviertel der Eisenwarenhändler **Talat Noi** an.

Asiatique The Riverfront 18

2194 Thanon Charoen Krung, www.asiatiquethailand.com, kostenloses Shuttleboot ab Sathorn Pier (Central), tgl. 11–24 Uhr

Südlich der Taksin-Brücke wurden die einstigen Docks und zehn Lagerhallen am Fluss zu einem großen, sehr beliebten Nachtmarkt mit Boutiquen, Restaurants und Weinbars umgestaltet. Vom 60 m hohen **Riesenrad** kann man die Aussicht über die Stadt und den Fluss genießen (www.asiatique-sky.com, tgl. 17–24 Uhr, 500 Baht, Kinder 200 Baht). Im **Warehouse 3** geben die ›Damen‹ des Transvestitenkabaretts **Calypso** 14 (https://calypsocabaret.com, 900 Baht) allabendlich ihr Bestes.

Außerhalb des Zentrums

MOCA (Museum of Contemporary Art) 51

499 Thanon Kamphaeng Phet 6, Lat Yao, Bahnhof Bang Khen, Taxi ab BTS Kasetsart University, www.mocabangkok.com, Di–So 10–18 Uhr, Eintritt 250 Baht

In einem architektonisch bemerkenswerten Neubau überrascht das private Museum von Boonchai Bencharongkul mit zeitgenössischen Werken von 100 einheimischen und

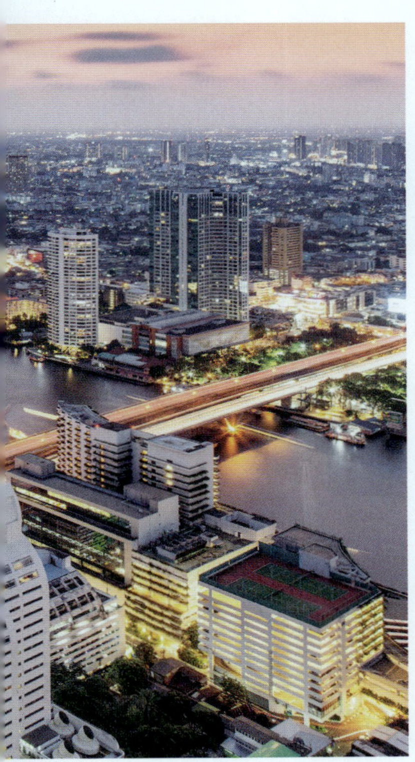

internationalen Künstlern auf fünf Stockwerken. In hellen Räumen werden großformatige Bilder, darunter Werke von Chalermchai Kositpipat und Thawan Duchanee, ins rechte Licht gerückt.

Bangkok Art & Culture Centre (BACC) 52

939 Thanon Rama I, www.bacc.or.th, BTS National Stadium, Di–So 10–20 Uhr

Der große, moderne Komplex umfasst auf neun Stockwerken zahlreiche Kunstgalerien, eine Bibliothek und nette Geschäfte sowie Restaurants und Cafés. Vor allem die Ausstellungen von Fotografen, Designern und Architekten in den oberen Etagen lohnen einen Besuch.

Infos

Ministry of Tourism and Sports: 4 Thanon Ratchadamnoen Nok, Tel. 02-283 15 00, www.tourismthailand.org, Mo–Fr 8.30–16.30 Uhr. Allgemeine, teils veraltete Broschüren, kaum brauchbare Informationen.

Tourist Authority of Thailand (TAT): 1600 Thanon New Phetchaburi, Bangkok 10400, Tel. 02-250 55 00, Mo–Fr 8.30–16.30 Uhr. **Filiale:** In den Ankunftshallen des Airports, Call Center Tel. 1672, tgl. 8–20 Uhr.

Bangkok Tourism Division: 17/1 Thanon Phra Athit, an der Phra-Pin-klao-Brücke, Tel. 02-225 76 12-4, www.facebook.com/tourismdivision, Mo–Fr 9–17 Uhr. Hilfreiches Informationsmaterial über Bangkok.

Übernachten

Legendär – **Mandarin Oriental Bangkok 1:** 48 Oriental Ave., Tel. 02-659 90 00, www.mandarinoriental.com, Oriental Pier (N1). Traditionelles Luxushotel. Gartenterrasse am Fluss mit Pool, hervorragende Restaurants, Kochschule und am gegenüberliegenden Ufer eines der besten Spas. €€€

Geschmackvoll – **The Sukhothai Bangkok 2:** 13/3 Thanon Sathon Tai, Tel. 02-344 88 88, www.sukhothai.com, MRT Lumphini. Das exklusive Hotel verbindet modernes Design mit asiatischem Ambiente und exzellentem Service. €€€

Elegant – **The Peninsula Bangkok 3:** 333 Thanon Charoen Nakhon, Tel. 02-861 28 88, www. peninsula.com, BTS Charoen Nakhon. 38-stöckiges Luxushotel am Westufer mit großem Swimmingpool und Spa. Von den sehr gut ausgestatteten, großzügigen Zimmern Blick auf Bangkok. €€€

Elegant – **The St. Regis Bangkok 4:** 159 Thanon Ratchadamri, Tel. 02-207 77 77, www.stregisbangkok.com, BTS Ratchadamri. 47-stöckiges, modernes Hotel am Royal Bangkok Sports Club nahe Skytrain. 176 Zimmer mit großen Fenstern, mit Michelin-Stern ausgezeichnetes Feinschmecker-Restaurant und Pool im 15. Stock. €€€

Top-Oase – **Hansar Bangkok 5:** 3 Soi Mahatlek Luang 2, Tel. 02-2 09 12 34, https://hansarhotels.com/hotels/bangkok/, BTS

Ratchadamri. In den 94 geräumigen Zimmern sorgt die Luxusausstattung mit vielen Extras für höchsten Komfort. Auch das Frühstück und der Service lassen nichts zu wünschen übrig. Kleiner Pool und Liegen. €€€

Super Stadthotel – **Eastin Grand Hotel** **6**: 33/1 Thanon Sathorn Tai, Tel. 02-210 81 00, www.eastinhotelsresidences.com, BTS Surasak. Verkehrsgünstig gelegenes Hotelhochhaus mit direktem Skytrain-Zugang. 390 in warmen Farbtönen eingerichtete Zimmer in sechs Kategorien, Pool mit Bar und Fitnesscenter im 14. Stock mit Aussicht, gutes Frühstücksbüfett. €€€

Zentral und stylisch – **LiT Bangkok** **7**: 36/1 Soi Kasemsan 1, Tel. 02-6 12 34 56, www.litbangkok.com. Elegantes Lifestyle-Hotel voller Überraschungen. 79 kühl gestaltete Zimmer mit integrierten Bädern und kleinen Gratisextras. Überlaufpool und Spa. €€–€€€

Entspannt – **Aspira 12th Avenue Hotel** **8**: 22 Thanon Sukhumvit Soi 12, Tel. 02-6 64 70 00, MRT Sukhumvit, BTS Asok. Großzügige Zimmer und Suiten in ruhiger Lage. Der Pool im tropischen Garten und die Frühstücksterrasse des Cafés laden zum Verweilen ein, aufmerksamer Service. €€–€€€

Solide – **Rembrandt Hotel** **9**: Thanon Sukhumvit Soi 18, Tel. 02-261 71 00, www.rembrandtbkk.com, U-Bahn Sukhumvit, Skytrain Asoke. Beliebtes Hotel mit dem besten indischen Restaurant des Landes im obersten Stockwerk. Den hervorragenden Blick über Bangkok und Handys in jedem Zimmer gibt es gratis dazu. €€€

Für Nachtschwärmer – **Night Hotel Bangkok** **10**: Thanon Sukhumvit Soi 15, Tel. 02-254 85 00, www.nighthotels.com, MRT Sukhumvit, BTS Asoke. 145 schick designte und gemütliche Zimmer und jeglichem Komfort. Pool im neuen Gebäude. €€–€€€

Edel-Backpacker – **Buddy Lodge Hotel** **11**: 265 Khaosan Road, Tel. 02-629 44 77, www.buddylodge.com, Expressboot-Pier Phra Arthit (N13). Komfortables Hotel (günstiger ist die Filiale Buddy Boutique Inn in der 66 Thanon Chakrawongse) mit einem kleinen Swimmingpool, zur Straße hin ein Einkaufszentrum und mit riesiger Bar im Kolonialstil. €€

Historisch und modern – **Niras Bankoc Cultural Hostel** **12**: 204–206 Thanon Mahachai, Tel. 02-221 44 42, www.nirasbankoc.com. Charmantes Hostel in einem alten Holzhaus mit komfortablen Zimmern, Schlafsaalbetten (um 400 Baht) und nettem Café. €€

Ruhig, aber mittendrin – **Thanabhumi** **13**: 365/15 Thanon Phra Sumen, Tel. 02-011 03 31, www.thanabhumibangkok.com, Expressboot-Pier Phra Arthit (N13). Nahe der Khaosan Road und doch ganz ruhig wohnt man in sauberen, modernen Zimmern. Die hilfsbereite Gastgeberin hat viele Tipps. €–€€

Freundlich und günstig – **BB House Rambuttri** **14**: Thanon Rambuttri, Tel. 02-282 09 53; www.bestbedhouse.com, Expressboot-Pier Phra Arthit (N13). Saubere, renovierte Häuser mit Aufzug und Dachterrasse etwas abseits vom Trubel. Kleine, nett eingerichtete Zimmer mit hellem Bad. €

Essen & Trinken

Auf dem Fluss – **Manohra** **1**: Tel. 02-476 00 22, www.manohracruises.com, ab Anantara Riverside Resort. Von 18.30 bis 22 Uhr Dinner Cruises auf einer zu einem Restaurant umgebauten Barke. Am üppigen Büfett viele hervorragende Gerichte. Ab 2900 Baht.

Zum Verwöhnen – **Eat Me** **2**: 1/6 Soi Phiphat 2, Tel. 02-238 09 31, www.eatmerestaurant.com, BTS Chong Nonsi, tgl. 17–1 Uhr. Der Chef aus New York zaubert aus hochwertigen Zutaten kreative Gerichte, die über der coolen Bar im dezent ausgeleuchteten Restaurant oder draußen auf dem Balkon serviert werden. €€€

Thai für alle – **Ban Chiang** **3**: 14 Thanon Si Wang, Tel. 02-236 70 45, www.facebook.com/baanchiang1986, BTS Surasak, tgl. 11.30–14 und 17.30–22.30 Uhr. Das charmante Holz-

Hotelauswahl

Da die U-Bahn MRT, der Skytrain BTS und die Expressboote nicht nur die zuverlässigsten, sondern auch die schnellsten Transportmittel der Stadt sind, empfiehlt es sich, bei der Wahl des Hotels auf die Nähe einer Haltestation zu achten.

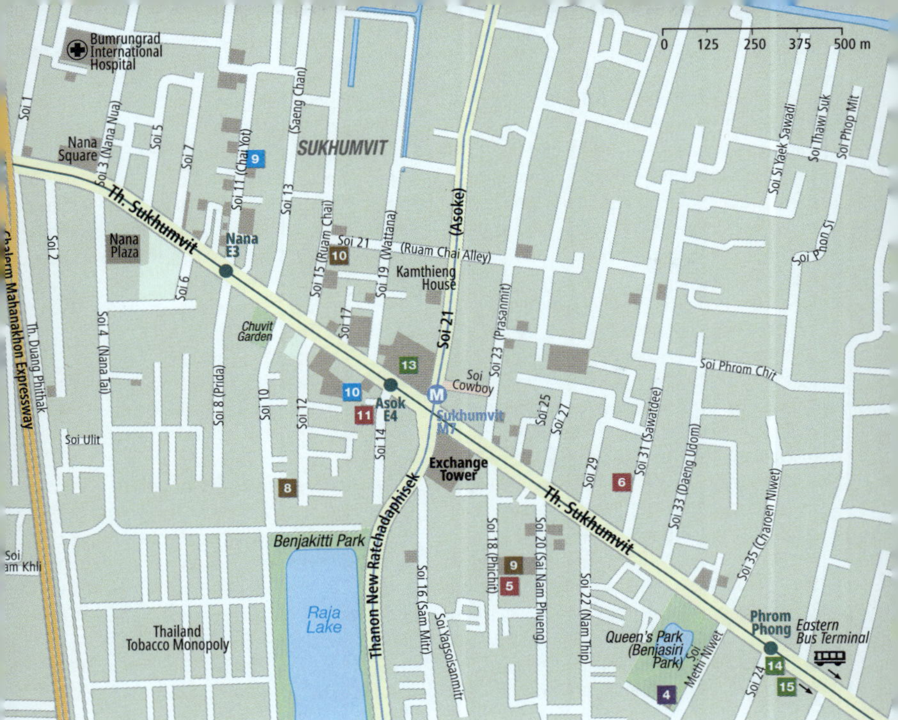

Sukhumvit

Übernachten

8 Aspira 12th Avenue Hotel
9 Rembrandt Hotel
10 Night Hotel Bangkok

Essen & Trinken

5 Rang Mahal
6 Isao
11 Suda

Einkaufen

13 Terminal 21 mit Foodcourt
14 Emporium & Em Quartier Shopping Complex
15 Train Night Market (Talad Rod Fai)

Abends & Nachts

9 Above Eleven
10 The Living Room

Aktiv

4 World Fellowship of Buddists

s. auch Cityplan S. 136

---

haus wirkt wie ein Übrigbleibsel längst vergangener Tage, doch die breite Auswahl an Thai-Gerichten wird seit eh und je auf konstant gutem Niveau zubereitet und für den Gaumen empfindlicher Touristen auch gerne abgemildert. €–€€

Königlich – **Blue Elephant** 4: 233 Thanon Sathorn Tai, Tel. 02-673 93 53, www.blueelephant.com, BTS Surasak, tgl. 11.30–14.30, 18–22 Uhr. Hervorragende, preisgekrönte königliche Thai-Küche in einem stilvollen Haus, exzellenter Service. Kochschule. €€€

Indisch mit Aussicht – **Rang Mahal** 5: Im 26. Stock des Rembrandt Hotels, Thanon Sukhumvit Soi 18, Tel. 02-261 70 50, www.rembrandtsukhumvit.com, BTS Asoke, MTR Sukhumvit, tgl. 18–23, So auch 12–15.30 Uhr Brunch. Das beste und prachtvollste nordindische Restaurant mit toller Aussicht, indischer Livemusik (tgl. außer Mo). €€–€€€

Spitzen-Sushi – **Isao** 6 **:** 5 Sukhumvit Soi 31, Tel. 02-258 06 45, www. isaotaste.com, BTS Phrom Phong, tgl. 11–14.30 und 17–21.30 Uhr. Auch wenn man etwas beengt auf Holzbänken oder an der Bar sitzt, die stets fantastisch frischen Sushi-Kreationen sorgen dafür, dass das kleine, zweistöckige Restaurant immer voll ist. €€–€€€

Mediterran kreativ – **Seven Spoons** 7 **:** 22–24 Thanon Chakkaphatdi Phong, Tel. 02-629 92 14, http://sevenspoonsbkk.com, Taxi, Mo–Sa 11–15, 17–22 Uhr. Im kleinen , gemütlichen Restaurant in einem restaurierten chinesischen Geschäftshaus wird überwiegend aus frischen Bio-Zutaten gekocht. Mittags gibt es eine große Auswahl kreativ zubereiteter Salate, Pizzen, Burger und diverse Hauptgerichte zu günstigeren Preisen. €€–€€€

Mit Flussblick – **Khinlom Chomsaphan** 8 **:** Soi 3, Tel. 081-893 55 52, www.facebook.com/Khinlomchomsaphan, Expressboot-Pier Phra Arthit (N13), tgl. 11–24 Uhr. Großes, bei Thais beliebtes Flussrestaurant zwischen Chao Phraya und Wat Sam Phraya. Manchmal gibt es Verständigungsprobleme. Auf der bebilderten englischen Karte steht eine große Auswahl an glutamatfreiem Seafood, zudem eine Bäckerei mit leckeren Kuchen. €€–€€€

Traditionell – **Hemlock** 9 **:** 56 Thanon Phra Athit, Tel. 02-282 75 07, Expressboot-Pier Phra Arthit (N13), Mo–Sa 14–21 Uhr. Kleines, feines Restaurant, das fast 200 leckere, z. T. traditionelle Thai-Gerichte zu günstigen Preisen anbietet. Französische und kalifornische Weine auf der Karte. €€–€€€

Chinesisches Nudelparadies – **Din Tai Fung** 10 **:** Im siebten Stock des Central World (s. S. 150), fünften Stock des Central Embassy (s. S. 157) und anderen Einkaufszentren, www.dintaifung.com.tw/eng, tgl. 11–21.30 Uhr. Die überaus leckeren gefüllten Teigtaschen *xiao long bao* und andere frische Nudelgerichte haben zum gigantischen Erfolg dieses taiwanesischen Restaurants beigetragen, dessen Zentrale sogar einen Michelin-Stern erhalten hat. Es ist immer voll, sodass Wartenummern vergeben werden. €–€€

Thai-chinesisch – **Suda** 11 **:** 6 Sukhumvit Soi 14, Tel. 02-229 46 64, BTS Asoke, MRT Sukhumvit, Mo–Sa 11–23. Große Portionen preiswer-

Luxushotel mit historischem Flair: Das Mandarin Oriental Bangkok

ter thai-chinesischer Currys und anderer einheimischer Gerichte, bei Touristen beliebtes, offenes Restaurant mit chaotischem Service. €–€€

Kleines Refugium – **Unbranded Cafe** 12: 1 Thanao Bang Khun Phrom, Tel. 082-424 22 65, www.facebook.com/unbrandedcafe, Taxi, Di–So 9–18 Uhr. Ein guter Rückzugsort vom Trubel ist diese kleine Kaffee-Bar im rustikalen Design. Eine große Auswahl an Kaffee, zudem Smoothies, Käsekuchen, Sandwiches und kleine Gerichte. €–€€

Sonntagsbrunch – **Essensmarkt am Wat Ta Khian (Wat Takhian)** 13: Bang Kruai, am Klong Bang Khu Wiang, 5 km nordwestlich des Zentrums nahe Highway 9, Sa, So bis 14 Uhr. Vor dem farbenfrohen Tempel mit vielen skurrilen Figuren findet am Klong an Wochenenden und Feiertagen ein netter lokaler schwimmender Essensmarkt statt. €

Einkaufen

Amulette – **Amulettmarkt** 1: Amulette und religiöse Statuen werden u. a. neben dem Wat Mahathat und dem Wat Ratchanatda angeboten.

Blumen – **Yodpiman Flower Market** 2: Nahe der Memorial Bridge, rund um die Uhr geöffnet, beeindruckende Vielfalt (s. S. 144). **Thewet Blumenmarkt** 6: Am Ende der Thanon Luk Luang, am Klong Phadung Krung Kasem, Expressboot Thewet Pier (N15). Pflanzen in allen Formen und Farben.

Chinesisch – **Sampeng Lane** 29: Kleine Gasse mit allerlei chinesischen Geschäften (s. S. 146).

Einkaufszentren – **Old Siam Plaza** 4: 66 Charoen Krung. Einkaufszentrum mit historischem Flair, Food Market, Porzellan- und Textilgeschäften (s. S. 144). **ICONSIAM** 3: Thanon Charoen Nakhon Soi 5, www.iconsiam.com, BTS Charoen Nakhon, tgl. 10–22 Uhr. Die größte Megamall am Fluss (s. S. 143). **MBK (Mah Boon Krong Center)** 7: Thanon Rama I, Ecke Thanon Phaya Thai, www.mbk-center.co.th, BTS National Stadium, 10–22 Uhr. Der riesige Block beherbergt eine schier unendliche Auswahl an kleinen Geschäften, die eine breite Palette von Waren zu günstigen Preisen anbieten.

FOODCENTER

Foodcenter mit Dutzenden kleiner Garküchen, die ihr vielfältiges Angebot an Gerichten frisch zubereiten, findet man auf vielen Märkten und in nahezu allen Einkaufszentren. Sie bieten alle sehr preiswerte Kost an, die einen Qualitätsvergleich nicht scheuen muss. Das **Siam Paragon** 9 (BTS Siam) bietet im ersten Untergeschoss das ultimative kulinarische Erlebnis mit einer riesigen Auswahl. Ein toller Foodcourt befindet sich auch im **Terminal 21** (MRT Sukhumvit, BTS Asoke) 13. Jüngst hat das Eathai im Untergeschoss des **Central Embassy** 12 (BTS Ploenchit) lockt mit einer großen Palette regionaler Thai-Spezialitäten aus allen Landesteilen und einem angeschlossenen Kochstudio.

Siam Paragon 9: Thanon Rama I, Siam Square, BTS Siam, tgl. 10–22 Uhr. Megaeinkaufszentrum (s. S. 150). **Central World** 11: Thanon Rama I, Ecke Thanon Ratchadamri, tgl. 10–22 Uhr. Das größte Einkaufszentrum mit dem Zen Department Store, zahlreichen Geschäften, Boutiquen, Restaurants (s. S. 150). **Central Embassy** 12: 1031 Thanon Ploenchit, www.centralembassy.com, BTS Ploenchit und Chit Lom, tgl. 10–22 Uhr. Im 38-stöckigen futuristischen Neubau ist die Welt des Luxus anzutreffen, im Park-Hyatt-Hotel ebenso wie im geräumigen Einkaufszentrum und im exklusiven Kino. Das Foodcenter Eathai lockt mit Spezialitäten aus allen Regionen des Landes. **Terminal 21** 13: Thanon Sukhumvit, www.terminal21.co.th, tgl. 10–22 Uhr. Direkt vom Skytrain (BTS Asoke) aus zugänglich, überaus beliebt und mit vielen kleinen Modeboutiquen, die nach Themenbereichen zu-

EIN BUMMEL ÜBER DEN CHATUCHAK WEEKEND MARKET

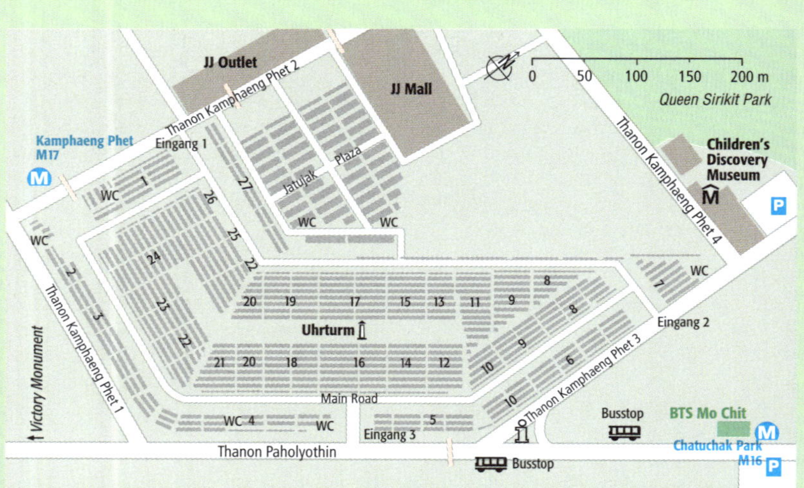

Tour-Infos

Ort: 19 Thanon Kampaeng Phet 2, Chom Phon, MRT Kamphaeng Phet, BTS Mo Chit
Wochentag: Samstag, Sonntag, 9–18 Uhr
Dauer: 2–4 Std.
Wichtige Hinweise: Eine Broschüre mit dem Grundriss des Marktes bekommt man am Informationsstand gleich hinter dem Eingang 1 (von der MRT kommend). Für Notfälle stehen Mitarbeiter der Touristenpolizei bereit. Geldautomaten sorgen für ein ausreichendes finanzielles Polster. Ein Postschalter, Packdienste internationaler Speditionen und eine Erste-Hilfe-Station bieten ihre Dienste an.

An jedem Samstag und Sonntag strömen Händler, Handwerker und Künstler aus der Metropole und dem ganzen Land zum weltweit größten Open-Air-Markt auf dem 11 ha großen, L-förmigen Platz und der angrenzenden Plaza. Sie breiten an über 15 000 Ständen ihr Sortiment aus. Etwa 200 000 Besucher kommen dann zu diesem Markt.
Vor dem Einkaufskomplex **JJ Mall** und der **Jatujak Plaza** erstreckt sich die **Sektion 27.** Hierher zieht es vor allem Bücherfreunde ebenso wie in die gegenüber liegende **Sektion.** In dieser legen auch Musikverkäufer die neuesten Hits auf und übertönen damit das Geschrei der Obsthändler. Beim Bummel durch die angrenzenden **Sektionen 24, 25** sowie **17, 19** und **21** finden sich viele Anregungen für die Neugestaltung des Heims, von Bambuslampen, Seidenkissen und Textilb-

lumen bis zu Holzschnitzereien und Messingarbeiten – inmitten von viel Schrillem, Kitschigem, auch ausgesprochene Designerstücke. Akha-Frauen verkaufen Stickereien und anderes Kunstgewerbe aus dem Norden von Thailand. Auch aus anderen Landesteilen sowie aus Myanmar (Burma), China, Indien und Tibet werden Souvenirs herbeigeschafft: Die Verkaufsstände sind überladen mit bunten Holzketten und Silberschmuck, Essstäbchen, Kerzenständern, Alben aus handgeschöpften Papieren, Porzellan, Messingwaren und Textilien. Innovative Accessoires und Mode, ausgefallene Secondhandartikel und fantasievoller Schmuck werden in großen Mengen für Boutiquen im westlichen Ausland eingekauft.

Nun gelangt man auf den **zentralen, breiten Weg** Richtung Uhrturm. Über meterlangen Auslagen, auf denen sich fast echte Markenjeans stapeln, baumeln Girlanden von Hüten, spitzenbesetzte Kinderkleider und T-Shirts in allen Farben, daneben billige Kosmetika und schriller Plastikschmuck. Auf beiden Seiten bieten zahlreiche Obst- und Essensstände inmitten von Dekorationsartikeln, Textilien und Kunstgewerbe Stärkung an. Die Garküchen mit heißen Suppen und eisgekühlten Getränken bilden Ruhepunkte in diesem Gewimmel von Käufern, Schaulustigen und Taschendieben. Ansonsten können Ruhesuchende in den nahen Park ausweichen.

Nach einer kurzen Pause geht es nordöstlich vom Uhrturm zu den **Sektionen 11 und 13,** wo neben Ständen mit Kunsthandwerk auch Kaninchen, Schoßhunde und bunte Singvögel sowie Goldfische und Schildkröten auf Käufer warten. Kampffischmännchen beäugen misstrauisch ihre Rivalen. Am östlichen Ende des Marktes am **Eingang 2** werden in den **Sektionen 2, 3 und 4** Kunstwerke zeitgenössischer einheimischer Maler ausgestellt.

Auch wenn der Markt von Textilien dominiert wird, finden sich auch zahlreiche Blumenstände. Bei Touristen beliebt sind die fein duftenden Jasminkränze, die Frauen kunstvoll zusammenstecken. Ansonsten bleiben exotische Pflanzen für Touristen weitgehend ein optisches Vergnügen, denn sie dürfen, soweit es sich nicht um einen Strauß Orchideen handelt, nur mit besonderer Genehmigung nach Europa eingeführt werden.

sammengefasst sind – toll zum Bummeln.

Emporium und **EmQuartier Shopping Complex** 14**:** 622 und 695 Thanon Sukhumvit, am Queen's (Benchasiri) Park, www.emporium.co.th, www.emquartier.co.th, BTS Phrom Phong, tgl. 10–22 Uhr. Elegante, hochpreisige Einkaufszentren mit Designerboutiquen, Kinokuniya-Buchladen (EmQuartier) und Food Hall mit tollem Ausblick auf die Silhouette der Stadt. Im helixförmigen Gebäude plätschert ein Wasserfall und abends erklingt Livemusik.

River City 17**:** 23 Charoen Krund Soi 24, www.rivercitybangkok.com, tgl. 10–20 Uhr. Viele Antiquitäten-, Kunsthandwerk- und Seidengeschäfte, Kunstauktionen.

Stoffe – **Pahurat-Markt** 5**:** Der indische Textilmarkt bietet eine Riesenauswahl an Stoffen – und viel Flair (s. S. 145).

Studenten-Shoppingmeile – **Siam Square** 8**:** Viele kleine Textilgeschäfte, Buchhandlungen, Schmuckläden, Kinos und Restaurants. Mitten im beliebten Ausgehviertel der jungen Leute lockt die große, klimatisierte Mall **Siam Square One** mit vielen weiteren kleinen Läden zum Abkühlen.

Bücher – **Kinokuniya:** Im dritten Stock des Siam Paragon 9**,** www.kinokuniya.com, weitere Filialen im EmQuartier und Central World (Isetan Department Store). Riesiger Buchladen mit der größten Auswahl des Landes, der neben englischsprachigen Bestsellern viele Reiseführer und Bücher zu Thailand und Südostasien bietet.

Mode – **Platinum Fashion Mall** 10**:** Thanon Phetchaburi, www.platinumfashionmall.com, 10–22 Uhr. Mit über 2000 Modegeschäften richtet sich diese riesige Mall an eine mode- und preisbewusste weibliche Zielgruppe. Wenig Markenprodukte, dafür kreative Designs und sehr günstige Preise.

Trödel – **Train Night Market (Talat Rod Fai)** 15**:** Thanon Srinakarin Soi 51, im Osten

VORSICHT VOR TOURISTENFALLEN!

Edelsteinkäufe: Lassen Sie sich von Schleppern niemals zum Kauf von Edelsteinen überreden. Seriös aussehende Schlepper bieten sich vor Sehenswürdigkeiten als Führer an. Über kurz oder lang endet man in großen, etabliert wirkenden Geschäften, wo man mit dem Hinweis auf eine einmalige Gelegenheit zum Kauf von Edelsteinen überredet wird. Die Versicherung, dass diese im Heimatland zu einem wesentlich höheren Preis verkauft werden können, erweist sich im Nachhinein als falsch. Da es sich nicht um gefälschte Steine, sondern um minderwertige Ware handelt, ist die Polizei machtlos.

Go-go-Bars: Lassen Sie sich vor allem in der Patpong nicht von Schleppern zu Sexshows in die oberen Stockwerke locken. Dort werden immer wieder Gäste übervorteilt und mit saftigen Getränkerechnungen konfrontiert.

Selbst ernannte Guides: Sie bieten vor allem leicht zu erkennenden Neuankömmlingen rund um die Hauptsehenswürdigkeiten ihre Dienste an und geben sich gern als Vertreter des Fremdenverkehrsamtes aus. De facto leben sie davon, dass sie Hotels und Transportmittel vermitteln.

der Stadt hinter dem Seacon Square, www.facebook.com/taradrodfi, nächste Station BTS Udom Suk, Taxi vom Ausgang 3, Do–So 17–21 Uhr. Auf dem Eisenbahnmarkt öffnen nach Einbruch der Dunkelheit über 2000 Stände mit Souvenirs, einer großen Auswahl an Antiquitäten, Replika und Vintage-Trödel – von Kleidung bis Autos. Besucher können sich an Essensständen stärken und in Pubs bei Livemusik den Abend beenden.

Edle Seide – **Jim Thompson** 16**:** 9 Thanon Surawong, www.jimthompson.com, tgl. 9–20 Uhr. Filialen u. a. im Central World Plaza, Siam Paragon, ICONSIAM und Emporium. Traditionelle Adresse für hochwertige Seidenstoffe (s. S. 150).

Souvenirmärkte – **Chatuchak Weekend Market** 19**:** Thanon Kampaeng Phet 2, MRT Kamphaeng Phet, BTS Mo Chit. Ein Markt der Superlative (s. Aktiv S. 158). **Asiatique The Riverfront** 18**:** Moderner Nachtmarkt mit riesiger Auswahl an Souvenirs (s. S. 152). **Train Night Market Ratchada** 20**:** Thanon Rama IX., hinter der Esplanade Shopping Mall, www.facebook.com/taradrodfi.Ratchada, MRT Thailand Cultural Center, tgl. 17–1 Uhr. Beliebter Markt unter freiem Himmel zum Einkaufen sowie Essen und Trinken in teils originellen Bars in ausgemusterten Waggons, Containern und VW-Bullies.

Abends & Nachts

Tanz und Theater – **Nationaltheater** 1**:** Soi Ratchini, Sanam Luang, Programminfos Mo–Fr 8–16 Uhr unter Tel. 02-224 13 42, 02-221 01 71, aktuelles Programm auch bei der Bangkok Tourism Division erhältlich. Neben Theaterstücken in Thai auch Aufführungen klassischen Tanztheaters **Sala Chalermkrung Royal Theatre** 5**:** Khon-Theater s. S. 144.

Backpacker-Klub – **The Club** 2**:** 123 Thanon Khaosan, www.theclubkhaosan.com, tgl. ab 21 Uhr. Ein kühler Klub, der den Musikgeschmack der Backpacker mit kommerzieller elektronischer Musik bedient.

Livemusik – **Adhere the 13th Blues Bar** 3**:** 13 Thanon Samsen, Expressboot-Pier Phra Arthit (N13), www.facebook.com/adhere13thbluesbar, tgl. 18–24 Uhr. Livemusik ab 20.30 Uhr. Kleine, lang etablierte Bar mit sehr guter Stimmung und talentierten Musikern. **Brown Sugar** 4**:** 18 Soi Nana, Chinatown, MRT Hua Lamphong, www.facebook.com/brownsugarbangkok, So–Do 17–1, Fr, Sa 17–2 Uhr. Gute Livejazz und Rhythm'n Blues Sessions in einem gemütlichen Umfeld. **Saxophone** 6**:** 3/8 Thanon Phayathai, BTS Victory Monument, www.saxophonepub.com, tgl. 18–2 Uhr. In diesem dunklen, aber gemütlichen Pub treten bereits seit 1987 einige der besten Jazz-, Rock- und Bluesmusiker der Stadt auf. Livemusik tgl. 19.30–1.30 Uhr. **The Living Room** 10 **:** Sheraton Grande, 250 Thanon Sukhumvit, BTS Asok, www.facebook.com/thelivingroomatbangkok, jeden Abend Live-Jazz, So 12–15 Uhr Jazz-Brunch. Jazz-Bar mit gepflegten Getränken und gehobener Atmosphäre, Shorts und Sandalen sind unerwünscht.

Noch immer im Trend – **Route66** 7 **:** RCA (Royal City Avenue), Thanon Rama IX, www.route66club.com, 20–2 Uhr. Riesiger Klub mit drei Dancefloors. Jeden Abend wird hier Hip-Hop und thailändische Popmusik aufgelegt und es spielt eine Band. Jüngeres Publikum, akzeptable Getränkepreise. Achtung: Am Wochenende kann es hier brechend voll werden. In der Straße gibt es noch weitere große Klubs, Bars ohne Anmache, entspannte Cafés und gute Essenstände.

International – **Hard Rock Café** 8 **:** 424/3-6 Soi 11, Siam Square, www. hardrockcafe.com, tgl. 11.30–24 Uhr. Ableger der US-amerikanischen Kette, ab 21 Uhr Livemusik, gute Bands.

Bars und Lounges mit einer Traumaussicht – **Skybars:** 9, 12, 13, s. Tipp S. 162

Travestieshow – **Calypso Cabaret** 14 **:** Im Asiatique The Riverfront, Warehouse 3, www.calypsocabaret.com. Um 19.30 und 21.15 Uhr Travestieshows, eine Bühnenshow besonderer Art. Eintritt 900–1200 Baht inkl. einem Drink bzw. 1500–2000 Baht inkl. Dinnercruise.

Deutsche Kulturveranstaltungen – **Goethe-Institut** 11 s. S. 164

Aktiv

Fahrradtouren – Geführte Touren durch die Stadt und die Umgebung bietet u. a. **Velo Thailand** 1 **:** Soi Samsen 4, Tel. 02-628 86 28, 089-201 77 82, www.velothailand.com. Tagestouren kosten ab 2450 Baht, Halbtagestouren ab 1200 Baht pro Person. Längere, anspruchsvollere Touren durch Thailand, die Nachbarländer und Bangkok bietet **Grasshopper Adventures** 2 **:** 719 Thanon Mahachai, Tel. 087-929 52 08, http://grasshopperadventures.com. Halbtägige Stadttouren, darunter die empfehlenswerte Nachttour, für 1760 Baht pro Person, Tagestouren mit Rad und Boot 2950 Baht pro Person, Englisch sprechende Guides.

Joggen – Im **Lumphini Park** 41 oder im **Queen Sirikit Park** 7 **,** im nördlichen Stadtviertel Chatuchak, kann jeder am frühen Morgen oder späten Nachmittag in Gesellschaft anderer Jogger seine Runden drehen oder sich einer Gymnastikgruppe anschließen.

Meditationen – **International Buddhist Meditation Center:** Wat Mahathat 3, Tel. 02-623 60 11, www.watmahathat.com/vipassana-meditation, bietet tgl. 13 und 18 Uhr mehrstündige Vipassana-Meditationen an. **World Fellowship of Buddhists** 4 **:** 616 Sukhumvit Soi 24, Tel. 02-661 12 84, www.wfbhq.org. Vorträge zu buddhistischen Themen und Einführung in die Meditationspraxis (s. auch Thema S. 54).

Thai-Boxen – **Rajadamnern Stadium** 3 **:** 8 Thanon Ratchadamnoen Nok, http://rajadamnern.com, Wettkämpfe tgl. 18 Uhr, Eintritt je nach Entfernung vom Ring 1500–3500 Baht. **Lumpinee Boxing Stadium Ramintra** 8 **:** Thanon Ramintra, südlich vom Don Muang Airport, BTS Wat Phra Sri Mahathat, www.muaythaistadium.com/lumpinee-stadium, Wettkämpfe Di, Fr 18.30 und 23 Uhr, 1200–3500 Baht; neues, vollklimatisiertes Stadion für bis zu 5000 Besucher. Vor allem einheimische Männer begeistern sich für diesen Zuschauersport.

Wellness – Massagen, Schönheitsbäder und diverse Entspannungsprogramme offerieren u. a. **Banyan Tree Spa** 5 (21. Stock, Thanon Sathon Tai, Tel. 02-679 10 52, www.banyantreespa.com) oder das **Oriental Spa** 6 auf dem anderen Flussufer vom Mandarin Oriental Hotel. Viele Hotels der gehobenen Preisklasse verfügen über einen Wellness-Bereich. Eine günstige, professionelle Alternative sind Filialen der **Healthland Spas** in der Stadt.

Termine

Alle staatlichen und religiösen Feiertage werden in Bangkok prunkvoll begangen. Besondere Erwähnung verdienen die folgenden Feste (s. auch S. 94, 100).

NIGHTLIFE IN BANGKOK – WO IST WAS LOS?

In allen Touristenvierteln wird Besuchern nach Einbruch der Dunkelheit etwas geboten. In Banglampoo treffen sich junge Leute aus aller Welt. Die **Khaosan Road** wird am Abend zur Flaniermeile und die Bars und Restaurants auf der Thanon Phra Athit sind beliebte Studenten-Treffpunkte. Auf der **Royal City Avenue (RCA)** im Osten der Innenstadt konzentrieren sich die bei der jungen einheimischen Mittelschicht beliebten Klubs, während die Oberschicht in den Klubs und Bars zwischen der **Sukhumvit Soi 55** (Thong Lo) und **Soi 63** (Ekkamai) im Luxus schwelgt. In den großen **Vergnügungskomplexen** findet jeder das Passende, von Klubs und Diskotheken mit neuester Technik bis zu Karaokebars.

Einen spektakulärem Ausblick auf die nächtliche Stadt genießt man in der **Sky Bar** 14 im 63. Stock des The Dome at lebua, State Tower, zweifelsfrei der beste Platz, um sich zum Sonnenuntergang bei Lounge-Musik zu entspannen (42 Thanon Silom, www.lebua.com). Tolle Aussicht bieten sich abends und nachts auch in der **Vertigo Grill & Moon Bar** 13 im Banyan Tree Hotel (21/100 Thanon Sathorn Tai), in der **Red Sky Bar** im Central World 11, im **Above Eleven** 9 in den Fraser Suites (Sukhumvit Soi 11, www.aboveeleven.com) oder im **Park Society** 9 im So-

Weit über den Dächern der Stadt wird der Drink zur Nebensache

fitel Bangkok (2 Thanon Sathorn Nua, www.facebook.com/ParkSocietyBangkok). Die meisten Skybars öffnen gegen 18 Uhr und erwarten von den Gästen, dass sie entsprechend gekleidet sind (keine Flipflops, Shorts, Daypacks oder andere lässige Kleidung). Ansonsten kein Einlass. Die Drinks kosten etwas mehr als in den normalen Bars, meist um 400 Baht, Cocktails um 500 Baht.
Eher auf alleinreisende Männer ausgerichtet ist das Angebot in einigen Nebenstraßen der **Thanon Sukhumvit** (Nana Entertainment Plaza, Soi Cowboy) oder in den Go-go-Bars in der **Patpong**.

Chinesisches Neujahr: Neumondtag zwischen 21. Jan. und 19. Febr.

Makha Bucha: Vollmondtag im Febr./März. Lichterprozession im Tempel zur Erinnerung an Buddhas Predigt vor 1250 Zuhörern.

Chakri-Tag: 6. April. Feier der Inthronisation des ersten Chakri-Königs im Wat Phra Kaeo.

Thai-Neujahr: (Songkran) 13.–15. April.

Visakha Bucha: (Wesak) Vollmondtag im Mai. Lichterprozession im Tempel zur Erinnerung an Buddhas Geburt, Erleuchtung und Erlöschen im Nirvana.

Asanha Bucha: (Asalha Puja) Vollmondtag im Juli. Lichterprozession im Tempel zu Beginn der Fastenzeit.

Deepavali: Okt./Nov. Die Lichterfeier der hinduistischen Bevölkerung im Sri Mariamman-Tempel in der Thanon Silom. Brennende Öllämpchen symbolisieren die Freude über die glückliche Heimkehr von Rama aus dem Exil.

Loi Krathong: Vollmondtag im Nov. Fest am Golden Mount; in langen Pilgerzügen steigen die Menschen den Berg hinauf, um die Reliquien Buddhas zu verehren, am Fuße des Berges gibt es ein großes Volksfest.

Verkehr

Flüge

Vom internationalen **Suvarnabhumi Airport** starten Flüge ins In- und Ausland. Viele Billig-Airlines (besonders Air Asia, Nok Air und Thai Lion Air) verkehren ab dem alten, aber modernisierten **Don Mueang Airport.**

Air Asia: www.airasia.com. Ab Don Muang nach Chiang Mai, Chiang Rai, Chumphon, Hat Yai, Khon Kaen, Krabi, Loei, Nakhon Phanom, Nakhon Si Thammarat, Nan, Narathiwat, Phitsanulok, Phuket, Ranong, Roi Et, Sakon Nahkon, Surat Thani, Trang, Ubon Ratchathani und Udon Thani sowie vielen internationalen Zielen.

Bangkok Airways: www.bangkokair.com. Ab Suvarnabhumi nach Chiang Mai, Hat Yai, Ko Samui, Krabi, Lampang, Phuket, Sukhothai und Trat, international u. a. nach Luang Prabang (Laos), Phnom Penh sowie Siem Reap (Kambodscha) und Yangon (Myanmar).

Nok Air: www. nokair.com. Ab Don Mueang nach Buriram, Chiang Mai, Chiang Rai, Hat Yai, Mae Hong Son, Mae Sot, Nakhon Si Thammarat, Phitsanulok, Phrae, Phuket, Ranong, Sakon Nakhon, Surat Thani, Trang, Ubon Ratchathani und Udon Thani.

Thai Smile: www.thaismileair.com. Die Schwestergesellschaft der nationalen Fluggesellschaft Thai Airways fliegt ab Suvarnabhumi nach Chiang Mai, Chiang Rai, Hat Yai, Khon Kaen, Krabi, Narathiwat, Phuket, Surat Thani, Ubon Ratchathani und Udon Thani.

Thai Lion: www.lionairthai.com, ab Don Mueang nach Chiang Mai, Chiang Rai, Hat Yai, Khon Kaen, Krabi, Nakhon Si Thammarat, Nan, Phitsanulok, Phuket, Surat Thani, Trang, Ubon Ratchathani und Udon Thani.

Thai VietJet Air: www.thaivietair.com. Ab Suvarnabhumi nach Chiang Mai, Chiang Rai, Hat Yai, Khon Kaen, Krabi, Nakhon Si Thammarat, Phuket, Surat Thani, Ubon Ratchathani und Udon Thani.

Züge

Hauptbahnhof Krung Thep Aphiwat (Central Terminal Station, Bang Sue Grand Station): Im nördlichen Zentrum, MRT Bang Sue, Call Center 1690, Fahrplan www.railway.co.th, Tickets www.dticket.railway.co.th.

Richtung Norden: Über Bang Pa In (keine Expresszüge), Ayutthaya (1 Std.), Lopbu-

FÜR HEIMWEHKRANKE

Im **Goethe-Institut** 12 finden deutsche Kulturveranstaltungen statt. Hier gibt es zudem eine Bibliothek mit deutschsprachigen Büchern und Zeitschriften. Auch Online-Ausleihe (18/1 Soi Goethe, Thanon Sathon Tai, Tel. 02-108 82 00, www.goethe.de/bangkok, Mo–Do 8–16.30, Uhr, Fr 8–14 Uhr, Bibliothek Mo–Fr 8–17 Uhr).

ri (2–3 Std.), Phitsanulok (5–9 Std.), Lampang (8–11 Std.) nach Chiang Mai (11–13 Std.).

Richtung Nordosten: Über Ayutthaya, Pak Chong (Khao Yai National Park, 4 Std.), Korat (Nakhon Ratchasima, 5–6 Std.), nach Ubon Ratchathani (8–12 Std.) oder Nong Khai (11–12 Std.).

Richtung Osten: Nach Pattaya (um 6.45 und 6.55 Uhr, 2,5–3,5 Std.).

Richtung Süden: Über Ratchaburi (2 Std.), Phetchaburi (3 Std.), Hua Hin (ca. 4 Std.), Prachuap Khiri Khan (ca. 5 Std.), Chumphon (6,5–8 Std.), Surat Thani (9,5–11 Std.), Hat Yai (17–19 Std.), von dort Shuttle-Züge nach Padang Besar an der Grenze zu Malaysia (18 Std.).

Richtung Westen: Von Thonburi über Nakhon Pathom (1 Std.) und Kanchanaburi (3 Std.) nach Nam Tok (5 Std.).

Busse

Busterminals: Richtung Osten ab Ekkamai (Eastern Bus Terminal), BTS Ekkamai, Thanon Sukhumvit. Richtung Norden und in andere Richtungen ab Mo Chit (Northern Bus Terminal), Thanon Kamphaeng Pet 2. Richtung Süden ab Sai Tai Mai/Taling Chan (Southern Bus Terminal), Phutthamonthon, Soi 1, am Highway 338.

Reservierungen: 12Go, https://12go.asia

Richtung Ostküste: Ab Ekkamai Eastern Terminal nach Ban Phe/Ko Samet (3,5–4 Std.), Chantaburi (4–5 Std.), Trat/Ko Chang (6 Std.), Pattaya (2,5 Std.). Einige Busse an die Ostküste halten im Public Transport Center am Suvarnabhumi Airport. Busse nach Pattaya starten auch ab Mo Chit.

Richtung Zentrum, Norden und Nordosten: Ab Mo Chit (Northern Bus Terminal) nach Ayutthaya (1 Std.), nach Chiang Mai überwiegend morgens und abends (9,5–11 Std.), Chiang Rai (11 Std.), Lampang (9 Std.), Lopburi (2–3 Std.), Nong Khai (10–11 Std.), Phitsanulok (4–5 Std.), Sukhothai (7–8 Std.), Korat (Nakhon Ratchasima) (4,5 Std.), Nong Khai (auch vom Suvanarbhumi Airport, 9 Std.).

Richtung Süden und Westen: Ab Southern Bus Terminal nach Damnoen Saduak (2 Std.), Hat Yai (13–15 Std.), Hua Hin (3–4 Std.), Kanchanaburi (2–3 Std.), Ko Phangan (13 Std.), Ko Samui (12–13 Std.), Krabi (12–13 Std.), Nakhon Pathom (1 Std.), Phetchaburi (1,5 Std.), Phuket (12–14 Std), Surat Thani (11 Std.).

Weitere Verbindungen: Außer den oben genannten klimatisierten Bussen fahren von allen drei Busbahnhöfen viele weitere Busse und Minivans (Kleinbusse) in alle größeren Städte des Landes (s. auch S. 79).

Innerstädtische Verkehrsmittel

Stadtbusse: Mit und ohne Klimaanlage fahren auf festen Routen für 8–25 Baht.

Expressboote: Die großen Boote mit Sitzplätzen unter Deck fahren alle 15–30 Min. von 6–19 Uhr für 16–33 Baht auf dem Menam Chao Phraya und legen an verschiedenen Piers an. Halbstündig von 9.30–17.30 Uhr auch Touristenboote mit Erläuterungen in englischer Sprache für 60 Baht, Tagesticket 150 Baht.

Fähren: Von einigen Piers fahren sie zur gegenüberliegenden Flussseite (nur Stehplätze).

Klong-Boote: Mit Außenbordern an langen Stangen befahren in Bangkok und Thonburi feste Routen nur noch sporadisch, können aber auch gechartert werden (s. auch Aktiv S. 142).

Taxis: Können überall angehalten werden. Sie fahren mit Taxameter und sind vergleichsweise sehr preiswert. Zu Fuß ist man in der Rushhour u. U. aber schneller. Taxi- und Motorradtaxi-Apps: GrabTaxi und Easy Taxi. Radio-Taxis: Tel. 16 81.

Tuk-Tuks: Dreirädrige Motorroller mit überdachter Sitzbank für kurze und mittlere Entfernungen. Den Fahrpreis vorher aushandeln, kurze Strecken kosten ab 50 Baht. Meist sind sie teurer als Taxis. Wenn Fahrer günstig oder gar kostenlos fahren wollen, werden sie ihre Gäste zu einer Einkaufstour überreden, um die Provision in den Geschäften zu kassieren.

Skytrain (BTS): Die **Silom-Linie** führt vom National Stadium über den Siam Square, die Thanon Silom und Thanon Sathorn Tai über Saphan Taksin (Taksin-Brücke) nach Bang Wa in Thonburi. Die **Sukhumvit-Linie** geht von Khu Khot nördlich des Don Mueang Airport über Mo Chit (Chatuchak Weekend Market), die Thanon Paholyothin, Thanon Phayathai und Thanon Sukhumvit bis nach Kheha in Samut Prakan südöstlich der Stadt. Tickets für 17–59 Baht gelten jeweils für eine Strecke, Verkauf vor der Sperre. Tagestickets 150 Baht. Infos unter www.bts.co.th.

U-Bahn (MRT): Es gibt zwei Linien. Die wichtigere Blue Line verläuft kreisförmig vom alten Hauptbahnhof Hua Lamphong nach Norden über die Thanon Ratchadaphisek bis Bang Sue (neuer Hauptbahnhof) und auf der westlichen Flussseite wieder herab nach Süden bis Tha Phra und zurück via der Altstadt. Eine Verlängerung der Linie führt in die westliche Vorstadt bis Lak Song. Die nur für Pendler interessante Purple Line geht bzw. von Tao Poon, etwas weiter westlich, nach Khlong Bang Phai in Bang Yai an der Ring Road. Tickets kosten 17–47 Baht. Umsteigemöglichkeit in den Skytrain an den Stationen Silom, Sukhumvit, Bang Wa und Mo Chit.

Mietwagen

An beiden Flughäfen findet man u. a. **Avis** (www.avisthailand.com), **Budget** (www.budget.co.th), **Hertz** (www.hertz thailand.com) und **National Car Rent** (www.nationalcarthailand.com).

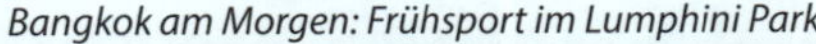

Bangkok am Morgen: Frühsport im Lumphini Park

Tagesausflüge in die Umgebung von Bangkok

In zahlreichen Hotels und Reisebüros werden Tagestouren zu den interessantesten Sehenswürdigkeiten in der Umgebung von Bangkok angeboten. Bei den meisten Attraktionen handelt es sich um touristische Themenparks. Vor allem Kurzbesuchern bieten sie einen schnellen Überblick über die vielfältigen Aspekte der thailändischen Kultur.

Bei den organisierten Tagesausflügen bleibt nach einer mühseligen Fahrt auf verstopften Straßen und einem obligatorischen Zwischenstopp an einem großen Souvenirgeschäft allerdings oftmals am Ziel nicht allzu viel Zeit. Daher empfiehlt es sich, für einen Besuch der weiter entfernten Ziele wie der alten Königsstadt Ayutthaya (s. S. 212), der interessanten Gegend rings um Kanchanaburi (s. S. 309) oder dem Khao Yai National Park (s. S. 188) mindestens eine Übernachtung am Ort einzuplanen.

Damnoen Saduak

▶D 10

Allgegenwärtig sind die Bilder von schwimmenden Märkten mit Händlerinnen, die tropisches Obst und Gemüse in kleinen Holzbooten durch Kanäle paddeln. Mit dem Ausbau der Straßen haben jedoch die Kanäle und schwimmenden Märkte ihre Funktion weitgehend verloren. Lediglich der rege Tourismus hält einige wie der in **Damnoen Saduak,** knapp 100 km westlich von Bangkok, am Leben. Andere werden als kulinarische Märkte reaktiviert. Doch hat sich damit auch die urtümliche Atmosphäre verändert. Man baute Brücken und Fußwege, um den weit angereisten Besuchern einen guten Ausblick auf das malerische Treiben der mit traditionellen Strohhüten bekleideten Händlerinnen zu ermöglichen. Boote werden für Touren durch den Markt und die angrenzenden Kanäle vermietet, wobei sie im Bereich des Marktes nur gepaddelt werden dürfen.

Wie früher üblich, finden auch diese Märkte stets in den Morgenstunden (6–12 Uhr) statt, es lohnt sich also früh aufzustehen, denn gegen Mittag ist es zu heiß, sodass viele Händlerinnen mit verderblichen Waren die Kanäle verlassen. Nicht nur auf dem Wasser, auch am Ufer der Kanäle werden an zahlreichen Ständen lokale Delikatessen verkauft. Zusammen mit aromatischem Kaffee ist dies eine gute Gelegenheit für ein zweites Frühstück.

Verkehr

Busse: Regelmäßig mit Minivans nach Damnoen Saduak ab Sai Tai Mai/Taling Chan (Southern Bus Terminal), Thanon Phra Pinklao sowie ab dem Northern Van Terminal (Mo Chit), Thanon Kamphaeng Phet 2. Touren um 2000 Baht, Taxi ca. 1000 Baht.

Amphawa ▶D 10

Die überschaubare Provinzstadt am Nordufer des gemächlich dahinfließenden Mae

Der bunte schwimmende Markt von Amphawa bietet jede Menge Flair

Klong liegt abseits der Highways und Industriezentren inmitten von Obst- und Gemüsefeldern. Als durch die Abwanderung der Bevölkerung die alten Holzhäuser vom Verfall bedroht waren, entsann man sich eines berühmten Sohnes der Stadt: des Dichterkönigs Rama II., der hier geboren wurde. Dank der Unterstützung des Königshauses wurde die touristische Entwicklung des netten Ortes vorangetrieben, ein **Rama II Memorial Park** (Do–Di 8.30–17 Uhr) und ein **Museum** in vier alten Teakhäusern mit Einrichtungsgegenständen aus jener Zeit angelegt (Mi–So 9–16 Uhr, Eintritt 30 Baht) und das angrenzende **Wat Amphawa Chetiyaram** sowie viele Häuser entlang der Klongs in der Altstadt saniert. In den kleinen Lädchen mieteten sich junge Künstler und Handwerker ein, öffneten Restaurants, Cafés und Gästehäuser ihre Tore.

Wer während der Woche hierher kommt, kann den Ort in aller Ruhe genießen. Es werden auch Radtouren auf schmalen Landstraßen durch die reizvolle, von Kanälen durchzogenen Obst- und Gemüsegärten der Umgebung angeboten (Ein empfehlenswerter Anbieter ist z. B. Bangkok Vanguards, https://bangkokvanguards.com).

Nicht zu übersehen: der dreiköpfige Elefant, Reittier des Gottes Indra, vor dem Erawan Museum in Samut Prakan

Schwimmende Märkte

Fr, Sa, So, feiertags 14–20 Uhr
Die Hauptattraktion von Amphawa ist der **Markt,** der am Wochenende zahllose Besucher aus Bangkok anlockt. Sie drängen sich auf schmalen Fußwegen vorbei an netten, kleinen Lädchen im Retro-Stil mit einem bunten Angebot an Kunsthandwerk, Massenware und Snacks. Auf dem Wasser tummeln sich Boote mit Garküchen und anderen lokalen Delikatessen.

Bang Noi

In **Bang Noi,** 5 km nördlich vom Rama II Memorial Park, findet ein weiterer, weniger touristischer schwimmender Markt statt (Sa, So 8–18 Uhr).

Verkehr

Amphawa liegt gut 80 km westlich von Bangkok und 15 km südlich von Damnoen Saduak. Minibusse verkehren ab dem Northern Van Terminal (Mo Chit) sowie ab dem Southern Bus Terminal (Sai Tai Mai/Taling Chan). Touren ab 2000 Baht, auch Radtouren, Taxi ca. 800 Baht.

Samut Prakan ▸E 10

Fast nahtlos vollzieht sich der Übergang von Bangkok nach Samut Prakan, vor den Toren der Stadt weiter südlich am Ostufer des Chao Phraya gelegen. Im Flugzeitalter verlor der Ort seine einstmals strategische Bedeutung bei der Überwachung des Schiffverkehrs im Mündungsgebiet. Die Befestigungsanlagen verfielen. Nur ein kleiner Chedi im Fluss erinnert die eintreffenden Matrosen seit fast 200 Jahren daran, dass sie sich einem buddhistischen Land nähern. In der Stadt siedeln viele Mon, eine ethnische Minderheit, die aus dem Gebiet des heutigen Myanmar zugewandert ist. Sie feiern das Songkran-Fest im April besonders prunkvoll. Der exzentrische Millionär Khun Lek Viriyapant (1914–2000) hat der Stadt zwei höchst ungewöhnliche touristische Ziele beschert.

Erawan Museum

www.erawanmuseum.com, BTS Chang Erawan, tgl. 9–18 Uhr, Eintritt 400 Baht
Bereits von weithin sichtbar erhebt sich am Bang Phli–Suk Sawat Expressway nahe der Auffahrt der Thanon Sukhumvit, etwa 20 km südöstlich des Zentrums, das riesige Museumsgebäude, das von einem gigantischen dreiköpfigen Bronze-Elefanten gekrönt wird, der königliche Airavata der hinduistischen Mythologie, Reittier des Gottes Indra. Die höchst ungewöhnlich gestalteten, sehenswerten Innenräume bieten ausreichend Raum für eine beeindruckende Sammlung teils einmaliger sakraler Objekte und Antiquitäten aus dem thailändischen Kulturkreis, von Keramiken im Untergeschoss bis zu Buddhastatuen in den oberen Räumen. Sie sind im Rahmen einer Führung zu besichtigen.

Ancient City (Mueang Boran)

Tel. 02-323 40 94, www.ancientcitygroup.net/ancientsiam/en, Taxi ab BTS Kheha, tgl. 9–19 Uhr, Eintritt 700 Baht, ab 16 Uhr 350 Baht, Fahrzeuge 400 Baht, E-Bikes 350 Baht, Golfwagen 350 Baht für die erste Std. und 200 Baht für jede weitere Stunde
Auch das Freilichtmuseen, eines der größten der Welt, ist ein Werk von Khun Lek Viriyapant. Er hat es zu seinen Lebzeiten ständig erweitert und ergänzt. Ca. 30 km südöstlich des Stadtzentrums von Bangkok, zweigt von der Thanon Sukhumvit die ausgeschilderte Zufahrt Richtung Norden ab. Der liebevoll gestaltete Park ist ein ›Thailand in Miniaturformat‹ und versetzt Besucher in die Lage, über 110 bedeutende Sehenswürdigkeiten des Landes an einem Tag zu besichtigen. Auf einem Areal von 80 ha, das die Form Thailands hat, stehen maßstabgerechte, detaillierte Modelle von Bauwerken aus allen historischen Epochen vom 6. Jh. bis in die jüngere Vergangenheit. Sie wurden nach alten Vorlagen verkleinert oder sogar in Originalgröße aufgebaut. Eine Rundfahrt durch den grünen, mit Flussläufen und Wasserfäl-

Siam- und Leistenkrokodile

Die gefürchteten Wasserbewohner sind in Thailand schon seit Generationen Materiallieferant für modische Accessoires begüterter Käuferschichte. Sie sind brauchbar vom Kopf bis zu den Füßen, die man zu Schlüsselanhängern verarbeitet, von der Haut bis zum Fleisch, das in einigen Restaurants des Landes und auf Nachtmärkten als traditionelle Spezialität seine Liebhaber findet.

Die Brackwasserzonen in den sumpfigen Mündungsgebieten der Flüsse sind der natürliche Lebensraum der Leistenkrokodile (*Crocodylus porosus*). Diese zwischen Indien und Australien beheimatete, bis zu 5 m lange Art ist an ihrem keilförmigen Kopf und grauen bis goldbraunen Körper zu erkennen. Hingegen sind in den Süßwasserseen und Flüssen im Hinterland die Siamkrokodile (*Crocodylus siamensis*) beheimatet, die kleiner sind, über ein ausgeprägtes Nackenschild und einen dunkel- bis olivgrünen Körper verfügen.

Auf dem Land scheinen die Tiere äußerst träge und behäbig zu sein, aber im Wasser, ihrer natürlichen Umgebung, bewegen sie sich äußerst rasch und geschickt. Leistenkrokodile können Menschen durchaus gefährlich werden, während Siamkrokodile relativ selten angreifen. Sie bevorzugen Nahrung aus dem Wasser. Für Menschen hingegen stellten die Panzerechsen schon immer eine beliebte Beute dar. Sie wurden in freier Natur fast völlig ausgerottet und stehen nun unter Artenschutz, wobei das Siamkrokodil zu den vom Aussterben bedrohten Arten gehört.

Seit den 1970er-Jahren haben clevere Geschäftsleute die beiden einheimischen Arten in Farmen erfolgreich gekreuzt und gezüchtet. Zur Fortpflanzung schiebt das Weibchen mit seinen Hinterbeinen und dem Schwanz Gras, Blätter und kleinere Zweige zu einem Nest zusammen, legt zumeist im April bis zu 200 Eier hinein und bedeckt alles mit Erde. Bis zum Schlüpfen der von der Sonne ausgebrüteten Jungen nach drei Monaten bewacht es die Brut und verteidigt sie in freier Natur gegen eventuelle Räuber, vor allem Wildschweine und Warane. Mit Ausnahme einiger Weibchen für die Zucht erreichen die Tiere in den Farmen ein maximales Alter von drei Jahren und eine Länge von etwa 2 m, denn nur bis zu diesem Alter ist die Haut weich genug für das begehrte Leder.

Mit den aus Zuchtbetrieben stammenden Lederprodukten kann man das Washingtoner Artenschutzabkommen umgehen, das den Handel und Verkauf geschützter Tierarten oder deren Produkte unter Strafe stellt. Zudem erweisen sich die Tiere schon zu Lebenszeiten bei fragwürdigen Krokodilshows als Touristenmagnet. Vor allem einheimische Familien genießen den Adrenalinschub, wenn junge Männer die flinken Echsen am Schwanz durch die Manege ziehen, auf ihnen reiten oder gar ihren Kopf in das aufgesperrte Maul stecken. Während der großen Überschwemmungen 2011 haben viele Tiere die Chance genutzt, aus ihren betonierten Käfigen zu entkommen und in ihren natürlichen Lebensraum zu entschwinden.

len aufgelockerten Park vermittelt einen anschaulichen Überblick über die Kultur des Landes. Wer nicht mit einem Tourbus oder Mietwagen kommt, kann am Eingang ein E-Bike mieten oder mit einem Golfwagen herumfahren.

Durch eine parkähnliche Landschaft, vorbei an Seen und Wasserfällen, fährt man auf dem ›Highway‹, von der malaysischen Grenze (Eingang) kommend, zunächst durch die südlichen Provinzen, vorbei am **Stupa von Nakhon Si Thammarat** und einem buddhistischen Schrein aus **Chaiya,** der Einflüsse des Srivijaya-Reiches verdeutlicht. Bei einem Bummel durch die schmale gepflasterte Gasse, die von alten Geschäftshäusern gesäumt wird, kommen nicht nur Fotografen auf ihre Kosten.

Über **Phetchaburi,** das sich mit der Audienzhalle des königlichen Sommerpalastes präsentiert, und vorbei am Stupa von Wat Mahathat aus **Ratchaburi** gelangt man in die Metropole **Bangkok.** Frei von Luftverschmutzung und Lärm präsentiert sich die Stadt von ihrer besten Seite, mit der königlichen Thronhalle, dem Dusit-Maha-Prasat-Palast. Nicht weit entfernt erhebt sich die ehemalige Königsstadt **Ayutthaya:** die Ruinen des früheren königlichen Tempels und daneben, in alter Pracht, der Königspalast – rekonstruiert nach historischen Dokumenten jener Zeit.

Den größten Anziehungspunkt in Zentralthailand bildet, neben Parkanlagen und Tempeln, ein komplett rekonstruiertes **Wasserdorf aus der Ayutthaya-Periode** (14.–18. Jh.) rings um einen künstlichen See mit malerischen Brücken und schwimmenden Märkten. In winzigen Geschäften beiderseits schmaler, gepflasterter Gassen wird Kunsthandwerk verkauft. Einigen Handwerkern kann man sogar bei der Arbeit zusehen.

Im Norden wurden verschiedene **Häuser von Bergvölkern** errichtet und ein ehemaliges Haus eines Adligen des Lan-Na-Reiches, in dem ein kleines **Museum** untergebracht ist. Einen guten Überblick über die Tempelarchitektur vermittelt eine Reise durch den Nordosten. Als eine Mischung aus versunkener Historie und künstlerischer Gegenwart, aus landschaftlicher und kultureller Idylle übt der Park einen eigentümlichen Reiz aus – trotz seiner synthetischen Entwicklung.

Auf dem Menam Chao Phraya

Neben Expressbooten (s. S. 164) verkehren große Restaurant- und Ausflugsboote meist ab dem River City Shopping Complex auf dem größten Fluss des Landes durch die nördlichen Vororte (Chao Phraya Princess: www.chaophrayaprincess.com. Grand Pearl Cruise: www.grandpearlcruise.com). Touren bis Ayutthaya (s. S. 212) werden ab dem Wat-Chong-Lom-Pier in Nonthaburi im Bus zurückgelegt.

Ko Kret ▶ E 10

Von Nonthaburi, der nördlichen Endstation der Expressboote (Pier N30), Bus 32 bis Wat Sanam Nuea, dort weiter mit der Fähre zum Wat Poramaiyikawat auf der Insel; Fahrradvermietung links vom Pier

Die kleine, überwiegend von ethnischen Mon besiedelte Insel im Menam Chao Phraya hat trotz ihrer Nähe zur Metropole noch viel von ihrem ländlichen Charakter bewahrt. Am Wochenende ist sie ein beliebtes Ausflugsziel, ansonsten bummeln nur wenige Besucher geruhsam über den Markt neben dem Tempel im Mon-Stil und durch die schmalen Gassen mit alten Holzhäusern, die auf Pfählen am sumpfigen Flussufer stehen. Dahinter erstrecken sich Gärten mit Kokospalmen, Bananenstauden und Obstbäumen. Bei einer geruhsamen Fahrradtour über die Insel gelangt man flussabwärts vorbei an Baan Silp Siam, einem Laden mit Kunsthandwerk, zu einer Siedlung mit Töpfern und an der Südküste zu einem kleinen muslimischen Dorf. Anschließend lässt es sich bei einer Massage oder Nudelsuppe mit Blick auf den Fluss entspannen. Beliebte Souvenirs sind die auf der Insel gefertigten Keramiken.

Mekong
Nong Khai
Nakhon Ratchasima (Korat)
Pattaya
Ko Chang

Kapitel 2

Der Osten

Thailand hat östlich der zentralen Tiefebene zwei Gesichter: Südlich der bewaldeten Bergkette, die sich in West-Ost-Richtung erstreckt, erstrahlt die Landschaft zu jeder Jahreszeit in tropischem Grün. Im Nordosten reicht der Isaan, ein weites, karges Hochplateau, bis zum Mekong. Wer vor den Toren Bangkoks vergeblich nach tropischen Traumstränden sucht, sollte sich von den boomenden Industriestädten, dem Tiefseehafen und den Erdölraffinerien nicht abhalten lassen, und an ihnen vorbei weiter nach Osten fahren. Besonders auf den vorgelagerten Inseln kann man ein Urlaubsparadies mit Palmen und Sandstränden entdecken.

Abwechslung zum Strandleben bieten die Nationalparks im Hinterland, darunter der Khao Yai. Selbst diesseits der kambodschanischen Grenze kann man einige gut restaurierte Khmer-Tempel südlich von Korat besichtigen, auch wenn sie im Vergleich zu Angkor Wat winzig sind.

Weiter Richtung Nordosten geht die Fahrt bis zum Mekong, einem der größten Flüsse Südostasiens. Sie führt über eine weite, trockene Ebene mit gesichtslosen Städten und kleinen Dörfern, über die vor über 100 Mio. Jahren Dinosaurier streiften. Sprache, Küche und Architektur der Region weisen viele Gemeinsamkeiten mit dem Nachbarn Laos auf. In der Nähe von Udon Thani zeugen die ältesten prähistorischen Ausgrabungsstätten in Thailand davon, dass das Hochplateau Isaan vor sehr langer Zeit ein fruchtbares Siedlungsgebiet war.

Farbenpracht auf dem Lotus Lake
bei Kumphawapi in Isaan

Auf einen Blick: Der Osten

Sehenswert

Pattaya: Beliebtes Touristenzentrum mit regem Nachtleben. Besonders sehenswert ist das **Sanctuary of Truth**. Das größte Holzbauwerk der Welt ist mit zahllosen Figuren aus der Mythologie dekoriert (s. S. 177).

Ko Chang: Die zweitgrößte Insel der Ostküste und kleinere vorgelagerte Inseln locken mit schroffen, dschungelbewachsenen Bergen (s. S. 185).

Khao Yai National Park: Natur pur, Dschungel und Wasserfälle, Elefanten und Rehe – ein Wanderparadies (s. S. 188).

Phimai: In einem unscheinbaren Ort nahe Nakhon Ratchasima (Korat) beeindrucken die Khmer-Ruinen und ein fantastisches Museum (s. S. 196).

Schöne Route

Den Mekong entlang: Mit dem Mietwagen fährt man von Nong Khai aus in zwei bis drei Tagen am Südufer des Mekong entlang und durch den kargen Isaan zurück. Dabei kommt man durch kleine Dörfer und erlebt eine abwechslungsreiche Flusslandschaft mit malerischen Ausblicken (s. S. 202).

Meine Tipps

Nong Nooch Tropical Garden: Paradiesischer Park südlich von Pattaya mit einer Fülle von faszinierenden Naturwundern (s. S. 180).

Inseln in der Bucht von Bangkok: Vor den Toren von Bangkok liegt die kleine Ko Samet. Alle etwas weiter entfernten Tropeninseln – Ko Chang, Ko Kood und Ko Mak – lohnen einen längeren Aufenthalt (s. S. 183, 185).

Weingüter nahe des Khao Yai Nationalpark: Kaum zu glauben, aber auch in Thailand gedeihen Reben, die zu ordentlichen Weinen gekeltert werden. Bei einer Führung kommt man auf den Geschmack (s. S. 188).

Dino-Land in Thailand: Einst wanderten Dinosaurier über das weite Hochplateau rund um Khon Kaen. Nun sind ihre Relikte in Museen und an Ausgrabungsstätten wie im Phu Wiang National Park und im Si Wiang Dinosaur Park zu bewundern (s. S. 200).

Ban Chiang: Ein sehenswertes Museum am Ort der prähistorischen Funde präsentiert die ältesten Keramiken des Landes und Spuren einer bronzezeitlichen Kultur (s. S. 202).

Picknick mit Ausblick: im Khao Yai National Park

Wandern und Tierbeobachtung im Khao Yai National Park: Auf ausgeschilderten Wanderwegen unterschiedlicher Schwierigkeitsgrade wandert man durch dichten Dschungel zu Wasserfällen und Aussichtspunkten (s. S. 190).

Die Ostküste

Der Kontrast könnte kaum größer sein – auf der einen Seite liegt Pattaya, ein Urlaubsort, dessen turbulentes Nachtleben nicht nur allein reisende Männer staunen lässt, auf der anderen Seite befinden sich kleine Inseln, auf denen der Sonnenuntergang das Highlight des Abends darstellt. Im Hinterland sorgen Nationalparks ebenso wie Touristenattraktionen für Abwechslung.

Vom Mündungsdelta des Chao Phraya bis Pattaya haben moderne Vorortsiedlungen, Autobahnen und Industrieparks das Bild der einst von Kanälen durchzogenen Gartenlandschaft verändert.

Pattaya, das größte Urlaubszentrum der Ostküste, galt viele Jahre als Inbegriff für ›Erlebnisurlaub‹ – vor allem während der langen tropischen Nächte. Den Ruf eines Sündenbabels hat es, trotz zahlreicher Bemühungen, immer noch nicht ganz ablegen können. Dennoch werden in den Luxusresorts inzwischen viele internationale Tagungen abgehalten, Familien verbringen hier ihre Ferien. Themenparks und andere touristische Attraktionen, aber auch die ausgezeichneten, preisgünstigen Einkaufs-, Schlemmer- und Sportmöglichkeiten sorgen für ausreichend Abwechslung.

Weiter im Osten werden die meisten Strände und Resorts, mit Ausnahme der Inseln, vorwiegend von einheimischen Touristen besucht. Während auf Ko Samet Wochenendurlauber aus Bangkok ebenso wie Backpacker übernachten, weht über einigen Stränden von Ko Chang der Hauch eines exklusiven Urlaubsparadieses.

Die zweitgrößte Insel Thailands, die über Jahrzehnte ein Schattendasein führte, hat mit der Öffnung der Grenze zu Kambodscha, dem Ausbau der Straßen und einem Flughafen bei Trat enorm an Attraktivität gewonnen. Viele der einfachen Strandhütten mussten Luxusresorts weichen – und die Backpacker zogen zu abgelegeneren Stränden oder auf benachbarte, kleinere Inseln weiter.

Auf dem Sukhumvit Highway

Durch die von Kanälen durchzogene Küstenebene führen mehrere Highways von Bangkok über Samut Prakan nach Osten. Die boomende Provinzhauptstadt **Chonburi** ist nur Durchgangsstation, da sie jenseits des alljährlichen Büffelrennens keine Attraktionen bietet.

Ang Sila ▶ F 11

Etwa 7 km südlich von Chonburi zweigt der H 3134 zu dem Küstenort ab. Mit Austern bewachsene Bambuspfähle reichen weit ins ruhige, nur gut 5 m tiefe Meer hinein. **Ang Sila** ist auch für Steinmetzarbeiten bekannt. Die ausgestellten Mörser, Gartenskulpturen und anderen schweren Souvenirs an der Straße zum Strand reizen mit dem Flugzeug reisende Touristen allerdings weit weniger als die Seafood-Restaurants und Austernstände.

Na Jasa Tai Chue

www.najathai.net, Mo–Fr 8–17, Sa, So 8–18 Uhr

Etwa 1,5 km südlich vom Markt erhebt sich am H 3134 der beeindruckende chinesische Tempel **Na Jasa Tai Chue** (Das Haus aller Götter, Thai: Wat Thep Sathit Phra Kiti Chalem). Zum 72. Geburtstag von König Rama IX. entstand dieses bedeutende religiöse Zentrum der Dharma Rasami Maneerat Foundation, das immer noch ausgebaut wird. Wohin man auch schaut, schmücken gigantische Drachen die Schreine und riesigen Hallen, in denen prachtvolle Buddhastatuen neben chinesischen Göttern stehen.

Bang Saen ▶F 11

Ein beliebtes Wochenendziel einheimischer Urlauber ist der Strand von **Bang Saen,** ein traditioneller Badeort mit einem großen Markt und vielen Seafood-Restaurants. Allerdings kann man sich hier nicht an kristallklarem Wasser erfreuen. Die Unterwasserwelt lässt sich wesentlich bequemer in einem **Aquarium** beobachten, das ebenso wie das **Marine Museum** zum Institute of Marine Science gehört (www.facebook.com/bimsthailand, tgl. 8.30–17 Uhr, 220 Baht, Kinder 180 Baht).

Der Bau des gigantischen Tiefseehafens in **Laem Chabang,** südlich von Si Racha, hat das Gesicht der Region stark verändert. Hier ist eines der größten Industriezentren des Landes mit riesigen Parks, Raffinerien, Containerterminals und neuen Wohnvierteln entstanden, die sich bis Pattaya erstrecken.

Wat Saen Suk

Tgl. 6–18 Uhr

Bei den Aussichtspunkten auf dem Khao Sam Muk leben halbzahme Affen. Unterhalb der Felsen steht auf einer Landzunge der sogenannte Höllentempel. Skurrile Skulpturen im Tempelpark stellen Götter verschiedener Religionsgemeinschaften und Szenen aus der Totenwelt dar.

Khao Kheow Open Zoo

Im großen Tierpark und Zuchtgehege östlich von Bang Saen, wurden 1974 Tiere aus dem zu klein gewordenen Zoo von Bangkok umgesiedelt. Hier gibt es u. a. ein riesiges Vogelgehege, einen Streichelzoo, Elefanten und sportlich-spannende Dschungelabenteuer (235 Moo 7, Tambon Bang Phra, Tel. 038-31 84 44, www.kkopenzoo.com, tgl. 8–17 Uhr, Eintritt 250 Baht, Kinder 100 Baht, Tourenangebote ab Pattaya um 2500 Baht).

Übernachten

Eleganter Thai-Stil – **The Tide Resort:** 44/1 Thanon Bangsaen Beach, Bang Saen, Tel. 038-39 92 00, www.thetide-resort.com. Gepflegtes Hotel in bester Lage mit 154 komfortablen Balkonzimmern. Garten mit Pool, Spa, Restaurant und Bäckerei. €€

Zudem werden in der Umgebung viele günstigere Zimmer vermietet.

Aktiv

Zipline Tour – **Flight of the Gibbon:** Beim Khao Kheow Open Zoo, Tel. 089-970 55 11, www.treetopasia.com, Ziplines und Hindernisparcours 4000 Baht, ab Bangkok inkl. Eintritt zum Zoo. Auf einem über 3 km langen Stahlseilparcours geht es durch die Baumwipfel.

Verkehr

Busse: Von der Thanon Bangsaen Beach fahren Busse alle 2 Std. bis 21 Uhr in 2 Std. zum Eastern Bus Terminal (Ekkamai) in Bangkok; Busse zwischen Bangkok sowie dem Suvarnabhumi Airport und Pattaya verkehren auf dem Highway, 3 km nördlich der Stadt.

Pattaya ▶E/F 11

Cityplan: S. 179, **Karte:** S. 183

Aufgrund seiner Strände und der Nähe zu Bangkok entwickelte sich das einstige Fischerdorf ab den 1960er-Jahren zu *dem* erlesenen Badeort der US-amerikanischen GIs. Im Schatten der Palmen suchten sie in den ersten Beachbars Erholung von den Strapazen des Vietnamkriegs. Wo einst nur Hütten standen, schossen in den 1970er- und 1980er-Jahren Luxushotels wie Pilze aus dem Boden, eingerahmt von Golfplätzen, Pools und Restaurants. Man kochte international, sprach Englisch und Deutsch. **Pattaya** eroberte als ›Paradies für Männer‹ einen Platz in den Katalogen der Reiseveranstalter.

Mittlerweile sind Pattaya und Umgebung dem Ziel, sich als Urlaubsort, Konferenzzentrum und Altersruhesitz zu etablieren, einen Schritt näher gekommen. Bis zu 65-stöckige Apartment-Hochhäuser und Luxushotels überragen die weit geschwungene Bucht, deren Zentrum die Promenade entlang der Beach Road bildet. Wenig erfolgreich scheinen die Maßnahmen gegen die typischen, offenen Bierbars und die Verschmutzung der Strände. Die quirlige Stadt zieht vor allem Urlauber an, die Unterhaltung bei Tag und Nacht suchen. Hier muss man auf Bier vom Fass genauso wenig verzichten wie auf Schnitzel oder Pizza. Entlang der Walking Street oder ›Goldenen Meile‹ am Ende der Beach Road reihen sich Bars, Discos, Restaurants, Juweliere, Schneider, Boutiquen und Souvenirläden dicht aneinander.

Am Abend drängen sich auf der Strandstraße russische, arabische und deutsche Touristen, leichte Mädchen und Kraftprotze auf großen Motorrädern. In riesigen, bis zu 2000 Personen fassenden Diskotheken, die mit modernster Technik, Liveauftritten und den aktuellsten Hits aufwarten, vergnügen sich vor allem am Wochenende Einheimische ebenso wie ausländische Touristen.

Resorts der oberen Preisklasse bieten die Möglichkeit, einige erholsame Tage zu verbringen, ohne sich zu langweilen. Sportbegeisterte können sich vor allem am Jomtien Beach austoben beim Wasserski, Tauchen, Surfen oder Fallschirmsegeln. Andernorts locken Tennis, Golfen, Boxen und Reiten oder auch Bungee-Jumping und Go-Kart-Rennen.

Sanctuary of Truth 1

206/12 Soi 5, Naklua, tgl. 8–18 Uhr, Tel. 038-36 72 27, www.sanctuaryoftruthmuseum.com, Eintritt 500 Baht, Kinder 250 Baht
Das Heiligtum der Wahrheit ist das größte, vollständig aus Tropenholz errichtete Bauwerk der Welt. Den 100 m hohen und ebenso breiten Pavillon zieren eine geradezu überwältigende Vielfalt von Skulpturen und dekorative Schnitzereien. Die religiösen und weltlichen Motive sind der asiatischen Geschichte und Mythologie entlehnt und stellen das Verhältnis von Welt und Universum dar. Bereits seit 1981 wird es kontinuierlich ausgebaut.

Pattaya Park and Tower 2

www.pattayapark.com, tgl. 11–19 Uhr
Den besten Ausblick auf die Stadt, ihre Strände und vorgelagerten Inseln eröffnet der 240 m hohe, bereits etwas in die Jahre gekommene Pattaya Tower. Das Wahrzeichen der Stadt wird von einem großen Hotel sowie einem **Vergnügungs- und Wasserpark** eingerahmt (tgl. 9–18 Uhr, 200 Baht).

Attraktionen

Viele Attraktionen in und um Pattaya zielen darauf ab, Urlaubern das Geld aus der Tasche zu ziehen. Einige wenden sich an Familien und Selfie-Süchtige, etwa das Illusionsmuseum Art in Paradise.

Im **Ripley's Believe it or not** 3 im Royal Garden Plaza locken 250 Kuriositäten und optische Täuschungen. Dazu gehören das Moving Theater, das Spiegel- und Gruselkabinett Infinity Maze und Haunted Adventure, das Louis Tussaud's Wachsfigurenkabinett, das Laser-Labyrinth The Vault und das Horrorhaus Scream in the Dark (www.ripleysthailand.com, tgl. 11–22 Uhr, pro Attraktion 250–630 Baht, 3 Attraktionen 1260 Baht).

In der **Underwater World** 4 tummeln sich über 4500 Meeresbewohner. Besucher können in einem über 100 m langen Glastunnel das größte Becken mit Großfischen durchqueren oder sogar darin tauchen (www.underwaterworldpattaya.com, tgl. 9–18 Uhr, Eintritt 500 Baht).

Im Freigelände von **Mini Siam** 5 wurden über 100 berühmte Bauwerke aus Thailand und der ganzen Welt im Maßstab 1:25 nachgebildet. Da das Gelände bereits seit den späten 1980er-Jahren geöffnet ist, nagt der Zahn der Zeit (und das tropische Klima) augenfällig an einigen Bauwerken (www.minisiam.com, tgl. 9–19 Uhr, Eintritt 300 Baht).

In der **Pattaya Elephant Sanctuary** 6 (217/41 Bang Sare, www.pattaya

Pattaya

Sehenswert

1 Sanctuary of Truth
2 Pattaya Park and Tower
3 Ripley's Believe it or not
4 Underwater World
5 Mini Siam
6 Pattaya Elephant Sanctuary
7 Dolphinarium Pattaya
8 Floating Market
9 Nong Nooch Tropical Garden
10 Alcazar Cabaret
11 Tiffany's Show
12 Colosseum

Übernachten

1 Hilton Pattaya
2 Centara Grand Mirage Beach Resort
3 Rabbit Resort
4 Thai Garden Resort
5 Birds & Bees Resort

Essen & Trinken

1 Casa Pascal
2 Mai Thai Cuisine
3 Bei Gerhard
4 Bazi Restaurant und Leckerle Café

Abends & Nachts

1 The Sportsman Pub
2 Pattaya Night Bazaar

Aktiv

1 Jomtien Dive Center
2 Xbungy - Pattaya Bungy Jump

Lust auf Chillen? Der Jomtien Beach in Pattaya ist der prefekte Ort dafür

elephantsanctuary.org, Halbtagestour 2500 Baht, Kinder 1250 Baht) können Elefanten gefüttert, gebadet und auf einem Spaziergang begleitet werden. Das umstrittene Elefantenreiten findet hier nicht statt. Delphine und Robben können bei Shows im **Dolphinarium Pattaya** 7 (555/5 Moo 1, Nong Prue, www.pattayadolphinarium.com, Do–Di 10–19 Uhr, Shows um 11, 14 und 17 Uhr für 600–1100 Baht) beobachtet werden.

Pattayas Floating Market 8 hat sicherlich schon bessere Zeiten gesehen, ist aber noch wegen seiner hölzernen Bauten sehenswert (www.pattaya floatingmarket.com, tgl. 9–19 Uhr, Eintritt 200 Baht).

Nong Nooch Tropical Garden 9

KM 163 Sukhumvit Road, www.nongnoochpat taya.com, tgl. 8–18 Uhr, Eintritt 500 Baht, inkl. Show 800 Baht (13.30 Uhr); Transfers ab Pattaya 800 Baht

Etwa 17 km südlich von Pattaya erstreckt sich der tropische Garten mit der größten Kollektion an Orchideen des Landes. Im Zentrum der weitläufigen Parkanlage mit Seen, Gärten, Restaurants und Chalets wird in knapp 90 Minuten die Kultur des Landes im Zeitraffer dargeboten. Höhepunkt der Show ist ein Kampf mit Kriegselefanten. Eine imposante Sammlung hunderter Dinosaurier-Statuen durchzieht das Dinosaur-Valley.

Shows

Sogar ganze Familien besuchen die farbenprächtigen Travestieshows mit buntem Musikprogramm in den eindrucksvollen Theaterbauten der beiden Klassiker **Alcazar Cabaret** 10 (78/14 Second Road, www.alcazarthailand.com, Shows 17, 18.30, 20 und 21.30 Uhr, 600–1800 Baht) und **Tiffany's Show** 11 (464 Second Road, www.tiffany-show.co.th, Shows 18, 19.30 und 21 Uhr, 1000–2000 Baht). Etwas neuer ist die **Colosseum Show** 11 (229/120 Moo 12, Thep Prasit Road, http://colosseumshow pattaya.com, Shows 17.30, 19 und 20.30 Uhr, 800–1200 Baht). Die perfekt inszenierten Bühnenshows der talentierten Verwandlungskünstler können es qualitativ mit dem Moulin Rouge aufnehmen.

Inseln

Als größte der Pattaya vorgelagerten Inseln wird **Ko Larn** überwiegend von asiatischen Touristen besucht, die hier zum Baden und Essen abgesetzt werden. Zum Tauchen und Schnorcheln eignen sich vor allem die Unterwasserwelt vor **Ko Phai,** wo ein Kriegsschiff als künstliches Riff versenkt wurde. Bereits seit 1945 schlummert vor **Ko Samae** in 27 m Tiefe das mit Korallen bewachsene Wrack der Hardeep.

Infos

Tourist Office: 609 Mu 10, Thanon Phra Tham Nak, Tel. 038-42 76 67, Mo, Di, Do und Fr 8.30–16.30 Uhr.

Übernachten

Stilvoll – **Hilton Pattaya** 1 **:** 333/101 Soi 9, Tel. 038-25 30 00, www.hiltonhotels.de. Nach wie vor eines der besten Hotels von Pattaya, in zentraler Lage über dem Central-Festival-Einkaufszentrum. Hier stimmt alles, ob in den großzügigen, dezent gestylten Zimmern, den drei Restaurants, beim Service an der Rezeption im 17. Stock oder in der Rooftop Bar im 34. Stock, von wo aus sich ein fantastischer Ausblick über die ganze Bucht eröffnet. €€€

Traum am Strand – **Centara Grand Mirage Beach Resort** 2 **:** 277 Moo 5, Naklua, Tel. 038-30 12 34, www.centarahotelsresorts.com/centaragrand/cmbr. 5-Sterne-Themenresort mit 555 komfortablen Zimmern mit Balkon und Meerblick. Viele Aktivitäten, eigener Wasser- und Kletterpark sowie Strandzugang – ideal für den Familienurlaub in Pattaya. €€€

Einfach bezaubernd – **Rabbit Resort** 3 **:** Dongtan Beach, am nördlichen Jomtien Beach, Tel. 038-25 17 31, www.rabbitresort.com. 49 gepflegte Villen und zweistöckige Häuser mit einem oder zwei Schlafzimmern im Thai-Stil. Charmantes Restaurant, Pool. Sehr ruhige Lage abseits der Straße direkt am Strand. €€€

Man spricht Deutsch – **Thai Garden Resort** 4 **:** 179/168 Soi 5, North Pattaya Road, Tel. 038-37 06 14, www.thaigarden.com. Ruhig gelegene, familienfreundliche Hotelanlage, 227 Zimmer und Apartments für Langzeiturlauber. Große Pool-Landschaft. €€–€€€

Umweltbewusst – **Birds & Bees Resort** 5 **:** 366/11 Moo 12, Phra Tam Nak 4 Road, Tel. 083-120 90 10, https://birdsandbeesresort.com. Die umweltbewusste Mechai Viravaidya Foundation betreibt dieses nette, kleine Hotel am ruhigen Asia Beach. 59 Gästeunterkünfte, von einfachen Zimmern bis zu originellen Sky View Suiten mit Rundumblick. Thai-Restaurant mit gesunder Kost und Meerblick, Bar und Pool im originell gestalteten Garten. €–€€

Essen & Trinken

Ob asiatische, arabische, russische oder europäische Küche: In Pattaya sind alle Restaurants zu finden, darunter viele deutsche. Vielerorts sorgen zudem preisgünstige, Büfetts für paradiesische Schlemmerfreuden.

Europäisch – **Casa Pascal** 1 **:** 85/4 Moo 10, Second Road, Tel. 038-72 36 60, www.restaurant-in-pattaya.com, tgl. 8–14, 18–23 Uhr. Europäische Gerichte mit mediterranem Einschlag von gehobener Qualität werden hier zubereitet von einem Schweizer Küchenchef. Bis 14 Uhr Frühstücks- und Mittagsbüffet, mittags und abends à la carte. €€€

Thai mit Charme – **Mai Thai Cuisine** 2 **:** 157/84-85 Thanon Naklua, Tel. 038-41 21 64, www.maithai.asia, Mi–Mo 17–24 Uhr. In nettem Ambiente wird vom aufmerksamen Servicepersonal etwas gehobenere Thai-Küche, aber auch Europäisches serviert. Eine Empfehlung für Nord-Pattaya. €€ -€€€

Wie bei Muttern – **Bei Gerhard** 3 **:** 154 Thanon Naklua, Soi 33, Tel. 033-03 54 71, https://bit.ly/GerhardPattaya, Mo–Sa 10–21.30 Uhr. Zählt seit Jahren zu den bei Ausländern beliebtesten Restaurants. Im kleinen, einfachen Restaurant wird deutsche und schwäbische sowie thailändische Küche zubereitet. Am Donnerstag gibt's Maultaschen, Samstag ist Eintopftag. Große Portionen zu günstigen Preisen. €–€€

Hausmannskost – **Bazi Restaurant und Leckerle Café** 4 **:** 179/128-129 Thanon Naklua, Soi 33, Tel. 038-41 50 55, https://bazi-leckerle-pattaya.com, tgl. 10–23 Uhr. Vom

Frühstück nach westlichem Geschmack und Mettbrötchen über Linsensuppe und Gulasch hin zu Bratwurst und Kassler, hier findet jeder mit kulinarischem Heimweh sein Heilmittel, und Thai-Gerichte werden auch aufgetischt. €–€€

Abends & Nachts

Die für ihr sündhaftes Nachtleben berühmte Stadt hat mehr als nur basisorientierte Unterhaltung wie rings um die Walking Street zu bieten.

Stylische Skybar – **Horizon:** Im Hilton Pattaya 1. Der beste Platz für einen Sundowner mit Blick über die Stadt und die Bucht.

Very British – **The Sportsman Pub 1:** Soi 13 Pattaya Beach Road, https://sportsmanpub.com, tgl. 7–0.30 Uhr. Gut sortierte Bar, Live-Sportübertragungen auf Großbildschirmen, dazu typisches Pub Food.

Shop till you drop – **Pattaya Night Bazaar 2:** Second Road, www.pattayanightbazaar.com, tgl. 10–23 Uhr. Unter dem heißen Blechdach lässt es sich am besten nach Sonnenuntergang oder bei Regen shoppen. Breites Angebot zu moderaten Preisen.

Aktiv

Tauchen – **Jomtien Dive Center 1:** 97 Jomtien Beach Road, Tel. 033-14 40 07, https://jomtiendivecenter.com. Etabliertes Tauchzentrum mit eigenem Boot. 2 Tauchgänge kosten 2800 Baht. Auch Schnorchler sind willkommen.

Bungy Jumping – **Xbungy - Pattaya Bungy Jump 2:** 380/105, Thanon Thepprasit Soi 9, http://pattayabungy.com. Wagemutige können sich hier 60 m in die Tiefe stürzen. 2500 Baht. In der Nähe können sich Touristen auch auf der **Go-Kart-Bahn** vergnügen.

Fitness – In vielen großen Hotels und auch außerhalb gibt es Fitnesscenter. Einige bieten auch Yogakurse an, in anderen können Interessierte Thai-Boxen lernen.

Massagen und Spas – Wellnesstempel in teuren Resorts laden mit professionellen Massagen, Packungen und Bädern zum Entspannen ein. Anderen Massagedamen hingegen verdankt die Stadt den Ruf, das Sündenbabel der Welt zu sein.

Verkehr

Flüge: Der U-Tapao International Airport liegt 40 km südlich der Stadt. **Bangkok Airways:** www.bangkokair.com. Flüge nach Ko Samui und Phuket. Anfahrt mit Bussen ab Pattaya und Trat. Zudem bestehen gute Verkehrsanbindungen zum großen internationalen Airport Suvarnabhumi in Bangkok. Busse, Minibusse und Taxis benötigen dorthin ca. 1,5–2 Std.

Busse: Vom Busterminal, North Road, bestehen von 4.30 bis 23 Uhr Verbindungen nach Bangkok ca. alle 30 Min. Weitere Busse zum Suvarnabhumi Airport, in alle großen Orte an der Ostküste, nach Nord- und Nordostthailand.

Songthaew/Baht-Busse: Überall in Pattaya findet man diese dunkelblauen, offenen Sammeltaxis, die für 20 Baht innerhalb der Stadt sowie nach Jomtien und Naklua verkehren. Eine Alternative sind über Apps wie Grab gebuchte Fahrten in Privatautos.

Mietwagen: Budget Car Rental, 79/1 Moo 6, Thanon Sukhumvit, Tel. 038-19 65 41, www.budget.co.th. Zudem viele lokale Anbieter.

Die Küste bis Ko Chang

Karte: S. 183

Über den Marinehafen **Sattahip** und den ehemaligen US-amerikanischen Luftwaffenstützpunkt **U-Tapao** führt die alte Thanon Sukhumvit nach **Rayong,** wo sich umfangreiche Industrieanlagen angesiedelt haben. Touristisch ist diese Provinz daher auch nur wegen ihrer langen Festlandsstrände und den Inseln ein Begriff. Reisende, die schnell nach Chantaburi, Trat oder über die Grenze nach Kambodscha vordringen möchten, sollten besser den autobahnähnlichen, durch das Inland verlaufenden Highway 36 benutzen.

Hinter Rayong führen etliche schmale Straßen zum Meer, wo sich entlegene, vorwiegend von Einheimischen besuchte Resorts und hübsche Buchten entdecken lassen. Vom Fischerort **Ban Phe 1** verkehren umgebaute Fischkutter als Fähren zur Badeinsel Ko Samet. Zwischen Ban Phe und Chantaburi sind kleine Resorts entlang der Küste auf der malerischen **Panoramastra-**

ße Thanon Burapha Chonlathit gut zu erreichen.

Verkehr

Busse: Zu allen Orten entlang des Sukhumvit Highway verkehren Busse ab Bangkok und Pattaya. Zum Fährhafen Ban Phae ab Bangkok (Ekkamai, Eastern Bus Terminal), Suvarnabhumi Airport und Pattaya.

Ko Samet ▶ F 12

Eintritt Nationalpark 200 Baht

Die Ostküste der fast 7 km langen, tropfenförmigen Hauptinsel des **Khao Laem Ya Samet Marine National Park** besteht fast nur aus herrlichen, von Felsgruppen unterteilten Buchten mit weißem Sandstrand. Obwohl die seit den 1980er-Jahren errichteten Bungalowanlagen Probleme mit Müll, Wasserversorgung und Abwässern bescheren, gilt das nur 200 km von Bangkok liegende **Ko Samet** 2 nach wie vor als ideales Ziel für einen Kurzurlaub ab Bangkok. Im Gegensatz zu Ko Chang regnet es hier relativ wenig, sodass die Insel auch in der Regenzeit gern besucht wird. An Wochenenden und Feiertagen sollte man das 13 km^2 kleine Eiland den herbeiströmenden einheimischen Touristen überlassen, zumal die Hotelpreise dann am höchsten sind. Das nach den anspruchslosen Cajeput-Bäumen (auf Thai: *samet)* benannte Eiland lockt mit langen Strandwanderungen, Badefreuden und Touren zum Schnorcheln oder Tauchen zwischen den benachbarten Inseln und Korallenriffs.

Übernachten

Da einige Resorts innerhalb des Nationalparks illegal errichtet wurden, ist ihre Zukunft ungewiss.

Honeymoon-Resort – **Paradee Resort:** Ao Kiew, Tel. 038-64 42 85, www.samedresorts.com/paradee. Zwei saubere, puderweiße Privatstrände umgrenzen im Osten und Westen die abgeschiedene Luxusanlage mit Pool. 40 großzügige Traumvillen, einige mit eigenem Pool, Jacuzzi und viel Privatsphäre. €€€

Idylle mit Stil – **Ao Prao Resort:** Ao Prao, Tel. 038-64 41 00, www.samedresorts.com/aoprao. Am Ende eines 200 m langen Strands der Westküste. 52 stilvolle Zimmer in hübschen Holzbauten, die sich idyllisch einen üppig grünen, tropischen Hang hinaufziehen. Beschauliches Holzterrassen-Restaurant am Meer. €€€

Relaxen pur – **Samed Villa Resort:** 89 Moo 4, Ao Phai, Tel. 081-761 55 78, www.samedvilla.com. Schöne, gepflegte Bungalows in einem tropischen Garten, die teuren mit Meerblick. Umweltbewusstes Management. Es gibt einen Abholservice vom Bua Luang Pier in Ban Phae. €€

Verkehr

Fähren: Boote fahren nach Bedarf bis 18 Uhr von mehreren Piers in Ban Phe nach Ban Na Dan im Norden der Insel und zur Wongduan-Bucht; Schnellboote können für 2000 Baht gechartert werden. Preiswerte Tagestouren ab Pattaya.

Nationalparks im Hinterland ▶ G 11

Eintritt Nationalparks jeweils 200 Baht

Hinter Ban Phe verlaufen der Sukhumvit Highway und die Panoramastraße Thanon Burapha Chonlathit weiter landeinwärts. Stichstraßen führen zu einigen gut erreichbaren Nationalparks, die mit Wanderrouten zu Wasserfällen mit Badeplätzen und bizarren Höhlen locken. In den **Khao Chamao National Park 3 ,** 15 km nördlich von Na Yai Am am H 3344, haben sich viele Tiere zurückgezo-

Tropenparadies aus dem Bilderbuch: Die Strände der dschungelbedeckten Insel Ko Chang

gen, nachdem ihr Lebensraum immer stärker eingeschränkt wurde. Doch nur selten kann man sie bei einer Wanderung auf den 2 und 3 km langen markierten Wegen zu Gesicht bekommen.

Besonders eindrucksvoll ist der 16-stufige Wasserfall im **Khao Soi Wildlife Sanctuary** 4, 70 km nördlich von Chantaburi, eine der wenigen Gegenden des Landes mit intakten Urwäldern, wo sogar noch Elefanten beheimatet sind.

Die Pilgerstätte **Khao Phra Baht** im **Khao Khitchakut National Park** 5, Thailands Pendant zum Goldenen Felsen von Kyaikthtiyo, liegt ca. 50 km nördlich von Chantaburi im Bergwald.

Chantaburi ▶G 12

Die Provinzstadt **Chantaburi** 6 im Zentrum eines großen Obstanbaugebietes besitzt ebenfalls einige Attraktionen. Die **Kathedrale** im französischen Stil, die größte des Landes, einige Straßen der **Altstadt** und die **Märkte** lassen den Einfluss der vietnamesischen Minderheit spüren. Sehr schön ist ein Spaziergang durch die schmale **Thanon Sukhaphiban** am Westufer des Flusses, wo kleine Cafés, Restaurants und Galerien in alten restaurierten Häusern zum Entdecken einladen. Nur noch wenige Saphire werden nördlich der Stadt gefördert, doch an der traditionellen Edelsteinstraße, der **Thanon Sichan,** werden noch immer edle Steine verkauft.

Im Mündungsgebiet des Laem Sing, 9 km südwestlich der Stadt, können im **National Maritime Museum,** das im Noen Wong Fort untergebracht ist, Unterwasserfunde und historische Schiffsmodelle bewundert werden (www.virtualmuseum.finearts.go.th/panitnavi, Mi–So 9–16 Uhr, Eintritt 100 Baht).

Übernachten

Modern – **Riverawan Hotel:** 5 Moo 3 Chanthanimit, Tel. 099-442 92 29. Modernes, direkt am Fluss gelegenes Hotel mit komfortablen Zimmern zu günstigen Preisen. Der Pool mit Blick auf die Flussbiegung wird abends in bunten Farben ausgeleuchtet. €–€€

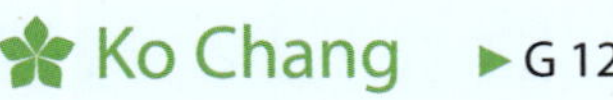

Ko Chang ▶G 12

Karte: S. 183

Die Bootsanlegestellen nahe **Trat** sind Ausgangspunkt für den Besuch der zweitgrößten Insel des Landes, **Ko Chang** 7. Vom Hafen **Laem Ngop,** 17 km südlich von Trat, und anderen Anlegern fahren Personen- und Autofähren zu der Hauptinsel und zu einigen kleinen der insgesamt 51 Nachbarinseln, die bereits 1982 zum Nationalpark erklärt wurden. Nur schwer zugänglich ist das von tropischem Regenwald bedeckte Innere des 30 km langen und bis zu 14 km breiten Eilands, wo in den bis zu 745 m hohen Bergen Wildschweine, Affen, Schlangen und Vögel leben.

An den langen Sandstränden der Westküste entstanden schon Mitte der 1980er-Jahre die ersten Bungalowanlagen. Der von Palmen gesäumte **White Sand Beach** (Hat Sai Kao) gilt als wichtigstes Touristenzentrum, während der mit fast 6 km längste Sandstrand **Klong Prao** durch herrliche Lagunen besticht.

Eine schmale, mitunter sehr kurvige und steile Straße führt küstennah bis zum Stelzendorf **Bang Bao** im Süden. Von hier starten Angel-, Tauch- und Schnorchelausflüge, während schweißtreibende Wanderungen durch das Inselinnere ebenso für Abwechslung sorgen können. An der von Steinstränden und Mangrovenwäldern geprägten Ostküste führt ein kurzer Wanderpfad zu den **Than-Mayom-Wasserfällen,** die im Gegensatz zum beliebten **Klong-Plu-Wasserfall** an der Westküste jedoch kein ganzjähriges Badevergnügen ermöglichen.

Nachbarinseln

Ausgedehnte Kokospalmenhaine und naturnahe Strände mit bizarren Lavaformationen prägen **Ko Mak,** auf dem es ebenfalls zahlreiche Bungalowanlagen, Restaurants und Tauchschulen gibt. Von hier ist es nicht mehr weit bis nach **Ko Kood** 8, das als zweitgrößte Insel des Ko-Chang-Archipels nette Urlaubsstrände an seiner Westküste, tolle Wasserfälle im kaum erschlossenen Hinterland und einige authentische Fischerdörfer bieten kann.

Übernachten

Stil am Strand – **Santhiya Tree Koh Chang Resort:** Klong Prao Beach, Ko Chang, Tel. 039-61 90 40, www.santhiya.com/santhiyatree/kohchang. Zählt zu den schönsten und stilvollsten Anlagen. 50 gediegene Zimmer in tempelartigen Pavillons, umrahmt von einem herrlichen Tropengarten mit Pool. €€–€€€

Inseltraum – **Shantaa Resort Koh Kood:** Ao Tapao, nahe dem Pier, Ko Kood, Tel. 081-817 96 48, www.shantaakohkood.com. 15 geschmackvoll eingerichtete, gepflegte Villen in einem Tropengarten, einige mit offenen Bädern. Kleiner Privatstrand. €€€

Herrlicher Ausblick – **SYLVAN Koh Chang:** Kai Bae Beach, Ko Chang, Tel. 039-55 28 88, https://sylvankohchang.com. Eines der beliebtesten Hotels, das schon lange am Südende der Bucht etabliert ist, mit 138 Zimmern. Schöne Landschaft mit vorgelagerten Inselchen. €€–€€€.

Schatzinsel Ko Mak – **Ao Kao White Sand Beach Resort:** Ko Mak, Tel. 065-523 98 86, www.aokaoresort.com. An einem 300 m langen Strand mit 25 Bungalows im Thai-Stil mit eigener Dachterrasse, die vom Pionier Somchai erbaut und von seinen Kindern, die teils Deutsch sprechen, weitergeführt werden. €€–€€€

Gut gepflegt – **Garden Resort:** Kai Bae Beach, Ko Chang, Tel. 099-012 02 99. Auch wenn das kleine, aufmerksam geleitete Resort jenseits der Strandstraße liegt, kann man sich in den Bungalows im hübschen Garten mit Pool, Restaurant und Bar gut entspannen. €€

Ruhig und gastfreundlich – **Privacy Resort:** Ko Chang, Tel. 094-125 58 80. Kleine Anlage mit sieben Bungalows rings um einen Pool an der ruhigen Ostküste, ein guter Ausgangspunkt für Touren zu kleinen Badebuchten und authentischen Dörfern. Die Gäste werden bestens vom neuseeländischen Besitzer Steve und seiner Frau Lilli betreut. €€–€€€

Auf dem Festland – **Rimklong Boutique Hotel:** 194 Soi Rimklong, Trat, Tel. 081-861 71 81. Charmantes, freundlich von Mr. Tuu geleitetes Hotel mitten in der sehenswerten Altstadt. Vier modern eingerichtete, teils fensterlose Zimmer sowie ein klimatisiertes Café mit gutem Kaffee. €€

Aktiv

Tauchen, Schnorcheln, Bootstouren – Mehrere **Tauchschulen** bieten Tagesfahrten zum Tauchen, Schnorcheln und Baden. Zudem Kajak- und Segeltouren sowie Rundfahrten zu verschiedenen Inseln mit Zwischenstopps. Weitere Infos auf www.kohchang.de/tauchen.htm.

Elefanten – **Elefantencamp Ban Kwan Chang:** Tel. 061-565 81 55, www.facebook.com/KlongSonKohChangElephantCampThailand. Von 9–17 Uhr werden Ausritte durch den Dschungel mit der Möglichkeit zum gemeinsamen Bad offeriert. Bei Redaktionsschluss gab es auf Ko Chang keine Camps, die kein Reiten anbieten.

Verkehr

Flüge: Bangkok Airways: www.bangkokair.com; fliegt ab Trat nach Bangkok (Suvarnabhumi).

Busse: Ab Bangkok Northern (Mo Chit) und Eastern Bus Terminal (Ekkamai) ca. stdl. Minibusse und Busse nach Trat, von dort mit Songthaews zu den Anlegern von Laem Ngop. Morgens ab Eastern Bus Terminal (Ekkamai) sowie Suvarnabhumi Airport auch direkt nach Laem Ngop.

Fähren/Boote: Autofähren, http://kohchangferries.com, nach Ko Chang ab Ao-Thammachat-Pier (30 km westlich von Trat) von 6.30–18.30 Uhr ca. alle 30 Min. zum Ao Sapparot sowie ab dem Centerpoint-Pier (ca. 7 km von Laem Ngop) von 6–19 Uhr stdl. zum Dan-Kao-Pier. Weitere Boote ab Laem-Ngop-Pier (17 km von Trat) etwa stdl. zu verschiedenen Piers an der Ostküste von Ko Chang sowie nach Ko Mak mehrmals täglich. Nach Ko Kood und Ko Mak mit dem großen Katamaran, https://boonsiriferry.com, vom Laem-Sok-Pier (südlich von Trat) 2x täglich. Zudem verkehren Schnellboote sowie Fähren zwischen den Inseln.

Isaan

Schnurgerade verlaufen die Straßen über das weite Hochplateau im Nordosten Thailands durch moderne Industriezentren, schnell wachsende Städte und traditionelle Dörfer. Auf schmalen Seitenstraßen gelangt man zu Zeugnissen früherer Kulturen und einem der größten Flüsse des Landes, dem Mekong. An dessen jenseitigem Ufer liegt Vientiane, die Hauptstadt von Laos.

Vor etwa 400 Mio. Jahren, als infolge von Klimaveränderungen ein Meer austrocknete, entstand diese gewaltige Senke. Sie bot Dinosauriern sowie den ersten Menschen ausreichend Nahrung. Zudem zeugen Ausgrabungsfunde von Stadtstaaten, die bereits vor 1000–2000 Jahren Handel mit Indien und China trieben, und von frühen Zeugnissen einer hinduistisch und buddhistisch beeinflussten Kultur. Heute ist die Region zwar bevölkerungsreich, aber arm an Naturschätzen und nur wenig fruchtbar. Der Monsun erreicht mit seinen Niederschlägen das Plateau nur unregelmäßig, sodass die Ernten auf den kargen Lateritböden meist mager ausfallen und zudem immer wieder durch Dürren, Überflutungen und Versalzungen gefährdet sind.

Bis 1973 bescherten US-amerikanische Militärbasen verschlafenen Kleinstädten einen Bauboom. Dann verließen die Fremden den Nordosten und nur wenige Touristen verirrten sich in die staubige Weite dieser gleichförmigen Landschaft. Viele Landbewohner suchten ihr Glück im fernen Bangkok, denn das Gebiet zwischen den beiden großen Strömen Chao Phraya und Mekong bot kaum eine Möglichkeit, außerhalb der Landwirtschaft einen Arbeitsplatz zu finden. Erst zur Jahrtausendwende wurde mit der Ansiedlung arbeitskräfteintensiver Industriebetriebe, vor allem der Lebensmittelverarbeitung, Textil- und Autozulieferindustrie, der Abwanderung Einhalt geboten.

Der Isaan hat weitaus mehr touristische Attraktionen zu bieten als allgemein vermutet wird. Wer die Tempel der Khmer-Hochkultur aus dem 12. Jh. in Phimai, Phanom Rung oder Muang Tam bestaunen will, muss über Korat (offiziell: Nakhon Ratchasima) reisen. Archäologische Funde gibt es in der Umgebung von Khon Kaen zu bestaunen: imposante Überbleibsel von Dinosauriern, denen mehrere Museen gewidmet wurden. An den archäologischen Ausgrabungsstätten von Ban Chiang nahe Udon Thani kann man mehr über die prähistorischen Bewohner der Region erfahren.

Nong Khai, die Grenzstadt am Mekong, gegenüber der laotischen Hauptstadt Vientiane, hat im Zuge des regen Grenzverkehrs erheblich an Bedeutung gewonnen.

Wer auf schmalen Straßen im Gebiet südlich des Mekong unterwegs ist, wird noch erfreulich viele Plätze finden, die ursprüngliche Ruhe und Gelassenheit ausstrahlen.

Khao Yai National Park und Umgebung

Karte: S. 193

Vom Highway Nr. 1, der von Bangkok nach Norden verläuft, zweigt am Ortseingang von Saraburi der mehrspurige Friendship Highway (H 2) ab, der nach Osten auf das Korat Plateau hinaufführt. Während anfangs noch

Chemiefabriken und Zementwerke das Bild bestimmen, säumen später Verkaufsstände mit Obst und Gemüse, eine riesige Molkerei mit Museum sowie Rinderfarmen mit angegliederten Steakhäusern die Schnellstraße.

Kurz vor Pak Chong ist die Abzweigung zum Nationalpark erreicht. Zunehmend entstehen im kühlen Hochland rings um den Park Resorts, Ferienhäuser und -apartments, Restaurants, Einkaufszentren und Weingüter für den lokalen Tourismus. Diese werden auf riesigen Hinweisschildern beiderseits der Straße beworben. Klangvolle Namen erinnern an Orte im alten Europa, aber auch an Afrika oder an Fantasiewelten. Miniaturfarmen wie im Wilden Westen mit Streichelzoo, Sommerhäuser im Toskanastil, vor denen Schafe grasen, und englische Blumengärten säumen den Weg. Neben Maisfeldern wächst auch Wein.

Khao Yai National Park

▶ F 9

Durchfahrtsstraße geöffnet 6–18 Uhr, Eintritt 400 Baht, Fahrzeuge 30 Baht

Nach 32 km gelangt man von Pak Chong auf der nördlichen Zufahrtstraße zum **Eingang** des **Khao Yai National Parks** **1** und nach etwa weiteren 14 km zum **Khao Yai Headquarter** mit dem **Visitor Center,** das eine Ausstellung zur Fauna und Flora des Parks beherbergt.

Bereits 1962 wurde die über 2000 km² große Region mit Tälern, einer hügeligen Graslandschaft, Wasserfällen und bis zu 1287 m hohen Gipfeln (Khao Khieo), die ein wichtiges Wasserreservoir sind, unter Naturschutz gestellt. Damit ist der Khao Yai der landesälteste Nationalpark und gehört seit 2005 zum 615 500 ha großen **Dong Phayayen – Khao Yai Forest Complex**, ein von der UNESCO als Weltnaturerbe unter besonderen Schutz gestelltes Waldgebiet, das sich über 230 km bis zur kambodschanischen Grenze im Osten ausdehnt.

Über eine Million Besucher pro Jahr kommen in den Park, vor allem an Wochenenden und Feiertagen, um Tiere, besonders Elefanten, zu beobachten, die Natur zu genießen oder um zu wandern (s. auch Aktiv S. 190).

Weingüter

Genießer eines guten Tropfens können den **Weingütern** im Asoke Valley nördlich des Nationalparks einen Besuch abstatten und sich von den Trauben, die unter subtropischer Sonne auf kalkhaltigem Boden wachsen, überraschen lassen. Wer zwischen Februar und Mitte März kommt, kann bei der Weinlese zuschauen. Mit einem Taxi erreicht man innerhalb einer halben Stunde ab Pak Chong die **PB Valley Khao Yai Winery**, wo geführte englischsprachige Touren durch den Weinberg und Keller mit einer Kostprobe enden (102 Moo 5, Phaya Yen, Pak Chong, Tel. 081-733 87 83, www.pbvalley.com, vier Touren tgl., 1,5 Std., 350 Baht, am Wochenende besser vorbuchen).

Die nahegelegene **GranMonte Winery** im Asoke Valley öffnet ebenfalls nach Voranmeldung die Tore. Das Gut des Präsidenten der Thai Wine Association wird von seiner Tochter, der ersten einheimischen studierten Önologin, geleitet. Hier kann man inmitten der Weinstöcke in einem Guesthouse mit sieben Zimmern übernachten (52 Moo 9 Phaya Yen, Pak Chong, Tel. 092-806 77 55, www.granmonte.com, fünf bis sechs Touren täglich, 1,5 Std., 450 Baht, die Tour lässt sich gut mit einem Essen im Restaurant kombinieren. Auch Kochkurse. Zimmer €€€).

Pak Chong ▶ F 9

Die boomende Provinzstadt **Pak Chong** **2** ist der Ausgangspunkt für den Besuch des Parks. Es lohnt, am Morgen über den großen **Markt** zu schlendern und auf dem abendlichen **Nachtmarkt** die an den Essensständen angebotenen Snacks zu probieren. Nördlich von Pak Chong verläuft der Friendship Highway am Ostufer des großen **Lam-Takhong-Stausees** entlang, wo sich am Ufer der **Thao Suranari Park** mit einer großen Suranari-Statue (s. Thema S. 194) gut für einen Zwischenstopp eignet.

Infos

National Park Visitor Center: Am Hauptquartier im Zentrum des Nationalparks, Tel. 086-092 65 29, www.thainationalparks.com/khao-yai-national-park.

Übernachten

Luxus im Grünen – **Kirimaya Golf Resort Spa:** 1/3 Moo 6, Thanon Thanarat, 7 km östlich des Parkeingangs, Tel. 044-42 60 00, www.kirimaya.com. Erholsames, ruhig gelegenes Luxusresort zum Verwöhnen mit Zimmern im Haupthaus und Traumvillen, Pool und Spa nahe dem Golfplatz. €€€

Für Leseratten – **Rain Tree Residence:** 227/1 Moo Ban Subtai, Phaya Yen, Tel. 085-070 91 63, www.raintree-residence.com, nordwestlich des Parks. Bei den individuell mit bunten Wandgemälden im Stile verschiedener berühmter Autoren und literarischer Figuren gestalteten Zimmern kommen Bücherwürmer voll auf ihre Kosten. Zwei Salzwas-

Im Khao Yai National Park verlocken Wanderungen zu mehreren Wasserfällen

WANDERUNGEN UND TIERBEOBACHTUNG IM KHAO YAI NATIONAL PARK

GranMonte Winery
PB Valley Khao Yai Winery
Pak Chong
Tha Maprang
Parkeingang Nord
2090
Fledermaushöhle
Nong Pak Chi
Beobachtungsturm
Kong-Kaeo-Wasserfall
Haew-Sai-Fa-Wasserfall
Visitor Center
Haew-Suwat-Wasserfall
Sai Sorn Reservoir
Pha-Kluai-Mai-Wasserfall
3182
Schrein
Khao Yai
Khao Khieo 1287 m
Radar-/Militärstation
National Park
3077
Khlong Tha Dan
Haew-Narok-Wasserfall
3049
0 2,5 5 7,5 10 km

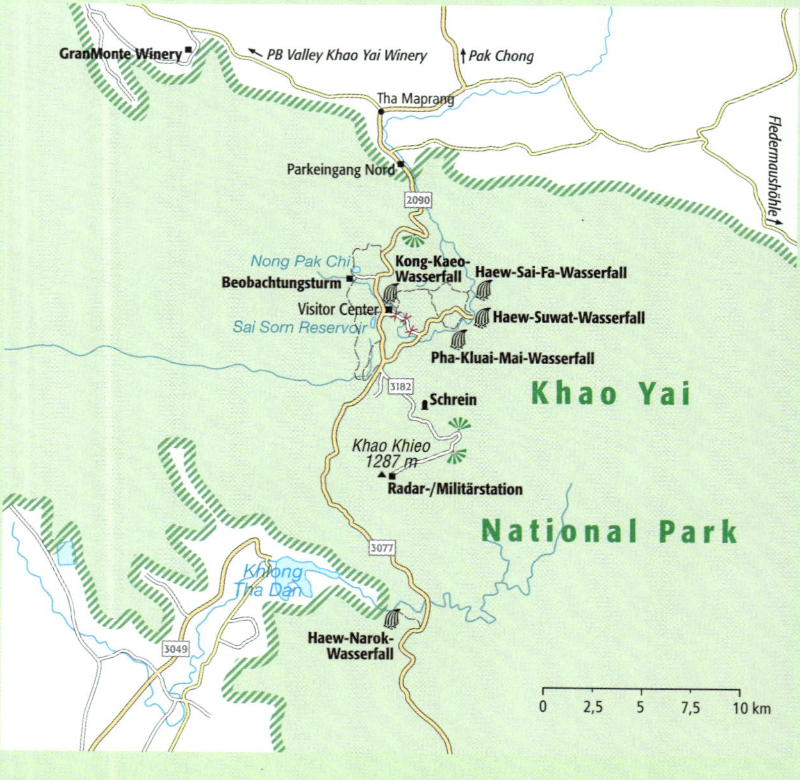

Tour-Infos

Start: Visitor Center am Headquarter
Dauer: 1 Tag
Infos im Web: www.thainationalparks.com/khao-yai-national-park

Wichtige Hinweise: Ein Netz von Wanderwegen, zum Teil auf Elefantenpfaden, durchzieht den Park. Nur einige wenige (kürzere) Wege eignen sich für Anfänger, die meisten (längeren) sind nur für erfahrene Wanderer in Begleitung ortskundiger Guides begehbar. Die Wege sind zwar markiert, werden aber von zahlreichen unmarkierten Wanderpfaden der Elefanten und anderer Tiere gekreuzt, sodass man sich leicht verlaufen kann. Man sollte nie allein losgehen, auch nicht bei guter Kondition, da bereits häufig Touristen vom Weg abgekommen sind. Stets ausreichend Trinkwasser mitnehmen. In einigen Unterkünften werden geführte Wanderungen zumeist als Paket als ganz- und halbtägige Tour angeboten.

Auf Spaziergängen entlang markierter Dschungelpfade ist die Chance recht groß, Affen, Vögel und Schmetterlinge in ihrer natürlichen Umgebung beobachten zu können. Eventuell entdeckt man im Dickicht des Waldes sogar Wildschweine, Mungos, Zibetkatzen, Wildochsen, Zwergrehe, Malaienbären und Elefanten, die mit über 250 Tieren eine der größten wild lebenden Populationen in Thailand bilden. Die besten Möglichkeiten, die Dickhäuter zu sehen, eröffnen sich am späten Nachmittag entlang der Straße südlich vom Headquarter. Die Guides kennen sich aus und wissen, wo sich die Tiere aufhalten. Auch deshalb lohnt es, eine geführte Tour zu buchen.

Auf sechs markierten Wegen sind Wanderungen auf eigene Faust möglich. Vor einer größeren Wandertour kann man die eigene Fitness auf dem markierten **Kong Kaeo Nature Trail** testen, einem etwa einstündigen, teils steilen Rundweg, der auf 1,6 km durch den immergrünen Regenwald führt. Direkt unterhalb vom Visitor Center in etwa 770 m Höhe geht es vorbei an Informationstafeln, die auf Besonderheiten aufmerksam machen. Ein beliebtes Fotomotiv ist die Überquerung der Hängebrücke am kleinen **Kong-Kaeo-Wasserfall.**

Im Osten des Parks führt ein ca. 500 m langer Fußweg von einem Parkplatz an der Straße zum malerischen **Haew-Suwat-Wasserfall** und knapp 1 km weiter zum **Haew-Sai-Fa-Wasserfall.** Hier wurden Szenen der Hollywood-Verfilmung des Traveller-Romans »The Beach« mit Leonardo di Caprio gedreht. Der **Haew Narok,** der größte Wasserfall des Parks, liegt am südlichen Parkende, ca. 500 m von der Straße entfernt, wo sich ein bei einheimischen Touristen beliebter Picknickplatz befindet.

Absolut lohnend ist eine Fahrt auf den **Khao Khieo.** Die 1964 erbaute schmale Stichstraße zu einer Radar- und Militärstation windet sich steil empor, vorbei an einem Schrein, der an neun Tote während der Bauarbeiten erinnert. Unterhalb des Gipfels in über 1100 m Höhe lohnt der 446 m lange **Pha Diao Dai Nature Trail** einen Zwischenstopp. Auf einem Plankenweg und über Treppen geht's zu sechs Stationen durch Bambushaine und Bergwald, dessen Vegetation sich erheblich von dem der Tiefebene unterscheidet. Interessant ist die Durchquerung eines Sumpfgebiets, aber der Höhepunkt ist die Aussicht von den fast senkrecht abfallenden Klippen über die von Dschungel bedeckten Hügelketten. Ein Felsen ragt sogar über den Abgrund hinaus und ist ein beliebter Fotospot für Schwindelfreie. Weniger spektakulär ist der Ausblick vom Berggipfel auf 1287 m Höhe. Da es sich beim anschließenden Gelände um militärisches Sperrgebiet handelt, ist es nur erlaubt, bis zum Schlagbaum zu fahren.

Ganz anders präsentiert sich die Landschaft um den See **Nong Pak Chi** im Norden des Parks. Das offene Grasland, das vor allem dem Rotwild Nahrung bietet, wird regelmäßig abgebrannt. Ein für den Verkehr gesperrter Feldweg endet an einem Beobachtungsturm, von dem aus man eine Salzstelle und den kleinen See überblickt. Hier lassen sich gegen Abend manchmal Tiere sehen.

Als weiteres Naturerlebnis wird eine **Fledermaushöhle** bei einem kleinen Waldtempel ca. 12 km östlich des Parkeingangs angepriesen. Im Innern eines steil abfallenden Kalkfelsens verschlafen Hunderttausende Hufeisennasen-Fledermäuse den Tag. Bei Sonnenuntergang verlassen sie ihr Quartier und ziehen in einem langen, schier endlosen Band über den Himmel, um nachts in den Obstbäumen nach Nahrung zu suchen.

serpools, eine Bibliothek, ein Spielzimmer für die Kleinsten und tägliche Aktivitäten sorgen für Abwechslung. €€–€€€

Für jeden das Passende – **Phuwanalee Resort:** 125 Moo 2, Thanon Thanarat, KM 14, nördlich des Parks, Tel. 081-999 21 99, www.phuwanalee.com. Von einfachen Mittelklassezimmern bis hin zu schicken Villen im Thaistil – hier findet jeder das für ihn richtige Zimmer. In der schönen Gartenanlage lockt zudem ein Pool. €€–€€€

Modern und komfortabel – **Hansar Khao Yai:** 223 Moo 10, Tambon Mu Si, nördlich des Parks, Tel. 062-432 05 99, https://hansarhotels.com/hotels/khao-yai. Der inmitten der Natur gelegene Neubaublock beherbergt komfortable Zimmer mit minimalistisch-moderner Einrichtung. Pool und eigener Salatgarten. Fahrradverleih. €€–€€€

Budget-Quartier mit Touren – **Greenleaf Guesthouse & Tour:** Nördlich des Parks, KM 7,5, Tel. 089-283 45 44, www.greenleaftour.com. 21 einfache, aber saubere Zimmer mit Ventilator und Kaltwasserdusche/WC sowie ein preiswertes Restaurant mit gutem Essen. €

Weitere Übernachtungsmöglichkeiten: Bungalows und Zeltplätze im Park können im Headquarter oder unter www.dnp.go.th (teils nur in Thai) gebucht werden. Wer im Nationalpark zelten möchte, darf nur auf dem riesigen Campingplatz übernachten.

Aktiv

Dschungeltouren – Touren mit Transfers, Besuch des Visitor Centers und eines Wasserfalls, Mittagessen, Trekking und Tierbeobachtungen organisieren u. a. **Greenleaf Travel** sowie der engagierte Mike Ingram von Bobby's Jungle Tour, Tel. 086-262 70 06, www.bobbysjungletourkhaoyai.com. Tagestouren 1500 Baht inkl. Eintritt in den National Park.

Verkehr

Busse/Züge: Von Bangkok ab Northern Bus Terminal (Mo Chit) Busse nach Pak Chong (2,5–3 Std.). Auch Züge nach Pak Chong. In den Park fahren keine öffentlichen Verkehrsmittel. Minibusse verkehren von 6 bis 18 Uhr nur bis zum Eingang des Khao Yai National Parks, 14 km vom Headquarter entfernt. Für den Besuch des Nationalparks empfiehlt es sich, mit einem Mietwagen anzureisen oder eine Tour zu buchen.

Nakhon Ratchasima (Korat) ▶ G 8

Karte: S. 193

Korat, dessen offizieller Name **Nakhon Ratchasima** 3 ist, wurde bereits vor etwa tausend Jahren von den Khmer am südlichen Rand des Plateaus gegründet. Die Metropole ist ein idealer Ausgangspunkt für Ausflüge in die ländliche Umgebung, hat aber selbst kaum Reize aufzuweisen. Seit der Stationierung von US-Soldaten während des Vietnamkrieges stieg die Bevölkerungszahl von Korat explosionsartig an. Später entwickelte es sich zum wirtschaftlichen Zentrum von Thailands Nordosten, heute zählt der Großraum Korat mit 450 000 Einwohnern zu den vier größten Ballungszentren Thailands. Am Abend lohnt ein Gang über den **Nachtmarkt** in der Thanon Manat, auf dem Textilien, Haushaltswaren und Snacks angeboten werden.

Terminal 21

www.terminal21.co.th/korat, tgl. 10–22 Uhr

Eine der attraktivsten Malls Bangkoks, **Terminal 21,** hat auch eine Filiale in Korat eröffnet und verbreitet großstädtisches Flair. Ein Foodland-Supermarkt im Untergeschoss ist rund um die Uhr geöffnet, und eine riesige Anzahl an Restaurants, u. a. eine Filiale des taiwanesischen Dim-Sum-Restaurants Tim Ho Wan, sorgt für das leibliche Wohl. Außer den üblichen Läden in nach Themen gestalteten Etagen finden sich in der Hollywood Street im 5. Stock ein Indoor-Spielplatz, ein Multiplex-Kino und der Aufgang zum Sky Deck. Der 110 m hohe **Aussichtsturm** (tgl. 10.30–21.30 Uhr, Eintritt bisland kostenlos) ermöglicht einen Rundumblick über das unspektakuläre, von breiten Ausfallstraßen durchzogene Häusermeer der boomenden Provinzstadt und die weite Ebene.

Isaan

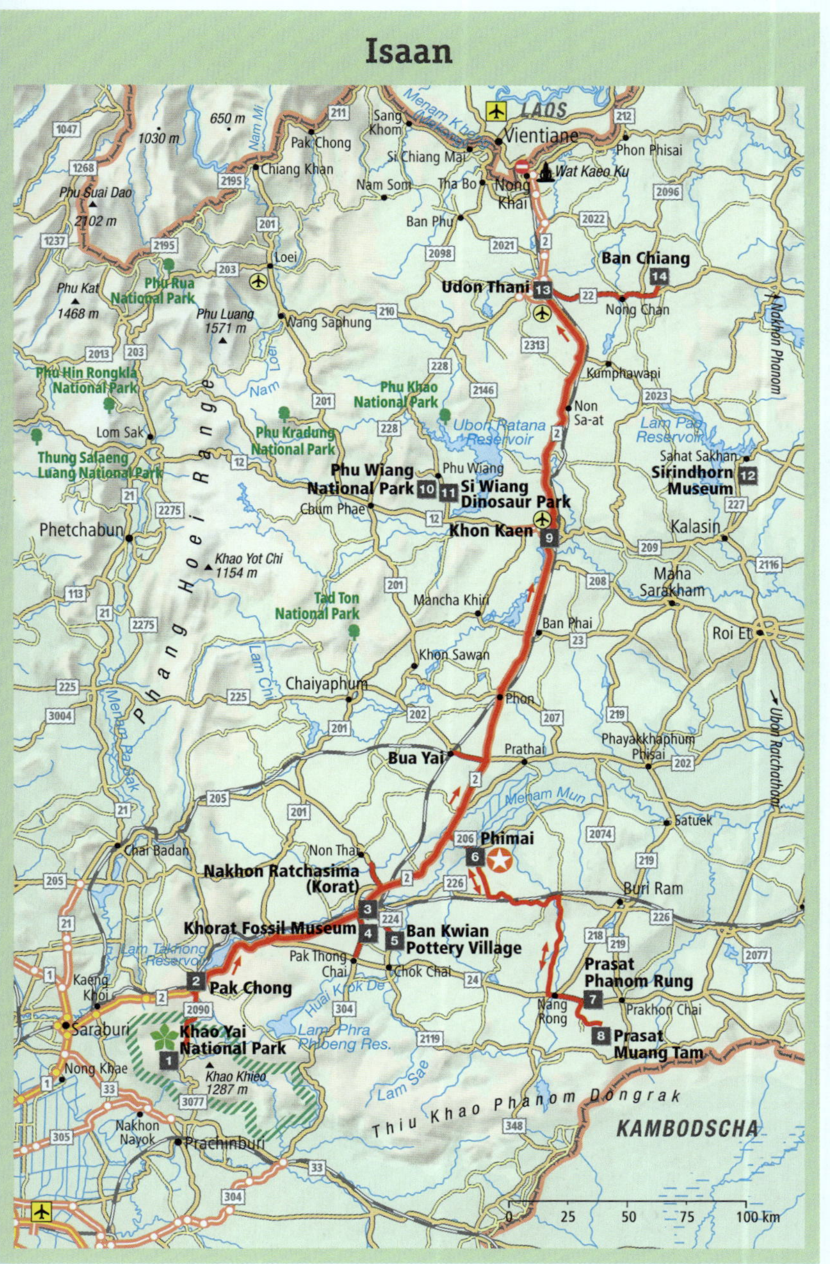
LAOS
Vientiane
Wat Kaeo Ku
Nong Khai
Phon Phisai
Sang Khom
Si Chiang Mai
Pak Chong
Chiang Khan
Nam Som
Tha Bo
Ban Phu
Menam Khong (Mekong)
Nam Mi
650 m
1030 m
Phu Suai Dao
2102 m
Loei
Phu Rua National Park
Phu Kat
1468 m
Phu Luang
1571 m
Wang Saphung
Udon Thani
Ban Chiang
Nong Chan
Kumphawapi
Non Sa-at
Nakhon Phanom
Phu Hin Rongkla National Park
Phu Khao National Park
Ubon Ratana Reservoir
Lam Pao Reservoir
Lom Sak
Phu Kradung National Park
Thung Salaeng Luang National Park
Phu Wiang National Park
Phu Wiang
Si Wiang Dinosaur Park
Sahat Sakhan
Sirindhorn Museum
Chum Phae
Khon Kaen
Kalasin
Phetchabun
Phang Hoei Range
Khao Yot Chi
1154 m
Tad Ton National Park
Mancha Khiri
Maha Sarakham
Ban Phai
Roi Et
Khon Sawan
Chaiyaphum
Lam Chi
Phon
Menam Pa Sak
Bua Yai
Prathai
Phayakkhaphum Phisai
Ubon Ratchathani
Menam Mun
Satuek
Phimai
Non Thai
Chai Badan
Nakhon Ratchasima (Korat)
Buri Ram
Khorat Fossil Museum
Ban Kwian Pottery Village
Lam Takhong Reservoir
Pak Thong Chai
Chok Chai
Prasat Phanom Rung
Pak Chong
Kaeng Khoi
Huai Krok De
Nang Rong
Prakhon Chai
Saraburi
Khao Yai National Park
Lam Phra Phloeng Res.
Prasat Muang Tam
Nong Khae
Khao Khieo
1287 m
Lam Sae
Thiu Khao Phanom Dongrak
Nakhon Nayok
Prachinburi
KAMBODSCHA
0
25
50
75
100 km

Thao-Suranari-Fest

Ende März wird in Nakhon Ratchasima das größte Fest mit Umzügen, Ausstellungen, einem Jahrmarkt und Feuerwerk zu Ehren der Nationalheldin Thao Suranari gefeiert, die im 18. Jh. den erfolgreichen Aufstand gegen eine feindliche Invasion anführte.

Räucherstäbchen und Blumen für Khun Ying Mo

Nur wenige Frauen gelangen in Thailand zu einer derartigen Ehre. Khun Ying Mo alias Thao Suranari, die Frau des stellvertretenden Gouverneurs von Korat, wurde 1826 bei einem Vorstoß der Laoten mit vielen anderen Bewohnern gefangen genommen. Zur Zeit des Angriffs weilten alle kampffähigen Männer außerhalb der Stadt, sodass sich ein Zug von Frauen, Kranken und Schwachen auf dem Weg in die Sklaverei befand.

Khun Ying Mo verstand es, den Anführer der Laoten so zu umgarnen, dass er das Marschtempo verlangsamen ließ. Dadurch konnte eine zweite Gruppe von Gefangenen Khun Ying und ihre Leidensgenossen einholen. Gemeinsam gelang es ihnen dann, die laotischen Soldaten zu überwältigen. Unter der Führung von Khun Ying Mo organisierten sie den Widerstand, bis die siamesischen Truppen nach Korat zurückkehrten und den Kampf gegen die laotischen Angreifer aufnahmen.

Noch bis in die 1930er-Jahre war diese dramatische Geschichte weitgehend unbekannt und höchstens als eine Randbemerkung in historischen Aufzeichnungen zu finden. Doch nach dem Staatsstreich von 1932 und dem Ende der absoluten Monarchie stieß man auf der Suche nach neuen Helden auf Khun Ying Mo. Sie war eine Bürgerliche und Frau zugleich, womit sie den neuen Machthabern als ideales Vorbild diente, um das Selbstbewusstsein dieser beiden Gruppen zu stärken.

Deshalb wurde bei dem berühmten, in Thailand lebenden italienischen Bildhauer Silpa Bhirasri (Corrado Feroci) eine überlebensgroße Statue von Khun Ying Mo in Auftrag gegeben und 1934 vor dem westlichen Stadttor von Nakhon Ratchasima aufgestellt. Der Politiker und Schriftsteller Wichit Wichitwathakan, ein Bewunderer von Mussolini, der den Nationalismus und kämpferischen Feminismus propagierte, griff 1949 ihre Geschichte in seinem Roman »Huang Rak Haew Luk« (»Meer der Liebe, Abgrund des Todes) auf und machte sie über Korat hinaus berühmt.

Mittlerweile ist der kleine Park vor dem westlichen Stadttor von Nakhon Ratchasima durch eine teure Verschönerungsaktion erweitert und von Wassergräben umgeben worden. Auf einem hohen, mit Blumenkränzen geschmückten Marmorsockel in seiner Mitte erhebt sich das Bronzedenkmal von Khun Ying Mo, der Heldin des thailändischen Nordostens. Das nachts erleuchtete Monument enthält ihre Asche. Vor allem am Wochenende kommen die Menschen vorbei, um mit Gebeten, Räucherstäbchen, Blumen und bunten Kränzen die mutige Frau zu ehren und ihren Beistand zu erbitten.

Ausflüge in die Umgebung

Zoo und Fossilienpark ▶ G 9

15 km südlich von Korat zweigt vom H 304 links der H 2310 ab, an dem nach 1 km der weitläufige **Nakhon-Ratchasima-Zoo** mit 2000 Tieren aus aller Welt und einem dekorativ gestalteten Vergnügungsbad einen Besuch lohnt (https://korat.zoothailand.org/, tgl. 8–17 Uhr, Eintritt 150 Baht, Kinder 70 Baht).

Da das Hochplateau Dinosaurierland ist, trifft man westlich vom Zoo, abgehend von der Straße zu der Suranaree University of Technology, auf ein erstes prähistorisches Museum, den **Khorat Fossil Museum** 4. Neben versteinerten Bäumen und Fossilien werden sich Kinder vor allem für die Modelle von Dinosauriern begeistern. Für Erwachsene ist es hingegen weniger interessant (Tel. 044-37 07 39, www.khoratfossil.org, Di–So 9–16 Uhr, Eintritt 120 Baht, Kinder 50 Baht; s. auch Tipp S. 200).

Ban Kwian Pottery Village ▶ G 9

Etwa 15 km von Korats Zentrum, östlich vom H 224

Bereits 2 km vor der Abzweigung ins Dorf Ban Dan Kwian, die durch zwei hohe Vasen markiert ist, stellen am H 224 Töpfer ihre Waren aus. Im **Ban Kwian Pottery Village** 5 selbst überwältigt das kitschige Angebot an Windmühlen, süßlich-bunten Erdbeerskulpturen, Schäfchen, Schildkröten, Wasserbüffeln, Engeln, Göttern, Dämonen und anderen Statuen der einheimischen Gartenzwergenwelt. Aber auch Vasen im traditionellen wie modernen Design bezeugen die lokale Handwerkskunst. Die Brennöfen selbst liegen etwas versteckt südöstlich der Verkaufshallen und können nicht besichtigt werden. Lohnend ist im südlichen Dorfgebiet das kleine **Museum** in einem nachgebauten Brennofen. Dort können sich Besucher über die lange Töpfertradition und die Besonderheiten der hiesigen Erde informieren.

Infos

Tourist Office: Am Highway 2, 3 km westlich des Zentrums, Tel. 044-21 36 66, tgl. 8.30–16.30 Uhr.

Übernachten

Freundlich – **The Imperial Hotel and Convention Centre:** 1137 Thanon Sura Narai, Korat, Tel. 044-25 66 29, www.imperialkorat.com. Das große Hotel am nordöstlichen Stadtrand ist bereits etwas in die Jahre gekommen, doch das Preis-Leistungs-Verhältnis stimmt und das Essen ist gut. Mit Pool und großem Parkplatz. €€

Groß und professionell – **Sima Thani:** 2112/2 Thanon Mittraphap, Korat, Tel. 044-21 31 00, www.simathani.com. 4-Sterne-Hotel am westlichen Stadtrand mit 265 Zimmern, Restaurants, Schwimmbad, Nachtklub. €€–€€€

Im Zentrum – **Sansabai House:** 335-7 Thanon Suranaree, Korat, Tel. 044-25 51 44. Verschachteltes 5-stöckiges Kleinhotel im westlichen Zentrum mit 25 sauberen, sehr günstigen, aber bereits älteren Zimmern, teils mit kleiner Terrasse, kein Aufzug. €

Essen & Trinken

Lecker und gemütlich – **Chez Andy:** 5–7 Thanon Manat, Korat, Tel. 044-28 95 56, www.facebook.com/andykorat, tgl. 11–23 Uhr. In der Nähe des Nachtmarkts verwöhnt der Schweizer Andreas Müller in urigen Biergartenambiente mit einer exzellenten Speisekarte und eisgekühltem Fassbier sowie guter Weinauswahl. €€

Verkehr

Züge: Der Bahnhof liegt südlich des Zentrums. Züge verkehren mehrfach tgl. von Bangkok über Nakhon Ratchasima und weiter bis nach Ubon Ratchathani oder Nong Khai.

Busse: Vom Northern Bus Terminal (Mo Chit) in Bangkok fahren ständig rund um die Uhr Busse nach Korat (3 Std.); weitere Busse verkehren von Chiang Mai über Phitsanulok zum Terminal 2 nördlich des Zentrums. Busse Richtung Phimai, Ban Dan Kwian und Pak Chong (Khao Yai) ebenfalls ab dem zentralen Terminal 1.

Stadtverkehr: Busse, Tuk Tuks und Songthaew sind in der weitläufigen, verkehrsreichen Stadt eine willkommene Alternative zum Laufen.

Phimai ►H 8

Plan: S. 198; **Karte:** S. 193
Vom Friendship Highway H 2 Richtung Norden zweigt 43 km hinter Korat der ausgeschilderte H 206 nach **Phimai** 6 (10 km) ab, das wegen der Ruinen eines 1000 Jahre alten Tempels berühmt ist.

Prasat Hin Phimai

http://virtualhistoricalpark.finearts.go.th/phimai, tgl. 7.30–18 Uhr, Eintritt 100 Baht
Die Tempelanlage **Prasat Hin Phimai,** auch das kleine Angkor von Thailand genannt, stammt aus der Zeit der Khmer-Herrschaft. Vom 9. bis zum 13. Jh. befanden sich weite Gebiete des heutigen Landes unter dem Einfluss der Khmer (heute: Kambodscha). Unter den Zeugnissen dieser alten Hochkultur (in seiner Ausprägung in Thailand Lopburi-Stil genannt) sind die Tempelruinen von Phimai die bekanntesten, dennoch konnte ihre genaue Entstehungsgeschichte nicht geklärt werden. Obwohl die frühesten Inschriften aus dem Jahre 1036 datieren, nimmt man an, dass die Anlage erst unter Jayavarman VII. (1080–1113) entstand. Der Konstruktion nach zu urteilen, könnte sie als Modell für den großen Tempelkomplex in Angkor (Kambodscha) gedient haben.

In der Tempelarchitektur schlägt sich deutlich das vajrayana-buddhistische Weltbild je-

Das kleine Angkor Wat von Thailand, eine Perle der Khmer-Zeit: Phimai

ner Zeit nieder. Im Zentrum der oberirdischen Welt erhebt sich nach diesen Vorstellungen der heilige Berg Meru als Sitz der Götter. Diesen Mittelpunkt umgeben sieben Gebirgsketten in konzentrischen Ringen, durch das Wasser des Weltenmeers voneinander getrennt. Weitere Kontinente in allen vier Himmelsrichtungen sind von verschiedenen Wesen bewohnt – im Süden leben die Menschen. Die Architekten brachten diese kosmische Weltsicht in ihren Tempeln zum Ausdruck, um mit den Bauwerken eine harmonische Verbindung zwischen den Menschen und dem Überirdischen herzustellen.

Eine **Buntsandsteinmauer** umgibt das Heiligtum. Schon beim Betreten der historischen Anlage, die manchmal mit bunten Light- & Sound-Shows in Szene gesetzt wird, wird der Blick der Besucher auf das Tempelheiligtum gelenkt. Durch mächtige Eingangstore in allen vier Himmelsrichtungen konnten einst Pilger das Tempelareal innerhalb der hohen Lateritmauer betreten. Heute kommen Besucher vom Haupteingang im Süden über die Naga-Brücke, die die Verbindung zwischen der Welt der Menschen und Götter symbolisiert. Auch von allen anderen Himmelsrichtungen führen Pfade von den **Eingangstoren** durch mehrere **Pforten** bis in das Zentrum des Turmbaus. Diese Wege symbolisieren das Durchschreiten verschiedener Welten, bis man am Ende zum Sitz der Götter, dem heiligen Berg, gelangt. Vom südlichen Eingang erreicht man den inneren Hof über eine **Vorhalle,** deren Sandsteingewölbe von Säulen getragen werden. Besonders schöne Dekorationen finden sich an den Türstürzen. Die Reliefs stellen Szenen aus dem Ramayana-Epos dar, zeigen aber auch Buddhas und Hindugötter.

Im Mittelpunkt der Anlage steht das restaurierte Hauptheiligtum, das sich innerhalb der **zweiten Umwallung** erhebt. Der monumentale, mit zahlreichen Ornamenten geschmückte **Turmbau** verjüngt sich stufenförmig, bis er an der Spitze in einer Lotosknospe endet.

Phimai National Museum

Tgl. 9–16 Uhr, Eintritt 100 Baht

Besonders schöne Statuen, Türstürze und andere bildhauerische Werke der hinduistischen wie buddhistischen Khmer-Künstler, die man im Tempel fand, sowie beeindruckender prähistorischer Goldschmuck können im sehenswerten **Phimai National Museum** bewundert werden (300 m nördlich vom Tempel am Ortseingang, links hinter der Brücke). Darüber hinaus erhält man einen Überblick über die Geschichte und Kultur der Region.

Banyan-Baum

Nach dem Besichtigungsprogramm empfiehlt sich ein Abstecher auf eine **Flussinsel im Menam Mun,** etwa 1,5 km nördlich der

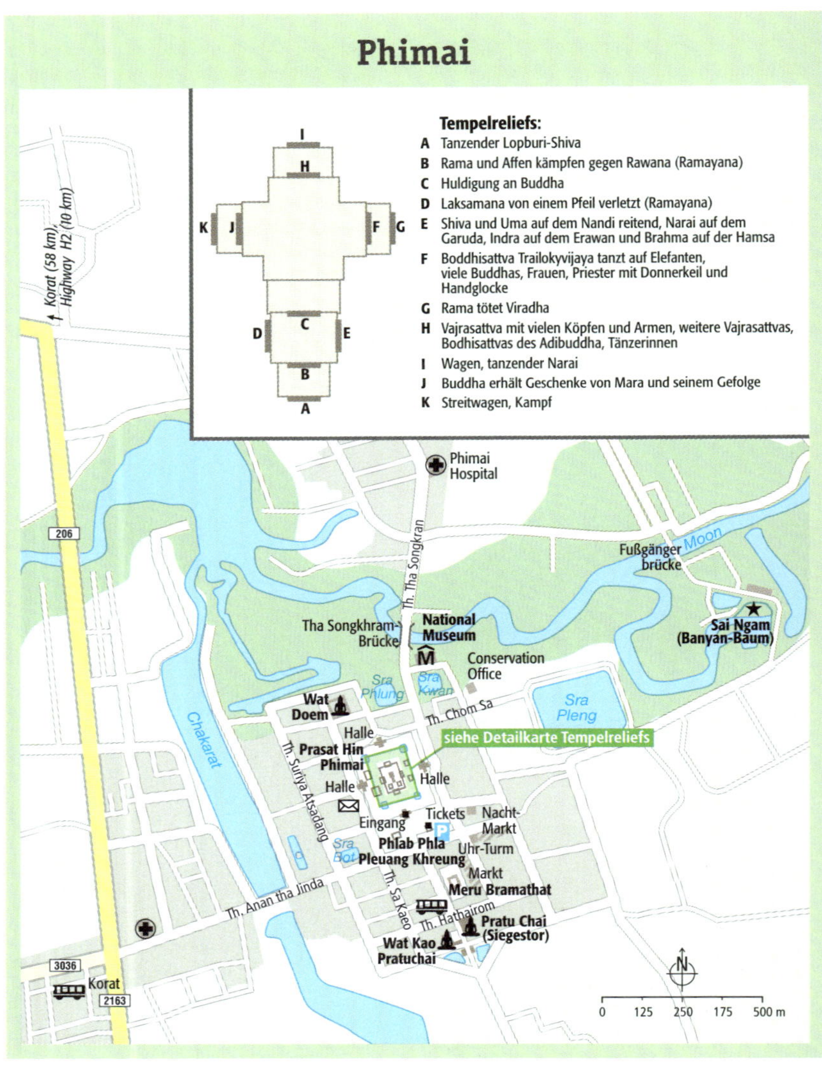

Tempelanlage. Die Straße endet an einem Parkplatz neben zahlreichen Souvenir- und Essensständen. Von dort führen kleine Brücken hinüber zur Insel, die zum großen Teil von einem etwa 350 Jahre alten **Banyan-Baum** eingenommen wird, dessen gewaltig ausladende Krone kühlenden Schatten spendet. Besucher spazieren unter dem weit ausladenden Gewirr von Ästen und Luftwurzeln herum, picknicken und beten am **Sai Ngam Spirit House,** einem der Hauptstämme, die über und über mit bunten Girlanden bedeckt sind. Nebenan kann man sich am Wochenende sein Schicksal aus der Hand lesen lassen.

Termine
In Phimai wird im November ein großes Festival mit Bühnenprogramm und Bootsrennen veranstaltet.

Verkehr
Busse: Von Korat (Nakhon Ratchasima) fahren Busse alle 30 Min. bis 22 Uhr nach Phimai.

Prasat Phanom Rung
▶ H 9

Karte: S. 193
Tgl. 7–18 Uhr, Eintritt 100 Baht, im Verbund mit Muang Tam 150 Baht; Tourist Information Centre, Tel. 044-63 17 46, tgl. 8–16 Uhr
Auf einem erloschenen Vulkankegel inmitten einer weiten Ebene erhebt sich nahe der kambodschanischen Grenze **Prasat Phanom Rung** **7**, ein beeindruckendes Zeugnis der Khmer-Kunst aus rotem Sandstein. Die zwischen dem 10. und 13. Jh. errichtete Tempelanlage, eine der schönsten des Landes, ist Gott Shiva, einem der drei wichtigsten Götter des hinduistischen Pantheons, gewidmet.
Vom Parkplatz am östlichen Fuß des Berges nähert man sich über drei monumentale **Treppen,** über einen 160 m langen gepflasterten Weg und über von Naga-Schlangen begrenzte **Brücken** dem Bauwerk. Der Weg führt u. a. am einstigen Vulkankrater mit dem heiligen See vorbei. Nachdem weitere steile Treppen und Naga-Brücken überquert sind, betritt man durch die **äußere Galerie,** deren hölzerne Decken nicht erhalten geblieben sind, und die mächtigen Torbögen der **inneren Galerie** den eigentlichen Tempelbereich. In seiner Mitte erhebt sich der 27 m hohe **Prang,** der das Zentrum des Universums symbolisiert, über einem Lingam, dem phallusförmigen Symbol für Shiva. Fein ausgearbeitete Fresken mit dem tanzenden Shiva und anderen Göttern sowie Darstellungen von Szenen aus dem Ramayana- und Mahabharata-Epos sowie von religiösen Zeremonien schmücken die Wände. Der **Fußabdruck Buddhas** unter einem kleineren Prang wurde erst zu einer späteren Zeit hinzugefügt.

Das **Tourist Information Centre** neben dem Treppenaufgang informiert interessierte Besucher in einer kleinen Fotoausstellung über den Tempel und die Restaurierungsarbeiten.

Prasat Muang Tam
▶ H 9

Karte: S. 193
Tgl. 7–18 Uhr, Eintritt 100 Baht, im Verbund mit Muang Tam 150 Baht; Tourist Information Centre, Tel. 044-63 17 46, tgl. 8– 16 Uhr
7 km weiter östlich liegt ein ebenfalls Shiva geweihter Khmer-Tempel. Der etwa 1000 Jahre alte **Prasat Muang Tam** **8** wurde in den 1990er-Jahren restauriert. Die zentrale Anlage spiegelt sich in vier großen Wasserbecken, die nur durch die in alle vier Himmelsrichtungen verlaufenden schnurgeraden Zugangswege zum Heiligtum voneinander getrennt werden. Besondere Aufmerksamkeit verdienen die detailliert ausgearbeiteten Türstürze mit verschiedenen Darstellungen von Shiva und Uma sowie Krishna.

Verkehr
Busse von Korat (Nakhon Ratchasima) bis Nang Rong oder Ban Tako. Von dort kann man **Motorradtaxis** oder **Minibusse** chartern.

Khon Kaen ▶ H 6

Im Herzen des Hochplateaus liegt die boomende Provinzhauptstadt **Khon Kaen** **9**, ein bedeutender Industriestandort und Verkehrsknotenpunkt zwischen dem stärker entwickelten Süden und dem geruhsameren Norden des Isaan.

Tempel

Einige Tempel lohnen einen Besuch. Im zentralen **Wat Nong Waeng** nahe dem großen See Bung Kaen Nakhon erhebt sich ein riesiger,

DINO-LAND IN THAILAND

Erst 1970 entdeckten amerikanische Geologen in einem ehemaligen Flussbett bei Phu Wiang die ersten Knochen einer bis dahin unbekannten, 15–20 m langen, pflanzenfressenden Dinosaurierspezies, *Phuwiangosaurus sirindhornae,* die vor etwa 130 Mio. Jahren lebte. Seither tauchten bei Bauarbeiten in einem Kloster ebenso wie bei gezielten Ausgrabungen Knochen, Zähne oder Fußabdrücke von sieben weiteren Dinosaurierarten auf, die vor 100–210 Mio. Jahren auf dem Plateau existierten. Ihre Relikte sind nun in einer Reihe von Museen zu sehen. **Khon Kaen,** der Verkehrsknotenpunkt im Nordosten, eignet sich als Ausgangspunkt für die Erkundung der Dinosaurier-Region.

Die Fundstätte von 1970 wurde zum **Phu Wiang National Park** 10 (Eintritt 200 Baht) erklärt. Sie liegt knapp 90 km westlich von Khon Kaen und ist von dort über den H 12 zu erreichen, von dem man bei KM 506 Richtung Norden zum 30 km entfernten Phu Wiang abbiegt. Dort beginnt die schmale Zufahrtstraße H 2038 zum National Park, in dem Besucher neun Ausgrabungsstätten entdecken können. Besonders interessant sind die Fundstätten 1, 3 und 9. Am Rande des Dorfes Nong Kham, 3 km vor dem Nationalparkeingang, informiert das **Phu Wiang Dinosaur Museum** (http://pwdm.dmr.go.th, Di–So 9.30–16.30 Uhr. Eintritt 60 Baht) über die riesigen Urtiere sowie über die Entstehungsgeschichte der Erde. Das Museum ermöglicht sogar einen Blick ins Labor der Wissenschaftler und zeigt u. a. lebensgroße Modelle von Dinosauriern, die zur Freude von Kindern wie Erwachsenen Schreie von sich geben und sich bewegen. Weitere Fotomotive warten auf dem Rückweg einige Kilometer vor Phu Wiang rechts der Straße im **Si Wiang Dinosaur Park** 11 (https://www.museumthailand.com/th/museum/Info-Dinosaur-Museum, tgl. 8–17 Uhr, Eintritt 20 Baht).

Auch auf einem Hügel 3 km südlich von **Sahat Sakhan** (35 km nördlich von Kalasin) wurden über 700 Knochen und andere Relikte von Dinosauriern gefunden. Am Fuß der Ausgrabungsstätte steht das **Sirindhorn Museum** 12, benannt nach der Thai-Prinzessin, die mit großem Interesse die archäologischen Ausgrabungen verfolgt und die Namenspatin der ersten in Thailand gefundenen Saurierart ist. Das Museum enthält sowohl einige lokale Funde als auch Modelle von Dinosauriern aus aller Welt, die auch auf Englisch erläutert werden, und vermittelt einen guten Überblick über die Lebenswelt der Urtiere (vom H 227 der Ausschilderung nach Osten folgen, http://www.sdm.dmr.go.th, Di–So 9.30–16.30 Uhr, Eintritt 150 Baht).

goldglänzender neunstufiger Tempel mit interessanten Wandgemälden, einer Reliquie Buddhas und einer Aussichtsplattform. Voller Symbolik ist die Architektur des modernen **Maha Rattana Chedi Sri Trai Loka Dhatu** nahe der südöstlichen Ringstraße.

Nationalmuseum

https://www.virtualmuseum.finearts.go.th/khonkaen, Mi–So 9–16 Uhr, Eintritt 100 Baht

Kaum zu glauben, dass diese einförmige Landschaft im oberen Isaan eine überaus spannende, über Jahrtausende zurückreichende Geschichte hat (abgesehen von den Dinosauriern, s. Tipp S. 200). Neben prähistorischen und historischen Kulturen haben auch die heutigen Bewohner und ethnischen Minoritäten einen Platz im Museum gefunden.

Übernachten

Nr. 1 im Nordosten – **Pullman Khon Kaen Raja Orchid:** 9-9 Thanon Prachasumran, im Stadtzentrum, Tel. 043-91 33 33, https://all.accor.com/. Großes, gepflegtes Hotel mit 293 geräumigen Zimmern. Schöner Pool, Spa, mehrere Restaurants. €€–€€€

Freundliche Gastgeber – **Mai Thai Guesthouse:** 211 Moo 19, Thanon Ban Kok, westlich der Stadt, Tel. 043-91 66 06, 085-723 95 76, www.maithaiguesthouse.com. Nett eingerichtete, gepflegte Anlage mit kleinem Pool. €

Infos

Tourist Office: 205/85 Thanon Glang Muang, Tel. 043-22 77 14, Mo–Fr 8.30–16.30 Uhr.

Verkehr

Flüge: Der Flughafen liegt westlich der Stadt. Air Asia: www.airasia.com, Flüge nach Bangkok (Don Mueang), Chiang Mai, Hat Yai und Phuket.

Thai Lion Air: www.lionairthai.com, Flüge nach Bangkok (Don Mueang).

Thai Smile: www.thaismileair.com, Flüge nach Bangkok (Suvarnabhumi).

Thai VietJet Air: www.thaivietair.com, Flüge nach Bangkok (Suvarnabhumi).

Züge: Khon Kaen liegt an der Strecke von Bangkok nach Nong Khai.

Busse: Große Busse und Minivans fahren von drei Terminals in alle Städte des Isaan sowie nach Bangkok und zu Zielen in Zentral- und Nordthailand.

Udon Thani ▶ H 5

Bei der Anreise über schnurgerade Fernstraßen und mehrspurige Umgehungsstraßen, gesäumt von riesigen Reklameschildern und Einkaufszentren, kommt Highway-Feeling à la USA auf – wären da nicht immer wieder die Rinder- und Gänseherden, die unbeirrt die Straße queren, und Essensstände an Tankstellenzufahrten.

Die Stadt **Udon Thani** 13 selbst hat wenig Interessantes zu bieten, eignet sich aber gut als Ausgangspunkt für eine Erkundungstour der Mekong-Region mit dem Auto (s. S. 202).

Infos

Tourist Office: Thanon Mak Khaeng, Tel. 061-131 18 44, Mo–Fr 8–15.30 Uhr.

Übernachten

Zentral – **The Pannarai Hotel:** 19/8 Thanon Sampan Thamit, Tel. 042-34 49 99, http://thepannaraihotel.com. Modernes, sauberes vierstöckiges Hotel mit Pool und Restaurant. Kostenloser Flughafentransfer. €–€€

Man spricht Deutsch – **Udon Thai House:** 5 km östlich vom Zentrum, 119/10 Soi 2, Tambon Nongbua, Tel. 042-20 40 14, www.udonthaihouse.com. In mehreren Häusern rings um einen gepflegten Garten mit Bar und kleinem Pool liegen 14 klimatisierte Zimmer mit Kühlschrank. Deutsche und Thai-Küche. €

Verkehr

Flüge: Air Asia: www.airasia.com, Flüge nach Bangkok (Don Mueang).

Nok Air: www.nokair.com, Flüge nach Bangkok (Don Mueang) und Chiang Mai.

Thai Lion Air: www.lionairthai.com, Flüge nach Bangkok (Don Mueang) und Hat Yai.

Thai Smile: www.thaismileair.com, Flüge nach Bangkok (Suvarnabhumi).

Thai VietJet Air: www.thaivietair.com, Flüge nach Bangkok (Suvarnabhumi).

Züge: Drei Züge von Bangkok und weitere ab Korat nach Udon Thani. Der Bahnhof liegt im östlichen Zentrum.

Busse: Zur zentralen Bus Station in Udon Thani verkehren Busse von Bangkok und anderen Städten des Nordostens.

Mietwagen: Avis (www.avisthailand.com) und Budget (www.budget.co.th) am Flughafen.

Ban Chiang ▶ H/J 5

Karte: S. 193

Kaum jemand würde in dieser unspektakulären, ärmlichen Gegend knapp 60 km östlich von Udon Thani ein UNESCO-Welterbe vermuten. Bereits im Jahr 1992 wurde das unscheinbare Dorf **Ban Chiang** 14 aufgrund einzigartiger Keramikfunde zur World Heritage Site erklärt. Die Ausgrabungsstücke sind im Nationalmuseum zu sehen. Noch immer werden in der Umgebung von Ban Chiang Krüge, Schalen und andere Keramiken nach den traditionellen Vorbildern gefertigt und verkauft.

Nationalmuseum

http://www.virtualmuseum.finearts.go.th/banchiang, Mi–So 9–16 Uhr, Eintritt 150 Baht

Das Museum birgt seit 1981 kostbare Schätze einer längst vergangenen Zeit in einer hervorragenden Ausstellung. Mit Stolz weist man gleich zu Beginn darauf hin, dass selbst König Rama IX. und andere bedeutende Persönlichkeiten mit ihrem Besuch die prähistorischen Funde gewürdigt haben. Vitrinen mit 3000–9000 Jahre alten Keramiken, Bronzeschmuck und anderen Fundstücken aus über 400 Grabstätten werden ansprechend ergänzt durch Berichte von Ausgrabungsarbeiten mit Modellen in Originalgröße.

Im Zentrum der Ausstellung stehen die bemerkenswerten **Gebrauchskeramiken aus Ban Chiang.** Sie werden in drei Perioden unterteilt: In der frühen Periode (3600–2000 v. Chr.) dienten die dunklen, mit Schnurdekor verzierten Keramiken als Begräbnisurnen für Kinder und als Grabbeigaben. Während der mittleren Periode (1000–300 v. Chr.) wurden die Keramiken mit wulstigen roten Rändern versehen und Muster in die weißen Oberflächen graviert. In der späten Periode (300 v. Chr.–200 n. Chr.) entstanden die roten Krüge mit spiralförmigen und anderen geometrischen Verzierungen, die heute noch gefertigt werden.

Auch die Wanderausstellung »Ban Chiang: Discovery of a Lost Bronze Age«, die bereits in den USA und Singapur gezeigt wurde, hat hier einen permanenten Platz gefunden. In allen Räumen vermitteln informative Texte auch auf Englisch interessante Fakten über Umwelt und Kultur der prähistorischen Bewohner und über die Arbeit der Archäologen.

Ausgrabungsstätte im Wat Pho Si Nai

Tgl. 9–18 Uhr, Eintritt 150 Baht

Im **Wat Pho Si Nai** kann eine überdachte Ausgrabungsstätte besichtigt werden. Ursprünglich waren die Keramiken, Tier- und Menschenknochen hier an ihrem Fundort belassen worden. Nach einer Flut wurden sie jedoch ins Museum gebracht und durch Kopien ersetzt. Dennoch lohnt ein Besuch, da die Ausgrabungsstätte einen guten Eindruck von der der Fülle und Vielfalt der Funde vermittelt.

Den Mekong entlang

Karte: S. 203

Der als H 2 durch den Nordosten führende Friendship Highway endet in der Grenzstadt Nong Khai, 24 km von der laotischen Hauptstadt Vientiane entfernt. Seit 1994 verbindet die 1774 m lange **Thai-Lao Friendship Bridge** (Mittraphap-Brücke), die erste Brücke über den Mekong, Thailand und Laos miteinander. Auch Ausländer können hier nach Laos einreisen. Passagierboote und Frachtkähne verkehren auf dem zumeist träge dahinfließenden Mekong. Große Teile des Ufers wurden befestigt und mit einer Promenade versehen. Auf dem H 211 kann man mit dem eigenen Fahrzeug 192 km überwiegend am Südufer des Mekong entlang Richtung Westen bis Chiang Khan fahren.

Nong Khai ▶ H 5

In **Nong Khai** 1 starten viele Touristen mit der Überquerung des Mekong zu ihrer Rundreise durch das Nachbarland Laos.

Beim Bummel über den riesigen, überdachten **Indochina Market** (Tha Sadet) zwischen dem Fluss und dem Wat Si Khun Mueang kann man an zahlreichen Ständen preiswerte, teils skurrile Souvenirs wie Textilien, Schmuck, Süßigkeiten und Lebensmittel aus Laos, Vietnam, Myanmar und China erstehen. Rings herum gibt es einige Bars und Guesthouses. Samstags wird von 16 bis 22 Uhr auf dem Nachtmarkt entlang der Uferpromenade auch Mekongfisch in Salzkruste gegrillt.

Sala Kaeo Ku ▶ H 5

Etwa 5 km östlich des Zentrums von Nong Khai, tgl. 8–18 Uhr, Eintritt 20 Baht

Ein lohnender Ausflug führt zum Skulpturenpark **Sala Kaeo Ku** 2 beim **Wat Khaek**. Hier stehen traut vereint bis zu 20 m hohe, aus Ziegeln und Beton modellierte Götterstatuen aus dem hinduistischen Pantheon und Buddhas sowie nachgebaute Szenen aus der thailändischen Mythologie, die leider vor Ort nicht erläutert werden. Der zentrale Rundbau ehrt den 1996 verstorbenen Gründer des Parks, den aus Laos stammenden Künstler Leua. Neben weiteren Statuen und Blumen enthält das Obergeschoss seine Hinterlassenschaften und hinter Glas seinen einbalsamierten Leichnam.

Von Nong Khai nach Loei

▶ G/H 4/5

Die schmale, 28 km lange Uferstraße führt am ehemaligen Bahnhof vorbei, unter der Brücke hindurch und mündet kurz vor **Tha Bo** auf den vierspurig ausgebauten, verkehrsreichen H 211. Von dem kleinen Ort **Si Chiang Mai** 3 aus bietet sich ein guter Blick auf die gegenüberliegende laotische Hauptstadt Vientiane mit ihren prächtigen Tempeln.

Nun geht es gemächlich durch eine hügelige Landschaft, in der der Fluss, von abwechslungsreichen Ufern begleitet, mit malerischen Ausblicken aufwartet. Die schönste Aussicht eröffnet sich vom gläsernen Skywalk im **Wat**

Pha Tak Suea **4**. Da die Plattform nur sehr klein ist, sollte man Wochenenden und Feiertage wegen des großen Besucherandrangs meiden (tgl. 9.30–16.30 Uhr).

Wer genügend Zeit hat, kann die Fahrt im nahen **Sang Khom** **5** oder auch etwas weiter in **Pak Chom** **6** unterbrechen, wo es einfache Gästehäuser gibt. Zur Übernachtung bietet sich aber vor allem der Urlaubsort **Chiang Khan** **7** an. Mit seinen alten bzw. im alten Stil erbauten Holzhäusern entlang der Uferpromenade, die Gästehäuser, niedliche Lädchen und Restaurants beherbergen, lockt er vor allem Thai-Touristen an. Sie fahren mit Mieträdern über die Promenade, bummeln über den Nachtmarkt und fotografieren sich vor zahlreichen Selfie-Spots. Wahrhaft fotogen wird der Mekong, wenn sich das Licht der untergehenden Sonne im Wasser spiegelt, über das Reiher in Formationen zu ihren Nistplätzen fliegen.

Von Chiang Khan lohnt ein ca. 17 km langer Abstecher in das Museumsdorf **Napanard** **8** (Khao Kaeo), das von der Minorität der Tai-Dam bewohnt wird. Über den netten, touristisch kaum erschlossenen Ort **Loei** **9** führt die Route über das eintönigere Hinterland zurück nach Udon Thani bzw. Nong Khai.

Infos

Tourist Office: Im ehemaligen District Office in Loei, Thanon Charoen Rat, südöstlich vom See, Mo–Fr 8.30–16.30 Uhr. Im ersten Stock befindet sich ein Heimatmuseum (bei Interesse im Tourist Office nachfragen).

Übernachten

… in Nong Khai

Stylisch – **Amanta:** 999 Moo 1, Thanon Kaeworawut, Tel. 042-41 28 99, www.facebook.com/amantahotelnongkhai. In schickem Weiß und Anthrazit gehaltener Neubau an der Uferstraße auf halbem Weg zwischen der Brücke und dem Stadtzentrum. Helle, unterschiedlich große Zimmer in drei Kategorien rings um einen dekorativen Pool. Kleines Café und Skybar im sechsten Stock mit Mekongblick. €€

Sauber und modern – **Park & Pool Resort:** 163/1 Moo 3 Tambon Mechai, Tel. 088-568 23 00. Hotel in einer weitläufigen Gartenanlage in Bahnhofsnähe. Die Zimmer im zweistöckigen Hauptgebäude sind klein, haben aber Balkon, geräumigere Zimmer gibt es in den Bungalows. Zudem gutes, luftiges Restaurant und großer Pool mit Liegen. Mit Frühstück. €–€€

Wohlfühloase am Mekong – **Mut Mee Garden Guesthouse:** 1111/4 Thanon Kae Worawut, Tel. 042-46 07 17, www.mutmee.com. Das älteste und beliebteste Guesthouse am Mekong, das vom Engländer Julian, seiner Frau Pao Wright und ihrem Team geleitet wird. Viele Häuser mit insgesamt 35 Zimmern unterschiedlichen Standards, am besten sind die neueren Zimmer im hinteren Bereich. Gutes Gartenrestaurant mit vielen vegetarischen und gesunden Gerichten. €–€€

… in Chiang Khan

Originell – **Husband & Wife Guesthouse:** 241 Moo 1, an der Uferpromenade zwischen Soi 8 und Soi 9, Tel. 085-464 80 08, 063-614 69 95, www.facebook.com/SongPhuaMia. Über dem

Abendstimmung an der Thai-Lao Friendship Bridge am Mekong in Nong Khai

kleinen Café-Restaurant werden fünf mit viel Kreativität eingerichtete Zimmer vermietet. Gäste können auf der Terrasse entspannen. €

... in Sang Khom

Freundlich – **Poopae Resort:** H 211 KM 83, Tel. 042-44 10 88. Neben 24 kleinen Zimmern auch sechs hübsche Bungalows mit Mekongblick. Restaurant am Fluss mit bebilderter englischer Karte, auch Mekongfisch. €

... in Loei

Ruhig – **Loei Village Hotel:** 17/62 Soi 3, Thanon Nok Kaeo, Tel. 042-81 15 99. Ansprechender Neubau mit geräumigen, hellen und sauberen Zimmern. Gutes Frühstück inklusive. €

Essen & Trinken

... in Nong Khai

Betriebsamer Vietnamese – **Daeng Namnueng:** 526 Thanon Rim Khong, Tel. 042-41 19 61, tgl. 6–20.30 Uhr. An der Uferpromenade kann man auf der riesigen Terrasse sitzen und aus frischen Kräutern und anderen Zutaten Reispapierrollen selbst zusammenstellen. Lecker schmecken auch die Spießchen auf Zuckerrohr. €

Verkehr

Flüge: Von Loei nach Bangkok (Don Mueang) mit AirAsia (www.airasia.com).

Züge: Vom Bahnhof in Nong Khai, zwischen dem alten Zentrum und der Brücke, fahren täglich ein Zug tagsüber und zwei Nachtzüge nach Bangkok (11–12 Std.).

Busse: Von Nong Khai verkehren Busse über Udon Thani, Khon Kaen und Korat nach Bangkok (10–11 Std.). Weitere Busse vormittags nach Loei. Nur selten verkehren Busse am Mekong entlang über Si Chiang Mai nach Ban Tad. Auf der weiteren Strecke nach Chiang Khan verkehren keine Busse. Von Chiang Khan besteht Anschluss nach Bangkok und in Loei nach Luang Prabang (Laos) sowie in den Norden Thailands.

Lampang
Mae Sot
Sukhothai
Lopburi
Bangkok

Kapitel 3

Zentralthailand

Im Zentrum Thailands, an den Ufern der großen Flüsse, zeugen die Ruinen ehemaliger Garnisons- und Königsstädte sowie ein hübscher königlicher Sommerpalast vom wechselvollen Schicksal des Landes. Die das Tiefland umgrenzenden Berge hingegen locken mit Elefanten und Wasserfällen.

Von Bangkok bis Chiang Mai sind es im Zug rund 11 bis 14 Stunden Fahrt durch die Flusstäler von Zentralthailand und die Berge im Norden. Am Weg liegen endlose Reisfelder und geschäftige Märkte, dschungelbedeckte Nationalparks und verlassene Ruinenstädte. Wer diese nicht versäumen möchte, sollte nicht mit dem Nachtzug, sondern mit einem der tagsüber verkehrenden Eilzüge oder dem Bus fahren und Zwischenstopps einplanen.

Umrahmt wird dieses Tiefland von einer Hügellandschaft, die einst dichte Teakwälder überzogen. Viele der dünn besiedelten Regionen abseits der Hauptverkehrsrouten wurden erst vor gut 100 Jahren erschlossen und vermitteln noch heute ein Gefühl der Abgeschiedenheit. Dazu trägt die teils schlechte Verkehrsanbindung bei.

Hingegen ist das zentrale Tiefland entlang der großen Flüsse seit dem 7. Jh. von unterschiedlichen ethnischen Gruppen bewohnt worden. Die aus Holz errichteten Gebäude sind längst zerfallen, aber die Ruinen zahlreicher Tempel und Paläste zeugen von einst bedeutenden Siedlungen in der Nachbarschaft heutiger eher zweitrangiger Provinzstädte.

Ein wahrer Riese: 15 m hoch ist der Buddha von Wat Si Chum in Sukhothai

Auf einen Blick: Zentralthailand

Sehenswert

Ayutthaya: An den Ufern des größten Flusses des Landes, am Menam Chao Phraya, liegen die Tempelruinen dieser ehemaligen Königsstadt, die auf der UNESCO-Liste des Welterbes steht (s. S. 212).

Phitsanulok: Wo der ›perfekte‹ Goldene Buddha aus dem 14 Jh. bewundert werden kann, hat die Herstellung von Buddhastatuen bis heute Konjunktur (s. S. 222).

Sukhothai: In der ältesten Königsstadt Thailands half die UNESCO bei der Restaurierung des historischen Kulturguts von Alt-Sukhothai (s. S. 224).

Thai Elephant Conservation Center: In der Nähe von Lampang kann das Wappentier Thailands zeigen, was in ihm steckt. Hier wird die traditionelle Ausbildung von Arbeitselefanten fortgeführt (s. S. 238).

Schöne Route

Im Grenzgebiet zu Myanmar: Eine mehrtägige Tour in die Berge westlich der Menam-Ebene führt von Tak nach Umphang und zum höchsten Wasserfall des Landes (s. S. 232).

Meine Tipps

Essen wie die Thais: An einem Stand oder Straßenrestaurant auf einem Nachtmarkt, etwa in Ayutthaya oder Phitsanulok, lassen sich lokale Spezialitäten ausprobieren. In Phitsanulok können zudem akrobatische Kochkünste bewundert werden (s. S. 216 und s. S. 224).

Einkaufen an der Grenze: Auf dem Grenzmarkt am Westufer des Moei bei Mae Sot herrscht multikulturelles Treiben (s. S. 233).

Ti-Lo-Su-Wasserfall (nahe Umphang): Eine Floßfahrt auf dem Mae Klong und ein Bad am Fuß des höchsten Wasserfalls des Landes sind einmalige Erlebnisse (s. S. 234).

Wat Phrathat Lampang Luang (nahe Lampang): Das alte, teils aus Teakholz erbaute, befestigte Wat ist eine der schönsten Tempelanlagen in Thailand (s. S. 236).

Der Wat Phra That Lampang Luang gehört zu den schönsten Tempeln Thailands

Alt-Sukhothai mit dem Fahrrad erkunden: Die einst mächtige erste Hauptstadt des Thai-Reiches ist heute ein Park mit den restaurierten Ruinen der Tempelanlagen. Das Gelände der alten Königsstadt lässt sich angenehm mit einem Fahrrad erkunden (s. S. 228).

Alte Königsstädte in der Tiefebene

Auf die wechselvolle Geschichte alter Kulturvölker im fruchtbaren Reisanbaugebiet verweisen zahlreiche Bauwerke, Skulpturen und andere Kunstdenkmäler, die dem zersetzenden tropischen Klima standhalten konnten oder bis in die Gegenwart unter schützenden Erdschichten verborgen blieben.

Schon Jahrhunderte bevor die Thais einwanderten, kultivierten Mon und Khmer in der zentralen Flussebene des Menam Chao Phraya Reis, bauten Städte, Paläste und Tempel. Ihnen folgten von Norden die Thai, die zunächst in Sukhothai und später in Ayutthaya ihre prunkvollen Hauptstädte errichteten.

In Lopburi, einer der ältesten Städte Thailands, befand sich bereits im 7. Jh. das politische und religiöse Zentrum des Mon-Königreichs Dvaravati. Als das Reich unter indischen Einfluss geriet, verbreitete sich der Theravada-Buddhismus im Land. Mit der Eroberung durch die Khmer Ende des 10. Jh. erlangte Lopburi als Sitz des Vizekönigs über die alten Reichsgrenzen hinaus Bedeutung. Aus dieser Zeit stammen verschiedene, gut erhaltene Tempelanlagen sowie zahlreiche Plastiken, die deutlich den Einfluss der Khmer-Kunst zeigen. Eine zweite Blütezeit erlebte Lopburi, als fast 700 Jahre später König Narai von Ayutthaya (1656–88) die Stadt zu seiner Zweitresidenz machte.

Die Thais hatten auf ihrer Wanderung von Yunnan nach Süden seit dem 9. Jh. kleine Fürstentümer in den nördlichen Bergregionen gegründet. Im 13. Jh. verbündeten sich zwei Thai-Fürsten, Bang Klang Thao und Pha Mueang, und drängten die mächtigen Khmer weiter nach Süden. In der fruchtbaren Ebene des Menam Yom eroberten sie 1238 jene blühende Khmer-Stadt, die unter dem Namen Sukhothai die Hauptstadt des ersten großen Thai-Reiches werden sollte, die Wiege von Thailand.

Bang Klang Thao befehligte als König Sri Indraditya eine schlagkräftige Armee, die bald die Einflusssphäre des neuen Staates vom südlichen Myanmar (Pegu) über die Gegend des heutigen Vientiane bis hinunter nach Nakhon Si Thammarat auf der Malaiischen Halbinsel ausweitete. Unter den acht Herrschern von Sukhothai war der jüngste Sohn von Indraditya, Ramkhamhaeng (auch Rama Khamhaeng), der berühmteste. Doch bereits unter dessen Sohn und Nachfolger zeichnete sich der Verfall ab. 1378 wurde Sukhothai endgültig zum Vasallen des jungen Reiches von Ayutthaya.

Zu Beginn des 18. Jh. hatte die Stadt Ayutthaya den Höhepunkt ihrer Macht erreicht und war mit 300 000 Einwohnern größer als London oder Paris; 40 verschiedene Nationalitäten lebten in ihren Mauern. Händler und Kaufleute aus aller Welt exportierten Edelhölzer, Reis und Elfenbein nach China und Europa. Vom Wohlstand zeugten Hunderte reich ausgestatteter

Sukhothai oder Ayutthaya?

Eine Ruinenstadt ist genug, denken viele. Doch welche? **Ayutthaya** empfiehlt sich für alle, die nur den Süden bereisen, wenig Zeit haben und eine größere Auswahl an Hotels und Restaurants in der Nähe wünschen.
Sukhothai wirkt authentischer, ist ruhiger und weitläufiger, empfiehlt sich als Zwischenstopp auf dem Weg nach Chiang Mai und liegt in einer schönen ländlichen Umgebung, die auch einen längeren Aufenthalt lohnt.

Tempelanlagen und der prunkvolle Königspalast. Alles ging in Flammen auf, als 1767 burmesische Truppen die Königsstadt eroberten und völlig zerstörten. Einmalige Kunstwerke und unersetzliche Dokumente wurden zu Asche, die verbliebene Bevölkerung wurde versklavt und nach Burma gebracht.

Bang Pa In ►E 9

In **Bang Pa In** befindet sich seit dem 17. Jh. der Sommerpalast der Könige von Ayutthaya. Nachdem die Residenz nach Bangkok verlegt wurde, verlor er vorübergehend an Bedeutung. Als das Reisen mit der Einführung von Dampfschiffen komfortabler wurde, ließen König Rama IV. (Mongkut) und sein Nachfolger Rama V. (Chulalongkorn) im 19. Jh. an dieser Stelle einen neuen Palast im asiatisch-europäischen Stil errichten.

Sommerpalast Bang Pa In

Tel. 035-26 10 44, tgl. 8–15.30 Uhr, Eintritt 100 Baht, nicht korrekt gekleidete Touristen (Shorts oder kurze Röcke, die nicht die Knie bedecken, schulterfreie Oberteile) können kostenlos angemessene Kleidung ausleihen

Auf dem Weg durch die weitläufige Parkanlage zum zentralen Komplex steht ein kleiner **Schrein** im Lopburi-Stil zu Ehren des Ayutthaya-Königs Prasat Thong. Im gegenüber liegenden europäisch anmutenden **Saphakhan- Ratchprayun-Palast** ist eine Ausstellung über die Geschichte des Palastes und seiner Bewohner mit vielen englischsprachigen Erläuterungen zu sehen. Beeindruckend ist der kleine, elegante **Aisawan-Thiphya-Art-Wasserpavillon,** ein Beispiel vollendeter Thai-Architektur, der mehrfach kopiert wurde. Die Holzkonstruktion steht im starken Kontrast zu den stei-

Auftakt zu den Königsstädten: die königliche Sommerresidenz in Bang Pa In

Ayutthaya

Sehenswert

1 Ayutthaya Historical Study Center
2 Chao-Sam-Phraya-Nationalmuseum
3 Wat Mahathat
4 Wat Ratchaburana
5 Denkmal für U-Thong
6 Ehemaliger Palast
7 Wat Phra Si San Phet
8 Vihara Phra Mongkol Bophit
9 Wat Phra Ram
10 Wat Chai Wattanaram
11 Wat Lokayasutharam
12 Wat Na Phra Meru
13 Wat Phu Khao Thong
14 Chandra-Kasem-Palast
15 Wat Phanan Choeng
16 Baan Hollanda
17 Wat Yai Chai Mongkhon
18 Lae Paniad Elephant Kraal
19 Japanische Siedlung

Übernachten

1 iuDia On the River
2 Classic Kameo Hotel
3 Baan Baimai Boutique Room

Essen & Trinken

1 Phae Krung Kao Restaurant
2 Raan Tha Luang
3 Nachtmärkte

Aktiv

1 Bootsvermietung und Bootstouren

nernen europäischen Statuen auf der Brücke und der neoklassischen **Warophat-Phiman-Residenz.** Der angrenzende Bereich, der nur durch das **Thewarat-Khanlai-Tor** zugänglich ist, war früher ausschließlich der Königsfamilie vorbehalten. Die zweistöckige, nach chinesischen Vorbildern errichtete **Wehat-Chamrun-Residenz** war bevorzugtes Domizil von König Rama VI. Andere Bauten, vom Tempel bis zum Aussichtsturm, ahmen den Stil italienischer oder viktorianischer Schlösser nach. Die zweistöckige repräsentative **Uthayan Phumisathian Residential Hall** im europäischen Stil, die 1938 abbrannte, wurde danach originalgetreu wieder aufgebaut.

Verkehr

Züge: Lokale Züge von Bangkok, die Richtung Norden weiterfahren, halten am Bahnhof, der 2 km nördlich vom Palast liegt.
Busse: Viele Busse vom Northern Bus Terminal (Mo Chit) in Bangkok und Minibusse vom lokalen Busbahnhof in Ayutthaya.
Ausflugsboote: Veranstalter offerieren Tagestouren mit Bussen und Booten von Bangkok nach Bang Pa In und Ayutthaya.

Ayutthaya ► E 9

Cityplan: S. 212
Das historische **Ayutthaya** ist seit 1991 UNESCO-Welterbe. Über 500 Ruinen auf der Flussinsel westlich der heutigen Stadt zeugen von der Pracht der einstigen Königsresidenz, die über 400 Jahre vom 14. bis 18. Jh. das Machtzentrum des Thai-Reiches war. Wer sich nicht nur auf wenige Sehenswürdigkeiten beschränken will, sollte sich für die Besichtigung des weitläufigen Areals ein Fahrzeug mieten.

Sehenswertes

Ayutthaya Historical Study Center 1

Thanon Rojana, Tel. 035-24 51 23, Mi–So 9–16 Uhr, Eintritt 100 Baht

Eine erste Einführung in die Geschichte der Stadt und des Landes vermittelt ein Besuch des **Ayutthaya Historical Study Centre,** das eine Auffrischung gut gebrauchen könnte. In dem von japanischen und thailändischen Architekten entworfenen Gebäude werden Kunst und Kultur der Ayutthaya-Periode (14.–18. Jh.) erforscht sowie die Lebensbedingungen der Menschen jener Zeit anhand von Modellen und Dioramen dargestellt. Vier Themenbereiche beleuchten Ayutthaya als Hauptstadt und als zentralistischen Staat; sie zeigen die traditionelle dörfliche Gesellschaft und die außenpolitischen Beziehungen jener Zeit. Karten, Schautafeln, Abbildungen und Nachbauten von alten Wohnhäusern, Schiffen und Tempeln ergänzen die Ausstellung und vermitteln ein Gesamtbild.

Chao-Sam-Phraya-Nationalmuseum 2

108 Thanon Rojana, Tel. 035-24 15 87, http://www.virtualmuseum.finearts.go.th/chaosamphraya, Di–So 9–16 Uhr, Eintritt 150 Baht

Etwa 500 m weiter findet man rechter Hand das sehenswerte **Nationalmuseum.** Es zeigt beeindruckende Buddhafiguren sowie andere Statuen aus Bronze und Stein, die in verschiedenen Epochen entstanden. Beeindruckend sind die Goldschätze im Obergeschoss, die im Wat Mahathat und Ratchaburana entdeckt wurden. Die traditionellen Thaihäuser beherbergen eine Ausstellung zur Alltagskultur.

Historical Park

Sechs Tempel, tgl. 8–17 Uhr, Eintritt jeweils 50 Baht, Eintritt für alle Tempel 220 Baht

Hinter dem Museum erstreckt sich rings um einen mehrarmigen See der Historical Park mit den bedeutendsten Tempeln und dem einstigen Palast. Im Osten des Parks steht die weitläufige Anlage des **Wat Mahathat** 3**,** die 1374 gegründet und später mehrfach erweitert wurde. In den Ruinen des Prangs, der einmal 44 m hoch gewesen sein soll, fand man wertvolle religiöse Statuen. Im Südosten des Tempelbezirks wird ein überaus beliebtes Fo-

Von König Naresuan umgestaltet:: Wat Yai Chai Mongkol

tomotiv gut bewacht, der in einen Banyanbaum eingewachsene Buddhakopf.

Da diese Tempelanlage weitgehend in ihrem ursprünglichen Zustand belassen wurde, wirkt sie originalgetreuer als das gegenüber liegende **Wat Ratchaburana 4,** dessen Prang man rekonstruiert hat. König Boromrachathirat II. ließ im Jahr 1424 den imposanten Tempel als Begräbnisstätte für seine Brüder erbauen, die sich bei einem Elefantenreitduell um die Thronfolge gegenseitig getötet hatten. Besucher können den schmalen, steilen Gang zur Grabkammer hinabsteigen, in der man einen Goldschatz gefunden hat.

An den Stadtgründer U-Thong erinnert ein **Denkmal 5** nordwestlich des Parks.

Die Grundmauern des **ehemaligen Palastes 6,** lassen die Macht der Ayutthaya-Herrscher erkennen. Da der neue Königspalast in Bangkok nach seinem Vorbild errichtet wurde, lässt sich die Funktion der einzelnen Gebäuden nachvollziehen. Die zweistöckige Suriyat-Amarin-Halle und die Zeremonienhalle Vihara Somdet begrenzen die Sanphet-Prasat-Halle, die 1448 als Empfangsgebäude errichtet wurde – ein Modell der unzerstörten Halle steht in Mueang Boran (s. S. 169).

Dass eine enge Verbindung zwischen Staat und Buddhismus unter der Herrschaft des Königs bestand, zeigen nicht zuletzt die hohen Mauern, die nicht nur den Palast, sondern auch den Königstempel, **Wat Phra Si Sanphet 7,** umgeben. Ebenso wie das Wat Phra Kaeo, der Königstempel in Bangkok, enthält er kein Kloster, sondern diente vor allem als Ort wichtiger religiöser und staatlicher Zeremonien, die vom König vollzogen wurden. Auf den ersten Blick scheinen die drei Chedis inmitten der Ruinen wenig eindrucksvoll. Doch im Vihara des königlichen Tempels aus dem 15. Jh. stand ein 16 m hoher, vollständig mit Gold überzogener Buddha. Um das Edelmetall zu schmelzen, zündeten die Burmesen den Tempel an, sodass heute von dem einstigen Glanz kaum mehr als einige Wände, die Grundmauern und drei verwitterte Chedis geblieben sind. Diese enthalten die Asche verstorbener Könige.

Der mehrfach renovierte **Viharn Phra Mongkhon Bophit** 8 birgt den größten vergoldeten Bronzebuddha des Landes – die Rekonstruktion einer Statue aus dem 15. Jh., die deutliche Einflüsse des Sukhothai-Stils erkennen lässt. Wie der Menschenandrang belegt, genießt dieser Buddha bei der Bevölkerung hohes Ansehen.

Im **Wat Phra Ram** 9 überragt ein hoher Prang zahlreiche kleinere Stupen. Einige spiegeln sich malerisch im Lotussee. König U -Thong hatte den Tempel als Begräbnisstätte für seinen Vater errichten lassen, sodass er zu den ältesten der Stadt gehört.

Im Südwesten, am jenseitigen Ufer des Menam Chao Phraya, steht etwas abseits das als Krönungssaal erbaute **Wat Chai Watthanaram** 10**,** ein großer, restaurierter Tempel im Khmer-Stil. Der 35 m hohe zentrale Prang überragt majestätisch acht kleine Chedis, die durch einen rechteckigen Kreuzgang miteinander verbunden sind

Wat Lokayasutharam

Etwas versteckt im Westen der Stadt, hinter der Brücke, führen Wege zum **Wat Lokayasutharam** 11**.** Zu den Sehenswürdigkeiten des Klosters zählt ein 42 m langer liegender Buddha, dessen Kopf auf einem lotosförmigen Kissen ruht. Es ist eines der beliebtesten Fotomotive in Ayutthaya.

Wat Na Phra Meru 12

Tgl. 8–18 Uhr, Eintritt 20 Baht

Nördlich des Königspalastes lohnt sich ein Besuch des in einer schönen Umgebung gelegenen Tempels. Sein Vihara, dessen Wände verblichene Wandmalereien schmücken, enthält eine über 1000 Jahre alte, steinerne Buddhafigur im Dvaravati-Stil, der sich in ungewöhnlicher europäischer Sitzhaltung präsentiert. Im Bot steht ein 6 m hoher vergoldeter Bronzebuddha im perfekten Ayutthaya-Stil.

Wat Phu Khao Thong 13

Tgl. 8–18 Uhr

Etwa 2,5 km nördlich der Stadttore ragt der mächtige, 80 m hohe Sakralturm auf, den Burmesen als Dank für ihren Sieg 1569 errichteten. Nachdem sie aus dem Land vertrieben worden waren, erhielt auch der Chedi eine neue Fassade im Thai-Stil. Im Kreisverkehr auf der Zufahrt erhebt sich wie ein Gegenpol das gewaltige, von bunten Hähnen umgebene Denkmal des hoch verehrten Königs Naresuan, der den burmesischen König in einem Duell auf Kriegselefanten besiegte.

Chandra-Kasem-Palast 14

Tel. 035-25 15 86, www.virtualmuseum.finearts.go.th/chantharakasem, Mi–So 9–16 Uhr, feiertags geschl., Eintritt 100 Baht

Im Nordosten der Insel ist im rekonstruierten Palast von Prinz Naresuan aus dem Jahre 1577 ein kleines Museum mit Skulpturen und Lackarbeiten der Ayutthaya-Periode (14.–18. Jh.) untergebracht. Im Observatorium hinter den Museumsgebäuden betrieb König Rama IV. astronomische Studien. Unter König Narai (1657–88) befand sich dort ursprünglich eine Befestigungsanlage.

Wat Phanan Choeng 15

Tgl. 8–17 Uhr, Eintritt 20 Baht

Im Südwesten steht der älteste Tempel der Stadt. Da der Buddhastatue im Viharn magische Kräfte zugesprochen werden, genießt sie vor allem bei Chinesen große Verehrung. Auch vielen anderen Buddhastatuen, hinduistischen und chinesischen Schutzgöttern in mehreren Schreinen bringen Gläubige Opfergaben dar und bitten um Beistand.

An der Anlegestelle hinter dem Tempel können kleine **Boote** 1 für eine Rundfahrt um Ayutthaya gemietet werden.

Baan Hollanda 16

Tel. 035-24 56 83, https://baanhollanda.org, Mi–So 9–17 Uhr, 50 Baht

Das sehenswerte **Baan Hollanda** war zu Redaktionsschluss noch temporär geschlossen. Bislang thematisierte die im ersten Stock eines restaurierten Hauses untergebrachte, informative Ausstellung die Handelsbeziehungen zwischen Thailand und den Niederlanden bzw. der VOC (Verenigde Oost-Indische Compagnie) seit dem 17. Jh. Nach der Besichtigung der wunderbar präsentierten Ausstellung lädt ein Café im Erdgeschoss zu einer Pause ein.

Wat Yai Chai Mongkhon 17

Tgl. 8–17 Uhr, Eintritt 20 Baht

Zu empfehlen ist ein Abstecher zu diesem Meditationstempel. Er diente zugleich als Residenz des religiösen Oberhaupts, des Ersten Patriarchen, und wurde bereits 1357 gegründet. 1592 ließ König Naresuan den 62 m hohen Chedi im Stil ceylonesischer Stupas zum Zeichen seines Sieges über den burmesischen Kronprinzen errichten. Den Chedi und Klostergarten umrahmen 135 kleinere und größere Buddhastatuen. In einem Park hinter dem liegenden Buddha wird König Naresuan mit einem Denkmal in einer gläsernen Halle geehrt. Auch hier ist der Schrein von zahllosen Hähnen in allen Größen umgeben.

Lae Paniad Elephant Kraal 18

6 km nordöstlich des Stadtzentrums, www.elephantstay.com

Früher wurden in dem Elefantenkral aus Teakholz wilde Elefanten gezähmt und einem staunenden Publikum vorgeführt. Heute werden hier noch 90 Elefanten gehalten.

Ausritte mit historisch eingekleideten Mahouts auf bedauernswerten Elefanten entlang der stets heißen Straßen im Zentrum von Ayutthaya sollte man absolut meiden.

NACHTMÄRKTE

Ein Muss ist nach Sonnenuntergang der Besuch der **Nachtmärkte** 3. Beliebt ist der am Fluss gegenüber dem Chandra-Kasem-Palast, ein weiterer entlang der Straße östlich vom Wat Mahathat. Viele Einheimische bevorzugen den Markt am Wat Khun Muang Chai. An zahlreichen Ständen gibt es frisch zubereitete Snacks, Suppen und größere Gerichte, die man an Tischen im Freien genießen kann. €

Japanische Siedlung 19

Etwa 2 km außerhalb des Zentrums, Tel. 035-25 98 67, www.japanesevillage.org, tgl. 9.30–17 Uhr, Eintritt 50 Baht

In der Blütezeit von Ayutthaya gab es hier auch eine recht große japanische Gemeinde, über die das besuchenswerte **Museum** des Japanese Village informiert. Besonders die im kleineren Gebäude dargestellten Lebensgeschichten sind sehr interessant. Zudem gibt es noch einen gepflegten japanischen Garten.

Infos

Ayutthaya Tourism Center: In der ehemaligen Stadthalle, Thanon Si Sanphet, Tel. 035-24 60 76, www.facebook.com/TAT.Ayutthaya, Mo–Fr 8.30–16.30 Uhr. Die Ausstellung über die Stadtentwicklung im Obergeschoss ist als erster Stopp vor einer Besichtigungstour empfehlenswert.

Übernachten

Stilvoll – **iuDia On the River** 1: 11–12 Moo 4, Thanon U-Thong, Tel. 035-32 32 08, www.iudia.com. Geschmackvoll gestaltetes Boutiquehotel. Acht hochwertig eingerichtete Zimmer mit allem Komfort. Café an der Straße und Pool am Fluss. €€€

Nette Apartments – **Classic Kameo Hotel** 2: 210-211, 148 Moo 5 Thanon Rojana, Tel. 035-21 25 35, www.kameocollection.com. Neubaublock östlich der Altstadt mit großzügigen Zimmern und Suiten mit Kochnische und allem Komfort, Pool und Fitnesscenter. €€–€€€

Klein aber fein – **Baan Baimai Boutique Room** 3: 8 Soi 3 Thanon Pa Thon, Tel. 081-838 55 85, www.facebook.com/BannBaiMaiBoutiqueRoom. Nett eingerichtete Zimmer in einer ruhig und dennoch zentral gelegenen, kleinen Unterkunft. Hilfsbereiter Service und Fahrräder zum Erkunden der Stadt. €–€€

Essen & Trinken

Typisch Thai – **Phae Krung Kao Restaurant** 1: 84 Thanon U-Thong, Tel. 088-649 13 47. Südlich der Brücke gelegenes Flussrestaurant mit Sitzplätzen im Freien und klimatisierten Innenraum sowie auf einem Boot und einer breiten Auswahl an Thai-Gerichten. Besonders bekannt für seine gegrillten Süßwassergarnelen. €–€€

Dinner auf dem Fluss – **Raan Tha Luang** 2: 3/9 Thanon U-Thong, Tel. 035-24 49 93, 096-883 71 09, www.raan-tha-luang.com, tgl. 11–22 Uhr. Vom kleinen Café an der Straße gelangt man zur Bar und einem rustikal eingerichteten Restaurant mit entspannter (Live-)Musik, Flussterrasse und einem Restaurantboot, das um 12.30 und 1 Uhr zu einer gut einstündigen Tour ablegt. Auf der Karte stehen westliche wie lokale Gerichte. €–€€

Ein gute Alternative für ein lokales Abendessen sind die Essensstände auf den **Nachtmärkten** 3 (s. Kasten S. 216).

Aktiv

Bootstouren – Für eine gemächliche **Rundfahrt** 1 rings um das auf einer Insel gelegene Zentrum von Ayutthaya können Boote u. a. hinter dem Wat Phanan Choeng für 800–1200 Baht gechartert werden. Bootstouren werden von Gästehäusern und Hotels ab 200 Baht pro Person angeboten.

Ruinentour – Gästehäuser organisieren **Rundfahrten** durch die Ruinen. Auch Tuk-Tuks, Songthaews und Taxis bieten sich für Touren durch die weitläufige Stadt an. Beliebt sind Fahrräder, die in Gästehäusern und Läden vermietet werden, aber meist von mäßiger Qualität sind.

Termine

Ayutthaya – World Heritage Site Celebrations: 10.–25. Dez. Mit einem Jahrmarkt, Theater und Light & Sound Show wird die Aufnahme der Stadt in die Liste des UNESCO-Welterbes gefeiert.

Verkehr

Züge: Fast stündlich fahren Züge von Bangkok über Ayutthaya Richtung Norden (Lopburi, Phitsanulok, Chiang Mai) oder Nordosten (Pak Chong, Korat, Nong Khai). Der Bahnhof liegt zentral östlich der Ruinenstadt am Fluss.

Busse: Von Bangkok Minivans ab Northern Bus Terminal (Mo Chit) sowie Southern Bus Terminal (Sai Tai Mai/Taling Chan) ständig zur Thanon Naresuan. Ab der Bus Station, 4 km östlich des Zentrums von Ayutthaya (1,5 Std.) verkehren große Busse nach Lopburi, Sukhothai, Phitsanulok und Chiang Mai. Regelmäßige Verbindungen vom lokalen Busbahnhof am Chao Phrom Markt nach Bang Pa In.

Lopburi ►E 9

Cityplan: S. 232

Überdimensional groß und in Bronze gegossen blickt König Narai von einem Sockel, auf dem die großen Taten seines Lebens festgehalten sind, auf Besucher herab, die sich dem ersten großen Kreisverkehr der Stadt Lopburi nähern. Doch erst 3 km weiter, westlich der Bahnlinie, betritt man historischen Boden. In wenigen Stunden kann man zu Fuß die Ruinen vergangener Jahrhunderte erwandern, die inmitten des geschäftigen Treibens der Händler und des lautstarken Verkehrs wie Fremdkörper wirken. Ausgangspunkt ist der dritte Kreisverkehr am Bahnübergang.

Sehenswertes

Sarn Phra Karn 1

Der ehemalige Khmer-Schrein östlich der Bahnlinie wird noch immer als heilige Stätte verehrt. Der über den Ruinen neu errichtete Bau mit einer Steinskulptur von Vishnu wie auch die hohen Bäume sind von Langschwanzmakaken bevölkert, die manchmal zubeißen und deshalb nicht gefüttert werden sollten.

Prang Sam Yod 2

Tgl. 8–18 Uhr, Eintritt 50 Baht, im Ticket zum Phra-Narai-Ratchaniwet-Palast inkl.

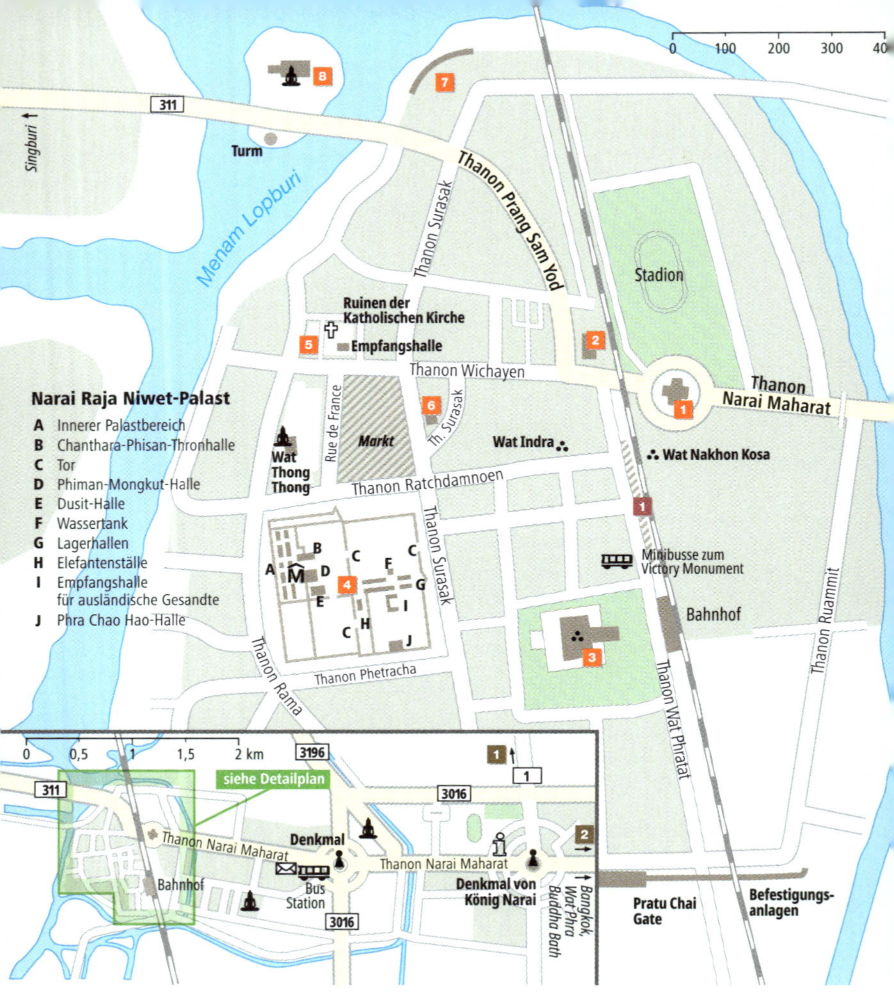

Lopburi

Sehenswert

1 Sarn Phra Karn
2 Prang Sam Yod
3 Wat Phra Sri Rattana Mahathat
4 Phra-Narai-Ratchaniwet-Palast
5 Ban Wichayen
6 Prang Khaek
7 Stadtbefestigung
8 Wat Mani Cholakhan

Übernachten

1 Lopburi Palm Resort
2 Benjatara Boutique Resort

Essen & Trinken

1 Nachtmarkt

Jenseits der Schienen erheben sich links die drei wuchtigen Laterittürme des Prangs, wahrscheinlich im 12. Jh. unter den Khmer errichtet, die als Wahrzeichen der Stadt gelten. Der angebaute Vihara mit einer Buddhastatue im Ayutthaya-Stil stammt erst aus dem 17. Jh., der Zeit von König Narai. Die Hauptattraktion sind für die meisten Besucher aber auch hier die vielen Affen, die auf den Tempelmauern und der Straße herumtollen.

Wat Phra Sri Rattana Mahathat 3

Tgl. 8–18 Uhr, Eintritt 50 Baht, im Ticket zum Phra-Narai-Ratchaniwet-Palast inkl.

Die große buddhistische Tempelanlage südlich vom Bahnhof, wurde im 12. Jh. erbaut, jedoch später mehrfach umgestaltet und erweitert. Der zentrale Prang aus Lateritgestein war mit Fresken im Khmer-Stil verziert, während die anderen Gebäude Sukhothai-Einflüsse aufweisen.

Phra-Narai-Ratchaniwet-Palast 4

Mi–So 8.30–16.30 Uhr, feiertags geschl., Eintritt 150 Baht

Etwa 500 m weiter westlich liegt der zwischen 1665 und 1677 für König Narai erbaute Palast, der europäische und einheimische Stilrichtungen vereint. Durch das **nordöstliche Tor** betritt man das von hohen Mauern umgebene Gelände. Vorbei an zwölf **Lagerhallen** und einem **Wasserreservoir** gelangt man linker Hand zur **Empfangshalle für ausländische Gäste.** Dahinter befindet sich eine private Audienzhalle des Königs. Der innere Palast wird von diesem Areal durch ehemalige **Stallungen** für Elefanten und Pferde abgegrenzt.

Im südlichen Bereich stand inmitten einer Gartenanlage der letzte königliche Wohnsitz, in dem Narai 1688 starb. Im Gegensatz zu späteren Bauwerken wurde die erste Residenz des Königs von 1665, die **Chanthara-Phisan-Thronhalle** nahe dem nördlichen Tor, im Ayutthaya-Stil errichtet. Sie dient als **Museum** über das Leben in Siam zur Zeit von König Narai.

Ebenso interessant ist das angrenzende **Museum** in der **Phiman-Mongkut-Halle.** Es präsentiert in einer umfassenden Ausstellung buddhistische Kunst aus verschiedenen Epochen sowie Gegenstände aus dem Besitz von König Mongkut. Ein Gemälde zeigt, wie Narai den französischen Gesandten Ludwigs XIV. begrüßt. Der Chevalier de Chaumont tritt dem siamesischen Herrscher keineswegs unterwürfig gegenübertritt – ganz im Gegensatz zu dem Griechen Phaulkon (s. auch Thema S. 220), der zu Füßen des Königs abgebildet ist.

In der zentral gelegenen **Dusit-Sawan-Thong-Mahaprasit-Halle,** die in einem gemischten Baustil gestaltet ist, empfing der König europäische Abordnungen. Der innere Palastbereich wird als **ethnologisches Museum** genutzt. Anhand ihrer Werkzeuge und anderer Alltagsgegenstände präsentiert es anschaulich das traditionelle Leben der Menschen in dieser Gegend.

Ban Wichayen 5

Thanon Wichayen, tgl. 8–16.30 Uhr, Eintritt 50 Baht

Auf der Straße, die zwischen dem Wat Sao Thong Thong und dem Markt nach Norden führt, gelangt man zu der ursprünglich für den Abenteurer Phaulkon errichteten Residenz. Die Ruinen des Wohnhauses, der angrenzenden katholischen Kirche mit den Räumen der Jesuiten sowie der später für Gesandte errichteten verfallenen französischen Residenz und Empfangshalle scheinen die Einheit der für König Narai schicksalhaften europäischen Mächte zu symbolisieren.

Weitere Sehenswürdigkeiten

Östlich vom Markt steht mitten im dichtesten Verkehr eine kleinere Ausgabe des Prang Sam Yod, das **Prang Khaek** 6 **.** Das hinduistische Heiligtum wurde wahrscheinlich im 10. Jh. aus Ziegelsteinen erbaut.

Weiter im Norden der Stadt am Ufer des Lopburi-Flusses blieben Reste der alten **Stadtbefestigung** 7 erhalten. Gegenüber auf einer Flussinsel kann **Wat Mani Cholakhan** 8 mit einem auffälligen Turm besichtigt werden.

Constatine Phaulkon – ein Grieche in Siam

Wenige Monate nachdem König Narai 1657 den Thron bestiegen hatte, heuerte ein zehnjähriger Junge von der griechischen Insel Kephalonia auf einem Schiff an. So begann das abenteuerliche Leben von Konstatin Gerakis, der die Geschichte Siams maßgeblich mitbestimmen sollte.

Handelsschiff in einem Stich aus dem 19. Jh.

Zehn Jahre lang segelte er auf britischen Schiffen durchs Mittelmeer, bevor er 1670 erstmals nach Indien reiste. Dort knüpfte er Kontakte mit dem britischen Händler White, den es später nach Siam verschlug. Der Engländer pflegte gute Verbindungen zur British East India Company. Auch der junge Grieche trat einige Jahre später in Indonesien in den Dienst dieser Gesellschaft. Als während der Geburtstagsfeierlichkeiten für den britischen König ein großes Feuer ausbrach, war es Constatine Phaulkon – der Grieche war mittlerweile unter dieser französisierten Version seines Namens bekannt –, dessen mutiger Einsatz eine Katastrophe verhinderte. Die Geldsumme, die er zum Dank erhielt, ermöglichte es ihm, für seinen Freund White in Siam als Händler tätig zu werden.

Zu jener Zeit hatte König Narai damit begonnen, den florierenden Handel mit den europäischen und asiatischen Ländern zu regulieren. Einfuhrzölle beschnitten die Gewinne der Händler, der Staat besaß das Vorkaufsrecht und kontrollierte den Export von Reis, Edelhölzern und Elfenbein. Um den Holländern, die Siam einen ungünstigen Handelsvertrag abgerungen hatten, zu entgegnen, suchte König Narai Hilfe bei den Franzosen. Phaulkon, der zweimal Schiffbruch erlitten und sein Vermögen verloren hatte, schien die geeignete Person zu sein, um die Pläne des Königs durchzusetzen. Er beherrschte fließend mehrere asiatische und europäische Sprachen und war ein geschickter Diplomat. So trat Phaulkon in den Dienst von König Narai und führte verschiedene Auslandsmissionen erfolgreich und mit hohen Profiten durch. Er gewann das Vertrauen des Monarchen und stieg zu einem der ranghöchsten Beamten am Hof auf.

Mit französischen Diplomaten, Architekten, Wissenschaftlern und Handwerkern kamen auch katholische Missionare ins Land – zur Beunruhigung des siamesischen Adels und des buddhistischen Klerus, die befürchteten, König Narai könne völlig unter westlichen Einfluss geraten. Als sich im Palast von Lopburi das Gerücht verbreitete, der todkranke Narai wolle seinen zum katholischen Glauben konvertierten Adoptivsohn Piya zum Nachfolger bestimmen, brach unter Führung seines ehemaligen Vertrauten Phetraja, dem Pflegebruder des Königs, eine Palastrevolte aus. Phaulkon wurde unter Anschuldigung des Hochverrats gefangen genommen und am 5. 6. 1688 enthauptet. Einen Monat später starb König Narai, Phetraja übernahm die Macht. Alle Ausländer mussten das Land verlassen und in den folgenden 120 Jahren blieben die Grenzen des Reiches für Fremde verschlossen. Lopburi hatte seine zentrale Funktion verloren und verfiel. Nur die Ruinen der Residenz von Phaulkon und der Palast blieben als Zeugnisse der großen Vergangenheit erhalten.

Wat Phra Phutthabad

▶ E 9

17 km südöstl. von Lopburi, am Highway Nr. 310
Wer mit dem eigenen Wagen unterwegs ist, sollte auf dem Weg von Ayutthaya nach Lopburi einen kleinen Umweg machen. Eine bedeutende Wallfahrtsstätte des Landes, **Wat Phra Phutthabad,** liegt etwa 1 km südlich der Hauptstraße auf halber Höhe eines Hügels.

Der Legende zufolge entdeckte 1624 ein Jäger an dieser Stelle einen 1,50 m langen Fußabdruck Buddhas, auf dem der Tempel entstand. Nach der Zerstörung durch Burmesen ließ Rama I. die Anlage, die auch viele kleine chinesische Tempel umfasst und als eines der schönsten Bauwerke ihrer Zeit gilt, erneuern. Viele Pilger kommen hierher, um Opfergaben vor dem Mondhop mit dem in Gold eingefassten Fußabdruck niederzulegen, das Orakel zu befragen und für ein erfülltes, langes Leben zu beten. Einige alte Skulpturen werden in der Halle gegenüber dem Mondhop aufbewahrt. Am Fuße des Hügels werden Vögel in Käfigen zum Kauf angeboten. Wer sie frei lässt, erwirbt sich Verdienste für kommende Leben.

Infos

Tourist Office: Thanon Narai Maharat, 4 km außerhalb am Kreisverkehr mit dem Narai-Denkmal, Tel. 036-77 00 96, Mo–Fr 8.30–16.30 Uhr.

Übernachten

Komfortabel – **Lopburi Palm Resort 1:** 391/11 Moo 7, Tumbon Thale Chupn, 4 km nordöstlich, Tel. 085-072 67 10, www.facebook.com/lopburipalmresort. Moderne Bungalowanlage inmitten von Palmen im kühlen Betonoptik-Design. Alle Zimmer mit kleinem Balkon und eigenem Parkplatz (Fahrzeug erforderlich). €

Freundlich – **Benjatara Boutique Resort 2:** 123/33 Moo 1 Thanon Khao Sam Yot, Tel. 036-42 26 08, www.facebook.com/BENJATARA. Etwas außerhalb gelegener dreistöckiger Neubau, nicht weit vom Big C mit 72 kleinen, modern gestalteten Zimmern (die neueren lohnen den Aufpreis). €–€€

Essen & Trinken

Zum Probieren – **Nachtmarkt 1:** Viele Essensstände an der Straße nördlich des Bahnhofs. Um 50 Baht.

Termine

King Narai Reign Fair: Im Februar huldigt man König Narai, der im 17. Jh. Lopburi zu seiner zweiten Hauptstadt machte, mit einem neun- bis zehntägigen Fest, farbenprächtigen Umzügen in historischen Kostümen und traditionellen Tanzaufführungen auf dem Gelände des Phra-Narai-Ratchaniwet-Palastes.

Phra-Phutthabad-Fest: Febr./März im Wat Phra Phutthabad. Viele Gläubige pilgern hierher, beten, bringen Opfergaben dar und vergnügen sich auf dem Markt.

Verkehr

Züge: Die meisten Züge zwischen Bangkok und Chiang Mai halten im zentral gelegenen Bahnhof.

Busse: Vom Northern Bus Terminal (Mo Chit) in Bangkok alle 20–30 Min. zum Busbahnhof am zweiten Kreisverkehr, 1,5 km außerhalb vom Zentrum, sowie zur Haltestelle nördlich des Bahnhofs (2–3 Std.). Vom Busbahnhof Richtung Korat, Phitsanulok und Chiang Mai.

Kamphaeng Phet ▶ D 6

Die alte Handelsstadt am Menam Ping lohnt einen Zwischenstopp. Sie war Jahrhunderte lang ein wichtiger Puffer zwischen dem Lanna-Reich im Norden und Sukhothai bzw. Ayutthaya. Als Militärstützpunkt an der Grenze des Ayutthaya-Reichs wurde die Stadt im burmesischen Krieg zerstört und verlor an Bedeutung.

Eine trapezförmige, teilweise restaurierte Befestigungsmauer umgibt das historische Zentrum. Dort kann man die königlichen Tempel **Wat Phra Kaeo** (tgl. 8–18 Uhr, Eintritt 100 Baht) und **Wat Phra That** anschauen sowie im hervorragenden **Nationalmuseum** eine beeindruckende Shivastatue und andere Ausgrabungsfunde vom frühen buddhistischen Dvaravati-Reich bis zu den jüngsten Einwanderern besichtigen (Mi–So 9–16 Uhr, feiertags geschl., Eintritt 100 Baht).

Khet Aranyik

Tgl. 8.30–16.30 Uhr, Eintritt 100 Baht, Auto 50 Baht, Fahrrad 10 Baht; an beiden Eingängen Radverleih (30 bzw. 50 Baht)

Nördlich der Stadtmauern liegen auf einem weitläufigen Gelände in einem Monsunwald die verwitterten Ruinen der Waldtempel. Für die Rundfahrt durch den Kamphaeng Phet Historical Park eignen sich am besten Fahrräder.

Am Eingang präsentiert ein kleines **Museum** mit modernen Mitteln die Geschichte der Region. Im Nordosten lohnt **Wat Chang Rop**, dessen Unterbau mit einem Dutzend mächtiger Elefantenstatuen dekoriert ist. Vorbei am **Wat Singha** mit einem großen sitzenden Buddha gelangt man zum **Wat Phra Si Iriyabot** dessen Mondhop ursprünglich vier Buddhastatuen in unterschiedlichen Positionen zierten. Nur der stehende Buddha ist noch gut erhalten.

Verkehr

Busse: Der Busbahnhof liegt 1,5 km westlich der Stadt, Verbindungen u. a. nach Bangkok (5–6 Std.), teilweise über Lopburi und Ayutthaya, Chiang Mai (via Lampang) und Mae Sot; Minivans fahren über Sukhothai nach Phitsanulok und Songthaew nach Tak.

Phitsanulok ▶E 6

Cityplan: S. 223

Die Provinzhauptstadt an den Ufern des Nan-Flusses entwickelte sich zum zentralen Verkehrsknotenpunkt von Zentralthailand. In den geschäftigen Straßen und modernen Einkaufszentren am Stadtrand drängeln sich Menschen aus der näheren und weiteren Umgebung. In den 1950er-Jahren zerstörte ein Brand große Teile der Stadt, sodass die meisten Häuser neueren Datums sind.

Wat Phra Si Rattana Mahathat 1

Haupteingang am Fluss, tgl. 6.30–18 Uhr

Eines der wenigen Gebäude, die den Brand überdauert haben, ist der Tempel. Gegenüber dem Haupteingang steht im **zentralen Vihara** ein vergoldeter Bronzebuddha aus dem 14. Jh., der den Sukhothai-Stil in vollendeter Form repräsentiert – ohne Frage eine der schönsten Buddhastatuen des Landes. Beachtung verdienen die Einlegearbeiten mit Perlmutt am Eingangstor sowie die wunderbaren Wandmalereien. Das große Tempelgelände umfasst zudem Gebetshallen und ein kleines **Museum** (Mi–So 8–16 Uhr).

Jenseits des breiten Highway Nr. 12, der südlich des Tempels den Nan-Fluss überquert, erhebt sich der Chedi von **Wat Ratchaburana** 2 aus der Ayutthaya-Periode.

Weitere Attraktionen

Das **Sgt. Maj. Thawee Folk Museum** 3 im Süden der Stadt vermittelt mit einer umfangreichen privaten Sammlung von Alltagsgegenständen einen guten Einblick in das Leben vorangegangener Generationen (26/138 Thanon Wisut Kasat, tgl. 8–16.30 Uhr, Eintritt 50 Baht).

Schräg gegenüber werden heute noch in der **Buddha Casting Factory** 4 Buddhastatuen nach überlieferten Vorbildern gegossen. Hier kann man beim Gießen der Figuren zuschauen und ihre Verarbeitung beobachten (26/43 Thanon Wisut Kasat, Eintritt frei).

Im **Chan Royal Palace Historical Center** 5 wird die Geschichte des Volkshelden Naresuan ins rechte Licht gerückt. In einem Schrein auf dem Gelände seines ehemaligen Palastes wird er wie ein Gottkönig verehrt (Thanon Wangchan, Di–So 9–16 Uhr).

Infos

Tourist Office: 209/7-8 Thanon Baromtrilokanart, Tel. 055-25 27 42, tgl. 8.30–16.30 Uhr.

Übernachten

Perfekt zum Erholen – **Pattara Resort & Spa** 1: 349/40 Thanon Chaiyanupap, Tel. 055-28 29 66, www.pattararesort.com. In einem weitläufigen Garten gruppieren sich um

Phitsanulok

Sehenswert

1 Wat Phra Si Rattana Mahathat
2 Wat Ratchaburana
3 Sgt. Maj. Thawee Folk M.
4 Buddha Casting Factory
5 Chan Royal Palace Historical Center

Übernachten

1 Pattara Resort & Spa
2 Yodia Heritage Hotel
3 P 1 House

Essen & Trinken

1 Ban Mai
2 Nannum Restaurant/Café
3 Nachtmarkt

einen hübschen Pool die modernen Gebäude mit 64 Zimmern, auch in Deluxe-Version, sowie Restaurant, Spa und Fitnesscenter. €€€

Zentral und modern – **Yodia Heritage Hotel** 2: 89/1 Thanon Phutthabucha, Tel. 055-25 98 46, www.yodiaheritage.com. Kleines,

sehr gutes Boutiquehotel mit 25 komfortablen, klimatisierten Zimmern mit Balkon. Kleiner Pool und gutes Restaurant, das italienische und einheimische Gerichte serviert. €€–€€€
Zentral und angenehm – **P 1 House** 3: 99/15-19 Thanon Phraongdam, Tel. 055-21 10 07. Sauberes Kleinhotel in einem Geschäftshaus im Zentrum mit 36 netten Zimmern und einem kleinen Garten. Dazu gehört auch ein Steakhaus. €

Essen & Trinken

Gute lokale Küche – **Ban Mai** 1: 93/30 Thanon Authong, gegenüber dem Ayara Grand Palace Hotel, tgl. 11–20.30 Uhr. Überwiegend einheimische Gäste genießen das Essen im klimatisierten Restaurant. Auch Tische im Freien. Auf der reduzierten englischen Karte stehen Klassiker und weniger bekannte Thai-Gerichte, darunter leckere Ente mit knusprigen Nudeln. €–€€
Gute Auswahl – **Nannum Restaurant and Café (Krua Nan Nam Restaurant)** 2: 94/2 Thanon Wangchan, Tel. 055-23 04 44, tgl. 11–23 Uhr. Die große Bandbreite thailändischer und indischer Gerichte macht auch Vegetarier glücklich. Besonders schön sitzt man abends auf der Dachterrasse oder im Garten. Manchmal Livemusik. €–€€
Fliegendes Gemüse – **Nachtmarkt** 3: Am Nan River, von Sonnenuntergang bis weit nach Mitternacht, bieten zahlreiche Verkaufs- und einige einfache Flussrestaurants und Essensstände ihre Produkte an. Ab 21 Uhr oder früher, wenn Reisegruppen angekündigt sind, wird am **Flying-Vegetable-Stand** am südlichen Ende des Marktes eine große Kochshow der besonderen Art geboten. Dann schleudern Köche das angebratene Gemüse in hohem Bogen durch die Luft und fangen es mit ihrem Wok wieder auf. €

Termine

Phra Buddha Chinarat Fair: Jan/Febr., einwöchiges Tempelfest im Wat Phra Si Rattana Mahathat mit Theater, Tänzen und Jahrmarkt.
Bootsrennen: Die Bootsrennen am ersten Wochenende im Sept./Okt. auf dem Nan River sind ein Volksfest.

Verkehr

Flüge: Airport südlich der Stad; nach Bangkok (Don Mueang) mit Nok Air (www.nokair.com), Thai Lion (www.lionairthai.com) und AirAsia (www.airasia.com).
Züge: Am zentralen Bahnhof halten alle Züge von Bangkok über Ayutthaya, Lopburi und Lampang nach Chiang Mai.
Busse: Vom Northern Bus Terminal (Mo Chit) in Bangkok fahren Busse zu beiden Busbahnhöfen im Osten der Stadt (2 bzw. 8 km außerhalb) (6–7 Std.). Zudem in alle größeren Städte des Nordens und Nordostens.
Stadtverkehr: Songthaew verkehren auf festgelegten Routen im Stadtgebiet (15–30 Baht pro Strecke), Tuk Tuks, Sielor und Motorradrikschas können gechartert werden.
Mietwagen: Avis, am Airport, Buchungen Tel. 089-969 86 72, www.avisthailand.com.

Cityplan: S. 226
Von **Sukhothai,** der einst mächtigen ersten Hauptstadt des Thai-Reiches, sind nur noch Relikte erhalten. 12 km östlich des weitläufigen historischen Areals von Alt-Sukhothai befindet sich das neue Sukhothai, das mit weiteren Unterkünften und Restaurants aufwarten kann, aber nicht sonderlich attraktiv ist. Lohnend ist ein Bummel über den großen **Markt** 1 rings um das Wat Rajthanee und durch die **Markthallen** 2. Ein **Gemüsegroßmarkt** 3 öffnet in den frühen Morgenstunden jenseits der Brücke westlich vom Wat Kuha Sawan und Samstagabend ein großer Straßenmarkt mit vielen Verkaufsständen und lokalen Delikatessen.

Sehenswertes

Sangkhalok Museum 1

10 Ban Lum, 1,3 km östlich des Zentrums von Neu-Sukhothai, Tel. 055-61 43 33, Mo–Fr 8–17 Uhr, Eintritt 100 Baht
Im Museum an der Umgehungsstraße vermittelt die sehr umfangreiche Ausstellung im klimatisierten Gebäude einen guten Überblick

Buddha vor dem im ceylonesischen Stil errichteten Chedi des Wat Sra Sri

über die Geschichte der Sawankhalok-Keramik, ihre Verwendung und Verbreitung.

Sukhothai Historical Park

Das Ruinenareal ist in fünf Zonen aufgeteilt, Eintritt jeweils 100 Baht für das autofreie, durch den östlichen und südlichen Eingang zugängliche Zentrum (6.30–19 Uhr), den Norden (8.30–16.30 Uhr) und den Westen (8–17 Uhr), Eintritt frei in den beiden übrigen Zonen (Süden und Osten), So–Fr kann der zentrale Bereich ab 18 Uhr kostenfrei besucht werden, Fahrräder 10 Baht, Audiotour mit dem Smartphone und QR Codes an allen wichtigen Tempeln; Fahrradvermietung vor den zentralen Eingängen (s. Aktiv S. 228), elektrische Tuk Tuk können für 230 Baht pro Std. gemietet werden, eine Tram fährt durch den zentralen Bereich, 60 Baht

Der Historische Park lohnt einen längeren Besuch. Die mit Hilfe der UNESCO restaurierten Ruinen der steinernen Tempelanlagen erstrecken sich bis weit vor die Stadttore. Die äußeren Areale sind nur mit einem Fahrzeug zu erreichen. Eine Stadtmauer von 1,3 x 1,8 km Seitenlänge sowie Wälle und Wassergräben umgeben den zentralen Bereich.

Ramkhamhaeng-National Museum 2

Tgl. 9–16 Uhr, Eintritt 150 Baht

Vor der Erkundung der weitläufigen Ruinenstadt lohnt ein Besuch im Nationalmuseum. Im **ersten Gebäude** vermitteln ein Modell des gesamten Areals und Fotos ein anschauliches Bild von der Ruinenstadt vor den Restaurierungsarbeiten. Im Mittelpunkt des **zweiten Gebäudes** stehen die im Erdgeschoss ausgestellten Skulpturen, Fresken und Stelen im Sukhothai-Stil, darunter der bronzene schreitende Buddhaau dem 14./15. Jh. Einige Räume sind der Entwicklung der Schrift, dem Geheimgang im Wat Chum und den hinduistischen Einflüssen gewidmet. Das Obergeschoss enthält neben Buddhastatuen aus allen Perioden eine umfangreiche Sammlung von Keramiken und Votivtafeln. Ein Brennofen sowie Wasserleitungen aus jener Zeit können im Museumsgarten bewundert werden, außerdem viele Sawankhalok-Keramiken in einem Glaspavillon.

Heiligtümer im Zentrum

Im Zentrum der ehemaligen Stadt steht das **Wat Mahathat** 3. Die imposante Ruine des

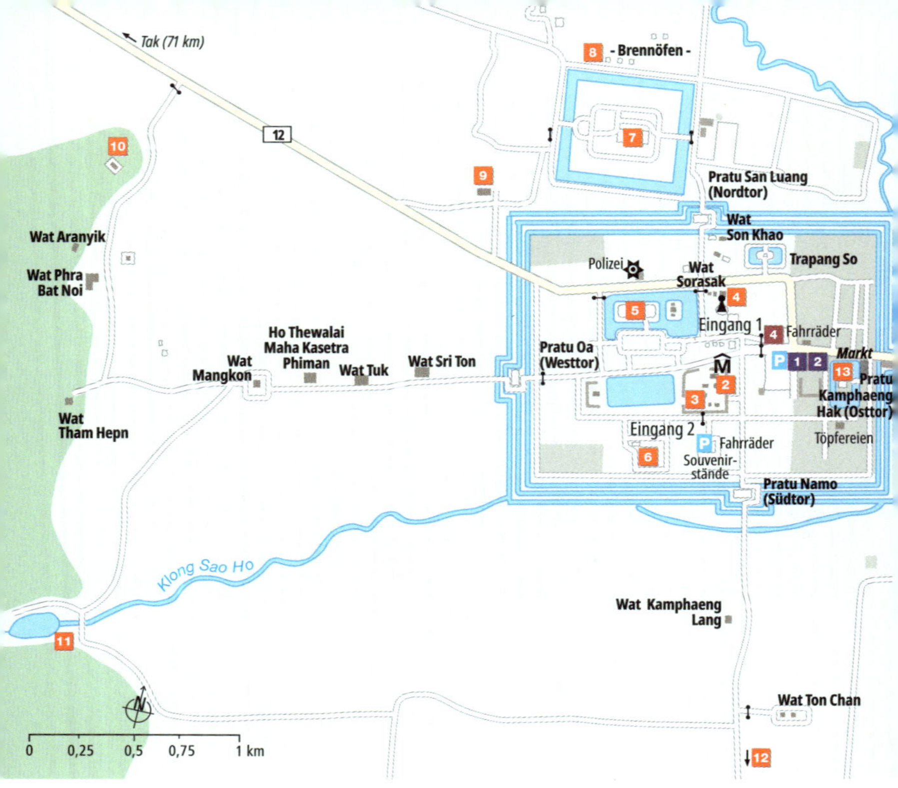

einstigen Königstempels erhebt sich auf einer von Mauern umgebenen, nahezu quadratischen Grundfläche von 240 x 280 m. Die mehr als 200 Chedis und anderen Gebäude überragt der runde, in Form einer Lotosknospe auslaufende Turm des Haupt-Chedi. Ein Relief auf einem quadratischen Sockel, das eine Prozession buddhistischer Jünger darstellt, schmückt seine Basis. Vier Ecktürme und vier Kapellen schließen daran an. Richtung Osten verlaufen sechs hohe, nach außen niedriger werdende Säulenreihen, die früher das Dach des größten Vihara trugen.

Nördlich des einstigen religiösen Zentrums von Sukhothai steht ein **Denkmal für König Ramkhamhaeng 4**, der bei der Bevölkerung große Verehrung genießt. Auf Friesen vor der großen Bronzestatue sind die Taten des Herrschers dargestellt: die Förderung der Landwirtschaft und Künste, der Aufbau eines Staatswesens und einer schlagkräftigen Armee, die Entwicklung der Schrift und die Einführung des Buddhismus.

Nebenan spiegelt sich im Wasser eines Sees der in ceylonesischer Bauweise errichtete Chedi des **Wat Sa Si 5**. Ihn umgeben mehrere kleine Chedis und weitere Gebäude, darunter die Ruine eines großen Vihara, der die Statue eines meditierenden Buddha birgt.

Im Süden erheben sich die drei aus Lateritgestein rekonstruierten Prangs des im Khmer-Stil errichteten **Wat Si Sawai 6**, einst ein Shiva geweihtes hinduistisches Heiligtum, das später durch den Anbau eines Bot und eines Vihara in einen buddhistischen Tempel umgewandelt wurde.

Im Norden

Etwa 500 m nördlich der Stadtmauer liegt links der Straße das weitläufige, wenig besuchte **Wat Phra Pai Luang 7**. Weitgehend im zerfallenen Zustand belassene Funde lassen da-

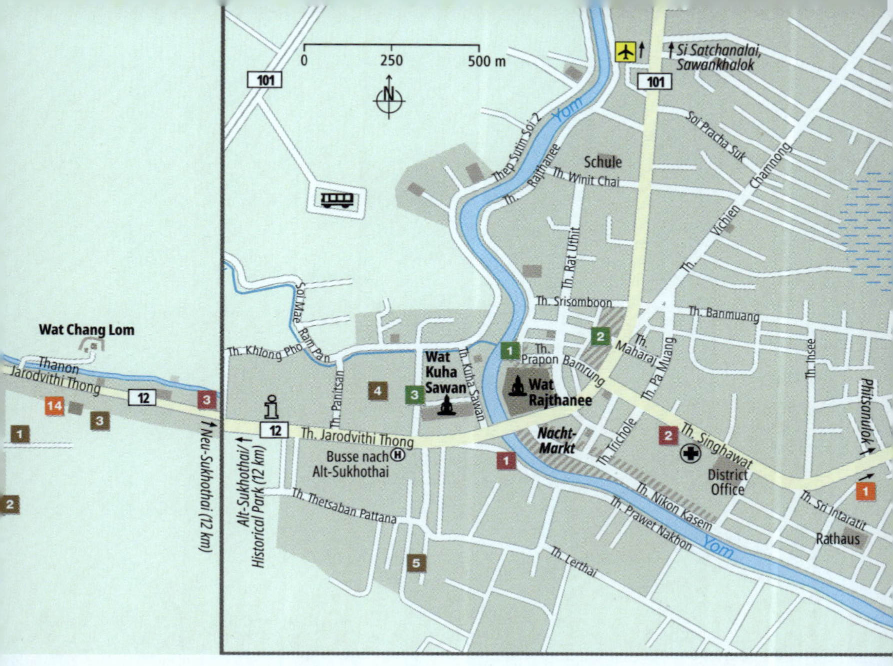

Sukhothai

Sehenswert

1 Sangkhalok Museum
2 Ramkhamhaeng-National Museum
3 Wat Mahathat
4 Denkmal für König Ramkhamhaeng
5 Wat Sa Si
6 Wat Si Sawai
7 Wat Phra Phai Luang
8 Turiang Kilns (Brennöfen)
9 Wat Si Chum
10 Wat Saphan Hin
11 Pra-Ruang-Stausee
12 Wat Chetuphon
13 Wat Traphang Thong
14 Wat Traphan Thong Lang

Übernachten

1 Scent of Sukhothai Resort
2 Le Charme
3 Blue House
5 Baan Georges Hotel

Essen & Trinken

1 Pizza Tao Fuun
2 mai pra dit
3 Na Khotai Restaurant
4 Thammada Cafe

Einkaufen

1 Markt
2 Markthallen
3 Gemüsegroßmarkt

Aktiv

1 Cycling Sukhothai
2 Sukhothai Bicycle Tour

---

rauf schließen, dass es sich um ein von den Khmer beeinflusstes bedeutendes hinduistisches Heiligtum handelte, das sich im Zentrum der Vorgängerstadt von Sukhothai befand. Von den drei reich verzierten Prangs blieb nur der nördliche erhalten. Unter den Königen von Sukhothai wurde vor den Prangs der große, von kleinen Stupas umrahmte Vihara errichtet.

Nördlich des Tempels liegen in einem weitläufigen Areal die verwitterten Reste der **Turiang Kilns** 8, den **Brennöfen** für die Sawankhalok-Keramik, die seit dem Ende des 13. Jh. hier produziert wurde.

Im beliebten **Wat Si Chum** 9, gut 1 km nordwestlich des Stadtzentrums, sitzt die riesige **Buddhastatue Phra Atchana** aus dem

ALT-SUKHOTHAI MIT DEM FAHRRAD ERKUNDEN

Tour-Infos

Start: An der Endstation der Busse
Länge: Etwa 6 km
Zeit: Am besten fährt man frühmorgens los, wenn es noch angenehm kühl ist. **Dauer:** 3–4 Std.
Öffnungszeiten/Eintrittspreise: s. S. 225

Wichtige Hinweise: Die Tour zu den westlichen Ruinen ist in der hügeligen Landschaft nur Fahrern mit guter Kondition zu empfehlen, innerhalb der Mauern und im Norden gutes Vorankommen. Unbedingt daran denken, ausreichend Wasser zu trinken.
Karte: S. 226

Bei nicht allzu hohen Temperaturen macht es Spaß, einen Teil der weitläufigen Ruinenlandschaft mit dem Fahrrad zu erkunden. Es empfiehlt sich, bis zum Eingang des Historischen Parks zu fahren und erst dort ein Rad zu mieten. Die meisten der zahlreichen, preiswert angebotenen Räder sind zwar nicht sonderlich komfortabel aber ausreichend. Man sollte sich die Zeit nehmen, ein möglichst neues Vehikel zu finden, und es einmal Probe fahren. Für das Rad sind zusätzlich 10 Baht Eintritt zu zahlen. Wer nicht alleine fahren will, kann informative Historical-Park-Touren mit wesentlich besseren Rädern bei den Veranstaltern in Neu-Sukhothai (s. S. 230) buchen.
Da der zentrale Bereich für Kraftfahrzeuge gesperrt ist, eignet er sich bestens zum Radfahren. Fahren Sie durch einen der beiden Eingänge zuerst zum **Wat Mahathat** 3 . Bei der Weiterfahrt

Richtung Süden orientieren Sie sich an den weißen Prangs des **Wat Si Sawai** 6 . Auf baumbestandenen Wegen geht es nun zum **Wasserbecken** mit dem weitgehend zerfallenen Wat Traphang Ngoen und dem dahinter liegenden **Wat Sa Si** 5 . Nun radeln Sie zum **Denkmal für König Ramkhamhaeng** 4 und durch den Eingang 1 aus dem zentralen Bereich hinaus zum **Ramkhamhaeng-Nationalmuseum** 2 . Hier können Sie sich in den angenehm temperierten Räumen abkühlen und die Schätze betrachten, bevor die Route nach Norden führt. Schon hungrig und durstig? Auf der verkehrsreichen Hauptstraße locken Cafés sowie kleine Restaurants mit kühlen Drinks und regionalen Spezialitäten. Weiter auf der Hauptstraße H 1113 nach Norden, durchqueren Sie das Nordtor und können nach 1,5 km den Straßenverkehr hinter sich lassen, denn nun treffen Sie auf die Brücke über den Wassergraben, der das **Wat Phra Phai Luang** 7 umgibt. Nach der Fahrt durch das weitläufige Wat gelangen Sie durch den gegenüberliegenden Eingang auf schmalen Nebenstraßen der Ausschilderung folgend zum **Wat Si Chum** 9 , einem lohnenden Ziel. Sofern es nicht zu heiß ist, können Sie die **Brennöfen (Turiang Kilns)** 8 im spärlich bewachsenen Norden aufsuchen. Ansonsten wählen Sie den direkten Weg über die Hauptstraße zurück nach Süden.

14. Jh. in einem quadratischen, nach oben offenen Mondhop. 3 m dicke und 15 m hohe Mauern unterstreichen die Wirkung der Figur.

Im Westen

Mehrere Klöster wurden am Rande einer Hügelkette im Westen der Stadt errichtet. Von **Wat Saphan Hin** 10 , zu dem ein 300 m langer steiler, steinerner Pfad emporführt, blickt ein 12,5 m hoher, stehender Buddha über die Ruinenstadt – und auch für Besucher ist dies ein guter **Aussichtspunkt** nicht nur zum Sonnenaufgang. In den westlichen Hügeln liegt der **Pra-Ruang-Stausee** 11 , von dem Sukhothai mit Trinkwasser versorgt wurde.

Im Süden und Osten

Im Süden lohnt sich die Fahrt zum **Wat Chetuphon** 12 , das von zwei Mauern umgeben ist. Den riesigen Mondhop mit quadratischem Grundriss zieren vier Buddhastatuen. Einen sitzenden Buddha im Norden, einen stehenden im Westen, einen liegenden im Süden und einen schreitenden Buddha im Osten.

Östlich des Haupteingangs zum Historical Park liegt südlich der Zufahrtstraße ein aktives Kloster. Dort wird auf einer Insel in einem Teich voller Lotosblüten in den Ruinen des **Wat Traphang Thong** 13 ein heiliger Fußabdruck Buddhas verehrt. Hinweisschilder zur ›Street of Art‹ Richtung Süden weisen auf Töpfereien im alten Dorf hin, wo noch immer Keramiken auf traditionelle Art hergestellt und verkauft werden.

Besonders schön dekoriert war auch der Chedi des **Wat Traphan Thong Lang** 14 neben einem aktiven Kloster im Osten der Stadt. Von den Stuckreliefs, die in vier Nischen Episoden aus dem Leben Buddhas zeigten, blieb nur das südliche erhalten: Buddha kehrt, flankiert von Himmelswesen, auf die Erde zurück.

Infos

Tourist Information: Neu-Sukhothai, Thanon Jarodvithi, gegenüber Shell-Tankstelle, Tel. 055-61 62 28, tgl. 8.30–16.30 Uhr.

Übernachten

Zum Entspannen – **Scent of Sukhothai Resort** 1 : Alt-Sukhothai, 95/14 Moo 3 Mueang Kao, Tel. 055-69 72 34, 083-211 88 98. Auf einem weitläufigen Areal umgrenzen drei zweistöckige Häuser einen Pool mit Liegen. Jedes Haus bietet helle Zimmer mit Terrasse oder Balkon. Dazu gehört ein luftiges Frühstücksrestaurant mit gutem Buffet. €–€€

Idyllisch – **Le Charme** 2 : Alt-Sukhothai, 9/9 Thanon Napho-Khirimas, Tel. 055-63 33 33, www.lecharmesukhothai.com. Inmitten Kühle spendender Lotosteiche stehen in einem Garten zwei Reihenhäuser und Bungalows

GEFÜHRTE RADTOUREN

Neben geführten Touren durch den historischen Park kann man auch von Neu-Sukhothai aus mit Mountainbikes oder Trekkingrädern eine wunderbare Rundfahrt durch die Dörfer in der Umgebung unternehmen, allerdings nicht auf eigene Faust. Es werden Ganz- und Halbtagestouren angeboten. Bei der gemächlichen Fahrt auf Nebenstraßen und Feldwegen entlang schmaler Kanäle und Bäche, über Bambusbrücken, durch Reisfelder und Gärten sieht man Bauern bei der Arbeit, Fischer beim Räuchern, eine Whiskydestille und Pilzzucht sowie eine Biogasanlage. In den traditionellen Thai-Dörfern sorgt das Auftauchen der kleinen Touristen-Radlergruppe für eine willkommene Abwechslung. Die Nachmittagstour ist gut geplant, sodass kurz nach Sonnenuntergang, den man von einem Aussichtspunkt aus genießt, die Stadt wieder erreicht ist. Anbieter: **Cycling Sukhothai 1**, Tel. 096-940 81 53 oder 085-083 18 64, www.cycling-sukhothai.com; **Sukhothai Bicycle Tour 2**, Tel. 086-931 62 42, http://sukhothaibicycletour.com, 550–1000 Baht.

mit komfortabel eingerichteten, sauberen Zimmern inkl. Balkon mit Sitzgelegenheiten. Himmelbetten und traditionelle Keramik im Bad setzen Akzente. Luftiges Frühstücksrestaurant, gutes Essen, großer Pool. €€–€€€

Freundlich und gepflegt – **Sawasdee Sukhothai Resort 3:** Alt-Sukhothai, 95/10 Moo 3, Thanon Napho-Khirimas, Tel. 088-559 90 89, https://sawasdeesukhothai.com. In einem ruhigen Garten stehen 15 saubere, komfortabel eingerichtete Häuschen mit schattiger Veranda. Netter Pool. €–€€

Spitzen Preis-Leistungs-Verhältnis – **Blue House 4:** Neu-Sukhothai, 295/31 Moo 7 Thanon Khiri Samarang, nahe dem Gemüsegroßmarkt, Tel. 080-506 84 02. Der saubere Neubau liegt zwar nicht idyllisch, aber recht zentral in einer Sackgasse. Freundlicher Service und komplett ausgestattete Zimmer. Ein nettes Frühstücksrestaurant sowie kleiner Vorgarten und überdachter Parkplatz ergänzen das Angebot. €

Entspannt – **Baan Georges Hotel 5:** Neu-Sukhothai, 28/54 Soi Chaiwannasut, Thanon Jarodvithi, Tel. 086-100 76 51, http://baangeorges.wixsitcom/sukhothai. Sechs saubere Balkonzimmer auch für Familien in einem Wohnhaus mit Pool. Gutes Frühstück auf der Dachterrasse. €€

Essen & Trinken

Die meisten Besucher essen auf Märkten und an kleinen Straßenständen.

Pizza aus dem Holzofen – **Pizza Tao Fuun 1:** Neu-Sukhothai, 2 Thanon Prawet Nakhon, Tel. 097-960 07 00, www.facebook.com/PizzaHouseSK, tgl. 11–21 Uhr. Geselliges Freiluftrestaurant mit knusprigen, erstaunlich leckeren und reichhaltig belegten Pizzas zu guten Preisen. Auch Nudelgerichte, Salate und Fleisch vom Grill. €–€€

Guter Kaffee – **mai pra dit 2:** Neu-Sukhothai, 50–52 Thanon Singhawat, Tel. 065-535 56 44, www.facebook.com/maipraditcoffeeandbistro, tgl. 9–20 Uhr. Einheimische und Touristen genießen Frühstück, Kaffee und Kuchen, internationale und Thai-Gerichte auf der Terrasse oder im hellen klimatisierten Innenraum. Zweisprachige Speisekarte. €

Familiär und lecker – **Na Khothai Restaurant 3:** Am AH12 4 km außerhalb von Alt-Sukhothai, 54/2 Ban Kluai, Tel. 062-949 17 15, https://bit.ly/NaKhothai, Fr–Mi 10–20 Uhr. Das kleine Thairestaurant serviert authentische und günstige lokale Spezialitäten sowie einige westliche Gerichte – empfehlenswert. €–€€

Künstlerisch und kühl – **Thammada Cafe 4:** Alt-Sukhothai, Mueang Khao, gegenüber vom großen Parkplatz am östlichen Eingang zum Zentrum, Tel. 055-63 32 82, https://bit.ly/

Thammada, Mi–Mo 8.30–19 Uhr. Kleines, zentral gelegenes und klimatisiertes Cafe, das gleichzeitig als Kunstgalerie dient. Es gibt guten Kaffee und hochpreisige ausgewählte Textilien aus Nordthailand und Ölgemälde. €–€€

Einkaufen

Märkte – Im Zentrum der neuen Stadt (s. S. 224).

Termine

Loi Krathong: Das Fest wird im November an seinem Ursprungsort Old Sukhothai drei Tage lang mit großem Feuerwerk, Tanz, Theater, historischen Umzügen sowie mit einer aufwendigen Light & Sound Show begangen.

Verkehr

Flüge: Preisgekrönter privater Airport 32 km nördlich von Sukhothai. Wartezeit kann man in den riesigen **Keramikmuseen** für die privaten Sammlungen des Airline-Besitzers verbringen. Mit Bangkok Airways (www.bangkokair.com) tgl. nach Bangkok (Suvarnabhumi).

Züge: Nächstgelegener Bahnhof im eine Busstunde entfernten Phitsanulok.

Busse: Vom Northern Bus Terminal (Mo Chit) in Bangkok fahren Busse nach Alt- und Neu-Sukhothai (7–8 Std.); weitere Busse u. a. nach Chiang Mai (5,5 Std.), Chiang Rai (9 Std.), Khon Kaen (7 Std.), Phitsanulok (1 Std.) und Si Satchanalai (1 Std.).

Von der Stadt nach Old Sukhothai: Für die Fahrt von Neu- nach Alt-Sukhothai (12 km) müssen Tuk-Tuks oder Songthaew gechartert werden (ab 250 Baht pro Strecke). In der Ruinenstadt werden Fahrräder (30–50 Baht) für eine Rundfahrt vermietet.

Si Satchanalai ▶D 5

Auch in der Zwillingsstadt von Sukhothai während des frühen Thai-Reiches, 55 km weiter nördlich, sind zahlreiche gut erhaltene Ruinen und *kilns* (Brennöfen) zu besichtigen. Das einstige kulturelle Zentrum westlich vom Yom River hat drei interessante Ziele vorzuweisen.

Si Satchanalai Historical Park

Tgl. 8–17 Uhr, Eintritt innerhalb der Stadtmauer 100 Baht, Auto 50 Baht, Fahrrad 10 Baht, Fahrt mit der Bimmelbahn 30 Baht

In dem von einer dreifachen Stadtmauer umschlossenen Historical Park lohnt der Besuch des ehemaligen Königspalastes, zahlreicher Tempelruinen, u. a. des **Wat Chang Lom** mit seinem glockenförmigen Chedi, und des gegenüber liegenden **Wat Chedi Chet Thaeo**.

Im Süden der Stadt

Im Süden, in einer Flussschleife des Yom River, erhebt sich der weiße Prang des **Wat Phra Si Rattana Mahathat,** das bereits 1237 gegründet worden sein soll (Eintritt 20 Baht).

Einen direkten Einblick in die geschichtsträchtigen Erdschichten vermittelt das **archäologische Museum** unterhalb des **Wat Chom Choen** mit einigen freigelegten Funden (tgl. 8–16.30 Uhr, Eintritt 100 Baht).

Kiln Museum

Tgl. 8.30–16 Uhr, Eintritt 100 Baht

Seit der Zeit von König Ramkamhaeng genießen die Töpferwaren aus Si Satchanalei einen herausragenden Ruf. 3,5 km nördlich des Historical Park, wo einige der alten Brennöfen freigelegt wurden, informiert das **Museum Center for Study and Preservation of Sangkalok Kiln** über die Produktion von Sawankhalok-Keramik (s. auch S. 71).

Sathon Gold Textile Museum

477/2 Hart Saew, am nördlichen Ortsausgang des heutigen Si Satchanalai, vor der Abzweigung der Straße nach Uttaradit, Tel. 055-67 11 43, Mo–Fr 8.30–17.30 Uhr, Eintritt 100 Baht

In dem Privatmuseum, das sich nördlich der heutigen Stadt hinter einem Textil- und Souvenirladen befindet, sind fein gearbeitete, handgewebte Stoffe und Textilien aus verschiedenen Regionen des Landes ausgestellt, die teils über 200 Jahre alt sind.

Verkehr

Busse nach Sukhothai verkehren vier Mal tgl.

Am Rand der Tiefebene

Dort, wo einst Arbeitselefanten die wuchtigen Baumstämme aus den schwer zugänglichen, riesigen Teakholzwäldern zogen, zeigen sie heute ihre einst nützlichen Künste. Begegnungen mit Elefanten, Floßtouren und der höchste und schönste Wasserfall des Landes stellen die Attraktionen dieser wenig besuchten Region dar.

Wesentlich dünner besiedelt als die Tiefebene präsentiert sich das sie umgebende Bergland von einer ländlichen Seite. Die Landschaft ist trockener und rauer, kleinere Nationalparks schützen die verbliebenen Wälder, die der Abholzung entgangen sind. Nur wenige Besucher unternehmen von Tak am Highway Nr. 1 aus einen Abstecher nach Mae Sot oder gar nach Umphang, das nur von wenigen öffentlichen Verkehrsmitteln angefahren wird. Die Strecke über kurvenreiche Straßen kostet Zeit. Doch die Reise lohnt und sei es wegen des schönen Ti-Lo-Su-Wasserfalls nahe Umphang oder um in dieser Gegend Floßfahrten zu unternehmen. Die Route Richtung Mae Sariang (s. S. 294) wird nur von öffentlichen Songthaew befahren.

Sicherheitshinweise

Die Grenze nach Myanmar ist von 5.30–20.30 Uhr auch für Ausländer offen. Allerdings rät das Auswärtige Amt von Reisen in verschiedene Regionen des Nachbarlandes ab, auch kann der Grenzübergang jederzeit wieder geschlossen werden. In der Vergangenheit war das Grenzgebiet mehrfach Schauplatz kriegerischer Auseinandersetzungen. Daher sollte man sich vor einem Grenzübertritt unbedingt über den aktuellen Stand informieren. Von der kritischen Lage im Nachbarland zeugen mehrere Flüchtlingslager in der Grenzregion. Infos: www.auswaertiges-amt.de/de/ReiseUndSicherheit/reise-und-sicherheitshinweise.

Im Grenzgebiet zu Myanmar

Karte: S. 233

Von Tak zur Grenze ► C 6

Die ehemalige Garnisonsstadt **Tak** **1** an den Ufern des Ping-Flusses hat sich zu einem bedeutenden Verkehrsknotenpunkt entwickelt, hier zweigt vom Highway Nr. 1 der Highway Nr. 12 ab, der über Sukhothai und Phitsanulok in den Nordosten Thailands führt. Er ist Teil des Asia Highways, der im Westen über den für Ausländer geöffneten Grenzübergang bis Mawlamyine am Golf von Martaban (Myanmar) und im Osten bis nach Da Nang am Golf von Tongking (Vietnam) verläuft. Das kurvenreiche Teilstück bis zur Grenze nach Myanmar ist autobahnähnlich ausgebaut. Jenseits der Grenze gibt es diesbezüglich allerdings noch einiges zu tun. An der Strecke liegen der **Lan Sang National Park** **2** mit zwei kleinen Wasserfällen und der **Taksin Maharat National Park** **3** mit einem hohen, über 700 Jahre alten Krabak-Baum (Eintritt 200 Baht).

Mae Sot

Endstation der Busse ist der Grenzort **Mae Sot** **4**, dessen Tempel und Märkte bereits deutliche Einflüsse des Nachbarlandes Myanmar aufweisen. Birmanen kommen, in traditionellen Longgyis gekleidet, über die **Thai-Burmese Friendship Bridge,** die 5 km westlich der Stadt den Grenzfluss Menam

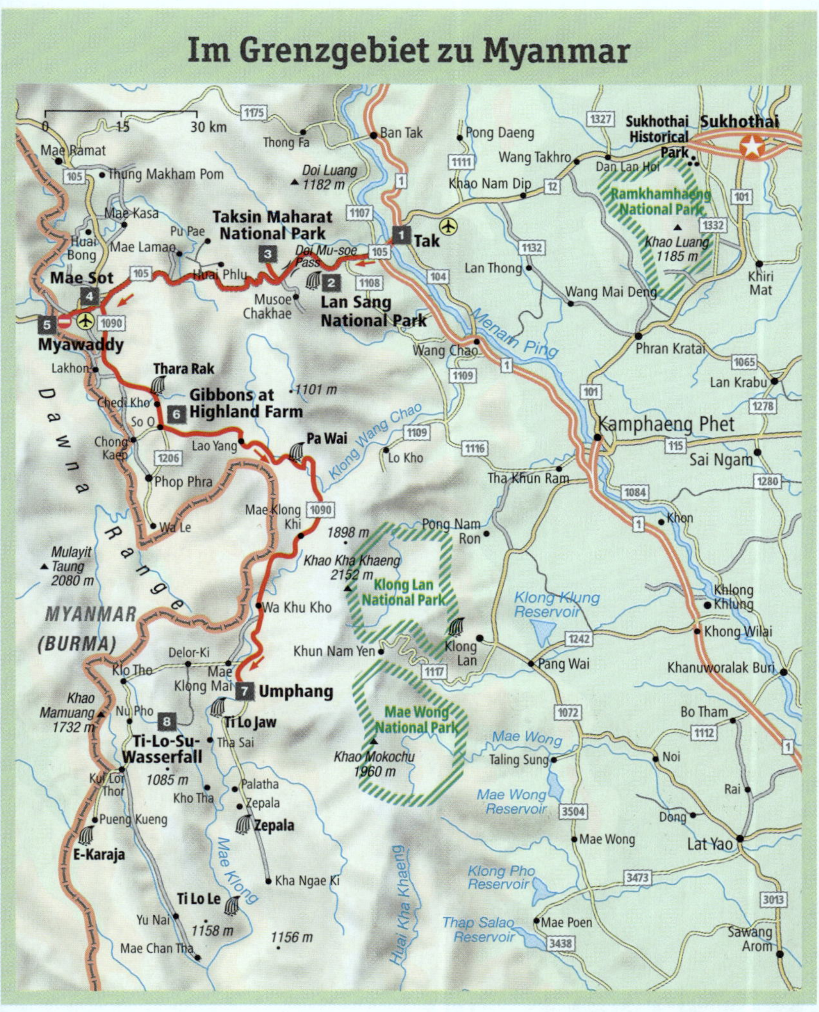

Moei überspannt, nach Thailand herüber. Sie kaufen all das ein, was in der weit von der Hauptstadt Yangon entfernten Region nicht zu bekommen ist. Dem aufgeblühten, regen Handel verdankt die Kleinstadt das **Robinson Lifestyle Center,** ein Einkaufszentrum, das die internationale Konsum- und Genusswelt auch in diese einst abgeschiedene Ecke der Welt transferiert hat.

Auf dem großen, überdachten **Grenzmarkt** am Ostufer des Moei handeln Thais und Birmanen sowie Karen, Chinesen und Inder mit Teakmöbeln und Halbedelsteinen aus Myanmar, Textilien aus Indien und Indonesien, Kosmetika aus Thailand sowie Lebensmitteln und Elektroartikeln aus China. Mindestens ebenso bunt und vielfältig ist der große **Obst- und Gemüsemarkt** im Zentrum der Stadt.

Myawaddy 5, jenseits der Brücke, lohnt keinen Tagesausflug, zumal durch den Grenzübertritt das bestehende Thai-Visum seine Gültigkeit verliert.

Hinauf in die Berge ▶ C 6

In einem Songthaew gelangt man weiter hinauf in die Berge. Recht abenteuerlich gestaltet sich die Fahrt nach Umphang auf der äußerst kurvenreichen 167 km langen Strecke durch das dünn besiedelte Grenzgebiet, vorbei an Hmong-Dörfern und einem ehemaligen Flüchtlingslager, in dem überwiegend Karen aus Myanmar leben. Sobald die zweite, über 1000 m hohe Bergkette überwunden ist, öffnet sich ein weites, fruchtbares Tal, in dem Karen aus kleinen Dörfern Ackerbau betreiben.

Gibbons at Highland Farm 6

Tel. 081-727 13 64, https://bit.ly/43VVOFZ, tgl. 9–16 Uhr

An der Strecke liegt am KM 46 die von William Deters aus den USA gegründete Farm. Verletzte und konfiszierte Tiere werden hier engagiert gepflegt. Besucher können die Farm besichtigen, eine Spende ist erwünscht.

Umphang 7

Der von ethnischen Thais bewohnte, verschlafene Ort besitzt mehrere Resorts, in denen überwiegend einheimische Urlauber übernachten. Fast alle Unterkünfte organisieren Floßfahrten auf dem Mae Klong, einem der schönsten Flüsse des Landes, meist in Kombination mit dem Besuch des Wasserfalls und eines Karen-Dorfes, in dem Elefantenreiten auf dem Programm steht.

Ti-Lo-Su-Wasserfall 8

Tgl. 8–17 Uhr, Eintritt 200 Baht

Mit geländegängigen Fahrzeugen oder per Boot und zu Fuß geht es zum letzten Ziel, dem Wasserfall 42 km südwestlich von Umphang. Aus 180 m Höhe stürzen die Wassermassen in mehreren Kaskaden auf 50 bis 300 m Breite ins Tal hinab – ein ausgesprochen beeindruckendes Schauspiel und zweifellos das Highlight

Eine Karen-Frau genießt die traditionelle Cheroot

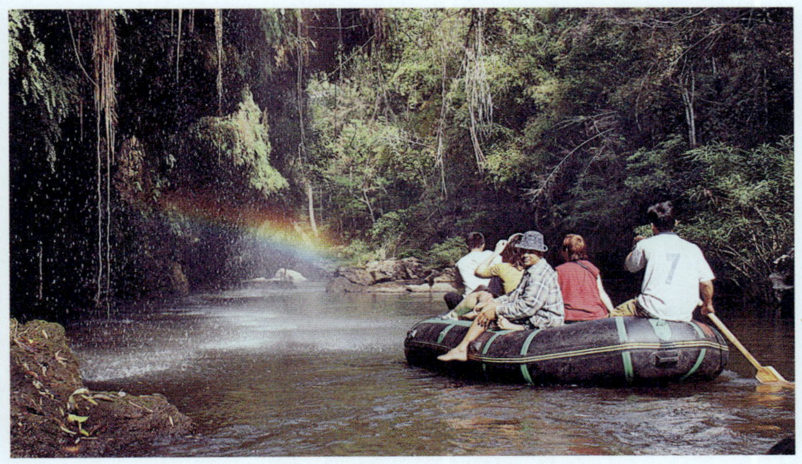

Naturerlebnis pur: Floßfahrt auf dem Mae Klong

der Reise. Der 20-minütige Fußweg vom Parkplatz zum Wasserfall durch einen abwechslungsreichen Wald ist mit Hinweistafeln zu Naturschönheiten versehen.

Übernachten

... in Mae Sot

Mit Garten und Pool – **Centra by Centara Hotel Mae Sot:** 100 Asia Highway (an der nördlichen vierspurigen Umgehungsstraße), Tel. 055-53 26 01, www.centarahotelsresorts.com/centra/cms. Das komfortabelste Hotel am Ort ist bereits etwas angestaubt, mit Spa, Pool und Restaurant. €€

Märchenhaft – **The Picturebook Guesthouse:** 125/4-6 Soi 19, Thanon Intharakiri, 090-459 69 90, www.picturebookthailand.org. Kleines, zentrales Gästehaus, das mit sozialem Engagement geleitet wird. Individuell wunderbar ausgestaltete Zimmer und netter Garten. Gutes Frühstück. €

Heimisch – **Ban Thai Guesthouse:** 740/1 Thanon Intharakiri, Tel. 055-53 15 90, 081-732 75 63. In einem großen Garten werden in gepflegten Teakhäusern 20 unterschiedlich ausgestattete Zimmer vermietet. Die preiswerten mit Ventilator und Gemeinschaftsdusche, die teureren mit Veranda. Zudem ein Haus mit zwei Schlafzimmern und Klimaanlage. Gemeinschaftsterrasse mit Getränken und Internet, Fahrrad- und Motorradvermietung. €–€€

... in Umphang

Weitläufige Anlage – **Umphangburi Resort:** 90 Moo 6, Tel. 055-56 15 76, www.umphangburi.com. Etwas außerhalb in ruhiger Lage am Fluss werden einfache Bungalows aus Holz oder Stein mit Klimaanlage vermietet. Veranstaltet auch Touren. €

Familienfreundliche Bungalows – **Tu Ka Su Cottage Resort:** 40 Moo 6, Tel. 055-56 12 95, 081-819 03 04, www.tukasu.com. Auf einem weitläufigen Grundstück mit Feuerstelle am Ortsrand liegen unterschiedlich große, liebevoll gestaltete Bungalows mit Ventilator und hübschen Bädern. Die Chefin Dew organisiert Touren und spricht gutes Englisch. €

Aktiv

Touren – Reisebüros und Unterkünfte in Umphang organisieren **Floß- und Kanufahrten, Trekkingtouren** und **Begegnungen mit Elefanten,** inkl. Besuch des Wasserfalls. Tagestouren kosten inkl. Transport, Essen und Übernachtung um 3500 Baht pro Person und Tag.

Verkehr

In **Tak** halten die meisten Busse zwischen Bangkok (7 Std.) und Chiang Mai (4 Std.). Nach **Mae Sot** fährt alle 30 Min. ein Minibus von Tak, zudem direkte Busse ab Northern Bus Terminal (Mo Chit) in Bangkok, Chiang Mai sowie Phitsanulok. Von Mae Sot nach **Umphang** fahren bis 14.30 Uhr etwa stdl. Songthaew. Für die 167 km lange Bergstraße benötigen sie etwa 5–6 Std. Weitere fahren nach Bedarf bis 18 Uhr zur Grenze.

Lampang ▶ D 4

Cityplan: S. 237
Die Provinzhauptstadt, eine Gründung der Mon-Könige, liegt an der Eisenbahnstrecke von Bangkok nach Norden, ca. 100 km südöstlich von Chiang Mai. Der **Bahnhof** 1, ein deutscher Fachwerkbau mit Thai-Dekor, aus dem Jahr 1916, war bis zur Fertigstellung des Tunnels durch den Doi Khun Tan und der Anbindung von Chiang Mai eine geschäftige Endstation.

Während einer **Rundfahrt mit der Pferdekutsche** lässt sich etwas vom alten Charme der Stadt erahnen. Pferdekutschen wurden vor 100 Jahren von Europäern als Transportmittel in Lampang eingeführt, damals ein bedeutendes Zentrum der Holzwirtschaft. Am Wochenende kann man abends in der Altstadt am südlichen Flussufer in der **Kad Kong Ta Walking Street** 1 mit ihren vielen liebevoll sanierten Teakhäusern shoppen und essen. Am ersten Freitagabend im Monat wird zudem in der Thanon Wang Nua nördlich vom Fluss der **Cultural-Street-Nachtmarkt** 2 mit originellen Verkaufs- und Essensständen aufgebaut.

Bhumi Lakhon Museum 2

Thanon Chatchai, Tel. 054-23 72 37, Mo–Fr 8.30–16.30 Uhr
Das zentral am Platz mit dem Uhrturm gelegene Museum ist zwar schon etwas angestaubt, überzeugt aber dafür mit einer ungewöhnlich anschaulichen Darstellung der bewegten Geschichte der Stadt und seiner Einwohner. Spannend sind die Informationen zu den Veränderungen und Einwanderungsbewegungen während des Teakbooms Ende des 19. Jh.

Tempel

Weit verstreut liegen einige schöne Tempel im burmesischen Stil, wie das **Wat Pa Fang** 3 mit einem goldfarbenen Chedi südlich vom Markt, das **Wat Sri Chum** 4 und das **Wat Sri Rong Muang** 5 in der Thanon Tha Krao Noi.

Der interessanteste Tempel im Stadtgebiet, **Wat Phra Kaeo Don Tao Suchada** 6, steht jenseits des Wang-Flusses. Sein 50 m hoher Chedi, der eine Reliquie Buddhas enthalten soll, überragt die reich dekorierten Gebäude im burmesischen und Lan-na-Stil. Ein liegender Buddha ist im Gebäude westlich des Chedi untergebracht. Ein kleines **Tempelmuseum** enthält Kunstwerke aus dem Norden (tgl. 9–16 Uhr, Eintritt 20 Baht).

Ausflüge von Lampang

Wat Phra That Lampang Luang ▶ D 4

15 km südwestlich von Lampang nahe dem Dorf Ko Kha, Anfahrt per Taxi oder gechartertem Songthaew, tgl. 7.30–17 Uhr, feiertags geschl.
Das Wat ist eine der schönsten Tempelanlagen des Landes. Nach einer Legende erfolgte die Gründung des Tempels bereits unter der Mon-Herrschaft im 8. Jh. Die ältesten noch erhaltenen Gebäude sind der 45 m hohe Chedi von 1476 und die Basis der Ummauerung von 1496.

Noch immer umgeben **Ziegelsteinmauern** den Tempel und machen ihn zu einer gut zu verteidigenden Befestigungsanlage. Sie konnte 1732 ihre Wehrhaftigkeit unter Beweis stellen, als sich hier ein Fürst aus Lampang erfolgreich verschanzte und die burmesischen Besatzungstruppen vertrieb. Seine Nachfahren gründeten nach der Befreiung von der burmesischen Herrschaft die Königsdynastie von Chiang Mai, die unter der Oberhoheit der Chakri-Könige von Bangkok stand.

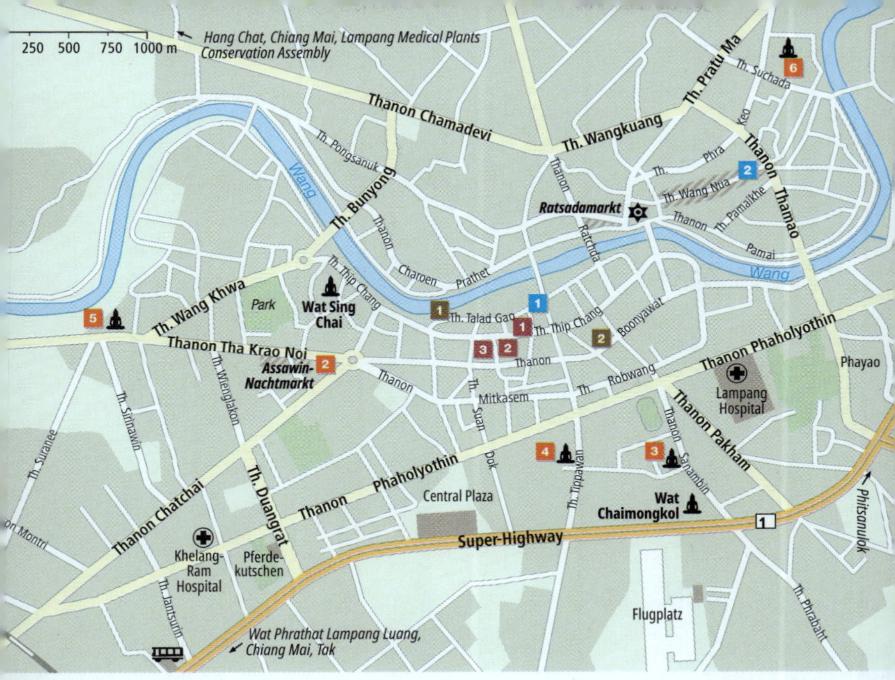

Lampang

Sehenswert

1 Bahnhof
2 Bhumi Lakhon Museum
3 Wat Pa Fang
4 Wat Sri Chum
5 Wat Si Rong Muang
6 Wat Phra Kaeo Don Tao Suchada

Übernachten

1 Riverside Guesthouse
2 City Ratsada

Essen & Trinken

1 Long Jim New York Pizza
2 New Seafood
3 Aroy One Baht

Abends & Nachts

1 Kad Kong Ta Walking Street
2 Cultural-Street-Nachtmarkt

Teakholz dominiert die Tempelbauten innerhalb der Mauern. Die Eingangstore, Dachfirste und Giebel zieren reiche Schnitzereien. Besonders eindrucksvoll ist der 36 m lange offene, 1772 erbaute **Haupt-Vihara** mit halb heruntergezogenen hölzernen Seitenwänden, die im Innern verwitterte Wandmalereien bedecken. Am Ende der hohen Halle steht eine Buddhastatue in einem reich dekorierten Mondhop.

Rechts neben dem großen Gebäude befinden sich zwei kleinere Vihara: Der größere **Ton-Kaew-Vihara** birgt eine vergoldete Buddhastatue, der **Nam-Tam-Vihara** wurde bereits im Jahr 1501 errichtet. Dagegen wirkt der kleine Bot neben dem 45 m hohen **Chedi** sehr schlicht. In dem dahinter liegenden **Mondhop** wird ein Fußabdruck Buddhas verehrt.

Jenseits der Mauer links vom Eingang stehen zwei **Museumsgebäude.** Darin wird ein Smaragdbuddha im Chiang-Saen-Stil aufbewahrt, der beim Songkran-Fest Mitte April in einer Prozession durch die Straßen getragen wird, um für ausreichenden Regen und ein gutes Erntejahr zu bitten.

Eine der schönsten Tempelanlagen des Landes: Wat Phra That Lampang Luang

Thai Elephant Conservation Center ▶ C 4

28 km nördlich von Lampang am Highway 11, an der Busstrecke Richtung Chiang Mai, Tel. 054-82 93 33, www.thailandelephant.org/en, tgl. 8.30–15.30 Uhr; Baden der Elefanten im See 10.45 und 13.15 Uhr, 500 Baht, Zuschauen kostenlos; Shows 11 und 13.30 Uhr, in den Ferien auch 14.30 Uhr, 200 Baht; Homestayprogramm 3 Tage 9000 Baht

Das staatliche Elefantenzentrum mit einem Kindergarten und Krankenhaus, die Besuchern offenstehen, liegt auf einem weitläufigen Gelände in den dschungelbewachsenen Bergen nördlich von Lampang. Hier werden ehemalige Arbeitselefanten und ihre Nachkommen erforscht und gepflegt. Zudem wird die Ausbildung der Jungtiere mit großer Ernsthaftigkeit betrieben. Sie lernen wie ihre Vorfahren schwere Baumstämme mit ihren Stoßzähnen fortzurollen und aufzustapeln, sie mit langen Ketten zu ziehen und schwere Lasten zu tragen.

In einem großen **Museum** können sich Besucher über die in Thailand hochverehrten Dickhäuter informieren. Bei den täglichen **Shows** zeigen die Elefanten ihre Fähigkeiten. Zum Vergnügen der Zuschauer dürfen sie sich zudem als Kunstmaler versuchen. Wer einige Tage Zeit hat, kann sogar bei den Mahout leben, ihnen bei ihrer Arbeit mit den Elefanten zur Hand gehen und sie beim täglichen Bad mit den Tieren im See begleiten.

Das benachbarte älteste Elefantenkrankenhaus Thailands **Friends of the Asian**

Elephant (Tel. 081-914 61 13, https://friendsoftheasianelephantfoundation.com/fae-elephant-hospital, tgl. 9–17 Uhr), eine private Stiftung, kann auch besucht werden.

Übernachten

Teakhäuser am Fluss – **Riverside Guesthouse** 1 **:** 286 Thanon Talad Gao, Tel. 054-22 70 05, http://theriverside-lampang.com. Die belgisch-italienische Besitzerin Lorenza und ihre Familie vermieten in gepflegten, alten Teakhäusern am Fluss nette, etwas hellhörige Zimmer mit Atmosphäre. Gemütliches Frühstücksrestaurant. €–€€

Ohne Schnickschnack – **City Ratsada** 2 **:** 38 Thanon Ratchabut Huavieng, Tel. 054-22 82 82, 082-181 71 81, https://bit.ly/CityRatsada. Wer keinen Wert auf Hotellobbys, Restaurants und Pool legt, findet in diesem zentral gelegenen Neubau helle, saubere Zimmer und Apartments mit zeitgemäßer Einrichtung zu einem günstigen Preis. €

Essen & Trinken

Leckere Pizza – **Long Jim New York Pizza** 1 **:** 1583 Thanon Charoen Mueang, Tel. 082-892 50 09, www.facebook.com/longjimpizza, Di–So 11–14 und 17–21 Uhr. Das kulinarische Angebot erweitern Kirk und seine Frau mit original amerikanischer Pizza in ihrem kleinen luftigen Restaurant in einer schmalen Seitenstraße im Zentrum. €–€€

Leckeres aus dem Meer – **New Seafood** 2 **:** 257/1 Thanon Thip Chang, Tel. 054-32 29 64, www.facebook.com/NewseafoodOfficial, tgl. 15–21 Uhr. Was das offene Restaurant mit Plastikstühlen an Atmosphäre vermissen lässt, macht es mit dem hervorragenden Thai-Essen wieder wett. Ein Gedicht ist der gebratene Fisch mit würzigem, sauer-scharfem Mangosalat. Bebilderte englische Speisekarte. €–€€

Günstiger geht's nicht – **Aroy One Baht** 3 **:** 297 Thanon Thip Chang, Tel. 054-21 92 33, tgl. 16–23 Uhr. Im zweistöckigen Teakhaus und Garten herrscht jeden Abend großer Andrang, denn das Essen aus der offenen, sehenswerten Küche ist schmackhaft und preiswert zugleich. Entsprechend des Namens gibt es sogar eine Reissuppe für 1 Baht. €

Verkehr

Flüge: Tgl. nach Bangkok (Suvarnabhumi) mit Bangkok Airways (www.bangkokair.com).

Züge: Am hübschen Bahnhof von Lampang halten die Züge, die von Bangkok nach Chiang Mai verkehren.

Busse: Viele Busse von Bangkok nach Chiang Mai und Chiang Rai halten an der Busstation im Südwesten der Stadt. Es gibt Verbindungen in alle größeren Orte in Nord- und Zentralthailand.

Pferdekutschen: Halteplätze u. a. schräg gegenüber vom Museum Lampang und nahe des Uhrturms, eine halbstündige Rundfahrt kostet etwa 400 Baht.

Chiang Rai
Mae Hong Son
Chiang Mai

Kapitel 4

Der Norden

Elefanten im Bambushain, Tempel mit glitzernden Naga-Schlangen und prächtigen Teakholzschnitzereien, Frauen und Kinder in bunten Trachten – mit diesen exotischen Motiven locken Postkarten. Besuchern fällt die bunte Blütenpracht ins Auge, die im kühlen Bergklima gedeiht. Hinter hohen Mauern stehen typische Lanna-Teakhäuser mit ihren verzierten Giebeln.

Jahrhundertelang nahm die isolierte, unwegsame Nordregion von Thailand eine mehr oder weniger selbstständige politische und kulturelle Entwicklung. Dies änderte sich erst, als 1919 die Eisenbahnverbindung zwischen Bangkok und Chiang Mai fertiggestellt wurde und die Holzbarone die profitablen Teakwälder im Norden entdeckten. Heute fühlen sich viele Thais aus dem Tiefland von der wirtschaftlichen Entwicklung, der attraktiven Lage und dem milden Klima angezogen und siedeln sich hier an.

Die einst eigenständige Kultur des Nordens kommt in zahlreichen buddhistischen Tempelanlagen sowie in Festen und Traditionen zum Ausdruck. In Chiang Mai, Mae Hong Son, Chiang Rai und Chiang Saen stehen interessante Tempelbauten. Chiang Mai ist zudem ein Shoppingparadies.

Nicht zuletzt bietet die Bergwelt des Nordens dem Reisenden auch unvergessliche landschaftliche Eindrücke – ob in Begleitung von Elefanten im Dschungel, bei Flussfahrten mit Bambusflößen, Wanderungen in Nationalparks oder Begegnungen mit Bergbewohnern.

Übungsprogramm für Tiere und Menschen: im Maesa Elephant Camp im Mae Sa Valley

Auf einen Blick: Der Norden

Sehenswert

Chiang Mai: Die Stadt der Tempel und Märkte. Highlight einer Tempeltour sind Wat Phra Singh und Wat Chiang Man sowie das goldglänzende Wat Phrathat Doi Suthep 15 km außerhalb der Stadt (s. S. 244, 260).

Wat Phrathat Haripunchai: Schon wegen dieses alten Heiligtums, dessen Ursprünge in das 9. Jh. zurückgehen, lohnt ein Ausflug nach Lamphun (s. S. 265).

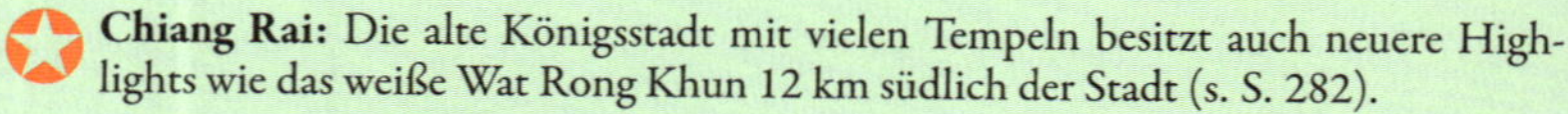

Chiang Rai: Die alte Königsstadt mit vielen Tempeln besitzt auch neuere Highlights wie das weiße Wat Rong Khun 12 km südlich der Stadt (s. S. 282).

Doi Inthanon National Park: Der höchste Berg Thailands ist besonders während der Rhododendronblüte von Dezember bis Februar eine Reise wert (s. S. 292).

Schöne Routen

Tour um den Doi Pui und Doi Suthep: Von Chiang Mai aus lockt eine eintägige Rundfahrt durch das liebliche Mae Sa Valley mit seinen kühlen Bergen nördlich der Stadt (s. S. 268).

Am Goldenen Dreieck: Bei einer mehrtägigen Rundfahrt erschließen sich die Attraktionen im hohen Norden des Landes (s. S. 286).

Rund um den Doi Inthanon: Eine schöne Auto- und Motorradroute führt über den höchsten Berg des Landes nach Mae Hong Son und Pai (s. S. 292).

Meine Tipps

Shopping in Chiang Mai: Die Stadt ist ein Einkaufsparadies, vor allem für thailändisches Kunsthandwerk. Das Handeln und Feilschen auf der Saturday oder der Sunday Walking Street kann mit etwas Geduld zu einem Vergnügen werden (s. S. 251, 255).

Begegnungen mit Elefanten: Im näheren Umland von Chiang Mai bieten Camps die Möglichkeit, den Dickhäutern näher zu kommen (s. S. 269, 272).

Höhlenerkundungen: Besonders eindrucksvoll sind die Chiang-Dao-Höhlen, die Kaeo-Komon-Höhle und die Tham Lot bei Pang Mapha (s. S. 272, 294, 298).

Hall of Opium (Goldenes Dreieck): Das Museum beleuchtet die bewegte Geschichte des Opiums (s. S. 289).

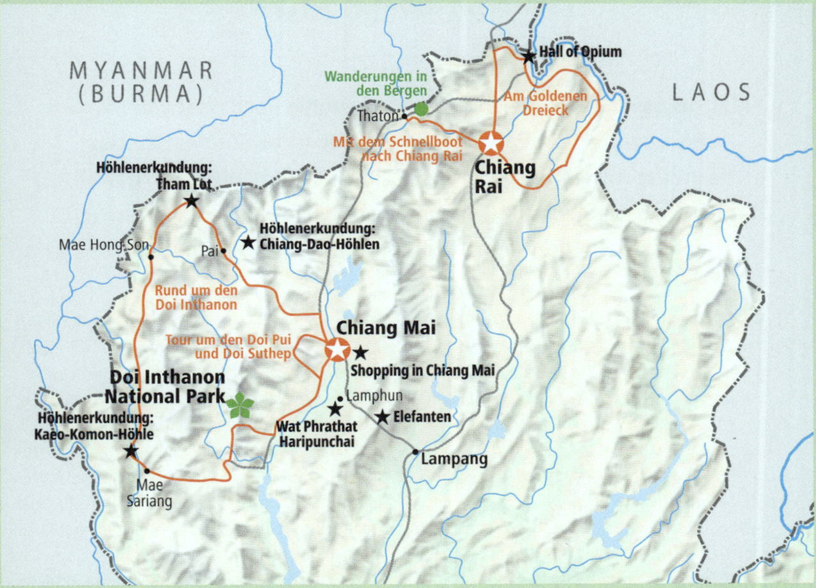

Auf der Saturday Walking Street in Chiang Mai wird der Einkaufsbummel zu einem Erlebnis

Mit dem Schnellboot von Thaton nach Chiang Rai: 80 km geht es flussabwärts auf dem Kok River (s. S. 276).

Wanderungen in den Bergen: Sportlicher Höhepunkt einer Reise in den Norden Thailands ist eine zwei- oder mehrtägige Tour mit Übernachtung in den Dörfern der Bergvölker (s. S. 280).

Chiang Mai

▶ C 3

Mag die Stadt im Vergleich zu Bangkok immer noch relativ beschaulich wirken, so ist Chiang Mai für die Menschen aus dem Norden die größte Ansiedlung weit und breit. Eine Stadt mit einem gewaltigen Warenangebot und einer langen, wechselvollen Geschichte, die in Hunderten von Tempeln ihren Ausdruck findet.

So wie sich die einst eigenständige Kultur des Nordens verliert, verschwinden auch die für diesen Teil des Landes typischen kleinen Teakhäuser immer mehr aus dem Stadtbild von Chiang Mai. Einzig im alten Stadtkern innerhalb der Befestigungsanlage blieb dank gesetzlicher Auflagen das provinzielle, ja ländliche Flair etwas erhalten.

Chiang Mai ist für anspruchsvolle ebenso wie für kulturinteressierte Touristen und für Backpacker ein ideales Reiseziel. Neben Hotels mit internationalem Standard bieten Hunderte von Gästehäusern unterschiedlichster Ausstattung Unterkünfte in jeder Preiskategorie; das kulinarische Angebot reicht von den allabendlich in den Garküchen frisch zubereiteten Leckereien bis zu Gourmetgenüssen. Auch italienische Eiscreme, Schnitzel und Fassbier sind in Chiang Mai zu haben. Die typisch nordthailändische Küche ›entschärft‹ man für die Fremden und serviert sie als ›All-you-can-eat-Khantoke-Dinner‹, begleitet von einem Folkloreprogramm mit Tänzen, Theater und traditionellem Kampfsport. Für Besucher mit straffem, dicht gedrängtem Reiseprogramm bieten die Veranstaltungen die Möglichkeit, im Rahmen einer Art ›Instant Hilltribes Show‹ Tänze und Musik der verschiedenen ethnischen Minoritäten von Nordthailand kennenzulernen.

Chiang Mai ist vielfältig – vor allem auf seinen Märkten und in seiner Tempelarchitektur. Grimmig dreinblickende burmesische Löwen bewachen die Eingänge, wie schützende Symbole überspannen goldschimmernde Schirme die Chedis, siebenköpfige Naga-Schlangen flankieren die Treppenaufgänge der mit feinen Holzschnitzereien und bunten Spiegelmosaiken verzierten Bauwerke, deren Innenwände häufig von Wandmalereien bedeckt sind. Die Bauweise ist überwiegend vom Stil des im 14. und 15. Jh. mächtigen Reiches von Lanna geprägt, doch hat auch die burmesische Architektur ihre Spuren hinterlassen. Einige Tempel sind sogar völlig burmesischen oder gar indischen Vorbildern nachempfunden.

Die interessantesten Tempel und Märkte liegen innerhalb des Zentrums und können an einem Tag mit dem Tuk-Tuk, Taxi oder Songthaew besucht werden. Wer sich etwas Zeit lässt, kann Überraschendes am Wegesrand entdecken. Man sollte sich allerdings nicht zu einer Einkaufstour überreden lassen. Für die weiter außerhalb gelegenen Tempel und das Museum benötigt man einen weiteren Tag.

Karte: S. 262, 293

Sehenswertes

In der Altstadt

Cityplan: S. 248

Das **Tapae Gate** 1 im Zentrum der Stadt markiert den Eingang zum historischen Viertel. Einst war die Altstadt von einer Stadtmauer und einem Wassergraben im Quadrat von etwa 1500 m Seitenlänge umgeben. Im Gegensatz zum komplett erhaltenen Kanal, Moat genannt, sind nur noch Reste der Befestigungsmauer zu sehen, die überwie-

Altehrwürdige Steine: der restaurierte Chedi des Wat Chedi Luang

gend rekonstruiert wurden. Westlich des Tores gelangt man in die von breiten Alleen und schmalen Gassen durchzogene Altstadt. Beiderseits der **Thanon Ratchadamnoen** stehen kleine Geschäftshäuser und einige wenige restaurierte, alte Lanna-Teakhäuser. Kokospalmen überragen verwitterte Tempel, die sich hinter hohen Mauern verstecken.

Wat Chedi Luang 2

Tgl. 6-–22 Uhr, Eintritt 50 Baht

Wendet man sich an der Kreuzung mit der Thanon Phra Pokklao nach links, findet man hinter dem zierlichen **Wat Phan Tao,** das mit seiner dunklen Gebetshalle aus Teak und dem hübschen Garten mit einem Teich besonders stimmungsvoll ist und wohl einem Fürsten als Palast diente, das **Wat Chedi Luang**. Der legendenumwobene Tempel beherbergte von 1482 bis 1547 den berühmten Smaragdbuddha, der nun im Wat Phra Kaeo von Bangkok steht (s. Thema S. 126).

König Saen Muang Mai befahl den Bau des Turmes, doch bei seinem Tod war der Chedi erst 36 m hoch, nicht genug, um den Vater zu retten. So setzten die Enkel und Urenkel des Herrschers die Arbeiten weiter fort, bis der große Chedi im Jahre 1481 letztlich eine Höhe von 90 m erreicht hatte.

Bereits 1545 zerstörte ein Erdbeben das Bauwerk, doch erst 1991 begann man mit der kostspieligen Restaurierung der 60 m hohen, wuchtigen Ruine. Mit wenig Sachverstand und viel Zement rekonstruierte man die Elefantenstatuen, die einstmals auf der mittleren Plattform des mehrstufigen Unterbaus den Chedi trugen. Auch die von Naga-Schlangen begrenzten Treppenaufgänge und Nischen, in denen vergoldete Buddhastatuen sitzen, wurden wenig originalgetreu nachgebildet.

Die teilweise zugemauerte Nische gegenüber dem Vihara enthält eine Kopie des Smaragdbuddha. Eine 9 m hohe, stehende Buddhastatue aus dem 15. Jh. befindet sich am Ende des hohen mit Wandmalereien bedeckten Haupt-Vihara.

City Heritage Centre

www.cmocity.com, Mi–So 8.30–16.30 Uhr, Eintritt jeweils 90 Baht, Sammelticket 180 Baht, nettes Café im angrenzenden Garten

Wat Chiang Man: einer der schönsten Tempel in Chiang Mai

Auf der Thanon Phra Pokklao Richtung Norden erinnert das **Denkmal Sam Kasat** an die drei Könige – Mengrai aus Chiang Rai, Ngam Muang aus Phayao und Ramkhamhaeng aus Sukhothai –, die 1287 Frieden schlossen und damit die Blüte des siamesischen Reiches einleiteten. Dahinter erhebt sich der bereits im Jahr 1924 erbaute ehemalige Sitz der Provinzregierung. Die repräsentativen Räumlichkeiten werden vom **Chiang Mai Cultural Centre** 3 genutzt. In insgesamt 15 Sälen führt eine informative Ausstellung mit Schautafeln sowie einem Audioguide in Thai und Englisch bis in die Frühgeschichte Nordthailands zurück. Sie erläutert die Stadtentwicklung sowie die kulturellen, religiösen und wirtschaftlichen Besonderheiten, präsentiert Szenen aus dem alten Chiang Mai sowie hervorragendes Kunsthandwerk und wirft auch einen Blick auf das Leben der Landbevölkerung.

Das angrenzende **Chiang Mai Historical Centre** ist modern konzipiert und thematisiert auf ansprechende Weise die Gründungszeit der Stadt, die Politik und den Handel vor allem zur Zeit der birmanischen Herrschaft.

Über interessante Besonderheiten der Lanna-Kultur und das Kunsthandwerk informiert das große, zweistöckige **Lanna Folklife Centre** 4 in einem Garten östlich des Denkmals und dahinter das in einem blauen Holzhaus untergebrachte **Chiang Mai House of Photography** (Eingang über Thanon Ratchawithi, Tel. 052-00 03 93, http://cmhop.org/en, Mo–Fr 8.30–16.30 Uhr, Mo–Fr 8.30–16.30 Uhr) mit wechselnden Ausstellungen, im Erdgeschoss finden sich historische Fotos.

Wat Phra Singh 5

Die zentrale Ost-West-Achse der Altstadt wird am Ende der Thanon Ratchadamnoen durch das **Wat Phra Singh** unterbrochen. Es ist der wichtigste Tempel im Altstadtgebiet. Dieses religiöse Zentrum wurde bereits 1345 von König Phayu gegründet. Rechts vom Eingang erhebt sich graziös der mit hervorragenden Holzschnitzereien bedeckte **Mondhop** auf einem hohen, mit Stuckreliefs himmlischer Nymphen geschmückten, steinernen Unterbau. Vor allem im Licht der frühen Morgensonne bietet der Haupteingang zum **Vihara** aus dem Jahre 1518 mit vergoldeten Schnitzereien, bunten Fayencen und dem dreifach gestaffelten, weit heruntergezogenen Dach ein eindrucksvolles Fotomotiv.

Die kleine, wohlproportionierte **Lai-Khan-Kapelle** links daneben beherbergt die sagenumwobene Statue des Buddha Phra Singh. Die hochverehrte Statue kam einer Legende zufolge im 14. Jh. über viele Umwege aus dem damaligen Ceylon (heute Sri Lanka) nach Chiang Mai. (Auch Bangkok und Nakhon Si Thammarat erheben den Anspruch, die einzig echte Phra-Singh-Figur zu besitzen.) Vor dem ganz in rotgold gehaltenen Hintergrund thront die Statue in sitzender, die Erde als Zeugin aufrufenden Haltung auf einem erhöhten Altar voller Votivgaben und Blumen. Darstellungen aus den Jataka-Erzählungen schmücken die Wände.

Neben der Lai-Khan-Kapelle erhebt sich der goldglänzende **Chedi,** der die Asche des 1345 verstorbenen Königs Kam Fu von Chiang Saen enthält. Vergoldete Schnitzereien zieren

Chiang Mai

(Karte S. 248–249)

Sehenswert

1 Tapae Gate
2 Wat Chedi Luang/ Wat Phan Tao
3 Chiang Mai City Arts & Cultural Centre/Chiang Mai Historical Centre
4 Lanna Folklife Centre/ Chiang Mai House of Photography
5 Wat Phra Singh/ Lai-Khan-Kapelle
6 Suan Dok Gate
7 Chang Puak Gate
8 Wat Chiang Man
9 Wat Lam Chang
10 Wat Mahawan
11 Wat Saen Fang
12 Wat Bupharam
13 Wat Ku Tao
14 Chiang Mai National Museum
15 Wat Jed Yod
16 Wat Suan Dok

Übernachten

1 U Chiang Mai
2 The 3 Sis
3 Baan Hanibah B&B
4 Mo Rooms
5 Baan Orapin
6 Baan Chai Thung
7 Hotel Ping Silhoutte

Essen & Trinken

1 La Fontana
2 Chiang Mai Breakfast World
3 Blue Diamond
4 Lemongrass
5 Anusarn-Nachtmarkt
6 Blackitch Artisan Kitchen
7 The Riverside
8 Ristr8to Original
9 Paak Dang

Einkaufen

1 Warorot-Markt
2 Lam-Yai-Markt
3 Night Bazaar Chiang Mai
4 Somphet-Markt
5 Sunday Walking Street
6 Saturday Walking Street
7 Kunstgalerie/ Antiquitäten
8 Central Festival
9 Central Airport Plaza
10 Maya Lifestyle Shopping Center
11 71 Export

Abends & Nachts

1 The Writers Club & Wine Bar
2 Zoe in Yellow
3 Thapae Boxing Stadium
4 Warm Up Café
5 Old Chiang Mai Cultural Center

Aktiv

1 Mountain Biking Chiang Mai
2 Trailhead
3 Chiang Mai Rock Climbing Adventures
4 The Peak Adventure
5 Thai Massage School
6 International Training Massage School
7 Sunshine Massage School
8 Northern Insight Meditation Center
9 International Buddhism Center
10 Green Bamboo Massage
11 Thai Farm Cooking School
12 Asia Scenic Thai Cooking School
13 Mama Noi Thai Cookery School

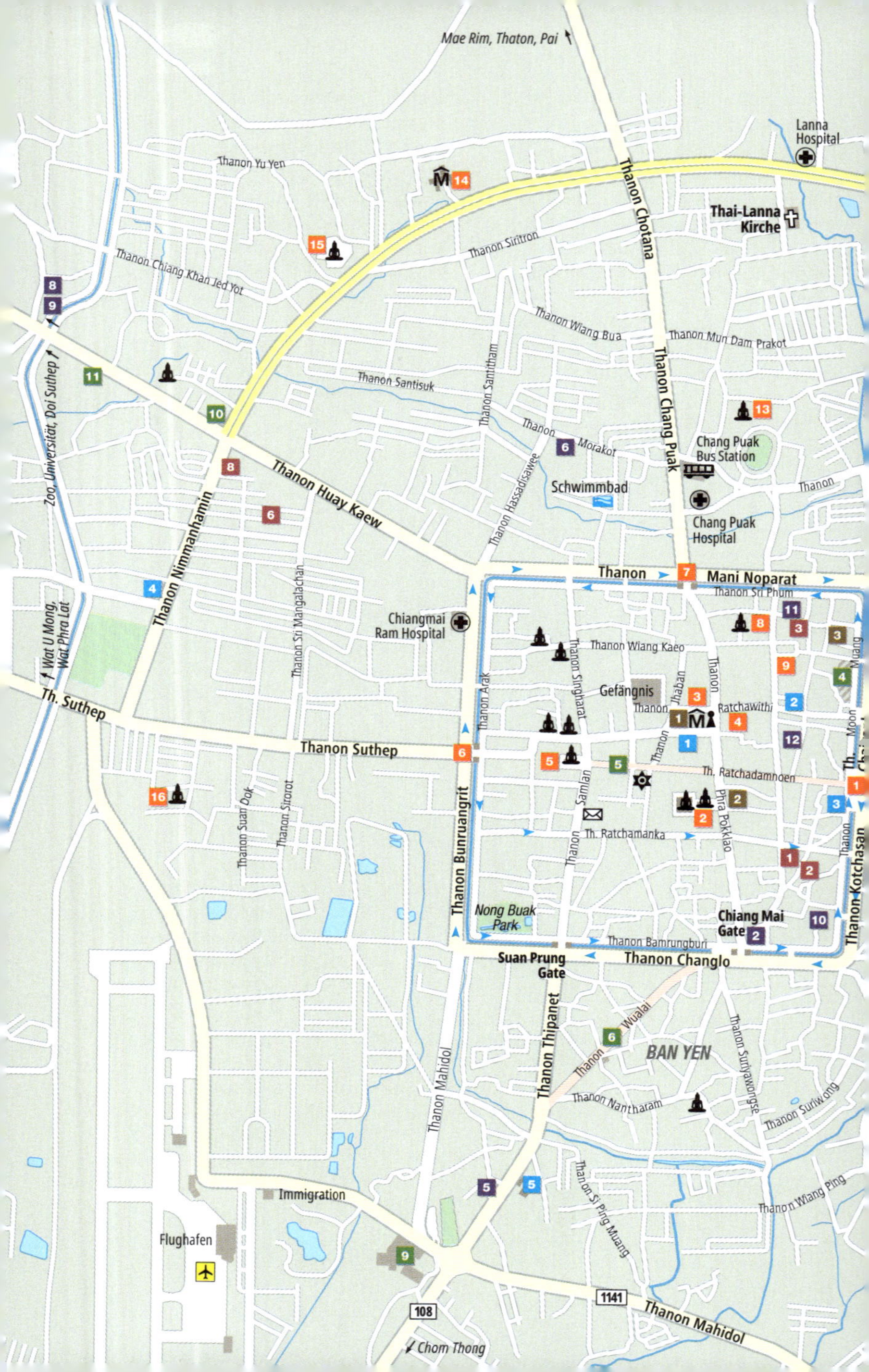

Mae Rim, Thaton, Pai
Lanna Hospital
Thanon Yu Yen
Thai-Lanna Kirche
Thanon Chotana
Thanon Siritron
Thanon Chiang Khan Jed Yot
Thanon Wiang Bua
Thanon Mun Dam Prakot
Zoo, Universität, Doi Suthep
Thanon Santisuk
Thanon Santitham
Thanon Chang Puak
Thanon Morakot
Chang Puak Bus Station
Thanon Huay Kaew
Schwimmbad
Thanon Hassadisawee
Chang Puak Hospital
Thanon Nimmanhamin
Thanon
Mani Noparat
Thanon Sri Phum
Wat U Mong, Wat Phra Lat
Chiangmai Ram Hospital
Thanon Wiang Kaeo
Thanon Sri Mangalachan
Thanon Singharat
Thanon Arak
Gefängnis
Th. Suthep
Thanon Jhaban
Ratchawithi
Thanon Suthep
Th. Ratchadamnoen
Thanon Samlan
Phra Pokklao
Thanon Suan Dok
Thanon Sirorot
Thanon Bunruangrit
Th. Ratchamanka
Thanon Kotchasan
Nong Buak Park
Chiang Mai Gate
Thanon Bamrungburi
Suan Prung Gate
Thanon Changlo
Thanon Wualai
BAN YEN
Thanon Suriyawongse
Thanon Thipanet
Thanon Mahidol
Thanon Nantharam
Thanon Suriwong
Thanon Si Ping Muang
Immigration
Thanon Wiang Ping
Flughafen
108
1141
Thanon Mahidol
Chom Thong

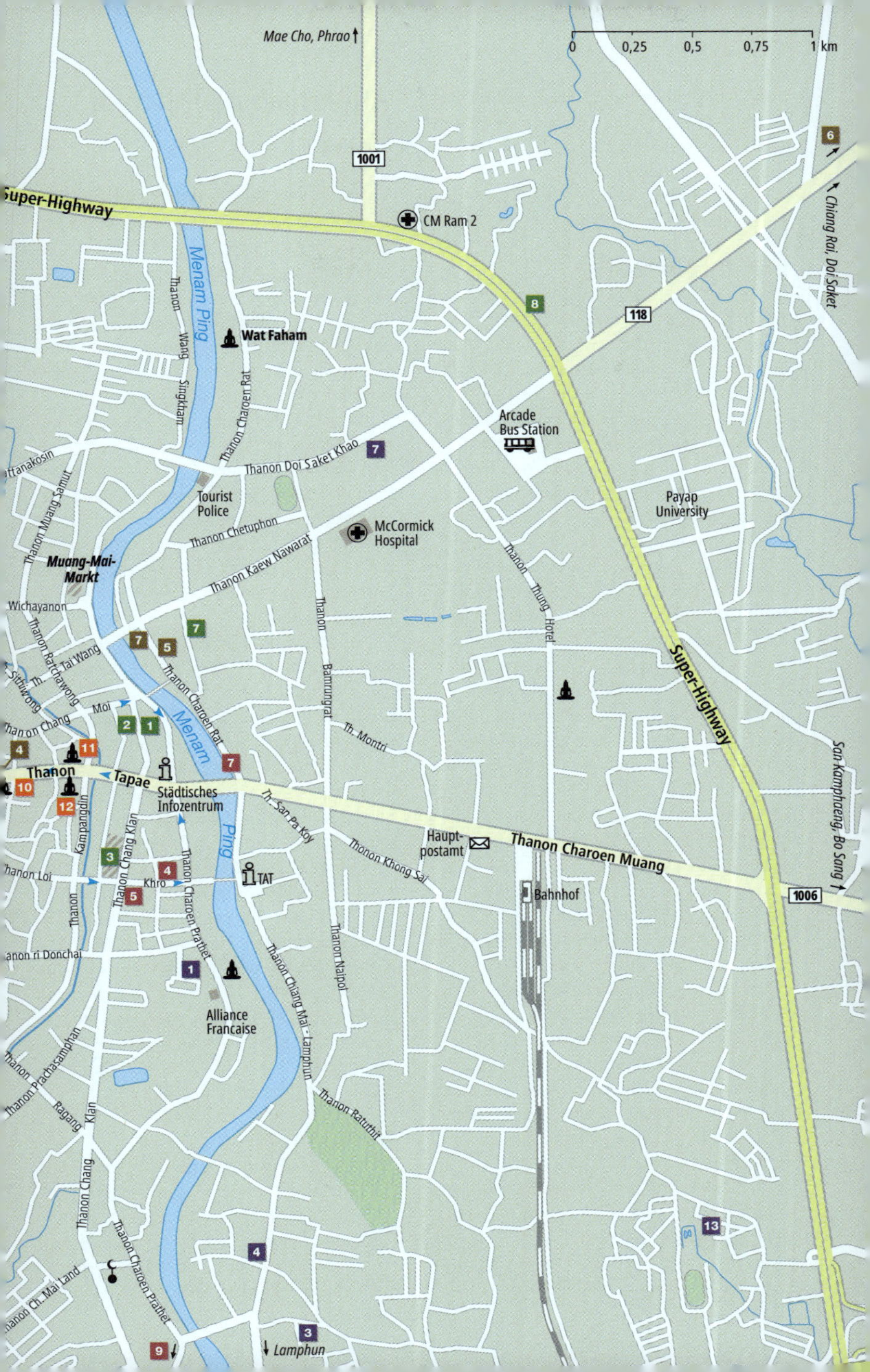

Mae Cho, Phrao
0
0,25
0,5
0,75
1 km
1001
Super-Highway
CM Ram 2
Chiang Rai, Doi Saket
8
118
Menam Ping
Thanon Wang Singkham
Wat Faham
Thanon Charoen Rat
Arcade Bus Station
Thanon Doi Saket Khao
Tourist Police
Payap University
Thanon Chetuphon
McCormick Hospital
Thanon Muang Samut
Thanon Kaew Nawarat
Muang-Mai-Markt
Thanon Thung Hotel
Wichayanon
Thanon Bamrungrat
Super-Highway
Thanon Ratchawong
Th. Tai Wang
Thanon Charoen Rat
Th. Montri
Moi
Menam
Thanon Tapae
Städtisches Infozentrum
Th. San Pa Koy
San Kamphaeng, Bo Sang
Thanon Kampangdin
Haupt-postamt
Thanon Charoen Muang
Thanon Khong Sai
Thanon Chang Klan
Ping
TAT
Khro
Bahnhof
1006
Thanon Charoen Prathet
Thanon Naipol
Thanon Chiang Mai - Lamphun
Alliance Francaise
Thanon Prachasamphan
Ragang
Klan
Thanon Ratuthit
Thanon Chang
Thanon Charoen Prathet
Lamphun

den Haupteingang des dunklen, kleinen **Bot,** dessen vorgezogenes, dreifach gestaffeltes Dach mit verwitterten Teakholzschindeln gedeckt ist.

Wenige Meter weiter markiert das **Suan Dok Gate** 6 den Rand der Altstadt.

Wat Chiang Man 8

Im Norden der Altstadt nahe dem **Chang Puak Gate** 7 (Tor des weißen Elefanten) steht der älteste Tempel der Stadt. König Mengrai, der Gründer von Chiang Mai, ließ ihn 1296 als seinen ersten Wohnsitz errichten, während um ihn herum die neue Hauptstadt ausgebaut wurde. Der zentrale **Vihara** aus dem 19. Jh. mit weit ausschwingendem, mit Naga-Schlangen begrenzten Dach und herabgezogenen, prächtig dekorierten Giebeln wurde aufwendig restauriert.

Rechts daneben werden in dem kleineren Gebäude zwei berühmte, alte **Buddhafiguren** sicher, aber kaum sichtbar hinter schweren Gittern aufbewahrt. Auf den davor ausgestellten Fotos sind beide Statuen erkennbar. Die nur 10 cm große Phra-Setang-Khamani-Statue ist aus Bergkristall und soll der Königin des Haripunchai-Reiches (8. Jh.) gehört haben, die andere, die Marmorskulptur Phra Sila, soll im 8. Jh. aus Ceylon (Sri Lanka) gekommen sein. Vor allem der Kristallbuddha genießt bei der Bevölkerung besondere Verehrung als Regenspender. Während des Songkran-Festes wird er in einer Prozession durch die Straßen getragen und mit Wasser übergossen, um ausreichend Niederschläge für die kommende Regenzeit zu erbitten.

Der wuchtige, quadratische **Chedi** mit der vergoldeten, pyramidenförmigen Spitze und mehreren Nischen im Mittelbau scheint auf dem Rücken von 15 lebensgroßen Elefantenstatuen zu ruhen. Bemerkenswert sind darüber hinaus die Holzschnitzereien und Lackarbeiten an der kleinen **Bibliothek,** die aus jüngerer Zeit stammen.

Durch den Klosterhof des schräg gegenüberliegenden **Wat Lam Chang** 9**,** das weniger herausgeputzt und noch recht ursprünglich wirkt, führt eine Abkürzung zum Somphet-Markt und weiter zum Tapae Gate.

Außerhalb der Altstadt

Cityplan: S. 248

Tempel in der Thanon Tapae

In der Thanon Tapae kann man einen Einkaufsbummel durch Chiang Mai mit der Besichtigung von Tempeln verbinden. Hinter einer hohen Mauer stehen dicht gedrängt die Gebäude des **Wat Mahawan** 10. Grimmig dreinblickende, riesige Löwen bewachen den Haupteingang zum Vihara und dem Chedi im burmesischen Stil.

Wenige Meter weiter markieren zwei lange, mit Keramikfliesen belegte Naga-Schlangen beiderseits einer Gasse den Eingang zum **Wat Saen Fang** 11**,** das sich hinter Geschäftshäusern versteckt. Die kunsthistorisch weniger bedeutende, aber sehr malerische Klosteranlage mit dem von jeweils vier Löwen und Schirmen flankierten Chedi ist im burmesischen Stil gehalten.

Auf der gegenüberliegenden Straßenseite erhebt sich einige Meter weiter der hohe Turm des **Wat Bupharam** 12**:** Eine große Tempelanlage, deren Gebäude nicht so recht zueinander zu passen scheinen. Wie ein kleiner Palast wirkt die 1992 fertiggestellte zweistöckige Halle Ho Monthian Tham mit reich dekorierten Treppenaufgängen, Balustraden und einem mehrfach gestaffelten, kreuzförmigen Dach, das von einem Tempelturm gekrönt wird. Im Obergeschoss steht einer der größten aus Teakholz geschnitzten Buddhas der Welt. Daneben nimmt sich der kleine, hübsche Bot im Lanna-Stil des 17. Jh. mit dunklen Holzschnitzereien und weit heruntergezogenem Dach sehr bescheiden aus. Den Chedi umgeben burmesische Löwen und Buddhastatuen (Eintritt 20 Baht).

Wat Ku Tao 13

Jenseits des **Chang Puak Gate** drängen sich die Fahrzeuge auf der Thanon Chang Puak und der Thanon Chotana Richtung Norden. Etwa 200 m hinter der Chang-Puak-Busstation, von der Busse in Orte der näheren Umgebung starten, führt die Soi 6 rechts zum Wat

Ku Tao, einer Oase der Ruhe. Der im burmesischen Stil gehaltene Tempel wurde als Begräbnisstätte für den ersten burmesischen Herrscher über Chiang Mai Nawrahta Minsaw Anfang des 17. Jh. errichtet. Die ungewöhnliche Form des steinernen Chedi erinnert an fünf riesige übereinandergetürmte, nach oben kleiner werdende Kürbisse oder an die Almosenschalen der Mönche.

Chiang Mai National Museum 14

Super Highway, www.virtualmuseum.finearts.go.th/chiangmai, Mi–So 9–16 Uhr, Eintritt 100 Baht

Unweit der großen Umgehungsstraße, dem Super Highway, der die Stadt fast durchgängig umringt, steht in einem Garten das Nationalmuseum. Im Gegensatz zur großzügigen Architektur des zweistöckigen Gebäudes wirkt die Sammlung bescheiden. Im Erdgeschoss befinden sich ein Buddhakopf aus dem 15. Jh. im Lanna-Stil und einige mit Lackarbeiten verzierte Bücherschränke. Nach Funden aus der Frühgeschichte kommt die Darstellung der Bergvölker und die Zeit der birmanischen Herrschaft zu kurz. Die frühen Lanna-Kunstwerke lassen die Einflüsse der Nachbarländer erkennen, was auf die engen Verbindungen zwischen Lamphun (Haripunchai), Pagan (Burma) und dem Khmer-Reich zurückzuführen ist.

Im neu gestalteten Obergeschoss wird die Geschichte des Lanna-Reichs ansprechend multimedial präsentiert.

Wat Jed Yod 15

Tgl. 6–18 Uhr

Etwa 300 m weiter westlich am Highway erhebt sich die Klosteranlage mit Bauten aus verschiedenen Jahrhunderten. Der ungewöhnliche Chedi neben dem Bot wurde 1455 nach dem Vorbild des Mahabodhi-Tempels im indischen Bodhgaya errichtet, wo Buddha die Erleuchtung zuteil wurde. Der Hauptturm und die kleineren Türme ringsum sitzen auf einem hohen quadratischen Unterbau, der mit Reliefs von himmlischen Nymphen bedeckt ist. Die Asche des Tempelgründers, Königs Tilokaraja, liegt unter einem hohen Chedi im Klostergarten. Er schuf mit dem Wat eines der bedeutendsten religiösen Zentren jener Zeit, in dem zahlreiche Gelehrte mit der Erforschung der reinen buddhistischen Lehre beschäftigt waren. Dort fand 1477 das Achte Buddhistische Weltkonzil statt, das die buddhistischen Schriften reformierte. Nach der burmesischen Invasion von 1566 geriet das geplünderte Wat in Vergessenheit.

Wat Suan Dok 16

Tel. 053-27 83 04, tgl. 5–21 Uhr, Eintritt 20 Baht

Auf dem Super Highway überquert man etwas weiter im Südwesten die Thanon Huay Kaew und fährt weiter zur Thanon Suthep, auf der man nach etwa 500 m stadteinwärts in einer Seitenstraße auf **Wat Suan Dok** stößt. Die Anlage entstand im 14. Jh. auf dem Areal des ehemaligen königlichen Blumengartens. Damals wurde der große Chedi über einer Reliquie Buddhas erbaut. Später errichtete man westlich des großen Vihara zahlreiche kleinere Tempeltürme als Grabstätten der Lanna-Könige.

Der *Monk Chat* (www.monkchat.net) lädt montags bis freitags zwischen 17 und 19 Uhr zu Gesprächen mit Mönchen ein. Es finden auch Meditationskurse statt. Besonders schön ist die Atmosphäre kurz vor Sonnenuntergang.

Tour über die Märkte

Cityplan: S. 248

Am Menam Ping

Sehr zentral liegt der ganztags geöffnete **Warorot-Markt** (Kad Luang) 1 in einem großen Gebäude an der Thanon Chang Moi. Von den Galerien der oberen Stockwerke lässt sich das Marktgeschehen gut überblicken. Während im Erdgeschoss die Händler auf langen Tischen eine bunte Vielfalt an frischem Obst und Gemüse sowie anderen Nahrungsmitteln aufgebaut haben, liegen in den oberen Stockwerken vor allem Textilien aus.

Nebenan, nahe dem Fluss, werden im **Lam-Yai-Markt** 2 früh morgens und abends frische Produkte, wie Fleisch und Blumen, feilgeboten. Wenn die Läden abends schließen, werden am Straßenrand Essensstände aufgebaut.

In der Thanon Chang Klan

Die Verkaufsstände in der Thanon Chang Klan, im dreistöckigen **Night Bazaar Chiang Mai** 3 und im gegenüber liegenden älteren **Kalare Night Bazaar** mit dem Food Court haben fast nur noch kommerzielle Massenware für Touristen im Angebot und dementsprechend an Attraktivität eingebüßt. Die meisten Händler versuchen etwas aufdringlich Textilien (u. a. gefälschte Markenartikel), Holzschnitzereien, Schmuck, Accessoires, Keramiken und Kunstgewerbe an den Mann bzw. die Frau zu bringen (tgl. 17–24 Uhr). Auch tagsüber sind die Stände in den beiden großen Marktgebäuden geöffnet.

In der Altstadt

Vom Tapae Gate gelangt man zum **Somphet-Markt** 4 in der Thanon Moon Muang, parallel zum alten Befestigungsgraben. Er kommt erst am Nachmittag, gegen 15 Uhr richtig in Gang und wird daher auch Beamtenmarkt genannt. Hier bekommen berufstätige Frauen alles, was sie für die Zubereitung der abendlichen Mahlzeit benötigen. Und es gibt auch eine große Auswahl an Thai-Gerichten. Erdbeeren werden an den Ständen in der kühlen Jahreszeit von November bis Februar angeboten. Anschließend beginnt die Saison der Mangos und Durian – jener stachlig-stinkigen Königin der Früchte, die bei den Thais so begehrt ist, dass ganz Chiang Mai einem Durian-Rausch verfällt. Von Juli bis Oktober füllen sich die Stände der Marktfrauen mit saftigen Rambutan und Longan (frühmorgens und vormittags).

Am Sonntag wird von 17 bis 24 Uhr die Thanon Ratchadamnoen, Thanon Phra Pokklao und Thanon Intraworot sowie ein Teil der abgehenden Straßen für den größten Straßenmarkt der Stadt als **Sunday Walking Street** 5 gesperrt. Auf etwa 2 km Länge verkaufen an über 4000 Ständen vor allem lokale Künstler, Kunsthandwerker und Klein-

Genuss ohne Ende: auf der Saturday Walking Street werden alle Sinne angesprochen

händler eine bunte Vielfalt an überwiegend preiswerten und lokal hergestellten Produkten. Dazwischen werden Snacks und Fruchtsäfte frisch zubereitet bzw. gepresst, Straßenmusiker treten auf und geben ihre Kunst zum Besten und Massagefrauen bieten ihre Dienste an. Die Atmosphäre ist entspannter und etwas lockerer als auf dem Night Bazaar. Dies ist dann auch der beste Ort zum Einkaufen von Souvenirs, Postkarten, Kleidung, Taschen und Schmuck. Hier werden neue Trends kreiert und bereits eine Woche später kopiert. Besonders stimmungsvoll sind die Essensstände auf dem Tempelgelände des Wat Phan On an der Thanon Ratchadamnoen Soi 4.

In der Thanon Wualai

Von der Altstadt durch das Chiang Mai Gate gelangt man zum traditionellen Viertel der Silberschmiede. Die Handwerker, deren stetiges Hämmern über Jahrhunderte in der Thanon Wualai zu hören war, produzieren mittlerweile jedoch in Fabriken. Samstags von 17 bis 22 Uhr findet hier ein Nachtmarkt statt, die **Saturday Walking Street** 6. Neben Ständen, die auch auf dem Sonntagsmarkt zu finden sind, verkaufen hier auch Silberschmiede ihre Produkte: Schalen, Dosen und Schmuckstücke aus geschmolzenem, mindestens 92,5 % reinem Silber. Hausfrauen aus der Nachbarschaft bieten Thai-Snacks an.

Infos

Tourist Office: Städtisches Informationszentrum, Thanon Tapae, Tel. 053-25 25 57, Mo–Fr 8.30–12 und 13–16.30 Uhr; TAT, 105/1 Thanon Chiang Mai-Lamphun, Tel. 053-24 86 04, Mo–Fr 8.30–16.30 Uhr.

Übernachten

Vor allem in den Gassen der Altstadt gibt es Unterkünfte von einfachen Zimmern in Altbauten mit familiärer Atmosphäre bis zu modern-stillvollen Zimmern für gehobene Ansprüche in schicken Boutique-Hotels.

Modernes Design – **U Chiang Mai** 1: 70 Thanon Ratchadamnoen, Tel. 053-32 70 00, www.uhotelsresorts.com/uchiangmai. Luxuriöses Boutique-Hotel mit 41 Zimmern im Lanna-Stil und allem Komfort. Einchecken wie Frühstücken ist zu jeder Zeit möglich. Zudem können Gäste kostenlos an Aktivitäten wie Radtouren oder Yoga teilnehmen. €€€

Im Herz der Altstadt – **The 3 Sis** 2: 150 Thanon Phra Pokklao, Soi 8, Tel. 093-375 99 66, https://3sisbedandbreakfast.com. Bewährtes Gästehaus gegenüber Wat Chedi Luang. Großzügige, saubere Zimmer mit Massivholzmöbeln rings um einen überdachten Innenhof, nach hinten idyllisch ruhig. €€–€€€

Kleinod in der Altstadt – **Baan Hanibah B&B** 3: 6 Soi 8, Thanon Moon Muang, Tel. 053-28 75 24, http://hanibah.com. Liebevoll restauriertes Teakhaus in einem Garten mit zwölf modern gestalteten Zimmern, die mit hübschen Bädern ausgestattet sind. Betten teils mit dekorativen Baumwollnetzen. Auch Familienzimmer. €€

Schräg und schrill – **Mo Rooms** 4: 263/1-2 Thanon Tapae, Tel. 053-28 07 89, www.mo

Wer sucht, der findet! Chiang Mai bietet einige unglaublich stilvolle Hotels

rooms.com. Die zwölf Zimmer wurden von Künstler ungewöhnlich und individuell gestaltet. Kleiner Pool im Innenhof. €€

Oase der Ruhe – **Baan Orapin 5 :** 150 Thanon Charoen Rat, Tel. 081-530 98 50, www.baanorapin.com. Die 15 stilvoll eingerichteten Zimmer im hübschen, zweistöckigen Haus im Lanna-Stil von 1914 und den Cottages im Garten mit alten Bäumen und Pool laden zum Entspannen ein. Mindestaufenthalt zwei Nächte. €€–€€€

Im Reisefeld – **Baan Chai Thung 6 :** 208 Moo 4, Thanon Choengdoi, 2 km von Doi Saket, 20 km von Chiang Mai, https://bit.ly/BaanChaiThung. Die großzügigen, netten Bungalows inmitten von Reisfeldern rings um einen Pool eignen sich gut zum Entspannen. Micha und seine Familie betreuen mit viel Engagement ihre Gäste. €–€€

Tradition trifft Moderne – **Hotel Ping Silhouette 7 :** 181 Thanon Charoen Rat, Tel. 053-24 99 99, www.facebook.com/hotel.ping.silhouette. In dem Boutiquehotel in schöner Flusslage trifft Vintage-Design auf moderne Architektur. Nur 19 hochwertig und komfortabel eingerichtete Zimmer mit hübsch gefliesten Bädern, begrünter Innenhof und Überlaufpool. €€–€€€

Essen & Trinken

Guter Italiener – **La Fontana 1 :** 39/7-8 Thanon Ratchamanka, Tel. 053-20 70 91, www.facebook.com/LaFontanaCM, Mi–Mo 12–14.30 und 17–22 Uhr. Sebastiano und seine Familie servieren in ihrem kleinen Restaurant leckere Pizza, Pasta und Fleischgerichte, kleine Weinkarte, familiäre Atmosphäre. €€

Frühstücksvielfalt – **Chiang Mai Breakfast World 2** : 24/1 Soi 2, Thanon Moon Muang, Tel. 053-27 82 09, www.chiangmaibreakfastworld.com, Di–Sa 7–17, So 7– 14 Uhr. Die beste Adresse für ein ausgezeichnetes Frühstück nach westlichem Geschmack. Riesige Auswahl mit frischen Brötchen, allerlei Aufschnitt und auch ausgefallenen Käsesorten, selbst gemachter Marmelade und Kuchen wie daheim von Olaf. In einem netten Gartenlokal. €–€€

Alternativ – **Blue Diamond** 3: 35/1 Soi 9, Thanon Moon Muang, Tel. 053-21 71 20, www.facebook.com/BlueDiamondTheBreakfastClubCmTh, Mo–Sa 7–20 Uhr. Im beliebten Café-Restaurant mit gepflegtem Vorgarten, dem ein kleiner Laden angeschlossen ist, stammt alles aus biologischem Anbau. Die breite Auswahl an Gerichten zum Frühstück wird ergänzt durch vielfältige Salate, frische Säfte aus Obst und Gemüse, Tees, guten Kaffee, Brot und Kuchen aus eigener Herstellung. €

Thai-Fusion – **Lemongrass** 4: Thanon Loi Kroh, Tel. 088-260 25 44, Mo–Sa 14–22 Uhr. Seine Popularität verdankt dieses Restaurant nicht nur seiner Nähe zum Night Bazaar, sondern auch den leckeren und günstigen Gerichten (auch vegetarische), die westlichen Besuchern schmecken. Für empfindliche Mägen kann der Schärfegrad herabgesetzt werden. €–€€

Unter freiem Himmel – **Anusarn-Nachtmarkt** 5: Südlich vom Nachtmarkt, tgl. 17–24 Uhr. An den Ständen wird chinesisch und thailändisch gekocht, es gibt eine breite Auswahl an Seafood und andere Snacks. €–€€

Für Feinschmecker – **Blackitch Artisan Kitchen** 6: 27/1 Soi 7, Thanon Nimmanhemin, Tel. 095-962 99 49, www.blackitch.com. Mit vielen regionalen Zutaten werden hier wahre Gaumenfreuden gezaubert. Die 8- bis 10-Gänge-Menüs, die die geschmackliche Bandbreite Asiens abdecken, stellen auch anspruchsvolle Gourmets zufrieden. €€€

Unterhaltsam – **The Riverside** 7: 9-11 Thanon Charoen Rat, am Fluss, nördlich der Nawarat-Brücke, Tel. 053-24 32 39, www.theriversidechiangmai.com, Mi–Mo 17–1 Uhr. Terrassen mit Blick auf den Fluss, ab 20 Uhr gute Livemusik. Lokale und internationale Küche, breites Angebot an Craft Beer, Cocktails und anderen Drinks. €–€€

Kaffeeparadies – **Ristr8to Original** 8: 15/3 Thanon Nimmanhemin, Tel. 053-21 52 78, www.ristr8to-coffee-chiangmai.com, tgl. 7–17 Uhr. Wer den absoluten Kaffeekick sucht, findet geschmackliche Highlights aus aller Welt und tolle Latte-Kunstwerke im Treffpunkt der Kaffee-Gourmets. €

Stimmungsvoll – **Paak Dang** 9: 168 Pa Daet, Tel. 094-629 13 19, www.paakdang.com, Fr–Mi 17–23 Uhr. Gartenrestaurant in ruhiger Umgebung südöstlich des Zentrums am Fluss mit schöner Aussicht, entspannter Musik und aufmerksamem Service. Schmackhafte, liebevoll zubereitete Thai-Gerichte aus der einsehbaren Küche. €€

Zu müde zum Ausgehen? – **Meals on Wheels:** Tel. 084-608 66 61, www.mealsonwheels4u.com, tgl. 10–20.30 Uhr.

Einkaufen

Märkte – Chiang Mai bietet eine Fülle unterschiedlicher Märkte, durch die eine Tour lohnt. Mehr dazu S. 251, 1–6.

Kunsthandwerk und Souvenirs – Bei einem Einkaufsbummel durch die **Thanon Tapae** zwischen dem Menam Ping und der Altstadt entdeckt man in den zahlreichen Geschäften Souvenirs. Viele der Kunstgewerbeartikel werden in Chiang Mai oder den umliegenden Ortschaften angefertigt. Die bunt gekleideten Hmong und andere Angehörige ethnischer Minderheiten aus den Bergen verkaufen auch auf dem **Night Bazaar** 3 sowie westlich vom **Lam-Yai-Markt** 2 ihr Kunstgewerbe. Wer gezielt Kunsthandwerk einkaufen möchte, sollte nach Ban Tawai fahren (s. S. 264, 266).

Kunst und Antiquitäten – **Kunstgalerien** und **Antiquitätenläden** konzentrieren sich am Ostufer des Ping in der Thanon Charoen Rat südlich der Thanon Kaew Nawarat, in der **Soi 1** 7 sowie auf den Walking Streets.

Einkaufszentren – Riesig ist die Mall **Central Festival** 9 (www.central.co.th, am Super-Highway nordöstlich vom Zentrum, von dort kostenlose Zubringer-Songthaew), beliebt ist der **Central Airport Plaza** 8 an der Straße zum Flugplatz. Weitere Einkaufszentren konzentrieren sich an der Thanon Huay Kaew, wie das **Maya Lifestyle Shopping Center** 10 und **71 Export** 11, eine gute Anlaufstelle für Textilien.

KOCHKURSE IN CHIANG MAI

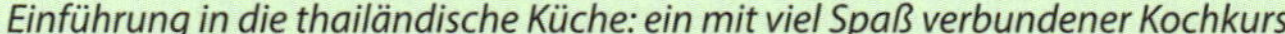

Viele Reisende nutzen den Aufenthalt in Chiang Mai für einen Kochkurs, der hier preiswerter als in Bangkok ist. Schon der gemeinsame Einkauf auf den Märkten ist ein Erlebnis. Alle Kurse finden in Englisch statt. Manch ein Lehrer ist bemüht, die richtigen Techniken zu vermitteln, andere setzen mehr auf den Spaßfaktor, sodass es empfehlenswert ist, sich vorab über das Konzept zu informieren. Meist hat jeder Schüler eine eigene Kochstation und die Auswahl zwischen verschiedenen Gerichten.

Viele Angebote können unter www.cookly.me gebucht werden. Hier findet man viele Varianten, etwa Kochkurse, die ausschließlich mit Biozutaten durchgeführt werden, vegetarische Optionen, Kochkurse für Kinder oder solche, die sich exklusiv den Küchen der Bergvölker und ethnischen Minderheiten widmen.

Empfehlenwerte Kochschulen sind:

Thai Farm Cooking School 11: 38 Soi 9, Thanon Moon Muang, Tel. 081-288 59 89, www.thaifarmcooking.net. Der Biobauernhof der Kochschule liegt außerhalb der Stadt. Die Kurse bieten neben einem Marktbesuch eine gute Einführung in die nordthailändische Küche.

Asia Scenic Thai Cooking School 12: 31 Soi 5, Thanon Ratchadamnoen, Tel. 053-41 86 57, www.asiascenic.com. Kochen und lokale Kultur vermittelt von einer Thai-Familie in der Stadt oder auf der Farm.

Mama Noi Thai Cookery School 13: 45/41 Soi 2, Thanon Tonkham, im Südosten der Stadt, Tel. 083-641 64 64, www.mamanoicookeryschool.com. In den lohnenden Kursen wird ein Schwerpunkt auf die verwendeten Zutaten gelegt.

Einführung in die thailändische Küche: ein mit viel Spaß verbundener Kochkurs

Abends & Nachts

Plauderplatz – **The Writers Club & Wine Bar** 1 **:** 141/3 Thanon Ratchadamnoen, Tel. 053-81 41 87, https://bit.ly/WritersClubCM, So–Fr von 11–23 Uhr. Kleine Bar mit Restaurant und netter Terrasse, die vor allem sonntags während des Nachtmarkts beliebt ist. In vergangenen Tagen trafen sich hier Autoren und Intellektuelle zum Fachsimpeln, heutzutage zehrt die Bar eher von der Nostalgie.

Zum Abtanzen – **Zoe in Yellow** 2 **:** Soi 3, Thanon Ratchawithi, Tel. 095-695 60 50, www.instagram.com/zoeinyellowchiangmai, tgl. 17–24 Uhr. In diesem Klub wird Rock und Blues gespielt und ab 22 Uhr vom DJ vor allem elektronische Musik aufgelegt. In der Garten-Lounge gibt's leckere Kebabs.

Thai-Boxen – **Thapae Boxing Stadium** 3 **:** Thanon Moon Muang, südlich der Thanon Ratchadamnoen, Tel. 089-434 55 53, www.muaythaistadium.com/thapae-stadium. Mo–Sa ab 21 Uhr. Karten direkt am Ring für 1000 Baht, reguläre Tickets 600 Baht. Das Niveau der Kämpfe kann nicht mit den Stadien in Bangkok mithalten.

Sanuk Thai Style – **Warm Up Café** 4 **:** 40 Thanon Nimmanhamin, www.facebook.com/warmupcafe1999, Tel. 064-429 15 29, tgl. 18–2 Uhr. Angesagter Klub der Thai-Mittel- und Oberschicht im Ausgehviertel mit Thai-Musik, Dance und Hip-Hop. Schöner Außenbereich und Restaurant.

Dinner mit Show – **Old Chiang Mai Cultural Center** 5 **:** 185 Soi 3, Thanon Wualai, Tel. 053-20 29 92, www.oldchiangmai.com, Dinner und Show Di–So 18.30–20.30 Uhr, 690 Baht. Im seit über 50 Jahren bestehenden Kulturzentrum kann man sich Reisegruppen anschließen, die sich zum Khantoke Dinner mit Tanzshow einfinden. Weitere Shows (Hilltribe, Thai-Boxen) und Ausstellungen.

Aktiv

Fahrradtouren – In der Innenstadt vermieten zahlreiche Gästehäuser und Läden Fahrräder für Touren auf eigene Faust, u. a. **Mountain Biking Chiang Mai** 1 **:** 92/1-2 Thanon Sri Donchai, Tel. 081-881 92 06, www.mountain biking chiangmai.com. Gute Mountainbiketouren organisiert **Trailhead** 2 **,** 4850 Soi 1, Thanon Phra Pokklao, Tel. 095-538 02 02, www.trailhead.co.th. Weitere Tipps gibt es bei **Click and Travel**, Tel. 053-28 15 53, www.clickandtravelonline.com und auf der Website www.chiangmaicycling.org.

Klettern – **Chiang Mai Rock Climbing Adventures (CMRCA)** 3 **:** 9/10 Tambon Pa Daed, Tel. 086-911 14 70, www.thailandclimbing. com, für Anfänger und Fortgeschrittene. **The Peak Adventure** 4 **:** 302/4 Thanon Chiang Mai–Lamphun, Tel. 053-80 05 67, www.thepeakadventure.com. Kletterkurse und andere Aktivitäten außerhalb der Stadt. Ein guter Überblick über mögliche Kletter-Destinationen findet sich unter www.thewanderingclimber.com/chiang-mai-rock-climbing.

Massagekurse – **Thai Massage School** 5 **:** Im Old Medicine Hospital, 238/8 Thanon Wualai, gegenüber dem Old Chiang Mai Cultural Center, Tel. 096-259 88 74, 090-320 27 12, www.oldmedicine.org/courses. ITM – **International Training Massage School** 6 **:** 59/9 Soi 4, Thanon Chang Puak, Tel. 083-763 10 02, www.itmthaimassage.com. **Sunshine Massage School** 6 **:** 159/2 Soi 4, Thanon Kaew Nawarat, Tel. 053-26 25 74, www.sunshine-massage-school.com.

Meditationskurse – **Northern Insight Meditation Center** 7 **:** Wat Rampoeng, Thanon Kann Klongchonprathan, hinter der Chiang Mai University, Tel. 062-216 83 39, www.watrampoeng.com. 26-tägiger Einführungs-Vipassana-Meditationskurs in englischer Sprache. **International Buddhist Center** 9 **:** Wat Phra That Doi Suthep, Tel. 053-29 50 12, www.fivethousandyears.org. Buddhistische Unterweisungen, Möglichkeit zu 4- bis 21-tägigen Kursen für Anfänger ebenso wie Fortgeschrittene in Vipassana-Meditation und Infos über den Buddhismus. Auch im Wat U Mong (s. S. 260) kann in mehrtägigen Kursen meditiert werden.

Spas – Auch viele Einheimische erholen sich im kühleren Norden und nutzen die Spas der Luxushotels. Außerdem empfehlenswert: **Green Bamboo Massage** 10 **:** 1 Soi 1, Thanon Moon Muang, Tel. 089-827 55 63, www.green-bamboo-massage.com. Unscheinbar, aber fachkundig und angenehm.

Wandern – Touren in die Berge von Nordthailand werden vor allem ab Chiang Mai organisiert. Man sollte einen Veranstalter auswählen, der ausschließlich mit lizenzierten Guides arbeitet. Ansonsten bieten alle überwiegend das gleiche und verlangen für Großgruppentouren um 2000 Baht für drei Tage und zwei Nächte. Es werden auch bequeme Alternativen angeboten, bei denen man die meisten Strecken in Bussen, Booten, auf Flößen oder dem Rücken von Elefanten zurücklegt. Die beliebtesten Wanderrouten liegen nördlich von Chiang Mai (Mae Taeng-Tal für Kurztripps und Chiang Rai für längere Touren) und rings um den Doi Inthanon (s. dazu auch Aktiv S. 270).

Zipline – **Jungle Flight:** Ca. eine Autostunde nordöstlich von Chiang Mai, Tel. 061-417 44 98, https://jungleflightchiangmai.com. Mit einem Klettergurt abgesichert gleitet man an Stahlseilen und klettert über Hängebrücken auf 2 km Länge mitten durch den Bergwald. Um 2500 Baht inkl. Transfer von und nach Chiang Mai.

Termine

Winter Fair: Zum Jahreswechsel. Große Verkaufsmesse mit Rahmenprogramm.

Flower Carnival: Anfang Febr. Umzüge mit blumendekorierten Wagen und Ausstellungen. Außerdem Wahl einer Schönheitskönigin.

Songkran Festival: Zum Thai-Neujahr Mitte April wird es auf den Straßen feucht, wenn man Passanten mit Wasser übergießt. Der Kristallbuddha des Wat Chiang Man wird in einer Prozession durch die Straßen getragen.

Loi Krathong: Nov. Kleine Krathong schwimmen auf allen Gewässern und man lässt Papierballons in den Himmel steigen.

Verkehr

Flüge: Flughafen, Tel. 053-27 02 22, www.chiangmaiairportonline.com. Zahlreiche Flüge nach Bangkok, u. a. mit Bangkok Airways (www.bangkokair.com), Air Asia (www.airasia.com), Thai Lion Air (www.lionairthai.com), Nok Air (www.nokair.com), Thai VietJet Air (www.vietjetair.com) und Thai Smile (www.thaismileair.com). Air Asia fliegt zudem nach Hat Yai, Hua Hin, Khon Kaen, Krabi, Phuket und Surat Thani, Nok Air nach Ubon Ratchathani und Udon Thani, Thai VietJet Air nach Phuket, Lao Airlines (www.laoairlines.com) nach Luang Prabang und Bangkok Airways nach Ko Samui, Krabi und, Phuket.

Züge: Bahnhof, Thanon Charoen Muang, Tel. 053-24 53 63. Tgl. 5 Eil-/Expresszüge über Phitsanulok und Ayutthaya nach Bangkok.

Busse: Ab Arcade Station (Thanon Kaew Nawarat, Tel. 053-24 26 64) vor allem morgens und abends nach Bangkok (9,5–11 Std.), nach Chiang Rai viele 7–17.30 Uhr (3,5 Std.), 6 x tgl. nach Mae Sai (4,5 Std.). Stdl. von 6.30–17.30 Uhr Minibusse nach Pai (3 Std.), stdl. von 6.30–14.30 Uhr mit Minibussen nach Mae Hong Son (6 Std.), etwa stdl. von 6–17 Uhr nach Lampang (2 Std.). Von der Chang Puak Station (Thanon Chotana, Tel. 053-21 15 86) tgl. 7 x bis 15.30 Uhr nach Thaton (4 Std.).

Minibusse/Songthaew: Von der Chang Puak Station u. a. häufig zum Doi Saket (30 Min.), ab dem Lam-Yai-Markt nach San Kamphaeng (15 Min.) und stdl. nach Lamphun (1 Std.). Sie halten auch an der Thanon Chiang Mai-Lamphun, hinter der Nawarat-Brücke.

Mietwagen: Avis, am Airport, Tel. 089-969 86 77, www.avisthailand.com. Budget, am Airport, Tel. 053-20 28 71, www.budget.co.th. North Wheels, 70/4-8 Thanon Chaiyaphum, Tel. 053-87 44 78, www.northwheels.com.

Innerstädtische Verkehrsmittel

Songthaews (rot): Sie bringen ihre Fahrgäste zum Festpreis zum gewünschten Ziel. Sie können zudem gechartert werden.

Tuk-Tuks: Die offenen Fahrzeuge sind wegen der starken Abgasbelastung auf den verkehrsreichen Hauptstraßen weniger vergnüglich.

Motorradtaxis: Erkennbar an den pink-gelben Westen der Fahrer warten an Kreuzungen auf Kunden.

Taxis: Gelbe Taximeter stehen am Flughafen und können unter Tel. 053-01 65 02 oder die App GrabTaxi vorbestellt werden. Der Preis aller anderen Taxis ist zu verhandeln. Sammeltaxi vom Airport 120 Baht.

Lanna – das Reich der Millionen Reisfelder

Im gebirgigen Norden von Thailand entstanden im 9. Jh. die ersten kleinen Thai-Fürstentümer. Mit dem berühmtesten der frühen Thai-Fürsten Mengrai, ist die Geschichte mehrerer nordthailändischer Städte eng verknüpft.

Mengrai schuf mit der Gründung von Chiang Rai (1262), das seinen Namen trägt, und Chiang Mai (1296) die Grundlage für das unabhängige Thai-Königreich Lanna, das ›Land der Millionen Reisfelder‹. Der Name verweist auf den Wohlstand, denn Reis war die wirtschaftliche Basis der Thai-Völker. Nach der Eroberung des Mon-Königreichs Haripunchai beherrschte Mengrai große Teile von Nordthailand. Vor allem mit Burma, dem heutigen Myanmar und Erzfeind von Ayutthaya, gab es wiederholt kriegerische Auseinandersetzungen. Dennoch gedieh das Reich und die Hauptstadt im Tal des Menam Ping entwickelte sich zu einem wirtschaftlichen und kulturellen Zentrum. Burmesische Künstler schufen Tempelanlagen, in denen Mönche die von animistischen Vorstellungen und Hinayana-Einflüssen bereinigte buddhistische Lehre entwickelten.

Während der Blütezeit im 15. Jh. verbreitete sich mit der Lanna-Kultur die reine buddhistische Lehre. Mönche, Verwaltungsbeamte und Astrologen berieten die über dem Alltagsgeschehen stehenden Könige und nicht selten auch weibliche Herrscher. Die wahre Macht lag bei den *jao mün,* den Regenten der wichtigsten Stadtstaaten wie Lampang, Chiang Saen oder Fang. Zwischen den Siedlungen *(ban)* und den Städten *(chiang)* entstand ein Netzwerk von Wegen und Bewässerungskanälen, die von Wasserrädern gespeist wurden. Der Bau von Tempeln, Befestigungsanlagen und anderen staatlichen Projekten begann Anfang des 16. Jh. das Land auszuzehren, sodass Lanna 1556 angreifenden burmesischen Truppen nichts mehr entgegensetzen konnte.

Während der über 200-jährigen burmesischen Herrschaft entwickelte sich das besetzte Land unter der Regentschaft lokaler Prinzen weitgehend eigenständig. Als jedoch Anfang des 18. Jh. die Eroberer das nördliche Lanna vom südlichen abtrennten, begannen die Thais sich nach neuen Bündnispartnern umzusehen und fanden sie wieder im Süden. Bereits mehrfach war der Expansionsdrang von Ayutthaya an der schlagkräftigen burmesischen Armee gescheitert. Nach der Zerstörung von Ayutthaya durch die Burmesen 1767 änderte jedoch König Taksin die Taktik, vereinigte sich mit den nördlichen Prinzen und vertrieb die Burmesen endgültig. Lanna wurde 1775 als Vasallenstaat in das siamesische Reich eingegliedert, doch es sollte noch viele Jahre dauern, bis die Burmesen ihre wiederholten Eroberungsversuche endgültig aufgaben.

Im 19. Jh. geriet der Teakreichtum des Nordens in den Blick der Briten, die bereits das angrenzende Burma kolonialisiert hatten. Dank einer geschickten Politik des siamesischen Königs gaben sie sich aber mit der Holzkonzession zufrieden und spielten eine wichtige Rolle bei der Erschließung des Nordens durch die Eisenbahn und Telegrafenleitungen. 1932 wurde Lanna endgültig in das Thai-Reich eingegliedert.

Die Umgebung von Chiang Mai

Wer glaubt, dass die Tempel und Einkaufsmöglichkeiten von Chiang Mai nicht zu toppen sind, wird wenige Kilometer vor den Toren der Stadt eines Besseren belehrt. Außer Kunsthandwerkszentren und einem der schönsten Tempel des Landes locken unterhaltsame Touristenattraktionen.

Im Westen der Stadt

Karte: S. 262

Wat U Mong ▸ C 3

Ab Suan Dok Gate auf der Thanon Suthep am Wat Suan Dok vorbei stadtauswärts Richtung Westen, nach ca. 1,7 km links der Soi Wat U Mong ca. 1,2 km bis zum Wat folgen; Tel. 053-81 09 65, 085-033 38 09, www.watumong.org, umongmedcenter@yahoo.com

Zwischen 1296 und 1520 diente das Waldkloster **Wat U Mong** 1 als Meditationstempel. Die Mönche lebten in unterirdischen Felsgewölben, in deren Nischen Buddhastatuen jüngeren Datums stehen. Ältere Statuen finden sich unterhalb des Chedi. In der Halle mit buddhistischer Kunst werden manchmal Theateraufführungen gezeigt und Unterweisungen gegeben. Die Anlage belebte sich in den letzten Jahrzehnten wieder mit vielen Mönchen, die das zurückgezogene Klosterleben bevorzugen, und Laien, die sich in der Meditation üben möchten. Bei einem Spaziergang durch das bewaldete Areal mit vielen Hühnern und Vögeln rings um einen See regen Weisheiten, die auf Tafeln angeschrieben sind, zum Nachdenken an. Wer länger bleiben möchte, kann sich für einen Meditationskurs per Mail anmelden.

Rund um Universität und Zoo ▸ C 3

An der Nordseite der Thanon Suthep erstreckt sich der riesige Campus der **Universität** 2 die 1965 weit vor den Toren der Stadt gegründet wurde. Er reicht bis zur Thanon Huay Kaew, einer stark befahrenen Ausfallstraße, die von Hotels, Restaurants und Einkaufszentren gesäumt wird. Stadtauswärts grenzt an den Campus der **Huay Kaew Fitness Park** am Ufer des **Ang Kaew Reservoirs** sowie das Huay Kaew Arboretum, ein hübscher Botanischer Garten (tgl. 8.30–16.30 Uhr) mit nahezu allen einheimischen Baumarten.

Zoo

100 Thanon Huay Kaew, https://chiangmai.zoothailand.org, tgl. 8–17 Uhr, Eintritt 100 Baht, Auto 50 Baht; zusätzlich Aquarium 250 Baht, Schneedom 250 Baht, Bahn im Zoo 40 Baht

Neben dem Fitnesspark liegt der Mitte des 20. Jh. eröffnete **Zoo** 3, nicht zu verwechseln mit dem privaten Themenpark Chiang Mai Night Safari, der ein beliebtes Ausflugsziel ist. Inmitten der für asiatische Verhältnisse gepflegten, weitläufigen Parkanlage am Hang mit viel Grün, einem künstlichen Wasserfall und kleinen Bächen stehen die Gehege, in denen man eine artgerechte Haltung anstrebt. Beeindruckend ist die große Voliere mit Vögeln aus allen Erdteilen, die sich über ein Tal erstreckt, ein von Pinguinen bewohnter Schneedom sowie ein sehenswertes Aquarium mit dem längsten Unterwassertunnel Thailands.

Wat Phrathat Doi Suthep ▸ C 3

Auf der Thanon Huay Kaew stadtauswärts, Songthaew ab Chang Puak Gate an der Thanon Mani Noparat oder ab Zoo sowie Taxis, www.fivethousandyears.org, Eintritt 30 Baht

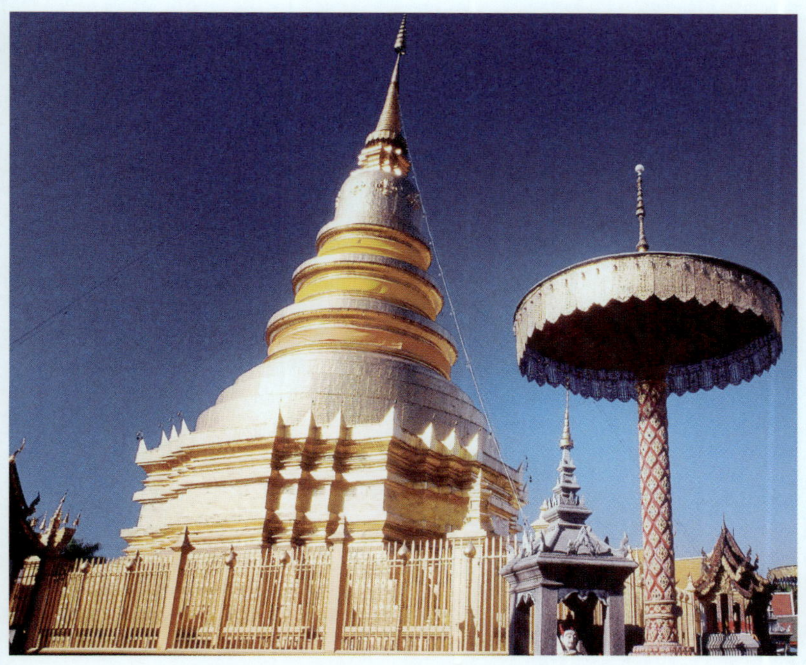

Was funkelt so golden im Sonnenlicht? Die beeindruckende Anlage des Wat Phrathat Doi Suthep bei Chiang Mai

Gut 15 km nordwestlich der Stadt liegt **Wat Phrathat Doi Suthep** 4 . Er zählt immerhin zu den bedeutendsten Tempeln von Nordthailand. Vor allem besticht er durch seine Lage am Hang des 1650 m hohen **Doi Suthep,** von dem man sagt, dass er Segen bringt. Besonders an klaren Tagen lohnt sich wegen der fantastischen Aussicht die Fahrt. Mit dem Songthaew geht es über die 1934 auf Initiative des Abtes Phra Kruba Srivijaya erbaute kurvenreiche Straße, die sich 11 km hinauf in die kühle Bergwelt windet. Die große Verehrung, die dem Abt von der Bevölkerung entgegengebracht wird, verdeutlicht sich an seinem blumengeschmückten **Denkmal** am Fuße des Berges.

Jenseits des Parkplatzes mit Souvenir- und Essensständen führt eine monumentale, von zwei siebenköpfigen Naga-Schlangen umrahmte **Treppe** zum Tempel hinauf, der sich in etwa 1000 m Höhe über das Plateau und den Berghang erstreckt. Obwohl auch eine kleine Bergbahn zum Heiligtum hinauffährt, ist es empfehlenswert, den beschwerlicheren Weg über die Stufen zu wählen und sich mit den meisten anderen Besuchern langsam dem Heiligtum nähern. Am Ende der Treppe bewachen zwei Dämonen den Zugang zur Anlage.

Vor dem Haupttheiligtum stehen die **Statuen des Eremiten,** der im 8. Jh. die Lavu-Königstochter Chama Devi aus der Dvaravati-Hauptstadt Lopburi nach Lamphun holte, und die des berühmten **Weißen Elefanten.** Einer Legende zufolge legte König Ku Na im 14. Jh. den Schwur ab, dass er für eine wertvolle Reliquie einen Tempel erbauen werde. Um einen geeigneten Bauplatz zu finden, band man den heiligen Gegenstand einem weißen Elefanten auf den Rücken und ließ das Tier dann

Die Umgebung von Chiang Mai

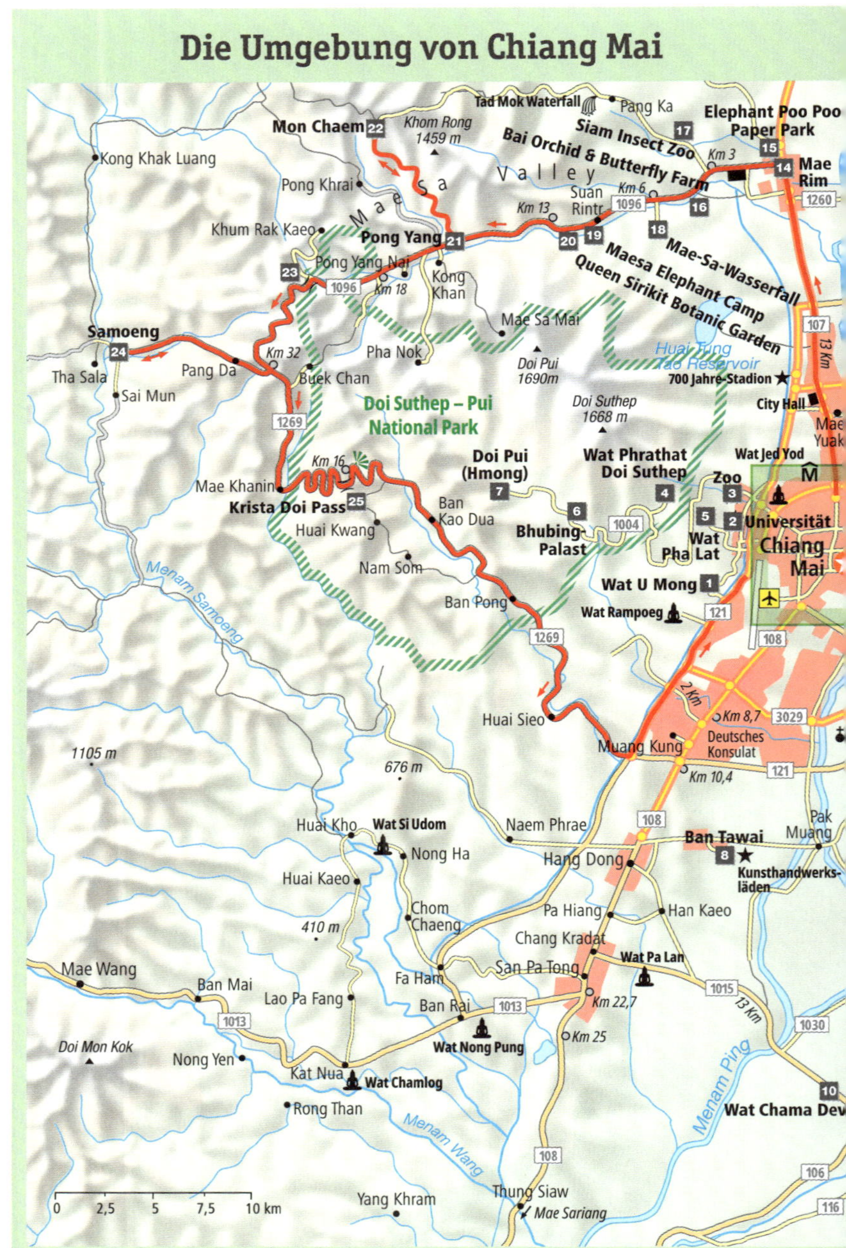

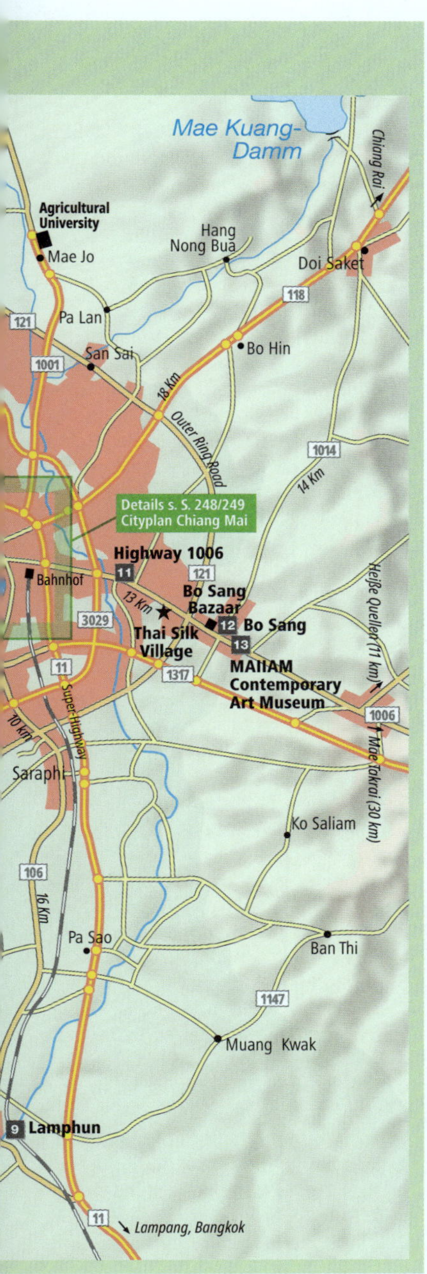

frei. Es wanderte aus der Stadt hinaus und den steilen Berg hinauf bis zum ehemaligen Wohnort eines Heiligen, wo es sich niederlegte und starb. Genau an dieser Stelle wurde sodann ein Chedi über der Reliquie erbaut.

Die überwiegend aus dem 16. Jh. stammende Anlage gruppiert sich um den 32 m hohen, vergoldeten **Chedi** im burmesischen Stil. Dieser ruht auf einer quadratischen Basis, von der an jeder Ecke ein Filigranschirm aus vergoldetem Kupfer aufragt. Den Innenbezirk der Klosteranlage begrenzt ein rechteckiger, mit Malereien versehener, offener **Wandelgang** mit zahlreichen Buddhafiguren im Lanna- und Sukhothai-Stil. Er wird in jeder Himmelsrichtung von einem **Vihara** mit weiteren Buddhastatuen unterbrochen, wobei die sitzende Statue im großen westlichen Vihara besondere Verehrung genießt. Wenn sich in diesem Vihara gegen 5.30 und 18 Uhr die Mönche und Nonnen zum gemeinsamen Gebet versammeln und ihre monotonen Gesänge erschallen, verbreitet sich im Tempel, der im warmen Licht der auf- bzw. untergehenden Sonne erstrahlt, eine magische Stimmung.

Im **International Buddhism Center,** 300 m hinter dem Wat, kann man an Meditationskursen teilnehmen (s. S. 54).

Phalad Nature Trail

Wanderinfo: http://jetsetcitizen.com/cheap-travel/doi-suthep-hike; Wat Pha Lat: www.facebook.com/watpalad

Zum Wat Phrathat auf dem Doi Suthep kann man auch hinaufwandern. Der Wanderweg beginnt südwestlich vom Zoo nahe dem Sendemast. Von der Thanon Suthep folgt man einer schmalen Straße rechts und dann links dem Hinweis zum Nature Trail. Der gut halbstündige, mit orangefarbenen Stoffen an Bäumen markierte Pfad führt durch den Wald zum **Wat Pha Lat (Phalad) 5**, einem ruhigen Meditationstempel. Weiter geht es über Pfade und Treppen vorbei an Statuen, Stupas und einem kleinen Wasserfall hinauf zum **Wat Phrathat.** Der schöne Ausblick entschädigt für die Anstrengung des Aufstiegs. Wer die Tempel besuchen will, sollte entsprechend gekleidet sein.

Doi Suthep – Pui National Park ► C 3

Es bietet sich an, die Fahrt weiter hinauf in die Berge im Nationalpark fortzusetzen, zu dem 1 km hinter dem Wat Phrathat Doi Suthep ein Waldweg abzweigt. In dem Gebiet verlaufen viele Wander- und Mountainbikestrecken, die besonders im Rahmen von organisierten Touren ab Chiang Mai angesteuert werden.

Bhubing-Palast

www.bhubingpalace.org, Kleiderordnung beachten (lange Hosen und bedeckte Schultern), tgl. 8.30–11.30, 13–15.30 Uhr, Eintritt 50 Baht

Nach 6 km gelangt man zu der im Jahr 1961 in kühler Höhe von 1300 m errichteten Winter- und Gästeresidenz der Herrscherfamilie. Der **Bhubing-Palast** 6 dient nicht zuletzt auch der Koordination königlicher Entwicklungsprojekte. Der gepflegte Park mit einem Farn- und Rosengarten kann besichtigt werden, sofern kein Mitglied der königlichen Familie anwesend ist.

Ban Doi Pui

4 km weiter liegt ein Dorf der Hmong, das ausschließlich vom Tourismus lebt. Durch den unablässigen Besucherstrom hat sich **Ban Doi Pui** 7 allerdings in einen riesigen Souvenirmarkt verwandelt, auf dem vor allem Schmuck und Stickereien zu ziemlich überhöhten Preisen angeboten werden. Die Dorfbewohner posieren in Hmong-Kostümen vor den klickenden Kameras – gegen Baht natürlich.

Im Süden der Stadt

Karte: S. 262

Ban Tawai ► C 3

Der vierspurige Highway Nr. 108 führt von Chiang Mai Richtung Hang Dong nach Südwesten vorbei am Einkaufszentrum Kat Farang Village und einem Premium Outlet. Nahe KM 12 reihen sich einige Antiquitäten- und Möbelläden entlang der Straße, in denen u. a. vielfältige Holzschnitzereien verkauft werden. Wer am Ortseingang von Hang Dong am KM 12 links in die ausgeschilderte Abzweigung nach **Ban Tawai** 8 abbiegt, wird nach 3,5 km weitere **Läden und Werkstätten** sehen, in denen ein Teil der ›Antiquitäten‹ veredelt wird. Seit dem Holzeinschlagverbot ist Teakholz rar und teuer, die schweren Teakmöbel sind zum Prestigeobjekt geworden und stammen überwiegend aus Myanmar.

Seit Jahrhunderten schmücken Holzschnitzer die Giebel und Türen der nordthailändischen Tempel mit plastischen Schnitzereien. Aus dem harten Holz des Teakbaums fertigen sie auch Elefanten in allen Größen, schwere Stühle, zierliche Schränke sowie niedrige Tischchen mit reich verzierten Platten. In dreidimensionalen Reliefs werden sowohl ornamentale und florale Motive als auch Szenen aus den großen Heldenepen oder aus Buddhas Leben dargestellt.

Zwischen den ehemaligen Werkstätten der Holzschnitzer im Dorf Ban Tawai und der Hauptstraße konzentrieren sich lange **Ladenzeilen** mit Hunderten von Ständen sowie klimatisierte Läden, in denen Großhändler ebenso wie Touristen von der unglaublichen Vielfalt an Textilien, Keramiken, Möbeln und Dekorationsartikeln verschiedenster Art nahezu erschlagen werden. Sperrige Möbel und Großeinkäufe werden von den hier ansässigen Speditionen gleich fachgerecht verpackt und verschickt, während sich die erschöpften Besucher in kleinen Cafés und Restaurants vom Einkaufsbummel erholen.

Lamphun ► D 4

Die boomende Provinzstadt **Lamphun** 9 (24 000 Einwohner) 26 km südlich von Chiang Mai ermöglicht Reisenden die Begegnung mit historischen Zeugnissen einer Epoche, die lange vor der Zeit des Lanna-Reiches begann. Die Legende besagt, dass im 8. Jh. ein Eremit in Lamphun die Lavu-Königstochter Chama Devi aus der Dvaravati-Hauptstadt Lopburi während einer Pilgerreise zum Bleiben veranlasste. Das unter ihrer Herrschaft begründete Reich von Haripunchai gilt als die älteste Hochkultur von Nordthailand. Im Gefolge der Prinzessin kamen buddhistische Mönche und Handwerker, welche die ersten Tempel errichteten. Der neue Staat übernahm neben dem Hinayana-Buddhismus auch das Alphabet sowie das Wirtschafts- und Verwaltungssystem des südlich gelegenen Lopburi-Reiches. Während die südlicheren Dvaravati-Siedlungen im 11. Jh. unter den Einfluss der Khmer gerieten und ihre Eigenständigkeit verloren, führte Haripunchai erfolgreich mehrere erbitterte Kriege gegen die vordringenden Eroberer. Lamphun konnte sich politisch wie kulturell unabhängig entwickeln, bis die Thai, von Norden kommend, 1281 unter Mengrai auch diese Region eroberten.

Haripunchai National Museum

Tel. 053-51 11 86, Mi–So 9–16 Uhr, feiertags geschl., Eintritt 100 Baht

Von der glanzvollen Vergangenheit zeugt im Zentrum das gut ausgestattete **Nationalmuseum** mit Buddhas, die aus den Tempeln der Stadt stammen, Mon-Steininschriften und anderen Funden der Haripunchai- und Lanna-Periode sowie aus jüngerer Zeit.

Ein kleines **Heimatmuseum** (Di–So 9–16 Uhr, Spende) nordwestlich vom Nationalmuseum in einem alten Teakhaus beherbergt eine Privatsammlung von Blechspielzeug, alten Filmplakaten, Fotos einschließlich der entsprechenden Kameras sowie ein winziges Kino.

Wat Phrathat Haripunchai

Touristischer Hauptanziehungspunkt ist der Tempel gegenüber dem Nationalmuseum, dessen Ursprünge im 12. Jh. liegen. Durch

Lamphun: liegender Buddha im Wat Haripunchai

Viele Souvenirs werden direkt vor den Toren von Chiang Mai hergestellt

den von burmesischen Löwen flankierten Haupteingang gelangt man zum großen **Vihara** mit schmückenden Wandmalereien. Linker Hand hängt in einem Glockenturm ein **Bronzegong** von 2 m Durchmesser. Er zählt zu den größten Gongs von Thailand. Der 51 m hohe, vergoldete **Chedi** im Zentrum der Anlage wurde vermutlich bereits Ende des 9. Jh. erbaut und 1448 unter König Phaya Tilok zu seiner heutigen Form ausgebaut. Er wird von einem neunfachen Schirm aus purem Gold bekrönt und ist von Tempelwächtern und Bronzebuddhas aus dem 14. Jh. umgeben.

Östlich vom Tempel werden auf der überdachten **Brücke über den Ping** einheimische Produkte und Souvenirs angeboten.

Wat Chama Devi 10

Am Highway 1015, 1,3 km westlich der zentralen Kreuzung von Lamphun

Das Kloster, auch Wat Ku Kut genannt, soll bereits im 12. Jh. gegründet worden sein. Neben dem Vihara ragen zwei **Tempeltürme** von ungewöhnlicher Form empor: ein achteckiger Turm aus Stein mit stehenden Buddhastatuen und ein quadratischer mit fünfstöckigem, pyramidenförmigem Aufbau, der 60 stehende Buddhastatuen enthält. Er gehört zu den wenigen erhaltenen Mon-Heiligtümern des Landes. Die Legende berichtet, dass während der kriegerischen Auseinandersetzungen mit Lopburi eine Armee gefangen genommen worden sein soll. Diese habe dann zusammen mit der eigenen Armee den quadratischen Chedi erbauen müssen.

Straße der Kunsthandwerker ► C 3

Karte: S. 262

Während der Fahrt von Chiang Mai aus passiert man auf der Thanon Charoen Muang (H 1006)

Richtung Osten rechter Hand den **Bahnhof,** die Endstation der 1919 fertiggestellten Eisenbahnlinie aus Bangkok.

Sobald der Highway 3029 überquert ist, weisen große Schilder beiderseits der Straße auf ›Factories‹ und ›Showrooms‹ hin, in denen Handwerker Keramiken brennen, Holzschnitzer und andere Handwerker ihre Kunst demonstrieren, Sa-Papier geschöpft wird und Papierschirme gefertigt sowie Leder-, Lackarbeiten, Seidenstoffe, Schmuck und viele weitere Handwerksprodukte verkauft werden. Selbst wenn man nichts kaufen möchte, bietet sich hier eine gute Gelegenheit, die Menschen bei ihren ungewöhnlichen Tätigkeiten zu beobachten.

Doch wie überall bringt nicht die Herstellung, sondern die Vermarktung den größten Gewinn. Entsprechend sind den meisten Produktionsstätten große Ausstellungs- und Verkaufsräume angeschlossen. In manchen Showrooms hat man sich ganz auf den Verkauf von Waren spezialisiert, die in weit entfernten Fabriken gefertigt werden. Oder man demonstriert nur traditionelle Produktionsverfahren, obwohl die meisten Artikel industriell hergestellt wurden. Preisvergleiche und Handeln empfehlen sich auf alle Fälle, denn vielfach sind die Gegenstände auf dem Nachtmarkt und in den Geschäften in der Thanon Tapae in Chiang Mai günstiger als in der ›Fabrik‹. Ein Guide ist während einer Einkaufstour nicht nötig, zumal seine Provision auf den Preis der Waren aufgeschlagen wird.

Am Highway 1006 11

Hinter der Kreuzung mit dem Highway 3029 befanden sich früher **Silberfabriken,** die vor allem Schmuck, aber auch Schalen und Gegenstände für den religiösen Bedarf herstellten. Sie haben nun Leder-, Textil- und Schmuckgeschäften Platz gemacht, die mehr Profit versprechen. Auch mehrere Seidenfabriken haben hier ihre Showrooms errichtet, darunter das **Thai Silk Village** (120/27 Moo 3, Sanklang, Tel. 053-33 83 57, www.facebook.com/thaisilkvillage, tgl. 8–17 Uhr).

Nur noch selten ist die aufwendige Anfertigung von **Lackarbeiten** zu sehen. Auch wenn es umstritten ist, ob burmesische Handwerker diese Kunst nach Chiang Mai brachten oder Thais sie nach Pagan exportierten, so ist sie doch in beiden Ländern ebenso beheimatet wie in Japan und China, wo sie ihren Ursprung hat. Viele derzeit angebotenen Waren stammen aus dem Nachbarland Myanmar. Die Produktion ist aufwendig: Die Grundform aus Holz oder geflochtenem Bambus wird mit Lack überzogen, der aus dem Saft des Schwarzen Lackbaums, Kalk und Asche besteht. Nachdem dieser getrocknet ist und alle Unebenheiten geglättet sind, wird eine weitere Schicht aufgetragen. Bei hochwertigen Gefäßen wird dieser Vorgang bis zu fünfzehnmal wiederholt. Bunte Muster, vorwiegend in rostrot, dunkelgrün und schwarz, erhält man durch mehrfaches Übermalen oder verschiedenfarbige Lackschichten, die durch die Gravur wieder zum Vorschein kommen, während die goldenen Ornamente auf schwarzem Grund durch eine dünne Goldschicht entstehen, wobei man die Flächen, die schwarz bleiben sollen, mit einer Säure abdeckt.

In den Brennöfen (*kilns)* der großen Celadon-Fabriken wird **Keramik** gebrannt und in den angrenzenden Showrooms verkauft. Man stellt sowohl unglasierte, grob gearbeitete Waren für den alltäglichen Gebrauch als auch feine Dekorationskeramiken her. Celadon-Keramik mit der eisenhaltigen, grünlich-schimmernden Glasur wurde in Chiang Mai bereits im 15. Jh. von chinesischen Künstlern produziert, die aus Sukhothai kamen (Bei Baan Celadon, 7 Moo 3, Sanklang, Tel. 053-33 82 88, https://baanceladon.store, tgl. 9–17 Uhr, oder Siam Celadon, 38 Moo 10, Ton Pao, Tel. 053-33 15 26, www.siamceladon.com, tgl. 8.15–17 Uhr, können Besucher auch selbst für 3500 Baht ein Souvenir töpfern oder für 1500 Baht ein vorgefertigtes Produkt bemalen).

Bo Sang 12

Hinter KM 12 erstreckt sich am Highway 1014 das Dorf der Schirmmacher. Im **Saa Pa-**

per & Umbrella Handicraft Centre werden Schirme und Fächer in allen Größen und Farben hergestellt. Frauen sitzen in den schattigen Ecken der Innenhöfe und schneiden die biegsamen Bambusstäbe zurecht, die später als Speichen des ganz aus Bambus bestehenden Gestells dienen. Neben Seide und Baumwolle dient als traditionelles Bespannungsmaterial Saa-Papier, das aus der Rinde des Maulbeerbaums gewonnen wird. Die Rinde wird zerkleinert, zu einer Papierpaste verkocht und zusammen mit Leim in mehreren dünnen Lagen von Hand aufgetragen und geglättet. Anschließend werden die Schirme in der Sonne getrocknet und mit bunten Blumen, Vögeln, Schmetterlingen, Drachen oder ganzen Landschaften bemalt.

MAIIAM Contemporary Art Museum 13

Am H 1006 in Bo Sang, 122 Moo 7, Tonpao, Tel. 052-08 17 37, www.maiiam.com, Fr–Mo 10–18 Uhr, 150 Baht
Das Konzept im modernen, sehr lohnenswerten Museum greift die Tradition der Kunst und des Kunsthandwerks in Lanna auf und schlägt mit seinen spannenden wechselnden Ausstellungen von Skulpturen, Fotos, Gemälden und Installationen einen Bogen zur zeitgenössischen Kunst Thailands. Die Ausstellungen werden ergänzt durch einen gut ausgestatteten Museumsshop und ein Restaurant.

Tour um den Doi Pui und Doi Suthep

Karte: S. 262

Mae Sa Valley ▶ C 3

Eine halbe Autostunde nördlich von Chiang Mai erstreckt sich das landschaftlich hübsch gelegene **Mae Sa Valley,** ein fruchtbares Obst- und Gemüseanbaugebiet. Das günstige Klima hat gestresste Großstadtbewohner angelockt, die sich hier in Resorts oder privaten Villen vom Trubel von Chiang Mai erholen. Sobald man den dichten Stadtverkehr hinter sich gelassen hat, geht es auf dem schnurgeraden Highway 107 nach **Mae Rim 14,** einer aufstrebenden, wenn auch wenig attraktiven Marktstadt 13 km nördlich von Chiang Mai. Hinweisschilder zu Hotels und Touristenattraktionen markieren die Abzweigung nach links in das Mae Sa Valley.

Elephant Poo Poo Paper Park 15

Tel. 053-29 95 65, www.poopoopaperpark.com, tgl. 8.30–17.15 Uhr, Eintritt 100 Baht
Die Schlangen-, Affen- und Tigerparks kann man getrost links liegen lassen und lieber einen Abstecher zu dem originellen Park etwas weiter nördlich unternehmen. Er hat sich darauf spezialisiert, handgeschöpftes Papier aus Elefantendung herzustellen. Auf einem Rundweg wird die Herstellung Schritt für Schritt erläutert und Besucher können selbst Hand anlegen.

Bai Orchid and Butterfly Farm 16

KM 0,8 des H 1096, Tel. 081-992 74 40, tgl. 7.30–17 Uhr, Eintritt 40 Baht
Nach 1,5 km zweigt links hinter der Polizei die Old Road H 1096 zum Four Seasons Resort. Die Orchideenzucht der **Bai Orchid and Butterfly Farm** ist ein beliebtes Ziel von Reisegruppen. Die um die Orchideen schwirrenden Schmetterlinge in der Voliere wirken wesentlich attraktiver als die aufgespießten Exemplare in den Kästen; Restaurant mit gutem Mittagsbüffet.

Siam Insect Zoo 17

KM 3 des H 1096, Tel. 062-956 56 45, www.facebook.com/siaminsectzoochiangmai, tgl. 9–17 Uhr, Eintritt 200 Baht
Hier können interessierte Kinder und Kriechtier-Freunde Schmetterlinge, Stabinsekten, Gottesanbeterinnen und Skorpione sowie allerlei Käfer aus nächster Nähe live bestaunen. Zudem gibt es eine informative Ausstellung mit präparierten Insekten und einige Reptilien.

Mae-Sa-Wasserfall 18

Eintritt 100 Baht

Die zehnstufigen Kaskaden des hübschen Wasserfalls hinter KM 6 links der Straße sind im Dezember und Januar ein beliebtes Picknickziel. Auf Wanderwegen kann man zu zahlreichen Pools gelangen oder den angrenzenden Wald durchstreifen.

Maesa Elephant Camp 19

Tel. 053-20 62 47, www.maesaelephantcamp.com, Mo–Fr 9–15.30, Sa und So 9–16 Uhr, Eintritt 300 Baht inkl. Futter für die Tiere

Das riesige Camp am KM 10, das von vielen Reisebussen angefahren wird, lockt mit einer großen Anzahl von Elefanten. Es werden keine Shows mehr aufgeführt und auch kein Reiten mehr angeboten. Stattdessen können Besucher die Dickhäuter für einen Aufpreis von 500 Baht baden. Programme für 2000 Baht (halbtags) bzw. 3000 Baht (ganztags) beinhalten die Futterherstellung und das Füttern, Informationen zur medizinischen Versorgung der Tiere und einen Spaziergang mit ihnen.

Queen Sirikit Botanic Garden 20

Tel. 053-84 12 34, www.qsbg.org, tgl. 8.30–16.30 Uhr, Eintritt 150 Baht, Auto 100 Baht

2 km hinter dem Elephant Camp kann man durch einen weitläufigen botanischen Garten fahren und spazieren. Die bunten Blumenbeete mit einheimischen und exotischen Gewächsen erfreuen das Herz der Thai, die ansonsten nicht mit dem Anblick von Blumen verwöhnt werden. Interessant sind u. a.

Reisfeldidylle mit Albino-Wasserbüffel vor dem Four Seasons Resort

das Palmenhaus, der Orchideengarten, die Sammlung von Kletterpflanzen und der Garten mit einheimischen Heilpflanzen. Toll ist auch der 369 m lange **Flying Draco Trail,** ein Baumkronenweg in bis zu 20 m Höhe.

Abstecher nach Norden

Vom Dorf **Pong Yang** 21 führt der H4051, eine schmale, steile Straße, in 6 km nach **Mon Chaem** 22. Das ehemals ärmliche Hmong-Dorf entwickelte sich dank seiner malerischen Lage und kühlen Temperaturen zu einem beliebten Ziel für einheimische Touristen, die hier in einfachen Hütten oder Zelten übernachten können. Im nebelverhangenen Morgengrauen versuchen sie dann, das perfekte Foto in ›exotischer‹ Bergkulisse zu schießen. Entsprechend staut sich der Verkehr an Wochenenden und Feiertagen teils kilometerweit.

Durch die Berge ▶ C 3

Hinter den Gärtnereien am Ende des Mae Sa Valley windet sich der H 1096 an einem kleinen Wasserfall vorbei in die Berge hinauf und erreicht zwischen KM 24 und 25 die **Passhöhe** 23**.** An klaren Tagen überblickt man eine endlose Bergkette. Bis in die 1960er-Jahre hinein isolierten diese unzugänglichen Berge den Ort Mae Hong Son, 120 km Luftlinie weiter nordwestlich, von der Außenwelt.

Am KM 32 wendet man sich an der Straßeneinmündung nach rechts und erreicht nach 6 km **Samoeng** 24**,** einen kleinen, von Bergen und Obstplantagen umgebenen Ort. Dort gibt es einen Markt und einige Restaurants.

Seit Mitte der 1980er-Jahre ist die 50 km lange Straße Richtung Hang Dong und zurück nach Chiang Mai durch die südlichen Ausläufer des **Doi Suthep-Pui National Park** gut ausgebaut. Nachdem man am KM 7 die erste Bergkette überwunden hat, ist zwischen KM 15 und 16 der **Krista Doi Pass** 25 erreicht. Dort eröffnet sich ein weiter Blick über die bewaldeten, steilen Hänge des Doi Pui und Doi Suthep.

Hinter KM 18 endet der Wald und beiderseits der ins Tal hinabführenden Straße liegen zwischen Reisfeldern und kleinen Dörfern Restaurants, Resorts und Ferienwohnungen. Sie sind eingebettet in ausgedehnte Gärten, deren bunte Blütenpracht sich nur im kühlen Hochlandklima entfalten kann.

Am KM 41 ist nördlich von Hang Dong der Highway 121 erreicht, auf dem es links zurück nach Chiang Mai geht.

Übernachten

Einmal im Leben – **Four Seasons Resort Chiang Mai:** 502 Moo 1, Thanon Rimtai, KM 3, Mae Rim-Samoeng Old Road, Tel. 053-29 81 81, www.fourseasons.com/chiangmai. 64 superluxuriöse Suiten im nordthailändischen Stil in einer harmonisch gestalteten natürlichen Umgebung. Mit ausgezeichnetem Spa und Kochschule. €€€

Romantisches Refugium – **Proud Phu Fah Hip Resort:** Hinter Pong Yang, Tel. 081-647 74 37, www.proudphufah.com. In kühler Höhe stehen in einem Garten an einem Bach mit Antiquitäten individuell gestaltete Villen mit privater Terrass sowie Suiten in einem dreistöckigen Haus mit Jacuzzi oder eigenem Pool. Netter Garten mit Pool und hübsches, beliebtes Restaurant mit schönem Ausblick. €€€

Aktiv

Outdoor – **Chiang Mai X-Centre:** 3 km westlich von Mae Rim, Tel. 053-29 77 00, www.chiangmaixcentre.com, tgl. 9–18 Uhr. An der Hauptstraße weisen riesige Plakate auf den Veranstalter hin. Aktivitäten wie Bungy Jumping (2200 Baht), Off-Road-Fahrten mit dem Quad (ATV, ab 1600 Baht) oder Geländemotorrad (ab 2500 Baht), Go-Kart (ab 800 Baht) und mehr. Zubringerbus ab Chiang Mai, für Aktive kostenlos, sonst 200 Baht.

Verkehr

Die ca. 100 km lange Rundfahrt rings um die Bergwelt des Doi Suthep-Pui National Park ist gut an einem Tag mit einem eigenen Fahrzeug zu bewältigen. Öffentliche Verkehrsmittel bedienen nur wenige Teilstrecken.

Die Bergwelt im hohen Norden

Für viele ist es Abenteuer genug, ein paar Stunden durch die Bergwelt zu wandern oder ein primitives Bambusfloß zu besteigen, andere fühlen sich herausgefordert, mit einem gemieteten Motorrad das abgelegene Grenzgebiet zu erkunden und in den dünn besiedelten Regionen zu übernachten. Eines ist sicher: Von einer Reise durch den hohen Norden kehrt jeder mit interessanten Geschichten zurück.

Im rauen Grenzgebiet rund um Chiang Rai und Mae Sai herrscht Goldgräberstimmung, seitdem die Grenze zu den Nachbarländern durchlässiger geworden ist. Auf der anderen Seite scheint die Entwicklung der vergangenen 100 Jahre an vielen Dörfern in den Bergen vorübergegangen zu sein – und genau das macht sie so reizvoll für Naturliebhaber ebenso wie für kulturell Interessierte.

Durch die stärkere Kontrolle des Opiumanbauverbots wurde der Mohnanbau in abgelegene Regionen sowie nach Laos und Myanmar (Burma) verlagert, wo in Fabriken auch allerlei Designerdrogen hergestellt werden, die in Massen den Markt überschwemmen. Die aufständischen Grenzbewohner sind entwaffnet und mit ihren Heimatländern pflegt man mittlerweile im Rahmen der Staatengemeinschaft ASEAN gute Beziehungen.

Der kleine Grenzverkehr blüht wie eh und je und auf legalen wie illegalen Wegen finden Waren einen Weg über die Grenze in die Nachbarstaaten bis hinauf nach China, von wo Billigprodukte auf den thailändischen Markt gelangen. Die angrenzenden Länder dienen als schier unerschöpfliche Quelle für wertvolle Rohstoffe wie Edelsteine oder Teakhölzer, für Billigarbeitskräfte und Nachschub für die Freudenhäuser des Landes. Über neue Straßen dringen Errungenschaften der westlichen Zivilisation auch in ärmliche Bergdörfer vor. Nachdem das profitable Opium nicht mehr angebaut werden darf, bleibt neben dem kärglichen Verdienst durch den Verkauf von Kaffee, Blumen, Obst und Gemüse nur der Tourismus als Einkommensquelle. Viele versuchen etwas von diesem Kuchen abzubekommen, sodass in Bergdörfern Gästehäuser entstehen und Guides täglich Hunderte von Touristen durch die Bergwelt führen. Auch Opiummuseen und teure Luxusresorts am Goldenen Dreieck leben vom zunehmend verblassenden Mythos.

Auf dem Highway Nr. 107

Karte: S. 274

Mae Taeng Valley ▶C 3

Durch das Tal des Ping River verläuft der Highway 107 über Mae Rim nach Norden. Hinter der Abzweigung zum Mae Sa Valley locken abseits der Hauptstraße weitere Touristenattraktionen. Das stark beworbene Tiger Kingdom sollte wegen seiner nicht artgerechten Tierhaltung ignoriert werden. Im **Mae Taeng Valley** 1 haben sich mehrere Elefantencamps angesiedelt.

Ein intensives Zusammensein und Möglichkeiten über längere Zeit als Freiwillige mit Elefanten zu arbeiten, ermöglicht der von der engagierten Lek geleitete **Elephant Nature Park**, der alten oder verletzten Tie-

In den Chiang-Dao-Höhlen finden sich seit Jahrhunderten Gläubige zum Gebet ein

ren (auch Hunden) ein Refugium bietet. Hier können Besucher die Elefanten baden und füttern, aber nicht reiten (Buchungen in Chiang Mai, 1 Thanon Ratchamanka, Tel. 053-27 28 55, www.elephantnaturepark.org). Zudem wird im großen **Maetaman Elephant Camp** (Tel. 081-672 23 44, tgl. 7–15 Uhr) und in anderen Camps Elefantenfüttern und auch das vielen übel aufstoßende Reiten sowie Rafting auf dem Mae Taeng River angeboten. Weiter flussaufwärts organisieren **Siam River Adventures** Rafting- und Kajakfahrten (Tel. 089-515 19 17, www.siamrivers.com).

Chiang-Dao-Höhlen

▶ C 3

Eintritt 40 Baht

Vorbei an Reisfeldern und Gemüsegärten, Obstplantagen und Teakholzpflanzungen geht es im kleinen Ort Chiang Dao von der gut ausgebauten Umgehungsstraße H 107 ab und auf einer 5 km langen Nebenstraße (H 3024) zu den **Chiang-Dao-Höhlen** **2**, die schon immer als Ort religiöser Verehrung und der Meditation dienten. Der Haupteingang liegt nahe dem Parkplatz jenseits der Stände, die traditionelle Heilkräuter verkaufen, und eines Tempels

aus jüngerer Zeit. Über einen Teich mit riesigen Karpfen gelangt man in das weit verzweigte Höhlensystem, in dem der Ping River entspringen soll. Einige Bereiche, in denen unter Stalaktiten teils sehr alte Buddhastatuen stehen, sind ausgeleuchtet. Wer sich nicht gut orientieren kann oder weiter in den unbeleuchteten Bereich vordringen möchte, sollte sich einen Guide mit Lampe für 200 Baht nehmen.

Übernachten

Hübsch wohnen, gut essen – **Chiang Dao Nest 1 und 2:** Hinter den Höhlen auf dem Weg zum Wat Pha Phlong, Tel. 053-45 66 12, www.chiangdaonest.com. In 700 m Entfernung voneinander stehen in zwei Gärten am Rand der Berge kleine hübsche Bungalows aus Bambus. Ein kleiner Pool ist auch vorhanden. Beide familienfreundliche Anlagen haben hervorragende Restaurants und offerieren Ausflüge und Trekkingtouren. Da die Unterkünfte regelmäßig ausgebucht sind, empfiehlt sich eine Reservierung. €–€€

Für Naturliebhaber – **Malee's Nature Lovers Bungalows:** Neben dem Chiang Dao Nest 2, Tel. 081-961 83 87, www.maleenature.com. Malee und ihr Schweizer Mann Kurt vermieten in ihrem weitläufigen Garten Bungalows und Häuser mit unterschiedlich eingerichteten Zimmern, auch für Familien. Viele Insiderinfos für Wanderungen auf eigene Faust. €–€€

Essen & Trinken

Fantastisch essen – **Chiang Dao Nest 2:** Tel. 053-45 66 12, www.chiangdaonest.com, tgl. 8.30–10.30, 11.30–15 und 18–21.30 Uhr. Auf der großen, vielseitigen Speisekarte stehen auch ausgefallene Gerichte, die geschmacklich allesamt absolut überzeugen können. Zum Abendessen ist eine Reservierung verpflichtend.

Gourmet-Bier und Burger – **Microkosmos Craft Beer & Burger Bar:** 259 Moo 12, nahe der Umgehungsstraße H 107, Tel. 065-881 27 09, www.facebook.com/MicrokosmosCraftBeerChiangDao, Di–So 16–23 Uhr. Kaum zu glauben, was für eine erlesene Auswahl an (bis zu 22 verschiedenen) Fassbieren internationaler Craft-Brauereien im beschaulichen Chiang Dao gezapft werden. Auch die Burger können sich sehen lassen, und ein klassischer Nintendo sorgt für Unterhaltung.

Tal von Phrao ▶ C 3

Hinter **Ping Khong** weichen beiderseits der Straße die Reisfelder zunehmend Bambus- und Teakwäldern, die sich während der Regenzeit in sattem Grün zeigen. Doch selbst in der Trockenzeit sorgen blühende Bäume für bunte Farbflecken in der diesig-braunen Landschaft. Richtung Osten zweigt der

Die Bergwelt im hohen Norden

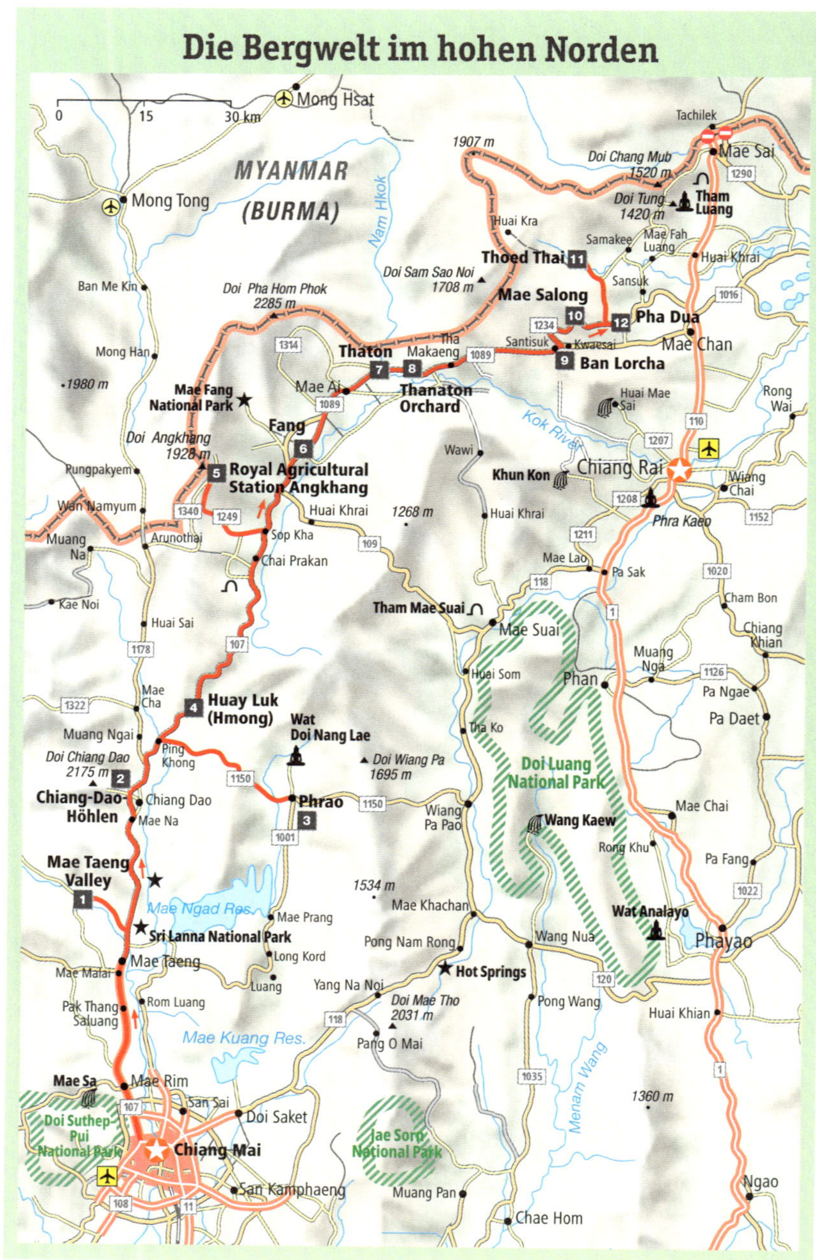

schmale H 1150 ab, die Straße führt durch eine malerische, bizarre Bergwelt und das fruchtbare, agrarisch genutzte **Tal von Phrao** und endet in **Wiang Pa Pao** am Highway 118. In **Phrao** 3 lohnt ein Abstecher zum eigenwilligen **Wat Doi Nang Lae,** 7 km nordwestlich des Ortes, von dem aus sich eine schöne Aussicht bietet.

Hinter Ping Khong windet sich der Highway H 107 Richtung Norden zwischen steilen Kalkfelsen hindurch, die sich in bizarren Formationen aus der Ebene erheben. Rechts der Straße liegt am KM 95 am See **Huay Luk** 4 die erste Siedlung der Hmong. Ein kleines Restaurant am See lädt zu einer Pause ein.

Die folgende Bergkette bildet die Wasserscheide zwischen dem Einzugsgebiet des Ping und Fang River und damit auch zwischen Menam Chao Phraya und Mekong.

Doi Angkhang ▶ C 2

Die Abzweigung am KM 137 führt Richtung Westen auf den Doi Angkhang (1935 m). Wegen der starken Steigungen sollten nur geübte Fahrer diesen Abstecher wagen. In den Dörfern des Hochtals leben neben Lisu, Lahu und Hmong auch einige Chinesen. Sie pflanzen Blumen an und ernten Äpfel, Birnen und andere Früchte, die ansonsten nur in gemäßigten Breiten wachsen.

Die gehegte und gepflegte, bereits seit 1969 als erstes landwirtschaftliches Entwicklungsprojekt vom Königshaus unterstützte **Royal Agricultural Station Angkhang** 5 nahe dem höchsten Dorf Ban Khum beeindruckt durch seine fantastischen Gärten, darunter auch ein Bonsai-Garten, sowie Gewächshäuser mit Farnen und Orchideen. Zudem werden Gemüse, Früchte, Blumen, Zier- und Gewürzpflanzen aus temperierten Zonen auf ihre Verwendbarkeit in Nordthailand untersucht und bei Erfolg von Bewohnern der nahen Dörfer angebaut. Hier gedeihen sogar Kiwis, Aprikosen und Kornblumen. Von der Terrasse des Restaurants aus hat man einen schönen Ausblick auf einen bunten Blumengarten (Tel. 053-96 94 76, tgl. 7–17 Uhr, Eintritt 50 Baht, Autos 50 Baht).

Nördlich von Ban Khum lohnt entlang der Straße ein Halt am kleinen Markt in **Ban Nor Lae,** wo Schmuck und Kleidung der Bergvölker verkauft werden. Dahinter endet die Fahrt an einer Absperrung des Militärs.

Eine Ölpumpe am Highway 107 bei KM 141 erinnert daran, dass in den 1950er-Jahren im Tal von Fang sogar Öl gefördert wurde. **Fang** 6, ein wenig interessanter Marktort, erstreckt sich am Fuß der Bergkette.

Verkehr

Busse: Von der Busstation an der Hauptstraße südlich des Zentrums von Fang fahren stdl. bis 17 Uhr Minibusse nach Chiang Mai und 7x tgl. nach Thaton. Alle abseits des H 107 gelegenen Ziele erreicht man am besten mit einem eigenen Fahrzeug.

Thaton ▶ D 2

Thaton 7, 23 km nördlich von Fang, liegt am Ufer des Kok River nahe der burmesischen Grenze zu Myanmar.

Wat Thaton

Tgl. 6.30–17 Uhr

Oberhalb des Flusses erstreckt sich die riesige Tempelanlage. Überdimensionale Statuen eines Bronzebuddha auf der Naga-Schlange sowie eines weißen sitzenden Buddhas und der chinesischen Göttin der Barmherzigkeit, Kuan Yin, blicken auf die Berge von Myanmar (Burma). Ganz oben enthält ein großer, prunkvoller Chedi eine Sammlung buddhistischer Skulpturen. Über einen spiralförmigen Aufgang erreicht man im ersten Stock moderne Meditationsräume und im Obergeschoss den Gebetsraum mit einer Reliquie Buddhas und einer schönen Aussicht.

Markt

Mo morgens

Jenseits der Brücke, wo die gelben Songthaew nach Mae Salong abfahren, treffen sich Akha, Lisu und andere Bergbewohner auf dem Markt. Akha-Frauen mit Silberkopfputz und den bestickten Röcken warten an der Bootsanlegestelle und in den Unterkünften auf Touristen,

MIT DEM SCHNELLBOOT VON THATON NACH CHIANG RAI

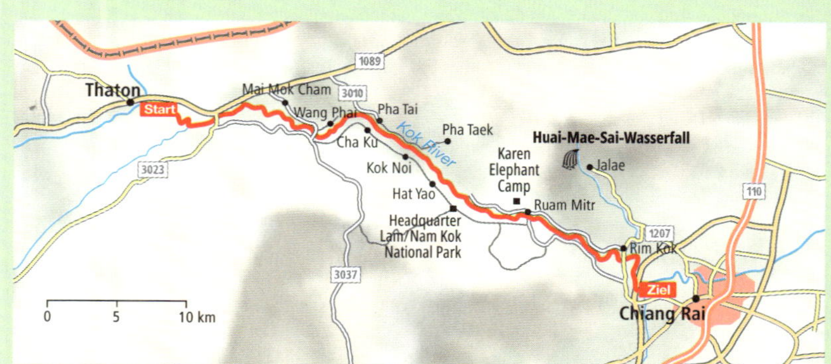

Tour-Infos

Start: 12.30 Uhr in Thaton, Anlegestelle unterhalb der Brücke (in Chiang Rai 10.30 Uhr)
Länge: Ca. 80 km
Dauer: Über 3 Std. (in Gegenrichtung 4 Std.)
Preis: 400 Baht. Ab 6 Personen lohnt es sich ein Boot für 2400 Baht pro Tour zu chartern.

Wichtige Hinweise: Eine Kopfbedeckung zum Schutz gegen Sonne ist ebenso wichtig wie Trinkwasser und Sonnencreme. Die Fotoausrüstung sollte wegen einiger Stromschnellen vor Spritzwasser geschützt werden. In der Trockenzeit wird der Bootsverkehr bei niedrigem Wasserstand eingestellt.

Die Flusspassage zwischen Thaton und Chiang Rai ist bei Reisenden sehr beliebt. Da die Boote, die von einer Schiffsschraube an einer langen Stange angetrieben werden, weder über Sitze noch über ausreichenden Sonnenschutz verfügen, sollte man sich auf eine etwas strapaziöse Fahrt einstellen. Dennoch sind die regulären Schnellboote eine interessante Alternative zur Fahrt über Mae Salong nach Chiang Rai, die mit öffentlichen Verkehrsmitteln recht beschwerlich ist.
Von Thaton geht es flussabwärts auf dem Kok River, an dessen fruchtbaren Ufern Lychees, Mangos und anderes Obst sowie Gemüse angebaut wird. An abgeholzten Hängen pflanzen die Dorfbewohner Bergreis und Mais an. Noch ist die Straße am Südufer entlang unbefestigt, doch wo es Elektrizität gibt, wird auch gebaut. Unterwegs stoppen die Boote nach Bedarf in Dörfern der Shan (Mai Mok Cham), Tai Lue (Wang Phai), Lahu (Cha Ku, Pha Tai, Pha Taek, Ton Phuen), Akha (Kok Noi) und Karen (Ruam Mitr), wo einige Trekkingorganisationen ihre Touren starten.
Nach etwa 60 km wird meist ein Stopp im Karen-Dorf **Ruam Mitr** mit seinem Karen Elephant Camp (8–16 Uhr) eingelegt. Steil aufragende Kalkfelsen mit Meditationshöhlen und eine Brücke künden von der nahen Anlegestelle am Stadtrand von Chiang Rai.

um ihnen Handarbeiten zu verkaufen oder gegen Geld für ein Foto zu posieren.

Übernachten

Zentral mit Pool – **Saranya River House:** 232 Moo 3, nahe der Anlegestelle, Tel. 089-851 70 72, www.thatonthailand.com. In einem zweistöckigen Neubau mit Restaurant-Café gut ausgestattete kleine Zimmer und Suiten mit kleinen Bädern, erfrischender Pool und kleine Terrasse mit Flussblick. Rührige Besitzerin, Frühstück inklusive. €–€€

Gepflegtes Resort – **Maekok River Village Resort:** 1 km östlich von Thaton, Tel. 053-05 36 28, https://maekok-river-village-resort.com. Weitläufige Anlage direkt am Fluss mit zwei Pools und großen, komfortablen, wenn auch etwas in die Jahre gekommenen Zimmern mit hübschen Bädern. Freundlicher Service, Touren und Aktivitäten. €€–€€€

Am Fuß des Tempels – **Khun Mai Baan Suan Resort:** 13 Moo 14, Tel. 053-05 35 51, www.facebook.com/khunmaibaansuanresort. In einer Flussschleife am Ende der Straße stehen in einem weitläufigen Garten, teils dicht beieinander, einfache, rustikale Bungalows. 15 Zimmer im zweistöckigen Haupthaus. Gutes Restaurant. €–€€

Verkehr

Boote: Tel. 053-05 37 27 (s. Aktiv S. 276).

Busse: Neben den regelmäßigen Verbindungen über Fang gibt es 7 x tgl. Busse direkt von Bangkok (Northern Bus Terminal, Mo Chit) und Chiang Mai (via Chiang Dao) nach Thaton; wer am selben Tag um 12.30 Uhr mit dem Boot weiterreisen möchte, sollte sich früh auf den Weg machen, denn für die Strecke benötigt man mind. 4 Std.

Songthaew: Ab Markt 3 x tgl. von 8.30 bis 12.30 Uhr direkt nach Mae Salong oder mit Umsteigen an der Abzweigung in Kiu Sa Dai.

Akha-Dörfer im Thaton-Tal

▶D 2

Die modernen Dörfer der Lisu und Akha im Thaton-Tal sind von Gemüsefeldern, Mango- und Orangenplantagen umgeben. Besichtigt werden kann die große **Thanathon Orchard** 8 (www.tntorchard.com, Rundfahrt 40 Baht). Neben frisch gepresstem Orangensaft, gibt es im Restaurant auch vollwertige Thai-Gerichte – ein beliebter Halt zum Mittagessen.

Ban Lorcha

www.pdacr.org/ban-lorcha, tgl. 8–17 Uhr, Eintritt 80 Baht

Lohnend ist ein Besuch des Akha-Dorfes **Ban Lorcha** 9 am KM 54, einem als Dorfentwicklungsprojekt initiierten ›Living Museum‹. Es wurde bewusst als eine vom Dorf getragene Alternative zum kommerziellen, teils entwürdigenden Ethnotourismus angelegt. An der Straße werden Besucher von einem Dorfmitglied in Empfang genommen und in einer halbstündigen individuellen Tour durch die Siedlung geführt. Dabei werden sie von einer Tanzgruppe begrüßt, können beim Spinnen, Weben, Fallenstellen und Schmieden zusehen und erhalten an einem Dutzend Stationen mit Infotafeln detaillierte Hintergrundinformationen über den Alltag der Akha und ihre Traditionen.

Mae Salong ▶D 2

Karte: S. 274

An der Gabelung 1 km hinter Ban Lorcha wählt man links die Abzweigung (H 1234) nach **Mae Salong** 10, die sich 13 km lang über steile, kahle Pässe schlängelt. Auf der Strecke bieten sich fantastische Ausblicke über die Bergwelt. Auf einem gut zu verteidigenden Kamm mit freiem Blick in alle Richtungen erstreckt sich in 1350 m Höhe Mae Salong (in Thai: Santikhiri), das von Dörfern der Lisu, Akha und Lahu umgeben wird. Es scheint, als ob dieser große Ort geradewegs aus Südchina hierher importiert worden sei. Prachtvolle Neubauten, die mit chinesischen Ornamenten und Schriftzeichen geschmückt sind, bringen den Wohlstand ihrer Bewohner zum Ausdruck.

Nach Mao Zedongs Sieg über die Kuomintang floh 1949 die komplette 93. Division der geschlagenen chinesischen Armee aus Yünnan nach Burma. Als sie 1956 auch von dort vertrieben wurden, fanden die Soldaten Asyl in

Eine einfache Siedlung der Akha bei Mae Salong

Thailand. Etwa 1500 von ihnen siedelten sich in Mae Salong an. Die schwer bewaffneten, disziplinierten Truppen betrachtete man als willkommene Verstärkung bei der Sicherung der nördlichen Landesgrenzen gegen die vordringende ›kommunistische Gefahr‹ aus dem Norden. Dass sich diese ›Verteidiger der Freiheit‹ weitgehend durch den Opiumhandel finanzierten, spielte keine Rolle. Die gut befestigten Dörfer waren uneinnehmbare Stützpunkte der Drogenbarone.

Die neue Straße hat den Ort aus seiner Isolation herausgerissen und mit seiner Öffnung auch kontrollierbar gemacht. Vor Jahren haben die alten Kämpfer ihre Waffen abgegeben, ihre Enkelkinder lernen mittlerweile in der Schule die Sprache ihres Gastlandes, Thai, und in Privatschulen am Abend Chinesisch.

Noch vor Sonnenaufgang kommen Akha-Frauen und Lisu aus den Bergdörfern der Umgebung zum **Obst- und Gemüsemarkt** im unteren Ortszentrum. Der **Nachmittagsmarkt** mit Souvenirständen am westlichen Ortsausgang wird hingegen weitgehend von Chinesen bestimmt, die den Reisegruppen aus Hongkong, Taiwan oder Singapur traditionelle Medizin, Trockenfrüchte und -pilze, Tee, Tabak und andere Spezialitäten offerieren.

Es sind vor allem Chinesen, die nach Mae Salong fahren, um das **Mausoleum des Generals** der 93. Division am Berghang und das pompöse **Chinese Martyrs' Memorial Museum** am südlichen Ortseingang zu besuchen. Nach einem Rundgang durch die **Teefabrik** und einer Stärkung in einem der chinesischen Restaurants verlassen sie den Ort wieder Richtung Chiang Rai.

Die große **Moschee** zeigt an, dass es außer buddhistischen Chinesen auch eine große islamische Gemeinde gibt. Sie rekrutiert sich einerseits aus Flüchtlingen, die vor der Militärdiktatur in Myanmar über die Grenze nach Thailand geflohen sind und andererseits aus Nachkommen von muslimischen Händlern aus Yunnan, die ursprünglich aus Zentralasien stammen und mit den Kuomintang-Einheiten das Land verlassen mussten.

Den Ort überragt der goldglänzende **Chedi** auf dem Doi Mae Salong, zu dem mehrere Wege sowie eine 3,7 km lange, steile Straße vorbei an einer wunderschönen, kleinen **Kuan-Yin-Pagode** hinaufführt.

Übernachten

Die Resorts in der kühlen Bergwelt haben sich vor allem auf einheimische Urlauber und chinesische Reisegruppen eingestellt und verfügen über entsprechend viele Zimmer, alle mit Fernseher. Zudem finden sich im Ort einige preiswerte Gästehäuser.

Mitten in der Natur – **Maesalong Mountain Home:** 9 Moo 12, Mae Salong Nok, Tel. 084-611 95 08, www.maesalongmountain home.com. Freundliche, naturnahe Bungalowanlage inmitten von Teeplantagen und Bambuswäldern östlich des Ortes. Die kleinen, farbenfrohen Häuser werden mittags etwas heiß, die größeren haben eine geräumige Terrasse und Himmelbetten. Anreise im eigenen Fahrzeug empfehlenswert. Kleines Yunnan-Restaurant. €–€€

Chinesisch – **Wang Put Tan Boutique Hotel:** 7/1 Moo 12, Tel. 089-995 40 66, www.wang puttan.com. Moderne Unterkunft einer Teegesellschaft. Zwölf großzügige, mit chinesischen Stilelementen dekorierte Zimmer mit Balkon, guter Ausblick vom zweiten Stock. €€

Im Zentrum – **Baan See See Mountain View:** 18/3 Moo 1, Tel. 081-882 84 63, http://baan seesee.com. Der freundliche Besitzer vermietet im Neubaublock an der Straße großzügige Zimmer mit Balkon, im oberen Stockwerk ruhiger und schöne Aussicht. Weiter unterhalb am Hang stehen einfachere Doppelbungalows mit kleiner Terrasse. Auch Familienzimmer. €

Essen & Trinken

Chinesisch-muslimische Küche – **Salima Restaurant:** 500 Moo 1, Tel. 053-76 50 88, tgl. 8.30–20 Uhr. Im Zentrum gelegener, seit 1965 bestehender Familienbetrieb. Einfache Einrichtung, gute Yunnan-Küche.

Hervorragende Kuchen – **Sweet Maesalong:** Im östlichen Zentrum, Tel. 092-429 32 62, www.facebook.com/sweetmaesalong, Di–So von 9.30–17, Sa bis 17 Uhr. Kaffee, Croissants und Kuchen mit fantastischen Ausblicken. Der Besitzer ist manchmal etwas eigenwillig.

Teehäuser – Die Lokale im altchinesischen Stil befinden sich u. a. nahe der Teefabrik **101 Tea Plantation,** in die man auch einen Blick werfen kann.

Einkaufen

Chinesisches – **Im Zentrum:** Viele Teashops und Geschäfte offerieren chinesische Tees, getrocknete Pilze und andere Lebensmittel sowie Billigprodukte aus China und Myanmar.

Kunsthandwerk – **Markt:** Am unteren Ortsausgang werden Produkte der Bergvölker und aus Myanmar verkauft.

Verkehr

Songthaew: Haltestelle zwischen Moschee und Morgenmarkt im Ortszentrum. 4 x tgl. 8–14 Uhr nach Thaton (2 Std.), bis 15 Uhr nach Mae Chan an der Hauptstraße Chiang Rai – Mae Sai (1,5 Std).

Thoed Thai und Pha Dua

▶ D 1/2

Der Highway H 1234 schlängelt sich von Mae Salong durch Bambushaine ins Tal. Beiderseits der Straße wurden Monokulturen mit Nadelbäumen angepflanzt. Im Akha-Dorf **Sam Yaek,** wo noch eine Zermonienschaukel steht, zweigt eine Straße nach **Thoed Thai** 11 ab, das früher Ban Hin Taek hieß. Dort hatte Khun Sa, der Opiumkönig und legendäre Anführer der Shan United Army, sein Hauptquartier und seine Heroinraffinerien, bis er 1982 von der thailändischen Armee vertrieben wurde. Er flüchtete in die burmesischen Berge im Grenzgebiet nördlich von Mae Hong Son, bis er sich den Militärs von Myanmar ergab.

Khun Sa kämpfte jahrzehntelang von Thailand aus um die Unabhängigkeit der Shan States gegen die Zentralregierung von Myanmar (Burma). Die Waffen finanzierte er seit Anfang der 1960er-Jahre durch Opiumanbau und Heroinschmuggel. Er kontrollierte einen großen Teil der weltweiten Opiumproduktion und baute sich damit ein mächtiges Imperium auf. Im Januar 1996 kapitulierte Khun Sa und lieferte seine 15 000 Soldaten an die Regierung von

WANDERUNGEN IN DEN BERGEN

Tour-Infos

Zeit: Ideal Nov.–Febr., März–Mai sehr heiß, danach häufig Regen

Dauer: 1–3 Tage

Wichtige Hinweise: Die Ausrüstung für mehrtägige Treks sollte Kleidung zum Wechseln, trittfeste Schuhe, Sandalen, Sonnen-/Regenschutz, Mückenmittel, Toilettenartikel, Medikamente, Pflaster, Verbandszeug, Toilettenpapier, Taschenlampe, Wasserflasche, Kleingeld, Kreditkarten, Kopie des Reisepasses (Original im Hotelsafe lassen), in der kühlen Jahreszeit einen Schlafsack oder Decken umfassen.

Sicherheit: Zur eigenen Sicherheit sollten Wandertouren nie ohne einen lizenzierten *Guide* und Motorradtouren nie alleine und in unmittelbarer Nähe der Grenze zu Myanmar (Burma) unternommen werden.

Verhaltenstipps: Verteilen Sie keine Süßigkeiten an Kinder oder andere wertlose Geschenke. Achten Sie unbedingt die Sitten der Bergbewohner, ihre Glaubensvorstellungen und Tabus; fotografieren Sie nur Menschen, die damit auch einverstanden sind, oder wenn Sie bereit sind, das geforderte Geld zu zahlen. Lassen Sie sich nicht zum Konsum von Drogen überreden. Auch für Ausländer gilt der Thai Narcotics Act, der jeglichen Drogenbesitz unter Strafe stellt (s. S. 98).

Einen lebensnahen Einblick in die Welt der Bergbewohner, die abseits der Hauptstraßen leben, erhält man auf Touren unter Leitung eines einheimischen Führers. Auf schmalen Pfaden geht es bergauf und -ab, durch dichten Bambuswald und fruchtbare Reisfelder, über kahle Bergrücken zu den Feldern und Dörfern der Bergbewohner, wo man in einfachen Bambushütten sein Nachtlager aufschlägt. Einige Touren sind ziemlich anstrengend und erfordern tägliche Fußmärsche von bis zu sechs Stunden. Es werden aber auch bequemere Alternativen angeboten – ein- bis zweitägige Touren, bei denen man große Strecken in Bussen und Booten, auf Flößen oder auf dem Rücken von Elefanten zurücklegt. Andere Touren verbinden Wanderungen mit einem Besichtigungsprogramm oder gar mit Kochkursen.

Entscheidend für das Gelingen einer Tour ist der **richtige Anbieter.** Lassen Sie sich nicht zu einer Tour überreden, vergleichen Sie die Angebote und informieren Sie sich bei zurückgekehrten Wanderern. Für eine gute Tour sollten Sie zwei bis drei Tage einplanen, die Gruppe sollte nicht mehr als zehn Teilnehmer umfassen. Es ist hilfreich, den Guide vorher zu treffen und sich über seine Lizenz, Sprachkenntnisse und Wissen sowie die angebotenen Leistungen zu informieren (Dauer der Floßtour, der Wanderzeiten, Art der Unterkunft, Verkehrsmittel, Mahlzeiten, Ausrüstung, Versicherung). Alle Veranstalter und Guides müssen bei der Tourismusbehörde registriert sein.
Allein in **Chiang Mai** vermitteln Hunderte Agenturen meist nur Touren. Gute unabhängige Guides sind Mr. Chan (http://chantrekking.com) und Mr. Piroon (www.chiangmai-trekking.com). Die Veranstalter haben viele Guides unter Vertrag. Ziele sind vor allem das nahe gelegene **Mae Wang Valley** am Fuß des **Doi Inthanon** und das Tal von **Mae Taeng** mit touristischen Dörfern. Alle anderen Regionen erfordern eine längere Anreise. Teurer sind Touren im Nationalpark.
In anderen Orten im Norden werden ebenfalls Treks angeboten. Dort ist die Auswahl nicht so groß, dafür ist aber die Anreise wesentlich kürzer, die Organisation individueller, und die Gruppen sind auch kleiner. Das Chiang Dao Nest sowie Malee's (s. S. 273) führen ab **Chiang Dao** hervorragende Wanderungen in der herrlichen Berglandschaft rings um den **Doi Chiang Dao**.
Ab **Chiang Rai** organisieren zahlreiche Gästehäuser und die Population and Community Development Association – eine nicht kommerzielle Organisation zur Unterstützung der Bergvölker – Touren zu Lahu-, Yao, Akha- und Karen-Dörfern (PDA, im Hilltribe Museum, Tel. 053-74 00 88, www.pdacr.org). Weitere gute Touren werden westlich von Chiang Rai angeboten vom Akha Hill House bei Song Kwae (Tel. 091-747 94 99, www.akhahill.com) und vom My Dream Guesthouse am Kok River bei Khaew Wuadum (Tel. 099-849 59 00, https://bit.ly/MyDreamGh).
In **Mae Salong** ist das Shin Sane Guesthouse Anlaufpunkt für Ponyausritte, Wanderungen durch Teeplantagen und landwirtschaftlich intensiv genutzte Gebiete in Dörfer der Akha, Lisu und Lahu (Tel. 053-76 50 26, www.facebook.com/shinsanemaesalong). In der Umgebung von **Pang Mapha** bietet Pen vom Pencave Homestay (Tel. 087-175 43 84, https://pencavehomestay.com) in Ban Tham Lot Wanderungen durch die schöne Berglandschaft zu Karen- und Lisu-Dörfern an. Zudem auch Höhlenerkundungen und Shan-Kochkurse. Die Guides der Cave Lodge (053-61 72 03, www.cavelodge.com) sind die perfekten Begleiter für abenteuerliche Höhlen- und Kayak-Touren.

Myanmar aus. Er selbst wurde nicht in die USA ausgewiesen, wo er mit Haftbefehl gesucht wurde, sondern konnte unter dem Schutz der Militärjunta in Yangon weiterhin seinen Geschäften nachgehen bis zu seinem Tod 2007. In seinem alten Camp hinter dem Markt östlich von Ban Thoed Thai wurde das **Khun Sa Old Camp,** ein kleines Museum eingerichtet. Die Familie neben dem Museum schließt es interessierten Besuchern auf.

Auch das Yao-Dorf **Pha Dua** 12 an der Straße nach Mae Chan wird von Touristen besucht. Die Dorfbewohner bauen Kaffee an, die Frauen fertigen feine Stickereien. Durch ein fruchtbares Tal erreicht man in Mae Chan den Highway H 1 nach Chiang Rai.

Übernachten

Luxus in den Bergen – **Katiliya Mountain Resort & Spa:** 388/1 Moo 4, Pa Sang, zwischen Pha Dua und Mae Chan abseits der Straße am Berg, Tel. 053-60 30 00, www.katiliya.com. Weitläufige Ferienanlage mit großzügigen, hochwertig ausgestatteten Suiten, Restaurant, Pool und beheiztem Jacuzzi. €€€

Bergromantik – **Phu Chaisai Mountain Resort & Spa:** Unterhalb des Katiliya, Tel. 053-18 00 99, www.phu-chaisai.com. Überwiegend aus Naturmaterialien liebevoll gestaltete klimatisierte Cottages sowie zwei schöne Pool-Villas mit großer Badewanne und kleinem Pool; Restaurant und Spa. €€–€€€

Songthaew, in je nach Ziel unterschiedlichen Farben, fahren auf Nebenstrecken im Norden

Verkehr

Songthaew: Von Mae Salong nach Mae Chan 4 x tgl. zwischen 7 und 15 Uhr auf dem H 1130.

Chiang Rai ▶ D 2

Cityplan: S. 284, **Karte:** S. 274 , 287

Die nördlichste Provinzstadt Chiang Rai erwachte erst in den 1980er-Jahren nach dem Bau der Schnellstraße Richtung Chiang Mai und der Durchlässigkeit der Grenzen in die Nachbarländer Myanmar (Burma), Laos und China aus ihrem Dornröschenschlaf. Mittlerweile zählt sie über 70 000 Einwohner und ist durch ihren Flughafen auch mit chinesischen Städten verbunden.

Die neuen Handelswege und die Hoffnung auf schnelle Profite locken Glücksritter und Spekulanten in den Norden. Die alten Holzhäuser weichen moderner, westlicher Architektur, was sich nicht immer vorteilhaft auf das Stadtbild auswirkt. Der spröde Charme der Stadt erschließt sich Touristen erst nach einiger Zeit. Nur wenige historische Relikte verstecken sich hinter den geschäftigen Einkaufsstraßen und Verwaltungsgebäuden. Dabei ist die 1262 von König Mengrai, dem Sohn des Herrschers von Chiang Saen, gegründete Stadt sogar älter als Chiang Mai.

Sehenswertes

Denkmal für König Mengrai 1

An die über 700 Jahre lange Geschichte der Stadt, die den Namen des Königs trägt, erinnert das Denkmal am Super Highway östlich des Zentrums. Von Chiang Rai aus eroberte Mengrai das alte Mon-Reich Haripunchai mit der Hauptstadt Lamphun, das seit dem 8. Jh. das bedeutendste kulturelle Zentrum im Norden war. Mengrais Asche wird in einem Chedi im Tempel auf dem Ngam-Muang-Hügel nordwestlich des Zentrums in Ehren gehalten.

Hilltribe Museum and Handicraft Centre 2

620/25 Thanon Thanalai, So–Fr 8.30–17 Uhr, Eintritt 50 Baht; Tel. 053-71 91 67, www.pdacr.org

Das kleine Museum vermittelt anhand einer bereits etwas betagten, aber informativen Ausstellung und Diashow einen Überblick über die sechs bedeutendsten Bergvölker, ihre Dorfstruktur, Kleidung, Sitten und Gebräuche. Es wird von der nichtkommerziellen Organisation PDA zur Unterstützung der Bergvölker geleitet, die zudem das zugehörige Restaurant betreibt und Trekkingtouren sowie Stadtspaziergänge organisiert.

Wat Phra Kaew 3

Das Kloster wurde unter König Phra Muang Kaew (1495–1526) errichtet. Es erhielt seinen Namen, nachdem man im Chedi den Smaragdbuddha, das nationale Heiligtum des Landes, entdeckt hatte. Dieser wird nun im Wat Phra Kaeo von Bangkok verehrt (s. Thema S. 126). Eine Kopie des Smaragdbuddhas steht in einem Nebengebäude, dessen Wandmalereien die ereignisreiche Geschichte der Statue darstellen.

Oub Kham Museum 4

Thanon Na Khai, Tel. 053-71 33 49, www.facebook.com/oubkhammuseum, tgl. 8–17 Uhr, Eintritt 300 Baht

Die im Rahmen einer englischsprachigen Führung zu besichtigende Ausstellung präsentiert Schätze aus Lanna und anderen von Shan besiedelten Gebieten, von Vietnam über Südchina bis Myanmar.

Mae Fah Luang Art & Culture Park 5

Tel. 053-71 66 05, www.maefahluang.org, Di–So 8.30–16.30 Uhr, Eintritt 200 Baht

Im Westen der Stadt erheben sich in einem wunderschönen Park der Nachbau einer Lanna-Thronhalle mit einer Ausstellung antiker Holzkunstwerke und eine moderne Halle mit zeitgenössischen Kunstwerken.

Baandam Museum 6

Tel. 053-77 63 33, www.facebook.com/thawanduchaneefanpage, tgl. 9–12 und 13–17 Uhr, Eintritt 80 Baht

Überaus eigenwillig präsentiert sich das Ausstellungsgebäude des international anerkannten, 2014 verstorbenen Künstlers Thawan Duchanee nördlich der Universität westlich vom Highway H 1. Die schwarzen Gebäude und archaischen Kunstwerke voller Knochen und Tierfelle in einem weitläufigen Park wirken wie ein Gegenentwurf zum weißen Tempel im Süden.

Wat Rong Suea Ten 7

Thanon Maekok, am Nordufer des Mae Kok, 300 m westlich der Brücke der Thanon Paholyothin, Tel. 064-347 36 36, www.facebook.com/RSTBlueTemple, tgl. 9–20 Uhr

Der ungewöhnliche Blaue Tempel ergänzt die beeindruckenden Tempelbauten der Stadt. Einen Kontrast zum weitgehend in Blau gehaltenen, reich dekorierten Bauwerk bilden zwei riesige weiße Buddhastatuen am Eingang und im Inneren.

Wat Rong Khun 8

12 km südlich von Chiang Rai, 500 m westlich vom Highway H 1, Tel. 053-67 35 79, https://bit.ly/WatRongKhunCR, tgl. 8–17 Uhr, Eintritt 100 Baht

Der traumhaft schöne Tempel in glitzerndem Weiß scheint in der Landschaft zu schweben. Seit 1998 baut der berühmte Künstler Chalermchai Kositpipat an seinem Meisterwerk, das in seiner Detailfülle voller Symbolik steckt. Ein Highlight sind die fantastischen Wandgemälde in seinem Inneren, auf denen auch die Dämonen unserer Welt dargestellt sind: die Terroranschläge am 11. September ebenso wie die Sucht nach Erdöl, Alkohol und Markenwaren sowie die Macht der Waffen. Leider wurde diese Wand bei einem schweren Erdbeben im Mai 2014 in Mitleidenschaft gezogen, ebenso wie die Turmspitze und andere kleinere Gebäude. Dennoch wird der Tempel ständig weiter ausgebaut und zunehmend populärer. Die **Hall of Masterworks,** eine klimatisierte Kunstgalerie, präsentiert viele der überaus eigenwilligen, gefälligen buddhistischen Malereien von Chalermchai Kositpipat.

Infos

Tourist Office: 448/16 Thanon Singhaklai (am Fluss), Tel. 053-74 46 74, Mo–Fr 8.30–16.30 Uhr. Aktuelle Infos über den Norden und ganz Thailand.

Chiang Rai

Sehenswert

1. Denkmal für König Mengrai
2. Hilltribe Museum and Handicraft Centre
3. Wat Phra Kaew
4. Oub Kham Museum
5. Mae Fah Luang Art & Culture Park
6. Baandam Museum
7. Wat Rong Suea Ten
8. Wat Rong Khun

Übernachten

1. The Legend Chiang Rai
2. The Riverie by Katathani
3. The Mantrini
4. Wiang Inn Hotel
5. Rinlada House
6. Grandma Kaew House
7. Ben Guesthouse

Essen & Trinken

1. Chivit Thamma Da Coffee House
2. Salungkham Cuisine
3. Polar Boulangerie & Patisserie
4. Night Bazaar

Einkaufen

1. Markt
2. Walking Street

Übernachten

Die unvorteilhafte Lage der meisten Spitzenhotels am Stadtrand erschwert eine Erkundung des Ortes.

Charmante Villen – **The Legend Chiang Rai 1 :** 124/15 Moo 21 Thanon Kohloy, Tel. 053-91 04 00, www.thelegend-chiangrai.com. Boutiquehotel im Lanna-Stil am Fluss, Zimmer mit großer Terrasse und offenen Bädern sowie Villen mit kleinem, privatem Pool. Mit Spa, Pool und Restaurant am Flussufer. €€–€€€

Elegante Zimmer – **The Riverie by Katathani 2 :** 1129 Thanon Kraisorasit, Tel. 053-60 79 99, www.theriverie.com. Der mehrstöckige Hotelblock liegt auf einer Insel im Kok River. Elegante, komfortable Ausstattung mit sehr geräumigen Zimmern, großem Pool, zwei Restaurants und guter Aussicht vom zehnten Stock. €€€

Für Shopping-Freunde – **The Mantrini 3 :** 292/13 Moo 13, Thanon Phaholyothin (H 1), gegenüber Big C, Tel. 053-60 15 55, www.mantrini.com. Boutiquehotel, in dem sich vor allem die drei Suiten vom internationalen Hoteleinerlei abheben. Alle Zimmer sind komfortabel und sauber. Das große Einkaufszentrum Central Chiang Rai liegt direkt nebenan. Restaurant Lanna Fusion mit lokalen sowie internationalen Spezialitäten, Pool. €€–€€€

Zentrale Lage – **Wiang Inn Hotel 4 :** 893 Thanon Phaholyothin, Tel. 053-71 15 33, www.wianginn.com. Zentral gelegenes Mittelklassehotel mit 260 Zimmern, schattenlosem Pool, Karaokebar, Restaurant und Coffeeshop mit abendlicher Livemusik. €€

Ganz in Weiß – **Rinlada House 5 :** 74 Moo 18 Soi 2/1, Thanon Sanpanard, Tel. 053-71 78

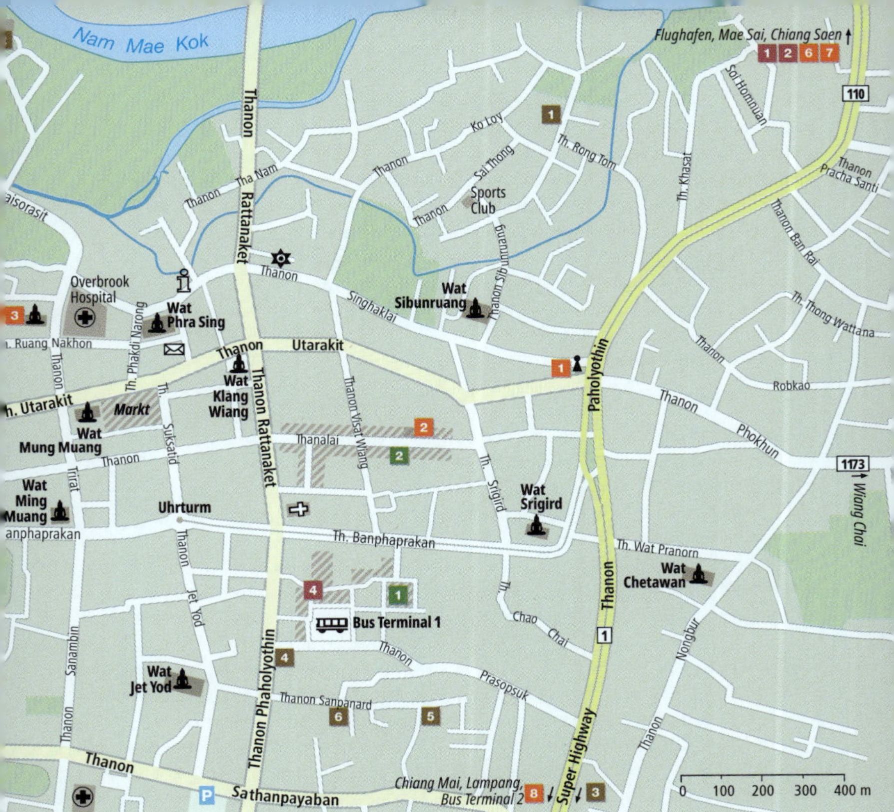

27, www.facebook.com/Rinladahouse. Einfache, gepflegte Zimmer mit allen erforderlichen Einrichtungen in einem Neubau in ruhiger, aber dennoch zentraler Lage. €

Gut betreut – **Grandma Kaew House 6:** 78 Moo 18 Soi 2/1, Thanon Sanpanard, Tel. 081-859 98 58, www.facebook.com/GrandmaKaewHouseNightBazaar. Am Ende einer Sackgasse wohnt man ruhig in einem der acht hellen Zimmer im zweistöckigen Neubau und erhält viele gute Tipps für einen angenehmen Aufenthalt. Gutes Preis-Leistungs-Verhältnis. €

Rustikal – **Ben Guesthouse 7:** 350/1 Soi 4, Thanon Sankhongnoi, Tel. 053-71 67 75. Preiswerte Unterkunft in einem ruhig gelegenen Komplex aus Teakhäusern südlich des Zentrums, einfache, teilweise klimatisierte Zimmer, Pool und Apartments. €–€€

Essen & Trinken

Entspannt genießen – **Chivit Thamma Da Coffee House 1:** 179 Moo 2, Soi Rong Suae Ten 3, Tel. 081-984 29 25, www.chivitthammada.com, tgl. 9–22 Uhr. Ausgezeichneter Kaffee sowie leckere westliche, vor allem skandinavische Gerichte in einem opulent im Vintage-Look eingerichteten, weißen Haus im Kolonialstil mit romantischem Garten am Nordufer des Kok und Flussblick. Entspannte Musik, manchmal live. €€

Authentisch – **Salungkham Cuisine 2:** 834/3 Thanon Phaholyothin, nahe Airport, Tel. 053-71 71 92, www.salungkham.com, tgl. 10.30–22 Uhr. Das große BBQ-Gartenrestaurant neben der katholischen Kirche, das nur in Thai-Schrift ausgeschildert ist, hat neben Grillspezialitäten auch andere leckere nordthailändische Gerichte im Angebot. €€

Kaffee und Kuchen – **Polar Boulangerie & Patisserie** 3**:** 266 Moo 1, Thanon Robwiang, Tel. 087-366 93 66, www.facebook.com/polarchiangrai, So–Fr 8–16.30 Uhr. Überraschend gutes Brot, verführerischer Kaffee und Kuchen sowie große Smoothies; ein guter Platz zum Frühstücken. €

Unterhaltsam und preiswert – **Night Bazaar** 4**:** Die Essensstände mit Musikbühnen sind für ausländische Touristen beliebte Adressen für den Abend. €

Einkaufen

Die Stadt Chiang Rai fasziniert nicht nur durch ihre Tempel, sondern auch durch ihren geschäftigen **Markt** 1. Unterhaltsames Einkaufsvergnügen an zahlreichen Ständen mit teils originellen Souvenirs verspricht an jedem Abend der **Night Bazaar** 4 nahe dem Busbahnhof sowie am Samstag die **Walking Street** 2 in der Thanon Thanalai.

Aktiv

Wanderungen – Touren in die Umgebung organisieren Reisebüros, Gästehäuser sowie die Population and Community Development Association (PDA) im Hilltribe Museum (s. auch Aktiv S. 280).

Verkehr

Flüge: Mae Fah Luang – Chiang Rai International Airport liegt 8 km nordöstlich der Stadt. Mit Thai Smile (www.thaismileair.com) und VietJet Air (www.vietjetair.com) nach Bangkok (Suvarnabhumi) sowie mit Air Asia (www.airasia.com), Thai Lion Air (www.lionairthai.com) und Nok Air (www.nokair.com) nach Bangkok (Don Mueang).

Boote: Schnellboote (Tel. 053-75 00 09) nach Thaton legen in Chiang Rai gegen 10.30 Uhr ab, kommen 4 Std. später an und kosten 400 Baht.

Busse: Vom zentral gelegenen Busbahnhof Terminal 1 regelmäßig nach Chiang Khong (2–3 Std.), Chiang Mai (3,5 Std.), Chiang Saen (1 Std.) und Mae Sai (1–1,5 Std.). Vom Busbahnhof Terminal 2, 6 km südlich der Stadt, mehrmals tgl. nach Bangkok (11–12 Std.), Phitsanulok (6–8 Std.) und Chiang Mai (3,5 Std.). Zudem 5x tgl. nach Lampang (4–5 Std.) und 2x tgl. nach Sukhothai (7,5 Std.)

Stadtverkehr: Es verkehren Songthae und Tuk-Tuks. Taxis sind selten, aber Fahrten in Privatwagen können über die App Grab gebucht werden.

Mietwagen: Avis, am Airport, Tel. 053-79 38 27, www.avisthailand.com. Budget, am Airport, Tel. 053-79 30 41, www.budget.co.th.

Am Goldenen Dreieck

Karte: S. 287

Am Doi Tung ▶ D 1

Der Highway H 110, der westlich der Bergkette schnurgerade Richtung Norden nach Mae Sai an der burmesischen Grenze verläuft, wird regelmäßig von Bussen befahren. Etwa 20 km vor Mae Sai zweigt links der breite H 1149 ab, auf dem man nach 18 km den Gipfel des 1480 m hohen **Doi Tung** erreicht – die so genannte thailändische Schweiz. Unterwegs bieten sich einige Zwischenstopps bei schönen Aussichtspunkten und der königlichen Villa an.

Königspalast und Blumengarten 1

www.maefahluang.org, Garten tgl. 6.30–18 Uhr, Eintritt 90 Baht;
Villa tgl. 7–12, 12.30–18 Uhr, Eintritt 90 Baht;
Hall of Inspiration tgl. 8–18 Uhr, 90 Baht;
Kombitickets 220 Baht, dezente Kleidung notwendig, wird am Eingang verliehen

Die große, moderne **königliche Villa** in der kühlen Bergregion erinnert an ein Schweizer Chalet. Von hier aus leitete die 1995 verstorbene Mutter von Rama IX., Prinzessinmutter Srinagarindra, mehrere Initiativen zur Wiederaufforstung der Berghänge, Verbesserung der Lebensbedingungen der Bergbewohner und Bekämpfung des Opiumanbaus. Sie hat zahlreiche agrarische Entwicklungsprojekte in den 26 Dörfern rings um den Doi Tung ins Leben gerufen. An Straßenständen und in modernen Geschäften wird Verschiedenes ver-

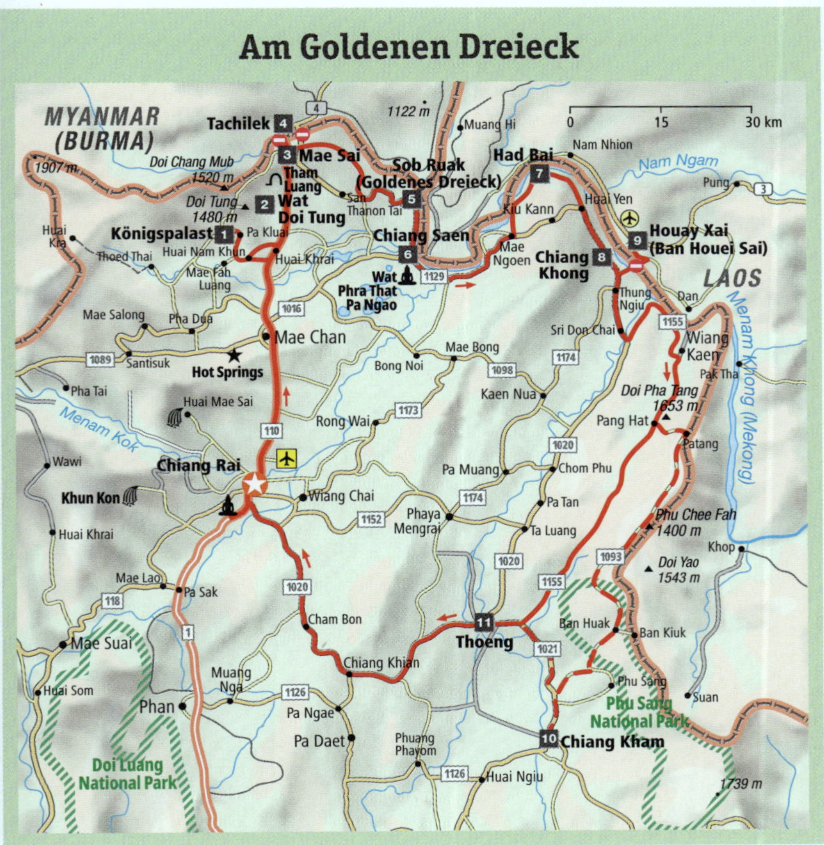

kauft, darunter Sa-Papier, Macadamianüsse und Arabica-Kaffee.

Auch der außergewöhnliche **Blumengarten Mae Fah Luang,** der das Tal unterhalb des Palastes einnimmt, ist einen Besuch allemal wert. Eine unbeschreibliche Vielfalt blühender Bäume, Stauden und Blumen aus den Tropen und gemäßigten Breiten wurde hier zu einem harmonischen Gesamtbild zusammengefügt, das von einem Bergwald mit Bächen und kleinen Wasserfällen umrahmt wird.

Ergänzt wird die Anlage durch die **Hall auf Inspiration,** die der interessanten Lebensgeschichte der liebevoll Königliche Großmutter genannten Srinagarindra gewidmet ist.

Doi Chang Mub

Auf der Einbiegung Richtung Mae Sai, 2,1 km unterhalb des Gipfels, gelangt man nach 500 m zum Doi Chang Mub mit einer fantastischen Aussicht über die Bergwelt jenseits der Grenze. Da unterhalb des Berges die Grenze verläuft, sollte man sich über die aktuelle Situation im Grenzgebiet informieren, bevor man weiterfährt.

Wat Doi Tung 2

Etwa 1 km unterhalb des Doi Tung kann man sich an den Essensständen vor dem kleinen **Doi-Tung-Tempel** stärken, bevor der steile Aufstieg beginnt. Auf dem von Nadelwäldern bedeckten Gipfel soll sich bereits seit über 1000 Jahren ein Heiligtum befinden. Gläubige aus Myanmar (Burma), Laos und Thailand pilgern zum **Wat Doi Tung,** um Reliquien Buddhas zu verehren, die sich in den beiden von Metallschirmen und Buddhstatuen umgebenen Chedis hinter dem Bot befinden. Auch ein Fußabdruck Buddhas und ein großer lächelnder Buddha im chinesischen Stil werden verehrt. Der Klang Dutzender von Glocken und der großen Trommel im Vihara lässt an nebligen Tagen eine geheimnisvolle Atmosphäre aufkommen. Bei klarem Wetter hingegen eröffnet sich vom Tempel ein fantastischer Blick über die Berge. Unterhalb des Tempels stehen an der schmalen, steilen Zufahrtstraße ausgemusterte Geisterhäuschen sowie skurrile und glücksbringende Figuren.

Verkehr

Auch wenn **Minibusse** ab und an von der Abzweigung zum Tempel Wat Doi Tung hinauffahren, lohnt ein eigenes Fahrzeug, um einige interessante Nebenstrecken zu erkunden, etwa die kleine, steile Seitenstraße über Huasan Mai durch einsame Landschaften zum Südhang des Doi Tung.

Mae Sai ▶ D 1

Nach der Rückkehr auf den Highway H 110 und der Weiterfahrt Richtung Norden erinnern entgegenkommende Fahrzeuge mit Myanmar-Nummernschildern daran, dass die Grenze nicht mehr fern ist.

In **Mae Sai** **3** bummeln Männer in knöchellangen *longyis,* den traditionellen Wickelröcken, durch die geschäftigen Straßen, Frauen, die ihre Gesichter mit heller Tanaka-Paste geschminkt haben, steuern auf überladenen Motorrädern zurück zum **Grenzübergang,** an dem ein relativ unkontrolliertes Kommen und Gehen herrscht. Selbst aus dem 170 km entfernten Keng Tung in Myanmar, kommen die Menschen auf der gut ausgebauten Straße angefahren. Billige Arbeitskräfte für die Baustellen und Bordelle des Landes, Händler und Mönche drängen sich über die Brücke, die den Mae Sai River, den Grenzfluss, überspannt.

Die meisten Reisenden werden nur in Bussen am Grenzübergang vorgefahren, um den ›nördlichsten Punkt des Landes‹ zu fotografieren und über den Grenzmarkt zu schlendern. Vor dem großen Hinweisschild stellen sich Mädchen in bunten Trachten in Positur und kassieren für die Fotos ein paar Baht. Danach geht es weiter zu den Jade- und Edelsteinschleifereien, die ihre Produkte zu stark überhöhten Preisen verkaufen.

Vom **Wat Doi Wao** auf dem Hügel westlich der Hauptstraße mit einer riesigen Skorpion-Statue bietet sich die beste Aussicht auf das Grenzgebiet.

Tachilek 4

Für Tagesausflüge benötigt man eine Kopie des Passes, einen Border Pass (bei der Thai-Immigration erhältlich) und 500 Baht. Reisebüros in Mae Sai bieten Touren an

Auch Ausländer können den Ort jenseits der Grenze besuchen, einkaufen, in den Casinos spielen und mit einem Visum und Permit vom staatlichen Reisebüro in Myanmar auch einreisen. Aber **Achtung**, beim Grenzübertritt verliert ein Thai-Visum seine Gültigkeit!

Übernachten

Freundlich – **Baan Sabai Mae Sai Hotel:** 850 Moo 10, Thanon Thetsaban, Tel. 062-031 22 33, https://baansabaimaesai.business.site. Unscheinbare Mittelklasse-Unterkunft in zentraler, aber leicht zurückversetzter Lage mit sauberen Zimmern. Der Betreiber ist sehr freundlich, hilfsbereit und braut einen Spitzenkaffee. €–€€

Zentral – **Chour Palace Hotel:** 114 Moo 3, Wiang Phang Kham, Tel. 053-73 37 89. Sauberes Stadthotel mit 72 ansprechend im thai-chinesischen Stil eingerichteten Zimmern. Gutes Restaurant, Frühstücksbüfett inklusive. €

Einkaufen

In den **Edelsteinschleifereien** wird viel minderwertige Ware verkauft. Auch die **Jadeprodukte** sind überteuert. Auf dem **Markt** und an den **Souvenirständen an der Grenze** gibt es viele Produkte aus Myanmar und billige Massenware aus China.

Verkehr

Busse: Ständig nach Chiang Mai (4,5 Std.) und Chiang Rai (1,5 Std.). Direktverbindungen nach Bangkok (12 Std.) und Nakhon Ratchasima (Korat, via Phitsanulok, 14 Std.).

Songthaew: Vormittags über das Goldene Dreieck (Sob Ruak) nach Chiang Saen.

Goldenes Dreieck

► D/E 1

Touristen aus aller Welt werden magnetisch vom **Sob Ruak 5**, dem ›goldenen‹ Dreiländereck zwischen Myanmar (Burma), Thailand und Laos angezogen. Der berüchtigte Begriff bezeichnet eines der größten Opiumanbaugebiete der Welt. Er lässt sich an kaum einer anderen Stelle anschaulicher lokalisieren als an der Einmündung des **Mae Sai River,** der die Grenze zu Myanmar (Burma) bildet, in den **Mekong,** der Thailand von Laos trennt.

Das deutlich sichtbare, aber unspektakuläre Dreieck erreicht man über einen ›Hintereingang‹ auf der Landstraße, die von Mae Sai aus Richtung Osten am Fluss entlang führt. Da die meisten Besucher von der anderen Seite kommen, erstrecken sich erst hinter dem Dreiländereck kilometerweit Restaurants, Souvenirstände und Hotels. Das kleine Opiummuseum **House of Opium** beherbergt eine eher skurrile Sammlung, die Hall of Opium weiter außerhalb ist da weitaus informativer. Zahlreiche Touristen lassen sich vor dem **›Tor zum Goldenen Dreieck‹** und dem gigantischen, auf einem Schiff sitzenden Buddha fotografieren. An Anlegestellen können Boote für eine Fahrt ins Grenzgebiet und zu den Casinos im benachbarten Myanmar gemietet werden (Grenzformalitäten, s. unter Tachilek S. 288).

Hall of Opium

www.maefahluang.org, Di–So 8.30–15.30 Uhr, Eintritt 200 Baht

Unter der Patronage der verstorbenen Prinzessinmutter Srinagarindra entstand die große Hall of Opium im **Golden Triangle Park,** abseits des Flusses an der Straße nach Mae Sai. Das höchst lohnenswerte, wenn auch nicht mehr ganz taufrische Museum informiert über die 5000-jährige Geschichte des Opiums, die weltweiten legalen wie illegalen Handelswege, die Opiumkriege in China und die Opiumraucher in Siam und anderen Ländern Südostasiens, die Wirkung und medizinische Nutzung der Droge sowie über den Kampf gegen die Abhängigkeit von Opiaten und anderen illegalen Drogen.

Übernachten

Exklusiv – **Anantara Golden Triangle Elephant Camp & Resort:** Tel. 053-78 40 84, www.anantara.com; **Four Seasons Tented Camp:** Tel. 053-91 02 00, www.fourseasons.com/goldentriangle. Die beiden extrem hochpreisigen Resorts direkt am Fluss versprechen naturnahen Luxusurlaub mit Elefanten und Rundumversorgung vom Feinsten. €€€

Verkehr

Songthaew: Bis 12 Uhr nach Chiang Saen und bis 16 Uhr nach Mae Sai.

Bus: Mehrmals tgl. nach Chiang Rai.

Chiang Saen

► D/E 1

Chiang Saen 6, 9 km weiter östlich am Westufer des Mekong, der die Grenze zu Laos bildet, wurde vermutlich zwischen dem 13. und 14. Jh. von Thais besiedelt und gehört damit zu einer der frühesten Siedlungen der Thais im heutigen Staatsgebiet. 1328 gründete hier Saen Phu, der dritte Herrscher der Mengrai-Dynastie, eine bedeutende Residenz, die unter der Oberhoheit von Chiang Mai stand. Aus jener Zeit stammen die noch gut sichtbare, 4,3 km lange **Befestigungsmauer** sowie ein Graben, der das Zentrum umschließt.

Sehenswert

Nur wenige der Tempelruinen stehen außerhalb dieses Bezirks. Unter Bäumen liegen am **Chiang-Saen-Tor** im Osten die Überreste des **Wat Chedi Luang,** dessen ursprünglich einmal 60 m hoher Chedi mit einer 27 m hohen, moosbewachsenen Pagode überbaut wurde.

Nachahmung nicht empfohlen: Badespaß am Mekong

Im kleinen angrenzenden **Chiang Saen National Museum** in einem zweistöckigen Neubau sind interessante Fundstücke aus Chiang Saen und dem Norden untergebracht. Weitere Räume sind den Bergbewohnern und dem Mekong-Riesenwels, dem größten Süßwasserfisch der Welt, gewidmet (Mi–So 9–12 und 13–16 Uhr, Eintritt 100 Baht).

Am restaurierten Chedi des **Wat Pa Sak** aus dem 14. Jh., jenseits des westlichen Stadttors an der Hauptstraße gelegen, blieben die Dekors erhalten, die burmesische und Mon-Einflüsse zeigen.

Zum **Wat Phrathat Chom Kitti,** das bereits im 10. Jh. auf einem Hügel nordwestlich der Stadtmauer gegründet wurde, führen über 300 Stufen hinauf.

Den schönsten Blick hat man vom **Wat Phrathat Pha Ngao,** das auf einem Hügel 4 km südlich der Stadt am Mekong steht. Auf halber Höhe liegt an der Zufahrtstraße ein Bot mit herrlichen Teakholz-Schnitzereien.

Am Ufer des Mekong

Vom Highway H 1129 und den kleinen Seitenstraßen, die zum Teil parallel zum Fluss Richtung Chiang Khong verlaufen, hat man schöne Ausblicke auf den Fluss, der sein Gesicht ständig verändert. In Mae Ngoen zweigt man vom Highway Richtung Norden ab und fährt durch eine hügelige, fruchtbare Landschaft, durch kleine Dörfer inmitten von Bananenplantagen, Reis-, Mais- und Tabakfeldern. Im Tai-Lue-Dorf **Had Bai** 7 werden farbige Baumwollstoffe gewebt und in einem Laden nahe dem Fluss unterhalb vom Dorftempel verkauft. Dann kommt man am herrlich gelegenen Rai Saeng Arun Resort vorbei (s. u.).

Übernachten

Traumhaft naturnah – **Rai Saeng Arun:** 2 Moo 3 Ban Pha Khub, am Highway H 4007 nach Chiang Khong, Tel. 096-565 94 95, www.raisaengarun.com. In idyllischer Lage am Mekong stehen drei luxuriös eingerichtete Holz-

bungalows und jenseits der Reisfelder acht weitere am Waldrand und am Kanal. Ausgezeichnetes Essen. €€€
Idyll für Vogelfreunde – **Viang Yonok:** 201 Moo 3, am Ostufer des Chiang-Saen-Sees, 5 km südlich des Zentrums, Tel. 053-65 04 44, www.viangyonok.com. Sieben individuell eingerichtete Bungalows. Kajak- und Mountainbikeverleih, Sauna, Pool. Luftiges Restaurant mit exzellentem Frühstück. €€

Verkehr

Boote: Zwischen dem Goldenen Dreieck und Chiang Saen können Boote für eine Fahrt entlang der Grenze zu Laos gechartert werden (Tel. 086-886 30 54, ab 600 Baht). Bei ausreichend hohem Wasserstand ist es möglich, flussabwärts durch schmale Schluchten, weite Ebenen, vorbei an Flussinseln und gefährlichen Felsen bis nach Chiang Khong zu fahren (ab 3500 Baht pro Boot).
Busse: Linienbusse nach Chiang Rai (1,5 Std.), Chiang Khong (2 Std.) und 3 x tgl. nach Bangkok (13–15 Std.).
Songthaew: Ab der Uferstraße nahe dem Markt zum Goldenen Dreieck (9 km).

Chiang Khong ► E 1

Der kleine Ort **Chiang Khong** 8 am Mekong, dem der Ruf eines Schmugglernestes vorauseilt, wird trotz des nahen Grenzübergangs weiter flussabwärts von Touristen meist links liegen gelassen. Lohnend ist ein Besuch des großen **Wochenmarkts,** auf dem sich freitags im unteren Ortszentrum neben vielen Laoten auch Hmong und andere Bergbewohner zum Einkauf einfinden.

In **Had Khrai,** 2 km weiter südlich, erinnert ein Denkmal neben dem Dorftempel am Flussufer an ein längst vergangenes Ereignis: Im Mai, wenn der Pegel des Mekong seinen niedrigsten Stand erreicht, wanderten riesige Süßwasserfische den Fluss hinauf, um in den Seen Südchinas zu laichen. Die Riesenwelse *(Pangasianodon gigas)* können bis zu 3 m lang und 300 kg schwer werden, womit sie als die größten Flussfische der Welt gelten. Durch den Einsatz riesiger Stahlnetze und den Staudammbau am oberen Mekong wurden sie fast ausgerottet. Nun werden sie in Zuchtbetrieben aufgezogen und ausgesetzt.

Verkehr

Boote: Schnellboote fahren bei ausreichendem Wasserstand nach Chiang Saen und von Houay Xai (Laos) nach Luang Prabang.
Busse: Nach 3x tgl. nach Chiang Mai, etwa stdl. bis 16 Uhr nach Chiang Rai und 6x tgl. nach Bangkok.
Songthaew: Um 8.30 Uhr via Had Bai.

Ausflug nach Laos ► E 1

Busse verkehren nach Bedarf vom Busbahnhof in Chiang Khong über die Brücke südlich des Ortes nach Laos, wo hinter der Grenzabfertigung Songthaew und Tuk-Tuks weiter nach **Houay Xai** 9 fahren.

Vom Anleger nördlich von Houay Xai starten Boote auf dem Mekong nach Luang Prabang im Norden von Laos. Gemächliche Linienschiffe *(Slow Boats)* fahren am Morgen gegen 10.30 Uhr ab und benötigen zwei Tage. Unfallgefährdete Schnellboote kommen bereits nach sechs Stunden an. Komfortabel reist man auf der Mekong Pearl bzw. Mekong Sun (in Deutschland buchbar bei Lernidee, Tel. 030-78 60 000, www.lernidee.de).

Rückfahrt nach Chiang Rai ► E 2

Mit dem eigenen Fahrzeug kann man weiter Richtung Südosten an der Grenzbrücke vorbei auf schmalen Bergstraßen über den Aussichtspunkt am **Doi Pha Tang** und den **Phu Chi Fah** nach **Chiang Kham** 10 fahren. Ansonsten geht es über **Thoeng** 11 wieder zurück nach Chiang Rai.

Übernachten

Ruhe und Komfort – **Lanna Thai Villa:** 1 Moo 4, Ban Salawat, zwischen Chiang Kham und Thoeng, Tel. 053-69 63 41, 081-488 19 44, www.lannathaivilla.com. Drei hübsche Zimmer in einer Privatvilla. Zudem Wohnraum, Heimkino, Bibliothek, Pool. Sehr nette Gastgeber. €€–€€€

Rund um den Doi Inthanon

Eine Rundreise durch die Bergkette westlich von Chiang Mai führt zum höchsten Berg und längsten Höhlensystem des Landes. Im kühlen Bergort Mae Hong Son kann man sich in naturnahen Resorts erholen und die Kultur der Shan kennen lernen. Zudem geht es auf kurvenreichen Bergstrecken zu verborgenen Naturschönheiten.

Erst in den 1960er-Jahren des 20. Jh. erwachte die Provinz Mae Hong Son an der burmesischen Grenze, im äußersten Nordwesten von Thailand, aus ihrem Dornröschenschlaf. Bis zum Ausbau der ersten Straße nach Mae Sariang konnten längere Strecken nur mit Elefanten bewältigt werden.

Mit dem Ausbau der Nordverbindung über Pai in den 1980er-Jahren war die Möglichkeit für eine Rundreise gegeben. Junge Backpacker blieben in Pai hängen und genossen die entspannte Atmosphäre. Das sprach sich herum, und schon bald war der Bergort bei jungen Leuten aus Bangkok und schließlich sogar bei chinesischen Touristen angesagt. Das bevorzugte Ziel von Reisegruppen ist eher Mae Hong Son mit seinen von Shan geprägten Tempeln, den Langhals-Frauen und einem guten Hotelangebot.

Doi Inthanon National Park

Karte: S. 293
Etwa 90 km südwestlich von Chiang Mai erstreckt sich rings um den höchsten Berg Thailands der 482 km² große Doi Inthanon National Park, eine wenig bewaldete Bergregion. Vor über 200 Jahren begannen Karen, sich in den unteren Höhenlagen anzusiedeln und die unzugänglichen Bergwälder zu roden, um Reis zu pflanzen. Ihnen folgten die Hmong, die in höhere Regionen vordrangen und Opium anbauten.

Anfang der 1970er-Jahre, als das Gebiet zum Nationalpark erklärt wurde, war bereits ein Großteil der Wälder dem Brandrodungsfeldbau zum Opfer gefallen. Die verbliebenen Waldgebiete konnten nur geschützt werden, indem man den Dorfbewohnern andere Einkommensmöglichkeiten erschloss. In den Tälern am Doi Inthanon entstanden die ersten **königlichen Projekte**, die den Anbau von Blumen, Obst- und Gemüse förderten.

Mae Wang Valley ▶ C 3/4

Nördlich des Doi Inthanon National Parks ist das liebliche, von Reis- und Gemüsefeldern bedeckte Tal des Mae Wang ein beliebtes Ausflugsziel. Hier kann das **Mae Sapok Royal Agricultural Research Centre** 1 am gleichnamigen Wasserfall besichtigt werden. Oberhalb des Tals mit Raftingmöglichkeiten auf dem Mae-Wang-Fluss liegen im Wald mehrere Elefantencamps, darunter das von **Elephant Special Tours** des Großtierpflegers Bodo Förster, der eine naturnahe Tierhaltung anstrebt. Die Teilnehmer der deutschsprachigen Mahout-Kurse leben in Lodges im Dorf (Tel. 086-193 03 77, www. elephant-tours.de).

Chom Thong ▶ C 4

Vor der Fahrt in die Berge lohnt ein Abstecher in die Kleinstadt **Chom Thong** 2 zum hübschen **Wat Phrathat Sri Chom Thong.** Ihm ist ein Meditationszentrum mit englischsprachigen Unterweisungen angeschlossen (Tel. 093-318 16 62, https://northernvipassana.org).

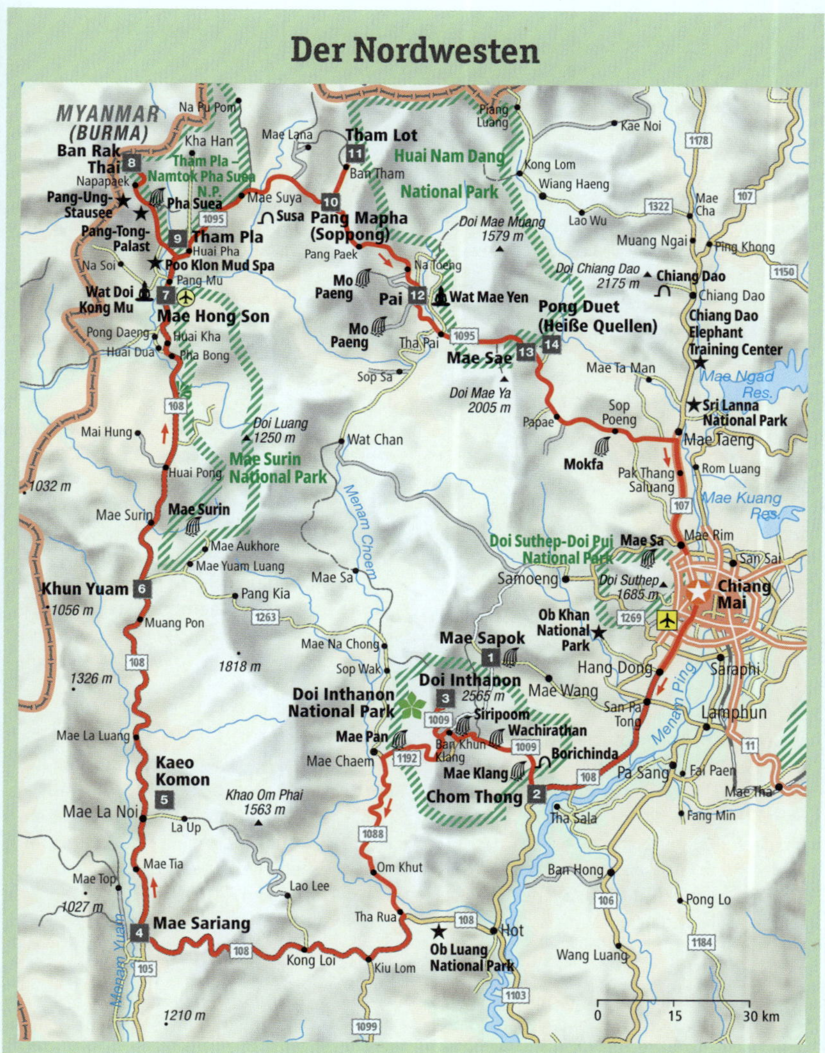

Doi Inthanon ▶ B/C 4

Auf dem kurvigen, asphaltierten Highway H 1009 von Chom Thong zum Gipfel hinauf laden der beliebte **Mae-Klang-Wasserfall** mit Picknick- und Badeplätzen am KM 7,5 und der hohe **Wachirathan-Wasserfall** am KM 20,8 zur Rast ein. Mit zunehmender Höhe verändert sich das Landschaftsbild – über 1800 m erstrecken sich immergrüne Nebelwälder, deren verkrüppelte Bäume mit Orchideen, Flechten und Epiphyten verhangen sind. An einer Gabelung vor den Headquarter geht es rechts zum Hmong-

Dorf Ban **Khun Klang** mit einem landwirtschaftlichen Königsprojekt mit einem Blumen- und Farngarten (Eintritt 20 Baht), Gästehäusern der Nationalpark-Verwaltung sowie dem **Siripoom-Wasserfall.**

An den beiden **Chedis** hinter KM 41, die zu Ehren König Rama IX. und seiner Frau errichtet wurden, kann man die Aussicht genießen. Sie sind von einem hübschen Blumengarten umgeben (Eintritt 40 Baht). Nur 500 m weiter sind mit einem Guide Wanderungen auf einem 2,8 km langen Rundweg möglich (200 Baht).

Eine **Radarstation** markiert den höchsten Punkt des **Doi Inthanon** 3. Ziel der meisten einheimischen Besucher ist der **Stupa** oberhalb des Parkplatzes auf dem Gipfel mit der Asche des 1897 verstorbenen letzten Königs von Chiang Mai, Jao Inthawichayanon. Vogelbeobachter zieht es hingegen zu einem **Rhododendron-Hain,** der zwischen Dezember und Februar in weißen und roten Farben erblüht. Die meisten der 385 Vogelarten, die bisher registriert wurden, leben in über 1500 m Höhe, darunter einige seltene Arten. Fortgesetzt werden kann die Route nach Westen über Mae Chaem.

Infos

Visitor Centre am KM 9 (tgl. 7–18 Uhr) und **Park Headquarters** am KM 31 (Tel. 053-28 67 29, www.facebook.com/DoiInthanonNationalPark, tgl. 6–21 Uhr). Nebenan können die Unterkünfte (siehe Übernachten) und Zelte im Park gebucht werden. An der Straße gibt es ein großes, offenes Thai-Restaurant. Eintritt 300 Baht, Auto 30 Baht.

Übernachten

Im Park – **Nationalpark-Bungalows:** In Ban Khun Klang, zu buchen über das Headquarter oder www.dnp.go.th (teils nur in Thai). 24 mit Heizdecken und Warmwasser ausgestattete Zimmer. €

Verkehr

Der Nationalpark ist nur mit einem gemieteten Fahrzeug und im Rahmen von Touren erreichbar. Teilweise recht steil und unbefestigt ist die nördliche Zufahrt vom Mae Wang Valley.

Über Mae Sariang nach Mae Hong Son

Karte: S. 293

In südlicher Richtung ist nach 47 km der Highway H 108 nach erreicht. Der freundliche Marktort **Mae Sariang** 4 lockt mit einigen kleinen, hübsch verzierten Tempeln im Shan-Stil. Zudem laden inmitten von Reisfeldern gelegene Karen-Dörfer und Tempel zu Erkundungen auf eigene Faust ein, idealerweise mit einem gemieteten Fahrrad.

In einem Seitental, 5 km östlich der Ortschaft Mae La Noi, lohnt die 435–500 Mio. Jahre alte, wie ein Märchenschloss in allen Farben glitzernde Calcit-Höhle **Kaeo Komon** 5 einen Abstecher (tgl. 8.30–16.30 Uhr, Eintritt inkl. Führung 80 Baht). Im südlich angrenzenden Tal wird guter Arabica-Kaffee geerntet, der auch an Ständen entlang der Hauptstraße ausgeschenkt wird.

In **Khun Yuam** 6 informiert die **Thai-Japan Friendship Memorial Hall** über die Ereignisse während des Zweiten Weltkriegs und die Bergbewohner (8–16.30 Uhr, Eintritt 100 Baht).

Übernachten

Angenehmes Holzhaus – **River Bank Resort:** Mae Sariang, Thanon Laeng Phanit, Tel. 053-68 27 87. Im dreistöckigen Holzhaus am Fluss helle, aber auch hellhörige Zimmer mit guten Betten, die teureren mit großem Balkon und schönem Ausblick. Fahrräder, Kaffee und Tee kostenlos. €

Verkehr

Busse: Busse und Minibusse von Chiang Mai nach Mae Hong Son halten in Mae Sariang, Mae La Noi und Khun Yuam.

Mae Hong Son ▶ B 3

Cityplan: S. 295

Die sympathische Provinzhauptstadt **Mae Hong Son** 7 wird überwiegend von Shan bewohnt, die große Gebiete von Myanmar (Burma) bis nach Südchina besiedeln. Sie trifft

Mae Hong Son

Sehenswert

1. Morgenmarkt
2. Wat Hua Wiang
3. Wat Chong Kham
4. Wat Chong Klang
5. Wat Phra That Doi Kong Mu

Übernachten

1. Imperial Mae Hong Son
2. Fern Resort
3. Piya Guesthouse
4. Sang Tong Huts

Essen & Trinken

1. Pizza Primavera
2. Bai Fern Restaurant
3. Little Good Things
4. Nachtmarkt

Aktiv

1. Rose Garden Tours

man bei einem Bummel über den **Morgenmarkt** 1 und in den Tempeln mit typischer Shan-Architektur. Die in Mandalay gefertigte Kopie einer dort hoch verehrten Buddhastatue steht in einer hohen, aus Teak erbauten Halle im **Wat Hua Wiang** 2 an der Thanon Panit.

Im kleinen Jongkam-See spiegeln sich verspielt dekorierte Tempel. **Wat Chong Kham** 3, der 1827 erbaute Tempel im Stil eines Shan-Palastes gilt als der älteste der Stadt. Das hübsche **Wat Chong Klang** 4 beherbergt eine große, ganz aus Rattan geflochtene Buddhastatue und über 150 Jahre alte Hinterglasmalereien. Zudem sind in seinem **Museum** alte Shan-Puppen und andere Antiquitäten ausgestellt. Im April steht Wat Chong Kham im Mittelpunkt des großen Poi-Sang-Long-Festes. Die zukünftigen Novizen mit ihren kahl geschorenen Köpfen werden nach Shan-Tradition wahrhaft fürstlich gekleidet, geschminkt und mit Juwelen behängt auf Pferden oder den Schultern ihrer Familienangehörigen zum Tempel gebracht.

Ein steiler Fußweg und eine schmale Serpentinenstraße führen zum **Wat Phrathat Doi Kong Mu** 5 auf einem Hügel westlich der Stadt hinauf, das häufig hinter einer Dunstglocke verborgen bleibt. Nicht grundlos nennt man Mae Hong Son auch ›Stadt der drei nebligen Jahreszeiten‹. An klaren Tagen überblickt man das Tal des Pai River, in dem sich der Ort erstreckt, und von Aussichtspunkten auf der Westseite die umliegenden Berge.

Übernachten

Großes Hotel im Grünen – **Imperial Mae Hong Son** 1: 149 Moo 8, Muang Sam Mok, 2 km südlich der Stadt, Tel. 053-68 44 44, www.imperialmaehongson.com. Komfortables, aber ziemlich in die Jahre gekommenes Resort in einer weitläufigen Gartenanlage mit Pool. €€–€€€

Umweltfreundlich – **Fern Resort** 2: 87 Thanon Khunlum Prapat, 7 km Richtung Mae Sariang in Pha Bong, Tel. 053-68 61 10, www.fernresort.info. 37 klimatisierte, geräumige

Am Ufer des kleinen Sees mitten in Mae Hong Son lädt ein Nachtmarkt zum Schmausen ein

und gepflegte Bungalows mit Restaurant und schattigen Pools, Dschungelwanderpfad und einem sehr schönen Garten. €€–€€€

Bungalows am See – **Piya Guesthouse 3 :** 1/1 Soi 3, Thanon Chamnan Satit, Tel. 053-61 12 60, www.facebook.com/PiyaguesthouseMHS. Hinter dem gemütlichen Aufenthaltsraum stehen in einem einladenden Garten rings um einen kleinen Pool die klimatisierten, sauberen Hütten mit Kühlschrank. Freundliche Mitarbeiter. €

Kreativ und naturverbunden – **Sang Tong Huts 4 :** 250 Thanon Maksanti, Tel. 053-61 16 80. Unter Leitung der hilfsbereiten Australierin Louise werden überwiegend aus Naturmaterialien erbaute, individuell eingerichtete Bungalows in ruhiger, naturnaher Lage vermietet, mit Pool. Auch Häuser für Familien. €–€€

Essen & Trinken

Wie daheim – **Pizza Primavera 1 :** Soi 5, 4 Thanon Khunlum Prapat Tel. 053-61 28 20, www.facebook.com/maehongsonpizza, tgl. 10–21 Uhr. Der Chef aus Österreich sorgt in seinem etwas versteckt liegenden klimatisierten Restaurant dafür, dass Pizza und Pasta so authentisch wie möglich schmecken. €€

Riesige Auswahl – **Bai Fern Restaurant 2 :** 87 Thanon Khunlum Prapat, Tel. 053-61 13 74, tgl. 11–14 und 17–21 Uhr. Im größten Restaurant der Stadt werden seit 1987 leckere und günstige Thai-Gerichte und scharfe Shan-Küche serviert, die für Reisegruppen etwas abgemildert wird. €

Lecker vegan – **Little Good Things 3 :** 40 Thanon Chamnan Satit, Tel. 062-274 38 05, www.facebook.com/littlegoodthings, Mi–Mo 9–17 Uhr. Kleines, gemütliches und entspanntes Café-Restaurant mit günstigen, frisch zubereiteten veganen Frühstücksoptionen und Snacks. Sehr freundliche Betreiberin, die mit viel Liebe dabei ist. €

Einfach ausprobieren – **Nachtmarkt 4 :** Am Ufer des Sees werden an Essenständen Leckereien verkauft. Auf Hygiene achten! €

Aktiv

Unterwegs in der Natur – Reisebüros und Hotels offerieren **Floß- und Bootstouren, Begegnungen mit Elefanten, Tagestouren** zu Dörfern der Langhals-Frauen sowie mehrtägige **Treks. Rose Garden Tours 1 :** 86/4 Thanon Khunlum Prapat, Tel. 053-61 16 81, www.facebook.com/rosegardentours.

Termine

Poi-Sang-Long-Prozession: April, aus Anlass der Ordination junger Mönche.

Verkehr

Flüge: Airport Tel. 053-61 13 67. Bangkok Airways (www.bangkokair.com) fliegt nach Chiang Mai, Nok Air (www.nokair.com) nach Bangkok (Don Mueang) und Chiang Mai.

Busse und Minibusse: Von der Busstation südlich des Zentrums mit großen Bussen nach Bangkok (16 Std.) sowie nach Chiang Mai auf der Südroute über Mae Sariang (362 km, 9 Std.) oder mit Minibussen auf der noch kurvenreicheren Nordroute via Pai (242 km, 6 Std.).

Ausflüge ab Mae Hong Son

Die touristische Hauptattraktion von Mae Hong Son sind Touren in die reizvolle Umgebung, die von Reisebüros und Gästehäusern arrangiert werden. Einige Frauen vom Padaung-Stamm, so genannte Langhals-Frauen, verlängern seit frühester Kindheit ihren Hals durch eine Reihe von Messingringen. Sie stammen aus Myanmar (Burma) und leben in drei Flüchtlingsdörfern. Wer sie nicht wie Tiere im Zoo gegen einen Obolus bestaunen möchte, kann sich mit ihrer Kultur in einem Workshop in **Huai Pu Keng** vertraut machen (Tel. 093-191 29 20, www.facebook.com/HPKworkshops).

Mit Motorbooten kann man auf dem **Pai River** von **Huai Dua,** 6 km südlich der Stadt, hinter der neuen Brücke, bis zur burmesischen Grenze fahren; hingegen sind Touren auf dem Oberlauf des Flusses nur geübten Wassersportlern zu empfehlen.

Mae Sakut Nature Trail

Wasserfall Eintritt 200 Baht, Auto 30 Baht, Fahrrad 10 Baht

Etwa 1,5 km hinter dem Fern Resort lädt ein 7,5 km langer Rundweg zu einer schönen

Wanderung durch den Monsunwald und zu einem 1 km entfernten Wasserfall ein.

Nach Ban Rak Thai ▶ B 2

Eine steile Straße führt nördlich von Mae Hong Son am Rande des Tham Pla – Namtok Pha Suea National Park durch Dörfer der Karen, Shan, Hmong und ehemaliger Kämpfer der Kuomintang. Am Straßenrand liegen das Thermalbad **Poo Klon Mud Spa** (9–18 Uhr), der **Pha-Suea-Wasserfall,** das zu einer landwirtschaftlichen Versuchsfarm umgestaltete Gelände des **Pang-Tong-Palastes** (8.30–16.30 Uhr) und westlich von Napapaek der hübsche **Pang-Ung-Stausee.** Im Kuomintang-Dorf **Ban Rak Thai** 8 an der Grenze werden Delikatessen und Tee verkauft, Obstweine hergestellt und Tee angebaut. Restaurants und Teeläden in Lehmhäusern servieren authentische Gaumenfreuden aus Yunnan.

Über Pai nach Chiang Mai

Karte: S. 293

Der Highway H 1095 verläuft durch die zerklüftete Berglandschaft über Pang Mapha und Pai nach Chiang Mai. Etwa 17 km hinter Mae Hong Son kann man am Bach entlang spazieren und bei der kleinen Höhle **Tham Pla** 9 halbzahme heilige Karpfen füttern. Im Waldkloster **Wat Pa Tam Wua** (s. S. 55) bei Mae Suya, das in einem wunderschönen, von steilen Felsen umgebenen Tal liegt, sind alle, die ein paar Tage meditieren wollen, jederzeit willkommen.

Pang Mapha ▶ B 2

In dem kühlen Marktflecken **Pang Mapha** 10 (auch: Soppong) ist noch etwas Am-Ende-der-Welt-Atmosphäre spürbar. Zum **Wochenmarkt** am Dienstag reisen Lisu in farbenfrohen Trachten aus den Bergen an. Besonders während der Neujahrsfeierlichkeiten sind Touristen gern gesehene Gäste.

Tham Lot

Tgl. 8–16 Uhr, Eintritt für bis zu 3 Personen 150 Baht, Rafting mit Guide 450 Baht für bis zu 3 Personen, Motorradtaxi ab Pang Mapha

Lokale Guides mit Karbidlampen, die am Eingang der Tropfsteinhöhle **Tham Lot** 11 jeder Besuchergruppe zugewiesen werden, führen durch das unterirdische Labyrinth, das der **Nam Lang River** durchfließt. Einen Teil der Tour kann man auf Bambusflößen zurücklegen. Nahe dem Höhlenausgang nisten im Gewölbe Tausende von Mauerseglern. Ein schönes Bild bietet sich kurz vor Sonnenuntergang, wenn sie von der Futtersuche zurückkehren. Wenig später verlässt ein endloser Schwarm von Fledermäusen die Höhle, um auf Nahrungssuche zu gehen. In der Nähe der Nistplätze der Vögel wurden in einer Höhlenkammer mehrere Särge entdeckt, deren Alter man auf bis zu 1600 Jahre schätzt. Weitere Begräbnishöhlen dieser Frühkultur gibt es in der weiteren Umgebung.

Übernachten

Paradiesische Lage – **Little Eden Guesthouse:** Pang Mapha, Tel. 089-952 88 70, www.facebook.com/LittleEdenBoutiqueResort. Vor allem die Zimmer und der Platz in der Hängematte unten am Fluss sind traumhaft. Zudem gibt es einen Pool und vorne an der Straße ein Café. €–€€

Jedes Zimmer ist anders – **The Aerie Lodge:** Pang Mapha, Tel. 082-998 53 45, www.theaerielodge.com. Zimmer und hübsche Bungalows, nettes, kleines Café. €

Für Aktivurlauber – **Cave Lodge:** Tham Lot, Tel. 053-61 72 03, www.cavelodge.com. Einfache Unterkunft nahe dem Höhleneingang, wo man das abendliche Naturschauspiel von der Terrasse aus beobachten kann. Restaurant mit Backpacker-Food. Gute Trekking-, Höhlen- und Kajaktouren. €

Verkehr

Busse: Von Pang Mapha stdl. bis 18.30 Uhr Minibusse nach Pai (1 Std.) und weiter nach Chiang Mai (4 Std.) sowie nach Mae Hong Son (2–3 Std.).

Pai ►B 3

Cityplan: S. 300
In **Pai 12**, 40 km östlich von Pang Mapha, dem einzigen größeren Ort zwischen Mae Hong Son und Chiang Mai, siedelten überwiegend Shan und Kuomintang-Chinesen. Nach der Anbindung an das Straßennetz war der abgelegene Vorposten der Zivilisation ein beliebter Rückzugsort von Hippies, Musikern und Künstlern. Dann wurde Pai von den Drogen befreit und von den Medien vereinnahmt. Seither erkunden Backpacker aus aller Welt mit gemieteten Motorrädern die landschaftlich herrliche Umgebung und einheimische junge Städter sind auf der Suche nach den besten Fotomotiven. Viele chinesische Reisegruppen werden auf Stippvisite zum Shoppen heraufgekarrt. Straßenstände, Cafés und Restaurants, haben sich auf den Geschmack der Gäste aus aller Welt eingestellt.

Bereits die Zufahrtsstraße aus Richtung Chiang Mai ist mit Fotomotiven für Selfies vollgepackt, von einer rekonstruierten Brücke aus dem Zweiten Weltkrieg bis zu überdimensionalen Herzen. Auf dem Markt im Zentrum werden T-Shirts verkauft, die davon künden, die kurvenreiche Straße überlebt zu haben. Aber die alternative Kultur ist immer noch lebendig. Das belegen Kursangebote, die von Yoga und Meditation bis zu alternativen Heilmethoden reichen. In zahlreichen Bars treten Musiker auf, und es kann passieren, dass beim Open Mic selbst berühmte einheimische Künstler spontan auf die Bühne gehen.

Zu den beliebten Wanderzielen zählen **Wat Mae Yen 1**, 1 km südöstlich am Hang mit guter Aussicht über das Tal und einer riesigen sitzenden Buddhastatue, zu der weitere 296 Treppen hinaufführen. Ferner **Wat Nam Ho 2**, 3 km westlich, sowie von dort 1,5 km weiter das **Santichon Chinese Village** in **Ban Santichon 3**, ein chinesisches Disneyland, in dem sich Besucher in Kostümen und auf Maultieren fotografieren lassen und Tee probieren können. Lohnend ist die Weiterfahrt bis zum **Aussichtspunkt** hinter dem Dorf. Zudem locken an der Straße nach Phaem Boek eine vor wenigen Jahren entstandene Schlucht (Land Split), ein Wasserfall und ein interessantes Kloster am Ende einer fast 1 km langen Bambusbrücke.

Übernachten

Mitten im Geschehen – **Pai Cherkaew Boutique House 1**: 148 Moo 3, Thanon Sukhapibal 3, Tel. 053-69 90 50, www.facebook.com/paicherkaew. Modern ausgestattetes, gepflegtes kleines Hotel in einer ruhigen Gasse. Die oberen Zimmer mit Ausblick, die unteren direkt am kleinen Pool. Mit Frühstück. €€–€€€

Ökoparadies – **Bueng Pai Farm 2**: 185 Moo 5, Mae Hee, südlich des Ortes, Tel. 089-265 47 68, https://bit.ly/BuengPai. Von Orn und Run mit viel Herzblut geleitete Anlage in ländlicher Umgebung. Individuell eingerichtete Bungalows mit Terrasse und Hängematte rings um einen großen Fischteich (Sportangeln möglich). Obst aus dem Garten kann von Gästen in der sauberen, komplett eingerichteten Gemeinschaftsküche verwendet werden. Sehr gutes Frühstück. €–€€

Man spricht Deutsch – **Pairadise Guesthouse 3**: Östlich des Flusses auf einem Hügel, Tel. 089-838 75 21, www.pairadise.com. Der deutsch-thailändische Familienbetrieb von Kathrin und Pin Zathu bietet individuell gestaltete Häuser auf einem weitläufigen Gelände rings um einen Badeteich. €–€€

Essen & Trinken

Rund um die Uhr sind zahlreiche Restaurants, Cafés und Essensstände geöffnet.

Exzellent – **Silhouette By Reverie Siam 1**: Im Reverie Siam Resort, 476 Moo 8, Wiang Tai, Tel. 053-69 98 70, www.reveriesiam.com, tgl. 7.30–10.30 und 12–22 Uhr. In dem gepflegten, luftigen Restaurant des Resorts stimmt alles: der Service, das Essen, die Getränkeauswahl und Musik sowie die Einrichtung und Umgebung, vor allem, wenn man dem Jazz und Retrostil nicht abgeneigt ist, Tapas, Pizza und andere qualitativ hochwertige mediterrane Gerichte mag. €€–€€€

Entspannt – **Art in Chai 2**: Moo 4, Thanon Sukhapibal 3, Tel. 087-178 77 42, https://bit.ly/ArtinChai, Mi–Mo 9–22 Uhr. Die alternativ-kreative Szene trifft sich in kuschelig-farbenfrohem Ambiente bei indischem

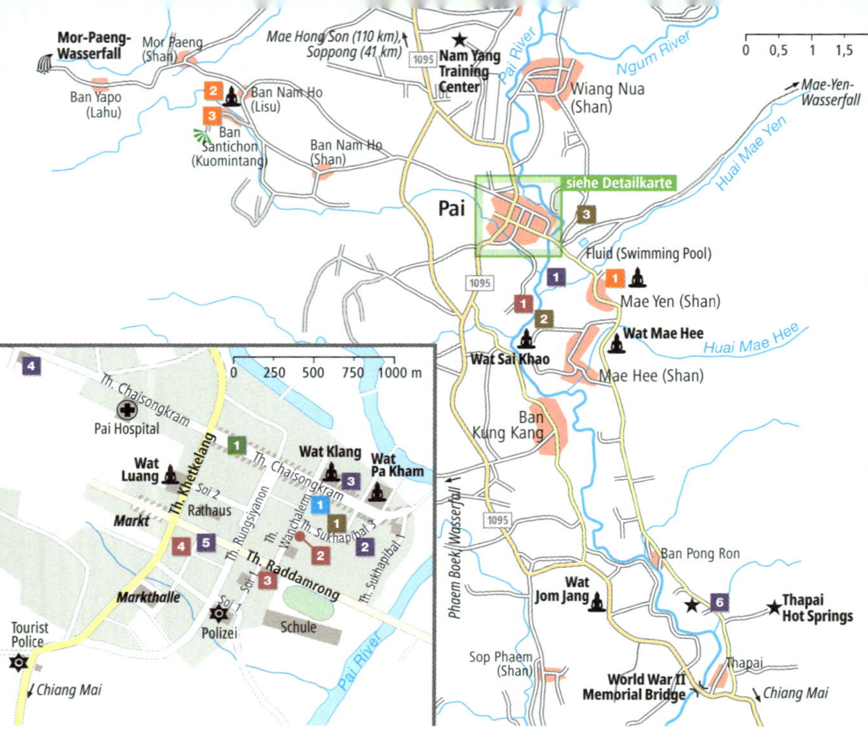

Pai

Sehenswert

1 Wat Mae Yen
2 Wat Nam Ho
3 Santichon Chinese Village

Übernachten

1 Pai Cherkaew Boutique House
2 Bueng Pai Farm
3 Pairadise Guesthouse

Essen & Trinken

1 Silhouette By Reverie Siam
2 Art in Chai
3 Na's Kitchen
4 Om Garden Café

Einkaufen

1 Nachtmarkt

Abends & Nachts

1 Jikko Beer

Aktiv

1 Pai Cookery School
2 Thai Adventure Rafting
3 Pai Adventures
4 Charn Chai Muay Thai Gym
5 Bodhi Tree Yoga Pai
6 Thom's Elephant Camp

Chai und westlichen Kuchen zu entspannter Musik, manchmal live. Am Donnerstag Spoken-Word-Sessions, auch Bücher zum selbst Lesen, Kunst zum Kaufen und viele vegane Gerichte. €

Einfach lecker – **Na's Kitchen** 3: Thanon Raddamrong, nahe der Schule, Tel. 081-387 02 34, Mi–Mo 17–22 Uhr. Im offenen, einfachen Restaurant mit rustikalen Tischen werden von Na vor den Augen der Gäste Thai-Favoriten zubereitet. Wenn es voll ist, sollte man Geduld mitbringen. €

Bestes Frühstück – **Om Garden Café** 4: 60/4 Soi 1, Thanon Raddamrong, Tel. 082-451 59 30, www.facebook.com/OmGardenCafePai, Di–So 8.30–17 Uhr. Kleines, etwas versteckt liegendes, entspanntes Open-Air-Café mit einem ausgezeichneten Frühstücksangebot sowie Salaten und Kuchen. €

Einkaufen

Allabendlicher **Nachtmarkt** 1 und viele **Geschäfte** mit Textilien und anderem Kunsthandwerk.

Abends & Nachts

Viele Bars findet man entlang der Hauptstraße, einige haben gute Livemusik, eine große Auswahl an Drinks und entspannte Atmosphäre anzubieten. Manchmal brennt in kühlen Nächten sogar ein Lagerfeuer.

Craft Beer – **Jikko Beer** 1: Thanon Chaisongkram, Tel. 089-112 54 73, https://bit.ly/JikkoBar, tgl. ab 17 Uhr. Mit einem gut gekühlten Craft Beer lässt sich das bunte Treiben auf dem Nachtmarkt bestens beobachten.

Aktiv

Kochkurse – **Pai Cookery School** 1: östlich des Flusses, 800 m außerhalb in Richtung Mae Yen, Tel. 081-706 37 99, www.facebook.com/PaiCookerySchool, Kochkurse 11–13.30, 14–18.30 Uhr. Die unterhaltsamen und überaus günstigen Kurse in einer offenen Küche unter der Leitung der erfahrenen Gaew vermitteln einen Einblick in die lokalen Rezepte. Inklusive Marktbesuch.

Bootstouren auf dem Pai River – **Thai Adventure Rafting** 2: östlich des Flusses, Thanon Raddamrong, Tel. 053-69 91 11, www.thairafting.com. Dieser überaus erfahrene Anbieter veranstaltet bei ausreichend hohem Wasserstand des Pai River von Mitte Juni bis Ende Januar auch längere Kajak- und Schlauchbootfahrten.

Klettern und Trekking – **Pai Adventures** 3: Tel. 062-293 59 78, https://paiadventures.com. In einigen Büros nahe der Busstation und Gästehäusern werden Trekking- und Klettertouren auch in Kleingruppen angeboten.

Thai-Boxen – **Charn Chai Muay Thai Gym** 4: 174 Thanon Chaisongkram, Tel. 093-778 96 56, www.charnchaimuaythai.com. Für alle, die nicht nur zuschauen wollen: Nam Yang Training Center mit Camp nordwestlich des Zentrums, kurze und mehrwöchige Kurse.

Yoga – **Bodhi Tree Yoga Pai** 5: 58 Soi 1, Thanon Raddamrong, Tel. 062-520 78 15, https://bodhitreeyogapai.com. Kleines, sympathisches Yogastudio in einem hübschen Holzhaus. Sessions (250 Baht) können auch spontan besucht werden.

Elefantencamp – **Thom's Pai Elephant Camp** 6: 5 km außerhalb an der Straße zu den Tapai Hot Springs gelegen, Tel. 089-851 90 66, www.thomelephant.com. Das Camp bietet keine Ausritte, sondern die Möglichkeit, einige Stunden oder einen Tag mit Elefanten zu wandern und sie zu baden. Auch in Kombination mit einer Floßfahrt möglich. Zudem Mahout-Kurse.

Ausflüge mit dem Motorrad

Es ist sehr leichtsinnig, die ersten Fahrversuche mit einem Motorrad in den Bergen Nordthailands zu unternehmen. Die meisten billigen Maschinen sind nicht in bestem Zustand, die Straßen sind voller Überraschungen und einige Kurven sind extrem steil. Viele Ungeübte enden im Krankenhaus von Pai, Tel. 053-22 13 31.

Verkehr

Busse: Stdl. bis 17 Uhr nach Chiang Mai (3 Std.) und einmal morgens nach Mae Hong Son (3–4 Std., Vorbuchung empfohlen).

Stadtverkehr: Fahrräder, Motorräder und Songthaew werden im Ort für Ausflüge vermietet.

Auf der Bergstraße ▶ C 3

Auf der weiteren Fahrt nach Chiang Mai sind mehrere über 1000 m hohe Pässe zu überwinden. In **Mae Sae** 13 legt der Bus eine kurze Pause ein, bevor es in nicht enden wollenden Kurven über den nächsten Pass geht. Mit eigenem Fahrzeug empfiehlt sich eine Picknickpause an den **heißen Quellen Pong Duet** 14 nördlich vom KM 42 (Eintritt 300 Baht).

Sangkhlaburi
Nam Tok
Kanchanaburi

Kapitel 5

Der Westen

Die meisten Besucher fahren durch das zentrale Tiefland auf direktem Weg in den Norden und lassen den Westen links liegen – zu Unrecht: Eine Reise in die Berge im Grenzgebiet zu Myanmar lohnt sich nicht nur für Naturliebhaber. Hier hat eine ereignisreiche Geschichte ihre Spuren hinterlassen. Die berühmte Brücke am Kwai sowie die Nationalparks und Seen dieser Gegend lohnen den Besuch.

Wenn in Bangkok das Wochenende naht, zieht es die Städter ans Wasser. Wasserfälle, kleine Flüsse und Seen sind mindestens so beliebt wie das Meer. Und so hat sich die von Bangkok aus gut erreichbare Region im Westen zu einem wichtigen Naherholungsgebiet entwickelt. Großfamilien genießen unter schattigen Bäumen am Ufer die kühle Brise und junge Leute feiern auf gecharterten Discobooten. Wohlhabende ziehen sich in Resorts oder eigene Wochenendhäuser zurück.

Besucher aus dem Ausland locken vor allem geschichtsträchtige Ziele wie Nakhon Pathom, das älteste buddhistische Zentrum des Landes mit dem Prachtbau des Phra Pathom Chedi, und Kanchanaburi. Während des Zweiten Weltkriegs bauten hier unter japanischer Besatzung Kriegsgefangene und Zwangsarbeiter unter härtesten Bedingungen eine Eisenbahntrasse in Richtung Burma (heute: Myanmar), die an dieser Stelle über den Fluss Kwae Yai führt. Entlang des Flusses hat sich in Kanchanaburi eine lebhafte Gästehausszene mit preiswerten Restaurants, Tourangeboten und Fahrradvermietungen entwickelt.

In die ›schwimmenden‹ Restaurants von Kanchanaburi zieht es am Wochenende auch zahlreiche Ausflügler aus Bangkok

Auf einen Blick: Der Westen

Sehenswert

Kanchanaburi: In der Provinzhauptstadt am River Kwai sind die berühmte Eisenbahnbrücke über den Kwai, Museen und Soldatenfriedhöfe beredte Zeugnisse der jüngeren Geschichte. Von allen Museen der Stadt ist das Thailand Burma Railway Centre nahe dem Bahnhof ein besonders attraktives und interessantes Ziel (s. S. 309).

Hellfire Pass Interpretive Centre: Das Museum am Originalschauplatz des mühevollen Eisenbahnbaus lohnt einen Abstecher von Nam Tok (s. S. 316).

Sangkhlaburi: Thai, Karen und Mon siedeln am Ufer des Stausees, den eine Holzbrücke überspannt und der von interessanten Tempeln überragt wird (s. S. 318).

Erawan National Park: Die mehrstufigen Wasserfälle genießt man am besten am frühen Morgen vor dem Eintreffen der Touristenmassen (s. S. 321).

Schöne Route

Am River Kwai entlang nach Norden: Vor allem zwischen Kanchanaburi und der Endstation Nam Tok lohnt die gemächliche Fahrt mit der ›Eisenbahn des Todes‹ (s. S. 315).

Meine Tipps

Einkehren am Kwai: Die zahlreichen Hotels, Gästehäuser, Restaurants und Bars im nördlichen Zentrum von Kanchanaburi, teils direkt am Fluss, sind recht preiswert. In entspannter Atmosphäre kann man sich einige Tage vom Reisestress erholen und interessante Touren in die Umgebung unternehmen (s. S. 313).

Ein Picknick am Sai-Yok-Noi-Wasserfall: Am Wochenende schwärmen zahlreiche Thais zu dem Wasserfall nahe Nam Tok. Inmitten des fröhlichen Trubels kann man hier süße Tamarinde und andere einheimische Leckereien probieren (s. S. 316).

Sangkhlaburi
Khao Laem Reservoir
Srinagarind Reservoir
Hellfire Pass
Sai Yok National Park
Sai-Yok-Noi-Wasserfall
Erawan National Park
Nam Tok
Eisenbahnfahrt von Kanchanaburi nach Nam Tok
Ayutthaya
Kanchanaburi
Thailand Burma Railway Centre
MYANMAR (BURMA)
Brücke am Kwai
Boots- und Kajaktouren in und um Kanchanaburi
Bangkok

Auf abenteuerlicher Strecke geht es mit der Eisenbahn am Menam Kwae Noi entlang Richtung Grenze

Boots- und Kajaktouren in Kanchanaburi: Vorbei an Restaurantbooten und Gästehäusern, Tempeln und Soldatenfriedhöfen gleiten – am besten mit dem Kajak. Sportliche können bei Veranstaltern individuelle und mehrtägige Touren inkl. Besuch bei Elefanten und in den Nationalparks buchen. Weniger Sportliche steigen auf ein Longtailboot um (s. S. 312).

Mit der Eisenbahn zur Brücke am Kwai

Zweimal täglich fährt der Bummelzug vom kleinen Bahnhof in Thonburi über Nakhon Pathom und Kanchanaburi nach Nam Tok. Wenn er kurz hinter Kanchanaburi die legendäre Brücke am Kwai überquert und sich danach am Fluss entlang Richtung der Grenze zu Myanmar windet, werden Erinnerungen an das letzte Jahrhundert wieder lebendig.

Kriegsgefangenenfriedhöfe und Museen berichten von unbeschreiblichen Bedingungen, unter denen diese Eisenbahntrasse während des Zweiten Weltkriegs Richtung Myanmar vorangetrieben wurde. Heute sind die Gleise hinter Nam Tok demontiert und vom Dschungel überwuchert. Bei einem Zwischenstopp in Nakhon Pathom sowie Abstechern nach Ban Kao und Muang Sing wird die Geschichte dieser Region deutlich.

Als Ausgangspunkt für Erkundungen beiderseits der Eisenbahntrasse empfiehlt sich die Provinzstadt Kanchanaburi, die über eine sehr gut ausgebaute und preiswerte touristische Infrastruktur verfügt. Tempelanlagen, buddhistische Höhlen und Naturschönheiten in der näheren Umgebung bilden ein interessantes Kontrastprogramm zu den Museen und Friedhöfen. Einige Ziele lassen sich sogar auf dem Wasserweg mit einem gemieteten Boot oder Kajak sowie auf wenig befahrenen Landstraßen mit dem Fahrrad erkunden.

Nakhon Pathom ▶ D 10

Karte: S. 307

Sobald der Zug in die Provinzstadt **Nakhon Pathom** **1** einrollt, kündet südlich vom Bahnhof der alles überragende Phra Pathom Chedi davon, dass sich hier das älteste buddhistische Zentrum von Thailand befindet. Zur Zeit des indischen Kaisers Ashoka, im 3. Jh. v. Chr., lag Nakhon Pathom am Meer. Mit den indischen Händlern sollen auch die ersten buddhistischen Mönche in die Hafenstadt gekommen sein, um die neue Lehre zu verbreiten. Dieser Teil der Geschichte liegt im Dunkeln. Gesichert ist jedoch, dass sich hier bereits im 6. Jh. eine wohlhabende Mon-Hauptstadt befand. Zu jener Zeit soll ein 39 m hoher Chedi errichtet worden sein. Als Nakhon Pathom im 11. Jh. von den Khmer erobert wurde, erbauten diese einen Prang über dem Stupa.

Phra Pathom Chedi

Chedi, tgl. 7–20 Uhr, Eintritt 60 Baht, Nationalmuseum, Mi–So 9–16 Uhr, Eintritt 100 Baht

Mitte des 19. Jh. pilgerte König Rama IV. (Mongkut) zu den alten Khmer-Ruinen. Doch der Ort, an dem der Buddhismus in Siam seinen Anfang genommen hatte, schien ihm eines größeren Heiligtums würdig. So ordnete er nach seiner Krönung den Bau des derzeitigen, 120 m hohen **Chedi** an, der das größte buddhistische Bauwerk der Welt werden sollte. Den Chedi umgibt ein kreisförmiger Wandelgang, der in allen vier Himmelsrichtungen von **Vihara** durchbrochen ist. Dort stehen Buddhafiguren in verschiedenen Positionen, die unterschiedliche Aspekte seines Wirkens darstellen: den unter einem Bodhi-Baum lehrenden Buddha (Osten), den vom siebenköpfigen Naga-König geschützten Buddha (Süden), den liegenden Buddha (Westen) und den 8 m ho-

hen, stehenden Buddha Phra Ruang mit erhobener Hand in Lehrhaltung (Norden).

Zum **Fest Phra Pathomma Chedi** im November findet rings um die große Pagode, die im Licht zahlloser Lampen erstrahlt, ein zehntägiger Jahrmarkt statt, eines der größten Tempelfeste in Thailand.

Im **Nationalmuseum** südlich der Pagode wird die Geschichte, Kultur und Archäologie beleuchtet.

Sanam-Chandra-Palast

Tel. 034-31 04 31, tgl. außer feiertags 9–16 Uhr, Eintritt in den Park frei, Museen 50 Baht

Während seiner Pilgerreisen übernachtete König Rama IV. (Mongkut) in einem kleinen Gebäude neben der Tempelbaustelle. Sein Nachfolger, König Rama V. (Vajiravudh, 1910–1925), ließ den kleinen Palast 2 km westlich der Pagode überwiegend im europäischen Stil errichten. Über viele Jahre diente er als Verwaltungsgebäude, bis er 2003 restauriert und teilweise als **Museum** umgestaltet der Öffentlichkeit zugänglich gemacht wurde. Die Hauptgebäude umgibt ein **Park** mit Teichen, romantischen Brücken, Pavillons und zwei Denkmälern – eines für den hinduistischen Elefantengott Ganesha und ein anderes für den Lieblingshund des Königs Rama VI. Yalae, dessen Sockel ein vom König persönlich verfasstes Gedicht schmückt.

Der zweistöckige Nachbarbau, die kleine **Chaleemongkolasana-Residenz,** ähnelt einem Schloss aus dem Märchenbuch. Sie birgt persönliche Gegenstände aus dem Besitz von König Rama VI. und historische Fotos. Seine privaten Gemächer in der **Bhimarn-Prathom-Residenz,** im westlichen Kolonialstil gehalten, können ebenfalls besichtigt werden. Die große, offene **Samakkeemukamartaya-Halle** wurde einst für Theatervorstellungen und Empfänge genutzt.

Verkehr

Züge: Bahnhof im Stadtzentrum. Es halten zahlreiche Züge vom Hauptbahnhof in

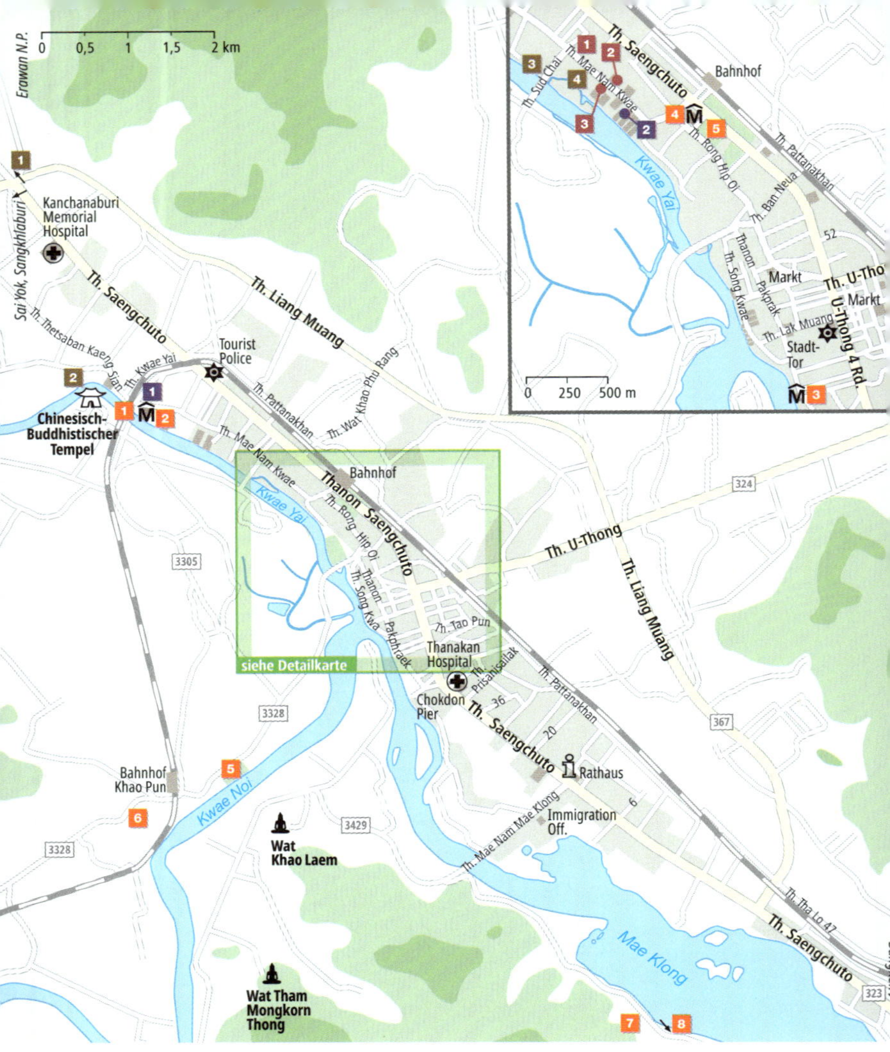

Kanchanaburi

Sehenswert

1 Brücke am Kwai
2 JEATH War Museum
3 JEATH- Kriegsmuseum
4 Death Railway Museum
5 Soldatenfriedhöfe
6 Wat Tham Khao Pun
7 Wat Ban Tham
8 Wat Tham Kao Noi/ Wat Tham Sua

Übernachten

1 Oriental Kwai
2 U Inchantree Resort
3 Good Times Resort
4 Ploy Resort

Essen & Trinken

1 On's Thai-Issan
2 Bell's Pizza
3 Rim Nam Sudjal

Aktiv

1 Safarine
2 Good Times Travel

Bangkok Krung Thep Aphiwat Central Terminal Richtung Süden sowie Richtung Kanchanaburi und Nam Tok.
Minibusse: Ständig ab Southern Bus Terminal in Bangkok (1,5 Std.) und ab Kanchanaburi (1,5 Std.).

Kanchanaburi

▶ D 10

Cityplan: S. 308, **Karte:** S. 307
Durch eine Kette von Kleinstädten und wuchernden Dörfern geht die Fahrt in die Provinzhauptstadt **Kanchanaburi** 2, wo die Flüsse Kwae Noi und Kwae Yai (auch: Kwai Noi und Yai) zusammentreffen. Sie bildet den Ausgangspunkt für Touren in ein landschaftlich reizvolles Gebiet. Drei Museen in der Stadt versuchen die Geschichte der Kanchanaburi-Region wiederzugeben. Tempel und Meditationshöhlen in der Umgebung sind lohnende Ausflugsziele.

Sehenswertes

Brücke am Kwai 1

Nordwestlich des Zentrums, s. Thema S. 310
Die große Attraktion von Kanchanaburi ist eine Fahrt mit der ›Eisenbahn des Todes‹ über die berühmt-berüchtigte Brücke am Kwai. Sie errang in den 1950er-Jahren Weltruhm durch die Verfilmung des Bestsellers von Pierre Boulle und ist auch Schauplatz im Film »The Railway Man« aus 2013, der unter dem Titel »Die Liebe seines Lebens« in Deutschland lief. Es ist eine nüchterne Stahlkonstruktion, die den Kwae Yai 4 km nordwestlich der Stadt überspannt. Sofern gerade kein Zug kommt, können Fußgänger die Brücke überqueren. Am Fluss warten schwimmende Restaurants und Bootsvermieter auf Kunden und am jenseitigen Ufer lohnt ein großer **chinesisch-buddhistischer Tempel** einen Abstecher.

JEATH War Museum 2

Bei der Brücke am Kwai, Tel. 034-51 25 96, tgl. 8.30–16.30 Uhr, 50 Baht
Ziemlich bizarr wirkt die riesige Sammlung des Privatmuseums am Fluss, wobei JEATH für Japan, England, Australien, Thailand und Holland steht. In mehreren Gebäuden, deren Innenwände grellbunte Bilder mit religiösen und historischen Motiven zieren, ist eine Sammlung von Gegenständen aus mehreren Jahrhunderten untergebracht – von prähistorischen Faustkeilen bis zu Utensilien von den Helden des Krieges.

JEATH-Kriegsmuseum 3

Thanon Pak Phraek, Tel. 065-761 12 19, tgl. 8–17 Uhr, 50 Baht
Authentischer ist das Kriegsmuseum in einer rekonstruierten Gefangenenbaracke im Wat Chai Chumphon. Fotos, von Gefangenen gemalte Bilder, Briefe und andere Fundstücke demonstrieren das Elend der Gefangenen, die meist an tropischen Krankheiten, Hunger und Erschöpfung starben.

Death Railway Museum 4

Tel. 034-51 27 21, www.tbrconline.com, tgl. 9–16 Uhr, 160 Baht, Kinder 80 Baht, auch halbtägige bis fünftägige historische Touren
Das informative Museum zeigt dank des Engagements ehemaliger Kriegsgefangener den Kriegsverlauf und die Bedeutung des Eisenbahnbaus anschaulich auf. Die Ausstellungsstücke, Dokumente und Videofilme informieren über die harten Bedingungen in den Arbeitslagern und die politischen Rahmenbedingungen – vom Kriegsbeginn bis zur Kapitulation, der Repatriierung der Kriegsgefangenen und der Anlage der Friedhöfe.

Soldatenfriedhöfe 5

Zwei Friedhöfe in der Umgebung verweisen auf eine Zeit des Mordens, als Thailand sich mit dem japanischen Kaiserreich verbündet hatte. Der eine befindet sich in der Stadt 300 m südlich des Bahnhofs, der andere etwa 3 km weiter südwestlich am Westufer des Kwae Noi nahe dem Dorf Khao Pun.

Wat Tham Khao Pun 6

4 km südwestlich des Zentrums hinter dem Friedhof am H 3228, 30 Baht

Die Eisenbahn des Todes

Nachfahren der Veteranen des Zweiten Weltkriegs und ehemaliger Zwangsarbeiter kommen nach Kanchanaburi, um auf Spurensuche zu gehen. Den meisten Besuchern jedoch ist die Brücke am Kwai nur als Handlungsort des Romans von Pierre Boulle und der gleichnamigen Verfilmung von 1957 bekannt.

»Er besaß Pflichtgefühl und hatte Achtung vor der gut ausgeführten Arbeit … auch Liebe zur Tat … wie Sie, wie wir alle, Sir …!« Den Konflikt, in den der Kriegsgefangene Oberst Nicholson gerät, als er ein geheimes Sprengkommando daran hindert, die gerade unter seiner Leitung fertiggestellte Brücke über den Kwai zu sprengen, mag es nie gegeben haben. Viele Fakten jedoch, die in dem Bestseller »Die Brücke am Kwai« aufgeführt werden, entsprechen durchaus den Tatsachen.

Ein halbes Jahr nach Kriegseintritt hatten die japanischen Truppen im Sommer 1942 große Gebiete Südostasiens erobert. Die Militärverwaltung begann mit dem Ausbau des Eisenbahnnetzes, um der Seeblockade der Alliierten in der Straße von Malacca und im Golf von Bengalen zuvorzukommen.

Die 415 km lange Thailand-Burma-Railway zwischen Kanchanaburi und Thanbyuzayat (Burma) sollte eine Verbindung zwischen dem südostasiatischen und indischen Netz von Bangkok über Moulmein nach Rangoon schaffen und beim Angriff der japanischen Truppen auf Indien den Nachschub sichern.

Auf Drängen des Militärs wurde die ursprünglich auf fünf Jahre projektierte Bauzeit auf nur 16 Monate verkürzt. In einer unglaublich kurzen Zeitspanne, vom Juni 1942 bis zum Oktober 1943, trieb man die Trasse durch unbewohnte Dschungelgebiete, über reißende Flüsse, durch enge Schluchten und über einen Pass.

Dafür schafften die Japaner immer mehr Arbeitskräfte heran, sodass am Ende 62 000 alliierte Kriegsgefangene aus den eroberten Gebieten und 200 000 Zwangsarbeiter aus Thailand, Burma, Indien, China, Indonesien und Malaya rekrutiert wurden. Unter schier unmenschlichen Arbeits- und Lebensbedingungen mussten sie mit einfachen Werkzeugen die Trasse in steile Felshänge schlagen und über malariaverseuchte Sümpfe leiten. Wen verwundert es, dass über 80 000 Zwangsarbeiter und über 12 000 Kriegsgefangene vor allem an Unterernährung, Cholera, Wundfieber und Malaria starben.

Bereits im Februar 1945 zerstörten amerikanische Bomber die Brücke über den Kwai und es dauerte keine zwei Jahre, bis mit dem Kriegsende auch der Zugverkehr über den Three Pagoda Pass eingestellt wurde. Die Briten demontierten einen Teil der Eisenbahnstrecke beiderseits der Grenze und verkauften die zerstörte Brücke an die thailändische Regierung. Sie wurde von den Japanern als Reparationsleistung wieder aufgebaut.

Heute führt die 77 km lange, einspurige Strecke von Kanchanaburi über die erneuerte Brücke (s. Abb. rechts) nach Nam Tok, wobei der letzte Streckenabschnitt, der über das Wang-Po-Viadukt führt, bei Weitem am eindrucksvollsten ist.

Keine Ähnlichkeit mit der legendären Brücke im Film hat die Eisenbahnbrücke über den Kwai bei Kanchanaburi

BOOTS- UND KAJAKTOUREN IN KANCHANABURI

Tour-Infos

An den wenigen Tagen, an denen es nicht zu heiß ist, kann man selbst paddeln. Ansonsten lässt man sich besser in einem der Longtailboote fahren.

Anbieter: Kajaktouren organisiert **Safarine** 1, 392 Thanon Mae Nam Kwae, Tel. 086-049 16 62, www.safarine.com.

Start: Die Kajaks werden an der Nong Bua Bridge zu Wasser gelassen, wo der H 232 über den Kwae Yai führt. Longtailboote für eine Rundfahrt können an der Eisenbahnbrücke und am JEATH-Kriegsmuseum gemietet werden.

Dauer: Kajaktour bis Wat Chai Chumphon 3 Std., Rundfahrt mit dem Boot 1,5–2 Std.

Preis: Kurze Kajaktour 550 Baht pro Pers. bei 2 Teilnehmern, Longtailboot 800–1000 Baht für bis zu 6 Pers.

Cityplan: S. 308

Die schmalen Kajaks gleiten vorbei an Gärten und Feldern, kleinen Siedlungen und Flussinseln. Am Ufer liegen die ersten Hausboote, und in idyllischen Parks erheben sich die schmucken Gebäude einiger großer Resorts. Sobald die Flussschleife genommen ist, eröffnet sich der Blick auf die berühmte **Brücke am Kwai** 1. Sollten die Ausflugsbusse aus Bangkok bereits eingetroffen sein, herrscht auf der Brücke sowie in den Restaurants und bei den Bootsvermietern, die das Ufer säumen, ein lebhaftes Kommen und Gehen. Die Kajakfahrer selbst werden zu einem beliebten Fotomotiv und müssen sich nun im Stadtgebiet den Fluss teilen mit laut knatternden Ausflugsbooten.

Am linken Flussufer wirbt hinter der Eisenbahnbrücke das **JEATH War Museum** 2, das jedoch wenig beeindruckt. Im Bereich der schmalen Straßenbrücke haben sich am Ufer Dutzende großer, moderner Resorts und kleiner Gästehäuser angesiedelt.

Ein chinesischer Tempel mit einer hübschen kleinen Pagode markiert die Stelle, wo etwas weiter vom Ufer entfernt auf einem der großen **Soldatenfriedhöfe** 5 fast 7000 Kriegsopfer beigesetzt sind. Unter der Straßenbrücke hindurch sind schließlich die Anlegestellen der schwimmenden Restaurants und Karaokebars erreicht, die dicht an dicht beide Ufer begrenzen und wie schwimmende Dörfer auf Flößen wirken. Von rechts strömt nun der breite Kwae Noi in den Kwae Yai, wodurch sich der Mae Klong bildet. Die Kajaktour endet an der Anlegestelle des **Wat Chai Chumphon,** dessen **JEATH-Kriegsmuseum** 3 einen Besuch lohnt.

Mit einem Longtailboot lohnt die Weiterfahrt den Kwae Noi hinauf, an dessen Ufern der zweite **Soldatenfriedhof** liegt. Einen knappen Kilometer weiter führen vom rechten Ufer ein Pfad und Treppen hinauf zu einem großen chinesischen Buddha. Von dort sind es ein paar hundert Meter bis zum **Wat Tham Khao Pun** 6, einer von vielen Höhlentempel in den Kalksteinmassiven beiderseits des Kwae Noi.

Wer Spaß am Paddeln und etwas mehr Zeit zur Verfügung hat, kann flussaufwärts von Resorts am Ufer des Kwae Noi aus weitere Bootstouren unternehmen sowie Elefantencamps und Nationalparks besuchen.

In neun Kammern der Meditationshöhle im Wat Tham Khao Pun stehen neben Buddhastatuen auch hinduistische und chinesische Gottheiten, Statuen von Königen, heiligen Männern, Hirschen und anderen Tieren. Die Kammern sind durch eine ausgeleuchtete Passage miteinander verbunden. Am Ende zeigt ein kleines Museum Fotos aus den Kriegsgefangenenlagern.

Wat Ban Tham 7

6 km südlich des Zentrum

Ein weitgehend chinesischer Stil prägt diesen Höhlentempel. Durch den gewaltigen Schlund eines Drachens, der sich den Berg herabzuwinden scheint, führen über 100 Stufen hinauf zum Eingang. Die natürlich beleuchtete Haupthöhle enthält neben einer großen Buddhafigur die Statue einer wundertätigen Frau, der Körbe voller Spielzeug und Kleidung dargebracht werden. Ein halbstündiger Weg, der oberhalb der Wendeltreppe am Höhleneingang beginnt, führt an einer Tropfsteinhöhle vorbei zum Gipfel.

Wat Tham Kao Noi und Wat Tham Sua 8

11 km südlich des Zentrum

Auf zwei benachbarten Hügeln wurden der Thai-Tempel **Wat Tham Kao Noi** und das im chinesischen Stil gehaltene **Wat Tham Sua** erbaut. Da es keine direkte Verbindung zwischen beiden Tempeln gibt, müssen Besucher leider die steilen Treppen hinab und wieder hinaufsteigen. Dafür werden sie oben aber mit Buddhastatuen, Pagoden und wunderschönen Aussichten über die Felder und Flusslandschaft belohnt.

Infos

Tourist Office: 14 Thanon Saengchuto, Tel. 034-51 12 00, Mo, Di, Do und Fr 8.30–16.30 Uhr. Hilfsbereite Mitarbeiter.

Übernachten

Perfekte Erholung – **Oriental Kwai 1 :** 194/5 Moo 1, Lad Ya, 14 km nordwestlich der Stadt, Tel. 061-673 06 70, www.orientalkwai.com. Familiäres Resort in ruhiger Lage am Fluss mit zwölf wunderschönen Bungalows um einen Pool. €€€

Mitten in der Natur – **U Inchantree Resort 2 :** 443 Thanon Mae Nam Kwae, Tel. 034-52 15 84, www.uhotelsresorts.com/uinchantreekanchanaburi. Stylisches Boutique-Resort am Flussufer, das sich perfekt zum Entspannen eignet. 50 Zimmer unterschiedlicher Größe, luftiges Restaurant mit Flussblick und Pool. €€–€€€

Komfortabel und zentral – **Good Times Resort 3 :** 265/5 Thanon Mae Nam Kwae, am Fluss, Tel. 090-143 49 25, www.goodtimes-resort.com. Die Zimmer in diesem modernen Mittelklassehotel sind sauber und nett eingerichtet. Zudem kleiner Pool und gutes Restaurant. €€

Schön schlicht – **Ploy Resort 4 :** 79/2 Thanon Mae Nam Kwae, Tel. 090-964 26 53, www.ployresorts.com. Kleine Anlage mit klimatisierten Zimmern im modernen Thai-Stil, einige mit Podestbetten und Freiluftduschen. Restaurant mit Dachterrasse am Fluss. €€

Weitere Unterkünfte: Nördlich der Stadt, nahe der Brücke, gibt es viele preiswerte Gästehäuser, teils in einfachen Bambusflößen auf dem Fluss. Außerhalb von Kanchanaburi findet man Bungalows und Resorts in schöner Umgebung, die vor allem am Wochenende von einheimischen Touristen besucht werden.

Essen & Trinken

Vegetarisches Thai – **On's Thai-Issan 1 :** 77/9 Thanon Mae Nam Kwae, Tel. 087-364 22 64, www.facebook.com/OnsThaiIssan, tgl. 10–21 Uhr. Kleines, bei Backpackern beliebtes Restaurant mit Kochschule. Die quirlige On kocht überaus günstige einheimische vegane sowie vegetarische Speisen. Leckere Shakes. Günstige, informelle Kochkurse für 600 Baht. €

Wie daheim – **Bell's Pizza 2 :** 24/5 Thanon Mae Nam Kwae, Tel. 081-010 66 14, tgl. 16–22 Uhr. Wenn es an der Zeit ist, den Geschmacksknospen eine Erholungspause von Chilies & Co. zu gönnen, empfiehlt sich ein Besuch im kleinen, sauberen von einem thailändisch schweizerischem Paar geleiteten Restaurant mit leckerer Pizza und Pasta. €–€€

Ein Erlebnis mit historischer Note: Zugfahrt über das Wang-Po-Viadukt

Authentisch Thai – **Rim Nam Sudjai** 3 **:** 300 Moo 5, Thanon Thamakham, Tel. 034-51 37 79, tgl. 10–21 Uhr. Flussrestaurant am Südufer des Kwae Yai mit authentischer Atmosphäre und einer kleinen, aber feinen Auswahl an Gerichten. Viele Einheimische essen hier. €

Aktiv

Boots- und Kajaktouren – Auf dem Kwae Noi und Kwae Yai werden ab Anlegestellen in der Stadt und an der Eisenbahnbrücke etwa zweistündige Touren mit Longtailbooten angeboten. Kajaktouren nach Voranmeldung organisieren **Safarine** 1 sowie verschiedene Resorts weiter flussaufwärts (s. Aktiv S. 312).

Trekking und Ausflüge – In den **Gästehäusern** und von Reiseveranstaltern werden Ausflüge in die Berge entlang der Bahntrasse, zu Nationalparks und Wasserfällen, zu Höhlen und heißen Quellen angeboten, u. a. mit Elefantenbaden, Bootsfahrten, Rafting und Kajak.

Organisierte Touren – **Good Times Travel** 2 **:** 63/1 Thanon Mae Nam Kwae, Tel. 081-913 77 58, www.good-times-travel.com. Gut organisierter Anbieter mit einer breiten Auswahl an Tages- und Mehrtagestouren in die Umgebung.

Termine

River Kwai Bridge Festival: An der River-Kwai-Brücke, eine Woche Ende Nov./Anfang Dez. Die Zeit des Zweiten Weltkriegs wird mittels einer Show mit Knalleffekten, Fahrten mit historischen Zügen und anderer Veranstaltungen wieder lebendig, den Abschluss bildet ein großes Feuerwerk.

Verkehr

Züge: Bahnhof nördlich der Stadt. Züge 2 x tgl. vom Bahnhof in Thonburi nach Kanchanaburi und weiter über die Brücke am Kwai nach Nam Tok.

Busse: Ab Southern Bus Terminal (Sai Tai Mai/Taling Chan) in Bangkok alle 15–30 Min. über Nakhon Pathom nach Kanchanaburi (2,5 Std.). Ab Kanchanaburi stdl. mit Bus 8170 zum Erawan National Park (65 km) sowie 4x tgl. vormittags mit Bus 8203 nach Sai Yok Noi (60 km),

Thong Pha Phum (144 km) und Sangkhlaburi (220 km, 5 Std.).

Lokalverkehr: Stadtbusse verkehren entlang der Hauptstraße. Man kann kleine Songthaews sowie Motorradtaxis mieten.

Auto-, Motorrad- und Fahrradvermietung: Viele Firmen in der Nähe der Gästehäuser an der Thanon Mae Nam Kwae.

Am River Kwai entlang nach Norden

Karte: S. 307

Ban Kao National Museum ►C 10

2 km westlich des Ortes Ban Kao am Fluss, Tel. 034-54 06 71, Mi–So 9–16 Uhr, Eintritt 50 Baht

Während der Fahrt mit der ›Eisenbahn des Todes‹ von Kanchanaburi nach Nam Tok passiert man **Ban Kao** 3. Ein holländischer Archäologe, der als Kriegsgefangener beim Bau der Bahnlinie eingesetzt war, entdeckte damals unter einem überhängenden Felsen in der Nähe des Dorfes einige Gegenstände, die sein Interesse erregten. Nach Kriegsende wurden sie untersucht und man stellte fest, dass es sich um neolithische Funde handelte. Seit den 1960er-Jahren legten Archäologen Skelette, Tonscherben, Steinäxte, Schmuck und weitere über 4000 Jahre alte Objekte frei. Einige sind im sehenswerten, modernen und angenehm klimatisierten **Ban Kao National Museum** zu sehen. Zudem werden Bilder von Höhlenmalereien und Holzsärge, die der Hoabinhian-Kultur (10 000–4000 v. Chr.) zugeordnet werden, ausgestellt.

Muang Sing ►C 10

1,5 km südwestlich der Bahnstation Ban Tha Kilen, tgl. 8–16.30 Uhr, Eintritt 100 Baht, Autos 50 Baht, Videos zu sechs Stationen mit Smartphone und QR Codes

Etwa 7 km nordwestlich des Museums stand in einer Flussschleife die Befestigung **Muang Sing** 4, welche die Khmer zur Sicherung ihrer westlichen Grenze zwischen dem 12. und 13. Jh. erbauten. Die aus Lateritgestein errichteten, verwitterten Ruinen der mächtigen Mauern, der hohen Eingangstore und des zentralen Heiligtums vermitteln einen Eindruck von der einstigen Größe der Anlage.

Mit Steinblöcken gepflasterte Wege führen zu dem zentralen **Prang,** unter dem heute eine Kopie von Prajnaparamita, der Verkörperung der vollkommenen Weisheit im Mahayana-Buddhismus, steht. Das Original sowie weitere Funde sind im kleinen, monografisch ausgerichteten **Museum** auf dem Gelände ausgestellt. Am Fluss kann noch eine prähistorische **Ausgrabungsstätte** besucht werden.

Mallika R.E 124 ►C 10

27 km westlich der Brücke am H323 nahe Muang Sing, Tel. 034-54 08 84, https://mallika124.com, Eintritt 250 Baht, Eintritt inkl. Kostüm 400 Baht

ELEFANTEN FÜTTERN UND BADEN

In der **Elephant's World** 32 km nordwestlich von Kanchanaburi leben alte, behinderte und kranke Tiere. Besucher können bei der Pflege der Elefanten helfen. Es gibt auch Übernachtungsmöglichkeiten (Tel. 086-335 53 32, www.elephantsworld.org, 2500 Baht inkl. Mittagessen und Transfer ab Kanchanaburi; 2 Tage/1 Nacht 4900 Baht, auch längere Mahout-Programme für 20 000 Baht/Woche).

Der **Mallika R.E. 124** 5 ist ein Themenpark mit historischem Anspruch. Ganze Straßenzüge sind im Stil der Zeit von König Rama V. (Chulalongkorn) vor über 100 Jahren nachgebaut worden. Geschäfte bieten Snacks, Getränke und traditionelle Souvenirs an. Es gibt Handwerksbetriebe, Kräutergärten, eine eigene Holzkohleproduktion und eine Küche, wo man bei der Reisverarbeitung selbst Hand anlegen kann. Bezahlt wird mit alten Münzen. Nachbauten historischer Gebäudestile, Nutztiere und ein Fischrestaurant komplettieren das lohnende Erlebnis.

Wang-Po-Viadukt ► C 10

Kurz vor Nam Tok fährt der Zug im Schritttempo über das aus Holz erbaute **Wang-Po-Viadukt** 6 (in Thai Saphan Tham Krasae). Es ist kaum vorstellbar, wie es die Zwangsarbeiter schaffen konnten, die 500 m lange Brücke zwischen Fluss und steiler Felswand unter primitivsten Arbeitsbedingungen zu errichten.

Nahe der Haltestelle **Tham Krasae** liegt die gleichnamige kleine **Höhle.**

Nam Tok ► C 9

Nach einer über vierstündigen Fahrt erreicht der Bummelzug die Endstation **Nam Tok** 7. Die Bevölkerung der umliegenden Dörfer versorgt sich hier auf dem kleinen Markt mit den Produkten der Zivilisation.

Vor allem an Wochenenden kommen einheimische Touristen zu einem Picknick in das Wäldchen rings um den kleinen **Wasserfall Sai Yok Noi** 8, der etwa 1 km nördlich des Ortes liegt. Der Wasserfall führt jedoch nur während der Regenzeit ausreichend Wasser. Lohnend ist die einstündige Wanderung am Bach entlang bis zu seiner von hohen Bäumen überschatteten Quelle. Hier beginnt ein 1350 m langer Nature Trail, der durch ein Tal zur **Badan-Tropfsteinhöhle** führt. Man kann sie am besten mit einem Ranger als Guide besuchen.

Hellfire Pass Interpretive Centre ► C 9

Tel. 034-91 96 05, https://bit.ly/HellfirePass, tgl. 9–16 Uhr, Spende

Etwa 20 km weiter nördlich wurde am sogenannten **Hellfire Pass** von australischen Kriegsveteranen zur Erinnerung an ihre verstorbenen Mitgefangenen das hervorragende **Hellfire Pass Interpretive Centre** 9 eingerichtet. Anhand von Fotos, Skizzen, Modellen und ausführlichen englischen Texten wird das qualvolle Leben der Kriegsgefangenen dargestellt und durch ein kurzes Video mit historischen Aufnahmen und Berichten Überlebender vertieft.

Konyu- und Hintok-Schlucht

Vom Museum aus erreicht man über Treppen, eine Brücke und einen Wanderpfad die **Konyu-Schlucht,** einen mit einfachsten Werkzeugen geschaffenen Durchbruch für die Eisenbahnlinie. Eine Gedenktafel erinnert an die australischen und britischen Gefangenen. Wer möchte, kann von hier weiter an der einstigen Bahnlinie entlang 2,5 km bis zur **Hintok-Schlucht** am H 323 wandern (hin und zurück dauert der Weg knapp 3 Std.).

Nationalparks und Seen entlang der Grenze

Die größten Waldgebiete Thailands entlang der Grenze zu Myanmar sind überwiegend als Nationalparks und Tierschutzgebiete ausgewiesen – eine faszinierende Landschaft mit kleinen Wasserfällen, riesigen Stauseen und bizarren Kalksteinmassiven. In der nur dünn besiedelten Gegend leben Minderheiten der Mon und Karen, von denen viele aus dem Nachbarland Myanmar geflüchtet sind.

Die zerklüftete Gebirgskette, die sich in Nord-Süd-Richtung erstreckt, bildet eine natürliche Barriere zwischen Thailand und Myanmar. Die wenigen Pässe wurden schon immer gut bewacht, vor allem der Three Pagoda Pass. Über ihn drangen aus dem damaligen burmesischen Königreich mehrfach Truppen nach Siam ein, zerstörten letztmals 1767 Ayutthaya und plünderten das Land.

Heutigen Besuchern scheint es, als hätte sich die Situation am Pass ins Gegenteil verkehrt: Seit dem Holzeinschlagverbot in Thailand werden die begehrten Teakmöbel, seltene Orchideen und Edelsteine als Schmuggelware aus dem deutlich ärmeren Nachbarland offen über die Grenze geschafft. Ein großer Grenzmarkt zeugt vom regen Kleinhandel. Mon und Karen, die überwiegend aus dem Nachbarland stammen, stellen die Bevölkerungsmehrheit in und um Sangkhlaburi.

Nur ein weiterer kleinerer Ort, Thong Pha Phum, liegt an der 220 km langen Strecke zwischen Kanchanaburi und Sangkhlaburi. Ansonsten prägen nahezu unberührte Bergregionen das Bild. Nationalparks mit Höhlen und Wasserfällen sowie die beiden großen Stauseen Srinagarind und Khao Laem locken Naturliebhaber. Busse verkehren nur auf der Straße zwischen Kanchanaburi und Sangkhlaburi sowie zum Erawan National Park. Für alle anderen Ziele lohnt es, ein Fahrzeug zu mieten oder eine Tour zu buchen.

Sai Yok National Park

▶ C 9

Karte: S. 318

Am Oberlauf des Kwae Noi, etwa 100 km nordwestlich von Kanchanaburi, erreicht man den Sai Yok National Park. Beiderseits einer Hängebrücke stürzen die **Wasserfälle Sai Yok Yai und Sai Yok Lek** **1** in den Kwae Noi, die besonders bei niedrigem Wasserstand während der Trockenzeit reizvoll wirken. Die Ruinen eines japanischen **Militärcamps** und Reste der **Eisenbahntrasse** sind in der Nähe der Wasserfälle, 400 m vom Headquarter entfernt, zu erkennen. Erst 1973 wurde in der 2 km entfernten **Daow-Deung-Höhle** **2** die Hummel-Fledermaus *(Craseonycteris thonglongyai)* entdeckt, die mit einer Größe von 3 cm und einem Gewicht von 1,5–2 g das kleinste bekannte Säugetier ist.

Jenseits des Flusses erstreckt sich der 500 km² große Park bis zur Grenze mit Myan-

Eintritt zu den Nationalparks

Mit der am Eingang eines Nationalparks gelösten Eintrittskarte zu 300 Baht bzw. 200 Baht für Kinder, können am selben Tag auch andere Parks und Tierschutzgebiete in dieser Region besucht werden.

mar. Die nahezu unberührten Monsunwälder sind eines der letzten Rückzugsgebiete von Elefanten und Tigern in Thailand.

Sangkhlaburi ▶ B 8

Karte: S. 318

Richtung Norden führt der Highway H 323 mitten durch den touristisch nahezu unerschlossenen, 1497 km² großen **Khao Laem National Park.** Er umschließt das riesige **Khao Laem Reservoir**, das Anfang der 1980er-Jahre durch den Bau des Vajiralongkorn-Damms bei Thong Pha Phum entstand. Das alte **Sangkhlaburi** 3 ist 1984 im Wasser des Stausees versunken und an seinem Nordufer neu aufgebaut worden. Bei einer Bootsfahrt in der Trockenzeit kann man noch Tempel besuchen, die aus dem See emporragen. In einigen ruhigen Buchten sind schwimmende Häuser verankert.

Zwei Fußgängerbrücken – die komplett restaurierte 400 m lange **Uttamanusorn-Holzbrücke** sowie eine kleinere, auf dem Wasser schwimmende Bambus-Brücke – verbinden den östlichen, überwiegend von Thais und Karen bewohnten Stadtteil mit der Siedlung der Mon. Die Mon-Siedlung wird von dem berühmten **Wat Wang Wiwekaram** überragt. Der Tempel wurde 1956 von buddhistischen Thai, Mon, Karen und Burmesen gemeinsam für einen mittlerweile verstorbenen Abt errichtet, der in der großen Halle von Pilgern aus dem ganzen Land hoch verehrt wird.

Weiter unterhalb am See steht eine 60 m hohe, goldfarbene **Pagode** ähnlich der im indischen Bodhgaya mit einer großen Buddhastatue. Zu ihren Füßen erstreckt sich ein überdachter Souvenirmarkt, dessen Angebot weitgehend aus Myanmar stammt.

Three Pagoda Pass ►B 8

Nur 22 km sind es von Sangkhlaburi zum **Three Pagoda Pass** 4, der die Grenze zu Myanmar (Burma) bildet. Er erhielt seinen Namen von den drei weißen **Stupas,** die an die Bedrohung durch burmesische Armeen mahnen, die während der Ayutthaya-Zeit (14.–18. Jh.) auf diesem Weg mehrfach in das Einflussgebiet ihres Erzfeindes eindrangen. Reste der einstigen **Bahnlinie** und ein kleiner japanischer **Border Peace Tempel** erinnern an den Einsenbahnbau während des Zweiten Weltkriegs.

Dominiert wird der Grenzübergang aber von den zahlreichen **Verkaufsständen,** an denen vor allem Teakmöbel, aber auch Textilien, Halbedelsteine und andere Gegenstände aus dem Nachbarland ebenso wie aus China, Indien und Indonesien angeboten werden.

Sangkhlaburi wird vom Khao Laem Reservoir zweigeteilt – die 400 m lange Uttamanusorn-Holzbrücke verbindet die Stadt im Norden mit der Mon-Siedlung im Süden

Erfrischung verheißen die zahlreichen Badeplätze im Erawan National Park

Ausländer können diesen Grenzübergang nicht nutzen.

Übernachten

Mit Seeblick – **Samprasob Resort:** 122 Moo 3, an der Brücke, Tel. 085-811 87 11, www.samprasob.com. Das beste Hotel im Ort. Gepflegte Zimmer von unterschiedlicher Ausstattung in mehrstöckigen Häusern, darunter einem Neubau mit Pool, kleine Bungalows und große Cabins über dem See mit tollem Ausblick von einigen Zimmern und vom Restaurant. €–€€

Kunterbunt – **Coffee Berry:** 91/4 Moo 3, Thanon Samprasob, Tel. 084-319 27 51, https://bit.ly/CoffeeBerrySangkhlaburi. Kleines Gästehaus nahe der Fußgängerbrücke. Zwölf kreativ gestaltete Zimmer mit Matratzen auf dem Boden und winzigen Bädern. Mit Café und kleinem Garten. €

Vielseitiges Angebot – **P. Guesthouse & Country Resort:** 82/1 Moo 1, Ban Nong Lu, Tel. 098-777 24 78, www.p-guesthouse.com. Die große, ältere, aber gepflegte Anlage ist für westliche Touristen die erste Wahl, da man auf Einzelreisende eingestellt ist und Englisch gesprochen wird. Es gibt sehr einfache Doppelbungalows mit Ventilator, komfortablere Häuser mit Klimaanlage und modernere Zimmer in zweistöckigen Häusern mit Terrasse oder Balkon am See. Restaurant, Verleih von Fahrrädern, Motorrädern und Vermittlung von Booten, Tourangebote. €.

Essen & Trinken

Zu den Restaurants der Resorts bieten die Essensstände und einfachen Restaurants an der Markthalle eine preiswertere Alternative.

Gute lokale Küche – **Sri Deang Restaurant:** 134 Moo 1, Thanon Sangkhlaburi, gegenüber dem Krankenhaus, Tel. 095-987 35 66, tgl. 8–21.30 Uhr. Großes Restaurant mit vielen einheimischen, auch ausgefallenen Gerichten auf einer bebilderten, teils englischsprachigen Karte. Der Service ist schnell, aber es spricht kaum jemand Englisch. €

Gemütlich – **Kafcafé:** Gegenüber P. Gh. & Country Resort, Tel. 087-519 91 50, tgl. 8–21 Uhr. Kleines entspanntes, künstlerisch gestaltetes Café mit leckerem Frühstück, Säften und Sandwiches sowie gutem Kaffee. €

Aktiv

Bootstouren – Auf dem Stausee lohnende einstündige Rundfahrten zu den versunkenen Tempeln für 500 Baht/Boot.

Paddelboote – **Paddelbootverleih** im P. Guesthouse (s. o.) für 60 Baht/Std. bzw. 150 Baht/halber Tag.

Trekking – Tagestouren zu Karen-Dörfern inkl. Rafting für 1000 Baht werden von den Gästehäusern angeboten.

Verkehr

Busse: Von Kanchanaburi mit Bus 8203 2x tgl. (5 Std.), Minibusse verkehren von 6–16 Uhr alle 20–30 Min. (3,5 Std.). Zum Three Pagoda Pass vom Busbahnhof mit grünen Songthaew von 7–16 Uhr alle 40 Min. (45 Min.).

Erawan National Park

► C 9

Karte: S. 318
Der Nationalpark am Oberlauf des Kwae Yai, 65 km nordwestlich von Kanchanaburi, umfasst ein schmales, bewaldetes Tal mit zahlreichen Kaskaden und kleinen Wasserfällen, das nach einer Fahrt durch die heiße, baumlose Umgebung eine angenehme Abkühlung im kühlen Nass verspricht. Ein Wanderweg führt am Fluss entlang zu hübschen Picknick- und Badeplätzen, die an Wochenenden auch ein beliebtes Ziel einheimischer Familien sind. Nach einer anstrengenden Klettertour ist der siebte Wasserfall am Ende des Tals erreicht, dessen Form an den dreiköpfigen Elefanten Erawan erinnert und dem Park den Namen gab.

Eine 11 km lange Schotterstraße führt zur **Phra-That-Höhle** 5. Wer sie erkunden will, benötigt eine Taschenlampe.

Srinagarind Reservoir

► B 8/9

Am Pier von **Tha Kradan** 6, 24 km nördlich von Phra That, werden Boote für eine Rundfahrt auf dem Srinagarind-Stausee vermietet. Es gibt auch Fahrten zum **Headquarter** des kaum erschlossenen **Srinagrind National Park,** der sich am Westufer des Sees 40 km nördlich des Erawan National Parks erstreckt. Nur in der Trockenzeit ist die unbefestigte Straße zum Headquarter mit einem geländegängigen Fahrzeug passierbar.

Verkehr

Busse: Vom Erawan National Park nach Kanchanaburi mit Bus 8170 alle 50–60 Min. von 7–17 Uhr.

Chaloem Rattanakosin National Park ► C 9

Karte: S. 318
Im Tham Than Lot National Park, 97 km nördlich von Kanchanaburi, liegt die eindrucksvolle, 300 m lange Tropfsteinhöhle **Tham Than Lot Noi** 7. Die geräumige Höhle mit wuchtigen Tropfsteinen wird von einem Bach durchflossen. An seinem Ufer entlang geht es auf einem **Wanderweg** jenseits der Höhle durch eine schöne Dschungellandschaft zu einem dreistufigen Wasserfall und weiter zu einer Naturbrücke über eine Sinkhöhle und einem Waldtempel. Achtung, nach dem dreistufigen Wasserfall wird der Pfad schwieriger und in der Regenzeit gefährlich und rutschig.

Safari Park Open Zoo

Tel. 034-67 82 25, www.facebook.com/safariparkkanchanaburi, tgl. 9–17 Uhr, Eintritt 550 Baht, Kinder 350 Baht
An der Straße zum Chaloem Rattanakosin National Park liegt hinter **Nong Krathum** ein größerer **Safaripark** 8 mit Tieren aus aller Welt. Angeschlossen ist auch ein gepflegter **Botanischer Garten,** in dem viele Schmetterlinge beheimatet sind.

Verkehr

Busse: Ab Kanchanaburi mit Bus 325 Richtung Bo Phloi.

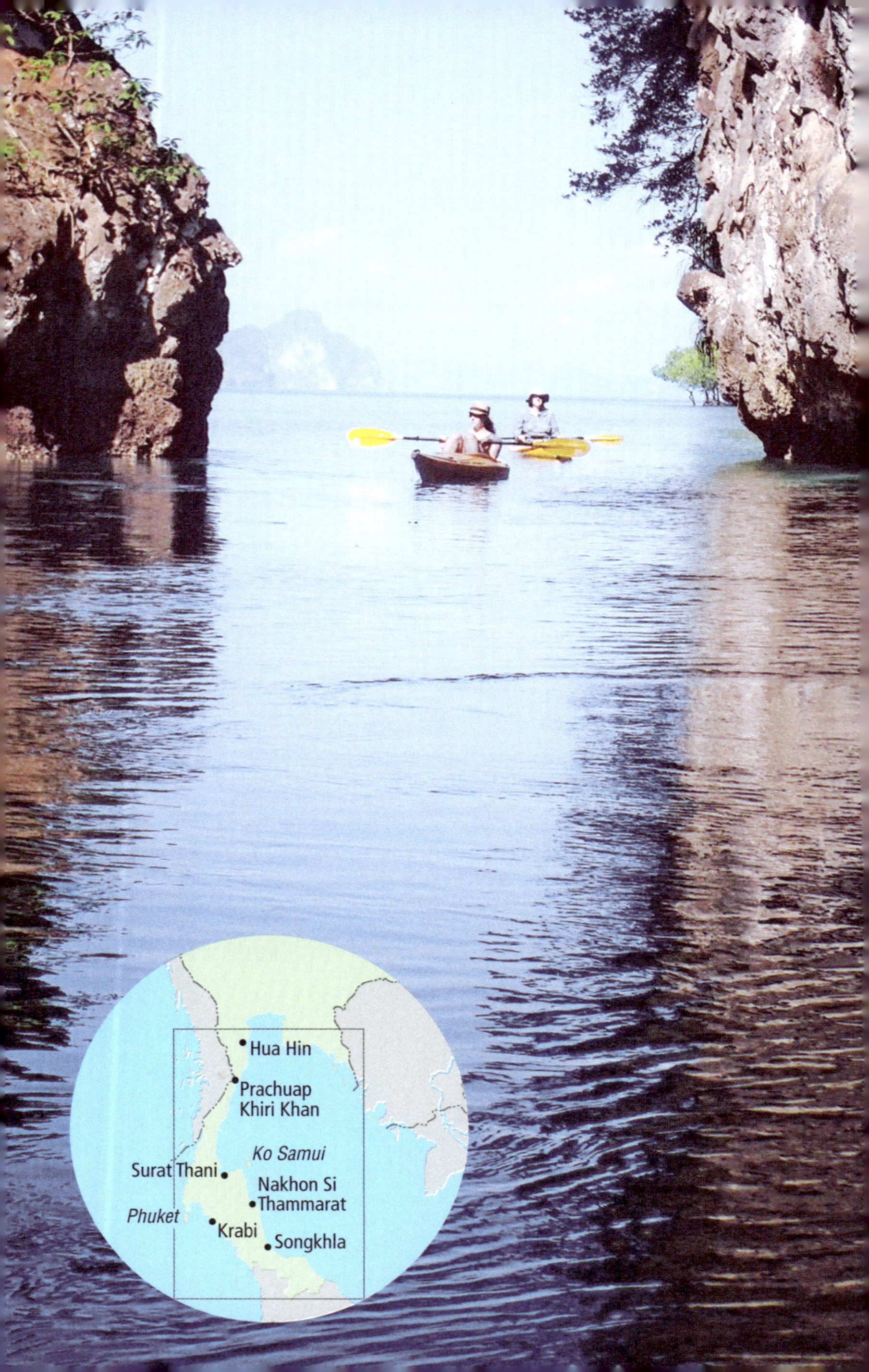

Hua Hin
Prachuap Khiri Khan
Ko Samui
Surat Thani
Nakhon Si Thammarat
Phuket
Krabi
Songkhla

Kapitel 6

Der Süden

Es sind vor allem die weißen Palmenstrände, die in kalten europäischen Wintermonaten Tropenträume wahr werden lassen. Mit Inseln im kristallklaren Meer, landschaftlichen Highlights und zahllosen Unterkünften in allen Preisklassen lockt der Süden Thailands. Das Land verdankt seine Beliebtheit in erster Linie seiner langen Küste, die sich über mehr als 1000 km bis hinab nach Malaysia erstreckt.

Jeder Badeort, ob auf dem Festland am Golf von Thailand, an der Andamanensee oder auf einer der vielen Inseln, hat ebenso seinen eigenen Charakter wie jeder Strand. Einheimische bevorzugen Ferienhäuser an schattigen Stränden, in denen selten Englisch gesprochen wird. Für die Touristen entstanden an vielen Stränden internationale Urlaubszentren mit komfortablen Hotelanlagen, Swimmingpools in tropischen Gärten, Spezialitätenrestaurants und einem breiten Freizeitangebot. Hier können Touristen einen mehrwöchigen Urlaub fast ausschließlich zwischen Hotelpool und dem angrenzenden Strand verbringen. Fast überall bietet ein breites Angebot an Aktivitäten Abwechslung vom geruhsamen Strandleben. Zudem besteht die Möglichkeit, auf eigene Faust loszuziehen, um in Tagesausflügen Land und Leute sowie die herrliche Tropenlandschaft kennenzulernen. Und wer mehr vom Süden sehen möchte, kann zum Beispiel von Insel zu Insel hüpfen oder von Bangkok über Land in den Süden reisen.

Paddeltour im Seekajak durch die bizarre Felslandschaft in der Phang Nga Bay

Auf einen Blick: Der Süden

Sehenswert

Mrigadayavan Palace: Der 1924 erbaute, komplett restaurierte Sommerpalast des Königs Rama VI. zwischen Cha-am und Hua Hin kann besichtigt werden (s. S. 329).

Phuket: Poollandschaften der Luxusresorts, fantastische Spas und vielseitige Wellnessangebote laden zum Entspannen ein (s. S. 364).

Phuket FantaSea: Ein faszinierendes Bühnenspektakel findet allabendlich in einem gigantischen Theatertempel in Kamala statt (s. S. 370).

Krabi: In malerischen Buchten kann man einen Kletterkurs belegen und Seekajak fahren oder im Schatten der steil aus dem Meer aufragenden Kalksteinmassive an Traumstränden entspannen (s. S. 389).

Schöne Route

Rund um Phuket: Wer die Insel von Strand zu Strand ziehend umrundet, kann ihre Vielfalt erleben in Form von ruhigen, weiten Sandstränden, malerischen Aussichten, Sonnenuntergängen, Restaurants und mancherorts auch viel Touristentrubel (s. S. 176).

Meine Tipps

Nachtmarkt in Hua Hin: Lohnend ist ein Bummel über den Markt, der zu den schönsten Nachtmärkten Thailands gehört. (s. S. 335).

Meditation im Wat Suan Mokkh: Im internationalen Meditationszentrum im Wat Suan Mokkh nehmen Reisende aus aller Welt an Dhamma-Meditationen teil (s. S. 341).

Wellnesstage auf Ko Samui: In vielen Resorts der gehobenen Preisklasse, aber auch außerhalb, offerieren Spas eine große Bandbreite an Massagen und Anwendungen sowie Yoga, Reiki und Meditationen (s. S. 351).

Bummel durch die Altstadt von Phuket Town: In kleinen Läden in den sanierten chinesischen Geschäftshäusern stöbern und danach in einem der stilvollen Cafés und Restaurants entspannen (s. S. 364).

In Nakhon Si Thammarat werden Figuren fürs Schattenspiel gefertigt

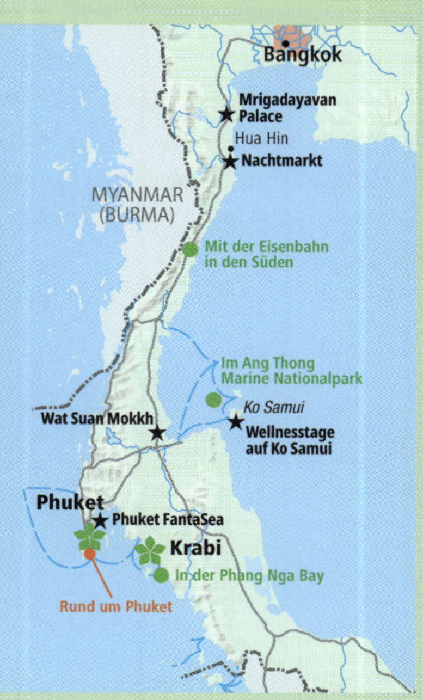

Mit der Eisenbahn in den Süden: Mit dem Zug kann man von Bangkok über die Malaiische Halbinsel in den tropischen Süden reisen (s. S. 330).

Im Ang Thong Marine National Park: Ein Bootsausflug durch die Inselwelt ist ein lohnendes Naturerlebnis. Unterwegs bieten sich Möglichkeiten zum Kajakfahren, Schnorcheln und Baden (s. S. 352).

In der Phang Nga Bay: Mit Ausflugsbooten oder Kajaks fährt man durch Mangrovensümpfe zu den bizarren Felsformationen in der Bucht (s. S. 380).

Am Golf von Thailand

Von Bangkok bis zur malaysischen Grenze erschließen eine Eisenbahnlinie und ein durchgehend ausgebauter Highway die schmale Halbinsel. Nur wenig abseits stehen sich historische Tempel, kleine Paläste und moderne Urlaubszentren gegenüber. Die vorgelagerten Inseln sind mit Fähren gut zu erreichen. Hier wird mit Sicherheit jeder seinen Lieblingsstrand entdecken.

So weit das Auge reicht, säumen Strände die nahezu schnurgerade Küste, manche liegen versteckt in winzigen Buchten, sind umgrenzt von dichten Mangrovensümpfen oder bizarren Felsformationen. Die schönsten Sandstrände auf Ko Samui wurden noch Ende der 1960er-Jahre unter Globetrottern auf ihren Überlandtrips zwischen Europa und Australien als Geheimtipps gehandelt. Nach dem Flughafenbau sind die einfachen Palmenhütten klimatisierten Bungalows und großen Luxusresorts gewichen. Wo einst Fischer von Hippies die Zubereitung von Banana Pancakes und anderen exotischen Gerichten lernten, servieren heute Köche aus aller Welt einem internationalen Publikum ihre kulinarischen Künste.

Auch wenn Ko Samui mittlerweile touristisch vollkommen erschlossen ist und auch die Nachbarinseln Ko Pha Ngan und Ko Tao nahezu komplett vom Tourismus leben, gibt es sie noch: die einsamen Strände, vor allem auf dem Festland.

Wer mit einem Mietwagen auf den schmalen Küstenstraßen von Bangkok Richtung Süden fährt, wird an den Stränden von Phetchaburi nur einheimische Urlauber aus der Hauptstadt antreffen, die hier vor allem die Wochenenden verbringen. Ihnen begegnet man außerhalb der großen internationalen Hotels auch in den Badeorten Cha-am, Hua Hin oder in Prachuap Khiri Khan sowie an den Stränden bei Chumphon.

An der Küste weiter südlich wird es ruhiger. Hier konzentriert sich der Tourismus weitestgehend auf die vorgelagerten Inseln, obwohl einige Küstenabschnitte durchaus konkurrenzfähig und darüber hinaus wesentlich preiswerter sind.

Auch Nationalparks und interessante Provinzstädte lohnen einen Zwischenstopp. Historische Tempelanlagen, königliche Sommerpaläste und kleine Museen mit über 1000 Jahre alten Funden vermitteln eindrucksvoll die Geschichte von Thailands Süden.

In der Bucht von Bangkok

Ratchaburi ▶ D 10

Ratchaburi, eine von Reisfeldern und Obstplantagen umgebene, untouristische, aber durchaus charmante Provinzstadt am Südufer des Mae Klong, liegt etwa 130 km von Bangkok entfernt.

Nationalmuseum

An der Uferstraße, Tel. 032-32 15 13, www.virtualmuseum.finearts.go.th/ratchaburi, Mi–So 9–16 Uhr, feiertags geschlossen, Eintritt 100 Baht

Der Besuch des etwas altbacken präsentierten, aber durchaus sehenswerten Museums in der ehemaligen Präfekturverwaltung aus den 1920er-Jahren vermittelt einen Überblick über die 1000-jährige Geschichte der Region. Die historische Ausstellung ergänzt eine Abteilung, in der die ethnischen Minoritäten der Region vorgestellt werden.

Wat Mahathat Worawihan

Ausgrabungen im Kloster lassen darauf schließen, dass es bereits in der Dvaravati-Periode (10. Jh.) gegründet wurde. Die zentralen Prangs sowie der Wandelgang mit vielen Buddhastatuen stammen aus der Lopburi-Periode und weisen deutlich Einflüsse der Khmer auf. In der Spitze des zentralen Prangs sind in einem kleinen, gittergeschützten Raum Wandmalereien aus der Ayutthaya-Zeit zu sehen.

In der Umgebung

Lohnend sind Ausflüge zu Tropfsteinhöhlen, wie die **Tham Khao Binn** (tgl. 9–16.30 Uhr) und **Tham Chompon** (tgl. 9–16.30 Uhr) bei Chom Bung, zur **Tham Kang Khao,** wo man kurz vor Sonnenuntergang den Ausflug von Millionen von Fledermäusen beobachten kann, oder zum **Wat Khanon,** das eine großartige Sammlung an Nai-Yang-Schattenspielfiguren ausstellt (Tel. 089-555 41 95, www.museumthailand.com/th/museum/Nang-Yai-Wat-Khanon-National-Museum, tgl. 8–17.30 Uhr, Aufführungen Sa 10–11 Uhr).

Übernachten

Gutes Preis-Leistungs-Verhältnis – **Space59:** 8/9 Thanon Thao U-Thong, südwestlich vom Bahnhof, Tel. 032-31 55 59, www.space59hotel.com. Hotel im originellen, zeitgemäßen Stil. Saubere Zimmer im Erdgeschoss mit TV und Terrasse, oben Zimmer mit Balkon. Kein Restaurant, aber Kaffee und Tee in der Lobby. Leihfahrräder inkl. €–€€

Verkehr

Züge: Am Bahnhof, 1 km südlich vom Zentrum, halten neben einigen Expresszügen sämtliche Züge Richtung Süden.

Busse: Von verschiedenen Plätzen im Zentrum und im Südwesten fahren Busse nach Bangkok, Phetchaburi und Kanchanaburi ab.

Phetchaburi ▶ D 11

Zu Füßen steil aufragender bewaldeter Hügel erstreckt sich das Zentrum von Phetchaburi entlang des Flusses. Hier sollen einst Diamanten gefunden worden sein, weshalb Phetchaburi seinen Namen, ›Stadt der Diamanten‹, erhielt. Doch nicht die Edelsteine verhalfen dem Ort zu Ruhm und Reichtum, sondern König Rama IV. (Mongkut), der den Reiz von Phetchaburi als Erholungsort entdeckte. Er ließ am Südhang der nahen Berge einen Sommerpalast errichten; andere Chakri-Herrscher fügten Erweiterungsbauten hinzu.

Phra Nakhon Khiri Historical Park

Tel. 032-42 56 00, http://virtualhistoricalpark.finearts.go.th/phranakhonkhiri, tgl. 8.30–16 Uhr, Museum tgl. 9–16 Uhr, Eintritt 150 Baht, Fahrt mit der Bergbahn 50 Baht

Auf dem bis etwa 95 m aufsteigenden Hügel **Khao Wang** im Westen der Stadt stehen der von König Mongkut (Rama IV.) 1859 erbaute Sommerpalast im europäisch-chinesischen Stil, kleine Tempel, ein großer Chedi und weitere kleinere Gebäude. Im **Phra Nakhon Khiri National Museum,** das im ehemaligen Palast untergebracht ist, sind nun Waffen, Möbel, Keramiken und andere Exponate im asiatischen wie westlichen Stil aus dem Besitz von Rama IV. und Rama V. ausgestellt, darunter Messing- und Bronzeskulpturen, die als Souvenirs von Rama V. den Weg aus Europa hierher fanden.

Die **Haupthalle** umgeben mehrere kleinere, nicht zugängliche Gebäude. Vom Turm des **Observatoriums** hat man einen herrlichen Blick auf die Stadt. Auf den beiden Hügeln weiter westlich erheben sich der 40 m hohe **Chedi Phrathat Chomphet** und das kleine hübsche königliche **Wat Phra Kaeo.**

Wat Khao Bandai It

Tgl. 9–18 Uhr

Jenseits des Highways erhebt sich auf einem weiteren Hügel das buddhistische Heiligtum aus der Ayutthaya-Periode, ein einst bekanntes Meditationszentrum. Die **Grotten** am Hang des 120 m hohen Berges hüten einige bedeutende Buddhafiguren.

Khao-Luang-Tropfsteinhöhle

3 km nördlich des Stadtzentrums, tgl. 9–16 Uhr, Eintritt frei, Guides 100 Baht

Eine weitere berühmte Grotte befindet sich im ›königlichen Berg‹. Inmitten von Tropfsteinen wurden Buddhafiguren in allen Größen aufgestellt, teils von den thailändischen Königen selbst.

Phra Ram Ratchaniwet

Im Süden der Stadt, tgl. 8.30–16 Uhr, Eintritt 100 Baht

Der hübsche Sommerpalast liegt in einem weitläufigen Park auf militärischem Gelände, das problemlos betreten werden kann. 1910 beauftragte Rama V. Karl Siegfried Doring mit seinem Bau. Der Kölner Architekt bezahlte die große Herausforderung, die neoklassizistische Architektur jener Zeit mit den Ansprüchen eines siamesischen Monarchen in Einklang zu bringen, mit seiner Gesundheit. Es lohnt, das gelungene Werk vor allem wegen der großen, runden Halle auch von innen zu besichtigen.

Weitere Tempel

In der Stadt gibt es weitere gut 20 Tempel. Fünf hohe, weiße Prangs in der Stadtmitte bilden das Zentrum des **Wat Mahathat Worawihan,** einer großen Tempelanlage aus jüngerer Zeit, in deren Kreuzgang 198 Buddhastatuen stehen. Fünf Prangs im Lopburi-Stil aus rotem Lateritgestein gehören zum **Wat Kamphaeng Laeng.** Aus der Ayutthaya-Periode stammt **Wat Yai Suwannaram.**

Ein Ort der Meditation: Khao-Luang-Tropfsteinhöhle

Inmitten der hölzernen Gebäude erhebt sich der Bot, dessen Innenraum verwitterte, über 300 Jahre alte Wandmalereien bedecken. Sehenswert ist auch das filigran geschnitzte, mit Glas und Goldblättchen verzierte Eingangstor am roten Teakholz-Vihara.

Übernachten

Ruhig – **J House:** 224 Moo 6, Thanon Ton Ma Muang, im Süden der Stadt, Tel. 090-545 61 61. Vierstöckiger Neubau mit sauberen, geräumigen Zimmern. Viele Tipps für Touristen. €

Essen und Trinken

Lokales Flair – **Rabieng Rimnam Restaurant:** 1 Thanon Chi Sa In, Tel. 032-42 57 07, tgl. 12–21 Uhr. In einem alten, urig eingerichteten Holzhaus am Fluss wird gute und günstige Thai-Küche serviert, darunter auch viel Vegetarisches. €

Verkehr

Züge: Am nördlich vom Zentrum gelegenen Bahnhof halten alle Züge nach Süden.
Busse: Von der Busstation nördlich des Khao Wang fahren Busse nach Bangkok. Busse nach Süden starten südlich vom Phetcharat Hospital am Highway H 4.

Kaeng Krachan National Park ▶ C/D 11/12

Visitor Center, Tel. 032-77 23 11, www.facebook.com/Kaengkrachannationalparkofficial, in der Regel in der Regenzeit Aug.–Okt. geschl., Pala-U-Wasserfall im Süden nahe dem gleichnamigen Karendorf, ganzjährig geöffnet, Eintritt 300 Baht, Kinder 200 Baht, Fahrzeug 30 Baht
Vor der Weiterreise in den Süden bietet sich ein Abstecher zum 45 km südwestlich von Phetchaburi gelegenen Nationalpark an. Er ist die Heimat von Malaienbären, Tapiren und Elefanten. Abenteuerlustige können Trekkingtouren in den unwegsamen, fast menschenleeren subtropischen Bergwäldern des mit fast 3000 km^2 größten Nationalparks des Landes unternehmen, der sich bis zur Grenze zu Myanmar (Burma) zieht. Touren zum **Pala-U-Wasserfall** werden von Hua Hin aus angeboten.

Auch für weniger Sportliche bietet das 46 km^2 große, vom Kaeng-Krachan-Staudamm gebildete Reservoir eine willkommene Abkühlung. Dort gibt es auch Übernachtungsmöglichkeiten.

Verkehr

Ein Songthaew oder Taxi ab Cha-am oder Hua Hin zu chartern kostet bis zum Pala-U-Wasserfall ca. 2000 Baht. Nach Regenfällen können einige Straßen im Park nur mit geländegängigen Fahrzeugen befahren werden.

Cha-am ▶ D 11

Nur 40 km südlich von Phetchaburi erheben sich aus der weiten Küstenebene die Hotelbauten des ersten großen Badeorts, Cha-am. Thailändische Familien verbringen in Ferienhäusern und kleinen Hotels ihren Urlaub, picknicken im Schatten von Kasuarinen und vertreiben sich mit Tandemfahren und kleinen Ausritten am Strand die Zeit.

Mrigadayavan Palace

Tel. 032-50 84 44, tgl. außer Mi 8.30–16.30 Uhr, Eintritt 100 Baht, Fahrradverleih, Kleiderordnung beachten (Schultern und Knie bedecken, passende Kleidung kann geliehen werden)
Etwa auf halber Strecke zwischen Cha-am und Hua Hin versteckt sich 2,5 km abseits der Hauptstraße nahe dem Strand der kleine, weiße Palast, auch bekannt als Phra Ratchaniwet Maruekkhathaiyawan. Die luftige königliche Sommerresidenz von 1924, die komplett restauriert wurde, steht zur Besichtigung offen. Die von 1000 Pfeilern gestützten, aus Teakholz errichteten Gebäude für König Rama VI. (Vajiravudh), seine Frauen und das Gefolge sind im ersten Stock durch offene Korridore miteinander verbunden. In der über zwei Stockwerke reichenden zentralen Halle fanden sogar Konzerte und Theateraufführungen statt.

Übernachten

Zentral – **I Calm Resort:** 369 Thanon Ruamchit, Tel. 092-281 98 89. Das vierstöckige Hotel mit Pool sticht durch sein gutes Preis-Leistungsverhältnis heraus. Saubere, helle Zimmer mit

MIT DER EISENBAHN IN DEN SÜDEN

Tour-Infos

Start: Bangkok (Krung Thep Aphiwat Central Terminal)
Ziel: Hat Yai bzw. Padang Besar (Grenze zu Malaysia)
Länge: 1160 km
Dauer: 16–19 Std.
Fahrpreis: 2. Klasse Sleeper 1100 Baht; unteres Bett reservieren! Buchung über www.dticket.railway.co.th oder www.thaitrainticket.com.
Planung: Der **Special Express 31** startet einmal täglich gegen 14.50 Uhr vom Krung Thep Aphiwat Central Terminal in Bangkok über Hat Yai nach Padang Besar, dem malaysischen Grenzort, von wo aus Züge weiter ins Nachbarland verkehren. Leider fahren die meisten anderen **Expresszüge** Richtung Süden in Bangkok am Nachmittag oder frühen Abend ab, sodass dann die interessanteste Strecke in der Nacht zurückgelegt wird. Empfehlenswert ist es daher, für die erste Teilstrecke bis Surat Thani einen früheren **Special Express 43** zu wählen. Dieser klimatisierte Zug mit 2.-Kl.-Sitzplätzen verlässt gegen 8.10 Uhr den Hauptbahnhof in Bangkok und erreicht gegen 18.50 Uhr Phun Pin, den Bahnhof von Surat Thani. Nach ein paar Tagen Aufenthalt am Meer fährt man am besten mit dem Zug frühmorgens um 4.27 Uhr weiter bis Hat Yai. Wer gleich bis Malaysia will, kommt mit dem Special Express 31 von Bangkok gegen 9 Uhr morgens an der Grenze an. Von Padang Besar fahren alle 30–120 Min. bis 21.35 Uhr **Komuter-Züge** (Pendlerzüge) weiter nach Butterworth, **ETS-Schnellzüge** 5x tgl. bis Kuala Lumpur.
Achtung: Es gibt oft lange Verspätungen.

Die Eisenbahn ist ein Verkehrsmittel für sensible Gemüter. Wer bei den waghalsigen Überholmanövern thailändischer Busfahrer feuchte Hände bekommt, wird das wohltuende Gefühl von Sicherheit und Entspannung einer Bahnreise schätzen.
In den Expresszügen werden gegen neun Uhr abends die breiten Sitze vom Personal zu übereinander liegenden Betten umgebaut, mit weißen Laken und kleinen Vorhängen versehen. Wer in weiser Voraussicht die etwas breitere untere Bettstatt für sich gebucht hat, kann beim einschläfernden, rhythmischen Rattern der Räder bequem einem erholsamen Schlaf entgegendämmern.
Kein Thai würde auf die Idee kommen, Proviant mitzuschleppen. Schließlich werden ständig von fliegenden Händlern Snacks und Getränke angeboten. Kenner wissen, wo es die schmackhaftesten Leckereien gibt und decken sich an jeder Station mit neuen Köstlichkeiten ein. Das Abendessen in der ersten und zweiten Klasse wird auf Bestellung an Klapptischchen serviert und muss den Vergleich mit deutscher Speisewagenkultur wahrlich nicht scheuen.
Als man 1890 mit dem Bau der ersten privaten Eisenbahnverbindung zwischen Bangkok und dem 24 km südlich gelegenen Hafen Paknam begann, war die Ebene des Menam Chao Phraya eine sumpfige, von Klongs durchzogene Landschaft, durch die zwar unzählige Wasserwege, aber kaum nennenswerte Straßen führten. Sämtliche Transporte im Herzen des alten Siam wurden mit Booten, Barken und kleinen Schiffen abgewickelt. Der Eisenbahnbau war eine Initiative des weitsichtigen Königs Chulalongkorn (Rama V.). Der Bau der Südlinie begann 1901. 1903 stagnierten die Arbeiten, weil die Gelder knapp wurden. Mit Hilfe einer Finanzspritze von 4 Mio. Pfund, die Malaya und Großbritannien zusammen aufbrachten, wurde mit englischem Know-how und englischen Maschinen zwischen 1909 und 1918 die Verbindung nach Padang Besar und damit der Anschluss an das malaiische Schienennetz fertiggestellt.
Es ist schwer festzustellen, wann man Bangkok hinter sich gelassen hat, denn immer weiter breiten sich die Vororte entlang der Hauptverkehrsadern in die Ebene aus. In **Nakhon Pathom** erhebt sich linkerhand vom Bahnhof der gigantische Chedi eines der ältesten Tempel des Landes. Danach biegt die Trasse nach Süden ab. Die Weststrecke nach Kanchanaburi und Nam Tok (s. S. 306), die hier abzweigt, wird nur zweimal täglich von einem Personenzug befahren.
Für die knapp 100 km lange Fahrt parallel zum Mae Klong bis **Ratchaburi** benötigt der Express zwei Stunden. Nun verläuft die Trasse zwischen dem Highway H 4 und der Küste durch den fruchtbaren ›Garten Thailands‹ weiter Richtung Süden. Bei der Anfahrt auf **Phetchaburi** zeichnen sich auf den bewaldeten Hügeln die Silhouetten mehrerer Tempel gegen den Himmel ab.
Bereits 232 km von Bangkok entfernt ist der älteste und immer noch beliebte Badeort **Hua Hin** mit seinem wunderbaren historischen Bahnhof erreicht. Wenig später erheben sich die steilen Kalkfelsen des **Khao Sam Roi Yot National Park** aus der Ebene.
Zwischen **Prachuap Khiri Khan** und Chumphon ändert sich das Bild der Landschaft, die in immer üppigerem Grün erstrahlt. Jenseits der kleinen Bahnhöfe laden weniger bekannte Strände zum Baden ein. Die meisten Urlauber fahren jedoch weiter bis **Chumphon** oder **Surat Thani**, um von dort auf die vorgelagerten Inseln Ko Samui, Ko Pha Ngan oder Ko Tao überzusetzen. Nach ein paar erholsamen Inseltagen kann es in Richtung Malaysia weitergehen, am besten mit dem Zug am frühen Morgen. Südlich von Phun Pin, dem Bahnhof von Surat Thani, fährt die Bahn landeinwärts durch Ölpalm- und Kautschukplantagen. Vormittags ist schließlich **Hat Yai** erreicht, das geschäftige Wirtschaftszentrum nahe der malaysischen Grenze.
Der Special Express 31, der Bangkok gegen 14.50 Uhr verlassen hat, erreicht am folgenden Tag gegen 8.25 Uhr die malaysische Grenze in **Padang Besar**. Von hier fahren Pendlerzüge durch Reisfelder und die Sultanstadt **Alor Setar** nach **Butterworth,** dem Fährhafen für die Insel **Penang,** das Ziel vieler Reisender. Oder man reist weiter durch Malaysia bis Kuala Lumpur.

Balkon und Suiten mit Whirlpool direkt an der Strandstraße. €€–€€€

Stylish – **SO Sofitel Hua Hin:** 115 Moo 7, Tel. 032-70 95 55, www.so-sofitel-huahin.com. Klare Linien bestimmen die gediegene Atmosphäre in diesem beliebten Designerhotel am Strand. Neben 71 großzügigen Zimmern werden auch Villen mit eigenem Pool angeboten. €€€

Verkehr

Züge: Am Bahnhof, 2 km westlich vom Strand, halten alle Personenzüge nach Süden.

Busse/Minibusse: Von der Haltestelle am Highway H 4 fahren Minibusse nach Bangkok (178 km, 3 Std.) und Hua Hin (25 km, 30 Min.).

Hua Hin ▶ D 12

Cityplan: S. 334

Der im Thai-Stil gehaltene, hübsche kleine **Bahnhof** 1 von Hua Hin weist darauf hin, dass der Ferienort seine frühe Popularität der günstigen Eisenbahnverbindung nach Bangkok verdankt. Bereits Rama V. und die königliche Familie reisten mit der Bahn zu ihrer Sommerresidenz, in der sie einen Teil der heißen Jahreszeit verbrachten. Rama VI. erholte sich im Mrigadayavan-Teakholzpalast am Strand zwischen Cha-am und Hua Hin (s. S. 329). Rama VII. ließ schließlich 2 km nördlich des Zentrums von Hua Hin den **Sommerpalast Klai Kangwon** 2 (nicht öffentlich zugänglich) im spanischen Stil für die Königin Rambai Barni erbauen. Im Jahre 1932 zog er sich aus der im Aufruhr befindlichen Hauptstadt dorthin zurück.

Bereits in den 1920er-Jahren traf sich die High Society Thailands im Badeort Hua Hin zum Golf. Wer sich keinen Palast leisten konnte, residierte im **Railway Hotel,** dem heutigen **Centara Grand Beach Resort & Villas** 1. Die Nobelherberge liegt im Zentrum der 3 km langen Bucht mit vereinzelten Felsen und feinem Sandstrand.

Obwohl moderne Urlaubszentren Hua Hin zumindest etwas den Rang abgelaufen haben, sind der Badeort wie die Golfplätze im Hinterland bei Thai-Urlaubern nach wie vor beliebt. Auch bei ausländischen Touristen, vor allem bei älteren Jahrgängen, die auf Komfort, Schneider, internationale Krankenhäuser und gutes Essen Wert legen, aber auf laute Beach Bars und azurblaues Wasser verzichten können, erfreut sich die lebendige Stadt aufgrund ihrer Nähe zu Bangkok großer Popularität.

In zahlreichen Restaurants genießen die Urlauber die breite Auswahl an Meeresfrüchten oder lassen sich beim Bummel über den **Nachtmarkt** 1 vom Duft frisch zubereiteter Gerichte anlocken

Ausflüge von Hua Hin

Vom Hafen legen Ausflugsboote zur kleinen Felsinsel **Ko Sing Toh** ab. Am Strand Richtung Süden erreicht man nach 6 km das ehemalige Fischerdorf **Takiap.** Vom Tempel auf den Klippen hat man eine herrliche Aussicht.

Bei einer Tour ins Landesinnere empfiehlt sich ein Stopp im Baan Sillapin Artists Village (s. S. 336) und 18 km westlich der Stadt am **Huay-Mongkol-Tempel** mit der riesigen Statue des hoch verehrten Mönchs Luang Pu Thuat (1582–1682), dessen Amulette vor Verkehrsunfällen schützen sollen. Von hier sind es weitere 47 km durch Ananasplantagen und Monsunwälder zum **Pala-U-Wasserfall** im Kaeng Krachan National Park (s. S. 329).

Auf halber Strecke lockt inmitten der weiten, hügeligen Landschaft das **Monsoon Valley Vineyard** (Tel. 081-701 04 44, www.monsoon valley.com/en, tgl. 9–18.30 Uhr) mit Weinproben und dazu passenden Gerichten. Wer im Restaurant essen möchte, das für seine Architektur preisgekrönt wurde, sollte reservieren. Zudem Touren (6x tgl., ab 150 Baht), Mountainbikevermietung (1 Std. für 150 Baht) und Begegnungen mit Elefanten.

Infos

Tourist Centre: Thanon Petchkasem und am Uhrturm, Tel. 032-51 38 85, Mo, Di, Do und Fr 8.30–16.30 Uhr.

Übernachten

Geschichtsträchtig – **Centara Grand Beach Resort & Villas** 1: 1 Thanon Damnoen Kasem, Tel. 032-51 20 21, www.centarahotels

Seit über 100 Jahren beginnt die Sommerfrische für viele Urlauber – sogar für die königliche Familie – am hübschen Bahnhof von Hua Hin

resorts.com. Das ehemalige Railway Hotel bietet komfortable Zimmer und Bungalows im Kolonialstil, ein Teehaus, in dem ein kleines Museum mit historischen Fotos untergebracht ist, und zwei Swimmingpools in einer gepflegten, tropischen Gartenanlage mit vielen Liegen und direktem Strandzugang, Spa sowie mehrere Restaurants. €€€

Luftig-hell – **Asira Boutique Hua Hin 2:** 4 Soi 51, Thanon Damrongrat, Tel. 032-51 39 33, http://asirahuahin.com. Dreistöckiges modernes Hotel mit 32 komfortablen Zimmern und Suiten mit Balkon oder Terrasse, die teuren mit Poolzugang. Das Meer ist nah. €€–€€€

Zentral – **Baan Manthana Hotel 3:** 24/10 Thanon Srasong, Tel. 032-51 42 23, www.facebook.com/baanmanthanahotel. Nicht weit von der Busstation und dem Bahnhof liegt etwas zurückversetzt das Hotel mit 75 Zimmern und Suiten sowie einem kleinen Pool. €– €€

Historisches Flair – **Baan Bayan 4:** 119 Thanon Petchkasem, Tel. 032-53 35 40, www.baanbayan.com. Ruhiges Boutiqueresort rings um eine der wenigen verbliebenen alten Villen am Strand, die überwiegend aus Holz erbaut sind. 24 komfortable Zimmer mit historischem Touch (die besseren im Obergeschoss) und Suiten. Pool und Gartenrestaurant. €€€

Ruhig – **The Peri Hua Hin 5:** 25/2 Thanon Petchkasem, Richtung Takiap, Tel. 063-187 07 77, www.theperihotel.com/en/huahin. Ruhig gelegenes Hotel mit kreativ gestaltetem Restaurant und 45 farbenfrohen Zimmern mit Balkon beidseits des großen Pools. €€–€€€

Weltklasse Wellness – **Chiva-Som Health Resort 6:** 73/4 Thanon Petchkasem, Tel. 032-53 65 36, www.chivasom.com. Absolutes Luxusresort mit 33 Zimmern und 17 Villen und einem der weltweit besten Spas mit großem Wellnessangebot. €€€

Essen & Trinken

Deutsche Gaststätte – **Treffpunkt Hua Hin 1:** 178/6 Soi 65, Thanon Naretdamri, Tel. 092-656 26 16, www.facebook.com/treffpunkthuahinofficial, tgl. 11–23 Uhr. Wie der Name suggeriert, ist das große, in einer Art Lagerhalle untergebrachte Restaurant der kulinarische Treffpunkt der deutschen Community. Auf der

Bangkok, Cha-am
Th. Damrongrat
siehe Detailkarte
Thanon Petchkasem
Th. Naebkhehat
ac-Bus nach Bangkok
Th. Chomsin
Thanon Dechanuchit
Th. Naresdamri
Th. Damnoen Kasem
Pa-La-U-Wasserfall, Pranburi, Hua Hin Art Village, Monsoon Valley Vineyard
Royal Golf Course
Hyatt Regency
Golf von Thailand
Banyan Golf Club
South Takeab Beach
Khao Krilas
Wat Khao Kailat Krilas
Suan Son Beach
Takeap Tempel
Khao Takiap
Surat Thani, Khao Sam Roi Yot Nationalpark
0 250 500 750 1000 m
Thanon Naebkhehat
Thanon Chomsin
Thanon Naresdamri
Nachtmarkt
Thanon Dechanuchit
Soi Selakam
Busstation (ac-Busse)
Uhr-turm
Wat Hua Hin
Thanon Poonsuk
Soi Bintabat
Hilton Hua Hin Resort & Spa
Thanon Amnuay Sin
Srasong
City Beach Resort
S. Kanchanomai
Hua Hin-Bazaar
Tourist Police
Thanon Kamnoadvithi
Straßenmarkt
Thanon Damnoen Kasem
S. Kasemsomban
Th. Naresdamri
Pone Kingpetch Denkmal
Red Cross Institute
0 100 200

Hua Hin

Sehenswert
1 Bahnhof
2 Klai Kangwon

Übernachten
1 Centara Grand Beach Resort & Villas
2 Asira Boutique Hua Hin
3 Baan Manthana Hotel
4 Baan Bayan
5 Escape Hua Hin
6 Chiva-Som Health Resort

Essen & Trinken
1 Treffpunkt Hua Hin
2 Amour
3 Carlo
4 Moon Smile & Platoo
5 Chaolay Seafood

Einkaufen
1 Nachtmarkt/Essensstände
2 Chat-Chai-Markthalle
3 Cicada Market
4 Blúport/Dining Port & Food Hall
5 Market Village Hua Hin
6 Villa Market/Monsoon Valley Wine Bar

Aktiv
1 Black Mountain Water Park

Karte stehen viele Gerichte gegen das Heimweh – von Brathähnchen bis Semmelknödel. Auch Buffetdinner und Fußballübertragungen. €–€€

Patisserie mit Liebe zum Detail – **Amour 2** 19 Thanon Naresdamri, Tel. 084-970 34 84, www.facebook.com/amourhuahin, Mo–Do 9–18, Fr–So 9–20 Uhr. Gemütliches, kleines, französisches Café mit gutem Kaffee und Kuchen. Zum Zeitvertreib laden zahlreiche Brettspiele und Bücher ein. €–€€

Edelitaliener – **Carlo 3:** 174/1 Thanon Naresdamri, Tel. 032-51 13 48, www.carlo-hua hin.com, tgl. 12–22.30 Uhr. Unter den zahlreichen italienischen Restaurants in der Stadt hebt sich dieses durch elegante Einrichtung, qualitativ hochwertige Küche und aufmerksamen Service hervor. €€–€€€

Genuss pur – **Monsoon Valley Wine Bar** Im Villa Market 6, 1. Stock, Tel. 081-904 38 88, tgl. 10–23 Uhr. Tapas, mediterrane Gerichte in kleinen Portionen, Käse und Wein, u. a. vom Monsoon Valley Vinyard. €€

Gut und günstig – **Moon Smile & Platoo 4:** 85/47 Khao Hin Lek Fai Soi 2, Tel. 087-15 77 981, So–Fr 11–22 Uhr. Beliebtes kleines, offenes Thai-Restaurant mit leckeren Currys und Fischgerichten. €–€€

Meeresgenüsse – **Chaolay Seafood 5:** 15 Thanon Naresdamri, Tel. 032-51 34 36, tgl. 10–21.30 Uhr. Das große, ins Meer hinausgebaute Seafood-Restaurant, mit einer einsehbaren riesigen Küche an der Straße, zaubert so ziemlich alles auf den Teller, was das Meer an Genüssen bereithält. Selbst bei Hochbetrieb geschieht das in erstaunlich kurzer Zeit. Nebenan gibt es ein weiteres gutes Seafood-Restaurant. €€–€€€

Verführerisch – **Nachtmarkt 1**: Thanon Dechanuchis ab Thanon Petchkasem. An zahlreichen Essensständen werden ab 18 Uhr Thai-Snacks und vollwertige Gerichte frisch zubereitet, auch Fische, Hummer und Austern. Im östlichen Abschnitt lockt zudem ein Stand mit hervorragenden Mangos mit Klebreis. Gute Atmosphäre. €–€€

Einkaufen

Märkte – Souvenirs findet man nicht nur auf dem besuchenswerten **Nachtmarkt 1**, sondern auch tagsüber in der **Chat-Chai-Markthalle 2**, wo Einheimische Gemüse, Obst, Gewürze und andere Lebensmittel einkaufen. Am Wochenende kommen viele Künstler und Kunsthandwerker zum **Cicada Market 3**. Weitläufiger, sehr sauberer Markt mit Coupon-Bezahlsystem. Livemusik und Essensstände ergänzen das Angebot (www.cicadamarket.com/en, Fr–So 16–23 Uhr).

Einkaufszentren – Bei jedem Wetter sind die klimatisierten, auf Touristen und Langzeiturlauber ausgerichteten Konsumtempel ein beliebtes Ziel. Im **Blúport 4** beeindruckt der große Gourmetmarkt und die Blúport **Food Hall** mit einem internationalen Angebot (www.bluporthuahin.com, tgl. 11–21 Uhr). Zentraler liegt

Market Village Hua Hin 5 **,** 234/1 Thanon Petchkasem, mit großem Essensmarkt im Untergeschoss (www.marketvillagehuahin.co.th, So–Do 10.30–21, Fr, Sa 10.30–22 Uhr). Der **Villa Market** 6 hat ein breites Angebot an (Import-)Lebensmitteln zu guten Preisen.

Kunst – **Baan Sillapin (Hua Hin Artists Village),** 5 km westlich der Stadt am H 3218, Tel. 032-53 48 30, www.huahinartistvillage.com, Di–So 10–17 Uhr. Bei einem Bummel durch das Areal kann man Künstlern bei der Arbeit über die Schultern schauen, originelle Souvenirs kaufen und sich in einem Café entspannen.

Aktiv

Neben den üblichen Wassersportangeboten werden auch Ausritte auf Pferden angeboten.

Strandsport – **Duotone Kiteboarding Club** 1 **:** 113/5 Soi 67, Thanon Petchkasem, Tel. 083-438 38 33, www.dkb-club.com/thailand, tgl. 9–18 Uhr. Wassersportschule unter deutscher Leitung. Von Mai bis Oktober herrschen ideale Windbedingungen am Strand von Hua Hin, sodass es Spaß macht, das Kitesurfen zu erlernen. Zudem auch Stand-Up-Paddling und Surfen im Angebot.

Badevergnügen für Jung und Alt – **Black Mountain Water Park** 1 **:** Westlich des Zentrums, Tel. 081-944 11 16, www.blackmountainhuahin.com/activities/waterpark, So–Di, Do und Fr 11–17, Sa 11–19 Uhr, 600 Baht, Kinder 300 Baht.

Verkehr

Züge: Bahnhof 1 km westlich vom Strand. Alle Züge von und nach Bangkok halten in Hua Hin. Abfahrt Richtung Süden zumeist am späten Nachmittag und Abend, Richtung Norden meist am frühen Morgen.

Busse/Minibusse: Von der Busstation in der Thanon Srasong alle 30 Min. bis 19.30 Uhr nach Bangkok (203 km, 3 Std.). Nach Chumphon 5x tgl. morgens und vormittags. Nach Ko Tao, Ko Phangan und Ko Samui über Chumphon mit Bus und Katamaran um 8.30 und 23.45 Uhr in 9, 11 bzw. 12 Std.

Mietwagen: Avis, 15/112 Soi Hua Hin 29, Thanon Petchkasem, Tel. 032-54 75 23, www.avisthailand.com. Budget im Hua Hin Grand Hotel, 222/2 Thanon Petchkasem, Tel. 032-51 42 20, www.budget.co.th.

Von Hua Hin nach Ko Samui

Khao Sam Roi Yot National Park ▶ D 12

43 km südlich von Hua Hin, Eintritt in den Nationalpark 200 Baht

Der 98 km² große Khao Sam Roi Yot National Park lässt sich gut an einem Tag ab Hua Hin erkunden. Seine bis zu 600 m hohen, steilen Kalkfelsen, die ›Berge der 300 Gipfel‹, ragen aus der grünen, von Reisfeldern und Garnelenfarmen bedeckten Ebene empor. Entlang der Küste erstrecken sich der **Sam Phraya Beach** und der **Laem Sala Beach,** zwei Buchten mit feinen Sandstränden. Beliebt ist der Aufstieg vom Laem Sala Beach zur **Phraya-Nakhon-Höhle,** in der ein für König Rama V. (Chulalongkorn) erbauter Pavillon steht. Im südlichen Bereich befinden sich ein kleiner Nature Trail und das **Headquarter,** von dem man nach 20-minütiger Klettertour den 160 m hoch gelegenen Aussichtspunkt auf dem **Khao Daeng** erreicht. Die von der Provinzregierung erlaubte wirtschaftliche Nutzung einiger Gebiete mit Shrimpsfarmen verwässert die Idee des Naturschutzes leider erheblich.

Übernachten

Familienfreundlich – **Dolphin Bay Resort:** Phu Noi Beach, vor dem Eingang zum Nationalpark, Tel. 032-82 51 90, www.dolphinbay resort.com. Bungalowanlage mit Pool und Restaurant, Ausflugsangeboten und Fahrzeugvermietung. €€

Verkehr

Von Bangkok verkehren Minibusse ab Northern Bus Terminal (Mo Chit). Oder per Bus bis Pranburi am Highway H 4 und weiter mit dem Taxi. Ab Hua Hin werden Ausflüge angeboten. Vom Strand können Boote für Touren auf die Inseln und in den Nationalpark gemietet werden.

Zwischen kargen Kalkfelsen versteckt steht am Rand des Khao Sam Roi Yot National Park das Wat Khao Daeng

Prachuap Khiri Khan

▶D 13

Die beschauliche Provinzhauptstadt erfreut sich zunehmender Beliebtheit bei Urlaubern, denen Hua Hin zu betriebsam und die Strände weiter im Süden zu einsam sind. Auf der Uferpromenade entlang der kilometerlangen geschützten Bucht beiderseits des Piers, genießen sie beim Joggen und Bummeln die kühlende Meeresbrise. An die **Altstadt** mit einigen alten Holzhäusern, schmalen Gassen, weitläufigen **Tempeln** und einem traditionellen **Markt** grenzt im Norden das modernere **Verwaltungsviertel.**

Dahinter erhebt sich der markante ›Spiegelberg‹ **Khao Chong Krachok,** der von einem kleinen Tempel gekrönt wird. Makakenfamilien bevölkern den Berghang und hoffen darauf, von Besuchern gefüttert zu werden, die über 396 schweißtreibende Stufen hinaufsteigen. Oben belohnt eine fantastische Rundumsicht bis zur Bergwelt im Grenzgebiet zu Myanmar.

In der von Mangroven und Fischfarmen gesäumten Flussmündung im Norden liegen Fischerboote und jenseits der Sandbänke erstreckt sich parallel zur Uferstraße der durch einen Wall befestigte **Ao Noi Beach.** Wenn man keine hohen Ansprüche stellt, eignet er sich ebenso wie der von Kasuarinen beschattete, weiter im Süden gelegene **Ao Manao Beach** mit zahlreichen Essensständen sogar zum Baden.

Am Ao Noi Beach endet die Straße vor dem **Khao Ta Mong Lai Forest Park** am Kap (Eintritt frei). Ein Wanderweg zum 300 m entfernten Aussichtspunkt am Meer vermittelt einen guten Eindruck vom ungewöhnlichen Ökosystem dieser Küstenlandschaft.

King Mongkut Memorial Park of Science and Technology

Wanghor, 3 km vom Highway H 4 entfernt, Tel. 032-66 10 98, www.waghor.go.th, Aquarium, www.facebook.com/WaghorAqua, tgl. 9–16 Uhr, 50 Baht

In **Wanghor** beobachtete Rama IV. im Jahr 1868 eine Sonnenfinsternis, die er exakt vorhergesagt hatte. Ihm zu Ehren wurde an der Küste der weitläufige King Mongkut Memorial Park of Science and Technology errichtet. Für ausländische Besucher lohnt höchstens ein Besuch im **Aquarium.** Vor allem Schülergruppen besuchen die angrenzenden Museen und den Schmetterlingsgarten sowie den Aussichtspunkt, von dem aus der König die Sonnenfinsternis betrachtet hat.

Infos

Tourist Information Service Centre: In einem Verwaltungsgebäude südlich vom Spiegelberg, Mo–Fr 8.30–12 und 13–16.30 Uhr.

Übernachten

Mit Pool – **Prachuap Grand Hotel:** 72 Thanon Sala Cheep, Tel. 032-60 11 11, www.prachuapgrandhotel.com. 137 helle Zimmer mit Balkon im zentral gelegenen Hotel, in den oberen Stockwerken mit guter Aussicht. Kleiner Pool. €€

Gutes Preis-Leistungs-Verhältnis – **Prachuap Beach Hotel:** 123 Thanon Susuek, Tel. 032-60 12 88, 081-647 26 97, www.prachuapbeach.com. Familiengeführtes, kleines Hotel mit sauberen Zimmern, im oberen Stock mit ausgezeichneter Aussicht über die Bucht. €

Zudem gibt es in der Altstadt und am Strand mehrere nette **Gästehäuser.**

Essen & Trinken

An der Uferstraße südlich vom Pier kann man mit Ausblick aufs Meer nett und gut essen:

Exzellentes Seafood – **Lung Mug-Par Lord Seafood:** 72 Thanon Chaitale, Tel. 081-943 68 60, tgl. 11–22 Uhr. Vor dem offenen, etwas chaotischen, aber beliebten Restaurant liegen Fische, Muscheln und anderes Seafood abends auf Eis und werden zu einem günstigen Preis zubereitet. €–€€

Gemütlich – **Ma Prow:** 48 Thanon Chaitale, Tel. 088-949 44 59, Mo–Sa 10–21.30 Uhr. Etwas erhöht sitzt man in diesem Restaurant, das viele Spezialitäten, aber auch westliche Gerichte auf der Karte hat. €–€€

Frisch vom Grill – **Nachtmarkt:** Thanon Kong Kiat, tgl. 17–22 Uhr. Auf einem freien Platz zwischen Bahnhof und Pier wird abends ein beliebter Nachtmarkt aufgebaut. €

Leckeres Frühstück – **Milano Coffee:** Thanon Susuek, Tel. 086-391 80 97, tgl. 7–15 Uhr. Im kleinen, günstigen Café werden leckere Baguettes belegt, zudem auch Pancakes und Obstsalate. €

Verkehr

Züge: Alle Züge von Bangkok Richtung Süden halten am Bahnhof im Zentrum.

Busse: Ab dem Busbahnhof südlich vom Bahnhof nach Bangkok alle 40 Min. bis 19.30 Uhr (281 km, 5 Std.), zudem nach Ban Krut, Hua Hin, Chumphon, Phuket und Surat Thani.

Ban Krut ▶D 13

Je weiter man auf der Malaiischen Halbinsel nach Süden kommt, desto tropischer wird die Landschaft. In der Umgebung von **Bang Krut** dominieren Plantagen mit Kokos- und Ölpalmen sowie Kautschuk, auf den Bergrücken wächst dichter Dschungel. Der kleine Ort an einer malerischen Bucht wirkt recht ursprünglich und wird von Thais wie internationalen Langzeiturlaubern besucht. Die meisten Ferienunterkünfte sind südlich vom Thongchai-Berg und noch weiter im Süden hinter Bang Krut zu finden. Wer weiterhin zur Erhaltung der Umwelt beitragen möchte, kann sich an den Strandreinigungen der Initiative Trash Hero Ban Krut (www.facebook.com/trashherobankrut) beteiligen.

Phraphut Kiti Sirichai Pagoda

Zwischen den beiden kilometerlangen Stränden, dem nördlichen **Thang Sai Beach** und dem **Ban Krut Beach** erhebt sich direkt an der Küste der **Thongchai Berg,** auf dessen Gipfel die verehrte Buddhastatue Phraphut Kitti Sirichai am Fuß der von weißen Naga-Schlangen gesäumten Treppen zur Pagode steht. Das große Heiligtum ist ein lohnendes Ziel. Der moderne Baustil verbindet überlieferte Techniken wie Goldstempel mit zeitgemäßen Motiven. Sehenswert sind die Buntglasfenster im Obergeschoss. Der steile Aufstieg wird zudem belohnt mit einer hervorragenden Aussicht über die lange Küste und die Kokospalmenwälder, die sich im Hinterland bis zu den Bergen erstrecken.

Übernachten

Perfekt zum Entspannen – **Baan Klang Aow Beach Resort:** An der Strandstraße, 2 km südlich der Gabelung, Tel. 081-914 40 68, www.baanklangaow.net. 56 großzügige, solide Bungalows mit ein bis vier Zimmern und geräumiger Terrasse gruppieren sich um mehrere Pools in einem gepflegten Garten mit schattenspendenden Bäumen und vielen Vögeln. Gutes Restaurant an der Strandstraße. Fahrräder inkl. €€–€€€

Essen & Trinken

Italienische Küche – **Kasama's Pizza & Pasta:** An der Zufahrtstraße vom Bahnhof in Strandnähe links abbiegen, Tel. 093-652 10 14, www.facebook.com/kasamapizza.bankrut, Mi–So 12–21 Uhr. Als Alternative zu den Fischrestaurants am Strand ist das westliche Lokal des US-amerikanisch-thailändischen Paars mit guter Bierauswahl überaus beliebt. Außer Pizza und Pasta gibt es auch Sandwiches und Burger. Lieferservice und Bar. In der Nebensaison (Juni–Sept.) geschlossen. €€

Mit Meeresbrise – **Li's Restaurant:** An der Strandstraße Richtung Tempelberg, Tel. 085-190 98 19, tgl. 10–20 Uhr. Von allen Strandrestaurants schmeckt hier das Essen am besten. €

Verkehr

Züge: Nur gut die Hälfte der Züge von Bangkok Richtung Süden halten hier.

Busse: Zahlreiche Fernbusse zwischen Bangkok und den Städten im Süden können am Highway H 4, westlich des Ortes, angehalten werden.

Chumphon ▶ C 14

Der lebhafte, geschäftige Verkehrsknotenpunkt **Chumphon** ist nicht mit großartigen Sehenswürdigkeiten gesegnet. Selbst das National Museum (www.virtualmuseum.finearts.go.th/chumphon, Mi–So 9–16 Uhr, Eintritt 100 Baht) am Stadtrand, am H 1007, hat wenig Interessantes zu bieten. Dafür warten in der Umgebung Bilderbuchstrände und Inseln darauf, entdeckt zu werden. In der flachen Küstenebene erstrecken sich Reisfelder und Ölpalmplantagen und die Dschungel bewachsenen Bergketten ragen imposant in den Himmel auf.

Thung Wua Laen Beach, 16 km nördlich von Chumphon, ist ein schöner, kilometerlanger weißer Sandstrand, an dem leider auch Sandfliegen auftreten. Er bietet einige Übernachtungsmöglichkeiten. Von verschiedenen Anlegestellen südöstlich der Stadt geht es nach Ko Tao und weiter nach Ko Pha Ngan und Ko Samui. In der Nähe des Lomprayah-Piers erstrecken sich der einsame **Thung-Makam-Strand** und der **Mu Ko Chumphon National Park** (Eintritt 200 Baht). Er schützt die letzten Reste des Mangrovenwaldes, der noch nicht für Fischteiche und Shrimpfarmen abgeholzt wurde.

Übernachten

Am Strand – **Nana Beach Hotel:** Thung Wua Laen Beach, Tel. 077-62 29 99, www.facebook.com/Nanabeachchumphon. An der Strandstraße gibt es günstigere Zimmer in einem Hotelblock und Bungalows mit großem Bad, die die Mehrausgabe lohnen. Gutes Frühstück inkl. Pool. €€

Zentrales Stadthotel – **A-Té Chumphon Hotel:** 36 Thanon Thataphao, Tel. 088-758 03 58, www.facebook.com/atechumphonhotel. Mittelklassehotel in ruhiger Lage. Die 56 sauberen Zimmer sind komplett ausgestattet. Freundliche Angestellte. Mit Restaurant und Pool. Der Nachtmarkt ist direkt nebenan. €€

Verkehr

Flüge: Der Flughafen liegt rund 35 km nördlich der Stadt. Mit Air Asia (www.airasia.com) nach Bangkok (Don Mueang).

Schiffe: Nach Ko Tao geht es in drei Varianten. Entweder von den Piers am Nordufer des Flusses, 7 km außerhalb, Mo–Sa gegen 23 Uhr mit günstigen Nachtbooten (400 Baht); vom Pier südlich des Flusses hinter dem alten Fischerdorf, 16 km südöstlich der Stadt, tgl. eine Fähre um 7 Uhr (https://songserm.com, 500 Baht); vom eigenen Pier nahe dem Nationalpark, 25 km südöstlich, um 7 und 13 Uhr ein Katamaran (www.lomprayah.com) nach Ko Tao (750 Baht, ca. 2 Std.) und weiter nach Ko Phangan (1100 Baht, 4 Std.) und Ko Samui (1200 Baht, 4,5 Std.).

Züge: Viele Züge aus dem Norden kommen mitten in der Nacht in Chumphon an. Eil- und Expresszüge fahren am Abend und in der frühen Nacht Richtung Bangkok in 9–11 Std.

Busse: Vom 13 km entfernten Busbahnhof am H 4 bestehen gute Verbindungen in alle Himmelsrichtungen. Etwa stdl. nach Bangkok (468 km, 7 Std.), stdl. bis 17 Uhr nach Surat Thani (2,5 Std.). Zudem private Busse ab den Piers zu allen Touristenzielen. Ab dem Markt Songthaew in die Umgebung u. a. stdl. zum Thung Wua Laen Beach in 30 Min.

Abstecher zum Indischen Ozean ▶ B/C 14/15

Bei **Chumphon** verlässt der Highway H 4 die Ostküste, windet sich kurvenreich über die Berge Richtung **Myanmar** (Burma) und führt parallel zur Grenze über **Kraburi** hinab nach **Ranong** (s. S. 383) am Indischen Ozean. An dieser schmalsten Stelle der Malaiischen Halbinsel, dem **Isthmus von Kra,** ist Thailand lediglich 44 km breit.

Für die Städte an der südlichen Golfküste stellte bis in die 1970er-Jahre die Eisenbahn die einzige Überlandverbindung zur Hauptstadt her, bis mit dem Highway H 41 nach Phattalung auch dieser Küstenabschnitt an das thailändische Fernstraßennetz angebunden wurde.

Chaiya ▶ C 16

Kaum zu glauben, dass sich so weit nördlich des Machtzentrums auf Sumatra einst eine der Metropolen des riesigen indonesischen Reiches Srivijaya befand, das vom 8. bis 10. Jh. seine Macht über Java bis zum Isthmus von Kra ausdehnte. Von den alten Tempelanlagen sind nur wenige Überreste erhalten, etwa **Wat Phra Borommathat Chaiya,** 1 km vom Bahnhof entfernt, mit einer über 1200 Jahre alten Pagode, die auch eine Buddhareliquie beherbergt.

Chaiya National Museum

155 Thanon Raksanorakit, Tel. 077-43 10 66, www.virtualmuseum.finearts.go.th/chaiya, Mi–So 9–16 Uhr, Eintritt 100 Baht

Was man nicht alles für den Traumstrand tut: Viele Menschen auf kleinem Boot

Das kleine, an den Tempel grenzende Museum gibt Auskunft über die stolze Vergangenheit. Neben beeindruckenden Hindustatuen sind Keramiken, *krise* (malaiische Dolche), einige hübsche Textilien und Votivtafeln ausgestellt. Die wichtigsten Funde aus der Srivijaya-Zeit befinden sich allerdings im Nationalmuseum von Bangkok.

Wat Suan Mokkh ▶ C 16

4 km südlich von Chaiya am Highway H 41, Tel. 077-43 16 61, www.suanmokkh-idh.org; Meditationskurse, Anmeldung nur persönlich am letzten Tag jedes Monats bis 15 Uhr, 2000 Baht

Viele Europäer zieht es in das internationale Meditationszentrum. Die moderne Klosteranlage wurde von einem der angesehensten Mönche des Landes, dem mittlerweile verstorbenen Ajahn Buddhadasa, gegründet. Die weltoffene Atmosphäre, die das Kloster auch für stressgeplagte Manager attraktiv macht, kommt in zahlreichen buddhistischen Kunstwerken aus aller Welt zum Ausdruck, die als Bestandteil der Meditationsübungen angesehen werden. Das Meditationszentrum des Klosters in einem Park östlich des Highways liegt südlich der Stadt in der Nähe der heißen Quellen. Ab dem Ersten jedes Monats werden zehntägige Dhamma-Meditationskurse auf Englisch veranstaltet.

Verkehr

Züge: Am Bahnhof von Chaiya, 1,5 km vom Wat, halten die meisten Züge Richtung Süden.
Busse: Nach Bangkok und in die nähere Umgebung.

Surat Thani ▶ C 16

Surat Thani, die Hauptstadt der größten Provinz in Südthailand, hatte einen lebhaften Hafen für den Seehandel zwischen dem malaiischen Archipel und dem Süden Chinas. Davon zeugen farbenfrohe alte Tempel und Klanhäuser sowie eine prosperierende Chinatown. Für Touristen ist die Stadt nicht wegen ihrer Geschichte, sondern als **Verkehrsknotenpunkt** von Interesse. Man wartet auf die Fähre, das Flugzeug, den Bus oder die Bahn und verspürt wenig Sehnsucht, länger als nötig zu bleiben.

In einer guten Autostunde erreicht man bei **Khanom** und **Sichon** weitläufige Strände und kleine Buchten, zwischen denen sich mächtig der 814 m hohe **Khao Phra** erhebt.

Infos

Tourist Office: 5 Thanon Talat Mai, Tel. 077-28 88 18, Mo–Fr 8.30–16.30 Uhr.

Übernachten

Freundlicher Service – **My Place:** 247/5 Thanon Namueang, Tel. 081-894 08 08. In dem sauberen, älteren Hotel mit ordentlichen Zimmern werden Gäste bestens betreut. Günstige Zimmer mit Ventilator, die anderen mit Klimaanlage. €
Sauber – **The Centrino Serviced Residence:** 160/76 Moo 2 Soi 55, Thanon Sri Wichai, Tel. 098-691 61 55, www.thecentrino.com. Günstiges Stadthotel südlich des Zentrums mit 60 Zimmern. €

Verkehr

Flüge: Flüge nach Bangkok (Don Mueang) mit Air Asia (www.airasia.com), Thai Lion Air (www.lionairthai.com) und Nok Air (www.nokair.com); nach Bangkok (Suvarnabhumi) mit Thai Smile (www.thaismileair.com) und VietJet Air (www.vietjetair.com). Air Asia fliegt zudem nach Chiang Mai.
Schiffe: Von Don Sak mehrmals tgl. Fähren und Schnellboote nach Ko Samui, Ko Pha Ngan und Ko Tao. Dazu Nachtfähren von der innerstädtischen Anlegestelle zu allen drei Inseln.
Züge: Am Bahnhof, 15 km westlich der Stadt, halten alle Züge zwischen Bangkok und dem Süden.
Busse: Vom neueren Busterminal 6 km westlich des Zentrums verkehren Busse nach Bangkok (11 Std.). Vom Busbahnhof Kaset 2 in der Innenstadt nach Phuket (4 Std.), Krabi (4 Std.) und Hat Yai (6 Std.) sowie in alle anderen größeren Orte im Süden. Beliebt, aber nicht ungefährlich, sind Minibusse, in denen bei Nachtfahrten wiederholt Passagiere bestohlen wurden.

Ko Samui – eine Insel wird entdeckt

Sicher könnten alte Insulaner allerhand Geschichten erzählen über die merkwürdigen *farang,* die in den 1970er-Jahren begannen, ihre Insel zu entdecken. Schließlich war es für sie der erste Kontakt mit der modernen westlichen Welt. Die Neuankömmlinge, junge Leute, kamen von weit her und hatten schon viel gesehen. Merkwürdig an ihnen war nicht nur ihre zerschlissene Kleidung und ihr wildes Aussehen, merkwürdig war auch ihr Benehmen.

Aus der Sicht der ersten Globetrotter aber war Ko Samui, ähnlich wie vorher die Insel Phuket, *das* tropische Paradies schlechthin: weite, menschenleere Sandstrände, unberührte Korallenriffe, kristallklares Meer, schattige Palmenhaine, freundliche Menschen – und alles zu Preisen, die einfach lächerlich anmuteten. Man war unter sich, wohnte in einfachen Hütten am Strand, fuhr mit den Fischern hinaus und lebte ansonsten in den Tag hinein. Die Rucksackreisenden rollten in jeder Hütte oder auch unter freiem Himmel ihre Matte aus und schlugen sich auf eigene Faust von einem Ort zum anderen durch – je abenteuerlicher, desto besser.

Ko Samui sprach sich schnell herum. Samui, das war bald ein Name, der mit Goa, Kathmandu oder Bali in einem Atemzug genannt wurde. Clevere Kokosplantagenbesitzer hatten unterdessen einfache Hüttensiedlungen in den Palmenhainen am Strand angelegt. Die erste Generation der palmblattgedeckten Hütten war nur mit einer dünnen Matratze und Petroleumlampe möbliert. Sie besaß weder Fenster noch Schlösser an den Türen. Das einzig Wertvolle, die Reisekasse, verwahrten die Hüttenbesitzer unter ihrer Schlafmatte. Sie sorgten auch für das leibliche Wohl ihrer Gäste, entschärften die traditionelle Thai-Küche zugunsten von *fruit salad, pancakes* und *fried noodles* und lernten, westliche Gerichte wie Rühreier und *french toast* zuzubereiten.

Schon 1980 war die Insel kein Geheimtipp mehr, sondern der Anlaufpunkt aller Südostasientraveller zwischen Bangkok und Indonesien. Zwei Expressboote luden am Pier von Nathon täglich neue Gäste ab, die dort von Bungalowmanagern auf Pickups verladen und über Feldwege nach Chaweng oder Lamai gekarrt wurden. Noch war die Atmosphäre familiär, das Wir-Gefühl intakt und wenn ein Neuankömmling keine Bleibe fand, wurde in wenigen Stunden aus Brettern und Palmwedeln eine neue, primitive Hütte gebaut.

Die Traveller wurden für einige Samui-Familien bald zur Haupterwerbsquelle, aber auch zivilisationsmüde Aussteiger aus dem Westen begannen, sich hier heimisch zu fühlen und beteiligten sich am Geschäft. Die Szene mochte auch auf ihre subkulturellen Gewohnheiten nicht verzichten, vor allem nicht auf Sex & Drugs & Video. Ganja (Marihuana) und Magic Mushrooms (halluzinogene Pilze) waren ebenso Bedarfsartikel wie Flaschenbier und Coca Cola. Eine Polizei, die über Gesetz und Moral hätte wachen können, war an den Stränden nicht vorhanden.

Allerorten tuckerten Dieselgeneratoren, um Strom zu liefern; Feldwege wurden planiert, Wasserleitungen zu den Quellen und Bächen in den Bergen gelegt. In Nathon eröffnete die erste Bank, das erste Reisebüro, plötzlich gab es Ansichtskarten und T-Shirts mit Samui-Motiven – und Vorhängeschlösser für die Türen.

So war es einst: idyllisches Inselleben in einfachen Hütten mit einer Hängematte im Schatten von Palmen

Anfang der 1980er-Jahre erschloss eine Autofährverbindung zwischen Donsak und Thong Yang Beach die Insel dem Kraftfahrzeugverkehr. Wenig später wurde östlich von Ban Bo Phut mit dem Bau des Inselflughafens begonnen. An den Stränden von Chaweng und Lamai wichen die einfachen Hütten soliden Bungalows, die Preise verdoppelten, verzehnfachten sich und schossen schließlich in Schwindel erregende Höhen.

Blitzende Motorräder brausten über die neue, asphaltierte Ringstraße. Jeeps, Cross-Bikes, Tauchzubehör, Surfbretter – innerhalb weniger Jahre gab es alles zu mieten, was das anspruchsvolle Touristenherz begehrte. Die Bungalowrestaurants rüsteten sich mit Videorecordern aus und wurden umgehend mit Hollywoodklassikern beliefert. Die erste Diskothek eröffnete, der erste Supermarkt, das erste Einkaufszentrum; Luxusanlagen mit Tennisplatz und Swimmingpool entstanden. Es dauerte nicht lange, bis Angestellte aus allen Landesteilen und den benachbarten Billiglohnländern sowie Langzeiturlauber die Bevölkerungszahl der Insel verdoppelten. Ko Samui entwickelte sich so schnell, dass ein seltsamer Effekt auftrat: Die Neuankömmlinge waren begeistert, aber wer nach einigen Jahren wiederkam, war enttäuscht.

Der harte Kern der klassischen Travellerszene winkte ab: »Ko Samui? Kannste vergessen. Total versaut.« So zog die Karawane weiter – auf die Nachbarinseln Ko Pha Ngan und Ko Tao, die nördlichste bewohnte Insel im Archipel, wo sich dann dasselbe Spiel wiederholte. ›Kenner‹ meiden inzwischen auch diese Inseln und fahren weiter zu anderen kleinen Inseln. Und dort, so erzählt man sich, soll die Atmosphäre noch ganz so sein wie früher. (Text: Renate Loose)

Mietwagen: Budget am Airport, Tel. 077-44 11 66, www.budget.co.th.

Ko Samui ▶ D 16

Karte: S. 345
Noch in den 1960er-Jahren war **Ko Samui,** die mit 233 km² größte der über 80 Inseln im Südwesten des Golfs von Thailand, eine abgeschiedene, vom Tourismus völlig unbeachtete Welt. Unzugänglicher Dschungel bedeckte die Berge und die rund 30 000 Bewohner der kleinen, küstennahen Dörfer ernährten sich vom Fischfang und von den weitläufigen Kokosplantagen, die heute noch immer ein Viertel der Insel bedecken. Kopra, das getrocknete, ölhaltige Fruchtfleisch der Kokosnuss, wurde auf kleinen Frachtschiffen zum Festland transportiert. Diese stellten mit den Fischerbooten eine unregelmäßige Verbindung zur Außenwelt her.

Im Laufe von 30 Jahren wurde die Insel komplett erschlossen und ist mit einer der zahlreichen Personen- und Autofähren oder dem Flugzeug von diversen thailändischen Städten und selbst aus Singapur und Hongkong gut zu erreichen. Wer einsame Sandstrände sucht, wird hier nicht auf seine Kosten kommen. Kleine tropische Paradiese sind jedoch nach wie vor an einigen Stränden zu finden, und wer dem Rummel am Chaweng oder Lamai Beach an der Ostküste entgehen möchte, wird die Atmosphäre an den südlichen kleinen Stränden als angenehm ruhig empfinden. Dort hält sich auch das Nachtleben in Grenzen.

Urlauber aus aller Welt beherrschen das Bild, zudem haben sich viele Ausländer hier niedergelassen. An Wochenenden und Feiertagen erholen sich auch Thai-Familien auf der Insel. Statistisch gesehen stellen sie sogar die Mehrzahl der Besucher.

Kulturelle Sehenswürdigkeiten bietet Ko Samui so gut wie gar nicht. Aber es ist wunderschön, außerhalb der Hochsaison auf den kleinen Sträßchen jenseits der Ringstraße die Insel zu erkunden, schattige Gärten zu genießen und dabei von Zeit zu Zeit an einem Strandcafé, einem Wat oder einem schönen Aussichtspunkt zu verweilen.

Rundtour um die Insel

Auf der 50 km langen, asphaltierten **Ringstraße** ist es möglich, um die Insel zu fahren. Mit Songthaew gelangt man auf der Nordroute über Bo Phut und auf der Südroute über Lamai an die Ostküste, wo die beliebtesten Strände zu finden sind. Wer mit dem Motorrad oder Mietwagen unterwegs ist, kann die Inselrundfahrt einschließlich einiger kleiner Abstecher ins Inselinnere oder eine Durchquerung der bergigen Insel gut an einem Tag bewältigen.

Viele Motorradvermietungen offerieren Off-Road-Fans Geländemaschinen und Anfängern Scooter. Wer eines dieser Gefährte mietet, sollte die steilen Geländestrecken nicht unterschätzen – zu viele leichtsinnige Touristen landen Jahr für Jahr mit schweren Hautabschürfungen oder schlimmeren Verletzungen im Krankenhaus südlich von Nathon.

Nathon 1

Die quirlige Inselhauptstadt besuchen die meisten Touristen zum Einkaufsbummel mit anschließendem Kaffeetrinken. Die größte Stadt der Insel rings um die beiden **Piers** hat sich ihren Charme weitgehend erhalten. Schön ist ein Besuch auf dem vergleichsweise untouristischen **Markt**.

Die Fahrt von Nathon nach Norden führt vorbei an der seichten Bang Makham Bucht nach **Ban Bang Por 2**. Eine schmale Straße zweigt ab ins Inselinnere zu mehreren Aussichtspunkten.

Mae Nam 3

Während sich in Bang Por die Gäste der Bungalows mit der schönen Aussicht aufs Meer begnügen müssen, kann man 11 km weiter bei **Mae Nam** in einer geschützten Bucht mit einem steil abfallenden, schmalen Strand das ganze Jahr über baden. Donnerstags lädt hier die Walking Street zum Shoppen ein.

Von der Ringstraße führen mehrere Stichstraßen zum Pier, zu Bungalows und gepflegten Luxusanlagen am 4 km langen, von Kokospalmen gesäumten goldgelben Sandstrand. Wer aus dem Osten kommend dem weißen Hinweisschild ›Shortcut to Lamai‹

Ko Samui und die Nachbarinseln

Wasserbüffel – eine aussterbende Spezies

Gezähmte Sumpfbüffel, die 4000 Jahre lang das Rückgrat der südostasiatischen Reiskultur bildeten, haben ausgedient. Ihre Rolle übernehmen nimmermüde einachsige Traktoren, die ›eisernen Wasserbüffel‹. Nur für den Büffelkampf, der Spaß und Wettgewinne verspricht, eignen sich diese überhaupt nicht.

Wasserbüffel bei der Feldarbeit

Der Büffelkampf, eine traditionelle Unterhaltungsform der einheimischen Männerwelt, findet vor allem in der malaiischen Inselwelt am Ende der Erntesaison seine Anhänger. So wird auf Ko Samui während der westlichen und thailändischen Neujahrsfeierlichkeiten Anfang Januar und Mitte April das Buffalo Fighting Festival ausgetragen. Dabei geht es weit weniger blutig zu als beim spanischen Stierkampf, dennoch ist er aus Tierschutz-Perspektive mindestens fragwürdig. In der Arena messen zwei Wasserbüffel ihre Kräfte. Nachdem die etwa 500 kg schweren Tiere vor dem Kampf von den Zuschauern fachkundig begutachtet worden sind, können Wetten abgeschlossen werden. Dabei geht es keinesfalls um geringe Beträge.

Von ihren stolzen Besitzern in die Arena geführt, stehen sich die Tiere regungslos Auge in Auge gegenüber. Manchmal sieht einer der Kontrahenten sogleich die Aussichtslosigkeit eines Kampfes ein und macht sich zur Enttäuschung der Zuschauer und zur Schmach des Besitzers davon. Ist jedoch die Kampfleidenschaft der Tiere entfacht, haben sie keinerlei Ähnlichkeit mehr mit den friedlich grasenden Wasserbüffeln auf den Reisfeldern. Sie gehen mit voller Wucht aufeinander los, verkeilen ihre Hörner ineinander und versuchen, sich gegenseitig unter Aufbietung all ihrer Kräfte vom Platz zu schieben. Manchmal ist ein Kampf bereits nach wenigen Sekunden zu Ende, es gibt aber auch Wasserbüffel, die über eine halbe Stunde gegeneinander kämpfen. Dann beginnt das Publikum zu toben und jeder feuert seinen Favoriten an. Sobald der Sieger feststeht, werden die Wetten ausgezahlt und dem erfolgreichen Tier, das mehrere Millionen Baht wert ist, winkt ein kulinarischer Leckerbissen.

In Chonburi an der Ostküste wird alljährlich Mitte Oktober ein Büffelrennen ausgetragen, bei dem speziell für dieses Ereignis gezüchtete Büffel gegeneinander antreten. Sie sind wesentlich flinker und kleiner als die behäbigen Wasserbüffel in den Dörfern, die unter der heißen Sonne gelassen den Pflug Furche um Furche durch die Reisfelder ziehen. Diese dürfen dann zum großen Vergnügen der Zuschauer am Büffel-Schönheitswettbewerb, einer Miss-Wahl oder der Kostümshow teilnehmen.

Um dem Verschwinden der Wasserbüffel aus den Dörfern und ihrer dramatischen Abnahme seit den 1970er-Jahren von über sechs auf unter eine Million entgegenzuwirken, hat die Regierung eine Schule gegründet. Hier sollen Bauern wieder die Vorteile der traditionellen Landwirtschaft schätzen lernen, denn Wasserbüffel sind nicht nur geduldige Zugtiere, die keinen teuren Kraftstoff fressen, sondern liefern kostenlos organischen Dünger direkt aufs Feld.

Richtung Süden folgt, gelangt auf schmalen, teils steilen Straßen durch das Inselinnere schließlich nach Lamai. Stichstraßen führen zu Aussichtspunkten, Wasserfällen und einem Hochseilgarten.

Vom **Lomprayah Pier** im Westen der Bucht fahren Katamarane mit Tagesausflüglern nach Ko Pha Ngan und in den Ang Thong Marine National Park.

Bo Phut 4

Eine ganze Reihe von Bungalowanlagen und Restaurants in allen Preisklassen liegt dicht hintereinander am schmalen Strandabschnitt bis hin nach **Bo Phut.** Zum Einkaufsbummel lädt im Zentrum die zur Fußgängerzone umgestaltete Strandstraße durch das Dorf, das **Fisherman's Village,** ein. Viele kleine Läden, eine große Auswahl an Restaurants, Cafés und Bars teils in sanierten, alten Fischerhäusern am Meer locken selbst Besucher von anderen Stränden, besonders freitags zum großen **Nachtmarkt.** Dann wird allerlei Schnickschnack angeboten, an zahlreichen Ständen gebrutzelt und Musik gemacht. Romantisch ist am Abend die Atmosphäre in den Restaurants am Strand, preiswerter ist das Essen jedoch an der Straßenseite.

In den Nordosten der Insel

Während die Ringstraße in Bo Phut landeinwärts nach Süden abknickt, führt eine Küstenstraße vom Ort in den Nordosten der Insel, wo sich auch der von Bangkok Airways betriebene **Samui International Airport** 5 befindet, dessen luftige Abfertigungshallen und bunt bemalte, offene Busse bereits Urlaubsstimmung aufkommen lassen.

Der graue, flache Sandstrand des **Bang Rak Beach,** auch Big Buddha Beach genannt, an der Nordküste eignet sich nicht für einen gemütlichen Strandurlaub, da hier die Flugzeuge in kurzem Abstand ein- und abfliegen und von mehreren Piers Boote zur Nachbarinsel Ko Pha Ngan fahren.

Einen Besuch lohnt das **Wat Phra Yai** 6 mit der imposanten Buddhafigur auf der kleinen Insel **Ko Fan.** Zwei Dämme verbinden das Festland mit dem Kap. Dort thront malerisch der 12 m hohe **Big Buddha.** Die fotogene Statue, die von zwei mürrisch dreinblickenden Tempelwächterfiguren beschützt wird, ist das wohl meistbesuchte Ausflugsziel der Insel, obwohl sie weder alt noch künstlerisch besonders wertvoll ist. Ein Besuch der Insel ist ohne eine Aufwartung beim großen Buddha undenkbar.

Im benachbarten Ban Plai Laem hat die chinesische Bevölkerungsgruppe das **Wat Plai Laem** 7 im traditionellen Thai-Stil erbaut, mit schönen Wandmalereien, riesigen Statuen eines chinesischen Buddhas und der achtzehnarmigen Göttin der Barmherzigkeit sowie einem See mit vielen Fischen, aus dem sich die Statuen erheben sowie eine Gebetshalle auf einer riesigen Lotosblüte zu schweben scheint.

Hinter dem Yachthafen führen schmale Stichstraßen vorbei an der **Samui Boat Lagoon** in den äußersten Nordosten zu den kleinen Buchten **Samrong** und **Thong Son** 8**,** an denen vergleichsweise ruhig und abgeschieden weitere Resorts und Eigentumswohnungen liegen. Weiter im Süden gelangt man zum hübschen, gepflegten **Choeng Mon Beach** 9**,** an dem komfortable Anlagen und luxuriöse Hotels mit Swimmingpool in weitläufigen Gartenanlagen errichtet wurden. Von der mit Kokospalmen und Kasuarinen bestandenen, kleinen Bucht kann man bei Ebbe zur winzigen Insel **Ko Fan Noi** hinüberwandern.

Chaweng 10

Ein schöner Ausblick auf die Ostküste, den Flughafen und das Hinterland von Chaweng eröffnet sich von der **Kho-Hua-Jook-Pagode** auf einem Hügel nördlich vom Chaweng-See. Von der Zufahrtstraße am Fuß der Anlage führen Treppen zum Tempel mit der goldgelben Pagode hinauf, wo sich Mantren aus Lautsprechern mit dem Dröhnen der Urlaubsflieger mischen.

Chaweng selbst ist mittlerweile zu einer Stadt herangewachsen, die ihre Existenz allein dem Tourismus verdankt. Am 6 km langen, palmengesäumten, weißsandigen Strand entstanden nicht ohne Grund in den 1970er-Jahren die ersten Hütten. Dieses ist zweifellos der

Strände, so weit das Auge reicht: das Tropenparadies Ko Samui

Traumstrand der Insel. Unter Kokospalmen und Schatten spendenden Bäumen drängen sich komfortable Luxushotels und Resorts jeglicher Größe und Ausstattung. Auch einige Restaurants und Beach Bars bieten Strandblick.

Bis mehrere Kilometer ins Hinterland haben sich Unterkünfte, Kleidungsgeschäfte, Souvenirläden, Restaurants, Supermärkte, schrille Diskotheken und Girly Bars breit gemacht. An der Ringstraße wurden das **Bangkok Samui Hospital,** ein exklusives Privatkrankenhaus, aus dem Boden gestampft. Die schicke Shopping Mall **Central Samui** (tgl. 11–23 Uhr) an der Chaweng Lagoon beherbergt auf über 90 000 m² Ladenfläche ein breit gefächertes Angebot inkl. Kino und vielen Restaurants. Chaweng ist zudem das Zentrum des Nachtlebens auf Ko Samui. Tag und Nacht läuft ein Unterhaltungsprogramm ab, das kaum Wünsche offen lässt.

Am langen Sandstrand, der bei Ebbe noch breiter wird, bleibt selbst während der Hochsaison zwischen den Sonnenanbetern genügend Platz zum Frisbee- und Volleyballspielen. Katamarane und Surfbretter liegen bereit, zudem werden Boots- und Tauchausflüge angeboten, und im Hinterland locken weitere Aktivitäten. Auch während der Zeit des Nordostmonsuns im europäischen Winter kann man hier baden, denn die hohen Wellen brechen sich an einem vorgelagerten Riff. Nur ein Felsvorsprung trennt den südlichen, kleineren und beschaulicheren **Chaweng Noi Beach** vom Hauptstrand.

Jenseits der Chaweng-Bucht windet sich die Straße hinauf in die Berge. Zwischen zwei **Aussichtspunkten** bei KM 26 und 28 liegt die kleine **Coral Cove 11,** eine von hohen Granitfelsen umrahmte Bucht mit feinem weißen Sand, die zum Schnorcheln einlädt. Noch schöner ist der malerische **Thong Ta Khien 12** (auch: Crystal Beach) in einer seichten Bucht kurz vor Lamai.

Lamai Beach 13

Traveller und Pauschaltouristen finden einen Treffpunkt am halbmondförmigen Strand, der dicht bebaut, aber etwas preiswerter und ruhiger ist als Chaweng. Am ungeschützten, langen Badestrand kann die Brandung stark sein.

Im Zentrum des einstigen Dorfs **Lamai** an der Hauptstraße steht direkt an der scharfen

Linkskurve das **Wat Lamai**. In der parallel zur Küste verlaufenden Strandstraße zeigt sich Lamai von einer ganz anderen Seite, vor allem nach Sonnenuntergang. Dann drängen sich die Urlauber in der vom Neonlicht erleuchteten Straße, die Supermärkte, Banken, Bars und Schneider säumen. Auf den Grills vor den Seafoodrestaurants werden frische Garnelen und Fisch zubereitet und auf der Vergnügungsmeile gehen gestylte, grell geschminkte Damen auf Kundenfang. Sonntags findet von 17 bis 23 Uhr der größte Straßenmarkt der Insel auf der für den Verkehr gesperrten Beach Road statt. Neben allerlei Kleidung und Souvenirs gibt es auch günstige Cocktails und Snacks.

Pauschaltouristen werden mit Reisebussen zu den Felsen gefahren, die im Süden die Bucht von Lamai abschließen. Hier erheben sich aus dem Meer **Hin Ta** und **Hin Yai** **14**, die Großvater- und Großmutterfelsen, Felsformationen, die fantasievolle Gemüter an ein weibliches und männliches Geschlechtsteil erinnern. Einen Kilometer weiter geht es rechts hinauf zum **Overlap Stone** **15**, einen Aussichtspunkt mit einem riesigen Stein, der wie von der Hand eines Riesen platziert perfekt balanciert auf einer Felsplattform thront. Von hier oben kann man die ebene Südküste überblicken.

Hua Thanon 16

Bevor die Hauptstraße weiter landeinwärts zurück nach Nathon führt, durchquert sie den chinesischen Teil des Dorfes. Hier gibt es noch viele der alten zweistöckigen Holzhäuser, die unten die Ladenflächen oder Werkstätten beherbergen und darüber als Wohnraum dienen. Rund 200 m nördlich des Marktes kündet ein neuer Schrein mit der riesigen, bunten Statue des wehrhaften Kriegsgottes **Guan Yu** vom Wohlstand der Gemeinde.

Entlang der schmalen Straße nach Süden erstreckt sich rings um die Moschee das muslimische Fischerdorf. Ein Korallenriff, das bis zur Küste reicht, trübt das Badevergnügen am südlichen Strandabschnitt. Die meisten der von der Hauptstraße abzweigenden Wege enden an kleinen Buchten, an denen wenige einsame Resorts in allen Preisklassen ruhebedürftigen Urlaubern eine Bleibe bieten. Etwa 2 km westlich des Ortes wird im **Wat Khunaram** **17** der 1973 verstorbene, mumifizierte Abt des Klosters (mit Sonnenbrille auf der Nase) verehrt.

Im Inselsüden

Im alten Dorf **Ban Thale** **18** mit einem Markt steht noch eines der letzten traditionellen Samui-Häuser, das Mitte des 19. Jh. aus hartem Teakholz ohne einen einzigen Nagel erbaut wurde und dessen Außenwände mit hübschen Schnitzereien verziert sind.

Kreuz und quer durch scheinbar endlose Kokoshaine geht es nun zum südlichsten Punkt der Insel, dem **Laem Sor,** auf dem sich eine schlichte, aber äußerst fotogene Pagode, der **Chedi Laem Sor** **19**, erhebt.

In der nächsten Bucht **Thong Krut** **20**, wohnt man recht ruhig, muss jedoch auf weite Strände verzichten. Dafür werden Touren zum Schnorcheln, Kajakfahren und Fischen zu den vorgelagerten Inseln Ko Mat Sum und Ko Tan sowie die weiter abgelegenen Ko Rab und Ko Wang Nok organisiert.

Ein Elefantentor markiert die Abzweigung zum **Taling Ngam Beach** **21**. Auf den steilen Felsen bis hinab in die Bucht erstrecken sich Luxusresorts mit exklusiven Aussichtsplätzen für die fantastischen Sonnenuntergänge. Im Hinterland werden in einem der sechs über die Insel verteilten **Buffalo Fighting Stadiums** **22** Wasserbüffelkämpfe ausgetragen (s. Thema S. 346).

Im Inselinneren

Keine überwältigenden Naturereignisse, aber weitere lohnende Ausflugsziele sind die beiden Wasserfälle im Inselinnern: Schöner als der **Hin-Lat-Wasserfall** **23**, 2 km landeinwärts von Nathon, sind die beliebten **Namuang-Wasserfälle** **24** bei Suan Thurian, 1 km abseits der Ringstraße. Der Weg zum zweiten Wasserfall ist steil, anstrengend und teilweise schwer zu finden, doch die Pools eignen sich für ein erfrischendes Bad mitten im Dschungel (Eintritt 50 Baht). Zudem werden im nahe gelegenen **Samui Elephant Kingdom Sanctuary** (www.samuielephantkingdom.com) Begegnungen mit Elefanten angeboten.

Einige Veranstalter bieten **Dschungelwanderungen** oder **Off-Road-Touren** mit Geländewagen oder Quads durch das gebirgige Inselinnere an. Natur und herrliche Aussichten auf die abwechslungsreiche Küstenlandschaft stehen auf dem Programm. Die Ausflüge in offenen Jeeps können recht staubig sein.

Infos

Tourist Office: Nathon, im alten Postamt hinter dem neuen Postamt nördlich vom Pier, Tel. 077-42 07 20, tgl. 8.30–12, 13–16.30 Uhr.

Übernachten

Nachtmarkt vor der Tür – **Eden Bungalow:** 91/1 Moo 1, Fischerman's Village, Bo Phut, Tel. 077-42 76 45, www.edenbungalows.com. Zwar ohne direkten Strandzugang, aber mit Pool im hübschen Garten und in idealer Lage für ein Besuch des Nachtmarkts. Die Zimmer sind geräumig und komplett eingerichtet. €€

Familienfreundlich – **Peace Resort:** Bo Phut, Tel. 077-42 53 57, www.peaceresort.com. 122 Zimmer, Villen und Bungalows, einige direkt am Meer, Restaurant, Swimmingpool, Spielplatz. €€€

Luxus – **Hansar Samui:** Bo Phut, Tel. 077-24 55 11, www.hansarsamui.com. Um einen riesigen Pool gruppieren sich in einem U-förmigen Gebäude die modern ausgestatteten, großzügigen Zimmer mit geräumigem Balkon und Meerblick. Ein üppiges Frühstück ist inklusive, guter Service. €€€

Entspannt – **Coco Palm Beach Resort:** Mae Nam, Tel. 077-44 72 11, www.cocopalmbeachresort.com. Resort auf einem weitläufigen Grundstück am ruhigeren westlichen Strandabschnitt, 95 Zimmer in Holzbungalows, Restaurant und Pool. €€–€€€

Farbenfroh – **Treehouse Silent Beach:** Mae Nam, Tel. 062-240 43 05, www.tree-house.org. Die Anlage ist nicht nur auffallend bunt gestaltet, sondern auch ruhig gelegen, und die Atmosphäre ist einladend und familiär. Die Zimmer sind sauber, aber eher einfach gehalten. Am besten sind die Bungalows direkt am Meer mit Hängematten und Liegen. Gutes Restaurant. €–€€

Der Pionier – **First Bungalow Beach Resort:** 4/6 Moo 3, Chaweng, Tel. 077-42 23 27, www.firstbungalowsamu.net. Hier standen die ersten Strandhäuser der Insel, 174 zweckmäßig eingerichtete Zimmer im dreistöckigen Block mit Balkon und solide Bungalows, die schönsten direkt am Strand. Großer Pool. €–€€€

Zentral und ruhig – **Banana Fan Sea Resort:** Chaweng, Tel. 077-41 34 83, www.bananafansea.com. Die großzügigen Einzel- und Doppelbungalows in einem gepflegten Garten sind hübsch gestaltet, aber stehen etwas eng beieinander. Fantastische Lage und aufmerksamer Service. Liegen am Pool und am Strand. €€€

Schöne Lage – **New Star:** Chaweng Noi, Tel. 077-41 45 00, www.newstarresort.com. Am ruhigeren südlichen Strandabschnitt am Hang. Komfortable Zimmer mit Balkon, großzügige Cottages und Villen. Großer Pool direkt am Strand, Spa, Bar und Restaurant. €€€

Wie ein König – **King's Garden Resort:** 12 Moo 2, Thanon Chaweng Beach, Tel. 077-42 23 04, www.kings-garden-resort.com. Ruhige, attraktive Anlage direkt am Strand mit einem gepflegten Garten, in dem die hellen Bungalows zwar relativ dicht stehen, aber dennoch Urlaubsfeeling aufkommt. Freundliches Personal. €€€

Preiswerte Strandbungalows – **New Hut Bungalows:** Lamai, Tel. 081-476 13 43. Günstige A-Frame-Hütten am Strand gibt es wirklich noch. Aber es gibt auch besser ausgestattete Bungalows. Günstiges Strandrestaurant. €

Essen & Trinken

Fast allen Bungalowanlagen und Resorts sind Restaurants angeschlossen mit Preisen entsprechend der Übernachtungstarife. Da die Köche häufig wechseln, variiert die Qualität von Saison zu Saison.

Café mit Meerblick – **Bar Baguette:** Bo Phut, The Wharf, Tel. 094-804 12 21, https://bit.ly/BarBaguette, tgl. 8–21.30 Uhr. Nettes Café mit schattiger Terrasse und einer umfangreichen Speisekarte mit allerlei Spezialitäten. Auch gute Kuchen, super Sandwiches und andere Snacks. €–€€

Indisch – **Noori India Restaurant**: 17/1 Moo 2, Thanon Chaweng Beach, Chaweng, Tel. 077-

30 07 57, http://nooriindia.com, tgl. 11–23 Uhr. Wer zur Abwechslung einmal Spezialitäten vom indischen Subkontinent probieren möchte, ist im familiengeführten Restaurant genau richtig. Viele günstige vegetarische Gerichte und auch eine Auswahl an Thai-Speisen. Alle, denen es besonders gut geschmeckt hat, können bei Kochkursen mehr über die indische Küche erfahren. €–€€

Direkt am Strand – **Happy Elephant Restaurant:** Fischerman's Village, Bo Phut, Tel. 077-42 72 22, www.facebook.com/HappyElephantRestaurant, tgl. 11–22 Uhr. Ein Klassiker in Bo Phut ist das große Seafood-Restaurant. Idealerweise ergattert man einen Platz mit direktem Blick auf das Meer und genießt dort die thailändischen Gerichte, die für westliche Gaumen abgemildert werden. €€–€€€

Wie daheim – **Röstiland:** Moo 4 Lamai, am nördlichen Ende der Bucht, Tel. 089-908 76 83, www.samuiroestiland.com, Mo–Sa 10–21 Uhr. Das Schweizer Paar kümmert sich im entspannten Gartenrestaurant um die Gäste. Leckere Rösti sowie andere ›exotische‹ Speisen. €€–€€€

Aktiv

Hochseilgärten – **Samui Zipline:** Tel. 083-278 50 58, www.facebook.com/samuiziplinelipanoi, tgl. 9–17 Uhr. Rund einen Kilometer landeinwärts von der Westküste kann man an 18 Plattformen durch den Wald gleiten, klettern und rutschen. 1800 Baht inkl. Transfers.**Tree Bridge Zipline:** Tel. 081-113 44 99, www.treebridgezipline.com. Eine Zipline mit 8 Stationen oberhalb von Mae Nam. 1800 Baht inkl. Transfers.

Radfahren – Auf der stark befahrenen Ringstraße und im bergigen Hinterland macht Fahrradfahren nur wenig Vergnügen.

Seekajak – **Blue Stars Kayaking @ Angthong Marine Park:** 83/23 Moo 2, Thanon Chaweng Lake, Chaweng, Tel. 087-886 60 97, www.bluestars.info. Angeboten werden organisierte Tagestouren mit dem Seekajak für Anfänger und Fortgeschrittene, im Ang Thong Marine Park, inkl. Schnorchelmöglichkeit. Preise starten ab 2400 Baht.

Tauchen – Viele Tauchbasen auf Ko Samui organisieren Touren und bieten Kurse an. **Discovery Divers:** Chaweng, Tel. 077-31 07 64, https://discoverydivers.com. **Easy Divers:** Unter Schweizer Leitung, 158/6 Moo 1, Bo Phut, Tel. 086-773 97 62, www.easydivers-thailand.com.

Spas, Yoga und mehr – Traditionelle Massage wird von Frauen an den meisten Stränden angeboten. Zudem verfügen viele teure Resorts über ein Spa mit professionellen Massagen und Anwendungen sowie einen Fitnessraum. Verhältnismäßig günstige Preise hat **The Spa Resort:** Lamai Beach und im Hinterland im Lamai Valley, Tel. 077-90 08 88, www.thesparesorts.com, tgl. 7–21.30 Uhr. Auch Bungalows, u. a. Reiki-, Qigong-, Yoga- und Kochkurse, Meditationen, Heilfasten und Teezeremonie. **Tamarind Springs:** 265/7 Thong Takian, oberhalb des nördlichen Lamai Beach, Tel. 080-569 66 54, www.tamarindsprings.com, tgl. 9–18 Uhr. Eines der schönsten Spas der Insel. In einem traumhaften Garten entspannen Gäste vor den Anwendungen in Felsenpools und Höhlen-Dampfbädern. Kräutersauna, Naturkosmetik und mehr.

Termine

Wasserbüffelkämpfe: Während großer Feste werden im Stadion im Süden Ko Samuis Kämpfe zwischen jeweils zwei Wasserbüffeln ausgetragen (s. Thema S. 346).

Thai-Boxen: Im Samui International Muay Thai Stadium (www.samuithaiboxing.com) von Chaweng werden Wettkämpfe ausgetragen. Im Lamai Muay Thai Camp (https://lamaimuaythai.com) kann man zudem Boxen lernen.

Verkehr

Flüge: Bangkok Airways (www.bangkokair.com) fliegt mehrmals tgl. von Bangkok und Phuket sowie 1 x tgl. von Chiang Mai, Hat Yai, Krabi und Pattaya (U-Tapao) sowie Singapur und Hong Kong direkt nach Ko Samui. Günstiger sind Flüge nach Surat Thani (s. S. 341). Von dort geht es weiter mit dem Boot.

Schiffe: Anreise stdl. 5–19 Uhr ab Don Sak mit Personenfähren oder einer der beiden Autofähren von Raja (www.rajaferryport.com) und Seatran (http://seatranferry.com), Fahrzeit

BOOTSTOUR ZUM ANG THONG MARINE NATIONAL PARK

Tour-Infos

Start: Strände von Ko Samui oder Ko Pha Ngan
Zeit: Jan.–Okt.
Nationalpark: www.angthongmarinepark.com, Eintritt: 300 Baht, Kinder 150 Baht.
Veranstalter: Mehrere Veranstalter bieten Touren an. Im Preis von mind. 1900 Baht sind Transfer, Mittagessen, Getränke und eine Schnorchelausrüstung inbegriffen. Gruppen können auch Boote chartern und antizyklisch fahren. Sonnenschutz mitnehmen und Kameras bzw. Handys vor Spritzwasser schützen!
Seekajaks: Boote können für 500 Baht gemietet werden. Touren organisiert Blue Stars Kayaking, http://bluestars.info. Tagestouren kosten je nach Teilnehmerzahl 2400–2600 Baht (s. S. 351).

20 km westlich von Ko Samui erheben sich aus dem relativ seichten Meer 42 Inseln, die seit 1980 unter Naturschutz stehen. In diesem ehemaligen militärischen Sperrgebiet findet man eine relativ intakte Natur vor, die man am besten während einer Kajaktour erkundet. In der Saison starten am Morgen Dutzende von Ausflugsbooten Richtung **Ko Phai Luak, Ko Wua Te** und **Ko Sam Sao.** Manchmal kommen Delfine und begleiten die Boote durch die Inselwelt. Sie sind aber relativ scheu, da sie von den einheimischen Fischern gejagt werden.

Nichts ist am Ende einer Schnorcheltour angenehmer und entspannender als ein Bad im von steilen Felswänden umschlossenen Salzwassersee Thale Noi (Emerald Lake) auf der Insel **Ko Mae Ko,** den man auf einem schmalen, steilen Pfad über Stufen und Leitern erreicht. Von hier führt ein unterirdischer Tunnel zum Meer.

Die bewaldete Felseninsel **Ko Sam Sao** wartet mit einer natürlichen Brücke und einem 240 m hohen Aussichtspunkt auf (feste Schuhe erforderlich). Mit etwas Glück entdeckt man inmitten des Grüns der niedrigen Bäume und Büsche seltene Orchideenarten oder sogar Makaken, Warane, Ottern und Eichhörnchen, die ebenso wie viele Vogelarten die kleinen Inseln bevölkern.

Auf **Ko Wua Talab,** wo sich auch das Park Headquarter mit einigen Unterkünften befindet, kann man nach dem Mittagessen die höchste Erhebung im Archipel, den Utthayan Hill, in einer halbstündigen Tour erklimmen. Man wird mit einem malerischen Blick auf die grüne Inselwelt belohnt.

45 Min. bis 1,5 Std., Vorbuchung für Autos in der Saison empfehlenswert). Deutlich länger benötigen das Nachtboot ab Surat Thani und das Schiff ab Chumphon über Ko Tao und Ko Pha Ngan. Regelmäßige Bootsverbindungen gibt es ab Ko Samui zu den Nachbarinseln Ko Pha Ngan und Ko Tao. Ausflugsboote fahren ins Ang-Thong-Archipel.

Busse: Einige Busse aus Bangkok und dem Süden Thailands fahren mit der Autofähre direkt bis Ko Samui.

Songthaew: Auf der Ringstraße von Nathon nach Lamai und auf der Nordroute nach Chaweng für etwa 100 Baht pro Person.

Taxis: Sie warten vor großen Hotels und Einkaufszentren und sind mit Preisen ab 300 Baht recht teuer. Man sollte auf das Einschalten des Taxameters bestehen. Motorradtaxis fahren ab 50 Baht.

Mietfahreuge: Autos, Motorräder, Jeeps und Fahrräder können gemietet werden. Da viele Leute als ungeübte Anfänger mit dem Motorrad auf der Insel herumfahren, kommt es häufig zu Unfällen. **Avis** am Flughafen, www.avisthailand.com. **Budget** am Flughafen, Tel. 077-96 15 02, www.budget.co.th.

Ko Pha Ngan ▸D 15

Karte: S. 355

Die Nachbarinsel **Ko Pha Ngan,** einstiger Fluchtpunkt der Traveller und Austragungsort sagenumwobener Full-Moon-Parties, ist fast ein Drittel kleiner als Ko Samui. Am Pier von **Thong Sala** **1**, dem Hauptort, treffen die Passagiere vom Festland und von Ko Samui ein. Im ehemaligen Fischerdorf konzentrieren sich alle Dienstleistungsunternehmen: Reisebüros, Banken, Geschäfte, der Panthip-Markt und samstags von 16 bis 22 Uhr ein Nachtmarkt (Walking Street).

Im offenen Songthaew oder im Minibus geht es für 100–200 Baht pro Person gleich weiter zu den Stränden, die teils nur über schmale, steile Straßen oder sogar nur vom Meer aus erreichbar sind. Zu einigen abgelegenen Stränden, wie dem Bottle Beach (Hat Khuat), kommt man nur auf unbefestigten, teils steilen Buckelpisten oder mit Longtailbooten ab Chalok Lum. Doch selbst hier werden inmitten der einfachen Hütten bereits klimatisierte Zimmer angeboten. Einsame Buchten muss man auch auf Ko Pha Ngan schon mit der Lupe suchen.

Besucher aus aller Welt haben mittlerweile die Insel entdeckt. Auch Langzeiturlaubern und Komfort suchenden Reisenden offeriert Ko Phan Ngan einen zunehmend vielfältigeren Service, von Meditations- und Wellnessangeboten bis zu komfortablen Unterkünften in Resorts.

Wer wie Robinson an einem einsamen Strand leben möchte, entdeckt nach langer Suche an der schwer zugänglichen, felsigen **Ostküste** einige Hütten in abgelegenen Buchten. Dagegen reiht sich vor allem an der **Südküste** und anderen beliebten Stränden eine Bungalowsiedlung an die andere. Während das Wasser an der **Westküste** bei Ebbe höchstens knöcheltief ist, zeigen sich bei Flut die von Palmen gesäumten Sandstrände von ihrer schönsten Seite.

Entlang der Westküste

Mit einem gemieteten Fahrzeug ist eine Rundfahrt auf schmalen Straßen durch den Westen der Insel mit mehreren Abstechern möglich. An der seltener besuchten Westküste gelangt man nördlich von Thong Sala nahe dem Krankenhaus zum **Wat Khao Noi** **2**, dem ältesten buddhistischen Tempel der Insel mit einem alten Stupa und der Statue eines hoch verehrten Abtes.

Nördlich des Hafens im Dorf **Sri Thanu** bietet sich zum Sonnenuntergang vom **Hat Chao Pao** **3** und weiter nördlich an der Küste ein beeindruckendes Panorama.

Über eine breite Straße mit steilen Streckenabschnitten gelangt man zu mehreren kleinen Stränden im Nordwesten der Insel, von denen der hübsche, lange Badestrand **Hat Yao** **4** und die pittoreske **Ao Mae Hat** **5** auch von Ausflugsbooten angefahren werden. Vor Ao Mae Hat und der kleinen, über eine Sandbank verbundenen **Ko Ma** liegt eines der schönsten Schnorchelgebiete der Insel.

Im Norden und Osten

Von der Westküstenstraße gelangt man bei **Ban Hin Kong** auf die Asphaltstraße durch das Inselinnere. Ein Abstecher Richtung Süden führt zum **Phaeng-Noi-Wasserfall** 6 **,** der nach einem 250 m langen, steilen Aufstieg durch den Dschungel erreicht wird. Nördlich erhebt sich der **Khao Ra,** mit 627 m der höchste Berg der Insel. Auf dem Weg nach Norden Richtung Chaloklum kann man den hübschen chinesischen **Kuan-Yin-Tempel** (8–17 Uhr) mit einer guten Aussicht über die bewaldeten Berge und den **Paradise-Wasserfall** 7 besuchen. Die Wasserfälle sind in der Trockenzeit von März bis Juni jedoch kaum mehr als ein Rinnsaal.

Das größte ehemalige Fischerdorf an der Nordküste, **Chaloklum** 8 **,** liegt in einer tiefen, seichten Bucht. In dem besuchenswerten Dorf werden Bootstouren zum Schnorcheln und Tauchen angeboten.

Überwiegend einheimische Reisegruppen wandern am **Than-Sadet-Wasserfall** 9 im abgelegenen bergigen Nordosten hinauf. Sie kommen vor allem wegen des berühmten einstigen Besuchers, des verehrten Königs Rama V (Chulalongkorn). Auch Rama VII. und Rama IX. sollen hier gewesen sein.

Im Süden

Allen, die Ruhe und Entspannung in der Meditation suchen, offeriert das **Wat Khao Tham** auf einem Hügel nahe **Ban Tai** 10 zehntägige Vipassana-Meditationsretreats (s. Thema S. 54). An den flachen Stränden bis zum nächsten Ort **Ban Kai** leben viele Langzeiturlauber.

Eine Hügelkette, die bis zum Meer reicht, erschwert den Zugang zum südöstlichen Zipfel der Insel, an dem der bekannteste Strand **Hat Rin** 11 liegt. Seine große Beliebtheit verdankt er seinem feinen weißen Sand. Am schönsten Badestrand der Insel mit vielen Diskotheken, Restaurants, Bars und Reisebüros geht es recht turbulent zu.

Vor allem zu **Full-Moon-Parties** strömen bis zu 30 000 junge Leute dorthin, um sich bei lauter Musik bis zum Morgengrauen auszutoben. Da während der langen tropischen Nächte beim Eimertrinken dem Alkohol reichlich zugesprochen wird, enden am folgenden Tag regelmäßig einige Touristen im Krankenhaus. Das strikte Vorgehen der Polizei gegen den Drogenhandel hat den Konsum von illegalen Drogen weitgehend unterbunden.

Übernachten

Zum Abhängen – **Angkana Hotel Bungalows:** 148/31 Moo 1, Ao Nai Wok, Tel. 085-691 03 35, www.angkana-bungalow.com/en. In ruhiger Lage sechs gepflegte Bungalows mit Hängematte an einer seichten Bucht direkt am Strand, mit Pool. Freundliche französische Besitzer, gutes Essen im Restaurant. €€–€€€

Idyllisch und ruhig – **Sea Scene Resort:** 56/2 Moo 4, Hat Plaaylam, Tel. 077-37 75 16, www.seascene.com. In der kleinen, seichten Bucht stehen am Sandstrand unter Palmen teils klimatisierte und für Familien geeignete Bungalows. Restaurant mit toller Aussicht. €€–€€€

Familienfreundlich – **Green Papaya Resort:** Hat Salad, Tel. 081-298 99 13, www.facebook.com/greenpapayabeachresort. Komfortable Holzhäuser mit Veranda an einem kleinen Sandstrand im Nordwesten in tropischem Garten mit Swimmingpool. Schöner Ausblick vom Restaurant. €€€

Luxus am Strand – **Panviman Resort:** 22/1 Moo 5, Thong Nai Pan Noi, im Nordosten, Tel. 077-44 51 01, www.panvimanresort kohphangan.com. Zwischen zwei Stränden an einem steilen Hang mit schöner Aussicht, zweistöckige Hotel- und Bungalowanlage, 75 gepflegte Zimmer, Pool, Restaurant. €€€

Entspannt – **Longtail Beach Resort:** 2/5 Moo 5, Thong Nai Pan Yai, Tel. 077-44 50 18, www.longtailbeachresort.com. Angenehme, familienfreundliche Anlage mit einfachen, klimatisierten Bungalows und Holzhäusern, Restaurant, Pool und Spa. Europäisch-thailändisches Management. Beliebt bei jungen deutschen Familien. €€–€€€

Body & Mind – **The Sanctuary Thailand:** Hat Tien, 10 Min. nördlich vom Hat Rin, www.thesanctuarythailand.com. Einsam gelegene, sehr unterschiedlich gestaltete Bungalows,

Detox- und Wellnesscenter mit vegetarischer Küche sowie Tai Chi, Meditations-, Yoga- und Massagekurse. €€–€€€

Partystrand – **Explorar Koh Phangan:** 117/21 Moo 6, Hat Rin Nai, Tel. 077-95 15 67, www.explorarhotels.com. Stylisches Hotel mit großen Glasfronten, klaren Linien und Farben. Am Strand ein hübscher Pool mit einer beliebten Bar. Trotz der Nähe zur Party Location ruhig. Abholservice und Yogastunden kostenlos. €€€

Essen & Trinken

In fast allen Bungalowanlagen gibt es Restaurants, die Seafood, gebratenen Reis und andere Thai-Favoriten sowie typisches Travellerfood rund um Pizza und Pasta servieren.

Mit Meerblick genießen – **Fisherman's Restaurant:** Ban Tai, Tel. 084-454 72 40, https://fishermansphangan.com, Sa–Do 13–22, Fr 17–22 Uhr. Im Strandrestaurant wird Gästen sogar in Longtailbooten frisches Seafood und leckere Cocktails ansprechend angerichtet serviert. Empfehlenswert das gelbe Krebscurry, ein Familienrezept von Lek. €€

Nett ausgehen – **Peppercorn:** 58/28 Moo 8, Hat Salad, Tel. 087-896 43 63, www.facebook.com/Restaurantpeppercorn, So–Fr 16–23 Uhr. Das Restaurant mit Ausblick über die Bucht

bietet gehobene westliche Küche und eine Auswahl an Thai-Gerichten. Super Salate und gute Steaks. €€–€€€
Leckere lokale Küche – **Nong Nook Seafood:** Chaloklum, tgl. 9–22 Uhr. Kleines, gutes Thai-Restaurant mit freundlichen Leuten und Blick aufs Meer. €
Indisch – **Om Ganesh:** Hat Rin, an der Straße zum Pier, Tel. 086-063 29 03, tgl. 10–22 Uhr. Kleines, freundliches Restaurant mit scharfen Currys und Tandoori-Gerichten. €–€€

Abends & Nachts

Full-Moon-Parties – **Hat Rin:** Die größte regelmäßige Beachparty der Welt zum Vollmond mit Tausenden junger Gäste, die zu dröhnender Musik bis zum frühen Morgen tanzen. Eintritt 100 Baht.
Action bei Tag und Nacht – In den Klubs, Diskotheken und Bars am **Hat Rin,** am Partystrand mit Beach-Volleyball-Wettbewerben und Full-Moon-Partys. Die Szene unterliegt einem schnellen Wechsel, derzeit sind überwiegend Hip-Hop, R & B, Techno, House, Drum & Bass und natürlich Reggae angesagt.

Aktiv

Tauchen – **Chaloklum Diving:** Chaloklum, Tel. 086-120 64 61, www.chaloklum-diving.com. Unter deutscher Leitung und mit eigenen Booten. Mehrere Tauchschulen fahren zu den Tauchplätzen rings um die Insel, nach Ko Tao und zum Ang Thong Marine National Park. **Apnea Koh Phangan Freediving School:** in Chaloklum, Tel. 092-380 14 94, https://apneakohphangan.com.
Dschungeltrekking – Guides für Touren findet man im **Paeng Waterfall Forest Park**.
Meditation im Wat Khao Tham – Englischsprachige, auf Ausländer ausgerichtete Meditationsretreats (s. Thema S. 54).
Für jeden etwas – Zudem kann man **Thai-Kochen, Massage, Yoga, Thai-Boxen, Wakeboarding** und **Kiteboarding** lernen oder **Ausflüge** inkl. Kajaktour zum Ang Thong National Marine Park unternehmen.

Verkehr

Schiffe: Expressboote und ein Nachtboot von Surat Thani, Don Sak, Ko Samui (Nathon, Bo Phut); Autofähren ab Don Sak. Der Katama-

Abgelegene Buchten und Traumstrände verspricht Ko Pha Ngan

ran von Lomprayah (www.lomprayah.com) verkehrt 2 x tgl. von Chumphon über Ko Tao nach Tong Sal. Kleinere Boote fahren bei gutem Wetter von der Nordküste von Ko Samui zum Hat Rin.

Busse: Von Bangkok gegen 18 Uhr direkt bis auf die Insel.

Inseltransporte: Auf der Insel fahren Pickups und Minibusse je nach Entfernung für 100–300 Baht sowie Motorradtaxis, zu abgelegenen Stränden kommt man mit Booten.

Ko Tao ▶D 15

Die ›Schildkröteninsel‹ **Ko Tao** ist nur 7,6 km lang und 3,4 km breit. Ab Ende der 1970er-Jahre zog es diejenigen hierher, die dem Komfort und dem Luxus von Ko Samui entsagen wollten und mit der Szene auf Ko Pha Ngan nichts anfangen konnten. Dann kamen die Taucher und machten die Insel weltberühmt. Mittlerweile sind manche Strände dicht bebaut mit einfach ausgestatteten Bungalows für Taucher, komfortablen Resorts und Villen mit Privatpool. Vor allem zwischen Weihnachten und dem chinesischen Neujahrsfest drängen sich Touristen auf der Insel, die offiziell nur 2300 Einwohner hat. Auch ansonsten herrscht außerhalb der regenreichen Monate Oktober bis Dezember Hochbetrieb.

Ban Mae Hat

Die ca. 600 Einwohner von Ko Tao leben überwiegend in **Ban Mae Hat** an der Westküste, wo sich mehrere Piers und lange Sandstrände erstrecken. Dort stehen auch die meisten Bungalowanlagen. So etwa an der ziemlich verschmutzten **Ao Mae Hat,** nördlich der Bootsanlegestelle im belebten Dorf, am angrenzenden, knapp 2 km langen **Hat Sai Ri** sowie in der südlichen **Ao Chalok Ban Kao.**

Süd- und Ostküste

Die malerischen, von glatt geschliffenen Granitfelsen begrenzten kleinen Sandstrände im Süden und Osten der felsigen Insel Ko Tao sind vielerorts nur über unbefestigte, steile Straßen und Klettern über Felsen zu erreichen. Sie eignen sich nur begrenzt zum Baden. Hingegen locken vor der Küste Korallenriffe in 5–28 m Tiefe mit optimalen Bedingungen für Tauchanfänger, die mit dem Boot in den ruhigen Gewässern leicht zu erreichen sind.

Das kristallklare Wasser bietet Korallen ideale Wachstumsbedingungen. Bunte Anemonenfische tummeln sich in den Riffen zwischen Hart- und Weichkorallen und Schwämmen, während an den Steilabfällen ab und an Leopardhaie und selten gewordene Walhaie für einen besonders aufregenden Tauchgang sorgen.

Ko Nang Yuan

Eintritt 250 Baht

Nordöstlich von Ko Tao liegen die Drillingsinseln **Ko Nang Yuan** (auch Ko Hang Tao genannt), die durch zwei schneeweiße Sandbänke und Korallenriffe miteinander verbunden sind. Dies ist der mit Abstand schönste Strand von Ko Tao. Die faszinierende Inselidylle kann man vor allem abends von den Aussichtspunkten auf den beiden größeren Inseln aus genießen. Während des Tages drängen sich im vorgelagerten Korallenriff zahllose Taucher und Schnorchler.

Infos

Internet: www.kohtaocompleteguide.com.

Übernachten

Wer nicht tauchen geht, wird vor allem in der Saison nur mit Schwierigkeiten eine Bleibe finden. Viele Unterkünfte nehmen bevorzugt Taucher auf. Ein großes Problem der kleinen Insel ist die Wasserknappheit.

Gepflegt – **Jamahkiri Dive Resort & Spa:** Ao Thian Og, Tel. 080-077 53 53, www.jamahkiri.com. Luxuriöse und elegant eingerichtete Villen mit ein bis drei Schlafzimmern, privatem Jacuzzi und kleinem Pool an einem Hang. Großes Spa. €€€

Meerblick vom Bett – **Sensi Paradise Beach Resort:** Ban Mae Hat, Tel. 099-289 33 93, www.sensiparadiseresorts.com. Bungalows

und Häuser unterschiedlicher Größe und Ausstattung an einem Hang. Großer Pool und gutes Restaurant an einer kleinen Bucht, die sich gut zum Schnorcheln eignet. €€€
Abgelegen und ruhig – **Tao Thong Villa 2:** 33/2 Moo 2, June Juea Beach, Tel. 077-42 38 09, www.facebook.com/taothongvilla2. Familiäre Anlage am steilen Hang auf einer felsigen Landzunge am Westrand des June Juea Beach mit einfachen Bungalows, Zimmern und kleinem Restaurant. €

Essen & Trinken

Fast alle Unterkünften haben Restaurants.
Lecker Frühstücken – **Zest Bakery & Coffee House:** Hat Sai Ri, Tel. 077-45 61 78, tgl. 6–17 Uhr. Für ein leckeres Sandwich und einen frisch gebrühten Kaffee zum Start in den Tag ist die kleine Bäckerei eine gute Wahl. Es gibt auch Croissants und Salate, die man selbst zusammenstellen kann. €
Direkt am Pier – **Buddy Restaurant:** Ban Mae Hat, Tel. 077-45 67 14, tgl. 10–22 Uhr. Einfaches, relativ großes, alteingesessenes Restaurant mit leckerem Fisch vom Grill. €–€€

Aktiv

Tauchen – Zahlreiche Tauchschulen bieten Ausflüge zu etwa 100 Tauchplätzen rings um Ko Tao, auch in Verbindung mit einem entspannten Segeltörn, sowie Anfänger- und Fortgeschrittenenkurse an. Auch Freediving.
Aktivitäten auf der Insel – **Goodtime Adventures:** Hat Sai Ri, Tel. 081-981 93 30, https://goodtimethailand.com. Adrenalin pur. Aktivitäten im Wasser wie in der Luft, vom Tauchen, Klettern, Bouldern bis Abseiling.

Verkehr

Schiffe: Vom Festland ab Surat Thani fährt ein Nachtboot in 7 Std. direkt nach Ko Tao. Nur 1,5 Std. benötigt der Katamaran von Chumphon aus. Zudem verkehren bis gegen 13 Uhr von Ko Samui aus Speedboote, Expressboote und ein Katamaran über Ko Pha Ngan nach Ko Tao.
Inseltransporte: Auf der Insel werden **Mountainbikes** und **Motorräder** vermietet. Zu den Stränden fahren **Boote** und **Pickups**.

Im tiefen Süden

Nakhon Si Thammarat

▶ D 17

Nakhon Si Thammarat ist eine der größten Städte im Süden Thailands. In früheren Zeiten erstreckte sich die Stadt kilometerlang entlang der Küste. Durch die zunehmende Versandung der Bucht liegt Nakhon Si Thammarat allerdings heute 10 km landeinwärts.

Das kleine, bereits im 2. Jh. n. Chr. belegte Königreich Tambralinga wurde im 8. Jh. in das mächtige Srivijaya-Reich integriert. Seine blühende Hauptstadt Ligor entwickelte sich zu einem wichtigen Handelshafen, in dem indische wie auch chinesische Händler nach langer Reise über den Ozean ihre Waren entluden. Der bedeutende Ort war eines der ersten buddhistischen Zentren des Landes. Reste der alten **Befestigungsmauern** lassen die Umrisse der früheren Stadtanlage noch immer erkennen. Erst zu Beginn des 15. Jh. wurden die Erdwälle durch Ziegelmauern ersetzt; der nördliche Teil der Umfriedung ist zum Teil noch erhalten. Von den einstigen Prachtbauten ist wenig geblieben. Überreste, die eine Vorstellung vom alten Bild vermitteln könnten, sucht man vergebens. Das alte Zentrum, etwa 2 km südlich des Bahnhofs, wartet aber mit einigen interessanten Sehenswürdigkeiten auf.

Wat Phra Mahathat Woramahawihan

Thanon Ratchadamnoen neben der City Hall, Tempel tgl. 8.30–16.30 Uhr; Museum tgl. 8.30–12 , 13–16 Uhr, Spende erwünscht
Das prominenteste Heiligtum der Region wurde bereits im 8. Jh. während der Srivijaya-Epoche von König Si Thanna Sokarat gegründet. Ein prächtiger 77 m hoher Chedi des ceylonesischen Typs, der **Phra Boromathat,** überragt die Klosteranlage. Seine Spitze ist mit 142 kg Gold und Edelsteinen besetzt. Im Unterbau des Chedi befindet sich ein Zahn Buddhas.

Die Tradition des Schattenspiels wird in Nakhon Si Thammarat gepflegt

Die muslimische Minderheit

Drei Viertel der über 6 Mio. Muslime Thailands leben im Süden, wo es immer wieder zu blutigen Protesten kommt. Praktizierende Muslime mit einer schlechten Ausbildung haben in der modernen Gesellschaft Thailands nur geringe Chancen auf einen gut bezahlten Beruf, sodass die meisten als Bauern oder Fischer mit einem kärglichen Einkommen leben.

Nicht selten hat die Zentralregierung in Bangkok die wirtschaftlichen Probleme und kulturellen Besonderheiten der Menschen im tiefen Süden ignoriert. So fühlt man sich im Stich gelassen und sucht verstärkt Zuflucht in der Religion. Mit dem islamischen Nachbarland Malaysia fühlt man sich enger verbunden als mit dem fast 1000 km entfernten Bangkok. Und das nicht erst seit ein paar Jahren. Bereits im 13. Jh. gab es im Süden des heutigen Thailand islamische Fürstentümer unter Oberhoheit des Sultanats Pattani. Durch die Einwanderung von Thais aus dem Norden verloren die Herrscher an Einfluss, doch erst 1832 errang das siamesische Reich die endgültige Kontrolle über Pattani. 1909 mussten die Sultanate Kedah, Perlis, Kelantan und Terengganu an das britische Empire abgetreten werden. Daraufhin begann man, die verbliebenen Gebiete stärker unter thailändische Kontrolle zu bringen.

Von 1950 bis 1989 terrorisierten Kommunisten und Separatisten neben ganz gewöhnlichen Banditen den Süden. Nach einer kurzen Phase des Friedens kam es 2001 zu vereinzelten Bombenanschlägen. Durch die Radikalisierungen in der islamischen Welt in der Folge des Irak-Kriegs eskalierte die Situation erneut. Polizei- und Militärposten wurden überfallen und einflussreiche buddhistische Thais ermordet. Der damalige Premierminister Thaksin fürchtete das Erstarken islamischer Fundamentalisten und Separatisten und begann mit eiserner Faust durchzugreifen. Anfang 2004 verhängte die Regierung das Kriegsrecht über die Provinzen Yala, Narathiwat und Pattani. Starke Militärverbände wurden in den Süden verlagert, Demonstranten verhaftet und militante Muslime, die sich in die Moschee von Pattani geflüchtet hatten, erschossen. Nach einer Demonstration erstickten 78 Festgenommene in einem LKW, der sie in eine Kaserne bringen sollte.

Trotz vielfältiger Versuche, die Region mit militärischer Gewalt und politischen Zugeständnissen zu befrieden, eskalierte die Situation wiederholt. Immer wieder wurden Menschen ermordet, explodierten Bomben. Seit 2013 sucht man in von Malaysia moderierten Gesprächen zwischen Regierungsvertretern und einigen der unterschiedlich orientierten Separatisten-Gruppen nach einem gewaltfreieren Weg.Trotzdem nahmen die Gewalttaten zu, Schulen wurden geschlossen und Bombenanschläge erschütterten den Süden. Mittlerweile ist bekannt, dass auch einige für die Unabhängigkeit der Pattani-Region kämpfende Separatisten-Organisationen von der indonesischen Terrororganisation Jemaah Islamiyah unterstützt werden. Während sich die Angriffe früher weitgehend auf die Südprovinzen konzentrierten, kam es 2016 auch zu Anschlägen in Hua Hin, Surat Thani, Patong, Trang, Phang Nga und 2017 in Bangkok. Seitdem hat sich die Situation zwar beruhigt, aber dennoch sollte man die betroffenen Südprovinzen Pattani, Yala und Narathiwat nicht bereisen und auch in Hat Yai vorsichtig sein.

Der Zugang wird bewacht von mythologischen Wächterfiguren. Im rechteckigen, mit farbigen Ziegeln gedeckten Wandelgang stehen 173 Buddhastatuen.

Das **Tempelmuseum** enthält Geschenke und Votivgaben sowie einige naturkundliche Funde aus der Region. Bemerkenswert sind ein Steinbuddha aus der Dvaravati-Zeit und ein unter der siebenköpfigen Naga-Schlange sitzender Buddha aus der Srivijaya-Periode. Im Viharn stehen die Statuen eines Prinzen und einer Prinzessin, die die Buddhareliquie aus Sri Lanka mitgebracht haben sollen.

Nationalmuseum

Mi–So 9–16 Uhr, feiertags geschl., Eintritt 150 Baht

700 m südlich des Wat Mahathat wird eine Fülle von Kunstwerken in 13 Räumen und im Vorhof ausgestellt, von prähistorischen Funden über Hindu- und Buddhastatuen, Perlen, Keramiken und Textilien aus verschiedensten Regionen bis hin zu Schattenspielfiguren.

Suchart Subsin's Shadow Puppet Museum

Nang Talung Museum, 110/18 Soi 3, Thanon Si Thammasok, Tel. 075-34 63 94, tgl. 9–16 Uhr

Die aus dem javanischen Raum stammende Tradition des **Schattenspiels** wird in Nakhon Si Thammarat noch immer gepflegt. 1 km nordöstlich vom Wat Mahathat sind auf einem weitläufigen Areal im zweistöckigen Haus des verstorbenen Meisters seine Sammlung einheimischer Schattenspielfiguren und Figuren aus aller Welt sowie Musikinstrumente der Puppenspieler und allerlei Sammelstücke aus der Region zu sehen. Seine Söhne sowie die Schwiegertochter führen die Tradition fort und fertigen in mühsamer Handarbeit die Figuren. Zudem finden auf Wunsch 20-minütige Vorführungen statt (50 Baht pro Person). Das Museum verkauft die aus Büffelleder geschnittenen, bunt bemalten Figuren.

Infos

Tourist Office: Thanon Tha Chang, Tel. 075-34 65 15, www.facebook.com/TAT.NST, tgl. 8.30–16.30 Uhr.

Übernachten

Günstig und hell – **The Original Orange Rooms:** 6/37-40 Thanon Phattanakan-Khukawang, Tel. 075-77 46 75, www.the-orangehotel.com. Etwas versteckt in einer Gasse liegt dieses markant ausgeschilderte, in Weiß und Orange mit vielen Orangen-Wandmalereien gestylte dreistöckige Haus. €

Essen & Trinken

Südthailändische Spezialitäten – **Krua Nai Nang:** Im Zentrum am H 4012, tgl. 10–24 Uhr. Großes Restaurant mit regionaler Küche. Die Karte ist nur in Thai, aber das Personal spricht Englisch. Von 19.30–22 Uhr kurze Schattenspielaufführungen im Bereich, der mit Schattenspielfiguren dekoriert ist. €–€€

Künstlercafé zum Entspannen – **PixZel Caffe':** 806 Thanon Ratchadamnoen, Tel. 091-884 94 88, https://pixzelcaffe.com, Do–Di 9–18 Uhr. Im modern und mit Liebe zum Detail im Vintage-Look gestalteten Café in einem alten Holzhaus werden von den freundlichen Besitzern selbstgebackener Kuchen und guter Kaffee angeboten. €

Termine

Hae Pha Khuen That: Vollmond im Febr. Religiöses Fest zur Zeit von Makha Bucha, bei dem eine Buddhareliquie verehrt wird, Prozessionen, Schattenspieltheater.

Verkehr

Flüge: Nach Bangkok (Don Mueang) mit Air Asia (www.aira sia.com), Thai Lion (www.lionairthai.com) und Nok Air (www.nokair.com) sowie nach Bangkok (Suvarnabhumi) mit Thai VietJet Air (www.vietjetair.com).

Züge: Bis Nakhon Si Thammarat verkehrt tgl. ein Schnellzug von Bangkok.

Busse: Vom Busbahnhof westlich der Stadt u. a. nach Surat Thani (2 Std.), Bangkok (12 Std.) oder Hat Yai (3 Std.).

Phattalung ▶ D 18

Die kleine Provinzstadt abseits der Touristenroute hat eine lange Geschichte. Am Fuß der steil aufragenden Felswand westlich des Bahnhofs liegt der Meditationstempel **Wat Khua Sawan,** der vermutlich schon während der Srivijaya-Periode gegründet wurde. Eine der Meditationshöhlen hinter dem großen Tempelgebäude beherbergt mehrere Buddhastatuen, eine kleinere Höhle nahe dem Krematorium, alte Holzstatuen und viele Fledermäuse.

Thale Noi Wildlife Sanctuary

Der flache **Thale Noi** 32 km nordöstlich von Phattalung ist ein bedeutendes Vogelreservat, das von Oktober bis März neben den nahezu 200 heimischen Vogelarten auch zahllose Zugvögel frequentieren. Das Thale Noi Wildlife Sanctuary erkundet man am besten bei einer eineinhalbstündigen Bootsfahrt (500 Baht pro Person) in den frühen Morgenstunden, besonders schön ist sie von Januar bis März, wenn der Lotos blüht. Am westlichen Ufer befinden sich ein Birdwatching Center, ein *floating market* mit Geschäften, die auf Plankenwegen zu erreichen sind, Restaurants und Unterkünfte sowie die Bootsanlegestelle.

Verkehr

Züge: Die Stadt liegt an der Hauptlinie Hat Yai – Bangkok auf der tgl. vier Züge verkehren.
Busse: Vom Busbahnhof u. a. nach Bangkok (12 Std.), stdl. bis 16 Uhr nach Nakhon Si Thammarat (2 Std.) und halbstdl. bis 17 Uhr nach Hat Yai (2 Std.)

Hat Yai ▶ E 19

Mit der Erschließung der Malaiischen Halbinsel durch die Eisenbahn hat sich Hat Yai von einer kleinen, unbedeutenden Siedlung zum wichtigsten wirtschaftlichen Umschlagplatz des Südens entwickelt. Die großen Fernstraßen erreichten Hat Yai erst in den 1970er-Jahren und brachten zusammen mit dem **internationalen Flughafen** und der **Universität** einen weiteren Wachstumsschub. Ein Hauch von Wildwest liegt über der Stadt, denn hinter den Kulissen der gesichtslosen Neubauten hält Hat Yai all das bereit, was Malaysia nicht bietet: preisgünstige **Einkaufsmöglichkeiten** und ein ausschweifendes **Nachtleben,** das die muslimischen Sittenwächter des Nachbarlandes nicht gestatten. Kein Wunder, dass gigantische Klubs, Massagesalons und Hotels das Stadtbild bestimmen. Am Wochenende und während der malaysischen Feiertage herrscht Hochbetrieb.

Infos

Tourist Office: 1/1 Soi 2, Thanon Niphat Uthit 3, Tel. 074-23 10 55, tgl. 8.30–16.30 Uhr. Gute Informationen zu den Städten im Süden.

Übernachten

Mit allem Komfort – **Centara Hotel Hat Yai:** 3 Thanon Sanehanusorn, Tel. 074-35 22 22, www.centarahotelsresorts.com. Zentral gelegenes 4-Sterne-Hotel mit 248 Zimmern in den oberen Etagen eines 18-stöckigen Blocks mit dem Central Department Store. Restaurant mit guten Buffets, Fitnesscenter und Pool. €€–€€€
Zentral und reell – **Red Planet Hat Yai:** 152-156 Thanon Niphat Uthit 2, Tel. 074-26 10 11, www.redplanethotels.com. Bei der Hotelkette wird mehr Wert auf schnelles Internet als auf Zimmerdekoration und Restaurant gelegt. Alles Notwendige ist in den sauberen Zimmern jedoch vorhanden. €–€€

Verkehr

Flüge: Vom Flugplatz, 12 km westlich der Stadt, nach Bangkok (Don Mueang), Chiang Mai und Khon Kaen sowie nach Kuala Lumpur mit Air Asia (www.airasia.com), nach Bangkok (Suvarnabhumi), Ko Samui und Phuket mit Bangkok Airways (www.bangkokair.com), nach Bangkok (Don Mueang) mit Nok Air (www.nokair.com), nach Bangkok (Don Mueang) und Udon Thani mit Thai Lion (www.lionairthai.com) und nach Bangkok (Suvarnabhumi) mit Thai Smile (www.thaismileair.com) und Thai VietJet Air (www.vietjetair.com).
Züge: 2x tgl. Special-Expresszüge sowie 2x tgl. Rapid-Züge nach Bangkok (17–19 Std.) sowie 3x tgl. Shuttlezüge zum Grenzort Padang Basar (1 Std.), von wo aus Zugverbindungen nach Butterworth/Penang und Kuala Lumpur bestehen
Busse: Gute Verbindungen in alle Städte und Tourismuszentren des Südens. Busse und Überlandtaxis verkehren nach Malaysia.

Mietwagen: Avis am Airport, Tel. 074-22 72 59, www.avisthailand.com. Budget am Airport, Tel. 074-22 72 68, www.budget.co.th.

Songkhla ►E 19

Die Provinzhauptstadt nimmt sich neben der ›Boomtown‹ Hat Yai geradezu gemütlich aus. Durch ihre Lage auf einer Landzunge zwischen dem Meer und dem ruhigen Binnensee Thale Sap war **Songkhla** für einen Hafen prädestiniert und lebte lange Zeit vor allem vom Warenumschlag. Für große Frachter war die Zufahrt zu eng, sodass ein Containerhafen auf der gegenüber liegenden Landzunge angelegt wurde. Eine Fähre sowie eine Straßenverbindung über zwei Brücken und die Ko Yo verbindet Hafen und Stadt.

Altstadt

Schmale Straßen, gesäumt von ziegelgedeckten zweistöckigen Häusern, prägen das Bild der Altstadt. Vor allem in der Architektur der alten Geschäftshäuser in der **Thanon Nakhon Nai** sind deutlich chinesische Einflüsse erkennbar. Sie sind teils liebevoll restauriert und mit großformatigen Wandmalereien aufgepeppt worden. Nördlich der Altstadt zeigt das in einem hübschen, bereits 1878 erbauten Anwesen im chinesischen Stil untergebrachte **Songkhla National Museum** Kunstgegenstände, chinesische Keramiken und Möbel sowie viele andere Ausstellungsstücke aus den südlichen Provinzen (Mi–So 9–16 Uhr, feiertags geschl. Eintritt 150 Baht). Schräg gegenüber, nahe dem alten Hafen, sind noch Reste der alten **Stadtmauer** zu erkennen.

Khao Tang Kuan

Kabelbahn 30 Baht

Ein hübscher Blick über die Küste, den See und die Stadt bietet sich vom Hügel **Khao Tang Kuan** nördlich des Zentrums. Hier oben steht der kleine, aus roten Ziegeln errichtete königlicher Pavilion **Sala Vihan Daeng** aus der Zeit von Rama V. steht. Zur **Pagode** oben auf dem Berg geht es mit der Kabelbahn oder auf der Westseite über 305 Stufen in etwa 20 Minuten.

Samila Beach

An der Meerseite zieht der 5 km lange Samila Beach mit den vorgelagerten Felseninseln **Ko Meo** und **Ko Nu** (Katze und Maus) einheimische Besucher an, die im Schatten der Kasuarina-Bäume picknicken. Hinter dem B. P. Samila Beach Hotel findet sich das Wahrzeichen der Stadt, die **Goldene Meerjungfrau,** und am nördlichen Ende der Landzunge die **Statue** einer wasserspeienden Naga-Schlange. Dazwischen erstreckt sich ein weitläufiger Park mit dem kleinen **Aquarium** (Tel. 088-788 14 51, Di–Fr 9.30–16, Sa, So 9.30–17 Uhr, 300 Baht).

Folklore-Museum

Ko Yor, am Highway 408, Tel. 074-33 11 84-9, Mi–Mo 8.30–17 Uhr, Eintritt 100 Baht

Auf der **Insel Ko Yo** westlich der Stadt hat das Institute for Southern Thai Studies in mehreren Gebäudekomplexen auf einem Hügel das große, sehenswerte Museum eingerichtet, das einen umfassenden Einblick in die Kultur Südthailands ermöglicht.

Übernachten

Meer und Golf – **B. P. Samila Beach Hotel and Resort:** 8 Thanon Ratchdamnoen, Tel. 053-22 20 99. Der Block mit 200 renovierten Zimmern und alten Möbeln lässt zwar keine Urlaubsstimmung aufkommen, aber die Strandnähe und der der Pool machen das wett. €€–€€€

Außergewöhnlich – **Baan Nai Nakhon Boutique Hotel:** 166 Thanon Nang Ngam, Tel. 095-438 93 23, https://www.facebook.com/baannainakhon/. Im künstlerisch, mit lokalem Flair gestalteten alten Haus werden sechs Zimmer vermietet. Inkl. Frühstück. €€

Essen & Trinken

Die Stadt Songkhla ist für ihre Seafoodrestaurants berühmt, die sich am Ende der Landzunge und auf Ko Yor konzentrieren.

Verkehr

Busse: Nach Hat Yai laufend Busse (25 km). Trotz direkter Verbindung nach Bangkok lohnt es sich, über Hat Yai zu fahren, da dorthin die Verbindungen besser sind.

Die Insel Phuket

Phuket – seit Jahrzehnten zieht es unzählige Touristen vor allem im Winter auf die größte Insel von Thailand – nicht nur sonnenhungrige Nordeuropäer, sondern auch viele Chinesen, Russen und zudem Besucher aus den Nachbarländern.

Phuket, eine Insel? Wer auf dem Landweg anreist, wird es kaum wahrnehmen. Zwei Brücken stellen die Verbindung zum Festland her, die weit unspektakulärer sind als alle, die in Bangkok den Menam Chao Phraya überspannen. Vorbei am internationalen Flughafen geht es weiter Richtung Süden auf dem Highway durch das Inselinnere oder über schmale Straßen entlang der Westküste durch eine abwechslungsreiche, hügelige Tropenlandschaft mit kleinen Apartmentanlagen und größeren Ferienorten, vorbei an Kokospalmenhainen, Kautschuk- und Obstplantagen.

Im Gegensatz zum nördlichen Thailand scheint alles von einem immergrünen Teppich bedeckt, was weniger dem steinigen, an sich unfruchtbaren Boden zu verdanken ist als dem ständig tropischen Klima. Vor allem der Südwestmonsun zwischen Mai und Oktober bringt reichlich Niederschläge, denn die feuchten Luftmassen stauen sich vor der bis über 530 m hohen Bergkette, die die Insel unweit der Küste von Norden nach Süden durchzieht.

Die 16 Sandstrände der Insel in weit ausladenden Buchten oder zwischen steilen Felsen zeigen je nach Ausrichtung unterschiedlichen Charakter. Zum Schwimmen eignet sich die flach abfallende Küste im Osten weniger gut als jene an der Westküste, die allerdings in den europäischen Sommermonaten ungeschützt dem Monsun ausgesetzt ist. An den attraktivsten Stränden stehen dicht an dicht große Hotels, Apartment- und Bungalowanlagen aller Preisklassen, dazwischen drängen sich Bars, Restaurants und Einkaufszentren.

Phuket Town ▶ B 18

Cityplan: S. 366

In der lebhaften Provinzstadt Phuket Town ist der chinesische Einfluss unübersehbar. Die wie Perlen aneinander gereihten, zweistöckigen **alten Geschäftshäuser** prägen das pittoreske Zentrum. Ihre Fassaden wurden restauriert, verspielter Stuck ergänzt, bunte chinesische Bodenfliesen freigelegt und die geschnitzten Holztüren in kräftigen Farben bemalt oder gar vergoldet. Einige der attraktivsten Geschäftshäuser stehen in der **Thanon Dibuk, Thalang, Satun** und **Krabi.** Die zwischen Thanon Dibuk und Thalang verlaufende Soi Romanee wurde gar zu einer der schönsten Straßen Asiens gekürt.

In den Häusern der Altstadt haben sich zahlreiche Galerien, Boutiquen und Geschäfte mit Schmuck, Holzschnitzereien, Keramiken und anderen Souvenirs niedergelassen. In ihnen lässt es sich herrlich stöbern. Die vielen Restaurants, Cafés und Bars sind ansprechend und geschmackvoll gestaltet, einige sind mit Antiquitäten nostalgisch eingerichtet, andere bunt und glitzernd im Stil der 1970er-Jahre oder auch rustikal mit einfachen Holztischen auf dem Bürgersteig. In einige der alten Häuser sind gar kleine Gästehäuser eingezogen.

Braun gebrannte Tagesausflügler von den Stränden bummeln über den offenen **Obst- und Gemüsemarkt** 1. Hier verschaffen sie sich einen ersten Eindruck von der Vielfalt tropischer Früchte und anderer Lebensmittel, die die Grundlage für die abwechslungsreiche thailändische Küche bilden.

Jogger nehmen in der abendlichen Kühle den schmalen, 1 km langen Weg hinauf zum **Rang Hill** 1 **.** Dort erwartet sie nicht nur ein Fitnesspark, sondern auch eine schöne Sicht über die Stadt.

Thavorn Hotel 2

Thanon Ratsada, Tel. 076-21 13 33, tgl. 8–17 Uhr, Eintritt 30 Baht
Auch wenn das Hotel zum Übernachten nicht mehr empfohlen werden kann, lohnt doch ein Blick in das Café und kleine Museum. Sie beherbergen eine bunte Sammlung von historischen Fotos, Werkzeugen, Radios und anderen Kuriositäten, die die Geschichte des Hauses und des Zinnbergbaus auf der Insel dokumentieren.

On On Hotel 3

The Memory at On On Hotel, 19 Thanon Phang Nga, Tel. 076-36 37 00, www.thememoryhotel.com
Auch das im alten Stil renovierte erste chinesische Hotel der Stadt ist sehenswert. Hier wurde die Anfangszene des Films »The Beach« gedreht.

Thai Hua Museum 4

28 Thanon Krabi, Tel. 076-21 12 24, tgl. 9–17 Uhr, Eintritt 200 Baht
In einem ehemaligen chinesischen Schulgebäude im sino-portugiesischen Stil wird die spannende Geschichte der chinesischen Einwanderer aufgeblättert. Im Museumscafé nebenan kann man die Eindrücke sacken lassen.

Tempel

An buddhistischen Feiertagen, vor allem zum Vegetarierfest, herrscht in den chinesischen Tempeln der Stadt Hochbetrieb. Aber auch an anderen Tagen lohnen sie einen Abstecher, zum Beispiel der große **Bang-Niaw-Tempel** 5 in der unteren Thanon Phuket, südlich der Kreuzung mit der Thanon Ong Sim Phye oder der hübsche **Hok-Huang-Kong-Tempel** 6 südlich vom Uhrturm.

Gebäude im Kolonialstil

Zudem beeindrucken die alten Verwaltungsgebäude und Landhausvillen, die sich im 19. Jh. wohlhabende chinesische Minenbesitzer nach Vorbildern aus Georgetown (Penang, Malaysia) erbauen ließen. Auch das **Gerichtsgebäude** 7 im nordöstlichen Verwaltungsviertel ist ein repräsentativer Altbau im Kolonialstil. Im luftigen Gebäude der **Provinzverwaltung** 8 schräg gegenüber wurden Szenen für den Film ›Killing Fields‹ gedreht.

Methee-Cashewfabrik 9

9 Thanon Tilok Uthit 2, Tel. 076-21 96 22, tgl. 7–17.30 Uhr
Ein beliebtes Ziel von Gruppenreisenden ist die Fabrik, in der das mühsame Knacken der auf der Insel geernteten Cashewnüsse beobachtet werden kann. Im Verkaufsraum können Nüsse in allen Geschmacksrichtungen probiert werden, die zu erhöhten Preisen verkauft werden.

Siam Niramit 10

55/81 Moo 5, Thanon Chalermprakiat, Tel. 076-33 50 00, www.siamniramitphuket.com, Mi–Mo ab 18 Uhr Abendbuffet, 80-minütige Show ab 20.30 Uhr, Eintritt Show 1800–2200 Baht, Dinner 400 Baht extra
Ein buntes Spektakel mit über hundert Darstellern die historische wie mythologische Szenen auf einer gigantischen Bühne mit fantastischen Kostümen und technischen Effekten zauberhaft in Szene setzen. Das Theater ist umgeben von einem ›Thai Village‹, in dem Frauen die Zubereitung traditioneller Gerichte demonstrieren und Elefanten, Thai-Boxen und viele Fotospots für Unterhaltung sorgen.

Infos

Tourist Office: 191 Thanon Talang, Tel. 076-21 10 36, Mo–Fr 8.30–16.30 Uhr.

Butterfly Garden & Aquarium
Flughafen Phuket, Thalang
Khao Toh Sae
285 m
Thanon Komarapat
Soi Wachira
Fitness Park
Tapkhaijornjet Utistsamakkitam
Thanon Yaowarat
Thanon Nakorn
Thanon Thepkrasattri
Wat Charoensamanakij
Thanon Toh Sae
139 m
PRD Broadcasting Station
Tung-Ka Cafe
Thanon Chumphon
Thanon Kaew Simbi
Thanon Damrong
Thanon Thung Ka
Wat Khun Chee
Sikh Temple
Suthat
Thanon Thesa
Narisorn
Public Health Office
Thanon Mae Luang
Th. Satun
Th. Yaowarat
Wat Mongkol Nimit
Patong
Th. Padiphat
Thanon
Thanon Surin
Thanon Deebuk
Thanon Luang Po
Mae Yanang Chin. Temple
Sanjao Sam San
Th. Krabi
Tourist Office
Th. Vichit Songkhram
Wat Khachorn Rong San
Th. Thalang
Bus
Wat Nua
G.P.O.
Th. Ranong
Th. Phang Nga
Ehem. Standard Chartered Bank
Put Jaw Temple
Thanon Rasada
Thanon Phang Nga
Soi Tong Rang
Soi Phuthon
Thanon Bangkok
Thanon Takua Pa
Thanon Phuket
Th. Monti
Thanon Tilok Uthit 2
Uhrturm
Thanon Ong Sim Phai
Thanon Phattana
Thanon Bangkok
Thalingchan Roman Cath. Church
Soi Taling Chan
Th. Chana Charoen
Essens-markt
Th. Phunpol
Dulyamiah Mosque
Th. Tilok Uthit 1
Thanon Chao Fa
Soi 11
Soi 9
Soi 7
Soi 5
Soi 3
Soi 1
Samakitam Temple
Takerng Christian Church
Thanon Kra
Wat Sean Suk
Chalong
Th. Takua Thung
Klong Thakreng
Soi Tha Ton Pho
Mineral Resources Centre
Soi Go Phai
Marine Police
Customs Offices
Soi Saphan Hin
Immigration Office
Thanon Bang Yai
Thanon Rattanakosin
Klong Bang Yai
Ao Phuket
Sakdidejana Soi 7
Saphan Hin Sports Centre
Mineral Monument
Boxstadion
Saphan Hin Park
0
125
250
375
500 m

Phuket Town

Sehenswert

1 Rang Hill
2 Thavorn Hotel
3 On On Hotel
4 Thai Hua Museum
5 Bang-Niaw-Tempel
6 Hok-Huang-Kong-Tempel
7 Gerichtsgebäude
8 Provinzverwaltung
9 Methee-Cashewfabrik
10 Siam Niramit

Übernachten

1 Sino House Phuket Hotel
2 Baan Suwantawe
3 The Tint
4 The RomManee Classic Guesthouse
5 Ming Shou Boutique House

Essen & Trinken

1 Blue Elephant
2 China Inn Café
3 Surf & Turf
4 Natural Restaurant
5 Kopitiam by Wilai
6 Tu Kab Khao

Einkaufen

1 Obst- und Gemüsemarkt
2 Robinson Dpt. Store
3 Limelight Avenue
4 Phuket Grocery
5 Central Festival Phuket
6 Naka Weekend Market

Übernachten

Immer mehr Urlauber ziehen es vor, in der Stadt zu übernachten, wo das Preis-Leistungs-Verhältnis und Essensangebot besser sind als an den Stränden.

Stilvoll – **Sino House Phuket Hotel** 1: 1 Thanon Montri, Tel. 076-23 24 94, www.sinohousephuket.com, Apartmenthotel mit 57 Zimmern im sino-portugiesischen Stil. Freundliches Management. €–€€

Geschmackvoll – **Baan Suwantawe** 2: 1/10 Thanon Dibuk, Tel. 076-21 28 79, www.baansuwantawephuket.com. Neubau mit 24 hübschen, gut ausgestatten Zimmern und Apartments. Vom Balkon Blick auf den Pool. €–€€

Farbenfroh – **The Tint** 3: 2/11 Thanon Dibuk, Tel. 087-383 79 99, www.thetintphuket.com. Mit einem guten Preis-Leistungs-Verhältnis und Parkplatz punktet das moderne Stadthotel abseits der Hauptstraße. €–€€

Originell – **The RomManee Classic Guesthouse** 4: 4/6 Thanon Krabi, Tel. 089-728 98 71, www.facebook.com/TheRomManeeClassic. Kleines Guesthouse in einem alten Haus im lebhaften Zentrum der Altstadt mit sieben Zimmern im rustikalen Stil. Einfaches Frühstück inkl. €–€€

Im chinesischen Stil – **Ming Shou Boutique House** 5: 34 Thanon Krabi, Tel. 076-68 11 09, www.facebook.com/Mingshouhouse. Bed & Breakfast in einem alten, hübsch eingerichteten, chinesischen Geschäftshaus. 17 Zimmer mit Fenstern zum Innenhof. €

Essen & Trinken

Phuket Town erhielt 2016 von der UNESCO zu Recht die Auszeichnung ›Stadt der Gastronomie‹ und in der Folgezeit einige Bib-Gourmand-Empfehlungen und ein Sterne-Restaurant von Michelin. Die kulinarische Vielfalt der Garküchen und Restaurants basiert auf malaiischen Einflüssen und den Kochkünsten früher Einwanderer aus verschiedenen chinesischen Provinzen sowie jüngeren Migranten aus aller Welt.

Königliche Thai-Küche – **Blue Elephant** 1: 96 Thanon Krabi, Tel. 076-35 43 55, www.blueelephant.com, tgl. 11.30–22.30 Uhr. Kochkurse 9.30–13 oder 13.30–17 Uhr. In der Villa eines einstigen Zinnbarons mit großem Garten kann man nicht nur in stimmungsvoller Umgebung köstliche Thai-Gerichte genießen, sondern sie auch kochen lernen. €€€

Charmant – **China Inn Café** 2: 20 Thanon Thalang, Tel. 076-35 62 39, So 10.30–19, Mi–Sa 10.30–18 Uhr. Kleines Café-Restaurant im schönen, liebevoll restaurierten chinesischen Geschäftshaus, begrünter Innenhof, kleine Karte mit frisch zubereiteten, liebevoll dekorierten Gerichten. €€

Feinste Fusion Cuisine – **Surf & Turf** 3: 115 Thanon Phang Nga, Tel. 097-217 74 34, www.facebook.com/surfandturf.soulkitchen, Mo–

Tradition trifft Moderne: Auch die Schauspieler der Chinesischen Oper haben vollen Empfang

Sa 18–2 Uhr. Der kreative deutsche Chef Tom versteht es, in der einsehbaren Küche des von Michelin empfohlenen Restaurants lokale Einflüsse mit europäischen Wurzeln exquisit zu verschmelzen. Neben der festen Karte gibt es Tagesgerichte von der Tafel, gute Weinauswahl. €€–€€€

Ein Erlebnis – **Natural Restaurant 4 :** 62/5 Soi Phuthon, Tel. 076-21 40 37, www.naturalrestaurantphuket.com, tgl. 10.30–22 Uhr. Begrüntes und atmosphärisch mit Trödel eingerichtetes altes Holzhaus mit mehreren Stockwerken und Vorgarten. Leckere Thai-Gerichte, auch viele einheimische Gäste. €–€€

Authentische Peranakan-Küche – **Kopitiam by Wilai 5 :** 18 Thanon Thalang, Tel. 083-606 97 76, www.facebook.com/kopitiambywilai, Mo–Sa 11–20 Uhr. Die Schwiegertochter der Familie, die seit Generationen den angrenzenden alten Kräuterladen betreibt, hat die Familienrezepte ausgegraben, die chinesische und lokale Einflüsse im Peranakan-Stil miteinander verbinden. Zudem Thai-Gerichte, kleine Portionen. Nettes historisches Ambiente. €

Leckere lokale Küche – **Tu Kab Khao 6 :** 8 Thanon Phang Nga, Tel. 076-60 88 88, www.facebook.com/tukabkhao, tgl. 11–21 Uhr. Einheimische wie Touristen genießen das nette Ambiente, die große Auswahl lokaler Gerichte und den freundlichen Service. €–€€

Einkaufen

Tropische Vielfalt – **Obst- und Gemüsemarkt 1 :** s. S. 364

Einkaufszentren – Im Zentrum liegen der bereits etwas angestaubte **Robinson Department Store 2** mit einem Tops-Supermarkt sowie das neuere **Limelight Avenue 3** (Thanon Dibuk, www.facebook.com/lime

lightphuket). Der riesige Supermarkt **Phuket Grocery** 4 (Thanon Ong Sim Phai) bietet eine große Warenpalette, frisches Obst und Gemüse zu günstigen Preisen, zudem einen Essensmarkt. Nordwestlich der Stadt an der Umgehungsstraße H 402 befindet sich das **Central Festival Phuket** 5 umfasst Läden, Supermärkte und einige interessante Restaurants wie **Wine Connection** mit einer guten Auswahl an westlichen Delikatessen.

Märkte – Sa ab 16 Uhr wird der große Nachtmarkt **Naka Weekend Market** 6 im Süden der Stadt aufgebaut.

Aktiv

Thai-Kochkurs – Kochkurse im edlen Restaurant **Blue Elephant** 1 vor- und nachmittags mit täglich wechselnden Gerichten. 3300 Baht.

Termine

Vegetarian Festival: Sept./Okt. Das neuntägige Fest der neun Kaisergötter der chinesischen Bevölkerungsgruppe, in Trance versetzte Männer stechen sich Speere und Haken in die Haut und laufen über glühende Kohlen.

Verkehr

Flüge: Internationaler Flughafen 31 km nördlich von Phuket Town. Airportbus (www.airportbusphuket.com) nach Phuket Town und Smart Bus (https://phuketsmartbus.com) zu den Stränden. Mit Air Asia (www.airasia.com) nach Bangkok (Don Mueang und Suvarnabhumi) und Chiang Mai, Thai Lion (www.lionairthai.com) nach Bangkok (Don Mueang), Thai Smile (www.thaismileair.com) nach Bangkok (Suvarnabhumi) und Nok Air (Tel. 02-900 99 55, www.nokair.co.th nach Bangkok (Don Mueang) und Ubon Ratchathani, Thai VietJet (www.vietjetair.com) nach Bangkok (Suvarnabhumi), Chiang Mai und Chiang Rai, Bangkok Airways (www.bangkokair.com) nach Bangkok (Suvarnabhumi), Ko Samui und Hat Yai. Internationale Verbindungen u. a. nach Kuala Lumpur, Penang, Singapur, Hanoi, Ho Chi Minh CIty, Yangon und Hong Kong.

Schiffe: Mehrmals tgl. mit großen Fähren und Schnellbooten vom Rassada Pier östlich von Phuket Town nach Ko Phi Phi (1,5–2 Std.) und weiter nach Krabi (ca. 2 Std.), Ao Nang (2 Std.) und Ko Lanta (1 Std.). Bootsausflüge zu verschiedenen vorgelagerten Inseln. Weitere Boote ab Chalong Bay (s. dort) und der Phuket Boat Lagoon (Phang Nga Bay, Ko Phi Phi). Zudem von weiteren Piers im Nordosten von Phuket zu Inseln in der Phang Nga Bay.

Busse: Vom Busbahnhof im Norden der Stadt verkehren Busse und Minibusse zu allen größeren Städten des Südens, zu den Inseln Ko Samui (morgens, 8 Std.), Ko Lanta (4 Std.), nach Bangkok (12 Std.), Krabi (3 Std.), Trang (5 Std.) und zu Städten im Norden und Nordosten.

Inselverkehr: Bis zum Sonnenuntergang verkehren einfache, unbequeme Songthaew/Inselbusse von der Thanon Ranong vor dem Markt in Phuket Town und vom Busbahnhof an die Strände. Von dort zurück in die Stadt bis ca. 16.30/17 Uhr. Innerhalb der Orte und zwischen den Stränden sowie abends können Motorradtaxis, Taxis, teils über die App Grab buchbar, und Tuk-Tuks sowie Songthaew gechartert werden.

Mietwagen: Avis, im Flughafen, www.avisthailand.com. Budget, am Eingang zum Airport, www.budget.co.th. Pure Car Rent, 75 Thanon Ratsada, Phuket Town, Tel. 076-21 10 02, www.purecarrent.com, und weitere Filialen auf der Insel.

Im Inselwesten ►B 17

Karte: S. 371

Nai Yang Beach 1

Eintritt National Park 200 Baht

Der 13 km lange **Nai Yang Beach** im äußersten Nordwesten nahe dem Flughafen wurde in Teilen zum Nationalpark erklärt, denn der **Hat Mai Khao,** nördlich der Landebahn, ist einer der wenigen Strände, an dem vom Aussterben bedrohte Meeresschildkröten, vor allem die Oliv-Bastardschildkröte, zwischen November und Februar ihre Eier im Sand vergraben. Jedes Jahr kommen weniger Tiere, obwohl eine Aufzuchtstation sich um die Eier und Brutplätze kümmern. Geschlüpfte Tiere werden während des thailändischen Neujahrsfestes am 13. April ins Meer entlassen (www.maikhaomarineturtlefoundation.org).

Unter schattenspendenden Kasuarinen kann man kilometerweit am Strand entlang spazieren und die Ruhe genießen. Bis auf die Bars, Restaurants und Hotels nahe dem südlichen Strandabschnitt gibt es keinerlei touristische Infrastruktur.

Bucht von Bang Tao 2

Die ehemalige Zinnmine an der **Bucht von Bang Tao** ließ man zum 150 ha großen Touristenzentrum **Laguna Phuket** (www.laguna-phuket.com) umgestalten. Zwischen einer künstlichen Lagune und der Andamanensee erstrecken sich in einem weitläufigen Parkareal fünf Luxusresorts. Recht eindrucksvoll wirkt die große, weiße **Mukaram-Moschee** der sunnitischen Gemeinde im Dorf **Bang Tao** im Hinterland.

Übernachten

Luxus auf viel Raum – **Mövenpick Phuket Resort:** Tel. 076-31 04 00, https://bit.ly/MövenpickPhuket. Gepflegtes, umweltbewusst gemanagtes Strandresort mit eleganten Zimmern, Apartments mit Esszimmer und Küche sowie großzügigen Suiten. €€€

Luxus für die ganze Familie – **Saii Laguna Phuket:** Tel. 076-36 06 00, www.saiiresorts.com/phuket. Weitläufige und familienfreundliche Luxusanlage zwischen Lagune und Strand, die keine Wünsche offen lässt. Wunderschön gestaltete Zimmer und mehrere Restaurants. Mit Poollandschaft. Vielfältige Sportmöglichkeiten. €€€

Aktiv

Radtouren – **Siam Bike Tours:** Bang Tao, Tel. 076-32 42 11, https://siambiketours.com. Längere und kürzere Radtouren auf der Insel Phuket und durch Thailand mit Rennrädern und E-Bikes.

Surin Beach und Kamala Beach

Kleine Badestrände nördlich von **Surin** stehen exklusiv Gästen luxuriöser Resorts zur Verfügung (Amanpuri, The Surin), die einen starken Kontrast zu den traditionellen Dörfern im Hinterland bilden. Am weiten **Surin Beach** 3 finden sich am Wochenende auch Thai-Familien zum Flanieren ein. Die schmale, von Palmen und Kasuarinen überschattete Strandstraße ist weitgehend autofrei und hält das übliche touristische Angebot parat. Das Hinterland wurde mancherorts mit einförmigen Luxusvillen bebaut, und der kleine Strand ist in der Saison dicht belegt. Die Küstenstraße führt von Surin über die bewaldeten Hügel des Kaps, vorbei am malerischen, kleinen **Laem Sing Beach,** hinab nach **Kamala** 4**,** einem Moslemdorf an einem weißen Sandstrand mit vielen kleinen Bungalows, Gästehäuser und Restaurants.

Phuket FantaSea

Tel. 076-38 50 00, www.phuketfantasea.fun, tgl. 17.30–23.30 Uhr, Theaterbeginn 21 Uhr, Eintritt Show 1800 Baht, Dinner und Show 2200 Baht

In Kamala liegt hinter hohen Mauern der **Themenpark Phuket FantaSea** mit Einkaufsmöglichkeiten, riesigem Restaurant und Theater. Abends wird in dem prunkvollen Restaurant, das 4000 Gästen Platz bietet, ein gigantisches Büffet aufgefahren. Im gegenüberliegenden Theatertempel wird vor bis zu 3000 Zuschauern ein Bühnenspektakel initiiert, bei dem bis zu 100 Mitwirkende einschließlich zahlreicher Elefanten eine Mischung aus Zirkus, klassischem Tanztheater und Show darbieten.

Übernachten

Stylish – **Twin Palms:** Surin Beach, 106/46 Moo 3, Choeng Talay, Tel. 076-31 65 00, www.twinpalms-phuket.com: Das 5-Sterne-Resort für Liebhaber moderner minimalistischer Ästhetik. 72 Zimmer und 24 Villen mit viel Luxus und Hightech, teils mit direktem Poolzugang. €€€

Romantisch – **The Surin:** Pansea Beach, 118 Moo 3, Tel. 076-31 64 00, www.thesurinphuket.

Die Insel Phuket
Sarasin-Brücke
Dan Yit
Ko Raet
Laem Maphraw Pier
Mai Khao Beach (Hat Mai Khao)
Suan Maphrao
Ao Tu Khun
Sirinath Marine National Park
Khao Ban Bang Duk 267 m
Andamanen-see
Mai Khao
Mak Prok
Phuket International Airport
Yun
National Park Headquarters
Nai Yang
Nai Yang Beach 1
Sakhu
Muang Mai
Tha Maphrao
Ban Trong Muang
Nai Thon
Khao Muang 307 m
Nai Thon Beach
Layan
Ko Waeo
Khao Phra Thaeo Wildlife Park
Thalang
Layan Beach
Laguna Phuket
Ban Don
Ya
Liphon
Phasak
Bang Tao Bay 2
Choeng Thale
Pansea Beach
Bang Tao
Ma Nik
Surin Beach 3
Surin
Laem Sing Beach
Phuket FantaSea
Kamala Beach
4 Kamala
Kok Yang
Laem Thai Phao
Kathu-Wasserfall
Khuan Wa 527 m
Laem Yom Ding
Nacha Beach
Kathu
Bang Thong
Ao Patong
Patong Beach 5
Tung Toong
Patong
136 m
Freedom Beach
247 m
Bang Wad Dam
Relax Bay (Karon Noi)
Karon
Big Buddha 13
Karon Beach 6
Dino Park
Kata
Kata Yai Beach & Kata Noi Beach 7
Laem Mum Nai
127 m
Ban Nai Harn
Laem Mum Nok
Nai Harn Beach 8
Yanui Beach
Laem Prom Thep 9
Leucht-turm
Klong Sai
Tha Khuan
Yan Saba
Klong Khian
Ko Phrao
Phang Nga Bay
Ao Phang Nga Marine National Park
Ba Kan
Bang Chan
Chao Khrua
Ko Klang
Ao Rang Hin
Khlong Tha Nun
Laem Sam
Ao Som
Ko Lawa Yai
Phang-Nga-Bucht
Laem Sai
Ko Ngam
Laem Khat
Ko Thanan
Phara
Ao Kung
Chang Taeng
Khao Phara 450 m
Thum Phlo
Ao Por
Bang Rong
Ao Por Grand Marina
Ko Naka Yai
Bang-Pae-Wasserfall 20
Gibbon Rehabilitation Project
Bang Pae
19 Tone-Sai-Wasserfall
Pak Lok
Ko Naka Noi
Ko Yao Noi
Wat Sophon Wanaram
Phak Chit
Yamu
Thalang National Museum
18 Tha Rua
Laem Yamu
Phuket Sea
Phuket Boat Lagoon, Royal Phuket Marina
Phuket Mining Museum 17
Bang Khu I
Ko Rang Yai
Sapam
By Pass Road
Ko Maphrao
Ko Phi Phi
Laem Hin
Laem Hin Pier
Siam Niramit
Sam Kong
Kuku
Laem Nga
16 Ko Sire
Central Festival
Ra-Ngeng
Phuket Town
Wat Ko Sire
Ao Sire
Rassada Pier
Tin Khao
Tha Khlaeng
Laem Phap Pha
Wat Chalong 12
Bo Raea
Ao Tukkae
Ko Phi Phi, Koh Lanta
Ao Nang/Krabi
Wat Mai
Suan
Panwa-Halbinsel
14 Makham Bay
Ao Makham
Hua Non
Khok Sai
Chalong
Ko Taphao Yai
Bang Khothi
11 Chalong Bay
Laem Phan Wa
Sai Yuan
Ko Lone
15 Phuket Marine Biological Research Center & Aquarium
Rawai
10 Rawai Beach
Ko Aeo
Ko Bon
Ko Racha Yai
Ko Hay (Carol Island)
0 2,5 5 km
402
4026
4027
4031
4030
4025
3013
4029
4020
4022
4021
4023
4028
4024

com. Luxus-Anlage an einer schönen privaten Bucht mit feinem Sandstrand, die 103 Bungalows am Hang sind gut in die Umgebung integriert. €€€

Günstig – **AM Surin Place:** Surin Beach, Soi 6, Choeng Talay, Tel. 076-38 65 54, www.facebook.com/amsurinplacehotel. Größerer Hotelblock mit kleinem Pool und komplett ausgestatteten, eher zweckmäßigen Zimmer zu einem Spitzenpreis. Der Strand ist nur gute 5 Min. zu Fuß entfernt. €–€€

Patong Beach 5

Von der Straße, die von Kamala Richtung **Patong** steil den Berg hinaufführt, eröffnen sich schöne Ausblicke auf die Küste und den turbulenten Patong Beach. Zwischen den beiden Parallelstraßen und im Hinterland drängen sich Restaurants, Geschäfte, Bars und Unterkünfte, ragen Hotels bis zu 25 Stockwerke hoch in den Himmel. Urlauber sonnen sich am fast 3 km langen, feinen Sandstrand. Reisebüros, Tauchschulen, Shooting-Ranges, Auto- und Motorradvermietungen sorgen neben einem breiten Wassersportangebot dafür, dass sich wirklich niemand langweilen muss.

Zahlreiche Restaurants haben sich auf den Geschmack der Gäste eingestellt; hier muss niemand auf die gewohnte Aufschnittplatte oder das Schnitzel verzichten. Am Abend pulsiert das Leben in den Pubs und Go-go-Bars am so genannten ›Strip‹, der Thanon Bangla. Laute Discomusik dröhnt aus den Bierbars, wo unter freiem Himmel grell geschminkte Transvestiten und spärlich beklei-

Weitab von einsam: Am Abend glitzern die Lichter in der Bucht von Patong

dete Damen ihre Dienste anbieten. Nördlich des Zentrums erinnert die große **Nurul-Islam-Moschee** daran, dass der Islam selbst hier im Sündenbabel wie im ganzen Süden Thailands fest verwurzelt ist.

Südwestlich von Patong stehen einige Luxushotels in den von steilen Felsen umrahmten **Emerald Bay** und **Freedom Bay.** Die schönen Buchten eignen sich zum Schnorcheln und Picknicken. Nördlich von Kathu lädt im bergigen Hinterland der **Kathu-Wasserfall** zu einem erfrischenden Bad ein. Mehr Aufregung versprechen allerdings Klettergärten.

Übernachten

Oase im Trubel – **Impiana Resort Patong:** 41 Thanon Thawewong, Tel. 076-34 01 38, https://phukethotels.impiana.com.my. Boutiquehotel am Strand im Zentrum von Patong, 70 Luxuszimmer mit Balkon im modernen Thai-Stil. Restaurant mit Fusion Cuisine, Spa und Pool. €€€

Großzügige Apartments – **BYD Lofts Boutique Hotel:** 5/28 Thanon Hat Patong, Tel. 076-34 30 24, www.bydlofts.com. Apartmentblock im Zentrum von Patong mit komplett eingerichteten Wohnungen zwischen 50 und 160 m² Größe und ein bis zwei Zimmern. €€€

Direkt am Nachtleben – **Lokal Phuket:** 180 Thanon Rat Uthit, Tel. 076-34 08 32, www.lokalphuket.com. Hotelanlage mitten im Zentrum, mit einfachen Zimmern, Pool und einem netten Gartenrestaurant. €–€€€

Stylisches Kleinhotel – **Patong Terrace Boutique Hotel:** 209/12-13 Thanon Rat Uthit, Tel. 076-60 88 36. Mit dem Aufzug erreicht man 20 saubere, komplett eingerichtete, schallisolierte Zimmer mit und ohne Fenster, die teuren mit Balkon. €–€€

Essen & Trinken

Vor allem in Patong findet man viele asiatische, russische und europäische Restaurants. Der Schwerpunkt liegt auf Seafood in allen Variationen. Die Restaurants der Hotels warten zum Teil mit einer überraschend guten Küche auf. Neben den abendlichen Bufetts für Pauschaltouristen wird ein breites À-la-carte-Menü angeboten.

Edel – **Baan Rim Pa:** Am nördlichen Ende der Patong-Bucht, Tel. 092-274 90 95, www.baanrimpa.com, tgl. 12–23 Uhr. Gehobene thailändische Küche, auch vegetarische Gerichte. Fantastische Aussicht, Reservierung empfehlenswert. €€–€€€

Barbeque-Rippchen – **Naughty Nuri's Phuket:** 122 Thanon Rat-Uthit, Tel. 061-173 00 11, tgl. 12–24 Uhr. Eine echte Erfolgsgeschichte, die von Bali in die (asiatische) Welt ging: Großes, hübsch mit vielen Pflanzen gestaltetes Restaurant mit guter Livemusik, flottem, freundlichem Service und fantastischen Rippchen vom Grill. Zudem indonesische Spezialitäten wie Saté und balinesisches Spanferkel. €€–€€€

Frische Küche – **No. 9 Restaurant:** 209 Thanon Phrabaramee, Tel. 076-34 15 75, tgl. 12.30–22 Uhr. Im Norden an der Hauptstraße landeinwärts, nicht weit vom Meer. Im sauberen, kleinen Familienbetrieb wird vergleichsweise günstig Thai gekocht, auch viele westliche Gerichte. €–€€

Einkaufen

Fliegende Händler versuchen, Touristen Souvenirs und Kopien westlicher Markenwaren zu überhöhten Preisen zu verkaufen. Vorsicht ist unbedingt beim Kauf von Seide, Perlen, Edelsteinen und Schmuck angebracht.

Mega-Einkaufszentrum – **Jungceylon:** Thanon Rat Uthit, im Zentrum von Patong, www.jungceylon.com, tgl. 11–22 Uhr. Das Shopping Center vereint unter seinem Dach einen Hypermarkt, ein Kaufhaus, Boutiquen, Läden mit lokalem Kunsthandwerk, Kinos, ein Spa, einen großen Foodcourt und mehr. Abends locken Kulturveranstaltungen und ein Musikbrunnen.

Abends & Nachts

In Patong konzentriert sich das Nachtleben. Zahlreiche Bierbars, Go-go-Bars und Kneipen, zum Teil mit Livemusik, säumen den ›Strip‹ in der Thanon Bangla.

Tanzen bis zum Abwinken – **Illuzion:** 31 Thanon Bangla, Tel. 064-454 49 85, www.illuzionphuket.com, tgl. 21–2 Uhr. In der riesigen, beliebten Disco mitten im Vergnügungsviertel sorgen coole DJs und Tänzerinnen für Stimmung.

Hip-Hop – **Sugar Club:** 70/3 Thanon Bangla, Tel. 098-889 8590, www.sugarclub-phuket.com, tgl. 21–4 Uhr. In dem Klub werden ausschließlich Hip-Hop, R & B und verwandte Musikrichtungen gespielt.

Party satt – **Hollywood Phuket:** 7 Thanon Bangla, Tel. 082-240 96 59, www.facebook.com/hollywoodphuket, tgl. 21–2 Uhr. Ein modernes Videosystem und DJs, die beliebte Hits auflegen, sorgen für ausgelassene Stimmung. Auch Shisha und Billardtische. Viele russische Gäste.

Schöne Scheinwelt – **Simon Cabaret:** 8 Thanon Sirirat, Tel. 087-888 68 88, www.simoncabaretphuket.com. Shows mit opulent kostümierten Transvestiten südlich vom Patong Beach, tgl. 18, 19.30 und 21 Uhr, Eintritt 800–1000 Baht.

Aktiv

Zipline – **Flying Hanuman:** 89/16 Moo 6, Soi Kathu Waterfall, Tel. 081-979 23 32, https://flyinghanuman.com, tgl. 8–17 Uhr. Wer den Dschungel aus einer neuen Perspektive erleben möchte, kann hier an 42 Plattformen durch die Baumwipfel gleiten und klettern. Das große Paket inkl. Transfers kostet 3490 Baht.

Tauchen – Zahlreiche Tauchschulen, auch mit deutschsprachigen Lehrern, bieten Kurse und Tagesausflüge zu den vorgelagerten Riffs an.

Thai-Boxen – **Patong Boxing Stadium Sainamyen:** 2/59 Thanon Sainamyen, Tel. 081-737 71 93, www.boxingstadiumpatong.com. Kämpfe Mo, Do und Sa, Tickets ab 1500 Baht. Wer nicht nur zuschauen will, kann hier für 500 Baht pro Tag Thai-Boxen lernen.

Wellness – Zahlreiche **Resorts** der gehobenen Preisklasse verfügen über einen Wellnessbereich.

Verkehr

Busse: Einfache Busse fahren bis gegen 17 Uhr nach Phuket Town und Smart Busse zum Airport.

Taxis: Verlangen überhöhte Preise. Zum Airport 850 Baht mit Phuket Taximeter, http://phuket-taxi-meter.com. Günstiger fährt man mit Grab.

Karon Beach und Kata Beach

Eine Lagune begrenzt im Norden den 3 km langen **Karon Beach** **6**, der nahtlos in den belebten Kata Beach übergeht. An diesen beiden ungeschützten Stränden weht häufig die rote Fahne, die anzeigt, dass das Baden wegen gefährlicher Strömungen oder hoher Wellen zu gefährlich ist, besonders während der Monsunzeit. Zwischen den von Dünen begrenzten Stränden und dem sumpfigen Hinterland erstrecken sich große Hotels, Einkaufszentren und Apartmentgebäude.

Ko Pu, ein Felsvorsprung am landschaftlich attraktiveren **Kata Beach** 7**,** trennt die beiden Buchten Kata Noi und Kata Yai. Hier absolvieren Tauchnovizen ihre ersten Tauchgänge. Preiswertere Unterkünfte drängen sich in die Lücken zwischen dem alles dominierenden Club Med und den großen teuren Hotels, neben denen sich Restaurants, Bars, Discos, Einkaufszentren sowie Auto- und Motorradvermietungen etabliert haben. Vor allem bei Kindern beliebt ist der **Dino Park** im Zentrum, eine Minigolfanlage mit riesigen Dinosaurierfiguren und einem angenehmen Freiluftrestaurant (Tel. 076-33 06 25, www.dinopark.com).

Übernachten

Vom Feinsten – **The Boathouse Phuket:** 182 Thanon Koktanod, am südlichen Kata Beach und auf dem Hügel, Tel. 076-33 00 15, www.boathouse-phuket.com. 36-Zimmer-Luxushotel direkt am Strand mit gepflegtem Restaurant, Kochschule und Bar mit Livemusik. Auf dem Hügel im modernen Thai-Stil geschmackvoll eingerichtete Villen. €€€

Eine Urlaubswelt für sich – **Le Meridien Phuket:** Relax Bay, nördlich von Karon Beach, Tel. 076-37 01 00, https://bit.ly/3NQs1Iv. Terrassenförmiges großes Strandhotel an einer eigenen Bucht, komfortable, ansprechend gestaltete Zimmer mit Meerblick. Restaurants, Poollandschaft, breites Sportangebot. €€€

Umweltbewusst – **Marina Phuket Resort:** 47 Thanon Karon, Tel. 076-33 06 25, www.marinaphuket.com. Hübsche Bungalows im Thai-Stil auf einer felsigen Landzunge in einem gepflegten Garten unter Palmen neben dem Dino Park. €€€

Thai-Exotik – **Sawasdee Village:** 38 Thanon Katekwan, Tel. 076-33 09 79, www.phuketsawasdee.com. Bungalowanlage mit 40 kleinen, aber feinen Zimmern im Thai-Stil zwischen Skulpturen und Pflanzen an einem Pool sowie Luxusvillen im Thai- und arabischen Stil mit direktem Poolzugang. Restaurant mit Kochschule und Spa. €€€

Essen & Trinken

Skandinavisch – **Viking:** Bougainvillea Terrace House, 86 Thanon Patak, Tel. 082-423 35 60, www.facebook.com/vikingkata, tgl. 8–22 Uhr, kostenloser Abholservice. Etwas versteckt von der Hauptstraße im Hinterland werden leckere dänische Spezialitäten serviert, etwa Frikadeller oder Smorrebrod. €–€€

Originelle Meeresfrüchte – **Kwong Shop Seafood:** 67 Thanon Taina, Tel. 061-219 55 00, tgl. 9.30–23 Uhr. Frisches Seafood, das man selbst aussuchen kann, wird sehr originell vom freundlichen Besitzer serviert. Man sollte sich nicht vom einfachen Ambiente abschrecken lassen. €–€€

Aktiv

Wellness – **Baray Spa:** Im Sawasdee Village, 36 Thanon Katekwan, Tel. 076-33 09 79, www.phuketsawasdee.com, tgl. 10–22 Uhr. Ein fantasievoll gestaltetes Spa bietet dem Besucher das Ambiente aus Tausendundeiner Nacht in Thailand.

Termine

Phuket King's Cup Regatta: Anfang Dez. Die große, fünftägige Segelregatta, https://kingscup.com, mit über 100 Schiffen aus aller Welt findet vor allem zwischen Phuket und Ko Phi Phi statt.

Im Inselsüden ▶B 18

Karte: S. 371

Von Nai Harn bis Chalong

Der Blick auf **Nai Harn Beach** 8 im Süden der Insel ziert so manchen Fremdenverkehrsprospekt. Die malerische Bucht mit feinem, weißen Sand und einer tief ins Land hineinreichenden **Lagune,** deren natürliche Schönheit leider einer zweifelhaften ›Verschönerungsaktion‹ zum Opfer gefallen ist, wird von Felsklippen, Kasuarinen und Kokoshainen umrahmt. Im Hinterland werden zahlreiche Ferienwohnungen und Villen vermietet. Das herausgeputzte, 5-Sterne-Resort The Nai Harn erstreckt sich über den Hang an der westlichen Bucht und dominiert den Strand.

Eine schmale Straße zweigt in Nai Harn östlich der Lagune ab und verläuft in Küstennähe über einen Hügel mit **Windrädern,** von dem aus man eine gute Aussicht genießt. Sie führt weiter hinab zum kleinen **Yanui Beach** und wieder hinauf nach **Laem Phrom Thep** **9**, der felsigen südlichen Inselspitze. Am Aussichtspunkt unterhalb des **Brahma-Schreins** und des **Leuchtturms** trifft man sich abends, um das Farbenspiel beim Sonnenuntergang über dem Meer zu fotografieren.

Richtung Osten führt die Straße hinab zum **Rawai Beach** **10**. Am schmalen, gut geschützten Strand verbringen vor allem einheimische Touristen ihren Urlaub und genießen das gute Seafood. Zum Schnorcheln lohnt ein Ausflug mit einem gecharterten Longtail- oder Schnellboot auf die vorgelagerten Koralleninseln **Ko Hay** (Coral Island) und **Ko Lone.**

In der weiten, seichten **Chalong Bay** **11** nördlich von Ban Rawai, die sich nicht zum Baden eignet, ankern viele Yachten. Hier legen auch die Ausflugsboote zu den vorgelagerten Inseln Ko Racha, Ko Hay, Ko Phi Phi und zu verschiedenen Tauchgründen ab.

Übernachten

Traumhaft – **The Nai Harn:** 23/3 Moo 1, Nai Harn Beach, Tel. 076-38 02 00, www.thenaiharn.com. Der ehemalige Yachtklub am Hang beherbergt heutzutage als Luxushotel großzügige, helle Zimmer, die teuren mit riesiger Terrasse und Meerblick. €€€

Individuell – **Mangosteen Resort & Spa Ayurveda:** 99 Soi Mangosteen, Rawai, Tel. 076-28 93 99, www.mangosteen-phuket.com. Im weitläufigen Garten stehen auf einem Hügel 41 exklusive Villen mit privater Terrasse und weitem Ausblick über das Kap. Rings um das Restaurant hübscher Salzwasserpool, Restaurant, Bar und Spa. €€€

Entspannt – **Friendship Beach Resort:** 27/1 Soi Mittrapap, Rawai, Tel. 076-61 35 80, www.friendshipbeach.com. Häuser mit ein bis zwei Schlafzimmern unter Palmen am Meer. Ein Pool ersetzt den Badestrand, gutes Restaurant, Garten mit Pool und Bar. €€–€€€

Einfach romantisch – **Naiya Beach Bungalow:** 99 Moo 6, Yanui Beach, Tel. 082-645 55 39, www.facebook.com/naiyabeachbungalow. Bambusmatten-Bungalows mit Ventilator

Wat Chalong, reich dekoriert und der wichtigste Tempel auf Phuket

und komfortablere Steinhäuser am Hang unter Bäumen. €€–€€€

Essen & Trinken

Meer genießen – **Nikita's:** Am östlichen Strandende von Rawai, Tel. 063-594 62 24, www.atasteofrawai.info/nikitas, tgl. 10–23 Uhr. Alteingesessenes Restaurant mit Thai-Klassikern, Pizza, Austern und Lobster sowie gut sortierter Bar direkt am Meer unter Bäumen. Ideal für einen entspannten Abend. €€–€€€

Beliebt – **Essensstände:** Entlang der Uferstraße in Rawai. €–€€

Großartig – **Kan Eang Seafood 2:** 9/3 Moo 9, Thanon Chao Fah Tawan Aok, Chalong, Tel. 076-38 13 23, www.facebook.com/phuketkaneang2, tgl. 10–23 Uhr. Riesiges Seafoodrestaurant am Meer, das bei Touristen wie Einheimischen beliebt ist. Fisch, Hummer, Krebse und Garnelen werden teils frisch aus den Tanks zubereitet. Abholservice. €€–€€€

Im Hinterland von Chalong

Im Hinterland, 2,7 km vom Kreisverkehr, zählt **Wat Chalong** 12, ein bedeutender buddhistischer Thai-Tempel, zu den meistbesuchten Ausflugszielen. Neben dem Vihara werden in einem Holzgebäude die Statuen dreier Mönche verehrt. Die heiligen Männer stifteten 1876 während der blutigen Auseinandersetzungen zwischen verfeindeten chinesischen Clans Frieden und heilten Verletzte.

Big Buddha 13

Eine weit größere Attraktion ist der gewaltige meditierende Big Buddha, der weithin sichtbar auf dem **Naga Kerd Hill** sitzt. Er ist über eine 5 km lange Auffahrt zu erreichen, die nördlich vom Chalong-Kreisverkehr vom H 4021 links abzweigt. Vom Parkplatz werden Besucher durch eine große Halle mit Souvenirs geschleust, in denen um Spenden für den weiteren Ausbau der gigantischen Anlage gebeten wird. Treppen führen hinauf zur oberen Plattform, wo die 45 m hohe und 25 m breite, mit weißem Marmor bedeckte Statue von weiteren Buddhas umgeben ist.

Panwa-Halbinsel

Über eine Stichstraße erreicht man die **Makham Bay** 14, in der manchmal Kreuzfahrtschiffe vor Anker liegen. Viele Skipper bevorzugen Chalong und den Yachthafen bei Pak Chit im Nordosten der Insel. Die Stichstraße über die Panwa-Halbinsel endet am **Phuket Marine Biological Research Center & Aquarium** 15, in dem die Unterwasserwelt der Korallenriffe in über 20 Becken und einem Unterwassertunnel greifbar nahe rückt und sich Forscher den vom Aussterben bedrohten Meeresschildkröten widmen (Tel. 076-39 11 26, www.phuketaquarium.org, tgl. 8.30–16.30 Uhr, Eintritt 180 Baht, Busse ab Phuket Town).

Ko Sire und die Ostküste 16

Mangroven umgeben die Insel **Ko Sire** im Südosten von Phuket. Der Rassada-Pier, ein geschäftiger Hafen, erstreckt sich gegenüber der Insel auf Phuket. Ein Besuch des **Wat Ko Sire** auf dem 201 m hohen Berg bietet eine gute Sicht über die Insel, den Hafen und die Stadt. Eine schmale Straße führt vom Tempel auf den Berg hinauf. Umgeben von vielen Buddhastatuen erhebt sich auf seiner Spitze eine Halle mit einem liegenden Buddha und eine Kopie des Goldenen Felsens von Kyaiktiyo im Süden von Myanmar.

Die flach abfallende **Ostküste von Phuket** hält nur wenige touristische Attraktionen für den Reisenden bereit. Zumeist ist das Ufer von Schlick bedeckt und mit Mangroven überwachsen. Einigen Fischfarmen im seichten Wasser sind Seafood-Restaurants angeschlossen, die ab dem Laem-Hin-Pier etwas weiter nördlich zu erreichen sind.

Im Inselinnern ►B 17/18

Karte: S. 371

Phuket Mining Museum 17

Östlich vom Red Mountain Golf Club, Tel. 076-32 21 37, www.museumthailand.com/

th/museum/Phuket-Mining-Museum_2, tgl. 9–16 Uhr, Eintritt 100 Baht

Lohnend ist ein Abstecher zum familienfreundlich gestalteten Museum in einer ehemaligen, zu einem Park umgestalteten Zinnmine. Die Ausstellung in der weitläufigen, restaurierten Villa informiert anhand von lebensgroßen Modellen anschaulich über unterschiedliche Methoden des Zinnbergbaus, die Einwanderung und den Alltag der Kulis und Zinnbarone. Zudem sind interessante historische Fotos von Phuket Town zu sehen. Nach dem Museumsbesuch kann man im Park alte Werkzeuge entdecken.

Thalang National Museum 18

Tel. 076-37 98 95, Mi–So 9–16 Uhr, Eintritt 100 Baht

Der 200. Jahrestag des Kampfes der Frauen gegen das burmesische Heer war Grund für die Eröffnung des kleinen Museums. Darüber hinaus informiert es über die wirtschaftliche Entwicklung, die mit dem Zinnbergbau und der Einwanderung der Chinesen eine positive Wende nahm, und über die Seenomaden. Vom frühen indischen Einfluss zeugt eine Vishnustatue aus dem 9. Jh.

Khao Phra Thaeo Wildlife Park 19

Der Eintritt von 200 Baht gilt am selben Tag für alle Eingänge

Ursprünglich bedeckten den Großteil der Insel tropische Regenwälder, die heute nur noch vereinzelt in Bergregionen zu finden sind. Der 1977 etablierte Park bietet als größtes zusammenhängendes Waldgebiet auf 23 km² eine gute Möglichkeit, die ursprüngliche Fauna und Flora kennen zu lernen. In den Bergen leben noch Gibbons, Languren und Makaken. Sie wird man jedoch bei einer Wanderung ebenso wenig zu Gesicht bekommen wie die nachtaktiven Tiere: das Pangolin und die langsamen Loris. Dafür ist die Chance umso größer, Insekten und einige der 100 Vogelarten zu sehen.

Vom zentralen Highway 402 zweigt in Thalang die 3 km lange Tone Sai Waterfall Road Richtung Osten zum **Tone-Sai-Wasserfall** ab. Sie endet am Park Headquarter vor einem kleinen See, hinter dem der Wasserfall in mehreren Terrassen ins Tal plätschert. Ein Wanderweg lädt zur Erkundung des Waldes ein.

Ein zweiter Eingang zum Park im Norden hinter der UWC International School ist meist unbewacht.

Gibbon Rehabilitation Project 20

Tel. 088-590 97 14, www.gibbonproject.org, Do–So 10.30–11.30, 12.30–13.30 und 14–15 Uhr, Spende oder eine Patenschaft erbeten, auch Freiwilligenarbeit

Eine etwa 1 km lange Zufahrt zum östlichen Eingang des **Khao Phra Taeo Wildlife Park** (Eintritt 200 Baht) zweigt vom Highway H 4027 direkt hinter einem Elefantencamp ab. Am Beginn des 300 m langen Weges durch ein schattiges Tal am Bach entlang zum kleinen **Bang-Pae-Wasserfall** liegt das **Gibbon Rehabilitation Project**. Ziel dieses privat finanzierten Projektes ist es, Gibbons, die als Haustiere in Bars, Hotels und Privathäusern ein klägliches Dasein führten, auszuwildern. Es ist allerdings ein langwieriger Prozess, die Tiere mit dem nötigen Rüstzeug für ein Überleben in der Freiheit auszustatten. Besucher können sich hier informieren und einige Gibbons in Käfigen beobachten.

Ausflugsziele ▶ B 17/18

Tauch- und Schnorcheltouren

Zum Tauchen und Schnorcheln eignen sich die Strände von Phuket kaum, deshalb fahren die meisten Touristen auf die umliegenden Inseln.

Im Rahmen eines Tagesausflugs wird ab Chalong das 21 km südlich von Phuket gelegene beliebte Tauchziel **Ko Racha Yai** angesteuert sowie **Ko Hay** (Coral Island), 6 km vor Rawai, oder **Ko Mai Thon,** 16 km vor Cha-

Seine Berühmtheit verdankt dieser Felsen einem Agenten: 007 – James Bond

long. Auf Ko Racha Yai gibt es auch Unterkünfte und auf Ko Hay ein Resort. Bei längeren Touren sind die Similan-Inseln und der Richelieu Rock, Ko Phi Phi und die Inseln Hin Daeng u. a. südlich von Ko Lanta begehrte Ziele. Viele Korallen haben allerdings unter dem Touristenansturm sowie der Meereserwärmung sichtbar gelitten.

Bootstouren

Beliebt ist die Halbtagesfahrt zum so genannten **James-Bond-Felsen** und durch die **Phang Nga Bay** (s. Aktiv s. S. 380). Ausflugsboote fahren nach Ko Phi Phi.

Mit schönen Stränden und Unterkünften warten die größeren Inseln in der Phang Nga Bay auf. **Ko Yao Noi** wird vom Bang-Rong-Pier aus angefahren.

Aktiv

Tauchen – Zahlreiche Tauchbasen auf Phuket bieten Kurse auch in deutscher Sprache an. Zusätzlich zu ihrem normalen Programm veranstalten sie ein- und mehrtägige Tauchausflüge, zum Teil auch Live-Aboard-Touren. Allerdings sollte man nicht zu viel erwarten, denn an den wenigen guten Riffen rund um die Insel herrscht vor allem in der Urlaubssaison reger Betrieb. **Nautilus Divers:** bei Phuket Surfing, 186/1 Thanon Kata Noi, Kata Beach, Tel. 076-33 02 29, www.nautilusphuket.com. **All4Diving:** 153 Thanon Rat Uthit, Patong, Tel. 076-34 46 11, www.scubadiving-phuket.com. **Sea Bees:** 1/3 Moo 9 Thanon Wiset, Chalong, Tel. 076-38 17 65, www.sea-bees.com.

Bootsverleih – In Phuket können auch Boote gechartert werden.

Bootsfahrten – In der Phang Nga Bay kann man sich auf umgebauten Dschunken gemütlich umherschippern lassen. **June Bahtra:** Tel. 088-809 70 47, www.asian-oasis.com/june-bahtra. **The Junk:** Tel. 081-014 27 48, www.thejunk.com.

Seekajak – Touren mit dem Seekajak gibt es in der Phang Nga Bay in die Hongs um Ko Bileh. **Paddle Asia:** Tel. 081-893 65 58, www.paddleasia.com. **John Gray's Sea Canoe:** Tel. 076-25 45 05, www.johngray-seacanoe.com.

IN DER PHANG NGA BAY

Tour-Infos

Start: Die meisten organisierten Bootstouren starten von den Piers in Ban Tha Dan auf dem Festland hinter dem Büro des Ao Phang Nga Marine National Park und Visitor Center, etwa 10 km westlich der Stadt Phang Nga. Auch von Phuket, Krabi-Stadt und anderen Stränden aus starten Touren.

Dauer: Ganz- und Halbtagsausflüge
Preise: Tages- und Halbtagsausflüge ab Krabi, Phuket und Khao Lak um 3000 Baht inkl. Eintritt National Park. Boote für Rundfahrten können im Nordosten von Phuket in Ao Krung, Ao Por und Bang Rong gechartert werden. Informationen zu Kreuzfahrten und Seekajaks s. S. 379. Eintritt für den James-Bond-Felsen und den Strand von Ko Hong 300 Baht, andere Strände und Inseln kostenlos.

Ein 400 km² großer Teil der seichten Bucht von Phang Nga mit 40 Inseln ist 1981 als Meeresnationalpark unter Schutz gestellt worden. Bizarre Kegelfelsen und Karsttürme ragen bis zu 400 m hoch steil aus dem türkisblauen Meer empor und bilden zusammen mit den von Mangroven umgebenen Inseln eine dramatische Kulisse, vor der die Ausflugsboote kreuzen. Beliebt ist die Halbtagesfahrt durch die Bucht von Phang Nga zum so genannten James-Bond-Felsen, der durch den Film »Der Mann mit dem goldenen Colt« bereits 1974 Berühmtheit erlangte.
Zu Beginn der Tour gleitet das Boot durch die **Mangrovensümpfe** in der Gezeitenzone, die Heimat eigenartiger Schlammspringer. Dann erreicht man **bizzar geformte Inseln.** Das Highlight ist der halbstündige Fotostopp an dem von Souvenirhändlern und Ausflugsbooten umgebenen markanten **James-Bond-Felsen Ko Tapu,** ein schmaler, sich nach unten verjüngender Felsen, der senkrecht aus dem Wasser ragt. Auf Ko Thalu können für eine kurze Paddeltour durch den ausgehöhlten Felsen Kajaks gemietet werden (300 Baht). Am Ende der Tour stoppen einige Boote am **Bilderberg Khao Khian,** wo man an einem Kliff über 3000 Jahre alte Felsmalereien bewundern kann. Kleine Boote können zudem durch die Höhlenpassage **Tham Lot** fahren, von deren Decke Stalaktiten hängen.
Gegen Mittag legen die Ausflugsboote auf **Ko Panyi,** der Flaggeninsel an, wo Tausende von Touristen in riesigen Seafoodrestaurants des muslimischen Fischerdorfs ihr Essen einnehmen. Die 200 Häuser des Dorfes wurden auf Pfählen ins Meer gebaut. Der Name der Insel kommt von einer Fahne, die die Bewohner auf einem Felsvorsprung hissten, als sie vor etwa 200 Jahren aus Malaysia einwanderten. Inzwischen ist der Tourismus neben der Fischerei ihre Haupteinnahmequelle.
Ein unvergleichliches, aber relativ teures Erlebnis sind Touren zu den Felsen der Phang-Nga-Bucht mit **Seekajaks.** John Gray's Sea Canoe war der erste Veranstalter, mittlerweile operieren zahllose andere mit insgesamt über 200 Booten, sodass es zu bestimmten Zeiten in der Hochsaison fast wie auf den schwimmenden Märkten zugeht. Die langen Strecken werden auf einem größeren Boot zurückgelegt, das die seefesten Kanus für die Ausflüge mitführt. In jedem aufblasbaren Kanu sitzen zwei Passagiere, die von einem Führer gepaddelt werden. Es geht um malerische Inseln herum und durch Höhlen hindurch.
Höhepunkte sind Fahrten in die Hongs, natürliche Lagunen, die von hohen, üppig bewachsenen Felswänden völlig umschlossen sind. Nur zu einem ganz bestimmten Zeitpunkt zwischen Ebbe und Flut kann man für kurze Dauer mit den Kanus durch enge Höhlen in diese unberührten Naturwunder eindringen. Beliebt sind die große Höhle auf **Ko Phanak** und die kleine **Ko Hong.** Ihr Inneres ist ausgewaschen und bildet eine von hohen Felsen umgebene Lagune, die nur durch eine schmale Zufahrt zugänglich ist.
Durch den Monsunregen und die Auswaschungen des Meeres entstehen in dieser Region immer neue Höhlen bzw. verschwinden, wenn ihr Dach zusammenbricht. Die steilen Wände der Kalkfelsen bedecken auch endemische Pflanzen, die in einem ungewöhnlichen klimatischen Umfeld gedeihen. Sie müssen nicht nur mit wenig Wasser, sondern auch in extremer Sonne oder in permanentem Schatten überleben. Hingegen sind die dem Gezeitenwechsel ausgesetzten Uferzonen mit Mangroven bewachsen.

Entlang der Andamanenküste

Bunte Hochglanzprospekte versprechen Touristenparadiese mit herrlichen Stränden, imposanten Bergen und eindrucksvollen Wasserfällen: Auf den verführerischen Bildern locken palmengesäumte Sandstrände und vor dem Hintergrund der türkisblauen Andamanensee tummeln sich Taucher inmitten von Schwärmen vielfarbiger Korallenfische. Durch eine Inselwelt aus bizarren Felsformationen, die chinesischen Tuschzeichnungen entstammen könnten, gleitet ein einsames Segelboot.

Die landschaftlich schönsten Küstenabschnitte sind ebenso wie zahlreiche vorgelagerte Inseln touristisch sehr gut entwickelt. Einige waren zuvor unbewohnt, andere von muslimischen Fischern, von Morgan oder Chao Lee besiedelt. Diese einstigen Seenomaden zogen nachweislich bereits seit 3000 Jahren durch diese Region, wurden aber erst in jüngster Zeit sesshaft und ließen sich in kleinen Siedlungen nieder. Sie gehören zu der protomalaiischen Bevölkerungsgruppe, sind bis heute größtenteils Animisten und haben ihre eigene Sprache und Kultur beibehalten. Ihren Lebensunterhalt bestreiten sie recht mühsam mit dem Fischen, dem Anbau von Kokospalmen, Reis und Gemüse sowie dem Verkauf von Muscheln an Touristen.

Eine Gebirgskette, die sich auf dem Festland Richtung Norden fortsetzt, isolierte bis in die jüngste Vergangenheit die Westküste von den Hauptverkehrswegen Richtung Bangkok. Die traditionellen Handelswege führten über das Meer nach Penang und bis nach Indien. Bereits in der Zeit vom 7. bis zum 9. Jh. schürften indische Auswanderer in Takua Pa Zinn und betrieben einen regen Handel mit Indien und China. Die reichen Erzvorkommen, die im Tagebau gefördert wurden, lockten vom 17. bis zum 19. Jh. auch zahlreiche chinesische Einwanderer ins Land. Neben der Zinngewinnung, die in den 1990er-Jahren eingestellt worden war, trug der erst Anfang des vergangenen Jahrhunderts eingeführte Gummibaum dazu bei, dass der tropische Süden im 20. Jh. zunehmend an wirtschaftlicher Bedeutung gewann und in den Fokus der Zentralregierung geriet. Noch heute prägen Kautschukplantagen das Landschaftsbild. Eine Rolle spielen daneben die Fisch-, Garnelen- und Perlenzucht sowie der Anbau von Kokos- und Ölpalmen. Zu einem immer wichtigeren Wirtschaftsfaktor entwickelte sich inzwischen der Tourismus.

Im Umfeld der Urlauberinsel Phuket belebten Tagesausflügler schon sehr früh die Bucht von Phang Nga und das einstige Travellerparadies Ko Phi Phi. Erst später wurde der Geheimtipp Krabi mit seinen von Karstfelsen umrahmten Stränden wie auch die Insel Lanta zu einem Ziel für Individual- wie Pauschalurlauber ausgebaut. Die ersten Tauchbasen hatten sich schon früh auf Phuket etabliert. Doch die Similan-Inseln, früher eines der weltweit schönsten Tauchreviere, und weitere vorgelagerte Riffe und Wracks blieben noch in den 1980er-Jahren einigen wenigen Tauchsportenthusiasten vorbehalten, die die lange und etwas mühsame Anreise nicht scheuten.

Mittlerweile hat sich das Tauchen zu einem regelrechten Massensport entwickelt. Und so bieten Tauchbasen komfortable Live-Aboard-Touren nicht nur zu den Similan-Inseln an,

Ranong

Sehenswert

1 Khao Nives
2 Renovierter Holzpalast von König Rama IV.

Übernachten

1 The Hidden Resort & Restaurant
2 The B Ranong Trend Hotel

Aktiv

1 Mineralquellen

Ranong ▶ C15

Cityplan: S. 383
In früheren Zeiten lockte der profitable Blei- und Zinnabbau viele chinesische Kulis und Händler an, die sich rings um den Hafen an der Flussmündung niederließen. Nachdem die Minen erschöpft waren und sich das Nachbarland Myanmar am jenseitigen Flussufer jahrzehntelang von der Außenwelt abschottete, verfiel die Provinzstadt abseits der Hauptverkehrswege in einen Dornröschenschlaf. Mittlerweile ist der Tourismus auch hier angekommen und hat begonnen, die Stadt zu neuem Leben zu erwecken. Jeden Morgen bringen Fähren Backpacker auf die vorgelagerten Inseln **Ko Chang** und **Ko Phayam.** Auch der Grenzübergang nach

Myanmar ist für Ausländer geöffnet (s. auch S. 232).

Sehenswertes

Wer etwas mehr Zeit hat, kann am Fuß des Aussichtsbergs **Khao Nives** 1 den renovierten **Holzpalast von König Rama IV.** 2 besichtigen.

Vor allem einheimische Besucher genießen ein Bad in den **heißen Mineralquellen** 1 östlich des Zentrums und im Anschluss daran eine ausgezeichnete Massage im **Namnong Hot Spa** (Tel. 095-391 66 93). Danach finden sie sich auch gerne zu einem Picknick jenseits der Hängebrücke am Flussufer ein.

Übernachten

Kleines Juwel – **The Hidden Resort & Restaurant** 1**:** 145/94 Moo 4, Bang Norn, nordöstlich der Stadt, Tel. 099-407 47 07, www.facebook.com/thehiddenresort. Das stilvolle Resort inmitten viel Grün an einem klaren Bergbach eignet sich bestens zum Entspannen. Mit acht Bungalows und Pool. Das gute Restaurant (Do–Di 9–21 Uhr) steht auch externen Gästen offen. €€–€€€

Bunt – **The B Ranong Trend Hotel** 2**:** 295/2 Thanon Ruang Rat, Tel. 077-82 31 11, www.facebook.com/thebranong. Kleines, buntes Stadthotel mit Pool auf dem Dach und gut ausgestatteten, aber etwas abgewohnten Zimmern. €–€€

Verkehr

Flüge: Vom kleinen Airport mit Air Asia (www.airasia.com) und Nok Air (www.nokair.com) nach Bangkok (Don Mueang).

Schiffe: Abhängig von den Gezeiten und dem Bedarf legen von verschiedenen Piers außerhalb des Zentrums Schiffe nach Ko Phayam (30 Min.–2 Std.), Ko Chang (45 Min.–2 Std.) und Myanmar ab. Tickets inkl. Transfer zum Hafen gibt es in der Stadt.

Busse: 10x tgl. nach Bangkok (8–9 Std.), 6x tgl. nach Phuket (5 Std.), Minibusse stdl. bis 16 Uhr nach Surat Thani (4 Std.) und bis 17.30 Uhr stdl. nach Chumphon (2 Std.).

Khao Sok National Park

▶ B/C 16

Karte: S. 385

Eintritt National Park 300 Baht

Die beiden für Besucher zugänglichen kleinen Bereiche des 739 km² großen Nationalparks könnten kaum unterschiedlicher sein: Im Westen laden Pfade durch tropischen Regenwald zum Wandern und kühle Dschungelflüsse sowie Wasserfälle zu einem erfrischenden Bad ein. Etwa 65 km weiter östlich beeindruckt bei Bootstouren auf dem riesigen Chiew-Lan-Stausee eine bizarre geflutete Karstlandschaft mit bis zu 300 m senkrecht aufragenden Felswänden. Es empfiehlt sich, Wochenenden wegen des größeren Besucherandrangs zu meiden.

Wandern

Die Dschungelpfade locken eher westliche Touristen an, die an der Zufahrtstraße in individuell gestalteten Gästehäusern oder kleinen Resorts übernachten. Auch Bars, Restaurants und Reisebüros haben sich auf diese Zielgruppe eingestellt. Guides stehen zur Verfügung, die Interessierte zur **Rafflesia,** der größten Blüte der Welt, führen. Sie begleiten auch Wanderer bei bis zu zweitägigen Touren oder auf dem steilen, 4 km langen Pfad zum **Sip-et-Chan-Wasserfall.** Leicht und auf eigene Faust zu erreichen ist der 3 km vom Besucherzentrum entfernte **Bang-Hua-Raed-Wasserfall.** Wem die Badeplätze an den kleinen Wasserfällen nicht ausreichen, steigt in den **Sok River** oder lässt sich darauf in Autoreifen, Kanus oder Schlauchbooten treiben.

Chiew-Lan-Stausee

Hingegen ist der Stausee ein beliebtes Ziel einheimischer Reisegruppen. Die vom Militär geschützte Zufahrtsstraße zum hohen **Ratchaprapa-Staudamm** ist in eine weitläufige künstliche Parklandschaft mit Tagungszentrum eingebettet. Zum Übernachten laden große schwimmende Resorts in abgelegenen Buchten ein. Individualreisende werden mit Minibussen direkt zum **Chiew Lan Pier** gebracht, wo Longtailboote ablegen. Lohnend ist eine Halbtagestour zu den drei pittoresken Felseninseln **Khao Sam Kloe** (Drei Freunde), dem Wahrzeichen des Parks, und zur **Tham Pakarang** (Coral Cave), die eine einstündige Dschungelwanderung über eine Landbrücke und eine Fahrt mit dem Bambusfloß einschließt. Auch einige weitere Höhlen können angefahren werden.

Übernachten

Für Gartenfreunde – **Las Orquideas Resort:** 343 Moo 6, Thanon Klong Sok, Tel. 065-058 21 11, www.khaosokloresort.com. Gepflegtes kleines Resort an der Zufahrtsstraße, ca. 1 km vom Nationalparkeingang am Hang, mit sieben komfortablen und soliden Häusern mit je einem Zimmer und großer Terrasse, umgeben von Orchideen und Farnen, auch Familienzimmer. Kleiner Pool. €€

Einmalig – **Elephant Hills:** 170 Moo 7, Khlong Sok, Tel. 052-00 11 86, www.elephanthills.com. Bei den hochpreisigen zwei- oder dreitägigen Touren übernachten Gäste in 35 luxuriösen Zelten des **Safaricamps** mit Pool oder in den schwimmenden Unterkünften des **Rainforest Camps** (http://rainforestcamp.com) auf dem See. Auch ein Sozialprojekt. €€€

Verkehr

Busse: Die Busse von Surat Thani nach Phuket halten an der Abzweigung, 1,3 km südlich des Nationalparkeingangs. Minibusse ab Phuket, Khao Lak, Surat Thani und anderen Zielen fahren bis zum Parkeingang. Zum See kommt man nur mit einem gemieteten Fahrzeug oder im Rahmen einer Tour.

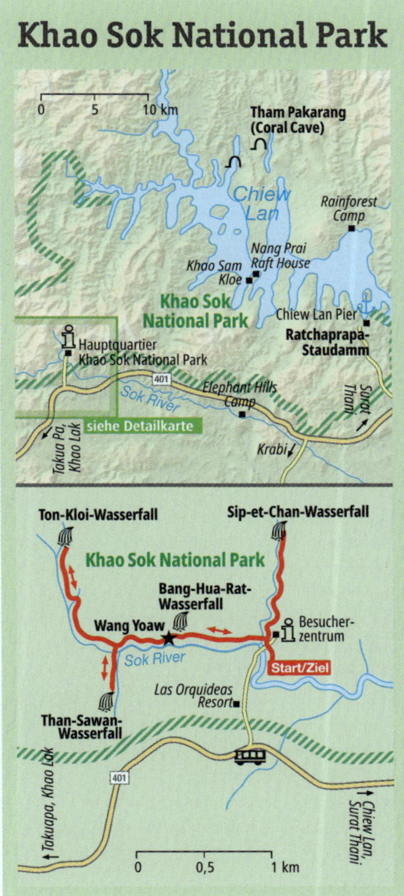

Ko Surin und Ko Similan ▶ A/B 16, A 17

Marine National Park, geöffnet von Mitte Okt.–Mitte Mai, Eintritt 500 Baht, Taucher zahlen pro Tag 200 Baht extra

Rings um die nur von Seenomaden bewohnten **Surin-Inseln** und die unbewohnte Gruppe der **Similan-Inseln**, 180 km bzw. 100 km nordwestlich von Phuket, erstrecken sich einige der besten Tauchgebiete des Landes. Die neun Similan-Inseln und zwei weitere wurden ebenso wie die Surin-Inseln unter Naturschutz gestellt, um der Zerstörung der Korallenriffe durch Dynamitfischen und dem Überfischen durch Trawler mit riesigen Schleppnetzen Einhalt zu gebieten. Dafür kam mit dem Tourismus eine neue Gefährdung für die Natur. Vor allem in der Hochsaison brettert eine Armada an Schnellbooten übers Meer und entlädt Tausende von Touristen mit und ohne Schwimmwesten an den Riffen und Stränden. Segler, Taucher und Sightseeingtouristen zerstören mit den Ankern ihrer Boote und den Flossen Ungeübter die Riffe, werfen ihre Abfälle achtlos über Bord oder lassen sie am Strand zurück.

Zum Baden, Kajakfahren und Schnorcheln legen Ausflugsboote an den Stränden der großen **Ko Surin Nua** an. Zum Tauchen ankern sie vor kleinen Felseninseln wie dem **Richelieu Rock,** der mit wunderbaren Weichkorallen bewachsen ist.

Die kleinen **Similan-Inseln** mit ihren Korallenriffen, die bereits in 2 m Tiefe beginnen, bieten bei Sichtweiten von über 30 m optimale Bedingungen zum Tauchen ebenso wie zum Schnorcheln. Neben Korallenfischen, die diese Welt beleben, ziehen große Fische wie Mantas, Rochen und Haie vorbei. Am weißen Sandstrand von Ao Kuerk auf Ko Similan (Nr. 8), der größten **Insel,** dürfen Besucher an Land gehen. Hier befindet sich eine **Rangerstation.**

Die eindrucksvollen Felsformationen, wie beispielsweise der ›Elefantenkopf‹ von Ko **Hin Pousar** (Nr. 7), 2 km südwestlich der Insel Nr. 8, sind vulkanischen Ursprungs. Vor über 200 Mio. Jahren trat Magma durch das Sedimentgestein an die Oberfläche, erkaltete und bekam Risse. Im Laufe der Jahrmillionen wurden die Granitfelsen vom Regen ausgewaschen und von Wind und Wetter glatt geschliffen, sodass von der Natur geformte riesige Skulpturen entstanden.

Verkehr & Übernachten

Von November bis April, wenn das Meer ruhig ist, werden von Phuket und Khao Lak ein- bis mehrtägige Tauchausflüge und Touren nach Similan und Surin für 3000–4000 Baht organisiert. Zudem fahren Boote ab Thap Lamu in 1,5 Std. nach Similan und ab Kuraburi Pier in 50 Min. auf die Surin-Inseln. Auf Ko Surin Nua kann man am Ao Mai Ngam und Ao Chong Khad campen. Die Zelte und Bungalows der Nationalparkverwaltung bei der Rangerstation auf Ko Meang im Ko Similan National Park sind meist ausgebucht (€–€€).

Khao Lak ▶ B 17

Am 26. Dezember 2004 rückten die Strände von Khao Lak und Ko Phi Phi schlagartig in den Fokus der Weltöffentlichkeit. An jenem Morgen, als drei bis zu 10 m hohe Riesenwellen die Küste überrollten, waren alle Resorts und Bungalowanlagen mit Urlaubern bis auf das letzte Bett belegt. Es war Hochsaison. In keiner anderen der vom Tsunami zerstörten Region waren so viele Gäste aus aller Welt betroffen.

Am 12 km langen **Sandstrand von Khao Lak** ist von alldem schon längst nichts mehr zu sehen. Bäume wurden gepflanzt und beschädigte Resorts wieder aufgebaut. Viele Bungalowanlagen mussten großen, teuren Resorts weichen. Die vierspurig ausgebaute Fernstraße durch das Hinterland säumen nun zwei- bis dreistöckige Reihenhäuser. Jenseits der Straße am Fuß der Bergkette steht als beeindruckendes Mahnmal im **Police Boat T813 Park** ein Polizeiboot, das durch die Tsunami-Welle den Ban-Niang-Fluss hinauf bis ins Hinterland getragen worden ist. Zudem erinnern ein **Tsunami Memorial** und ein überteuertes **Tsunami Museum** (tgl. 10–17 Uhr, Eintritt 300 Baht) an die Opfer. Ein Überwachungssystem soll nun gewährleisten, dass alle Menschen rechtzeitig vor eventuellen Tsunamis gewarnt und evakuiert werden.

Mehrere Strände von unterschiedlichem Charakter erstrecken sich entlang der Küste. Im Süden, am dicht bebauten **Sunset Beach,** dominieren die großen Resorts. Daran grenzen im Norden die über 2 km langen Strände **Nang Thon** und **Bang Niang** mit vielen Resorts sowie Geschäften, Tauchbasen und Restaurants im Hinterland. Nach der Zerstörung des vorgelagerten Korallenriffs durch den Tsunami wird dieser Strandabschnitt zunehmend abgetragen und musste durch eine Steinmauer befestigt werden. Nördlich der Lagune breiten sich zwei große Ferienanlagen am Strand nahe dem **Busbahnhof** und **Ban Khuk Khak** aus. Danach führen Stichstraßen zu kleineren Buchten mit weißen Sandstränden und weiteren Bungalowanlagen.

Übernachten

Am zentralen Strand – **La Vela Khao Lak:** 98/9 Moo 5, Tel. 076-42 85 55, www.lavelakhaolak.com. Stilvoll eingerichtete, großzügige Zimmer teils mit direktem Zugang zur weitläufigen Poollandschaft. Gutes Frühstücksbüffet. €€–€€€

Großzügiges Urlaubshotel – **Khaolak Orchid Beach Hotel:** 61 Moo 3, Khuk Khak, Tel. 076-48 61 41, www.khaolakorchid.com. Am kilometerlangen Sandstrand in ruhiger Lage gelegenes dreistöckiges Hotel mit 76 hellen, geräumigen Zimmern, großem Pool und vielen Liegen auf einer Wiese und am Strand. Einige Restaurants und Bars an der Zufahrtstraße. €€–€€€

Stimmige Preise – **Nang Thong Bay Resort:** Nang Tong Beach, Tel. 076-48 50 88, www.nangthong.com. Am Strand und am Pool stehen in einer Gartenanlage 25 Bungalows mit luftigen Bädern, jenseits der ruhigen Straße Häuser mit 30 Zimmern und 24 Apartments, davon zwei für Familien. €–€€€

Gut betreut – **Lake View Bungalows:** 56/1 Soi Don Tung, Tel. 087-890 73 07, www.lakeviewbungalows.com. Auf einem weitläufigen gepflegten Grundstück unter Palmen am See liegt 900 m abseits vom Strand die kleine Bungalowanlage von Karl und Mon, die ihre Gäste auch mit guter Küche umsorgen. Solide Häuser mit Holzmöbeln und teils großen Terrassen, sehr ruhig. €–€€

Aktiv

Berg- und Bootstouren – Fahrten in die dschungelbedeckte Bergwelt im Hinterland, u. a. zum Khao Sok National Park, werden von verschiedenen Veranstaltern angeboten, ebenso Bootsausflüge. Touren auf Deutsch organisiert **Holiday Service Khao Lak:** 17/18 Moo 2, Lam Kean, südlich der Strände am Highway H 4, Tel. 080-013 39 79, www.holiday-service-khaolak.com.

Mountainbike-Touren – **Green Biking Club:** 31/19 Moo 5, Bang Niang, Tel. 088-751 14 35, www.greenbikingclub.com. Touren unterschiedlicher Schwierigkeitsgrade durch das Hinterland von Khao Lak, auch mit deutschsprachiger Leitung.

Tauchen – Zahlreiche Tauchanbieter offerieren Kurse und Ausflüge zu Tauchplätzen rings um die vorgelagerten Surin- und Similan-Inseln sowie zu weiter entfernten Zielen. Viele Tauchgebiete haben in den letzten Jahren an Attraktivität eingebüßt, vor allem durch die Korallenbleiche.

Umweltverträgliche Touren – **Andaman Discoveries:** Tel. 087-917 71 65, www.andamandiscoveries.com. Hervorgegangen aus einer nach dem Tsunami gegründeten Hilfsorganisation unterstützt man weiterhin die betroffenen Dorfbewohner mit Touren, Homestays und Freiwilligenarbeit.

Verkehr

Busse: Khao Lak liegt an der Strecke zwischen Phuket und Ranong bzw. Surat Thani.

Ko Phi Phi ▶ C 18

Karte: S. 388

Jeden Morgen nehmen mehrere große Fähren von Phuket oder Krabi Kurs auf die Schwesterinseln, die auf halbem Weg zwischen den beiden Urlaubsparadiesen liegen. Die Hauptinsel **Ko Phi Phi Don**, hat sich zu einem bedeutenden Touristenzentrum entwickelt. Ihre langen, von Palmen gesäumten Sandstrände, die von bizarren, von Dschungel bedeckten Kalkfelsen umrahmt werden, lassen den Südseetraum greifbar naherücken. Die fotogenen Kulissen haben allerdings dazu beigetragen, dass Phi Phi unter den Touristenmassen stark leidet, ja geradezu erdrückt wird.

Ko Phi Phi Don

Der Tsunami verwüstete 2004 Teile des Inselzentrums zwischen dem Pier in der **Ao Ton Sai** und der **Ao Lo Dalam** (Back Bay) mit dem Dorf **Ban Laem Trong.** Die neue dichtere Bebauung mit Ladenzeilen und Resorts nahm wenig Rücksicht auf das fragile ökologische Gleichgewicht der Insel. Zu den Gästen der zahllosen Unterkünfte gesellen sich in der Saison Tausende von Tagesausflüglern, die mittags in den Restaurants des Ortes verköstigt werden.

Viele Bars säumen die beiden zentralen Strände, und das laute Wummern der Bässe klingt während der großen Beachpartys bis in die frühen Morgenstunden durchs Dorf. Der als Biotop ausgewiesene Park erweist sich als stinkende biologische Kläranlage, die nur einen geringen Teil der Abwässer fassen kann. Es lohnt sich, 20 Minuten zum östlichen **Aussichtspunkt** **1** hinaufzusteigen. Von oben eröffnet sich ein grandioses Panorama über das Meer und die gegenüberliegenden bewaldeten Felsformationen. Diese sind mit der Hauptinsel durch die schmale, von zwei sichelförmigen weißen Stränden eingerahmte, völlig zugebaute Landenge verbunden.

Ruhesuchende ziehen sich an die kleinen Strände entlang der Ostküste und Nordspitze der Insel zurück.

Bootsausflug

Auf dem Programm der allermeisten Touristen steht eine Sightseeingtour mit einem der zahlreich in der Ao Ton Sai verankerten Schnellboote.Die kleinere Schwesterinsel **Ko Phi Phi Le** lockt mit einmaligen Landschaften und spektakulären Felsformationen, die steil aus dem Meer emporragen. Den ganzen Tag über legen die Ausflugsboote vor der **Viking Cave** 2 an. Die Höhle selbst darf allerdings nicht mehr besichtigt werden. Ihr Name soll sich von den angeblich ›prähistorischen‹ Zeichnungen der Wikingerschiffe rechts vom Haupteingang herleiten, die diese frühen Weltenbummler hinterlassen haben sollen.

Im tief eingeschnittenen Fjord der **Pi Leh Bay** 3 auf der Rückseite der Insel sind im spiegelglatten, türkisgrün schimmernden Wasser die Korallen auf dem Meeresgrund zu erkennen. Das Highlight ist ein Besuch der **Maya Bay** 4, die als Drehort für den Spielfilm »The Beach« diente. Entsprechend ist es am puderweißen Sandstrand alles andere als einsam und man sollte überlegen, ob man mit seinem Besuch zur weiteren Zerstörung dieses fragilen Ökosystems beitragen möchte. Zur Regeneration wird die Bucht von Juni bis September, manchmal auch für längere Zeiträume, geschlossen, ansonsten Nationalpark-Eintritt 400 Baht.

Auf dem 4 km nördlich gelegenen Nebeninselchen **Ko Mai Phai** 5, auch Bamboo Island genannt, treffen sich Schnorchelausflügler zu einer Rast unter den Kasuarinen am langen schneeweißen Sandstrand. Anders als ihr Name vermuten ließe, ist die Insel überwiegend von Kasuarinen und Kokospalmen bedeckt (Eintritt National Park 400 Baht).

Übernachten

Luxus pur – **Zeavola:** Hat Laem Thong, Tel. 075-62 70 00, www.zeavola.com. Luxusresort mit 52 Suiten und Villen unter Palmen, Swimmingpool, Sauna, Spa, Fitnesscenter, Tauchschule und anderen Wassersportmöglichkeiten sowie Restaurants und Bar. Auch Kochkurse. €€€

Exklusiv – **SAii Phi Phi Island Village Resort:** Ao Lo Ba Kao, Tel. 075-62 89 00, www.saiiresorts.com/phiphiisland. Einzige Anlage an hübschem Strand mit 201 klimatisierten, großzügigen Balkonzimmern in Häusern mit hohen Dächern, toller Pool, Restaurant, drei Bars, Spa und Kino. Ausflugsmöglichkeiten, Wassersportangebote und Tauchkurse. €€€

Naturnah entspannen – **Phi Phi Relax Beach Resort:** Ao Pak Nam, Tel. 085-911 81 69, www.phiphirelaxresort.com. 47 Häuser aus Naturmaterialien unterschiedlicher Ausstattung und Größe an einem kleinen Strand mit Ventilator und kalter Dusche. Strandrestaurant. Mit dem Boot oder zu Fuß über den View Point zu erreichen. €€–€€€

Sandstrand vor der Tür – **Paradise Resort:** Hat Yao, Tel. 081-968 39 89, www.paradiseresort.co.th. In einem zweistöckigen Neubau Zimmer mit Balkon sowie Bungalows und eine Villa direkt am Strand. Nettes Restaurant mit Terrasse. Auslegerboote zum Hauptpier, zudem ein Fußweg entlang der Küste. €€€

Aktiv

Tauchen – Taucher fahren bevorzugt zu den steil abfallenden Küstenstreifen südlich der Hauptinsel, vor die Küste von Phi Phi Le und zu weiter entfernten Tauchgebieten.

Verkehr

Schiffe: Den ganzen Tag über verkehren Fähren ab Phuket, Ko Lanta und Krabi nach Ko Phi Phi Don (1,5–4 Std.).

Krabi ▸ C 18

Cityplan: s. S. 392

Erst in jüngerer Vergangenheit haben Archäologen mit der Erforschung der Höhlen

In Krabi geht es hoch hinaus:
Die steilen Kalkfelsen am Ao Nang sind eine Herausforderung für Kletterer

in den Karstfelsen rings um Krabi begonnen. Im Nordwesten der Provinz bei Ao Luk entdeckten sie Steinwerkzeuge, Schmuck, Knochenreste und prähistorische Höhlenmalereien. Die Funde lassen darauf schließen, dass dieses Gebiet bereits in früher Zeit von Menschen besiedelt war. Ausgrabungen förderten zudem verschiedene Gegenstände aus der chinesischen Han-Dynastie zutage. Demzufolge müsste sich hier schon im 7. und 8. Jh. ein bedeutendes Handelszentrum befunden haben. Bereits zu jener Zeit wurden die Nester von Salanganen, der in Felswänden brütenden Vögel, als ›das weiße Gold‹ in China hoch gehandelt.

Krabi Town

Die geruhsame Provinzhauptstadt mit etwa 33 000 Einwohnern im Mündungsgebiet des Krabi River wird zunehmend beliebter bei Urlaubern, denen die Strände zu teuer geworden sind. Lohnend ist ein Bummel durch das **alte Zentrum** und auf der mit Skulpturen verschönerten **Uferpromenade** bis zum **Stadtpark** und zu einem traditionellen muslimischen **Fischerdorf.** Am Pier können Boote für eine Tour durch die Mangroven auf der gegenüber liegenden Flussseite gemietet werden.

Einen großen Teil der Küstenlandschaft im von den Gezeiten beeinflussten Mündungs-

gebiet des Krabi und Chilat River rings um die Stadt und weiter im Norden entlang der Küste bedecken **Mangrovensümpfe,** die von bis zu 200 m hohen Karstfelsen überragt werden. Während einer Tour mit dem Longtailboot oder Kajak kann man Otter, Affen und zahlreiche Vogelarten beobachten.

Nopparat Thara Beach

Der lange **Nopparat Thara Beach,** 18 km nordwestlich von Krabi Town, ist vor allem bei Einheimischen zum Picknicken beliebt. Die Mangroven im Hinterland und einige vorgelagerte, von Korallenriffen umgebene Inseln wurden zum 388 km² großen **Hat Nopparat Thara-Mu Ko Phi Phi National Park** erklärt (Eintritt 400 Baht). Unter den schattenspendenden Kasuarinen am langen Sandstrand, an dem sich auch das Headquarter des Nationalparks befindet, geht es geruhsamer zu als an den südlich benachbarten beliebten Badestränden.

Wer sich in ruhigere Resorts zurückziehen möchte, findet gute Alternativen auch westlich am **Klong Muang Beach** und an weiteren Stränden. Im türkisblauen, warmen Meer kann man hervorragend schwimmen, schnorcheln und tauchen.

Ao Nang und Ao Ton Sai

Der für den Pauschaltourismus entwickelte Strand von Ao Nang bietet das breiteste Angebot an Hotels, Restaurants und Wassersportmöglichkeiten. Hier starten ständig Boote zur **Ao Ton Sai**, zum **Rai Leh West Beach** und **Phra Nang Beach,** 2 km weiter südlich, sowie zu den vorgelagerten Inseln. Die Sandstrände liegen in malerischen Buchten, die fast vollständig von steilen Felsen umrahmt werden, Resorts und Bungalowanlagen im Schatten der Kokospalmen sind nur mit dem Boot zu erreichen. Die reizvolle Landschaft lockt seit Mitte der 1980er-Jahre immer mehr Touristen nach Krabi.

Die steilen Kalkfelsen fordern professionelle Kletterer heraus, eignen sich aber auch für Anfänger, die unter fachlicher Anleitung, gut angeseilt, an den senkrecht aufragenden Felsen und Überhängen in der **Ao Ton Sai** ihre ersten Kletterversuche unternehmen. Dorthin gelangt man von **Rai Leh West** mit dem Boot oder über die Felsen am Meer entlang sowie auf einem etwa halbstündigen Wanderweg von **Rai Leh East** durchs Hinterland. Ein weiterer steiler, ausgeschilderter Pfad führt hinauf zum **East Railway Viewpoint** und eine Abzweigung auf halber Höhe steil hinab zum tiefen Felsenkessel in die **Phra Nang Lagoon**.

In der Urlaubssaison treffen auch zahlreiche Tagesausflügler mit Longtailbooten am Phra Nang Beach ein, um die große

Krabi und Umgebung

Sehenswert
1 Tham Phra Nang
2 Susan Hoi
3 Wat Tham Seua

Übernachten
1 Aonang Princeville Resort
2 Ao Nang Villa

4 Rayavadee Resort
5 Railay Bay Resort & Spa
6 Railay Garden View Resort
7 The 9th House
8 Koh Jum Oon Lee Bungalows
9 Koyao Island Resort

Essen & Trinken
1 Wanna's Place
2 The Last Fisherman
3 Non Joke Restaurant
4 Nachtmarkt

Aktiv
1 Real Rocks Climbing School
2 Kon-Tiki
3 The Dive Ao Nang
4 Sea Kayak Krabi

Tham Phra Nang 1, eine Felsenhöhle direkt am Strand, zu besichtigen und im Meer zu baden.

Susan Hoi 2

Gerne unternehmen einheimische Touristen einen Ausflug zum Muschelfriedhof **Susan Hoi** bei Ban Laem Po, 8 km östlich von Ao Nang. Es ist kaum zu glauben, dass diese wenig spektakulären, weißen Schollen aus 75 Mio. Jahre alten Fossilienablagerungen bestehen. Die beiden Fundstellen und

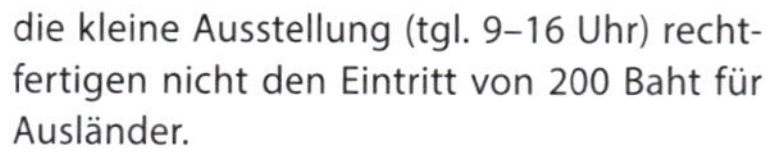

die kleine Ausstellung (tgl. 9–16 Uhr) rechtfertigen nicht den Eintritt von 200 Baht für Ausländer.

Wat Tham Seua

Während eines Badeurlaubs bietet der Besuch des Höhlenklosters **Wat Tham Seua** 3 (Tigerhöhlentempel) nördlich von Ban Talad Kao (Krabi Junction) eine willkommene Abwechslung zum Strandleben. Innerhalb der großen, teils in den Felsen hineingebauten Gebetshalle des Haupttempels führt eine Passage weiter in den Berg hinein zu ei-

ner Meditationshöhle, in der einst ein Tiger gelebt haben soll.

Nahe der Kuan Yin Pagode beginnt der Aufstieg über 1237, teils steile Stufen zum **goldenen Buddha** auf dem Gipfel des Khao Kaeo. Möglichst unternimmt man ihn am noch kühleren Vormittag, auch gutes Schuhwerk ist ratsam, da die Stufen glatt sein können. Das **Vipassana-Meditationszentrum** im Kiriwong Valley, das von hohen Karstfelsen umrahmt wird, ist über einen breiten Treppenaufgang zu erreichen. Mönche ziehen sich zur Meditation in kleine Hütten und Höhlen zurück, die schon zu prähistorischer Zeit bewohnt waren. Auf Wanderpfaden durch einen herrlichen Wald an Bächen entlang gelangt man zu schönen alten Tropenbäumen mit eindrucksvollen Brettwurzeln.

Inseln in der Phang Nga Bay

Als Alternative zu den beliebten Festlandstränden vor der dramatischen Felsenkulisse bieten sich Unterkünfte auf den vorgelagerten großen Inseln an. Im Westen, am Rand des Ao Phang-Nga Marine National Parks (s. S. 380), liegen **Ko Yao Yai** und die idyllische Schwesterinsel **Ko Yao Noi** mit attraktiven Resorts an der Ostküste. Die beiden Inseln werden von Longtailbooten vom Tha Lane Pier, 27 km nordwestlich von Krabi, angefahren.

Romantikern sei eine abendliche Bootstour pünktlich zum Sonnenuntergang empfohlen. Auch Seekajak-Veranstalter aus Phuket kommen hierher, um bei richtigem Wasserstand durch schmale Tunnel zu den von Felswänden umschlossenen Lagunen, den **Hongs,** innerhalb der Inseln vorzudringen.

Mit der Fähre nach Ko Lanta gelangt man auch an die Westküste von **Ko Jum,** wo am Strand jenseits der drei muslimischen Fischerdörfer in den Mangroven über 20 Resorts, die sich zumeist noch in Familienbesitz befinden, Bungalows vermieten.

Infos

Tourist Office: TAT, 292 Thanon Maharat, Tel. 075-61 28 11, Mo–Fr 8.30–16.30 Uhr.
Private Websites: www.krabi-tourism.com, www.yourkrabi.com.

Übernachten

Zentral nahe Strand – **Aonang Princeville Resort 1 :** 164 Moo 2, Ao Nang, Tel. 075-63 79 71, www.aonangprinceville.com. Die Anlage an der Strandstraße hinter einem kleinen Café und dem schattigen Pool bietet 50 hübsche Zimmer mit Balkon, die einfachen mit bunten Fliesen, die teureren mit Himmelbett. €€–€€€

Charmant – **Ao Nang Villa 2 :** 113 Moo 2, Ao Nang, Tel. 075-63 72 71, www.aonang villa.com. Dreistöckiges Haupthaus und mehrere Nebengebäude mit 156 klimatisierten Zimmern mit kolonialem Touch in hübscher Lage am Strand vor der malerischen Kulisse steil aufragender Karstfelsen. Zwei Pools. €€€

Für Honeymooner – **Rayavadee Resort 4 :** 214 Moo 2, Ao Nang, zwischen Phra Nang und Rai Leh Beach, Tel. 075-81 76 30, www.rayavadee.com. Exklusives Tropenparadies in traumhafter Lage, geschmackvoll eingerichtete Bungalows, mehrere Restaurants, Wellnessbereich, großer Pool. €€€

In großem Garten – **Railay Bay Resort & Spa 5 :** Zwischen Rai Leh West und Ost, Tel. 075-81 94 01, www.krabi-railaybay.com. In einem gepflegten, bis zur anderen Bucht reichenden Garten hübsche kleine Zimmer in zweistöckigen Häusern rings um einen Pool sowie geräumige Cottages und private Villen. €€€

Gutes Preis-Leistungs-Verhältnis – **Railay Garden View Resort 6 :** 147 Moo 5, am

Höhlen, Karstfelsen und Meer: In Krabi findet jeder die passende Freizeitbeschäftigung

Hang am Ende vom Railay Beach, Tel. 088-765 04 84, www.railaygardenview.com. Saubere, mit Ventilator und allem Notwendigen eingerichtete Bungalows aus Holz und Bambus in ruhiger Lage und teils schönem Ausblick übers Meer, nur zu Fuß über einen Plankenweg am Meer und eine steile Treppe zu erreichen. €€–€€€

Für Stadtmenschen – **The 9th House** **7** **:** 9/9 Thanon Chao Fah, Tel. 075-65 64 85, www.facebook.com/the9house9krabi-baanandaman.com. Nettes, zentral gelegenes Guesthouse mit sehr sauberen, modernen Zimmern mit Balkon im vierstöckigen Neubau. Die Betreiber, Mutter und Tochter, sind überaus freundlich und hilfsbereit. €–€€

Zum Abhängen – **Koh Jum Oon Lee Bungalows 8 :** Kidon Beach, Ko Jum, Tel. 087-200 80 53, http://kohjumoonleebungalows.com. Neun saubere solide Bungalows am Hang über einem felsigen Strandabschnitt. Nur mit Ventilator und Moskitonetz ausgestattet, aber dafür mit Aussicht auf tolle Sonnenuntergänge und gutem Essen im rustikalen Restaurant. Familiäre Atmosphäre. €€

Traumhafte Natur – **Koyao Island Resort 9 :** 24/2 Moo 5, Ko Yao Noi, Tel. 065-640 00 64, www.koyao.com. Entspannung und Luxus pur mit Ausblick auf die Felseninseln. Im weitläufigen Palmenhain stehen Villen mit ein bis zwei Schlafzimmern, die gut in die tropische Natur integriert sind. Mit Pool, Spa und Restaurant. €€€

Essen & Trinken

Nahezu alle Unterkünfte an den Stränden verfügen über ein eigenes Restaurant.

Zuverlässig gut – **Wanna's Place 1 :** 32/1 Moo 2, Ao Nang, an der Strandstraße, Tel. 075-63 74 84, www.thelresort.com/restaurants, tgl. 7–22 Uhr. Alteingesessenes, beliebtes Restaurant mit Thai-Gerichten und Schweizer Spezialitäten. Bis 11 Uhr Frühstücksbuffet. €€

Entspannte Strandbar – **The Last Fisherman 2 :** Ao Nang, Tel. 081-458 01 70, https://thelastfishermanbar.com, tgl. 11–22 Uhr. Am östlichen verkehrsberuhigten Ende der Bucht vor den Massagehütten sitzt man geschützt unter Bäumen im Schatten auf einfachen Plastikstühlen und genießt Essen und Drinks der offenen Bambusbar. €–€€

Authentisch Südthailändisch – **Nong Joke Restaurant 3 :** 50/3 Soi 7, Sai Thai, zwischen Krabi Passanger Port und Stadtpark, Tel. 062-072 78 87, www.nongjokekrabi.com, tgl. 11–14.30, 16–21 Uhr. Helles, offenes Restaurant mit einer umfangreichen englischsprachigen bebilderten Speisekarte. Viele leckere Gerich-

Wem Krabi oder Ko Lanta zu entwickelt ist, fährt weiter zu kleineren Inseln

te, die in den üblichen Touristenrestaurants nicht zu finden sind, lohnen den Weg. €–€€

Einfach mal probieren – **Nachtmarkt** 4 **:** Tgl. 17–22 Uhr. Abends werden in Krabi Town am Chao Fa Pier Essensstände aufgebaut. Die Atmosphäre ist entspannt, der Fisch frisch und die Preise stimmen – was will man mehr? Ebenso gut, vielleicht sogar besser ist der Nachtmarkt im Zentrum gegenüber dem Krebs-Denkmal von Fr–So in der Walking Street. €

Aktiv

Die Hotels und Bungalowanlagen bieten Ausflüge zu den vorgelagerten Inseln und zu Zielen auf dem Festland an.

Klettern – Mehrere Kletterschulen offerieren insgesamt mehr als 400 Routen an den Felsen am Thon Sai, Phra Nang und Rai Leh Beach sowie auf Ko Phi Phi und anderen Festlandsfelsen. **Real Rocks Climbing School** 1 **:** Tel. 080-831 37 88, www.realrocksclimbing.com.

Tauchen und Schnorcheln – Die besten Schnorchelgebiete erstrecken sich rings um die vorgelagerten Inseln **Ko Tap, Ko Kai** (Chicken Island) und **Ko Boda.** Tauchausflüge organisieren am Ao Nang u. a. **Kon-Tiki** 2 **:** Tel. 098-014 19 96, www.kontiki-krabi.com. **The Dive Ao Nang** 3 **:** Tel. 082-282 25 37, www.thediveaonang.com.

Seekajaktouren und Bootsfahrten durch die Mangroven – **Sea Kayak Krabi** 4 **:** In Khao Thong, an der Küste nördlich von Krabi, Tel. 089-724 85 79, www.seakayak-krabi.com.

Verkehr

Flüge: Flugplatz 12 km östlich von Krabi Town, Minibusse in die Stadt und zum Ao Nang. Bangkok Airways (www.bangkokair.com) fliegt ab Bangkok (Suvarnabhumi) und Ko Samui, Thai Lion (www.lionairthai.com) ab Bangkok (Don Mueang), Air Asia (www.airasia.com) ab Bangkok (Suvarnabhumi und Don Mueang), Chiang Mai und Kuala Lumpur, Thai Smile (www.thaismileair.com) und Thai VietJet Air (www.vietjetair.com) ab Bangkok (Suvarnabhumi).

Schiffe: Vom Krabi Passanger Port (Klong Chilat Pier), 3 km westlich von Krabi, oder ab Noparat Thara Pier 1–2 x tgl. über Ko Yum nach Ko Lanta (2,5 Std.) und 2–4 x tgl. nach Ko Phi Phi (1,5 Std., von dort weiter nach Phuket) sowie ab Tha Lane Pier nach Ko Yao Noi und Ko Yai.

Busse: Zur Bus Station Talad Kao am Highway nördlich der Stadt Busse ab Bangkok (12 Std.), Phuket (3 Std.), Don Sak Pier für Ko Samui, Ko Phangan und Ko Tao (4 Std.) und Hat Yai (4 Std.). Zudem viele Minibusse ab Krabi Town und Ao Nang zu anderen Urlaubszentren.

Innerorts: Minibusse und **Taxis** zum Airport, Krabi Town, zum Ao Nang, den Piers und zu anderen Zielen in der Umgebung. **Longtailboote** stellen ab dem Krabi Passenger Port (Klong Chilat Pier) die einzige Verbindung zum Phra Nang Beach und Rai Leh Beach her.

Mietwagen: Avis, am Airport, Tel. 089-969 86 76, www.avisthailand.com. Budget, am Airport, Tel. 075-70 14 55, www.budget.co.th.

Ko Lanta ▸C 18

Karte: S. 399

Im Ko-Lanta-Archipel, der überwiegend als Nationalpark geschützt ist, wurden vor allem die Strände der größten Insel **Ko Lanta Yai** touristisch erschlossen. Erst seit 2016 führt eine Brücke zur kleineren **Ko Lanta Noi,** die nun auch aus ihrem Dornröschenschlaf erwacht ist. Zudem ist eine Brücke zum Festland bereits genehmigt und soll bald gebaut werden. Die elf weißen Sandstrände in kilometerlangen Buchten an der Westküste wurden innerhalb weniger Jahre mit über 100 Bungalowanlagen und teureren Resorts bebaut. Vor allem Familien machen hier Urlaub, denn die Strände fallen sanft ins Meer ab und Jetskis, Discos und Beachclubs sucht man vergebens, nur einige Strandbars sorgen fürs Nachtleben. Die schmalen Straßen, die über die Insel und zu kleinen Fischerdörfern an der Westküste führen, sind fast alle asphaltiert und werden kontinuierlich ausgebaut. Entlang der Küste wird manchmal viel Müll angeschwemmt, Sandfliegen können zu einer Plage werden.

Westküste

Vom nicht zum Baden geeigneten **Ao Kaw Kwang** 1 an der nördlichen Landzunge bis zum Südzipfel der Insel sind alle Strände der Westküste mit Bungalowanlagen bebaut. Die meisten Unterkünfte stehen am familienfreundlichen, 3 km langen **Klong Dao** 2 und am 4 km langen, von Luxusresorts geprägten, relativ schattenlosen **Hat Phra Ae** (Long Beach) 3. Backpacker und andere, die den Abend gern in einer Bar ausklingen lassen wollen, treffen sich an dem zum Schnorcheln geeigneten, entspannten, schmalen **Hat Klong Khong** 4. An der Küstenstraße konzentrieren sich viele Restaurants, Bars, Minimärkte und andere Einkaufsmöglichkeiten.

Mu Ko Lanta National Park

Eintritt 200 Baht
Die mit Dschungel bedeckte Südspitze der Insel wurde mit ihren 15 vorgelagerten Inseln bereits im Jahr 1990 zum Nationalpark erklärt. Ein Wanderweg beginnt in der **Ao Klong Jark** 5, die nach dem 3 km flussaufwärts liegenden Wasserfall – einem netten Picknickplatz – auch Waterfall Bay genannt wird. Weiter im Süden endet die Straße nach rund 3 km an einem **Leuchtturm** und dem **Park Headquarter.** Bei einer Wanderung an die Südostküste kann man sich am einsamen **Hat Laem Tanod** 6 östlich des Leuchtturms bei einem erfrischenden Bad erholen, bevor man den Rückweg antritt.

Ostküste

Entlang der Ostküste liegen inmitten von Mangroven die drei Dörfer Ban Sang-Ga-U, Ban Hua Laem und Ban Je Lee. Vom Hafen des beschaulichen **Ban Ko Lanta** (Old Town) 7 mit einigen Restaurants und einfachen Unterkünften legen Fähren zu den südlichen Inseln ab. Bis ins letzte Jahrhundert hinein war er ein lebendiges Handelszentrum, wo arabische wie chinesische Seefahrer einen Zwischenstopp einlegten.

Übernachten

Die einfachen Bungalows an der Westküste von Ko Lanta Yai wurden zunehmend von teuren Resorts verdrängt. Während der Regenzeit von Mai bis Okt. schließen einige Anlagen.

Einfach gut – **Banana Garden Home:** 364 Moo 3, Hat Klong Dao, Tel. 081-856 61 89, www.facebook.com/bananabeachresortlanta. Im Zentrum des flach abfallenden Strandes stehen hinter dem Thai-Restaurant und dem Pool Bungalows und Häuser mit 34 klimatisierten, hellen, auch für Familien geeigneten Zimmern. Von einigen schöner Ausblick aufs Meer. €€

Ruhig und freundlich – **Escape Cabins:** Hat Phra Ae (Long Beach), Tel. 084-446 89 09, www.escape-cabins.com. Kleines Hotel mit komfortablen Zimmern, teils mit Kochgelegenheit, in ruhiger Lage etwa 15 Minuten abseits vom Strand. Netter Pool, kein Restaurant. €–€€

Traumhaft – **Layana Resort & Spa:** Hat Phra Ae (Long Beach), Tel. 075-60 71 00, www.layanaresort.com. 50 elegante Villen im Thai-Stil auf einem großzügigen Areal am Meer. Hübscher Pool, Spa und Jacuzzi, leckeres Essen und aufmerksamer Service. €€€

Viel Platz zum Entspannen – **Sri Lanta Resort:** Hat Klong Nin, Tel. 086-661 68 86, www.srilanta.com. Umweltbewusst gestaltete, nett angelegte Anlage mit etwas renovierungsbedürftigen Holzbungalows in Thai-Stil jenseits der Küstenstraße am Hang unter Bäumen und großen Familienhäusern am Strand. Ruhige Atmosphäre, schöner Pool, Spa und Strandrestaurant. €€–€€€

Edler Thai-Stil – **Pimalai Resort & Spa:** Ao Kantiang im Südwesten, Tel. 075-60 79 99, www.pimalai.com. Die erste Luxusanlage der Insel an einem der schönsten Strände. Sehr geschmackvoll im Thai-Stil eingerichtete Zimmer, Suiten und Villen am Hang mit Ausblick über die Bucht, teils mit Pool, vier Restaurants, zwei Pools, Spa, Tennisplätze, Wassersportangebot, Tauchbasis. €€€

Essen & Trinken

Auf Stelzen im Meer – **Apsara:** Ban Ko Lanta (Old Town), Tel. 098-678 88 76, tgl. 9–22 Uhr. Wer auf das Schiff wartet, kann in diesem Re-

Ko Lanta
Ko Phi Phi, Phuket
Hua Hin
Ban Bang Suat
Ban Klong Mak
6022
Ao Kaw Kwang
Ban Saladan
Bewi Ban Saladan Pier
1
Ko Lanta Noi
6019
Kotalang Beng
Ban Loh Ba Ra
Ban Mo Nae
Hat Klong Dao
2
Nang Sabai German & Thai Restaurant
Ban Tung
Ban Klong Dao
Banana Garden Home
Laem Thong Yung
4245
Escape Cabins
Layana Resort & Spa
Ban Phra Ae
Hat Phra Ae (Long Beach)
3
BanYu Rai
Ban Thung Yee Pang
287 m
Hat Phu Klom
Ban Phu Klom
6019
Ko Kam
Ko Kam Nui
Ban Klong Khong
Hat Klong Khong
4
Freedom Bar
Ko Bubu
Ban Je Lee
Ban Klong Toab
Ko Lanta Ya
Meteorologische Station
Ban Klong Nin
Tham Khao Mai Kaeo
Ban Ko La
(Old Town)
Ko Po
Hat Klong Nin
Sri Lanta Resort
Tham Sua (Tiger Cave)
Apsara
7
Mu Ko Lanta National Park
488 m
4245
4245
Ban Hua Laem
Andamanensee
Ban Kantiang
Pimalai Resort & Spa
Wasserfall
Same Same But Different
405 m
Ao Kantiang
Ban Sang-Ga-U
Ao Nui
Ao Klong Jark
5
Ao Mai Pai (Bamboo Bay)
Park Headquarter
0
1
2
3
4 km
6
Hat Laem Tanod

staurant mit Ausblick auf die Bucht frühstücken oder Cheesecake essen. Auch abends lohnt der Besuch, denn hier wird fantastischer Fisch zubereitet, zudem andere Thai- und westliche Gerichte. €–€€

Wie daheim – **Nang Sabai German & Thai Restaurant:** 335 Moo 3, Klong Dao, Tel. 094-078 72 17, www.facebook.com/nangsabaikohlanta, Do–Di 9–21 Uhr. Das Ostfriesencafé von Ina, der hilfsbereiten Besitzerin, lohnt nicht nur zum Frühstücken oder Kaffee und Kuchen, sondern auch für Deftiges aus der sauberen Küche. €€

Zum Chillen – **Freedom Bar:** Neben The Lazy Lodge, Hat Klong Khong. Eine der Bars mit Livemusik, vor allem Reggae, und Sitzkissen am Strand. Nachdem die Sonne im Meer abgetaucht ist, sorgen Kerzen und Lampions für romantische Stimmung. €

Strandcafé – **Same Same But Different:** Ban Kantiang, Tel. 081-787 86 70, tgl. 10–22 Uhr. Die ansprechende Architektur der offenen Bar am wunderschönen Strand lädt zum Entspannen ein. Entsprechend der angrenzenden Luxushotels sind die Preise etwas überhöht. Besser als die Thai-Gerichte sind die Salate und westlichen Snacks. €€

Termine

Laanta Lanta Festival: März. In Ban Ko Lanta (Old Town) mit traditionellen Tänzen der einheimischen Fischer und Essensständen.

Loy Rua Festival: Religiöse Zeremonie der Seenomaden Chao Leh zum Vollmond im 6. sowie 11. Mondmonat (Juni und Oktober) nahe Ban Saladan. Boote mit hölzernen Figuren werden aufs Meer hinaus geschickt.

Verkehr

Schiffe: Neben der Autofähre von Lanta Noi aufs Festland verkehren in der Saison (Nov.–April) 2 x tgl. Fähren von Phuket (2,5 Std.) und 1 x tgl. von Krabi (1,5 Std.) nach Ko Lanta (Ban-Saladan-Pier), teils über Ko Phi Phi (1 Std.). Einige fahren zudem vom Pier in Ban Ko Lanta (Old Town) über Ko Ngai (1 Std.), Ko Kradan (1,5 Std.) nach Ko Mook (2 Std.), einige sogar weiter nach Ko Lipe (5 Std.) und Langkawi (Malaysia, 7 Std.). Außerhalb der Saison wird der Fährverkehr witterungsbedingt eingestellt.

Minibusse und Autofähren: Nach Phuket über Krabi Town Minibusse etwa stdl. bis gegen 15 Uhr (5 bzw. 2 Std.). Nach Bangkok und zu anderen Zielen im Norden besser über Krabi. Weitere Minibusse von 8 bis 15 Uhr nach Trang (2–3 Std.). Von dort zu anderen Zielen im Süden. Passagiere werden von Minibussen bis zu den Resorts gefahren und auch dort abgeholt. Weitere Busse halten in Ban Klong Dao.

Inseln vor Trang

Sobald im November die Monsunwinde abflauen, starten große und kleinere Fähren von den Touristenzentren Phuket, Ko Phi Phi, Krabi und Ko Lanta zu kleineren Inseln weiter im Süden. Es ist sogar möglich, per Schiff bis über die Grenze nach Langkawi in Malaysia zu reisen. Bereits kurz hinter Ko Lanta laden herrliche kleine Inseln mit Sandstränden und kristallklarem Wasser vor allem junge Familien zum Bleiben ein. Allein vor der Küste von Trang liegen etwa 50 überwiegend unbewohnte Inseln.

Verkehr

In der Provinzhauptstadt Trang, die per Bus, Bahn und Flugzeug zu erreichen ist, verkaufen Reisebüros am Bahnhof Fährtickets zu den Inseln, einschließlich Zubringer zu den Häfen.

Schiffe: In der Saison (Nov.–April) verkehren Fähren von Ban Ko Lanta (Old Town) über Ko Hai und Ko Kradan nach Ko Muk und zurück. Bundhaya Speed Boat (www.bundhayaspeedboat.com) und Tigerline (www.tigerlinetravel.com) pendeln zwischen Phuket und Langkawi mit Halt auf Ko Phi Phi, Ko Lanta, Ko Hai, Ko Muk, Ko Kradan, Ko Bulon Leh und Ko Lipe.

Ko Hai (Koh Ngai)

► C 18

Eintritt National Park 200 Baht

Der etwa 3 km lange beliebte Sandstrand an der **Ostküste** der bewaldeten, bergigen Insel Ko Hai (auch: Koh Ngai) ist mit Steinen und Felsen durchsetzt. Zu den Gästen der Resorts gesellen sich Tagesausflügler, die auf der autofreien Insel entspannen, baden und im Korallenriff schnorcheln. Wer sich nach Ruhe sehnt, wandert in einer knappen Stunde hinüber zur **Ao Ton Tong,** wo sich auch das Büro des Hat Chao Mai National Park befindet.

Übernachten

Unter Palmen – **Coco Cottage:** Tel. 089-724 92 25, www.coco-cottage.com. Ein überwiegend mit Naturmaterialien erbautes Resort am ruhigeren, steinigen nördlichen Strandabschnitt, mit Pool. 28 Zimmer in fünf Bungalowtypen am Strand. Im Restaurant werden frische Meeresfrüchte ebenso wie Pizza serviert. €€–€€€

Für jeden etwas – **Koh Hai Fantasy Resort:** Tel. 075-21 03 17, www.kohhai.com. Große Anlage mit Villen und Suiten im Hinterland und klimatisierten Bungalows teilweise direkt am kleinen Strand mit schönen Schnorchelmöglichkeiten. €€–€€€

Ko Kradan ▸C 18/19

Noch geruhsamer ist Ko Kradan**,** sofern bellende Hunde nicht stören. Der flach abfallende Sandstrand an der **Ostküste** eignet sich auch für Kleinkinder, sodass hier viele junge Familien einen Teil ihrer Elternzeit verbringen. Neben einfachen Unterkünften gibt es am langen Strand einfache wie komfortable Bungalows und sogar ein gutes italienisches Restaurant. Zum Sonnenuntergang sind der kleine felsige **Sunset Beach** an der Westküste und zum Abendessen das Restaurant des Paradise Lost auf halber Strecke beliebte Wanderziele.

Übernachten

Mitten im Dschungel – **Paradise Lost Bungalows:** Tel. 089-587 24 09. Einzig der für Strom sorgende Generator stört die Naturidylle. Inmitten der Natur im Inselinneren stehen gepflegte und geräumige, wenn auch recht einfache Holzbungalows mit Ventilator, die günstigsten teilen sich das Gemeinschaftsbad. €–€€

Mit Pool – **Reef Resort:** Tel. 090-067 44 00, www.reefresortkradan.com. Freundlich geleitetes Resort an einem mit schattenspendenden Bäumen gesäumten Strand. 18 klimatisierte, großzügige Bungalows mit Open-Air-Dusche und Terrasse mit Meerblick rings um einen Pool. Verleih von Kanus und Schnorchelausrüstung. €€€

Ko Muk (Ko Mook) ▸C 18

Ein Fischerdorf mit Pier und drei Strände mit Bungalows unterschiedlicher Ausstattung sowie kleine Restaurants laden auf der entspannten Insel zum Bleiben ein. Ein beliebtes Ausflugsziel ist **Emerald Cave** (Tham Morakot). Ein langer Kalksteintunnel führt vom Meer in eine von Klippen umgebene Lagune, die schwimmend oder mit Kajaks zu erreichen ist. Besonders schön ist es dort am frühen Morgen oder späten Nachmittag, wenn die großen Ausflugsboote die Insel verlassen haben (Eintritt National Park 200 Baht).

Übernachten

Entspannt genießen – **Mook Lamai Resort & Spa:** Tel. 081-484 11 19, www.mooklamai.com. Freundliches, familiengeführtes Resort im Inselinneren mit elf harmonisch gestalteten Komfortzimmern rings um einen Pool und mit nettem Restaurant. Fahrräder und Transport zu allen Stränden kostenlos. €€€

Tarutao Marine National Park

Eintritt National Park 200 Baht

Diesseits wie jenseits der Grenze lagen die Inseln im Dornröschenschlaf, bis in Malaysia Langkawi zur Freihandelszone erklärt wurde; es entstand ein internationaler Flughafen, die Feldwege wurden asphaltiert, die kleinen chinesischen Geschäftshäuser zu steuerfreien Einkaufszentren umgebaut und an den Stränden schossen Unterkünfte wie Pilze aus dem

Boden. Vor einigen Jahren hat die touristische Entwicklung auch die kleineren nördlichen Inseln erreicht und völlig umgestaltet.

Die über 50 zu Thailand gehörenden Inseln waren aufgrund ihrer abgelegenen Lage ideale Schlupfwinkel für Schmuggler und Seeräuber. Einige waren vor dem Zweiten Weltkrieg als politische Sträflinge hierher verbannt worden. Nachdem die Inselgruppe 1974 zum ersten Meeresnationalpark des Landes erklärt wurde, vertrieb man die Piraten. Viele kleine Inseln waren von Seenomaden, den Urak Lawoi, bewohnt.

Verkehr

Züge: Der nächste Bahnhof befindet sich in Trang, von dort Verbindungen mit **Minibussen** nach Ban Pakbara, dem Hafen, 58 km nordwestlich von Satun.
Schiffe: Von Ban Pakbara verkehren Schnellboote verschiedener Anbieter nach Ko Lipe (1,5 Std.), Ko Bulon Lae (30 Min.) und Ko Tarutao (30 Min.). Speedboote wie Bundhaya Speed Boat (www.bundhayaspeedboat.com) verkehren in der Saison von November bis Mai von Ko Lanta und Langkawi (Malaysia) nach Ko Lipe (5 bzw. 1,5 Std.). Im Mai, wenn die Monsunzeit beginnt, können wegen der stürmischen See kleine Boote die Inseln nicht mehr erreichen, was zur Folge hat, dass der Nationalpark in den Monaten Mai bis Oktober geschlossen wird.

Ko Lipe ▶ C 20

Auf der südlichsten, nicht zum Nationalpark gehörenden Insel Ko Lipe wurden 500 Chao Leh, Seenomaden bzw. Thai Mai (Neue Thai) angesiedelt, die früher auf Ko Adang und Ko Rawi als Halbnomaden lebten. Das ihnen zugewiesene Land ist allerdings von auswärtigen Investoren aufgekauft und mit Bungalowanlagen bebaut worden, denn der Anblick der feinen, palmenbestandenen Sandstrände verspricht ein Tropenparadies. Im von Dschungel und Mangroven bedeckten Inselinnern leben Languren, Javaneraffen, Zwergrehe sowie Wildschweine, und im Meer tummeln sich Delfine.

In den Korallenriffen des Tarutao Marine National Park tummeln sich auch Tintenfische

Die Urlaubsinsel eignet sich gut zum Schnorcheln und Tauchen. Allerdings leidet sie unter dem Besucheransturm. Treibholz an den Stränden, Quallen, Hunde und Sandfliegen beeinträchtigen das Baden. Doch die grandiose Natur entschädigt die Besucher.

Die meisten Unterkünfte stehen am belebten **Pattaya Beach,** andere auch im Village, am **Sunrise** und sogar am weniger attraktiven **Sunset Beach.** Mehrere Cafés, kleine Restaurants und Bars sorgen für das leibliche Wohl aber auch für laute Musik in der Nacht.

Übernachten

Luxuriös – **Idyllic Concept Resort:** Sunrise Beach, Tel. 081-802 54 53, www.idyllicresort.com. Große, etwas zu dicht bebaute Anlage am schönen südlichen Küstenabschnitt mit großzügigen, sauberen Zimmern, die sich vom Strand den Hang hinauf erstrecken. Mehr Privatsphäre hat man im ersten Stock. Zwei Pools, gutes Restaurant am Strand und aufmerksamer Service. €€€

Zum Entspannen – **Mountain Resort Ko Lipe:** an der Nordküste, Tel. 081-897 74 43, www.mountainresortlipe.com. 80 Zimmer in komfortablen, klimatisierten Bungalows mit Kühlschrank, Safe und Terrasse rings um einen Pool an einem herrlichen Strandabschnitt. Gutes Restaurant mit schöner Aussicht. Etwas abgelegen, etwa 20 Min. von der Walking Street, aber kostenloser Shuttle Service. €€€

Abseits des Trubels – **Sanom Beach Resort:** Sanom Beach, Tel. 086-109 52 69, www.sanombeachlipe.com. An einem felsigen, bewaldeten Hang über dem kleinen Privatstrand stehen 11 nette Bungalows mit Moskitonetz und Meerblick. Sie sind westlich vom Pattaya Beach über einen Plankenweg zu erreichen. Mit Restaurant und Tauchschule. €€–€€€

Ko Tarutao ▶ D 19/20

Eine Stunde östlich von Ko Lipe liegt nahe dem Festland Ko Tarutao die 26 km lange und 11 km breite Hauptinsel, auf der politische Häftlinge in zwei Lagern untergebracht waren. Heute befindet sich hier das **Park Headquarter.**

Eine Wanderung auf dem **Taobu Cliff Nature Trail** zum Aussichtspunkt vermittelt einen ersten Eindruck von der Inselwelt. In der **Talu Wao Bay** an der Ostküste sind noch die überwucherten Grundmauern eines ehemaligen Lagers zu sehen. An den Hängen der bis zu 700 m imposant emporragenden, bewaldeten Granitberge lassen sich Ausflüge zu zwei Wasserfällen und einem Aussichtspunkt unternehmen.

An einigen Stränden, wie in der 3 km langen **Son-Bucht** an der Westküste von Tarutao, vergraben in der Zeit zwischen November und April Meeresschildkröten ihre Eier zum Ausbrüten in dem heißen Sand. Vogelliebhaber können mit etwas Geduld Nashornvögel, Seeadler, Salangane, Eisvögel, Nektarvögel und Mynas (Indische Hirtenstare) beobachten. Hauptattraktion des 1490 km² großen Nationalparks ist jedoch die mannigfaltige Unterwasserwelt der ökologisch intakten Korallenriffe, die sich besonders gut zum Tauchen eignen.

Übernachten

Bungalows – Das **Park Headquarter** vermittelt auch Unterkünfte auf der Insel. Eine Vorabreservierung ist möglich unter hat it2.dnp.go.th/en/ (teils nur auf Thai).

Weitere Inseln

▶ C/D 19/20

Die besten Schnorchelmöglichkeiten bestehen vor **Ko Rawi** und **Ko Adang,** nördlich von Ko Lipe. Weiter im Norden erstreckt sich vor Satun der **Mu Ko Phetra Marine National Park.** Auf der Hauptinsel **Ko Bulon Lae** findet man ein Seenomadendorf, mehrere Sandstrände und ein Korallenriff.

Übernachten

Traumhaft am Strand – **Bulone Resort:** Ko Bulon Lae, Tel. 062-007 92 57, www.buloneresort.com. Saubere, minimalistisch eingerichtete Bungalows mit großer Terrasse in zwei Reihen am Strand, einige mit Ventilator und Moskitonetz, andere mit Kimaanlage und großer Terrasse. €€–€€€

Kulinarisches Lexikon

Allgemeines

Das Essen schmeckt gut!	*ahahn a-roi*
dasselbe noch mal	*ao ik mai*
durstig sein	*hiu nham*
essen gehen	*pai tahn ahahn*
essen	*gin khaao*
heiß	*rohn*
hungrig	*hiju*
Ich (weibl./ männl.) mag …	*tschan (weibl.)/phom (männl.) schop*
kalt	*jen*
Restaurant	*rahn ahahn*
trinken	*dühm*
zahlen, bitte!	*tschek bin*

Zubereitungsarten

nüng	gedünstet, gekocht
phet	scharf
phat	gebraten
ping	getoastet
prihau wahn	süß-sauer
tord	gebraten, gebacken
tom	gekocht
wahn	süß
yang	gegrillt

Eiergerichte

khai	Ei
khai gai	Hühnerei
khai ped	Entenei
khai luak/tom	weich gekochtes/ hart gekochtes Ei
khai tord	Omelett
khai yad sai	Gemüseomelette
khai yat sai muh	Omelette mit Gemüse und Schweinefleisch

Suppen

gaeng djüt	milde Suppe mit Gemüse und Fleisch
gaeng liang	thailändische Suppe mit Gemüse
gaeng ba tschor	Suppe mit Schweinefleisch
khaao tom (…)	Reissuppe mit Fleisch (der Name der jeweils verwendeten Fleischsorte wird angehängt)
khaao tom plah	Reissuppe mit Fisch
tom yam	scharfe, saure Suppe (eine besondere Spezialität)

Currys

gaeng gariih	mildes, indisches Curry
gaeng khiau wahn	sehr scharfes grünes Curry
gaeng masman	mildes gelbes Curry
gaeng phanaeng	milderes rotes Curry
gaeng phet	scharfes Curry

Fleisch, Fisch, Meeresfrüchte

gai	Hühnerfleisch
gung	Garnele
gung lobster	Hummer
muh	Schweinefleisch
nua wua	Rindfleisch
ped	Entenfleisch
plah	Fisch
plahmük	Tintenfisch
puh	Krebse

Reis- & Nudelgerichte

khaao plau	weißer, trockener Reis
khaao phat	gebratener Reis (typisches Gericht an den Essensständen)
khaao phat gai	gebratener Reis mit Hühnerfleisch
khaao nieau	Klebreis, vor allem als Nachspeise
guäi tiao	Reisnudeln (weiß)
ba mie	Weizenmehlnudeln (gelblich)
nham	Nudelsuppe

ba mie nham muh	Suppe mit Schweinefleisch und gelben Nudeln
guai tiau hang	Reisnudeln mit Gemüse und Fleisch
ba mie rahd nah	knusprig gebratene Weizenmehlnudeln

Nachspeisen & Snacks

khaao larm	gekochter Klebreis in einem Bambusrohr
khaao tom mat	mit Bananen gefüllter Klebreis (oft in einem Bananenblatt)
gluei bod tschie	Bananen in süß-salziger Kokosnusscreme
gluei tord	gebackene Bananen

Obst

farang	Guave
kha nun	Jackfruit
gluei	Bananen
malakor	Papaya
mamuang	Mango
mangkut	Mangosteen
tunan	Durian
sapparot	Ananas
som	Orange/Mandarine
somoh	Pomelo

Getränke

bia	Bier
tschah	Tee mit süßer Milch
tschah dam	Tee mit Zucker
tschah manao	Eistee mit Zitrone
gafä	Kaffee
lao	alkoholische Getränke
nham (yen)	(Eis-) Wasser
nham mahprau	Kokosnussmilch
nham manao	Zitronensaft
nham sohm	frischer Orangensaft
nhom sot	frische Milch
oh liang	kalter chinesischer Kaffee (süß)
witamilk	Sojabohnenmilch

Spezialitäten

gai phat krapao	gebratenes Hühnerfleisch mit thailändischem Basilikum
gai phat metmamuang	gebratenes Hühnerfleisch mit Cashewnüssen
gai phat nohmai gap het	gebratenes Hühnerfleisch mit Bambussprossen, Morcheln
gai takrai	Hühnerbrust mit Zitronengras
gai yahng	gegrilltes Hähnchen
khaao man gai	Hähnchen mit Reis und pikanter Ingwersauce (Chicken Rice)
gang nüng krathiam pak chii	gedämpfte Garnelen mit Knoblauch und Koriander
muh phat king	gebratenes Schweinefleisch mit Ingwer
muh tord krathiam prikthai	Schweinefleisch mit Knoblauch und Chilis
laab muh	scharfer Salat mit Hack und Kräutern
nua phat nam manhoy	gebratenes Rindfleisch mit Austern-Sauce
ped op nam püng	gebackene Ente mit Honig
phat nohmay sai khai	gebratene Bambussprossen mit Eiern
phat pak ruam	gemischtes gebratenes Gemüse
plahmük yat sai	Tintenfisch, gefüllt mit Gemüse und Hack
plah tord	gebackener Fisch
sate (gai, muh …)	Fleischspießchen (von Huhn, Schwein …) mit Erdnusssauce
tom yam talueram	scharfe, saure Suppe mit Fisch, Garnelen und Muscheln
yam somoh	bitterscharfer Pomelo-Salat

Sprachführer

Thai zu sprechen ist selbst mit einem Wörterbuch schwierig, denn es gibt 44 Konsonanten und 32 Vokale sowie fünf verschiedene Tonhöhen, mit denen eine Bedeutungsverschiebung einhergeht (s. S. 65). Doch lohnt es sich, wenigstens Begrüßungsformeln und Zahlen zu lernen. Wichtig: Männer beenden Sätze mit der Höflichkeitsfloskel ›khrap‹, Frau mit ›kha‹.

Allgemeines

guten Morgen/ guten Tag/ guten Abend/ auf Wiedersehen	sawat-dee kha (Sprecherin = Frau) sawat-dee khrap (Sprecher = Mann)
Achtung!	rawang
bitte (einladend)	tschuhn
bitte (fordernd)	prott
danke (Frauen)	kop khun kha
danke (Männer)	kop khun khrap
Das macht nichts!	mai pen rai
ein bißchen	nitnoi
Entschuldigung	khoo thoot
Es tut mir leid	tschan (Frau) sia chai/ phom (Mann) sia chai
gut	die
gut, clever	gäng
haben …	mie …
hübsch	suäi
ja	dschai
klein	lek
können	dai
Mädchen	dek pu-jing
mögen	tschop
müssen	tong
nein	mai, plaao
nicht gut	mai die
nicht	mai
schmutzig	sockaprock
sehr gut	die mahk
sehr	mahk mahk
sich wohl fühlen	sabai
Spaß haben	sanuk
vielleicht	bangti
Viel Glück!	dschok die
westlicher Ausländer	farang
wollen, möchten	jaak

Zeit

Abend	tan jen
gestern	müa wan-nie
heute	wan-nie
Jahr	pi
jetzt	tan-nie
Minute	natie
Mittag	tiang-wan
Monat	düan
Morgen (früh am Tag)	tan tschao
morgen	prung-nie
Nacht	klang-khühn
später	tie-lang
Stunde	tschu mohng
Tag	wan
Woche	athit
Welche Zeit/ Wie viel Uhr ist es?	kie mohng

Unterwegs

Wohin gehen Sie?	khun tschai pai nai?
Ich gehe nach …	tschan (Frau) pai…/ phom (Mann) pai …
geradeaus	trong pai
(nach) links	(liao) sai
(nach) rechts	(liao) khwa
Stopp!	jut
Welche Straße ist das?	thanon nih arai?
Auto	rot jon
Bahnhof	sathani rot fai
Benzin	bensin
Berg	doi
Boot	rüha
Bucht	ao
Bus	rot meh
Busbahnhof	sathani rot meh, bo ko so
Dorf	ban
Eisenbahn	rot fai
Fahrrad	dschakrajahn

Flugplatz	sahnam bin
Flugzeug	krüang bin
Hafen	tah rüha
Gasse	soi
Straße	thanon
Insel	ko
Motorrad	mohtöhsai
mieten	tschau
Stadt	müang
Strand	tschai haht
Taxi	teksi

Unterkunft

Hotel	rong rähm
Wo ist das Hotel?	rong rähm ju tienai?
Zimmer	hong
Bett	tiang
Schlüssel	gun tschä
Moskitonetz	mung kan jung
Badezimmer	hong nahm
Wo ist die Toilette?	hong nahm ju tienai
Toilettenpapier	gradad tschamla

Einkaufen

brauchen	dongka
Gibt es …?	mie … mai?
Es gibt nicht	mai mie
kaufen	süh
teuer	phääng
Wie viel kostet das?	raka tao-rai/kih baht?
Das ist zu teuer.	an-nii phääng bai.
Können Sie den Preis senken?	lot raka nooi daai mai?

Gesundheit, Notfall

Arzt	moo
Durchfall	tong sia
Erbrechen	adschian
Fieber	kai
Hilfe	tschuai duai
krank	mai sabai
Krankenhaus	rong payabahn
Medizin	jah
weh tun	dschep

Zahlen

0	suhn	12	sip sohng
1	nöng	20	jie sip
2	sohng	21	jie sip et
3	sahm	25	jie sip hah
4	sie	30	sahm sip
5	hah	100	nöng roy
6	hock	101	nöng roy nöng
7	dschät	200	sohng roy
8	bät	1000	nöng pan
9	kao	10 000	nöng müün
10	sip	100 000	nöng sähn
11	sip et		

Die wichtigsten Sätze

Willkommen!	*jin die tohn rap*
Verstehen Sie?	*khun kao dschai mai?*
Sprechen Sie Thai?	*khun put Thai dai mai?*
Ich verstehe (nicht)	*tschan (Frau)/ phom (Mann) (mai) kao dschai*
Ich spreche ein wenig Thai	*put Thai dai nitnoi*
Bitte sprechen Sie langsam!	*prott put cha cha*
Ich heiße …	*tschan (Frau)/phom (Mann) dschüa*
Wie heißen Sie?	*khun dschü arai ?*
Woher kommen Sie?	*khun mah dschak tienai?*
Wo wohnen Sie?	*khun jü tienai?*
Wie geht es?	*sabai die mai?*
Mir geht es gut	*sabai die*
Bitte bringen Sie mich nach…	*tschuai paa tschan (Frau)/phom (Mann) pai*
Halten Sie hier!	*yut drong nii!*
Wann ist … geöffnet?	*… pööt pratu kii moong?*
Tschüss	*laa gon*

Register

Register

Register

Register

atmosfair

Abbildungsnachweis/Impressum

Abbildungsnachweis

DuMont Bildarchiv, Ostfildern: S. 346 (Axel Krause); 10/11, 21, 116, 206, 214/215, 265, 269, 325, 359 (Martin Sasse)
Getty Images, München: Titelbild (Photolibrary RM/Pistolesi)
Glow Images, München : S. 60 (ImageBroker/Tepass)
Huber-Images, Garmisch-Partenkirchen: S. 152/153 (Melis)
iStock.com, Calgary (CA): S. 170 (siartmailru)
laif, Köln: S. 311 (CINTRACT); 348 (Daniel Biskup); 25, 162 (Frank Heuer); 28/29 (Gonzalo Azumendi); 243, 252/253, 372/373 (hemis.fr/Bertrand Gardel); 356 (hemis.fr/Monde/Rieger-Renault); 66/67 (hemis.fr/Romain Cintract); 328 (Iris Kuerschner); 139 (James Whitlow Delano); 34, 194 (Jörg Modrow); 55 (Julia Knop); 322 (Kreuels); 115 (LeLan); 165, 261 (Markus Kirchgessner); 44, 56/57 (Martin Kirchner); 340 (Martin Sasse); Umschlagklappe vorn, 98, 130/131 (Naftali Hilger); 175, 189 (Philipp Engelhorn); 204/205 (Polaris/Christopher Brown); 37, 368 (Polaris/Dario Pignatelli); 87 (Redux); 402 (Redux/VWPics/De Neef); 240 (Thomas Linkel)
Mauritius-Images, Mittenwald: S. 172 (Alamy/Amnat99); 302 (Alamy/Eugen Wais); 379 (Alamy/Jon Bower Thailand); 59 (Alamy/Paul Gisby Photography); 156 (Alamy/Picturelibrary); 320 (imagebroker/Andreas Rose); 394/395 (Jose Fuste Raga)
Mischa Loose, Berlin: S. 9
picture-alliance, Frankfurt a. M.: S. 220 (CPA Media)
plainpicture, Hamburg: Umschlagrückseite o. (Mielek)
Renate Loose, Berlin: Umschlagrückseite M., S. 13, 17, 27, 31, 32, 40/41, 42, 46, 51, 52, 64, 69, 70, 72, 77 o., 77 M., 77 u., 81, 84, 88 u., 88 o. li., 88 o. re., 93, 109 o., 126, 133, 211, 228, 234, 235, 245, 246, 259, 266, 272/273, 278, 282, 296, 305, 314/315, 319, 337, 343, 360, 376, 396
Roland Dusik, Lauf: S. 75, 100
Shutterstock, Amsterdam (NL): S. 256 (Anna Ewa Bieniek); 209, 238/239 (B.Panupong); 196/197 (Ekkachai Kesanthia); 180 (fokke baarssen); 63 (KAMONRAT); 390/391 (Kirill Skorobogatko); 109 u. (kitzcorner); 333 (mai111); 146/147 (MC_Noppadol); 168 (Michaelnero); 119, 166 (nimon); 82, Umschlagrückseite u. (SasinTipchai); 122/123, 254 (Sean Pavone); 290 (Tanes Ngamsom)
Volker Klinkmüller, Hildesheim: S. 184

Kartografie

© KOMPASS-Karten GmbH, A-6020 Innsbruck; DuMont Reiseverlag, D-73751 Ostfildern

Umschlagfotos

Titelbild: Tradition trifft 21. Jh. – am Erawan-Schrein in Bangkok; Umschlagklappe vorn: Geschmücktes Boot auf Ko Phi Phi; Umschlagrückseite oben: Das Wat Khao Tham auf Ko Pha Ngan bietet Ruhe zur Meditation

Hinweis: Autoren und Verlag haben alle Informationen mit größtmöglicher Sorgfalt geprüft. Gleichwohl sind Fehler nicht vollständig auszuschließen. Alle Angaben erfolgen ohne Gewähr. Bitte schreiben Sie uns! Über Ihre Rückmeldung zum Buch und über Verbesserungsvorschläge freuen sich Autoren und Verlag:
DuMont Reiseverlag, Postfach 3151, 73751 Ostfildern, E-Mail: info@dumontreise.de

6., aktualisierte Auflage 2024

Autoren: Mischa Loose, Renate Loose
Lektorat: Marianne Bongartz, Oliver Fülling
Grafisches Konzept: Groschwitz/Tempel, Hamburg
Printed in the Czech Republic